Das Polizeistrafgesetzbuch für Bayern

und der

Übertretungsabschnitt des Strafgesetzbuchs mit Verwaltungs- und Polizeivorschriften

Von

J. Schiedermair,

Rat am Obersten Landesgericht in München

2. Auflage

1931

München, Berlin und Leipzig

J. Schweitzer Verlag (Arthur Sellier)

Druck von Dr. F. P. Datterer & Cie., Freising-München.

Vorwort.

Das Polizeistrafgesetzbuch wurde bei seiner Neufassung im Jahre 1871 in einen inneren Zusammenhang mit dem Strafgesetzbuch gebracht; dem ist in der vorliegenden Bearbeitung dadurch Rechnung getragen, daß, im Anschluß an das Polizeistrafgesetzbuch (Teil I des Buches), der die Übertretungen behandelnde 29. Abschnitt des Strafgesetzbuches miterläutert wurde (Teil II des Buches.) Bei der Eigenschaft eines großen Teils dieser Übertretungen als Rahmengesetze, die ihren sachlichen Inhalt erst durch das Landesrecht erhalten, wird auch durch den Teil II für Bayern einem Bedürfnis genügt sein.

Bei Rahmengesetzen, wie es auch zahlreiche Bestimmungen des Polizeistrafgesetzbuches selbst sind, mußten auch die ergänzenden Bestimmungen besondere Berücksichtigung finden; dem ist durch die Teile III—VI des Buches Rechnung getragen, von denen Teil III die zum Polizeistrafgesetzbuch und Strafgesetzbuch ergangenen Verwaltungsverordnungen bringt, Teil IV und V sich im besonderen mit den hierzu erlassenen Polizeivorschriften befassen und Teil VI ergänzende Gesetze und Verordnungen enthält.

Die Änderungen, die das Polizeistrafgesetzbuch seit der 1. Auflage erfuhr, namentlich auch die von der Gemeindeordnung des Jahres 1927 gebrachten, die für das polizeiliche Verordnungsrecht gegenüber dem Selbstverwaltungsgesetz wohl einen Rückschritt bedeutet, sind berücksichtigt.

Mehr als bei manchem anderen Gesetz ist bei einem Gesetz, wie es das bayer. Polizeistrafgesetzbuch ist, seine Auslegung und Anwendung von neben ihm hergehenden Gesetzen, aber auch von Anschauungen und Regelungen beeinflußt, die sich unmittelbarer formell gesetzlicher Erfassung entziehen, namentlich von der Auffassung über das Wesen und die Aufgaben der Staatsgewalt. Darum ist manches, was in früheren Zeiten seiner Anwendung mit Recht als sein Inhalt angesehen werden konnte, trotz des formellen Weiterbestehens nicht mehr geltendes Recht; dem ist bei der Auslegung des Gesetzes Rechnung zu tragen.

München, Februar 1931.

J. Schiedermair.

Inhaltsübersicht.

Übersicht der Abkürzungen.

AMB.	= Bekanntmachung des Staatsministeriums des K. Hauses und des Äußern.
Ann.	= Annalen des Deutschen Reichs.
BadRpr.	= Badische Rechtspraxis.
BayZ.	= Zeitschrift für Rechtspflege in Bayern.
BezO.	= Bezirksordnung v. 17. Okt. 1927 (GVBl. 325).
BlAPr.	= Blätter für administrative Praxis.
Braunw.	= Braunwart und Stöhsel, Die neue bayer. Gemeindegesetzgebung, München 1920.
Dyroff	= Dyroff in der unten bezeichneten Festschrift.
Edel	= Edel, Polizeistrafgesetzbuch, 1872.
ENBl.	= Eisenbahnnachrichtenblatt des Reichsverkehrsministeriums, Zweigstelle Bayern.
Festschrift	= Festschrift zur Feier des 50jährigen Bestehens des bayerischen Verwaltungsgerichtshofs.
FMBl.	= Finanzministerialblatt für das Königreich Bayern.
FürsBl.	= Bayerische Fürsorgeblätter, Beilage der Bayer. Gemeinde- und Verwaltungszeitung.
DJZ.	= Deutsche Juristenzeitung.
Geib	= Geib, Handbuch für die Gemeindebehörden der Pfalz, 3. Auflage 1901.
GArch.	= Archiv für Strafrecht und Strafprozeß, begr. von Goltdammer.
GemO.	= Gemeindeordnung v. 17. Okt. 1927 (GVBl. 293), in Kraft seit 1. April 1928.
GemZ.	= Bayer. Gemeinde- u. Verwaltungszeitung.
Gerstle	= Gerstle, Die Polizeiübertretungen im bayer. Recht., Ann. 1917, 540.
GesMin.	= Gesamtministerium.
GesMinBek.	= Bekanntmachung des Gesamtministeriums.
GesMinVO.	= Verordnung des Gesamtministeriums.
GewArch.	= Gewerbearchiv für das Deutsche Reich.
Graßm.	= Bayerisches Staatsrecht von Max v. Seydel, 3. Aufl. von Graßmann und Piloty, 1913.
Groschuff	= Groschuff, Eichhorn und Delius, Die preußischen Strafgesetze.
Helmreich	= Helmreich-Rock, Bayer. Gemeindeordnung, 6. Aufl. 1928.
HelmreichGrundriß	= Helmreich, Grundriß des bayer. Verwaltungsrechts 1928.

Henle	= Handbuch der inneren Verwaltung für Bayern r. d. Rheins, 1912—1925.
HRR.	= Höchstrichterl. Rechtsprechung, Beilage zur Juristischen Rundschau.
Jan	= von Jan, Die Verfassungsurkunde des Freistaats Bayern, 1927.
Jellinek	= Jellinek, Gesetz, Gesetzesanwendung und Zweckmäßigkeit, 1913.
JFG. Erg.	= Entscheidungen des Kammergerichts in Miet- und Pachtschutz-, Kosten- und Strafsachen.
JMBl.	= Amtsblatt des Staatsministeriums der Justiz.
InnMB.	= Bekanntm. des Staatsministeriums des Innern.
InnMBl.	= Ministerialamtsblatt der bayer. inneren Verwaltung und seine Vorgänger.
JRdsch.	= Juristische Rundschau.
KGJ.	= Jahrbuch der Entscheidungen des Kammergerichts.
Kitzinger	= Kitzinger, Die Verhinderung strafbarer Handlungen durch Polizeigewalt, 1913.
KMBl.	= Ministerialblatt für Kirchen- und Schulangelegenheiten und seine Fortsetzungen.
Kratzer	= Kratzer, Die Verfassungsurkunde des Freistaats Bayern, 1925.
KrBl.	= Kreisamtsblatt.
KrMBl.	= Verordnungsblatt des K. Bayer. Kriegsministeriums.
Laforet GemO.	= Laforet, von Jan, Schattenfroh, Die Bayer. Gemeinde-Bezirks- und Kreisordnung, 1929.
Landmann	= Landmann, Kommentar zur Gewerbeordnung für das Deutsche Reich; 1. Bd. 8. Aufl., 2. Bd. 7. Aufl.
Lindemann	= Lindemann, Die wichtigsten preuß. Strafgesetze.
Lindemann PrV	= Lindemann, Die Gesetze über die Polizeiverordnungen in Preußen, 1912.
LMB.	= Bek. des Ministeriums für Landwirtschaft.
LZ.	= Leipziger Zeitschrift für deutsches Recht.
Meißner	= Meißner, Das Neue Staatsrecht, 1921, 2. Aufl. 1923.
Nawiasky	= Nawiasky, Bayer. Verfassungsrecht, 1923.
ObSt.	= Sammlung von Entscheidungen des Bayerischen Obersten Landesgerichts in Strafsachen.
ObZ.	= Desgl. in Zivilsachen.
OGHSt.	= Sammlung von Entscheidungen des Obersten Gerichtshofs für Bayern in Gegenständen des Strafrechts und Strafprozesses.
OSt.	= Sammlung von Entscheidungen des Oberlandesgerichts München in Gegenständen des Strafrechts und Strafprozesses.
Pf.	= Pfalz oder pfälzisch.

PfSG.	=	Ges. über die Geltung des Selbstverwaltungsges. in der Pfalz vom 20. Dezember 1919; nun aufgehoben.
PilSch.	=	Piloty-Schneider, Grundriß des Verwaltungsrechtes in Bayern und dem Deutschen Reiche, 4. Aufl. 1930.
Pol.	=	Die bayer. Polizei, Zeitschrift der bayer. Polizeibeamtenverbände.
PStGB.	=	Polizeistrafgesetzbuch (vom 26. Dezember 1871).
Reg.	=	Reger, Entscheidungen der Gerichte und Verwaltungsbehörden.
RegBl.	=	Regierungsblatt für das Königreich Bayern.
RegErg.	=	Reger, Ergänzungsband.
Reus	=	Reus, Polizei und Selbstverwaltung, 1929.
RG.	=	Entscheidungen des Reichsgerichts in Strafsachen.
RGZ.	=	Entscheidungen des Reichsgerichts in Zivilsachen.
RMBl.	=	Reichsministerialblatt.
Rspr.	=	Rechtsprechung des deutschen Reichsgerichts in Strafsachen.
Roesch	=	Roesch, Bayerisches Ges. über die Selbstverwaltung, 2. Aufl. 1920.
RVBl.	=	Reichsverkehrsblatt.
RVM.	=	Reichsverkehrsminister.
Schicker	=	Schicker, Württemberg. Polizeistrafrecht und Polizeistrafverfahren, 4. Aufl. 1907.
Schiedermair	=	Schiedermair, Die strafrechtlichen Nebengesetze Bayerns.
Schmitt	=	Schmitt Gottfried, Bayerische Justizgesetze, 1905.
Schmitt PStGB.	=	Schmitt Dr. Hermann, PStGB. für Bayern, 9. Aufl. 1930, früher Staudinger-Schmitt.
Seydel	=	Das Gewerbepolizeirecht des Deutschen Reichs von Schecher auf der Grundlage von M. v. Seydels Gewerbepolizeirecht, 1910.
SG.	=	Ges. über die Selbstverwaltung vom 22. Mai 1919; nun aufgeh. durch Art. 164 GemO. 1927.
SMB. od. SozMB.	=	Bek. des Ministeriums für soziale Fürsorge.
StAnzNr.	=	Bayerische Staatszeitung und Bayerischer Staatsanzeiger, zweites Blatt; angeführt nach Jahrgängen und Nummern.
Stenglein	=	M. Stengleins Komm. zu den Strafrechtl. Nebenges. des Deutschen Reichs, 5. Aufl.
StengleinZ.	=	Stenglein, Zeitschrift für Gerichtspraxis und Rechtswissenschaft in Deutschland.
StengleinZB.	=	Stenglein, Zeitschrift für Gerichtspraxis und Rechtswissenschaft in Bayern.
Stöhsel BezO.	=	Stöhsel und Stenger, Die neue bayer. Gemeindegesetzgebung 1928/29, Bd. 2 Bezirksordnung und Kreisordnung.
Stöhsel GemO.	=	Das bezeichnete Werk, Bd. 1 Gemeindeordnung.

Thoma	=	Dr. Richard Thoma, Der Polizeibefehl im badischen Recht I. Teil, 1906.
UMB.	=	Bek. des Staatsministeriums für Unterricht und Kultus.
VerwArch.	=	Verwaltungsarchiv.
VBl.	=	Bayerische Verwaltungsblätter.
VGH.	=	Sammlung von Entscheidungen des Bayerischen Verwaltungsgerichtshofs.
Weinisch	=	Weinisch, Bayer. PStGB., 2. Aufl. 1924.
Weis	=	Weis, Das StGB. für das Königreich Bayern, 1865.
Woerner GemO.	=	Woerner, Kommentar zur Bayer. Gemeindeordnung, 1928.
WürttJ.	=	Jahrbücher der Württemberg. Rechtspflege.
WürttZR.	=	Württemberg. Zeitschrift für Rechtspflege und Verwaltung.
ZfGR.	=	Zeitschrift für Gesetzgebung und Rechtspflege des Königreichs Bayern.
Ziegler	=	Ziegler, Das Recht des Verwaltungszwangs in Bayern, Annalen 1915, 724.
ZollBl.	=	Amtsblatt der Generaldirektion der Zölle und indirekten Steuern.
ZStW.	=	Zeitschrift für die gesamte Strafrechtswissenschaft.
ZustVO.	=	Verordnung vom 4. Januar 1872, die Zuständigkeit der Verwaltungsbehörden in Sachen des StGB. für das Deutsche Reich und des PStGB. betr. (hier abgedr. im III. Teil).

I. Teil.

Polizeistrafgesetzbuch für Bayern.

Vom 26. Dezember 1871 (GVBl. 1871/1872 S. 9).

Vorbemerkungen.

Übersicht: I. Der Begriff der Polizei. II. Zur Entwicklung des bayer. PolStrafR. III. Novellen zum PStGB. IV. Bearbeitungen des PStGB. V. Textfeststellung des PStGB. VI. Auslegung des PStGB. VII. Einfluß des Reichsrechts auf die Wirksamkeit des PStGB. VIII. Anwendung der Einleitung u. des Allg. Teils des StGB. u. des EG. StGB. auf das PStGB. IX. Subj. Verantwortlichkeit für die Straftaten des PStGB. X. Schuldform bei Zuwiderhandlungen gegen das PStGB.; Begehung solcher in Notwehr oder Notstand. XI. Das Verfahren bei Zuwiderhandlungen gegen das PStGB. XII. Bindung des Strafrichters an die Entscheidungen von Behörden. XIII. Reformfragen.

I. Der Begriff der Polizei.

Der Begriff der Pol. hat Bedeutung für die Auslegung des PStGB. insoferne, als die Ermächtigungen zu „polizeilichen" Vorschriften und Verfügungen, die das Ges. gibt, kraft stillschweigender gesetzl. Bestimmung (vorbehaltl. besond. Regelung für bestimmte Delikte) auf solche pol. Charakters beschränkt sind (der Begr. des Polizeidelikts als solchen allerd. ist unserem StGB. und damit auch unserem PStGB. fremd, Art. 4 AG.StPO.). Der Begriff ist aber in Einzelheiten strittig. S. an Begriffsbestimmungen Loening O. im Handwörterbuch der Staatswissenschaften von Elster-Weber-Wieser 1925 Bd. 6, 884; Stier-Somlo im Handwörterbuch der Rechtswissenschaft von Stier-Somlo u. Elster 1927 Bd. 4, 520; Otto Meyer, Deutsch. Verwalt.-Recht 1914 § 19; Fleiner, Institutionen 8. Aufl. 1928 § 24; Meyer-Dochow, VerwaltRecht 1910 3. Aufl. § 19; Preuß. LR. Tl. II Tit. VII § 10; für Bayern Kahr GemO. 1, 805; Graßm. 2, 218; Reus, Polizei u. Selbstverwaltung 1929 S. 59, 64; s. weiter den Anhang zu Art. 1 A. 4.

II. Zur Entwicklung des Bayerischen Polizeistrafrechts.

S. hierzu die Landts- u. PoliceyOrdn., die ForstOrdn., die Gejaids-Ordn. v. 1616; den Cod. jur. crim. des Jahres 1751 (insbes. Tit. 1 § 1 u. hierzu die Anm. zum Feuerbachschen StGB. v. 1813 Bd. 1 S. 4ff.); das StGB. für das Königreich Bayern v. 16. Mai 1813 (das Feuerbachsche Gesetzbuch; insbes. Art. 2 u. Anm. Bd. 1 S. 24); Entwürfe v. 1822, 1827, 1831, 1851, 1855; StGB. und PStGB. v. 10. Nov. 1861 mit Nov. v. 16. Mai 1868 u. 14. Jan. 1871; geltendes Ges. v. 26. Dez. 1871. Wegen der Novellen zu diesem s. unten Nr. III.

III. Die Novellen zum Polizeistrafgesetzbuch.

Änderungen des Gesetzes erfolgten durch Ges. v. 28. Febr. 1880 (GVBl. 97); v. 20. März 1882 (GVBl. 105); durch das nun aufgehobene Ges. v. 5. April 1888 (GVBl. 235); durch Ges. v. 5. Mai 1890 (GVBl. 223); durch Ges. v. 9. Febr. 1892 (GVBl. 29); durch Ges. v. 24. Mai 1894 (GVBl. 267); durch Ges. v. 12. Mai 1898 (GVBl. 223); durch das AG. BGB. v. 9. Juni 1899; durch Ges. v. 22. Juni 1900 (GVBl. 483); durch Ges. v. 6. Juli 1908 (GVBl. 353); durch Art. 111 des Fischereiges. v. 15. Aug. 1908 (GVBl. 527); durch Art. 16 des Lotteriespielges. v. 11. Okt. 1912 (GVBl. 983), nun Art. 14 in der Fassung dieses Ges. v. 28. Mai 1928 (GVBl. 333); durch § 33 des Schulaufsichtsges. v. 1. Aug. 1922 (GVBl. 385); durch Art. 2 des Ges. zur Abänd. der GemO. für die Landesteile r. d. Rh. u. des PStGB. v. 24. Aug. 1923 (GVBl. 281), das seinerseits wieder geändert wurde durch Art. 164 Nr. 8 der GemO. v. 17. Okt. 1927 (GVBl. 293); durch das Ges. zur Änd. des Art. 112 des PStGB. v. 18. Juli 1924 (GVBl. 191); durch Art. 155 der GemO. v. 17. Okt. 1927 (GVBl. 293) u. durch das Ges. zur Änd. u. Ergänzung einiger Bestimmungen des PStGB. v. 8. April 1930 (GVBl. 109), in Kraft getreten am 19. April 1930. Nicht Ges. gewordener Entw. v. 19. März 1914 KdReichsr. 1913/1914 Beil. III 276. Einführung in Coburg: ImmMB. v. 14. April 1921 (GVBl. 253).

IV. Bearbeitungen des Polizeistrafgesetzbuchs.

Barth, Das Polizeistrafgesetzbuch für das Königreich Bayern 1862; Edel, Polizeistrafgesetzbuch 1861 u. 1872; Reger-Dames, Polizeistrafgesetzgebung 1905; Riedel-Suttner, Polizeistrafgesetzbuch 1907; Staudinger-Schmitt (nun Schmitt), Polizeistrafgesetzbuch für Bayern, 9. Aufl. 1930; Weinisch, Bayer. Polizeistrafgesetzbuch 2. Aufl. 1924.

V. Textfeststellung des Polizeistrafgesetzbuchs.

Berücksichtigt sind im Text die ausdrücklichen Änderungen. Änderungen u. Aufhebungen einzelner Artikel, die sich mittelbar, ohne förmliche gesetzl. Bestimmung ergeben, sind in den Anmerkungen berücksichtigt.

VI. Auslegung des Polizeistrafgesetzbuchs.

Ohne Rücksicht auf den Willen des Gesetzgebers (Jellinek DJZ. 1911, 863; Seydel BlAPr. 1898, 178; ObSt. 13, 41; 12, 337; KassHof bei Stenglein ZB. 1867, 60). Keine ausdehnende Auslegung, auch nicht der PolVorschriften (RG. GArch. 46, 391; RGJ. 18, 309); keine analoge Anwendung (Karlsr. in BadRpr. 1912, 256).

VII. **Einfluß des Reichsrechts auf die Wirksamkeit des Polizeistrafgesetzbuchs.**

a) Im allgemeinen maßgebend § 2 ff. EG.StGB. Die Strafbestimm. des Übertretungsabschnitts des StGB. erheben nicht den Anspr. auf erschöpf. Regelung (RG. 36, 248; ObSt. 1, 421). Nach Art. 9 RVerf. hat nun das Reich die Bedarfsgesetzgebung auf dem Gebiete der Pol. schlechthin.

b) Einzelnes: Der Grundsatz der Gewerbefreiheit (§ 1 Abs. 1 GewO.*) schließt Beschränkungen der Zulassung zum Gewbetr. durch das PStGB. aus; unbestritten (s. z. B. RGZ. 84, 96; KGJ. 32 C 10). Dagegen werden Beschränkungen in der Ausübung des Gew. meistens unbeschränkt für zulässig gehalten (RGZ. 84, 96; ObSt. 27, 62, BayZ. 1927, 179; 10, 12; 6, 32; OSt. 9, 30; BGH. 14, 299; KGJ. 42 C 431; PrOVG. GArch. 58, 210; Sächs. OVG. Reg. 31, 253); auch wenn die Ausübung dadurch ganz unmöglich wird (ObSt. 3, 116; s. aber Dresd. GArch. 59, 178); a. A. ObSt. 26, 241 (unwirksam Vorschr., die den Gewbetr. als solchen verhindern, z. B. Erfordernis der behördl. Genehmigung für Straßenbetrieb bei solchen Gewerben, die nur auf der Straße betr. werden können); ähnlich nun auch JFG. Erg. 4, 285: Der Gewbetr. dürfe nicht ganz oder fast unmöglich gemacht werden. Grundsätzlich richtig wohl Seydel-Schecher S. 32: Unbeschränkt zulässig seien nur Beschränkungen nicht gewpol. Natur. Anklänge an diese Ansicht ObSt. 2, 40; OSt. 9, 216; OGHSt. 9, 475 u. 307. Nach diesem Gesichtspunkt löst sich auch die Frage, inwiefern die Errichtung von Anlagen von polizeil. Genehmigung abhängig gemacht werden kann. S. auch Nr. IX c.

Auch Art. 151 Abs. 3 RVerf., wonach die Freiheit des Handels u. Gewerbes nach Maßgabe „der Reichsgesetze" gewährleistet wird, wird der Schaffung polizeil. Beschränkungen anderer als wie gewerbl. Art auch durch Landesgesetz nicht entgegenstehen; es darf angenommen werden, daß Art. 151 Abs. 3 RVerf. in das allgemeine polizeil. Gebiet überhaupt nicht eingreifen wollte; im Ergebnis ebenso Anschütz RVerf. Art. 151 A. 4 mit der kaum schlüssigen Begründung eines stillschweig. Vorbehalts des Landesrechts durch § 1 GewO.; ihm folgend ObSt. 27, 62; BayZ. 1927, 179.

c) Der Grundsatz der Preßfreiheit (§ 1 PreßGes.) schließt nicht aus, Handl. mit Strafe zu bedrohen, welche Preßerzeugnisse zum Gegenstand haben (RG. 37, 50); unwirksam nur Bestimm., welche sich ausschließl. auf den Vertrieb von Preßerzeugnissen erstrecken (Pr.OVG. GArch. 56, 334); Dresd. GArch. 65, 376); keine Ausnahmeges. gegen die Presse (Hamb. GArch. 39, 196; KG. GArch. 39, 451; Pr.OVG. GArch. 44, 441). Die Preßfreiheit ist auch bei polizeil. Maßnahmen zu wahren: Hamb. GArch. 39, 196. Auch der Art. 118 RVerf. (Recht der freien Meinungsäußerung) bringt keine Beschränkungen für die Polizeigesetze, solange sie „allg. Gesetze" im Sinne des Art. 118 Abs. 1 Satz 1 bleiben (Anschütz RVerf. Art. 118 A. 4b);

---

* Wegen des Einflusses der GewO. auf das PStGB. s. Seuffert, SeuffBl. 1873, 423; LR. BlAPr. 1872, 349.

s. hierzu wegen einzelner straßenpolizeil. Beschränkungen v. Jan, Festschr. S. 98, 108, 116, 118.

d) Vereinsgesetz § 1. Auslegung bestritten; Einerseits: Landesrechtl. Einschränkungen des Vereinsbildungs- u. Versammlungsrechts seien nur zulässig aus allgem. sicherheitspol. Erwägungen (Dresd. GArch. 60, 312; Sächs. OVG. Reg. 34, 375; Graßm. 2, 256 Note 7; Einhauser Recht 1912, 149). Andrerseits: Die allg. Befugnisse der Pol. seien nicht deswegen außer Kraft gesetzt, weil sich die Betroffenen gerade in Ausübung des Vereins- u. Versammlungsrechts befänden; beschränkt sei die Pol. nur in vereins- u. versammlungsrechtl. Hinsicht (KGJ. 38 C 40; 39 C 62); Jena GArch. 60, 323; RG. 47, 389; Bad. VGH., BadRpr. 1914, 102). Im übrigen kommt noch in Betracht: Die Freiheit von Beschränkungen erstreckt sich nur auf Vereine im Sinne des Vereinsges., d. h. freiwillige Zusammenschlüsse mehrerer phys. Personen zu einem gemeinschaftl. erlaubten Zweck unter einheitl. Führung auf längere Zeit (Jena GArch. 60, 322). Sie umfaßt auch die Freiheit, innerhalb des Vereins zur Verwirklichung der Vereinszwecke tätig zu sein, nicht bloß das Zusammenschließen (Dresd. GArch. 60, 305 u. 312; aber 65, 184); a. A. Sächs. OVG. DJZ. 1913, 816; Reg. 34, 375. Nur Versamml. im Sinne des Vereinsges. sind frei von Beschränk., also nur das Zustandekommen zur Erörterung von Angelegenheiten, nicht z. B. Tanzlustbark. (KGJ. 36 C 50), nicht das zur Anhörung von Vorträgen (KG. Recht 1914, 34; Reg. 35, 165) oder zu Vorführungen (Dresd. Reg. 30, 156); wohl aber das zu Leichenbegängnissen (Jena GArch. 60, 157; KG. Reg. 4 ErgBd. S. 153; KG. Reg. 30, 149 u. 155). Aus sicherheitspol. Gründen kann sogar die Auflösung von Versamml. verfügt werden (PrOVG. GArch. 60, 24). S. auch § 366 Nr. 1 A. 1. Auch durch Art. 123 RVerf. (Versammlungsfreiheit) sind die allg. Polizeigesetze nicht berührt (Anschütz RVerf. Art. 123 A. 4e); s. hierzu wegen einzelner straßenpolizeil. Beschränkungen v. Jan, Festschr. 98, 108, 116, 118.

e) Das Wettbewerbsges. bringt keine Beschränkungen des Polizeirechts (RG. 40, 224; 47, 119).

VIII. Anwendung der Einleitung und des Allg. Teils des StGB. und des EinfG. hierzu auf die Straftaten des Polizeistrafgesetzbuchs.

Sie gelten auch für das PStGB. (Art. 4 AG. StPO.; Schiedermair Nebenges. S. 30). Desgl. findet das JugGerGes. auf sie Anwendung, da dieses Gesetz sachlich nur eine Ergänzung des StGB. (des GVG. und der StPO.) ist. Im Hinblick auf Art. I, VIII, XIV Abs. 2 u. 3 der GeldstrVO. v. 6. Febr. 1924 (RGBl. 44) mit § 2 Abs. 1 Satz 1 der 2. DurchfVO. zum RMünzges. v. 12. Dez. 1924 (RGBl. 775) sind die Grenzen für die in den noch wirksamen Bestimmungen des PStGB. angedrohten kriminellen Geldstrafen nun durchwegs 1—150 RMk. Anwendbar sind auch auf die nach dem PStGB. zu erkennenden Strafen §§ 27b, 27c u. 28ff. StGB.; s. auch Art. 21 A. 1 u. Art. 1 Anh. A. 15.

IX. Subjektive Verantwortlichkeit für die Straftaten des Polizeistrafgesetzbuchs.

a) Im allg. maßgebend das StGB. (Art. 4 AG.StPO.); zu beachten insbes. § 49 Abs. 1 u. § 43 StGB.

b) Bei Zuwiderhandlungen gegen polizeiliche Vorschriften durch juristische Personen kann nicht schlechthin der gesetzliche Vertreter gestraft werden; denn die gesetzliche Vertretung umfaßt an sich nur die Vertretung auf dem Gebiet des bürgerlichen Rechts (unter Umständen auch die Vertretung auf verwaltungsrechtlichem Gebiet, wenn sich dies, wenn auch nur stillschweigend aus der betreffenden verwaltungsrechtlichen Vorschrift ergibt), nie aber die Vertretung in strafrechtlicher Beziehung. Strafbar sind nach einem feststehenden Grundsatz unseres Rechts nur Einzelpersonen und zwar nur, wenn der strafbare Tatbestand sich in ihnen als Einzelpersonen verwirklicht (s. auch KGJ. 15, 196). Verwirklicht er sich in einer juristischen Person, so können der juristischen Person angehörige Einzelpersonen, gleichgültig nun, ob sie Vertreter im Sinne des bürgerl. Rechts sind oder nicht, dann und nur dann gestraft werden, wenn aus dem allgemeinen, zunächst für die juristische Person geltenden polizeilichen Gebot oder Verbot sich, wenn auch nur stillschweigend, ein Gebot oder Verbot (eine Norm) und eine Strafdrohung für die Einzelperson ableiten lassen. Dabei ist, wenn die jurist. Person ein mehrgliedriges Vertretungsorgan hat, zu prüfen, inwieweit das einzelne Mitglied dieses Organs im einzelnen Fall nach außen und innen strafrechtlich verantwortlich gemacht werden kann (RG. 56, 376).

Auch gesetzl. oder bevollm. Vertr. natürl. Personen sind nicht schlechthin strafbar, wenn der objektive Tatbestand bei den Vertretern eintritt; insbes. ist, wenn der Inhaber eines Rechts strafbar ist (z. B. der Eigentümer), weder der bevollm. noch der gesetzl. Vertreter*) (ohne weiteres) strafbar (RG. 29, 27; a. A. aber unrichtig OSt. 7, 189; RG. 33, 261; Braunschw. VGH. bei Reg. 34, 274; KGJ. 45, 390; RG. LZ. 1914, 879). Auch die Pflichten des Inhabers entfallen, wenn ihm die Ausübung der Rechte genommen, z. B. wegen KonkEröffn.; vgl. KGJ. 22 C 5.

c) § 151 GewO. wird von einer verbreiteten Rechtspr. (ObSt. 12, 293; 10, 428; 9, 166; RG. bei Reg. 9, 25; 12, 149; GewArch. 4, 651 u. 8, 151; Reg. 31, 180; s. auch RG. LZ. 1916, 1016; JW. 1917, 171; RG. 49, 121; RG. BayZ. 1930, 320) dahin ausgelegt, daß unter den Vorschr. dieses Paragr. auch landesrechtliche gewpolizeil., ja auch poliz. Vorschr. jeder Art, die ein GewTreibender zu beachten habe, zu verstehen seien; dagegen mit Recht Kassel bei Reg. 13, 139 u. RG. GArch. 36, 148 u. Reg. 9, 233; deshalb § 151 auf Strafbest. des PStGB. nicht anwendbar. Zur Auslegung des § 151 vgl. aber RG. 24, 293; RG. bei Reg. 31, 181; RG. LZ. 1914, 960; RG. 33, 261; 29, 27; ObSt. 7, 406 u. 209.

---

*) Verschieden davon die polizeirechtl. Verantwortlichkeit; s. hiezu Schultzenstein VerwArch. 1906, 1.

X. Schuldform bei Zuwiderhandlungen gegen das Polizeistrafgesetzbuch. Begehung solcher in Notwehr oder Notstand.

Der Begriff des Polizeidelikts ist dem PStGB. fremd (s. Nr. I), demgemäß ist er auch für die Schuldfrage grundsätzlich begrifflich unerheblich; es ist aber anzunehmen, daß der Gesetzgeber bei polizeilichen Strafbestimmungen (s. Nr. I) im Interesse der Durchführung der Maßnahmen, die er durch seine polizeiliche Tätigkeit erzwingen will, auch fahrlässige Zuwiderhandlungen bestrafen will, wenn sich nicht aus der Fassung der einzelnen Strafbestimmung, insbes. auch der einzelnen Pol. Vorschr. das Gegenteil ergibt; daß er auch die rein formale Zuwiderhandlung strafen will, läßt sich aber nicht annehmen. Die Fragen sind bestritten; s. hierzu RG. Reg. 31, 178; ObSt. 1, 152; 1, 378; 3, 174; 3, 284; 5, 350; 11, 54; 12, 333. S. auch Art. 1 Anh. A. 10.

Das Recht, eine fremde Sache gemäß § 228 BGB. zu beschädigen oder zu zerstören, begründet nicht grundsätzlich das Recht, auch bei der darnach zivilrechtlich erlaubten Handlung polizeiliche Vorschriften unbeachtet zu lassen, wie z. B. § 367 Nr. 8, § 368 Nr. 7, § 360 Nr. 11, § 360 Nr. 13 StGB. Es wird aber im einzelnen Falle zu prüfen sein, ob nicht der wahre Sinn der §§ 228 ff. BGB. der ist, daß auch die Zuwiderhandlung gegen Polizeivorschriften ausnahmsweise erlaubt sein soll (s. zur Frage Kautzsch JRdsch. 1929 I. Tl. 150); ähnlich ist der Einfluß der strafrechtl. Notwehr oder des strafrechtl. Notstands (§§ 53, 54 StGB.) auf die Strafbarkeit gleichzeitig mit vorliegender Polizeidelikte zu beurteilen.

XI. Das Verfahren bei Zuwiderhandlungen gegen das PStGB.

Maßgebend schlechthin die StPO.; ein Polizeistrafverfahren nach § 6 Nr. 3 EG.StPO. mit §§ 413 ff. StPO. kennt das bayerische Recht nicht. Unzulässig ist es, ein Verfahren, das sachlich ein Polizeistrafverfahren ist, äußerlich in die Form eines anderen Verfahrens zu kleiden; dahin gehende landesgesetzl. Bestimmungen sind unwirksam (s. hierzu die Anmerkungen zu Art. 58). Auch hins. der Verfolgung der Zuwiderhandlungen gegen das PStGB. gilt, und zwar auch mit Bindung für die Polizeibehörden, das Legalitätsprinzip. Einschränkungen dess. nur nach Maßgabe der §§ 152 bis 154 StPO. gegeben. Wegen der polizeilichen Einziehung von Sachen s. Loening JRdsch.. 1925 I. Tl. 1145. Die durch VerwaltungsVO. (ME. v. 23. Dez. 1925 u. 7. Okt. 1927) eingeführte sog. gebührenpflichtige Verwarnung (s. wegen deren Gestaltung u. der Rechtfertigung ihrer Handhabung Reich Pol. 1928, 5) steht, weil sie sachlich ein nicht in den Formen der StPO. durchgeführtes, auch nicht durch § 6 Nr. 3 EG.StPO. gedecktes Verfahren ist, mit dem Reichsrecht in Widerspruch (s. dazu Peters Pol. 1926 Nr. 24, Graß GemZ. 1929, 679; dort noch weitere Begründung ihrer Unzulässigkeit).

XII. Bindung des Strafrichters an die Entscheidungen von Behörden.

Unzulässig nach § 262 StPO., der auch für andere als bürgerlichrechtl. Rechtsverh. gilt. Selbständige Entscheidung des Strafrichters aber nur über (tatbestandliche) Voraussetzungen der Bestrafung, nicht über die Richtigkeit von Entscheidungen, die als solche Voraussetzungen der Bestrafung sind (KGJ. 36 C 133). Freiheit des Landesrechts hinsichtlich der Festsetzung des Tatbestands, unwirksam Beschränkungen des Urteils über das Vorliegen des letzteren; unwirksam auch verschleierte Beschränkungen des Strafrichters, z. B.: „Wer einen nach Entscheidung der VerwBeh. unschönen Bau aufführt"; denn hier ist die Unschönheit des Baues als solche Tatbestandsmerkmal. Die Prüfung ist prozessuale Pflicht des Richters, nicht etwa ein subjektives Recht gegenüber der Staatsverwaltung oder dem Gesetzgeber der Länder. Auch aus § 1 GVG., Art. 102 RVerf. folgt, daß der Richter nicht an die Betätigungen der Organe der Staatsverwaltung gebunden ist, die mit solchen der gesetzgebenden Gewalt in Widerspr. stehen oder in die Richtergewalt eingreifen (RG. Reg. 42, 310).

XIII. **Reformfragen hins. der Gestaltung des Polizeirechts, bes. des polizeilichen Verordnungsrechts.**

Zur Reform des poliz. VO. Rechts: Lassally DJZ. 1927, 1182; Delius LZ. 1928, 1353. Beschränkung der Geltungsdauer der Pol.-Verordnungen: DJZ. 1929, 1197 u. 1389; Tilla DJZ. 1929, 306; 1928, 1540; Drews DJZ. 1928, 893. Vereinheitlichung des Polizeirechts: Lindenau DJZ. 1922, 474; Böhme DJZ. 1928, 170 u. 847. Das neue Württembergische Polizeiverwaltungsgesetz: Köhler DJZ. 1922, 152. Vereinfachung des PolVORechts in Preußen: Eichhoff DJZ. 1930, 888.

Das Gesetz.

Erste Abteilung. Anordnungsrecht.*)

Art. 1.

1. Die in den Landesgesetzen vorbehaltenen allgemein verbindlichen Vorschriften werden durch königliche Verordnungen oder durch ober-, distrikts- oder ortspolizeiliche Vorschriften erlassen.

2. In welchen Fällen die in dem Strafgesetzbuche für das Deutsche Reich oder in einem anderen Reichsgesetze vorbehaltenen allgemeinen Verordnungen, Vorschriften, Anordnungen, Gebote oder Verbote im Wege einer königlichen Verordnung oder durch ober-, distrikts- oder ortspolizeiliche Vorschriften zu erfolgen haben, wird, insoferne hierüber nicht durch Reichs- oder Landesgesetz etwas Besonderes bestimmt ist, durch königliche Verordnung festgesetzt.

3. Die Zuständigkeit zur Erlassung der zulässigen polizeilichen Anordnungen, Gebote oder Verbote an einzelne Personen oder in bestimmten Fällen richtet sich, soweit das Gesetz nicht hierüber maßgibt, nach den bestehenden oder künftig zu erlassenden Verordnungen über die Zuständigkeit der Behörden.

1. Zu unterscheiden zwischen allg. verbindlichen (Abs. 1 u. 2) u. Einzelverordnungen (Abs. 3), die sich selbstverständl. auch an mehrere richten können; erstere hier PolVorschriften (umfassend auch die PolVOen), letztere hier PolVerfügungen (sonst auch PolBefehle) genannt**); königl. VOen (im Sinne des Abs. 1—3): Art. 8; ober-, distr.- (bezirks-) u. ortspol. Vorschr.: Art. 7, 4, 3.

---

*) Sonderschrifttum zur 1. Abt.: Stengel ZfGR. 8, 310. Die Bestimm. des PStGB. über das pol. VORecht lehnen sich unverkennbar an an das Preuß. Ges. über die PolVerw. v. 11. März 1850 (GS. 265); doch ist im Anschluß an das franz. Recht der Grunds. der Spezialität stärker entwickelt (Thoma 220 ff.). Das allg. pol. VORecht des preuß. Rechts, für das im wesentl. sich Schranken nur aus dem Wesen der Pol. ergeben, ist dem bayer. Recht fremd. Das bayer. Recht wird seiners. wieder bestimmend gewesen sein für das Bad. u. Württemb. Recht; s. §§ 22—29 BadPStGB. v. 31. Okt. 1863 in der Fassung v. 20. Nov. 1899 (RegBl. 745) u. Art. 51 WürttPStG. v. 27. Dez. 1871 (RegBl. 391). S. zum Polizeiverordnungswesen im allgemeinen auch GArch. 71, 81 u. Peters GArch. 71, 121.

**) Wegen der Gefahren der Blankett- u. Rahmenges. s. Lindenberg DJZ. 1914, 457. Die Befugnis zum Erlaß v. PolVorschr. wird bisweilen die kleine Gesetzgebung genannt.

Darüber, ob Art. 1 Abs. 1 u. 2 (also, soweit er sich auf PolVorschr. bezieht) noch wirksam ist, können ernstliche Zweifel bestehen im Hinblick auf § 61 Nr. 7 BayrVerf., wonach „RechtsVOen durch das Gesamt-Ministerium oder die einzelnen Minister nur auf Grund gesetzl. Ermächtigung erlassen werden können," in Verbindung mit § 3 Abs. 2 BayerVerf., wonach die dem Landtag zustehenden Rechte u. Aufgaben (also auch die Rechtssetzung) nur übertragbar sind, soweit dieses die Verfassung vorsieht. Man kann daraus den Schluß ziehen, daß andere Organe als das Gesamtministerium oder die einzelnen Minister RechtsVOen überh. nicht erlassen können, weil verfassungsmäßige Ausnahmen im Sinne des § 3 Abs. 2 zu ihren Gunsten nicht bestehen (Nawiasky § 30 Nr. 4, § 53 Nr. 10). Von dieser Ansicht aus sind alle PolVorschr. durch VO. der Ministerien nach § 61 Nr. 2 u. 7 Bayer.Verf. zu erlassen. Lösungen dieses zu praktischen Unzuträglichkeiten führenden Zustands sind versucht: In Weiterbildung der angeführten Ausführungen Nawiaskys von Kratzer: § 61 A. 23: Art. 1 Abs. 1 PStGB. sei aufrecht erhalten durch § 94 Bayr. Verf. Neue Ermächtigungen an andere Behörden als die Ministerien dürften aber nicht mehr ergehen; sie seien nur durch verfassungsänderndes Ges. möglich. Hiebei bleibt offen, ob der Verfasser annimmt, daß neue Landesgesetze ihrerseits eine Delegation an andere Organe als die Ministerien überhaupt nicht mehr begründen können, oder ob auch für sie noch Art. 1 PStGB. gilt und nur ausgeschlossen ist, daß PolVorschr. von anderen als den nach Maßgabe des PStGB. zur Erlassung von ober-, bez.- u. ortspol. Vorschriften zuständigen Organen erlassen werden. Von Mayer BBl. 1925, 118: § 61 Nr. 7 bezeichne das Ministerium mit der unterstellten Behörde; dagegen Kratzer BBl. 1926, 124. Von Dyroff S. 88, der den § 61 Nr. 7 BayVerf. auf die „zentrale" Rechtssatzung beschränken will u. sonach ohne verfassungsänderndes Gesetz die Übertragung der Rechtssatzung an „nicht zentrale Organe" zulassen will. Die Rechtsprechung hat, soweit ersichtlich, jedenf. ausdrücklich zur Frage noch nicht Stellung genommen. Eine dem prakt. Bedürfnis genügende Lösung läßt sich, wie auch auf anderen Gebieten, nur gewinnen, wenn man den Gerichten die Befugnis zugesteht, vollständig unbrauchbare formell-gesetzl. Bestimmungen für unwirksam zu erklären; wozu man sich entw. darauf berufen mag, daß der Gesetzgeber eine solche Bestimmung nicht gewollt haben kann, oder darauf, daß es Fälle geben kann, in denen die Pflicht des Richters, „Recht" zu sprechen, es fordert, das formelle Recht zu korrigieren (jus civile corrigere).

2. Welche der in Abs. 1 vorgesehenen Formen zu wählen, durch Landesges., nicht durch VO. oder MinE. zu regeln. Für PolVerfüg. kann (wo solche gesetzl. Grundlage haben) die Zuständ. durch VO. geregelt w. Regelung der Zuständigk. erfolgt durch die ZustVO. v. 4. Jan. 1872 (s. Tl. III). Nicht immer sofort erkennbar, ob eine allg. verbindliche Vorschr., oder eine PolVerf. gemeint ist; s. z. B. „ortspol. Verbot" in Art. 37 oder „Sicherheitsmaßregeln" in Art. 67 Abs. 2; dann durch Auslegung zu entscheiden. Der Ausdruck „Anordnungen" umfaßt für die Regel beide Arten (vgl. KdAbg. 1859/61, GGA. Beil. 3, 175; Stengel ZfGR. 8, 356); bisweilen aber Legaldefinitionen, s. Art. 44 Abs. 2. Abs. 1 (dieser in Verbindung mit dem ergänzenden LandesGes., s. Satz 1 dieser A.) u. 2 des Art. 1 regeln, ersterer unmittelbar, letzterer mittelbar, nicht bloß die Zuständigk., sondern gewähren damit auch im ganzen Umfang des Blankettges. das Recht zur Ausfüllung; es bedarf nicht noch einer weiteren landesges. Bestimmung des Umfangs des Ausfüllungsrechts; nicht ganz zutreffend Seydel BlAPr. 1897, 356.

3. Dienstbefehle auch hinsichtlich des Erlasses von PolVorschr. zulässig (Graßm. 1, 856); wegen der Aufhebung der PolVorschr. s. aber Art. 12 A. 6. Die

Erlassung orts- u. bezirkspol. Vorschr. durch die Gemeindebeh. ist eine Angelegenh. der Selbstverw. und nur beschränkbar nach Maßgabe der Art. 5, 6, 12 u. 13 PStGB.; bei unzuläss. Eingriffen in das SelbstverwRecht auch hier Beschw. zum VerwGHof nach Art. 10 Nr. 2 VerwGHofG. (Woerner GemO. Art. 51 A. 12 Abs. 3).

4. In den Fällen des Abs. 2 nicht ausgeschlossen unmittelbarer Erlaß durch Landesges. Die für das preuß. Recht (s. KGJ. 20 C 123; RG. bei Reg. 2. Erg.-Bd. S. 103) erhebliche Unterscheidung in den Blankettbestimm. des StGB. zwischen VOen u. PolVOen (§ 366 Nr. 10 gegen § 367 Nr. 5) für Bayern unerheblich; hier stets Erlaß nur nach Abs. 2 zulässig.

5. Nur VOen, nicht sonstige Verwaltungsakte können die „Zuständigkeit" (richtig die rechtliche Fähigkeit) zum Erlaß pol. Verfüg.*) begründen, selbst wenn an sich (zu Einzelverfügungen) die Zust. einer Behörde in einer gewissen Sache durch Min.-Entschl. begründet w. kann. Ausnahme nur, wenn (was auch stillschweigend möglich) Art. 1 Abs. 3 durch eine gesetzl. Bestimmung geändert ist. Keine Formvorschriften für den Erlaß pol. Verfüg. (vorbehaltlich der Sondervorschr. für gewisse Arten); deshalb auch mündlich zulässig; Begründung nicht nötig; insbesondere zur Wirksamkeit auch nicht Kenntnis der Beteiligten notwendig; diese nur erheblich für die Schuldfrage (Fahrlässigkeit); schlechthin Kenntnis fordert ObSt. 7, 326; Gerstle S. 728; PilSch. § 57 S. 112: Zur Wirksamkeit ist Bekanntm. an den, der sie befolgen soll, erforderlich. Wegen der zuständigen Behörde s. § 33 ZustVO. Zulässigkeit des Widerrufs von Pol.-Verfüg. (ObSt. 15, 47). Richtig: Von der unzuständigen Behörde erlassene, im hohen Grad unbestimmte, tatsächlich unmögliche, sittenwidrige u. gesetzlich Verbotenes erfordernde PolVerfüg. (Gerstle S. 729). S. auch Art. 14 A. 1.

Gesetz im Sinne des Abs. 3 Art. 51 Abs. 3 u. Art. 54 Abs. 4 GemO., von denen ersterer für mittelb. Gemeinden für die „ortspol. Geschäfte" (abgesehen. von der Erlassung ortspol. Vorschr.) grundsätzlich „den Ersten Bürgermeister persönlich" und „unter seiner Leitung und Verantwortung Gemeindebeamte" für zuständig erklärt und bei „Gefahr in Verzug die zuständigen Staatsbehörden" berechtigt sein sollen, die erford. Maßregeln selbst zu treffen; die Vertretung des Ersten Bürgermeisters hierbei regelt Art. 18 mit Art. 51 Abs. 3 S. 2 GemO. Für unmittelb. Gemeinden sollen für die ortspol. Geschäfte (abgesehen von der Erlassung ortspol. u. bez.-pol. Vorschr.) der Gemeinderat oder ein beschließender Ausschuß (Senat) zuständig sein, für die Handhabung der Sicherheitspolizei der Erste Bürgermeister allein; in dringenden Fällen hat dieser auch die Befugnisse des Gemeinderats u. des beschließenden Senats; die Vertretung des Ersten Bürgermeisters regelt Art. 51 Abs. 3 Satz 2 GemO. Dazu trifft Art. 52 Bestimmungen über Ausübung der Polizeigewalt in mittelb. Gem. durch staatl. Beamte u. Art. 55 GemO. Bestimmungen über die Übertragung der Sicherh.polizei in unmittelb. Gem. und benachbarten mittelb. Gemeinden auf staatl. Behörden (Polizeidirektion, Stadtkommissäre).

6. Die Ermächtigung zu PolVorschr. enthält nicht die Ermächtigung zu PolVerfüg.; s. KdAbg. 1856/61 Beil. 2, 331, auch ObSt. 1, 50 (anders das preuß. Recht, Friedrichs DJZ. 1911, 1537); deshalb, weil Umgehung des Ges., unzulässig, in PolVorschr. den Erlaß von PolVerfüg. vorzubehalten; das Ges. unterscheidet zwischen den begrifflich verschiedenen PolVorschr. einers. u. den PolVerfügungen

*) S. zu den PolVerfügungen im allg. Gerstle, Die PolVerfügung im bayer. Recht, Ann. 1917, 540.

anders.; PolVerfügungen können desh. nur auf gesetzl. Grundlage, nicht auf der Grundlage von PolVorschriften beruhen; im Ergebnis so auch Gerstle S. 576 Note 12 (a. A. ObSt. 27, 228, BayZ. 1928, 92; ObSt. 27, 67; 8, 285; 7, 268; 6, 210; 5, 202; BlAPr. 1878, 49); selbstverständlich kann im Einzelfall eine PolVorschr. nur für eine Person praktisch von Bedeutung sein. Eine Befugnis, PolVerfügungen auf Grund von Ermächtigungen in PolVorschriften zu erlassen, kann auch nicht aus § 33 ZustVO. abgeleitet werden (s. ObSt. 27, 62); denn sie konnte nur das zuständige Organ für gesetzl. vorgesehene Handlungen bestimmen, nicht Ermächtigungen, die im Gesetz selbst nicht vorgesehen sind, schaffen. Grundsätzlich ist auch für das bayer. Recht der Ansicht zuzustimmen (RG. GArch. 69, 240), daß PolizeiVOen unwirksam sind, die Normen überhaupt nicht festsetzen, sondern nur eine Strafandrohung für Übertretung eines Gebots oder Verbots enthalten, welches erst im Einzelfalle von einem Polizeibeamten ausgesprochen wird. Dieses hat auch zu gelten für die Frage der Verkehrsregelung (anders RG. a. a. O.). Eine andere Frage behandelt Anh. zu Art. 1 A. 12.

7. Abs. 2 insbes. maßgebend für die Marktordnungen nach § 69 GewO.: alle Vorschr. des PStGB. für ortspol. Vorschriften sind einzuhalten (BlAPr. 1878, 401). Desgl. Abs. 2 u. 3 u. Art. 2—15 maßgebend für die zum Vollzug des Viehseuchenges. v. 26. Juni 1909 ergehenden Vorschr. u. Verfüg.; vorbehalten bleibt die Sonderregelung hins. des BeschwVerf. (s. Art. 14 A. 4) u. § 79 Abs. 2 ViehseuchG. Ebenso sind Abs. 2 u. 3 u. Art. 2—15 maßgebend für die nach §§ 11—27 des RG. v. 30. Juni 1900, betr. die gemeinges. Krankheiten zulässigen Schutzmaßregeln.

8. Irrtum über den Inhalt einer PolVorschr. ist Strafrechtsirrtum; denn sie ist eine Vervollständigung des Strafges. (s. ObSt. 7, 378; 12, 278; 26, 31; Dresden GArch. 73, 152; RG. GArch. 71, 94; a. A. die ständige Rechtspr. des RG. 36, 359; 47, 282; 57, 15; desgl. OLG. Hamburg LZ. 1927, 550); GArch. 72, 303; s. aber auch RG. BayZ. 1927, 374. Doch kommt vom Standpunkt des ObLG. in Betracht, daß dieses ausnahmsweise, unter besonderen Umständen, nämlich dann, wenn auch das geringste fahrl. Verschulden ausgeschlossen ist, auch dem Strafrechtsirrtum schuldausschließende Wirkung beilegt (ObSt. 10, 388; 22, 57, BayZ. 1922, 212, irrtümliche Auskunft der Behörde; 25, 9, freisprechendes früheres Urt. in ähnlicher Sache u. Zurücknahme der Berufung der Staatsanwaltsch., und 77, irrtüml. Belehrung durch die Behörde; 26, 181; 28, 27). Nehmen die Pol.-Vorschr. aber Zivilrechtsbegriffe in sich auf (z. B. dem Eigentümer werden Verpflicht. auferlegt), dann Irrtum insoweit zivilrechtlich. Das Gleiche gilt entsprechend von Begriffen des Staatsrechts und allen nicht rein strafrechtl. sonstigen Rechtsbegriffen. Die Revision kann gemäß § 337 (früher § 376) StPO. auf die Verletzung von PolVorschr. nicht aber von PolVerfüg. gestützt werden (ObSt. 4, 316; 2, 61).

9. Nach InnMB. v. 17. Juli 1928 (StAnz. Nr. 164) haben, soferne nicht Gefahr im Verzug ist, die Polizeibehörden vor Erlaß von Polizeivorschriften, die die Verhütung von Unfällen bezwecken und dabei auch dem Unfallversicherungszwang unterworfene Gewerbezweige und Betriebsarten betreffen, den beteiligten Genossenschafts- oder Sektionsvorständen Gelegenheit zur Stellungnahme zu geben. Die erlassenen Polizeivorschriften sind diesen Genossenschafts- oder Sektionsvorständen im Abdruck mitzuteilen; s. auch RVersichO. § 871. Es handelt sich hierbei um eine reine Dienstvorschrift; die Nichtbeachtung ist ohne Einfluß auf die Rechtswirksamkeit.

Anhang zu Art. 1: Die Grenzen des Rechts zur Erlassung von Pol.Vorschriften (abges. von Art. 2—14)*).

1. Inhaltliche Schranken.

1. Unwirksam PolVorschr., die im Interesse eines einzelnen erlassen werden (KGJ. 23 C 21); gleichgültig aber, wenn tatsächlich nur Privatinteressen berührt werden (KGJ. 43 C 434; 23 C 21). Sie müssen allgemein sein (ObSt. 16, 43); das bedeutet aber nur, daß sie grundsätzlich auf alle gleichen Verhältnisse gleichheitlich Anwendung zu finden haben. Kein Hindernis, Ausnahmen zugunsten einzelner zu machen (ObSt. 9, 154), auch, wenn sie von poliz. Einzelgenehm. abhängig sind (OTr. GArch. 27, 243; Petri GemZ. 1914, 130 sog. „Dispensationsvorbehalte"; unzutreffend aber dieser insoweit, als er nur Ermächtigungen zugunsten der pol. VollzBehörden zulassen will; es entscheidet nur der Inhalt der PolVorschr.).

2. Privatrechtl. Verhältnisse können durch PolVorschr. nicht geregelt werden (ObSt. 16, 11): Regelung der Geschäftsfähigkeit, wenn auch nur für gewisse Beziehungen, Bestellung gesetzlicher Vertreter, nachbarrechtliche Bestimm., Regelung der familienrechtl. Gewaltverhältnisse, Erzwingung oblig. Verpflichtungen, Verbot des Kreditgebens, Bestimmung der Verwirkung von Rechten (s. KGJ. 6, 285; 8, 150; 17, 311; BadVGH. bei Sörgel Jahrbuch 1912, 212; OGHSt. 3, 533; Jellinek S. 252). Wegen des Eingriffs in Privatrechte s. unten A. 4.

3. Haftung Dritter für die Geldstrafe oder für Schadenersatz oder für Wiederherstellung kann (ohne besond. Ermächtigung) in PolVorschr. nicht ausgesprochen werden; denn die Folgen des Tatbestandes bestimmt das Blankettges. Ebensowenig können Geldleistungen zu poliz. Zwecken auferlegt w.; denn damit würde in die Finanzverw. eingegriffen (s. auch GemZ. 1893, 296); ähnlich PolSch. § 55 S. 109. Sie dürfen nicht ein Mittel zur Verschiebung der Leistungspflicht sein.

4. Die Polizeivorschriften müssen sich innerhalb des aus dem Aufbau unseres Staatswesens sich ergebenden, z. T. wohl auch gewohnheitsrechtl. näher abgegrenzten Gebietes der Polizei halten (nicht ausdrücklich ausgesprochene, aber aus allgemeinen Erwägungen abzuleitende, unbewußt von der Rechtsprechung im allgemeinen auch eingehaltene Rechtsfolgerung), soweit nicht im Einzelfall eine darüber hinausgehende (auch stillschweigende) besondere gesetzliche Ermächtigung besteht.

Unter diesem Gesichtspunkt ist auch die Frage zu lösen, inwieweit durch Polizeivorschr. in die durch Privatrechte gewährte Herrschaftsmacht eingegriffen werden kann; soweit der (richtig verstandene) Bereich der Polizei geht, stehen deshalb der Erlassung von Polizeivorschriften privatrechtl. Befugnisse nicht entgegen; das richterliche (rechtliche Ermessen) — im Gegensatz zum Verwaltungsermessen — hat häufig die Grundlage der Entscheidung zu bilden. Die Rechtsprechung versucht die Lösung für die Regel unter dem Gesichtspunkte, daß wohl die „Ausübung" der Privatrechte eingeschränkt, nicht aber diese selbst durch Polizeivorschr. beeinträchtigt werden dürfen; diese Unterscheidung ist logisch nicht haltbar; auch ein Eingriff in die „Ausübung" ist eine Störung des Privatrechts; es bedarf eines besonderen Rechtsgrundes auch hinzu. Dieser ist die aus dem Wesen der Polizei abzuleitende, also auf einem besonderen Rechtsgrund beruhende öff.-rechtl. Eingriffsbefugnis. Von diesem Ge-

*) Die im folgenden entwickelten Beschränkungen ergeben sich im wesentl. daraus, daß es sich um Vorschriften polizeil. Charakters handelt (s. Vorbem. 1 vor Art. 1).

sichtsp. aus — nicht aus dem Gesichtsp. der Enteignung — ist auch die Frage der Zulässigkeit der (polizeilichen) Entziehung des Eigentums zu lösen. Das Reichsrecht steht solchen Eingriffen nicht entgegen, weil sie sich aus dem auch landesrechtlich zu regelnden Polizeirecht ergeben; die Versuche, die Zulässigk. solcher Eingriffe aus dem Wesen der beeinträchtigten Privatrechte u. der größeren oder geringeren Art des Eingriffs in sie zu erklären, müssen schon daran scheitern, daß das bürgerl. Recht reichsrechtl. geregelt ist und das Landesrecht Bestimmungen privatrechtl. Natur nicht treffen kann.

Aus der (das jurist. Wesen des Rechtsverh. verkennenden, wenn auch im Ergebnis es meistens zutreffend würdigenden) Rechtspr. sei verwiesen auf: ObSt. 11, 262 (s. dazu Schierlinger BayZ. 1912, 4): Die durch die PolVorschr. zu schützenden Rechtsgüter seien in ihrem Verhältnis zum Wert und zur Bedeutung des Privatrechts zu würdigen; ObSt. 12, 209 will das Recht des Eigentümers möglichst unangetastet lassen; andere Erwägungen stellen an ObSt. 9, 154; BayZ. 1907, 217; ObSt. 6, 210*); Rotering Preuß. Kommunal-Arch. 1912, 22. S. weiter PrOVG. Reg. 19, 374 (Aufenthaltsverbote für verheiratete Prostituierte); KGJ. 38 C 34 (Beschränkung des Gemeingebrauchs); KGJ. 7, 281 (Beschränkung des Eigentums u. dingl. Rechte). Unzulässig vollständige Enteignung (ObSt. 26, 114; BayZ. 1926, 355; äußerst ausführliche, unter Heranziehung des ganzen, vom herrschenden Stande aus verfügbaren Materials die Frage würdigende Entsch., die aber gerade durch ihre Einzeldarlegungen die Unmöglichkeit zeigt, von einem anderen als dem oben eingenommenen Standp. zu einer Lösung zu gelangen). Zur Frage der Enteignung durch PolVorschr. nach Art. 101 PStGB. u. § 367 Nr. 15 StGB. s. auch Martius VBl. 1928, 119 (mit z. T. kaum zutreffenden Ergebnissen).

Der oben Abs. 2 entwickelte Gedanke muß auch die Grundlage für die Beurteilung des Einflusses des Art. 153 Abs. 2 RVerf. auf die Erlassung poliz. Vorschr. bilden. Entscheidend ist die Frage, ob es sich in Wahrheit noch um eine polizeiliche Angelegenheit oder um eine verschleierte Enteigung handelt; letzteren Falls ist die PolVorschr. unwirksam, gleichgültig, ob eine Entschädigung vorgesehen ist oder nicht; ersteren Falls kommt Art. 153 Abs. 2 überh. nicht zur Anwendung. ObLG. BayZ. 1930, 340 will Enteignungen durch PolVorschr. schlechthin zulassen, solange es sich um eine allgemeine Regelung handelt, und nicht einzelnen Sachbeteiligten oder einem engeren Kreis ein besonderes Opfer auferlegt wird.

5. Unwirksam PolVorschr., die mit Grundsätzen der StPO. in Widerspruch stehen, so mit dem Recht der Zeugnisverweigerung, oder dem Grundsatz, daß der Beschuldigte die Auskunft verweigern darf (s. KGJ. 27 C 55); unwirksam deshalb Vorschr., welche bezwecken, die Strafverfolg.-Beh. in der Ermittlung von Straftaten zu unterstützen (KGJ. 42, 367), oder die der Polizei die Aufsicht erleichtern sollen (KGJ. 26 C 6), oder das Legalitätsprinzip umgehen wollen, z. B. ein Antragsrecht der PolBeh. einführen (z. B. Unterfr. ObPolVorschr. v. 8. Aug. 1910, KrBl. 43).

6. Ausgeschlossen ist es auch, Dienstanweisungen in dem Gewand einer PolVorschr. zu geben (vgl. KGJ. 22 C 3; Pr. OVG. Reg. 19, 170) oder die Disziplin durch solche zu regeln (KGJ. 25 C 44).

---

*) An sonstigen Entsch. über die Zulässigkeit von Eingriffen in das Privatrecht s. Stenglein ZB. 1868, 71; OGHSt. 2, 6 (9); 9, 70; OSt. 8, 168; 8, 401; 9, 27; 9, 113; ObSt. 1, 59; 2, 201 (205); 2, 312; 7, 268; 8, 294; 9, 154; 10, 77; 16, 43; RG. Reg. 40, 132 (Unzulässig gewisse Vorschriften über Treppenbeleuchtung).

7. Enthält eine pol. Vorschrift Anordnungen, die eine Zuwiderhandlung gegen eine gesetzl. Strafbestimmung notwendig machten, so kann eine Bestrafung nicht erfolgen; denn ihre Beachtung ist unter diesen Umständen rechtl. unmöglich. Gleich diesem ist der Fall zu behandeln, wenn die Beachtung der Vorschrift Einrichtungen erfordert, die nicht oder noch nicht vorhanden sind; hier fehlt es an einem Verschulden des Täters. (Unrichtig OSt. 10, 93). Unwirksam auch eine PolVorschr., die zwingt, die Grundsätze von Treu und Glauben zu verletzen (RG. DJZ. 1912, 868).

8. Nicht gilt für das bayer. Recht der Grundsatz der „Verhältnismäßigkeit" der durch PolVorschr. geübten Abwehr (für Baden BadVGH. Reg. 30, 557; für Sachsen InnME. Reg. 30, 367).

9. Ebenso ist dem bayer. Recht die Beschränkung fremd, die sich durch die Annahme besonderer Gewalten (Militärgewalt, Unterrichtsgewalt) ergibt, in die die Polizei nicht eingreifen dürfe (für Preußen s. Schultzenstein DJZ. 1912, 832 und 1913, 435; OVG. DJZ. 1914, 1138). Wegen Bindung des Militärs an PolVorschr. s. RGSt. 59, 406; Rittau Ann. 1929, 222 (verkennt, daß Deutschl. Rechtsstaat ist); Eichner GemZ. 1927, 60; 1926, 280; JMB. v. 1. Okt. 1921 (JMBl. 166). Zur Frage der Befugnisse der Polizei gegenüber der Reichsbahngesellsch. s. Eichner GemZ. 1926, 180.

10. Die PolVorschr. bestimmt auch, soweit nicht das Blankettges. dieses regelt (ausdrücklich oder stillschweigend), die Schuldform; auch Bestrafung ohne Schuld darnach möglich; s. auch Vorbem. X vor Art. 1. Nach preuß. Recht „kriminalistische" Schuld notwendig (RG. GArch. 51, 62). Strafhöhe durch das Blankettges. bindend festgesetzt; auch keine Androhung einer geringeren Strafe.

2. Formelle Beschränkungen.

11. Geisteskrankheit des Organs, das die PolVorschr. erließ, macht sie nicht unwirksam (Jellinek S. 235). Wirkung des Irrtums bei Erlaß pol. Vorschr. Möglichkeit der Konversion (Bervier GemZ. 1919, 374).

12. Delegation des durch Gesetz verliehenen Rechts zur Erlassung von PolVorschr. etwa von den Regierungen an die BezÄmter, wenn auch nur hinsichtl. einzelner Punkte, ist grundsätzlich unzulässig; denn die Befugnis zur Erlassung ist zugleich Pflicht (s. auch Edel KDAbg. 1871/72 GGA. Verh. 1, 10; Jellinek S. 258, 260; Graßm. 1, 856; Stengel ZfGR. 8, 385). Es kann aber selbstverständlich in einem einzelnen Fall durch das ermächtigende Gesetz die Delegation (auch stillschweigend) zugelassen sein. Die bayer. Rechtspr. läßt Delegation zu, aber nur zum Erlaß näherer Bestimmungen über die Durchführung „im Rahmen einer VollzBest." (ObSt. 14, 339; 13, 265; 1, 61; OGHSt. 3, 570). Weitergehend ObSt. BayZ. 1929, 363; die Frage lasse sich weder allg. verneinen, noch bejahen; es sei „von dem einzelnen Gesetz auszugehen". (S. auch KdAbg. 1859/61 Beil. 3, 145.) Wegen der preuß. Rechtspr. s. KGJ. 37C 5; 26C 3; 43, 411; RG. Recht 1914, 401.

Verschieden von der Frage der Zulässigk. der Delegation ist die, inwiefern Zuwiderhandlungen gegen Anordnungen einzelner Organe (z. B. des den Straßenverkehr ordnenden Schutzmannes) unter Strafe gestellt werden können; hier besteht die Norm in dem Verbot der Zuwiderhandl. gegen die Einzelanordnung, es liegt keine Delegation vor. Solchen Vorschr. steht das Verbot der Delegation nicht entgegen (ObSt. 1, 421; 2, 196; 3, 348; Neukamp DJZ. 1914, 952); im übrigen s. hierzu Art. 1 A. 6.

13. Die PolVorschr. muß die Gebote und Verbote vollinhaltlich aufnehmen; nicht genügend, wenn eine anderweit getroff. Anordnung „gleichlautend" für

anwendbar erklärt wird, ohne volle Wiederholung. Der Sinn der gesetzl. Anordn. der Veröffentlichung ist, den Beteiligten die Gebote und Verbote in gewisser autoritativer Weise, die auch den Inhalt jederzeit feststellen läßt, zur Kenntnis zu bringen; dieser Zweck wird durch eine bloße Bezugnahme nicht erreicht. Ungenügend auch Verweisung auf eine im Buchhandel erschienene Druckschrift (KGJ. 28 C 33). Unwirksam desh. insbes. die zu Art. 101 PStGB. erlassene VO. v. 8. April 1929 (GVBl. S. 57), insoweit sie „die Vorschriften des Verbands deutscher Elektrotechniker für Außenantennen" zum Inhalt einer PolVorschr. macht. S. auch Art. 11 A. 3.

14. Unschädlich die Verweisung auf eine unzutreffende gesetzl. Grundlage, wenn nur eine solche tats. besteht (ObSt. 10, 36; 6, 122; BayZ. 1928, 226; OSt. 9, 323). Anführ. der ges. Grundlage zur Wirksamk. nicht notw. (ObSt. 13, 169, legislatorisch bedenklich); notwendig bestimmte Abgrenzung des Tatbestandes (ObSt. 13, 7 mit KGJ. 31 C 3); ungenügend bloß allg. Weisungen (KGJ. 36 C 82); notwendig Gemeinverständlichkeit u. klare Fassung (KGJ. 23 C 26, KG. DJZ. 1916, 541); unwirksam Vorschr., die keinen deutlich umschriebenen Tatbestand enthalten (JFG. Erg. 7, 159; KG. DJZ. 1930, 236); unwirksam ist jede Vorschrift, wenn sie sich nicht so bestimmt ausdrückt, daß aus ihrem Inhalt selbst ihre Tragweite festgestellt und der Tatbestand mit Sicherheit abgegrenzt werden kann (ObSt. 27, 108; ObSt. 29, 166, BayZ. 1930, 60; 1928, 194); notwendig Gebrauch der deutschen Sprache (Jellinek S. 226).

3. Zeitliche u. örtliche Grenzen der Wirksamkeit.

15. Die gesetzl. Grundlagen müssen schon bei Erlassung der PolVorschr. bestanden haben; es genügt nicht neue Publikation nach dem Wirksamwerden der gesetzl. Grundlagen; notw. vielmehr neuer Erlaß (Karlsr. BadRpr. 1908, 306); a. A. wohl auch nicht RG. 46, 393. § 2 StGB. nicht anwendbar; also bei Veränd. der Fassung der PolVorschr. Bestrafung nach der Fassung z. Z. der Tat (RG. 31, 226); ebenso Bestrafung nach vollst. Aufhebung der Vorschr., solange nur das Blankettges. besteht; bestritten (s. Schwarze StGB. § 2 A. 9; Seyferth JW. 1915, 612; RG. GArch. 64, 548; Knipschaar Recht 1915, 126); gegen die Anwendung des § 2 Abs. 2 StGB. bei einer Änd. der blankettausfüllenden Vorschrift auch RG. BayZ. 1929, 76: Es handle sich nur um eine Änderung der tatsäch. Bedingungen der Strafbarkeit, nicht um eine Änderung des Strafgesetzes. Nunmehriger Standp. d. ObLG. hinsichtlich der Anwendung des § 2 Abs. 2 StGB.: § 2 Abs. 2 ist nur dahin zu verstehen, daß, wenn der Gesetzgeber bezüglich der Strafbarkeit der Handlung oder der Höhe der Strafe in der Zeit von der Begehung bis zur Aburteilung zu einer anderen Rechtsanschauung gelangt, letztere maßgebend ist; dieses aber dann nicht, wenn nur eine Änderung der tatsächl. Verhältnisse (im gegebenen Falle der Verhältnisse des Kraftwagenverkehrs) stattfand u. desh. die Gesetzesvorschr. geändert wurde; dieser Grundsatz wird in gleicher Weise hins. der Änderung bloß der blankettausfüllenden Vorschr. angewendet (Urt. v. 12. Juni 1923 I 289/23 mit ObSt. 27, 46; Ähnlich ObSt. 26, 263).

16. Örtl. Wirkungskreis beschränkt auf den Bereich des Bezirks, für den die PolVorschr. erlassen wurde; auch durch ausdrückl. Bestimm. über den Amtsbezirk des erlassenden Organs nicht ausdehnbar; doch braucht sich der Zuwiderhandelnde nicht im Bezirk aufzuhalten, nur muß seine Handlung dort in Erscheinung treten (KG. DJZ. 1912, 1533). §§ 4ff. StGB. nicht entsprechend anwendbar. Zulässig auch die Erlassung für Teile des Amtsbezirks des erlassenden Organs so für ortspol. Vorschr. ObSt. 5, 207; 13, 163; 16, 43; anders wohl für bezirkspol.

Vorschr. ObSt. 2, 201 (203); 4, 392; a. A. schlechthin Grahm. 1, 857; wegen der Erlassung ortspol. Vorschr. für Teile des Bezirks, wenn die Polizei in unmittelb. Städten staatl. PolBehörden übertragen ist, s. Art. 3 Abs. 1 S. 2 u. A. 5). Auch VOen können mit Beschränkung auf Landesteile erlassen werden. S. auch Art. 7.

17. Bei Lostrennung von Gebietsteilen bleiben die für sie bisher geltenden Vorschr. in ihnen in Kraft (ObSt. 5, 207; RG. GArch. 51, 61; DJZ. 1907, 414; RGJ. 27 C 49); a. A. PrOVG. DJZ. 1907, 52. Bei Einverleibungen ist für die Ausdehnung der in dem einverleibenden Bezirke geltenden Vorschr. auf das einverleibte Gebiet Neuerlassung notwendig (Bad. VGH. BadRpr. 1912, 153; RGJ. 34 C 3; RG. GArch. 51, 61 gegen PrOVG. Reg. 28, 156). Ungenügend bloße Neuveröffentlichung; a. A. ObSt. 5, 207; 1, 36; OSt. 6, 685; BayVGH. 24, 561; Stenglein ZB. 1865, 253; Karner BlAPr. 1907, 209.

Für Bezirksänderungen seit 1. April 1928 gilt folgendes: Nach Art. 9 Abs. 1 mit Art. 5 Abs. 1 Satz 1 GemO. erstrecken sich bei Änderungen im Bestande der Gemeinden, Ortschaften und abgesonderten Markungen die öffrechtl. Vorschr. (also auch die ortspol. Vorschr., auch solche nach Art. 4 Abs. 2 PStGB.) der Gemeinde, mit der die Vereinigung erfolgt ist, vom Zeitpunkt der Änderung an auch auf die einbezogenen Gebiete; die in diesen Gebieten bis zur Vereinigung geltenden öffrechtl. Vorschr. der Gemeinde treten gleichzeitig außer Kraft. Ausnahmen können in der über die Änderung ergehenden Anordnung genehmigt werden. Die Änderungen werden vom Min. des Innern oder der hierzu ermächtigten KreisRegg. verfügt (Art. 5 Abs. 1 Satz 2).

Das Inkrafttreten u. Erlöschen erfolgt ipso jure mit der Wirksamkeit der Änderung; also insbes. auch nicht notw. neue Veröffentlichung. Die Änderung wird wirksam, wenn die Anordnung der Verwaltungsbehörde auf amtliche Veranlassung nach außen in Erscheinung getreten ist; sie kann aber die Änderung auch mit Wirksamkeit von einem späteren Zeitpunkt an verfügen; a. A. z. Tl. Woerner GemO. Art. 5 A. 13, wonach die Verfügung der VerwBehörde mit ihrer Zustellung oder der amtlichen Veröffentlichung wirksam werden soll; wieder anders Stöhsel GemO. Art. 5 A. 5, wonach der Tag der Entschließung des Min. des Innern oder der ermächtigten Kreisregierung maßgebend sein soll, wenn nicht hierin ein besonderer Zeitpunkt bestimmt wird, Zustellung oder Veröffentlichung in der Staatszeitung belanglos sein soll. Außer Kraft treten alle pol. Vorschr., auch wenn sie nur für einen Teil des einverleibten Bezirks von Erheblichkeit waren (a. A. Woerner GemO. Art. 9 A. 3). Ausnahmen können in der Verfügung der VerwBehörde nur genehmigt, nicht angeordnet werden; es ist also Vereinbarung der nach Art. 5 Abs. 2 GemO. Beteiligten notwendig.

Keine Anwendung des Art. 9, wenn eine Bildung völlig neuer Gemeinden erfolgt; denn diesen Falls ist keine „Gemeinde, mit der die Vereinigung erfolgt ist" (Art. 9 Abs. 1 Satz 1 GemO.) vorhanden und auch „Ausnahmen" (Art. 9 Abs. 1 Satz 2) sind nur von den Bestimmungen des S. 1 zulässig. Die für die einzelnen vereinigten Gebietsteile erlassenen Vorschr. bleiben solchen Falls bis zur Änd. im regelm. Verfahren in Kraft; a. A. ohne ausreichende Begr. Laforet GemO. Art. 2 A. 3, Art. 9 A. 2; darnach hätte die Regelung gemäß Art. 9 Abs. 1 Satz 2 durch (formlose?) Verfügung (nicht Genehmigung) des InnM. zu erfolgen.

Nach Art. 41 der BezirksOrdn. v. 17. Okt. 1927 erstrecken sich die öffentlichrechtl. Vorschriften (also auch die bezpoliz. Vorschriften) des Bezirks, mit dem die Vereinigung erfolgt ist, vom Zeitp. der Änd. an auch auf die einbezogenen Gebiete. Eine ganz entsprechende Bestimmung trifft für die Änderungen im Bestand eines Kreises Art. 40 der KreisOrdn. v. 17. Okt. 1927. Eine Bestimmung über das Außerkrafttreten der in dem einverleibten Gebiet bereits bestehenden bez.- oder oberpol. Vorschriften, sowie über die Zulassung von Ausnahmen treffen diese Bestimmungen, abweichend von der in Art. 9 GemO. getroffenen Regelung nicht. Es bleiben also die bestehenden Vorschr. bestehen und bei einem Widerspruch zwischen den bestehenden und den neu in Kraft tretenden, gehen letztere als die lex posterior vor; Ausnahmen sind unzulässig; es fehlt hier eine dem Art. 9 Abs. 1 S. 2 entsprechende Bestimmung. Im übrigen gilt das oben zu Art. 9 GemO. Bemerkte auch hier.

Spätere Änderung und Aufhebung der so in Kraft getretenen Polizeivorschr. erfolgt in der gewöhnl. Weise.

4. Sonstige Bemerkungen.*)

18. Sind einzelne Bestimm. einer PolVorschr. unwirksam, so bleiben damit nicht in Zusammenhang stehende wirksam (ObSt. 13, 265; ObSt. BayZ. 1929, 110); besteht ein Zusammenhang, so sind die mit unwirks. im Zusammenhang stehenden nur dann wirksam, wenn anzunehmen, daß sie trotzdem gewollt sind (ObSt. 13, 163). Nichtig die ganze Vorschr., wenn ihre Fassung eine Ausscheidung der Fälle, für die sie wirksam sein könnte, nicht ermöglicht (ObSt. 26, 243). Grundsätzlich bietet der in § 139 BGB. für die rechtsgeschäftl. Willenserklärung formulierte, allg. Rechtsgedanke auch hier die Lösung. Geht die PolVorschr. als solche, allgemein zu weit, so ist sie unwirksam auch für einen Tatbestand, den sie an sich hätte erfassen können (KGJ. 34 C11; JFG. Erg. 7, 159; ObSt. 14, 36). Anwendung auf Vorschriften für Märkte (Spezialmärkte): KGJ. 43 C378.

19. Schreib- u. Druckfehler können ohne Beobachtung der für die Erlassung geltenden Vorschr. berichtigt w. (KGJ. 43 C366).

20. Ein besonderes Publikationsrecht kennt das bayer. Recht nicht; es ist deshalb die Aufnahme einer Mitteilung, daß eine vorgeschriebene Äußerung oder Anhörung Dritter erfolgt ist, zur Gültigkeit weder erford. noch formell beweisend; anders das preuß. Recht (KGJ. 21 C3 u. 23 C3).

21. Nach § 871 RVersOrdn. i. d. F. v. 15. Dez. 1924 (RGBl. 779) sollen Anordnungen, welche die Landesbehörden für bestimmte Gewerbezweige oder Betriebsarten zur Verhütung von Unfällen erlassen, wenn nicht Gefahr auf Verzug ist, vorher den beteiligten Genossenschafts- oder Sektionsvorständen zur Begutachtung mitgeteilt werden. Dabei sind die Vertreter der Versicherten in gleicher Weise zuzuziehen, wie bei Begutachtung von Unfallverhütungsvorschriften. Hierzu bemerkt die InnMB. v. 17. Juli 1928 (InnMBl. 70), daß Vorschriften, die neben den Rücksichten des Arbeiterschutzes wesentlich andere Zwecke verfolgen (Sicherheit des Verkehrs, Schutz des Publikums usw.) nach der herrschenden Ansicht einer solchen Anhörung der Versicherungsträger nicht bedürfen; jedoch wird zur Vermeidung von Widersprüchen zwischen den polizeilichen Vorschriften der Landespolizeibehörden und den Unfallverhütungsvorschriften angeordnet, daß die Polizeibehörden vor Erlaß von Polizeivorschriften, die die Verhütung von Unfällen bezwecken und dabei auch dem Unfallversicherungszwang unterworfene Gewerbezweige und Betriebsarten treffen, den beteiligten Genossenschafts- oder Sektionsvorständen Gelegenheit zur Stellungnahme zu geben haben und daß die erlassenen Polizeivorschriften diesen Genossenschafts- oder Sektionsvorständen im Abdruck mitzuteilen sind. Die Wirksamkeit der Polizeivorschriften wird weder durch die Nichtbeachtung des § 871 RVersOrdn., noch durch die der MinBek. beeinflußt.

*) Umfang des richterl. Prüfungsrechts s. Art. 15 A. 1 ff.

Art. 2.

In Bezug auf die Zuständigkeit zur Erlassung der in Art. 1 bezeichneten allgemeinen Vorschriften für die im Strafgesetzbuche für das Deutsche Reich behandelten Materien wird bestimmt:

1. Die in §§ 327 und 328 erwähnten Absperrungs- oder Aufsichtsmaßregeln oder Einfuhrverbote werden durch Verordnung oder oberpolizeiliche Vorschriften erlassen;
2. die in § 360 Ziff. 9 erwähnten gesetzlichen Bestimmungen über die erforderliche Genehmigung der Staatsbehörden zur Errichtung von Aussteuer-, Sterbe- oder Witwenkassen, Versicherungsanstalten und anderen dergleichen Gesellschaften oder Anstalten, welche bestimmt sind, gegen Zahlung eines Einkaufsgeldes oder gegen Leistung von Geldbeiträgen beim Eintritte gewisser Bedingungen oder Fristen, Zahlungen an Kapital oder Rente zu leisten, werden durch Verordnung erlassen;
3. die gemäß § 360 Ziff. 12 zulässigen Anordnungen über die Ausübung des Gewerbes der Pfandleiher können durch oberpolizeiliche Vorschrift des zuständigen Staatsministeriums erlassen werden;
4. die in § 365 vorgesehenen Gebote über die Polizeistunde können durch Verordnung oder nach Maßgabe derselben durch ortspolizeiliche Vorschriften erlassen werden;
5. die in § 366 Ziff. 1 vorgesehenen Anordnungen gegen die Störung der Feier der Sonn- und Festtage werden, unter Beobachtung des § 82 der II. Verfassungsbeilage für gemischte Orte, durch Verordnungen oder die auf Grund derselben ergehenden ortspolizeilicher Vorschriften erlassen;
6. die nach § 366 Ziff. 10 zulässigen Polizeiverordnungen zur Erhaltung der Sicherheit, Bequemlichkeit, Reinlichkeit und Ruhe auf den öffentlichen Wegen, Straßen und Plätzen werden durch ober-, distrikts- oder ortspolizeiliche Vorschriften erlassen;
7. die in § 367 Ziff. 2 erwähnten polizeilichen Anordnungen über vorzeitige Beerdigungen ergehen durch oberpolizeiliche Vorschriften;
8. in Bezug auf § 367 Ziff. 3 ist aus den einschlägigen Verordnungen zu bemessen, wie weit für den Handel mit Gift oder Arzneien polizeiliche Erlaubnis erforderlich ist;
9. in Bezug auf § 367 Ziff. 5 werden die vorgesehenen Verordnungen, soweit es sich um Aufbewahrung oder Beförderung, Zu-

bereitung oder Feilhaltung von Giftwaren und Arzneien handelt, durch Verordnung, soweit dieselben die Aufbewahrung, Beförderung, Zubereitung oder Feilhaltung von Schießpulver oder anderen explodierenden Stoffen oder Feuerwerken betreffen, durch Verordnung oder oberpolizeiliche Vorschriften erlassen;

10. die gemäß § 367 Ziff. 9 zulässigen gesetzlichen Verbote des Feilhaltens oder Mitsichführens von Stoß-, Hieb- oder Schußwaffen, welche in Stöcken oder Röhren, oder in ähnlicher Weise verborgen sind, können durch Verordnung erlassen werden;

11. in wie weit in dem Falle des § 367 Ziff. 15 für die Führung oder Ausbesserung eines Baues polizeiliche Genehmigung erforderlich ist,wird durch Verordnung bestimmt;

12. die gemäß § 368 Ziff. 1 zulässigen polizeilichen Anordnungen über die Schließung der Weinberge können durch ortspolizeiliche Vorschriften erlassen werden;

13. die gemäß § 368 Ziff. 2 zulässigen polizeilichen Anordnungen über das gebotene Raupen können durch ortspolizeiliche Vorschriften und in deren Ermangelung durch distriktspolizeiliche Anordnungen erlassen werden;

14. in Bezug auf § 368 Ziff. 8 werden die Anordnungen über die polizeilich vorgeschriebenen Feuerlöschgerätschaften, sowie die Feuerlöschordnungen durch distrikts- oder ortspolizeiliche Vorschriften, sonstige feuerpolizeiliche Anordnungen durch Verordnung oder ortspolizeiliche Vorschrift erlassen;

15. in Bezug auf § 369 Ziff. 2 ist nach dem in Bayern geltenden Gesetze über die Maß- und Gewichtsordnung zu bemessen, in wie weit, neben den im Gesetze selbst enthaltenen Vorschriften über die Maß- und Gewichtspolizei derartige Vorschriften durch Verordnung erlassen werden können;

16. die in § 369 Ziff. 3 vorgesehenen Vorschriften über die Anlegung und Verwahrung der Feuerstätten von Gewerbetreibenden, welche in Feuer arbeiten, sowie über die Art und Zeit, sich des Feuers zu bedienen, können durch Verordnung, ober- oder ortspolizeiliche Vorschriften erlassen werden.

1. Allgemeine Vorschriften: Ob das StGB. solche im Auge hat, ergibt die Auslegung seiner einzelnen Bestimmungen. VOen im Sinne des StGB. sind nicht schlechthin auch solche im Sinne des PStGB.; das StGB. versteht darunter allg. an das Publikum gerichtete Vorschr., im Gegensatz zur Einzelverfüg., Instruktionen u. einf. pol. Maßregeln (KG. GArch. 51, 59). Soweit Art. 2 keine Regelung für allg. pol. Vorschr. gibt, entscheidet Art. 1 Abs. 2 PStGB. Soweit das StGB. pol. Verfügungen zuläßt, entscheidet Art. 1 Abs. 3 PStGB.

2. Nr. 1 auch maßgebend, soweit Zuwiderhandl. gegen allg. Vorschr. zum Vollzug des Rinderpestges. vom 7. April 1869 nach § 328 strafbar sind; vgl. hiezu OGHSt. 9, 253; im übrigen auch hier Art. 1 Abs. 2 maßgebend. Die Einschränkung, die Nr. 1 unter der Geltung des ViehSG. vom 23. Juni 1880 durch die BdesRatsInstr. v. 29. Juni 1895 erfahren hatte (ObSt. 1, 166; 9, 160), ist mit dem ViehSG. v. 26. Juni 1909 wieder entfallen, da dieses eine erschöpf. Regelung der Strafbestimmungen für Zuwiderhandl. enthält u. damit § 328 überh. nicht mehr anwendbar ist (s. Stengel ViehSG. S. 109); s. auch Art. 1 A. 7.

3. Nr. 3 entspricht noch der Fassung des StGB. v. 1. Jan. 1872 (RGBl. 71, 127), wo die Worte „oder Rückkaufshändler" und der letzte mit „insbesondere-beginnende Teil fehlten; für Rückkaufshändler demgemäß für die Erlassung der Anordnungen die Form der VO. zu wählen (Art. 1 Abs. 2 PStGB.), während hin" sichtlich der Pfandleiher auch bezüglich der Bestimmung des Zinsfußes die Form der obpol. Vorschrift bestimmt sein dürfte, da auch diese Art der Anordn. nur eine Unterart der allg. Anordnungen des § 360 Nr. 12 ist. Wegen der Worte des zuständigen StaatsMin. vgl. Art. 7 A. 3.

4. Der in Nr. 4 angeführte § 365 StGB. ist mit Wirkung seit 1. Juli 1930 aufgehoben durch § 33 Nr. 1 des Gaststättenges. v. 28. April 1930 (RGBl. 146); zufolge der Bestimmung des § 34 dieses Ges. ist Art. 2 Nr. 4 nunmehr als zum Vollzug des § 14 dieses Ges. erlassen anzusehen, so daß die „Bestimmung" der „obersten Landesbehörde" (s. § 14 des Gaststättenges.) nur im Wege einer VO. (Art. 8 PStGB.) ergehen kann und, soweit sie ihre Befugnisse einer Ortspolizeibehörde delegiert (§ 14 des Gaststättenges.), diese dann den Weg der ortspoliz. Vorschr. (Art. 3 PStGB.) zu wählen hat.

5. Nr. 5: Regelung durch ortspol. Vorschr. erfordert vorhergehende Ermächtigung durch VO.

Unter Beachtung des § 82 der 2. VerfassBeilage (des Jahres 1818): s. § 366 Nr. 1 StGB. A. 6.

6. Nr. 6 schließt sich an an die Fassung des StGB. v. 1. Jan. 1872 (dieses übersieht ObSt. 11, 260); die Lücke hinsichtl. der Wasserstr. nun ausgefüllt durch die VO. v. 17. Jan. 1910, die Zust. zur Erlassung der in § 366 Nr. 10 u. 367 Nr. 5 RStGB. vorbehaltenen Vorschriften betr., GVBl. 45; s. diese Tl. III. Die Nr. 6 gibt zugleich die Ermächtigung zur Blankettausfüllung, regelt nicht bloß die Zuständigkeit (s. Art. 1 A. 2 a. E.; ObSt. 26, 120; BayZ. 1926, 356).

7. Nr. 8 will die Form regeln, in der zu bestimmen ist, inwieweit der Handel mit Gift oder Arzneien freigegeben ist (KdAbg. 1871/72 GGA. Beil. 1, 99); er ist, soweit er sich mit den Arzneien befaßt, unwirksam geworden; denn diese Frage ist nun reichsrechtlich geregelt (s. § 367 Nr. 3 A. 4). Wer die pol. Genehmigung im Sinne des § 367 Nr. 3 im einzelnen Fall zu erteilen hat, bemißt sich nach Art. 1 Abs. 3.

8. Nr. 9 schließt sich an an die Fassung des StGB. v. 1. Jan. 1872; die Ergänzung bringt nun die VO. v. 17. Jan. 1910 (s. oben A. 6).

9. Jetzige Fassung der Nr. 11 durch Art. 8 des Ges., betr. die Vereinig. der BrandVersichAnstalt der Pfalz usw. 5. Mai 1890 (GVBl. 223); es sollte die Plangenehm. auch in der Pfalz eingeführt werden (KdAbg. 1889/90 Beil. 7, 706; StenB. 5, 424). Einführ. des übrigen BauPolRechts in der Pfalz s. Art. 101 A. 1.

10. Zu Nr. 13: Wegen der distrpol. (nun bezpol.) Anordn. s. Art. 5.

11. Zu Nr. 15: Gegenstandslos, weil § 369 Nr. 2 aufgehoben.

Art. 3.*)

1. Liegt gemäß Art. 1 und 2 die Ermächtigung zur Erlassung ortspolizeilicher Vorschriften vor, so sind innerhalb der Grenzen ihrer Zuständigkeit die Gemeinde- und Stadträte, die Polizeidirektion München, die Lokalbaukommission München, die nach Art. 55 der Gemeindeordnung bestellten staatlichen Polizeibehörden und die nach Art. 52 der Gemeindeordnung mit der vorübergehenden Ausübung der Polizeigewalt betrauten staatlichen Beamten zur Erlassung für den Ortspolizeibezirk verbindlicher Vorschriften berechtigt. Gehören mehrere Gemeinden zum Bezirk einer staatlichen Polizeibehörde, so können ortspolizeiliche Vorschriften auch für einzelne zum Bezirke gehörige Gemeindebezirke erlassen werden.

2. Vor der Erlassung von ortspolizeilichen Vorschriften, welche über Gegenstände der landwirtschaftlichen Polizei eine fortdauernd geltende Anordnung treffen, sind die Feldgeschworenen und, soferne in der Gemeinde eine die Grundbesitzer der Markung vertretender Ausschuß besteht, dieser zu vernehmen.

3. Staatliche Polizeibehörden haben vor der Erlassung ortspolizeilicher Vorschriften, die eine fortdauernd geltende Anordnung enthalten, dem Gemeinde- oder Stadtrat, falls mehrere Gemeinden zum Ortspolizeibezirke gehören, jedem Gemeinde- oder Stadtrate, für dessen Bereich die Vorschrift gelten soll, Gelegenheit zur Stellungnahme zu geben.

1. Abs. 1 erhielt die jetzige Fassung u. Abs. 3 wurde eingefügt durch Art. 2 des Ges. zur Abänderung der GemO. f. d. Landesteile r. d. Rh. und des PStGB. v. 24. Aug. 1923 (GVBl. 281); der amtliche Text des Abs. 3 enthält offensichtliche, hier richtig gestellte Druckfehler; Abs. 1 wurde dann neuerdings geändert durch Art. 155 der GemO. v. 17. Okt. 1927 (GVBl 293). Art. 3 gilt auch für ortspol. Vorschr., die auf Grund anderer Ges. als des PStGB. ergehen.

2. Nach Art. 55 Abs. 1 GemO. ist „die StaatsRgg. befugt, die Sicherheitspolizei in den kreisunmittelb. Städten ganz oder teilw. staatl. Behörden zu übertragen und deren Zuständigk. durch VO. festzusetzen. Sie kann diese Behörden auch mit der Besorgung sonstiger Polizei- u. Bezirksverwaltungsgeschäfte, die zur Handhabung der Sicherheitspolizei unbedingt erforderlich sind, betrauen. Für benachbarte kreisunmittelb. Städte kann eine gemeinschaftl. staatl. Polizeibehörde bestellt w.“. Nach Art. 55 Abs. 2 kann „die Zuständigkeit der staatl. Polizeibehörden in kreisunmittelb. Städten auf benachbarte Gemeinden, die der Staatsaufsicht des Bezirksamts unterstehen, ganz oder teilw. erstreckt w., wenn dies aus Rücksicht auf die öff. Sicherheit erforderlich ist“.

Nach Art. 52 Abs. 1 Satz 1 GemO. „kann das StaatsMin. d. Innern aus Rücksicht auf die öff. Sicherheit anordnen, daß die Polizeigewalt in Gemeinden

*) Dem Abs. 2 entspricht § 7 Preuß. PolVerwG. v. 11. März 1850.

ganz oder teilw. vorübergehend durch staatl. Beamte ausgeübt w.". Nach Art. 52 Abs. 2 kann „bei Gefahr im Verzuge die Staatsaufsichtsbeh. die gleichen Anordnungen treffen; sie ist verpflichtet, unverzüglich die Entscheid. des Min. d. Innern einzuholen". Art. 52 Abs. 3 bestimmt: „Erstreckt sich die Ausübung der Polizeigewalt durch staatl. Beamte nach Maßg. der Abs. 1 u. 2 auf länger als ein Jahr, so ist eine gesetzl. Regelung des Zustands notw.".

Auf Grund des dem nunmehrigen Art. 55 GemO. entsprechenden Art. 98 der rrh. GemO. 1869 erging die GesMVO. v. 24. Aug. 1923 über die Errichtung einer Polizeidirektion in Nbg. (GVBl. 282) und auf Grund des Art. 55 GemO. die GesMVO. v. 26. März 1929 über die Verstaatlichung der Sicherheitspolizei in den Städten Augsburg, Würzburg, Regensburg u. Hof (GVBl. 51); beide mit VollzBestimmungen im Teil III abgedruckt. Zur Frage der Zuständigk. der Polizeidirektionen s. Eichner GemZ. 1930, 313.

Wegen der Aufstellung von Stadtkommissären in unmittelbaren Städten s. hierzu InnMB. v. 29. Juni 1869 (RegBl. 1099), aufrecht erhalten gemäß Art. 55 GemO. (s. Nr. 5 der InnMB. v. 4. April 1928, GVBl. 190). Wegen der Aufstellung von Stadtkommissären in der Pfalz u. deren Zuständigkeiten s. die GesMVO. v. 26. Juni 1930 (GVBl. 197).

3. Ergänzend treten zu Art. 3 nun weiter Art. 51 Abs. 2 u. Art. 54 Abs. 3 GemO., die bestimmen: Art. 51 Abs. 2: „Der Gemeinderat erläßt die ortspolizeil. Vorschriften nach Maßgabe der Gesetze", und Art. 54 Abs. 3: „Die orts- (u. bezirkspolizeil.) Vorschriften erläßt in kreisunmittelb. Gemeinden der Gemeinderat oder ein beschließender Ausschuß (Senat)". Hiezu erheblich Art. 13 Abs. 5: „In Städten heißt der Gemeinderat Stadtrat, in Märkten Marktgemeinderat". Wegen der Bildung von Senaten s. Art. 22 GemO. Ob (in kreisunmittelb. Gemeinden) Erlassung durch den Stadtrat oder einen Senat erfolgen soll, entscheidet das Ermessen des Stadtrats (Helmreich Art. 54 A. 14). Die Beschlüsse des Senats (in unmittelb. Gemeinden) können jedoch vom Gemeinderat „nachgeprüft werden, soferne die aus den Beschlüssen erwachsenen Rechte Dritter hievon nicht berührt w. Die Nachprüfung muß erfolgen, wenn der erste Bürgermeister oder ein Drittel der Mitgl. des Ausschusses binnen einer vom Gemeinderat in der Geschäftsordn. bestimmten Frist dies beantragt" (Art. 22 Abs. 3 S. 2 u. 3 GemO.). Keine Frist für die freiwillige Nachprüfung. Bis zur erfolgten Entscheidung des GemRats bleiben die Vorschr. wirksam. Wegen des Beschwerderechts s. Art. 14 A. 1. Die Wirksamk. von Änderungen u. Aufhebungen bemißt sich nach dem Art. 12 A. 8 u. 9 über (freiwillige) Aufhebungen u. Änderungen Bemerkten. „Nach Maßgabe der Gesetze" in Art. 51 Abs. 2: Wiederholung des selbstverständl. Gedankens, daß zur Erlassung der ortspol. Vorschr. noch eine besondere gesetzl. Ermächtigung notw. ist; Fehlen des gleichen Zusatzes in Art. 54 Abs. 3 desh. belanglos.

Erlassung ortspol. Vorschr. durch den ersten Bürgerm., an Stelle des GemRats, bei dringenden Fällen oder bei Ermächtigung durch die Geschäftsordn. oder besondere Beschlüsse (Art. 17 Abs. 1 S. 4 u. 6 GemO.) nicht zulässig, da Art. 3 Abs. 1 PStGB. diese Ausnahme nicht vorsieht (ebenso Laforet GemO. Art. 51 A. 14; a. A. Woerner GemO. Art. 51 A. 11).

4. Innerhalb der Grenzen ihrer Zuständigkeit: Für München von Bedeutung die Ausscheidung zwischen PolDirektion, Stadtrat u. Lokalbaukommission durch VO. v. 2. Okt. 1869 (RegBl. 1881); geänd. durch Art. 19 HundeAbgG. v. 14. Aug. 1910 (GVBl. 604); Änderung aufrechterhalten durch Art. 3 Abs. 2 ÄndGesetzes v. 23. Aug. 1922 (GVBl. 613). Aufrechterhaltung der Ausscheidung durch Art. 55 Abs. 5 GemO.; Abänd. der bestehenden Ausscheidung

nur durch VO. zulässig (Art. 55 Abs. 5 GemO.); diese Änd. bedarf wohl nicht der Genehm. des Landtags nach § 46 BayVerf. (keine „Veränderung der Behörde"). Organisation der Lokalbaukomm.: Allh. E. v. 23. Okt. 1845 mit Änd. v. 30. März 1852 (Web. 3, 594); RegE. v. 24. Sept. 1852 (ObKrBl. 1973); InnMB. v. 4. April 1928 (GVBl. 190) Nr. 5 d. Zur Abgrenzung der Zuständigk. der PolDir. u. des Stadtrats s. auch § 32 VollzVO. zur GewO. v. 29. März 1892 (GVBl. 61). Weitere Zuständigkeit der Lokalbaukomm. hinsichtlich des Vollzugs des Art. 22 b (s. hierzu Art. 22 b A. 8); desgl. hinsichtlich der polizeil. Überwachung von Tiefbauarbeiten (VO. v. 4. Febr. 1929, GVBl. 13). Die Frage, ob Stadtrat, Lokalbaukomm. oder PolDir. zuständig, im Strafverf. zu prüfen. Die Geschäftsaufgaben der mit VO. v. 24. Juni 1898 (GVBl. 345) bei der Polizeidirektion München errichteten Polizeiämter werden nun von der Polizeidirektion München wahrgenommen (GesMVO. v. 28. Dez. 1928, GVBl. 438).

Abgrenzung der Zuständigk. in anderen Orten mit PolDirektionen als München zw. Stadtrat u. PolDir.: Art. 55 GemO. (s. oben A. 2). VOen über die Errichtung der Behörden (PolDir.), nicht aber die über Veränd. ihrer Zuständigk. bedürfen der Genehmigung des Landtags (§ 46 BayerVerf.). Genehmigungspfl. auch die Erweiterung des ZuständigkBereichs nach Art. 55 Abs. 1 Satz 2, Abs. 2 GemO. (Genehmigung nur in den Fällen des Art. 55 Abs. 1 S. 1 erforderl. nach Stöhsel GemO. Art. 55 A. 1 Abs. 3; Genehmigung für „die VO." schlechthin fordert Woerner GemO. Art. 55 A. 8). Zu prüfen im Strafverf. auch, ob die Voraussetzungen des Art. 55 Satz 1 u. 2 vorliegen, also ob es sich um eine sicherheitspoliz. Vorschr. handelt oder um eine PolVorschr., die zur Handhabung der Sicherheitspolizei unmittelb. erforderlich ist. Sicherheitspolizei: Die polizeil. Tätigkeit, die sich mit dem Schutz der Person, des Vermögens und der Staatsordn. gegen gewaltsame Eingriffe oder Schädigungen, mit der Verfolgung und Verhütung strafb. Handlungen, sowie mit der Fürsorge für Ordn., Sicherh. und Leichtigkeit des Verkehrs auf öff. Verkehrswegen befaßt (Woerner GemO. Art. 55 A. 3 im Anschluß an die Begr. zum Ges. v. 24. Aug. 1923, GVBl. 281); dem entspricht im wesentlichen die Abgrenzung unter B I—IV der Bek. v. 29. Okt. 1923 (Teil III Nr. 9) u. die der VO. v. 26. März 1929 (Teil III Nr. 10); wirksam sind diese VOen nur im Rahmen des Art. 55; sie selbst können die Grenzen des Art. 55 nur einschränken, nicht erweitern. Art. 55 gilt nur für unmittelb. Gemeinden. Zu prüfen im Strafverfahren weiter ob die Übertragung an die „staatlichen Behörden" (PolDirektionen) durch die „Staatsregierung" erfolgte; Staatsregierung ist das Gesamtministerium (§ 57 BayerVerf.; Laforet GemO. Art. 55 A. 2 u. 7).

Abgrenzung der Zuständigk. zwischen den Gemeinde-(Stadt-)räten und den mit der vorübergehenden Ausübung der PolGewalt betrauten staatl. Beamten: Art. 52 GemO. (oben A. 2); hier also Erlassung ortspol. Vorschr. durch diese Beamten schlechthin (auch außerh. des Rahmens der SicherhPolizei) zulässig. Art. 52 gilt für mittelb. und unmittelb. Gemeinden.

Ortspol. Vorschr. für ausmärk. Bezirke werden von der BezPolBeh. erlassen (GemO. Art. 4 Abs. 2 Satz 1; Edel PStGB. 1872 S. 73; Stöhsel GemO. Art. 4 A. 5). Maßgebend auch für sie Art. 6 u. 11 Abs. 3. Kosten der Erlassung trägt der Staat; (Woerner GemO. Art. 4 A. 9; Stöhsel GemO. Art. 4 A. 5).

5. Abs. 1 S. 2 sieht Erlassung ortspol. Vorschr. für Teile des Bezirks der staatl. PolBehörde vor; dies ergäbe sich schon aus allg. Erwägungen (s. Art. 1 Anh. A. 16); auch die in Art. 3 angeführten „staatl. Beamten" haben deshalb (obwohl für sie nicht ausdrückl. vorgesehen) die gleichen Befugnisse.

6. Landwirtsch. Pol.: Derj. Zweig der PolVerw., der sich mit dem Schutz und der Förderung der landwirtsch. Betriebe befaßt (KG. GArch. 46, 149), insbes.

der Gewinnung der Erdfrüchte (RG. Recht 1908, 760); nicht Vorschr., die sich zwar auf die Landwirtsch. beziehen, ihr aber im fremden Interesse z. B. aus gesundheitspol. Gründen Schranken auflegen (RG. Recht 1914, 35).

7. Vernehmung der Feldgeschw. u. des Ausschusses: Erfordernis der Gültigkeit; auch im Strafverf. zu prüfen (ObLGSt. 5, 446). Die Vorschr. müssen diesen genau in der Form vorgelegt w., in der sie später erlassen wurden. Keine Formvorschriften für die Vernehmung.

8. Anhörung der Bezirksärzte vor Erlassung orts- und bezirkspol. Vorschr. auf dem Gebiete des Gesundheitswesens, Mitteilung der fortdauernd geltenden Vorschr. an sie: § 13 Bek. über den bezärztl. Dienst v. 23. Jan. 1912 (JnnMBl. 153).

9. Fortdauernd geltende Anordnung in Abs. 2 u. 3: Art. 6 A. 2.

10. Anhörung der Gemeinde- u. Stadträte durch Abs. 3 zwingend vorgeschrieben. Von der Anhörung ist demnach die Wirksamkeit der Vorschr. abhängig; Prüfung der Anhörung deshalb auch im Strafverf. u. (bei etwaigen Staatshaftungsprozessen) im Zivilprozeß (a. A. Laforet GemO. Art. 55 A. 6 e, Art. 52 A. 7). Zustimmung kein Erfordernis der Wirksamkeit. Zwingende Formvorschr. für die Anhörung bestehen nicht; es muß aber die Anhörung in einer Weise erfolgen, daß eine ausreichende Prüfung möglich ist; andernf. sind die Vorschr. unwirksam, weil keine wirkl. „Gelegenh. zur Stellungnahme gegeben wurde".

11. Ergänzung des Art. 3 für die zu „einer Bürgermeisterei vereinigten Gemeinden" (Art. 57 GemO.) durch Art. 58 Abs. 3 GemO. Darnach können die Gemeinderäte der Bürgermeisterei „zu einer gemeinschaftl. Sitzung vereinigt" w., um ortspoliz. Vorschriften für sämtl. Gemeinden zu erlassen; die Einberufung zu einer solchen Sitzung erfolgt durch den ersten Bürgermeister (Woerner GemO. Art. 58 A. 10 Abs. 3). Widersprechen so erlassene Vorschr. den bisher in den einzelnen Gemeinden erlassenen, so geht die gemeinsame Vorschr. vor. Jede Gem. kann aber weiter mit den gemeinsamen Vorschr. nicht in Widerspruch stehende Vorschr. für ihren Bez. erlassen. Sie wird aber nicht befugt sein, die gemeinsamen Vorschr. mit Beschränkung auf ihren Bezirk zu ändern oder aufzuheben, solange die Bürgermeisterei besteht (Woerner GemO. Art. 58 A. 13).

12. Zulässig Beschw. zum VerwGerHof nach Art. 10 Nr. 2 VGHG. wegen unzulässiger Eingriffe in das gemeindl. Selbstverwaltungsrecht bei Erlassung ortspol. Vorschriften (Woerner GemO. Art. 51 A. 12 Abs. 3).

Art. 4.

1. Sind gemäß Art. 1 und 2 distriktspolizeiliche Vorschriften zulässig, so sind die Distriktspolizeibehörden berechtigt, solche für den Verwaltungsbezirk zu erlassen.

2. Die Stadträte der einer Kreisregierung unmittelbar untergeordneten Städte, die Polizeidirektion München, die nach Art. 55 der Gemeindeordnung bestellten staatlichen Polizeibehörden und die nach Art. 52 der Gemeindeordnung mit der vorübergehenden Ausübung der Polizeigewalt in den einer Kreisregierung unmittelbar untergeordneten Städten betrauten staatlichen Beamten sind berechtigt, in denselben Fällen innerhalb ihrer Zuständigkeit ortspolizeiliche Vorschriften zu erlassen.

1. Art. 4 Abs. 1 hat bereits durch das nun durch Art. 164 GemO. aufgehob. SG. die ausdrückl. sprachl. Änderung erfahren, daß anstatt „distriktspolizeilich" „bezirkspolizeilich" und anstatt „Distriktspolizeibehörden" „Bezirkpolizeibehörden" zu lesen ist (Art. 1 Abs. 2); diese Änd. der Bezeichnung wird trotz der Aufhebung des SG. fortzudauern haben. Art. 4 Abs. 1 war (stillschweigend) auch sachlich geänd. worden, insoferne als die Erlassung der bez.-pol. Vorschr. durch die Bezirksausschüsse zu erfolgen hatte (Art. 23 Abs. 1 a SG.); der Bezirkstag war nicht zuständig (ObSt. BayZ. 1928, 141). Infolge der Aufhebung des SG. wird anzunehmen sein, daß die Zuständigk. der BezirksPolBeh. wieder eingetreten ist (nicht unbedenkliche Folgerung); andernfalls bliebe nur der Schluß, daß nun jede Zuständigk. zum Erlaß bezpoliz. Vorschr. fehlt (für Zuständigk. des BezAmts Stöhsel BezO. Art. 29 A. 21 Abs. 1, PilSch. § 53; die Zuständigk. d. BezAusschusses nimmt an Schmitt PStGB. Bem. vor Art. 1). In der Pfalz blieb hins. der Zuständigk. der BezPolBeh. ohnehin der frühere Rechtszustand zunächst bis 31. März 1923, dann „bis auf weiteres" bestehen (Ges. v. 18. Febr. 1921, GVBl. 26 mit Berichtigung S. 64 u. Ges. v. 6. März 1923, GVBl. 105). Abs. 2 des Art. 4 erhielt eine veränderte Fassung durch Art. 2 des Ges. zur Abänd. der GemO. u. des PStGB. v. 24. Aug. 1923 (GVBl. 281) und wurde dann wieder geänd. durch Art. 155 GemO. 1927.

Art. 4 gilt auch für bezpol. Vorschr., deren Grundlage andere Gesetze als das PStGB. sind.

2. Bedeutung des Abs. 2: Soweit das Ges. (durch besondere Bestimmung, s. Abs. 1) bezirkspoliz. Vorschriften vorsieht, sind für unmittelbare Städte (einschließl. München) und für Bezirke, für die die PolGewalt durch PolDirektionen und besonders bestellte staatl. Beamte ausgeübt wird, diese an sich bezirkspoliz. Vorschriften nach den für ortspol. Vorschriften geltenden Bestimmungen zu erlassen („Ersatzweise erlassene ortspol. Vorschriften"). Wegen der darnach im einzelnen als erlassende Organe in Betracht kommenden Behörden s. Art. 3 A. 2, 3 u. 4; wegen der gegenseitigen Abgrenzung ihrer Zuständigk. s. Art. 3 A. 4; für die darnach zu erlassenden Vorschr. gilt auch das sonst für ortspol. Vorschr. Bestimmte, s. z. B. Art. 6, 11, auch Art. 1 Anh. A. 17.

3. Soweit unter der Herrsch. des SG. unmittelb. Städte im Bezirksverband blieben (Art. 17 Abs. 2 SG.), werden die Stadträte derselben zum Erlaß bezpol. Vorschr. zuständig geblieben sein, die BezAusschüsse aber nur zur Erlassung solcher für den übrigen Bezirk zuständig geworden sein. Entsprechendes wird seit dem Inkrafttreten der BezO. gelten, soweit unmittelb. Städte dem Bezirk angehören (Art. 39 BezO.); an die Stelle des BezAusschusses ist aber das BezAmt getreten (s. A. 1). Anwendb. aber auch innerh. des Bez. solcher Städte Art. 55 u. 51 GemO. Es gilt desh. auch für sie das unter A. 2 Bemerkte.

4. Anhörung der Bezirksärzte vor Erlass. bezpol. Vorschr. u. Mitteil. solcher Vorschr. an sie: Art. 3 A. 8.

5. Erlassung bezpol. Vorschr. für einen Teil des Bezirks: Art. 1 Anh. A. 16.

Art. 5.

1. Hat in einem Falle, in welchem in Ermangelung ortspolizeilicher Vorschriften distriktspolizeiliche Anordnungen zulässig sind, die Gemeindebehörde die im öffentlichen Interesse erforderlichen Vorschriften nicht erlassen, so ist dieselbe, soferne nicht Gefahr auf dem Verzuge ist, von Seite der vorgesetzten Distriktspolizeibehörde unter Vorsetzung einer angemessenen Frist hierzu aufzufordern.

2. Bleibt die Aufforderung erfolglos oder besteht Gefahr im Verzuge, so erläßt die Distriktspolizeibehörde eine innerhalb des Ortspolizeibezirkes verbindliche distriktspolizeiliche Anordnung, auf welche die Vorschriften der Art. 6, dann 10 bis 15 anwendbar sind. Insbesondere steht der betreffenden Gemeindebehörde gegen Erlassung einer solchen Anordnung das Recht der Beschwerde nach Art. 14 zu.

3. Die distriktspolizeiliche Anordnung verliert ihre Wirksamkeit, sobald die Gemeindebehörde über denselben Gegenstand eine entsprechende ortspolizeiliche Vorschrift erlassen hat und diese gemäß Art. 6 Abs. 3 vollziehbar geworden ist.

1. Anstatt „distrpol." u. „DistrPolBeh." ist seit dem Inkrafttreten des SG. zu lesen „bezpol." u. „BezPolBeh." (Art. 1 Abs. 2 SG.); die Erlassung der Anordnung erfolgte unter der Geltung des SG. durch den BezAusschuß (Art. 23 Abs. 1 a SG.), auch die Aufford. zur Erlassung nach Abs. 1. Seit 1. April 1928 wird wieder das BezAmt zuständig sein (s. Art. 4 A. 1).

2. Art. 5 bezieht sich nur auf allg. verbindliche, nicht auf Einzelanordnungen (ObSt. 1, 50; ObSt. 9, 24); nicht anwendbar gegenüber unmittelbaren Städten; Anwendungsfälle: Art. 2 Nr. 13; Art. 61 Abs. 1 Nr. 3; Art. 73 Abs. 1; Art. 83 Abs. 1 Nr. 3; Art. 94 u. 121 Abs. 2. In anderen als den ausdrückl. vorgesehenen Fällen keine Erlassung bezpol. Vorschr. an Stelle ortspolizeilicher (ObSt. 26, 274, BayZ. 1927, 196). Neben den Befugnissen des Art. 5 hat aber nunmehr die StaatsRgg. im Hinblick auf Art. 3 Abs. 1 PStGB. mit Art. 52 u. 55 GemO. die Möglichk., in mittelb. u. unmittelb. Gemeinden nach Art. 52, in letzteren auch nach Art. 55, die PolGewalt u. damit (Art. 3 Abs. 1 PStGB.) auch die Befugnis zur Erlassung ortspolizeil. u. ersatzweise zu erlassender ortspolizeilicher Vorschr. (Art. 4 Abs. 2, Art. 4 A. 2 PStGB.) — dies erhebl. für unmittelb. Gemeinden — an sich zu nehmen.

3. Die Einhaltung der in Art. 5 aufgestellten Voraussetzungen ist auch im Strafverfahren zu prüfen; zu prüfen ist insbes. hier auch, ob die Vorschrift im öff. Interesse erforderlich war; denn hier ist dieser Umstand ausdrücklich als Bedingung für die Zulässigkeit aufgestellt; es ist eine Verkennung des Wesens des Rechts, wenn allen nicht fest abgegrenzten Begriffen die Eigenschaft des Rechtsbegriffs abgesprochen wird; es ist auch eine Verkennung der Aufgabe der Gerichte, wenn ihnen die Entscheidung über das Vorliegen eines öffentl. Interesses u. über das Vorliegen ähnlicher Voraussetzungen versagt wird; die Autonomie der Gemeinde soll geschützt werden; ferner ist im Strafverf. zu prüfen, ob die gesetzte Frist angemessen war, und ob, wenn keine Frist gesetzt wurde, Gefahr im Verzug lag.

4. Entsprechende ortspol. Vorschr.: Eine dem öff. Interesse genügende (s. Abs. 1); zu prüfen im Strafverf.

Art. 6.

1. Orts- oder distriktspolizeiliche Vorschriften, welche eine fortdauernd geltende Anordnung enthalten, sind der vorgesetzten Kreisverwaltungsstelle vorzulegen. Die einer Distriktspolizeibehörde untergeordneten Ortspolizeibehörden haben durch Vermittlung der vorgesetzten Distriktspolizeibehörde, die übrigen Polizeibehörden unmittelbar die Einsendung zu bewirken.

2. Überdies sind die desfallsigen Beschlüsse der Ortsbehörden in Städten und Märkten mit magistratischer Verfassung dem Kollegium der Gemeindebevollmächtigten, jene der Distriktspolizeibehörden der nächsten Distriktsratsversammlung mitzuteilen.

3. Solche Anordnungen sind erst nach Ablauf von dreißig Tagen nach der durch Empfangsbestätigung nachgewiesenen Vorlage an die vorgesetzte Verwaltungsbehörde vollziehbar, soferne nicht die betreffende Kreisregierung dieselben früher als vollziehbar erklärt hat.

1. Anstatt „distrpol." jetzt zu lesen „bezpol.", anstatt „DistrPolBeh." jetzt „BezPolBeh.". Vollziehbarkeitserkl. erforderl. für die von sämtl. in Art. 3 Abs. 1 u. in Art. 4 bezeichneten Organen erlassenen PolVorschriften.

2. Vorübergehend im Gegens. zu fortdauernd gült. Anordnungen (s. das franz. Ges. v. 18. Juli 1837 KdAbg. 1859/61 Beil. 2, 157; s. zum franz. Recht Thoma S. 387; ferner Dr. Weis KDAbg. 1859/61. GGA. Beil. 3, 374): Alle jene, die entw. ausdrückl. auf Zeit erlassen sind, oder durch ihren Inhalt nur eine beschr. zeitl. Dauer haben; hierbei darf aber die so bestimmte Zeit keine zu lange sein.

Entscheidend, ob die Vorschr. als vorübergehende auftritt; gleichgültig, ob das Verh., das geregelt wird, ein dauerndes ist (ObSt. 9, 390; Thoma S. 396); auf die Dauer des Verhältnisses kommt es nur an, wenn die Geltung auf diese abgestellt ist (Graßm. 1, 858 A. 64). Zu prüfen aber, ob durch wiederholte Erneuerung einer als vorübergehend auftretenden Vorschr. nicht tats. eine dauernde erlassen werden soll. Nicht als vorübergehend kann gelten eine solche zur Regelung eines zwar kurzen aber regelmäßig wiederkehrenden Vorganges. Schicker zu Art. 52 PStGB. stellt die Unterscheidung darauf ab, ob das zu regelnde Verh. ein dauerndes oder vorübergehendes ist; ebenso Stengel ZfGR. 8, 382.

Die Rechtsprechung: Maßgebend „zunächst Inhalt und Zweck" (ObSt. 1, 369). Fortdauernde Anordnung nur diej., welche bis zu ihrer Wiederaufhebung fortzubestehen hat und bei welcher der Charakter einer vorübergehenden Anordnung nicht durch die Beschränkung auf eine bestimmte Zeitdauer oder durch die vorübergehende Natur des Gegenstands, auf den sie sich bezieht, ausgeprägt ist (ObSt. 6, 122). Vorschriften können auch durch die Natur der Sache vorübergehend sein (ObSt. 6, 346). Nur solche vorübergehende, bei denen aus ihnen selbst der Zeitpunkt des Außerkrafttretens erkennbar ist, durch Beschränkung auf eine bestimmte Zeit oder auf eine vorübergehende Veranlassung. Nicht genügend die Bemerkung „vorübergehend bis auf weiteres gültig" (ObSt. 7, 226). Eine Anordnung, die fünf Monate gelten soll, braucht der Kreisregierung nicht vorgelegt zu werden (OSt. 7, 156). Abgrenzung des Begr. auch bei InnME. v. 27. Febr. 1862 (Web. 5, 599).

3. Zuständig die Kammern des Innern der Rggen.; s. Art. 7 A. 2. Vorlage von Abschr. oder Abdr. vorübergehend erlassener Vorschriften an die Rggen.: InnME. v. 27. Febr. 1862 (Web. 5, 599) Nr. 8.

4. Die Mitteilungspfl. nach Abs. 2 nun gegenstandslos, soweit Erlassung durch den Stadtrat oder GemRat erfolgt; dagegen noch praktisch für die ebenfalls erford. (KdAbg. 1861/62 GGA. Beil. 3, 35) Mitteilungen von Vorschr. der Pol.-Direktionen u. der Lokalbaukomm. München; Mitteilung bei diesen nun an den Stadtrat. Bei bezpol. Vorschr. nun Mitteilung an den BezTag notw. (Braunw. S. 216 A. 3). Mitteilungspfl. nur bei fortdauernd gelt. Anordn. Beachtung des Abs. 2 keine Beding. der Wirksamkeit (Stengel ZfGR. 8, 383 u. 515; Jellinek S. 241; ObSt. 2, 205; a. A. OGHSt. 6, 596; ObSt. SeuffBl. 71, 534).

5. Die Frist des Abs. 3 beginnt bei pol. Vorschr., die von einer einer BezPolBeh. untergeordn. OrtsPolBeh. ausgehen, mit der Vorlegung an die Bez.-PolBeh. Sie werden also auch wirksam, wenn diese die Vorschr. nicht weiter leitet. Notw. zum Fristenlauf aber Ausstellung einer EmpfBestätigung. Der bloße Einlaufvermerk ist eine solche nicht. Nachträglicher Verlust der EmpfBestätigung schadet nicht.

6. Keine Anrufung des VGH. wegen Verweigerung der Vollziehb.-Erkl. (VGH. 3, 447; Dyroff VGHG. Art. 10 Nr. 2 A. 5 S. 216).

7. Keine Anwend. des Art. 6 auf PolVerfüg. nach Art. 1 Abs. 3 (ObSt. 1, 50); dagegen anwendbar auch auf andere als auf Grund des PStGB. erlassene Vorschriften.

Art. 7.

Wo gemäß Art. 1 und 2 oberpolizeiliche Vorschriften zulässig sind, können solche Vorschriften von der Kreisverwaltungsstelle für den betreffenden Regierungsbezirk, sowie von den zuständigen Staatsministerien für einzelne Regierungsbezirke oder für den Gesamtumfang des Staatsgebietes erlassen werden.

1. Anzuwenden auch für oberpol. Vorschr., die auf Grund anderer Ges. erlassen werden.

2. Die KreisVerwSt. entscheiden durch die Kammer des Innern §§ 21ff., 57ff. FormVO. v. 17. Dez. 1825 (RegBl. 1049). Organisation und Geschäftsgang der Rggen im übrigen: VO. v. 26. Jan. 1918 (GVBl. 32), 23. Jan. 1920 (GVBl. 16) mit InnFMB. v. 20. April 1920 (GVBl. 144), VO. v. 15. Mai 1920 (GVBl. 265). Kollegiale Beratung obpol. Vorschriften nicht mehr erford.: InnME. v. 28. Febr. 1862 (Web. 9, 343), geänd. durch InnMB. v. 16. Juli 1917 (InnMBl. 173). Vorlage von Abschriften an das Ministerium des Innern: InnME. v. 6. März 1872 (Web. 9, 342). „Einvernehmung" des Kreismediz. Aussch. bei gesundhpol. Vorschr.: VO. über den ObMed.-Aussch. usw. v. 28. Nov. 1912 (GVBl. 1219).

3. Zuständigkeit der Ministerien: Maßgebend die allg. ihre Zuständ. regelnden Vorschr., nämlich die VO. u. Bek. v. 9. Dez. 1825 (RegBl. 977), v. 11. Nov. 1848 (RegBl. 1105), v. 16. März 1849 (RegBl. 249), v. 27. Nov. 1869 (RegBl. 2139), v. 1. Dez. 1871 (RegBl. 1833), v. 9. Juni 1874 (GVBl. 333), v. 6. April 1897 (GVBl. 60), v. 10. Nov. 1904 (GVBl. 567), v. 26. Sept. 1907 (GVBl. 679), v. 3. Dez. 1908 (GVBl. 1035), v. 10. Dez. 1908 (GVBl. 1051), v. 15. Dez. 1908 (GVBl. 1087), v. 26. Juli 1917 (InnMBl. 193), v. 23. Sept. 1917 (GVBl. 487), v. 14. Nov. 1918 (GVBl. 1232), v. 1. April 1919 (GVBl. 125) mit B. v. 29. Okt. 1919 (InnMBl. 264), v. 3. April 1919 (GVBl. 127), v. 3. April 1919 (GVBl. 160), v. 13. Juni 1919 (GVBl. 296), v. 10. Okt. 1919 (GVBl. 692), v. 30. Okt. 1919 (GVBl. 700), v. 1. April 1920 (GVBl. 97), v. 2. Juni 1920 (GVBl. 333), v. 7. Aug. 1920 (GVBl. 403) mit Bek. v. 7. Aug. 1920 (GVBl. 405) erstere geänd. durch Bek. v. 22. April 1921 (InnMBl. 89), v. 17. Sept. 1921 (GVBl. 547), v. 14. Dez. 1921 (GVBl. 591), v. 30. Juni 1922 (GVBl. 361), v. 6. Mai 1923 (GVBl. 168, unter gleichzeitiger Änd. der Bekanntmachungen v. 7. Aug. 1920 u. 22. April 1921 u. der VO. v. 7. Aug. 1920), v. 1. Aug. 1923 über Errichtung einer Schiffahrtsstelle beim Handelsministerium (GVBl. 289), v. 30. Juli 1928 (GVBl. 361 unter Änd. der VOen v. 14. Nov. 1918, 13. Juni 1919, 1. April 1919 u. 3. April 1919). Bei Zu-

ständigk. mehrerer Ministerien gemeinsame Erlassung. „Einvernehmung" des ObMedizAussch. bei gesundhpol. Vorschr.: VO. v. 28. Nov. 1912 (GVBl. 1219).

4. Erlassung obpol. Vorschr. für Teile des Landes oder eines Kreises: Art. 1 Anh. A. 16.

Art. 8.

Wo die Landesgesetze auf Verordnungen Bezug nehmen, sind darunter die in jedem Gebietsteile geltenden landesherrlichen Verordnungen, sowie die künftig zu erlassenden königlichen Verordnungen zu verstehen.

1. Art. 8 gilt nicht für Reichsges. (wegen des Begr. VO. im StGB. s. Art. 2 A. 1 u. Art. 1 A. 4), dagegen für Landesges. auch, soweit andere als PolVOen in Frage kommen; denn es darf angenommen werden, daß für Art. 8 der gleiche VO. Begriff gilt, wie für Art. 22. Für Reichsges. s. Art. 1 Abs. 2. Er gilt nicht mehr für die Auslegung von gesetzl. Bestimmungen, die seit 15. Sept. 1919 (Tag der Wirksamk. der neuen Verf.) erlassen werden, da solche Gesetze K. VOen nicht mehr gewollt haben können.

2. Landesherrl. VOen: Alle Anordn., welche von den verschiedenen Landesherrn u. Landesregierungen, die sich in den einzelnen Provinzen folgten, erlassen oder eingeführt wurden (KdAbg. 1859/61 Beil. 3, 29); auch die Statuten der reichsunmittelb. Städte, die Anordn. der provis. Landesadministration der Pfalz usw. (Stengel ZfGR. 8, 367).

3. Königl. VOen: Bis 8. Nov. 1918 solche Regierungshandl., die die Unterschr. des Königs u. die Gegenzeichnung des Ressortministers oder seines Stellvertreters tragen (OGHSt. 5, 64); Delegation des VORechts unwirksam (s. Art. 1 Anh. A. 12). Für die Zeit v. 15. Nov. 1918 bis zum Inkrafttreten der Bayer. Verf. v. 14. Aug. 1919 (15. Sept. 1919, s. deren Art. 95) traten beim Erlaß v. VOen an die Stelle des Königs die einzelnen Minister innerhalb ihres Geschäftskreises (VO. v. 15. Nov. 1918, GVBl. 1231, mit § 2 ÜbGes. v. 28. März 1919, GVBl. 113, u. Nr. 2/1 der Bek. v. 28. April 1919, GVBl. 401). Für die Zeit seit 15. Sept. 1919 wird man die Gesetze, die K. Verordnungen verlangen, als durch § 61 Nr. 2 u. 7 Bayer. Verf. ersetzt ansehen und demnach anzunehmen haben, daß diese Gesetze einen Erlaß im Wege einer VO. des Gesamtministeriums oder eines einzelnen oder mehrerer Minister verlangen, wobei die Vermutung für die Zuständigkeit der Einzelminister spricht (§ 61 Nr. 2 Abs. 2 Bayer. Verf; a. A. PilSch. § 53, darnach grundsätzl. Erlassung durch das Gesamtministerium, wenn nicht ein Einzelministerium ausdrücklich für zuständig erklärt ist); zuständig ist hierbei der (oder die mehreren) Einzelminister, in dessen (deren) Bereich die Angelegenheit fällt; zulässig ist aber daneben auch Erlaß durch das Gesamtministerium (Art 1 Nr. 2, Abs. 2 Satz 2 Bayer. Verf.). Man wird demzufolge auch Art. 8 nun dahin auszulegen haben, daß unter VOen, auf die die Landesgesetze „Bezug nehmen", nun die in der vorbezeichneten Weise (durch das Gesamtministerium oder die Einzelministerien) zu erlassenen VOen zu verstehen sind. S. zu der Frage Mayer, VBl. 1925, 117. Nawiasky § 31 Nr. 7 S. 226 erachtet zum Erlasse der nach den älteren Gesetzen vom König zu erlassenden VOen nun die Einzelminister zuständig (vorbehaltlich der Befugnis des Gesamtministeriums nach § 61 Nr. 2 Abs. 2 Satz 2) weil, anders wie bei den Organisations- und NotVOen, hier die Zuständigk. des Gesamtministeriums nicht ausdrücklich vorgesehen sei (argum. e contrario). Dyroff S. 83 erachtet die oben angeführte VO. v. 15. Nov. 1918 wegen ihrer Aufführung

in der zum ÜbergG. v. 28. März 1919 ergangenen Bek. v. 28. April 1919 als auch unter der neuen Verf. fortdauernd, vorbehaltl. der in „erster Linie" maßgebenden „Verfassungsvorschriften über die spezifischen Zuständigkeiten des Landtags, des Gesamtministeriums, der Ministerien usw." Grundsätzlich wäre also darnach die Zuständigkeit der Einzelministerien nach ihrem Geschäftskreis gegeben.

4. Einvernahme des OberMedizAussch. vor Erlaß von VOen, die das Gesundheitsw. betr. (VO. v. 28. Nov. 1912, GVBl. 1219, § 1); nur Sollvorschrift.

Art. 9.*)

1. Außer den Fällen, in welchen die Gesetze auf Polizeivorschriften oder Verordnungen verweisen, können polizeiliche Vorschriften mit Strafandrohung nur durch königliche Verordnung und nur unter der Voraussetzung erlassen werden:

1. daß der Landtag nicht versammelt ist,
2. daß die Abwendung einer dringenden Gefahr für die Sicherheit des Staates oder für Leben, Gesundheit oder Vermögen der Staatsangehörigen eine solche Vorschrift fordert,
3. daß in keinem Gesetze eine anwendbare Vorschrift oder die Befugnis zur Erlassung derselben vorgesehen ist,
4. daß die Übertretung nur mit Geldstrafe bis zu fünfzig Talern oder dreißig Tagen Haft im höchsten Maße bedroht wird.

2. Solche Verordnungen sind in der nächsten Landtagsversammlung zur Zustimmung vorzulegen und treten außer Wirksamkeit, wenn diese Zustimmung vor dem Schlusse oder der Vertagung des Landtags nicht erfolgt ist.

1. Notverordnungen im Sinne des Art. 9 werden nun vom Gesamtministerium erlassen (§ 61 Nr. 7 Satz 2 Bayer. Verf.); Art. 9 ist die hier vorgesehene „nähere gesetzl. Regelung" (Jan § 61 A. 16; Kratzer § 61 A. 25); Delegation auch hier unzulässig (s. Art. 1 Anh. 12). Art. 9 dürfte neben Art. 48 Abs. 4 RVerf. u. § 64 Bayer. Verf. kaum mehr praktische Bedeutung haben. Formell beseitigt ist er nicht.

2. Nicht versammelt ist der Landtag, wenn er aufgelöst ist (z. B. § 31 Bayer. Verf.); aber auch dann, wenn ein Landtag gebildet ist, er aber nicht zu einer Tagung zusammengetreten ist (also der geschlossene Landtag oder nicht eröffnete Landtag, § 30 Abs. 2 Bayer. Verf.); endlich auch der „vertagte Landtag", also während der Zeit von Sitzungspausen (Weihnachten usw.). Das Vorhandensein eines Zwischenausschusses oder des ständigen Ausschusses (§ 30 Abs. 3 u. 4 Bayer. Verf.) schließt die Anwendung des Art. 9 PStGB. aus, soweit diesen Ausschüssen ein Gesetzgebungsrecht zukommt; denn Art. 9 ist eine Aushilfebestimmung (a. A. Kratzer § 61 A. 25 a). Wegen des Gesetzgebungsrechts der Ausschüsse s. Jan § 30 A. 7.

---

*) S. hierzu § 63 PreußVerfUrk. v. 30. Jan. 1850 (GesSlg. 17); ferner Stengel ZfGR. 8, 519.

3. Vorschrift im Sinne der Nr. 3 nur eine Strafvorschrift, aber auch ein Blankettges.; dagegen nicht ein Ges., welches unmittelbaren Zwang oder zivilrechtl. Vorgehen ermöglicht.

4. Zulässig bei Festsetzung der Strafhöhe im Rahmen der Nr. 4 auch die Festsetzung einer Mindeststr.; auch die einer absolut bestimmten Strafe; unzulässig die Verbindung von Geld- und Freiheitsstr., wohl aber die alternative Androhung; zulässig auch die Androhung nur einer Strafart (Stengel ZfGR. 8, 524). Geldstr. nun 1—150 RM. (Art. XIV Abs. 3 der VO. v. 6. Febr. 1924 mit der VO. v. 12. Dez. 1924); unzulässig hins. der Geldstr. nun Festsetzung einer Mindeststr. oder einer absolut bestimmten Strafe (Art. XIV Abs. 2 Nr. 4 der VO. v. 6. Febr. 1924).

5. Solang der Landtag nicht zugestimmt hat, kann das Gesamtministerium die VOen beliebig aufheben; denn solange sind sie VOen; nach der Zustimmung Aufhebung nur durch Ges.; auch der Landtag kann sie vor der Zustimmung aufheben; s. im übrigen Art. 12 A. 7. Ist eine VO. außer Kraft getreten, weil der Landtag die Zustimmung nicht erteilte, so kann das Gesamtministerium nicht eine neue gleichlautende erlassen.

6. Nur PolVorschr. nicht PolVerfüg. können gemäß Art. 9 erlassen werden; wegen Vorbehalts letzterer in PolVorschr. s. Art. 1 A. 6.

7. Auch für die NotVOen gilt § 2 EG. StGB. (GemZ. 1891, 462); sie dürfen auch mit keinem Ges. in Widerspr. stehen (Art. 10; s. Grasm. 1, 855 A. 30).

8. Voraussetz. der Nr. 1—4 auch im Strafverf. zu prüfen, insbes. auch Abs. 1 Nr. 2 (KdAbg. 1859/60 Beil. 3, 32; Stengel ZfGR. 8, 526; Thoma S. 281; Jellinek S. 220 u. 222 A. 98).

Art. 10.*)

Keine Verordnung darf mit Gesetzen, keine orts-, distrikts- oder oberpolizeiliche Vorschrift mit Gesetzen, mit den über denselben Gegenstand zulässigen Verordnungen oder mit kompetenzmäßigen Vorschriften einer höheren Behörde im Widerspruch stehen.

1. Statt distrpol. nun zu lesen bezpoliz. Keine PolVorschr. darf mit einer solchen höherer Art (einschließl. einer VO.) in Widerspruch stehen; aber nur dann, wenn zur Erlassung letzterer eine Zuständigkeit besteht; auch nur dann, wenn letztere wirksam ist (s. auch KdAbg. 1859/61 Beil. 2, 104; 3, 208 u. 255). Ob die höhere PolVorschr. auf dem PStGB. oder einem sonstigen Ges. beruht, ist gleichgültig. Zulässigkeit des Eingriffs in Privatrechte: Art. 1 Anh. A. 2.

Art. 11.

1. Jede orts- oder distriktspolizeiliche Vorschrift ist in dem Bezirke, in welchem sie zur Anwendung gebracht werden soll, gehörig bekannt zu machen und mit dem Nachweise der geschehenen Bekanntmachung in amtlich beglaubigter Fertigung den Gerichten mitzuteilen, welche die bedrohten Übertretungen in erster und zweiter Instanz abzuurteilen haben.

---

*) Entspr. dem § 9 Pr. PolVerwG. vom 11. März 1850.

2. Oberpolizeiliche Vorschriften der Kreisregierungen sind durch die Kreisamtsblätter, oberpolizeiliche Vorschriften der Staatsministerien und königliche Verordnungen durch das Regierungsblatt und, sofern sie für die Pfalz in Wirksamkeit treten sollen, durch das Kreisamtsblatt zu verkünden.

3. Das Staatsministerium des Innern ist ermächtigt, über die Form der Verkündung orts- und distriktspolizeilicher Vorschriften Anordnungen zu erlassen.

1. Statt „distrpol." (Abs. 1 u. 3) nun seit dem nun aufgehobenen SG. (Art. 1 Abs. 2) zu lesen „bezpol.". Der Art. ist im Hinblick auf § 94 Bayer. Verf. an sich noch in Geltung; es fragt sich nur, ob er nicht trotzdem teilweise deshalb unwirksam gew. ist, weil er mit „einer Bestimmung der Verfassung", nämlich dem § 75, wonach auch alle RechtsVOen im GVBl. bekannt zu machen sind, in Widerspruch steht u. desh. aufgehoben ist. Man wird dieses zu verneinen haben, indem man, trotz der allg. Fassung des § 75, für „besondere Fälle" und so auch für die nur örtliche Bedeutung habenden bez.- u. ortspol. Vorschriften u. die obpoliz. Vorschr. der Rggen Ausnahmen zuläßt. Jan § 75 A. 1, Kratzer A. 3, Dyroff S. 90 kommen zu einem ähnlichen Ergebnis, indem sie § 75 dahin auslegen, daß er nur vom Gesamtministerium oder den einzelnen Ministern, also nur zentrale und außerdem (so Dyroff) ministeriell zu genehmigende RechtsVOen im Auge habe. Die Rechtspr. hat zu der Frage noch keine Stellung genommen; ObSt. BayZ. 1926, 60 wandte hins. der damals allein in Frage kommenden Obpol. Vorschr. des GesamtMin. u. der einzelnen Ministerien § 75 Bayer. Verf. an.

Unhaltbar der in der GesMB. v. 29. Okt. 1921 (GVBl. 545) eingenommene Standp., daß für VOen, die von den Landesbehörden auf Grund reichsgesetzlicher Ermächtigung erlassen werden, weil es sich um die Ausübung eines VORechts des Reiches handle, § 75 keine Anwendung finde u. die Wahl der Art der Bek. der verordnungsberechtigten Behörde vorbehalten bleibe; VOen, die von Organen eines Landes ausgehen, sind solche des Landes. Wäre die Ansicht der Bek. v. 29. Okt. 1921, deren Gültigkeit von Kratzer § 75 A. 1 ohne Prüfung angenommen wird, richtig, so müßten solche PolVorschr., also auch z. B. auf dem StGB. beruhende bezpol. oder ortspol. Vorschriften, im Hinblick auf das RGes. v. 13. Okt. 1923 (RGBl. 959, s. dieses im III. Teil) nun im RGBl., ReichsAnz. oder ReichsMinBl. veröffentlicht werden (s. auch Mayer BBl. 1925, 120); die Bek. v. 29. Okt. 1921 ist nun formell aufgeh. u. teilw. übernommen in die VO. v. 26. März 1929 (s. diese im III. Teil).

2. Von der nach Art. 11 erfolg. Verkündung der VOen u. PolVorschr. ist auch deren Gültigkeit abhängig (ObSt. 5, 310; 9, 416; 20, 464). Bei den ortspol. u. bezpol. Vorschr. ist die Gültigkeit auch von der Mitteilung an die Gerichte abhängig; beides ergibt sich aus der zwing. Fassung des Art. 11. Die Frage ist desh. auch im Strafverf. zu prüfen. So auch OSt. 5, 228; Stenglein ZB. 1867, 300 mit 1868, 1 u. Stengel ZfGR. 8, 516; a. A. OGHSt. 3, 486 u. 5, 40; Stenglein ZB. 1874, 66; RG. 31, 258; Karlsr. BadRpr. 1900, 303; darnach nur instruktionelle Vorschr. Aus § 75 Bayer. Verf. läßt sich (falls er auf RechtsVOen schlechthin anzuwenden ist) gegen die fortdauernde Notwendigkeit der Mitteilungspflicht nichts entnehmen; denn er stellt nur eine Mindestforderung auf.

3. Bekanntzumachen und zu verkünden ist der ganze Inhalt der Vorschrift; nicht ausreichend auszugsw. Veröff. oder Verweisung auf einen anderen Abdruck (a. A. ObSt. 20, 146), wenn auch in dem gleichen Blatt; auch nicht die Wiedergabe

in einer Zusammenfassung oder Umschreibung oder die Wiedergabe mit sprachlich verändertem Inhalt; auf eine Anordnung nach Abs. 3 könnte das nicht bestimmen. Verschieden hievon die Frage, inwiefern die PolVorschr. selbst Verweisungen enthalten kann (s. hierzu Art. 1 Anh. A. 13); Veröffentlichung in einem Beiblatt (Extrablatt) genügt, wenn die Verbindung aus dem Hauptblatt erkennbar ist (RG. DJZ. 1913, 1269; ObSt. 14, 36); letzteres nicht notw., wenn das Beiblatt einrichtungsgemäßer Bestandteil des Hauptblattes ist (dies der richtige Kern von ObSt. 16, 31). Zu verkünden und mitzuteilen ist die rechtswirksam gewordene Vorschrift, also auch vorherige Vollziehbarkeitserkl. nach Art. 6 Abs. 3 oder Ablauf der 30 Tage notw. (Stengel, ZfGR. 8, 389; ObSt. 4, 288).

4. Gefordert ist nach Abs. 1 die Mitteilung des Nachweises der geschehenen (ordnungsmäßigen) Bekanntmachung, nicht die bloße Bestätigung, daß eine (ordnungsmäßige) Bekanntmachung erfolgt sei; es muß deshalb über die Bekanntm. soviel mitgeteilt werden, daß im einzelnen nachgeprüft werden kann, ob die Bekanntm. der MB. vom 28. Mai 1862 entsprach. Unrichtig OSt. 5, 40, wonach die Bestätigung des Bürgermeisters genügen soll, daß die Verkündung nach Maßgabe der Bek. vom 28. Mai 1862 erfolgt sei. Dieser Standpunkt überläßt die Prüfung der Gesetzmäßigkeit dem Bürgermeister. Notw. deshalb, wenn die Verkündung durch Einrücken in das Lokalamtsblatt erfolgt, Vorlage der betreff. Nummer (ObSt. 14, 36). Auf keinen Fall genügt eine bloße Bestätigung des Bezirksamts, daß die Verkündung ordnungsm. erfolgt sei (RG. im „Recht" 11, 466). Auch die Bestätigung der ortsüblichen Bekanntm. im Protokollbuch des GemRats genügt nicht (ObSt. 11, 167). Zur Bek. gehörte bei bezpol. Vorschr. zur Zeit der Geltung der Bek. vom 28. Mai 1862 im Hinblick auf deren § 3 Abs. 4 auch die örtl. Verkündung; es war deshalb auch der Nachweis dafür den Gerichten mitzuteilen; dies war für bezpol. Vorschr., die durch das BezAmtsblatt bekanntgemacht wurden, auch im Wege der Dienstanweisung vorgeschrieben (JnnMB. vom 27. Dez. 1901; JnnMBl. 1902, 3); s. ObSt. 9, 416.

5. Amtl. beglaub. Fertigung: Auch Einsendung beglaub. Druckexemplare ausreichend (KdAbg. 1859/61 Beil. 2, 160). Es genügt Mitteilung des Textes; Abschr. der Beschlüsse nicht notw. (OSt. 5, 228).

6. Übertretung: Hier nicht im techn. Sinn des StGB.; findet sich schon im Art. 40 PStGB. von 1861.

7. Absicht des Ges. wohl, daß nur Mitteilung an die Gerichte erford., denen im allg. die Aburteilung solcher Übertretungen obliegen wird; außerordentl. Fälle (Gerichtsstand des Zusammenhangs) bleiben außer Betracht. In örtl. Beziehung wird hiernach genügen Mitteilung an das Gericht (unter Umst. die Gerichte), zu dessen Bezirk der örtl. Geltungsbereich der Vorschr. gehört.

8. Veröffentlichung der obpol. Vorschr. der Regierungen: Durch das Ges. v. 7. Juli 1922 über die Kreisamtsblätter (GVBl. 655) „wurde das JnnM. ermächtigt, im Benehmen mit den beteiligten Staatsministerien bei Aufhebung der Kreisamtsblätter in den Fällen, in denen ein Ges. oder eine VO. die Veröffentlichung im KrABl. vorschreibt, zu bestimmen, welches amtliche Blatt an die Stelle des KrABl. zu treten hat". Im Vollzug dieses Gesetzes, das insbes. auch den Art. 11 Abs. 2 PStGB. im Auge hatte (Verh. d. LT. 1921/22 Beil. Bd. VIII S. 26), wurden durch JnnMB. v. 14. Nov. 1922 (GVBl. 657) „im Benehmen mit den beteiligten Staatsministerien" die KrABl. der Regierungen r. d. Rh. mit Wirkung vom 1. Jan. 1923 an aufgehoben. Weiter wurde im gleichen Benehmen bestimmt, daß überall da, wo Gesetze und VOen die Bekanntmachung im

KrABl. vorschreiben, ferner da, wo auch nach einer die Aufhebung vorbereitenden MB. v. 25. Febr. 1922 (GVBl. 197, StAnz. Nr. 50) noch die Veröffentlichung im KrABl. erfolgte, an die Stelle der rechtsrh. KrABl. vom 1. Jan. 1923 der Staatsanzeiger tritt, soweit nicht im folgenden Sonderbestimmungen getroffen werden. Als solche Sonderbestimmung ist unter C II Nr. 4 angeordnet, daß die oberpolizeilichen Vorschriften der Kreisregierungen ausnahmslos im „Ministerialamtsblatt" zu veröffentlichen sind. Durch InnMB. v. 22. Dez. 1924 über die Aufhebung des Pfälz. KrABl. wurde auf Grund der durch das Ges. v. 7. Juli 1922 gegebenen Ermächtigung im Einverständnis „mit den beteiligten Staatsministerien" auch das KrABl. der Pfalz mit Wirkung v. 1. Jan. 1925 an aufgehoben u. bestimmt, daß die InnMB. v. 14. Nov. 1922 auch für die Pfalz gelten soll. Die Nr. C II 4 der Bek. v. 14. Nov. 1922 erhielt durch eine weitere „im Benehmen mit dem Staatsministerium der Justiz" ergangene InnMB. v. 31. Aug. 1926 (GVBl. 482; StAnz. Nr. 201) folgende Fassung.

„Die oberpoliz. Vorschriften der Kreisregierungen sind im Ministerialamtsblatt und, soweit an ihrem schnellen Erscheinen ein besonderes Interesse besteht, auch im Staatsanzeiger zu veröffentlichen.

Für oberpoliz. Vorschriften, die lediglich vorübergehende Bedeutung haben, ist die Veröffentlichung im Staatsanzeiger genügend."

Darnach die Rechtslage hinsichtlich der Veröffentlichung der oberpol. Vorschriften der Kreisregierungen nun diese: Zu unterscheiden ist, ob die Vorschrift vorübergehende Bedeutung hat oder nicht. Letzteren Falls ist Veröffentlichung im „Ministerialamtsblatt" d. h. im „Ministerialamtsblatt der bayer. inneren Verwaltung" und, soweit an ihrem schnellen Erscheinen ein besonderes Interesse besteht, nebenbei auch im Staatsanzeiger erforderl. Ist eine Vorschrift letzterer Art nicht auch im Staatsanzeiger veröffentlicht, so ist sie bis dahin unwirksam, auch wenn etwa nunmehr kein Interesse mehr an schnellem Erscheinen besteht. Für Vorschriften von vorübergehender Bedeutung gelten die gleichen Vorschriften; daneben ist auch die Veröffentlichung im StAnz. allein ausreichend. Das Vorhandensein aller dieser Voraussetzungen ist Erfordernis der Gültigkeit der Vorschrift; es untersteht also der richterlichen Prüfung, einschließlich der Frage, ob am schnellen Erscheinen ein besonderes Interesse bestand und ob die Vorschrift von vorübergehender Bedeutung ist. Erhebliche Zweifel bestehen allerd. nach der Richtung, ob die Bek. v. 31. Aug. 1926 nicht überhaupt wirksam ist, nachdem die durch das Ges. v. 7. Juli 1922 gegebene Ermächtigung zum Erlaß von Vorschriften nur „bei" Aufhebung der KrABlätter gewährt wurde und nicht eine dauernde Befugnis der Verwaltung zur Regelung der Art der Veröffentlichung geschaffen werden sollte.

Obpol. Vorschr. der Ministerien sind seit Aufhebung des RegBl. durch das GVBl. zu verkünden, weil dieses dessen Fortsetzung, also auch das RegBl. im Sinne des Art. 11 Abs. 2 ist; s. die VO. v. 29. Okt. 1873 (RegBl. 1553). Auf diesen Standp. steht nun auch die VO. v. 26. März 1929 (s. diese im III. Teil) § 2 Abs. 1 Nr. 1, § 1 Nr. 3, wonach alle „Rechtsverordnungen" (der Ministerien) im GVBl. zu veröffentl. sind; aufgegeben damit der Standp. der VO. v. 14. Juli 1922 (s. diese im III. Teil u. wegen deren Unwirksamkeit hins. der Verkündung von Polizeivorschr. ObSt. 25, 203, BayZ. 1926, 60).

Für die Pfalz (s. Art. 11 Abs. 2 a. E.) genügte Verkündung durch das GVBl. nicht; für sie war Verkündung im KrABl. notwendig und ist nunmehr Verkündung in den nach dem A. 8 oben Ausgeführten an dessen Stelle getretenen Blättern notw.; s. hierzu ObSt. BayZ. 1907, 68 u. Graßmann 1, 864 A. 25; a. A. ObSt. BayZ. 1912, 315 mit unhaltbarer Begründung.

9. Auf Grund des Abs. 3 sind nur Vorschriften über die Art und Weise der Kundmachung, über das PublOrgan zulässig, keinesf. darüber, ob die Vorschrift überhaupt, oder ob sie nur teilweise oder mit sonstigen Einschränkungen veröff. werden soll; denn Abs. 3 ist Parallelbest. zu Abs. 2. Diese nach Abs. 3 zulässigen Anordnungen unterliegen keiner Formvorschr,; sie haben insbes. keinen polizeil. Charakter (KdAbg. 1859/61 Beil. 3, 26); doch müssen sie nach außen in Erscheinung treten, wenn auch nur durch Mitteilung an andere Behörden. Sie erfolgten mit InnMB. vom 28. Mai 1862, die nun durch die InnMB. v. 26. Juli 1922 ersetzt ist (beide abgedr. im III. Teil). Soweit in den auf Grund des Abs. 3 ergehenden Vorschriften wahlweise mehrere Veröffentlichungsarten vorgeschrieben oder auch nur zugelassen sind, macht eine verschiedene Fassung der Veröffentlichungen die Verkündung unwirksam, selbst wenn die eine hievon mit der wirklichen Fassung der Polizeivorschrift sich deckt; denn die beiden Veröffentlichungen heben sich gegenseitig auf. Es ist, wenn eine mehrfache Veröffentlichung gewählt wird, nun die Gesamtheit die Veröffentlichung, und diese ist nicht ordnungsmäßig. Anders sind Veröffentlichungen zu beurteilen, die nicht die gesetzlich vorgeschriebene Veröffentlichung sein sollen. Eine Sonderregelung enthält jedoch der § 4 der InnFMB. v. 27. April 1912 (GVBl. 403) für die auf Grund des Viehseuchenges. ergang. distrpol. Vorschr.

10. Keine bes. Formvorschr. für die nach Art. 1 Abs. 3 zulässigen pol. Verfüg.; genügend also auch mündl. Erlaß. Die Verkündung von Rechts-Verordnungen des Reichs ist geregelt durch das Ges. v. 13. Okt. 1923 (RGBl. 959; abgedr. im III. Teil); RechtsVOen des Reiches sind nur solche, die von Organen des Reiches ausgehen (s. oben A. 1).

Art. 12.*)

Die Kreisverwaltungsstellen sind berechtigt, orts- und distriktspolizeiliche Vorschriften wegen Mangels der gesetzlichen Bedingungen ihrer Erlassung oder wegen Nachteils für das öffentliche Wohl oder wegen Verletzung der Rechte Dritter außer Kraft zu setzen oder deren Vollzug einzustellen.

1. Entscheidung der KreisVerwStelle durch die Kammern des Innern (§§ 21 ff., §§ 57 ff., FormVO. v. 17. Dez. 1825), unter Umständen in einer Abteilung (VO. vom 15. Mai 1920, GVBl. 265).

2. Statt distrpol. nun zu lesen bezpolizeilich. Die Aufhebungsbefugnis besteht gleichgültig, von welchen der in Art. 3 Abs. 1 u. Art. 4 Abs. 2 bezeichneten Organen die Erlassung der ortspol. Vorschr. erfolgte.

3. Gesetzl. Bedingung der Erlassung: Alle für die Erlassung bestehenden zwingenden und Sollvorschr., so insbes. Mangel einer gesetzl. Grundlage oder Nichtbeachtung der Verfahrensvorschr., Widerspr. mit einer PolVorschr. höheren Rangs (s. Art. 10 und ausdrücklich angeführt im WürttPStGB. Art. 56); nicht bloße Dienstanweisungen. Aufhebung oder VollzEinst. auch zulässig bei späterem Wegfall der Voraussetzungen. Unzulässig Aufhebung oder VollzEinstellung wegen Hinweises auf eine andere als die gesetzl. Strafe, wegen Fehler im Stil, wegen Gegenstandslosigkeit (Stengel, ZfGR. 8, 488, 492 u. 493).

4. Nachteil für das öff. Wohl auch dann, wenn die PolVorschr. absolut zweckwidr. oder die Beteiligten ohne Not belästigende Maßregeln enthält (KdAbg.

*) Entspr. dem § 9 Pr. PolVerwG. vom 11. März 1850.

1859/61 Beil. 2, 160); ebenso eine die Interessen der Beteiligten und die Rechtssicherheit gefährdende Unklarheit der Fassung (Schicker Art. 56 A. 6); Widerspr. mit „höheren Staatsinteressen“, vollständ. Zweckwidrigkeit, unverständl. Fassung (Inn.-ME. v. 28. Mai 1862, Web. 9, 343). Nichterreichung des Zweckes noch kein Nachteil für das öff. Wohl. Verletzung der Rechte: Nicht schon Verletzung bloßer Interessen (Schicker Art. 56 A. 6).

5. Nur vollständige nicht teilweise Außerkraftsetzung oder VollzEinst. zulässig (KdAbg. Beil. 1859/61 Beil. 3, 33; InnME. v. 28. Febr. 1862, Web. 9, 343); die Entsch. der Regierungen sind zu begründen (s. die angeführte InnME.). Kein Hindernis der Umstand, daß die Regg. die Vorschr. früher nach Art. 6 Abs. 3 für vollziehbar erklärt hat (Graßmann 1, 860 A. 80). Publikation der ReggsVerfüg. nicht notwendig; denn sie ist keine PolVorschr. (a. A. Stengel, ZfGR. 8, 391, 392). Gegen die Entsch. der Regg. Beschwerde an das zust. Ministerium (Art. 7 A. 3) möglich; aber auch wegen Verletzung des gemeindl. Selbstverwaltungsrechts nach Art. 10 Nr. 2 VerwGHGes. an den VerwGHof (Reus S. 69). Vor VollzEinst. begangene Übertretungen bleiben strafbar (OGHSt. 3, 591), soweit nicht etwa Unwirksamkeit nach Art. 15 besteht. Die Außerkraftsetzung kann rückwirkend erfolgen.

6. Die Beschränkungen des Art. 12 gelten zuf. Analogie auch für Weisungen der vorgesetzten Beh. an untergeordnete auf Aufhebung oder Vollzugseinstellung pol. Vorschr. Wegen der Dienstanweis. zur Erlassung pol. Vorschr. s. Art. 1 A. 3. Auch bei Beschw. nach Art. 14 gelten die Beschränkungen des Art. 12. Keine Anwendung des Art. 12 auf pol. Vorschriften, die nur bestehende Vorschr. aufheben (Stengel, ZfGR. 8, 486).

7. Die Beschränkung des Art. 12 ist eine absolute, deshalb auch im Strafverfahren zu würdigen, ob die Vorschrift unter Einhaltung des Art. 12 außer Kraft gesetzt wurde; andernfalls bleibt sie trotz der Verfügung der Kreisregierung wirksam. Desgleichen im Strafverfahren zu prüfen, ob die gesetzl. Voraussetzungen für die Einstell. des Vollzugs vorlagen; so auch Stengel, ZfGR. 8, 512.

8. Andere Aufhebungsmöglichkeiten von PolVorschr., als die der Art. 12 bis 14 sind, abgesehen von den vereinzelten Fällen des Art. 50 Abs. 3 und Art. 9 Abs. 2, nicht ausdrücklich vorgesehen. Es kann aber jedenfalls auch das erlassende Organ sie wieder aufheben (KdAbg. 1859/1861 GGA. Beil. 2, 104). Grundsätzlich untersteht diese Aufhebung den gleichen Vorschr. wie die Erlassung; wegen der Streitfrage in Preußen s. KGJ. 48 C 323; KG. LZ. 1915, 789. Die Anhörung der Feldgeschw. u. des Markungsausschusses (Art. 3 Abs. 2) wird aber bei sinngemäßer Anwendung entbehrlich sein; Vollziehbarkeitserkl. u. Vorlage an die Regg. nicht nötig (Stengel ZfGR. 8, 480). Mitteilung nach Art. 6 Abs. 2 ist auch hier geboten (Sollvorschrift). Erfolgt eine Veröffentlichung durch ein mit der Erlassung poliz. Vorschriften befaßtes Organ, so ist die Aufhebung nach außen wirksam, auch wenn die Voraussetzungen der Aufhebung nicht alle erfüllt sind; Grundsatz der Bindung an die Erklärungen so, wie sie sich nach außen darstellen (so im Ergebnis auch ObSt. BayZ. 1929, 24); das A. 7 Bemerkte bleibt hiedurch unberührt. Bei NotVOen Einhaltung der Vorschr. des Art. 9 Abs. 1 entbehrlich. Publikation nach Art. 11 Abs. 1 u. 2 nötig (Stengel a. a. O. S. 481 und 391; Edel, PStGB. 1871 S. 85). Nichtanwendung und Nichtbeachtung der Vorschrift berührt die Wirksamkeit nicht (KGJ. 6, 180; ObSt. 1, 389). Von mehreren Organen (z. B. mehreren Ministerien) erlassene PolVorschr. nur durch gemeinsamen Akt aufhebbar (JFG.Erg. 4, 279); gemeinsames Handeln auch notw., wenn zur Erlassung die Mitwirkung aller der, die tatsächl. mitgewirkt haben, nicht nötig gewesen wäre; anders nur bei in der

Zwischenzeit eingetretener Zuständigkeitsverschiebung. Vorschr., deren Weiterbestand nicht außer Zweifel ist, z. B. infolge teilweiser, hins. ihrer Tragweite unklarer Aufhebungen, sind unwirksam geworden (ObSt. BayZ. 1929, 24).

9. Änderung poliz. Vorschr. verlangt die Erfordernisse der Neuerlassung u. Aufhebung.

Art. 13.*)

Die Staatsministerien sind nach Maßgabe ihrer Zuständigkeit berechtigt, aus denselben Gründen Vorschriften der Orts- und Distriktspolizeibehörden und der Kreisverwaltungsstellen außer Kraft zu setzen und den Vollzug einzustellen.

1. Statt DistrPolBeh. nun zu lesen BezPolBeh. Zuständigkeit der Staatsmin. Art. 7 A. 3; maßgebend das Ministerium, in dessen Geschäftsbereich die Angelegenh. fällt. Das Art. 12 A. 3—7 Bemerkte entsprech. anwendbar. Die Aufhebung wird zulässig sein, auch wenn die ortspol. Vorschr. nicht von den „OrtspolBeh.", sondern von den in Art. 3 Abs. 1 u. Art. 4 Abs. 2 bezeichneten Organen erlassen wurden (s. Art. 12 A. 2), trotzdem diese keine „Ortspolizeibehörden" sind; bei Art. 12 ist dieses Ergebnis zweifellos; denn dort die Fassung „ortspoliz. Vorschriften".

Art. 14.

1. Wer sich durch Erlassung einer polizeilichen Vorschrift für beschwert erachtet, kann innerhalb des für Verwaltungssachen bestehenden gesetzlichen Instanzenzuges hiergegen Abhilfe nachsuchen.

2. Gleiches Beschwerderecht steht gegen ortspolizeiliche Vorschriften in Städten und Märkten mit magistratischer Verfassung den Gemeindebevollmächtigten, gegen distriktspolizeiliche Vorschriften dem Distriktsrate, gegen von der Kreisregierung auf Grund des Art. 12 erlassene Verfügungen den betreffenden Gemeindebehörden zu.

3. Die an keine Rekursfrist gebundene Einlegung der Beschwerde hat auf die Vollziehung der Anordnung nur dann eine Wirkung, wenn die zur Entscheidung berechtigte höhere Stelle die Einstellung des Vollzuges angeordnet hat

1. Abs. 2 Halbs. 1 (betr. die „ortspol. Vorschr.") gegenstandslos geworden, da die Gemeinden nur mehr ein einziges Verwaltungsorgan, den Gemeinderat (Stadtrat), haben; man wird aber für unmittelb. Städte dem Stadtrat gegenüber ortspol. Vorschr. des beschließenden Senats, und umgekehrt (Art. 54 Abs. 3 GemO.), ein Beschwerderecht im Sinne des Art. 14 in analoger Anwendung dasselbe geben müssen; ebenso wird man, soweit ortspol. oder bezpol. Vorschr. durch staatl. Organe erlassen werden, Art. 14 zugunsten der GemRäte (Stadträte) anzuwenden haben; s. aber auch Art. 3 A. 3. Statt distrpol. und Distriktsrat nun zu lesen bezpol. u. Bezirkstag. Art. 14 bezieht sich nur auf PolVorschr., nicht auf PolVerfüg. (s. Abs. 2 „Verfügungen"; a. A. KassH., Stenglein ZB. 16, 34; OGHSt. 6, 68; Gerstle

*) Entspr. dem § 16 Pr. PolVerwG. vom 11. März 1850.

S. 737; PilSch. § 58; Ziegler BayZ. 1919, 311 läßt Art. 14 bei PolVerfüg. hins. der BeschwBefugnis, aber nicht hins. der Zuständigkeit zur BeschwEntscheid. gelten). Die Beschw. gegen PolVerfüg. bemißt sich nach den allg. das Verfahren der verfügenden Behörde regelnden Vorschr.

2. Gegeben ist der ganze in Verwaltungssachen nach den Gesetzen (u. den auf ihrer Grundlage erlassenen VOen) zulässige Instanzenzug; Anrufung des VGH. nicht zulässig (VGH. 3, 447). Zuständig, soweit Bestätigung nach Art. 6 erfolgte, nur das (an sich für die Angelegenheit zuständige) Ministerium; für Zuständigkeit der Regg. Ziegler BayZ. 1919, 311. Bei vorübergeh. ortspol. Vorschr. einer mittelb. Gem. wird die Regg. zuständig sein (entsprech. Anwendung des Art. 6). Keine Beschw. an das GesamtMin. (§ 61 Nr. 2 VerfUrk.). Keine Formvorschr. für die Beschw., auch keine BeschwFrist. Erford. zur Beschw.-Legitimation Verletzung eines Rechts oder rechtl. Interesses des BeschwFührers („beschwert erachtet"), außer in den Fällen des Abs. 2. PilSch. S. 114 läßt Beschw. auch zu, wenn die Beeinträchtigung des öff. Wohls geltend gemacht wird. Aufschieb. Wirkung: Abs. 3. Die BeschwInst. kann die Vorschr. ganz oder teilw. aufheben, letzteres nur hinsichtlich in sich selbständiger Teile, nie aber eine Vorschrift ändern oder eine andere an deren Stelle setzen. Publikation der Beschw.-Entscheidung Art. 12 A. 5. Wegen Beschw. an den Staatsgerichtshof s. § 93 Bayer. Verf., Art. 2 Nr. 3 Art. 43ff. Ges. über den Staatsgerichtsh. v. 9. Juli 1929 (GVBl. 94). Wegen Richterlassung oder Aufhebung pol. Vorschr. nur Anregung der Aufsichtsprüfung zulässig.

3. Art. 14 regelt nur das form. BeschwRecht; materielle Prüfung nur unter entsprechender Anwendung der Art. 12 u. 13 zulässig; es wären diese kaum erklärlich, wenn bei einer Beschw. die höhere Behörde, abweichend von Art. 12 u. 13, frei befinden könnte. Für Zulässigkeit der Prüfung der Notwend. u. Zweckmäßigkeit Grasm. Bd. 1, 860 A. 85; Riedel Art. 14 A. 2. Ähnlich Stengel, ZfGR. 8, 501 u. 502.

4. Ausnahme von Abs. 3 bei den auf Grund des ViehSeuchG. vom 26. Juni 1909 ergehenden Anordn. gemäß § 80 dieses Ges. Im übrigen genügt Art. 14 dem § 2 Abs. 3 Schlußsatz dieses Ges.

Art. 15.

Bei der Aburteilung der durch polizeiliche Vorschriften in Gemäßheit der Art. 3, 4, 5, 6, 7 und 9 bedrohten Polizeiübertretungen darf nur die gesetzliche Gültigkeit, nicht aber die Notwendigkeit oder Zweckmäßigkeit der Vorschrift von dem Richter in Erwägung gezogen werden.

1. Art. 15 ist*), soweit es sich nicht um Forst- u. Feldrügesachen handelt (§ 3 Abs. 3 EG.StPO.), seit Inkrafttreten der StPO. (formell) wirkungslos geworden; denn er hat strafproz. Charakter (§§ 3, 6 EG.StPO.); er will das Verfahren des Strafrichters regeln; er ist nicht staatsrechtl. Natur; denn er will nicht obj. die Gültigkeit der PolVorschr. abgrenzen, sondern nur den Strafrichter binden. Die Praxis verkennt das u. behandelt ihn ohne nähere Prüfung als wirksam; wie sie auch D. in Ann. 1921/22, 366. Im folgenden sollen hieher einschlagende Fragen aus dem sog. richterl. Prüfungsrecht im allg. untersucht werden, um so mehr

*) Ihm entsprechen § 17 des Pr. PolVerwGes. v. 11. März 1850 (GS. 265), ferner Art. 24 Abs. 2 Bad. PStGB.; s. w. anderer ähnl. Landesges. Jellinek S. 3ff.

als Art. 15 materiell richtig ist; desh. ist auch die hierzu ergang. Rechtspr. erheblich. Die gleichen Grundsätze wie für die Prüfung der PolVorschr. gelten für die Prüfung der PolVerfügungen.

2. Die Grenzen des richterl. Prüfungsrechts*)**) u. der richterl. Prüfungspfl. ergeben sich aus der allg. Stellung der richterl. Gewalt gegenüber dem Ges. u. der Staatsverw., aus dem Wesen der Gerichte, der Gesetzgebung, der Staatsverwaltung, der richterl. u. der Verwaltungstätigkeit; diese Begriffe sind richtig abgegrenzt bei Laband Staatsrecht 1 § 64 S. 173, 172, 177, 178, 179. Der Erlaß von PolVorschr. nun ist zugleich gesetzgeb. u. (formelle) verwaltende Tätigkeit; letzteres, insoferne die gesetzgeb. Tätigkeit hier an gesetzl. Schranken gebunden ist. Soweit nun solche Schranken bestehen, greift die richterl. Prüfung ein. Man mag das außerhalb dieses Bereichs fallende Gebiet als das der „Notwend. u. Zweckmäßigkeit" bezeichnen; richtiger ist es, es das freie Gebiet der VerwTätigkeit zu nennen; denn man vermeidet damit die Fiktion, daß das, was die Verw. tut, begrifflich notwendig u. zweckmäßig ist; ferner hat der Richter auch die Notwend. u. Zweckmäß. zu prüfen, wenn im Einzelfall die rechtl. Grenze auch auf diese Frage abgestellt ist. Richterl. Tätigkeit ist auch die Ausübung des richterl. Ermessens, wenn der Richter hiebei nicht eine Bestimmung zu treffen, sondern (nach logischen Grundsätzen) den Willen des Gesetzes auszuführen hat. Art. 102 der RVerf. v. 18. Aug. 1919 ist für die Entsch. der Frage bedeutungslos; a. A. KGJ. 52 C 298. Im einzelnen ist zu bemerken:

a) Zu prüfen, ob die gesetzl. Formvorschriften für Erlassung der Pol.-Vorschr. eingehalten wurden, wie sie sich aus Art. 1—14 ergeben.

b) Weiter zu prüfen, ob sonstige für die Erlassung der PolVorschr. vorgeschriebene zwingende Bestimmungen beachtet sind; z. B. Art. 120 Abs. 2 (ObSt. 6, 122).

c) Außerdem, ob sich die PolVorschr. innerhalb der durch das einzelne Blankettges. gezogenen materiellen Grenze hält. Hierbei ist namentl. zu beachten, daß auch Rahmengesetze nicht nach dem Wortlaut, sondern nach dem erkennbaren Sinn auszulegen sind. Unwirksam desh. PolVorschr., die dem Sinn des Rahmenges. nicht gerecht w. Hierbei ist anzunehmen, daß der Gesetzgeber keine Ermächtigung zu einer den allg. Anschauungen von Recht u. Billigk. widersprechenden Anordnung erteilen wollte. Keine Anwendung können desh. Pol.-Vorschr. für Einzelfälle beanspruchen, in denen diese zu solchen Ergebnissen führen würden; die Gedanken des § 242 BGB. u. des Art. 152 Abs. 2 RVerf. sind auch hier anwendb. Einen Rechtsverstoß enthalten deshalb, was die Praxis häufig verkennt, gerichtl. Entscheidungen, die die Anwendung einer zu unverständlichen Verurteilungen führenden PolVorschr. mit der Erwägung entschuldigen, daß der Richter an das „Gesetz" gebunden sei u. die Behebung der Unbilligk. Sache der die Pol.-Vorschr. erlassenden Behörde sei.

d) Ob Zweck, Beweggrund u. Zweckmäßigkeit zu prüfen ist, beurteilt sich verschieden je nach der Fassung des Blankettges. Ist nur der Zweck in den Tat-

---

*) Auffällig unrichtige Entsch. in dieser Frage: OGHSt. 3, 378; 6, 16; OSt. 2, 304; 3, 229; ObSt. 11, 327. Die unrichtige bayer. Rechtspr. leidet z. T. an der Nachwirkung des Art. 7 Tl. II des Feuerbachschen StGB. Unrichtig auch RG. 21, 121.

**) Sonderlitt. hierzu: Schack, Die Prüfung der Rechtmäßigkeit von Ges. u. Verordnung 1918 mit Ergänzung Ann. 1919, 285; s. auch Hergt BlAPr. 1912, 378.

bestand aufgenommen, so ist der Beweggrund unerheblich; Unwirksamkeit liegt vor, wenn der gesetzliche Zweck nur als Scheinzweck vorgeschoben wird, wenn, wie BlAPr. 1901, 61 sogar empfohlen w., der wirkliche Zweck „sorglich verschwiegen" wird; Karlsr. BadRpr. 1912, 161. Unwirksam desh. eine Vorschr., die nicht auf obj. poliz. Motiven, sondern auf Willkür u. Schikane beruht (Dresd. GArch. 65, 376). Richtig im allg. ObSt. 1, 7; 2, 204; 6, 226; 8, 151; 11, 96; BayZ. 1909, 54; SeuffBl. 71, 535. Unrichtig ObSt. 3, 112 u. 116. Verfolgung eines anderen Zwecks neben dem gesetzl. begründet keine Unwirksamkeit (ObSt. 10, 36; 6, 417; 14, 284). Ungültig einzelne nicht zweckgemäße Bestimm. einer im ganzen zweckgemäßen PolVorschr. (ObSt. 11, 99); es gilt auch hier das Art. 1 Anh. A. 18 Bemerkte; die Zweckgemäßheit muß aus der Vorschr. ersichtlich sein (ObSt. 9, 73); die Vorschr. ist unwirksam, wenn sie zu allgemein gehalten u. zu unbestimmt ist, so daß der Zweck nicht zum Ausdruck kam (ObSt. 28, 48). Nach Lage des Falls, je nach der Fassung des Blankettgesetzes, notwendig zur Wirksamkeit, daß der Zweck erreicht wird; in anderen Fällen genügt, daß der Zweck verfolgt wird.

e) Die sog. „tatsächl. Voraussetzungen" für die Erlassung sind soweit, aber nur soweit zu prüfen, als sie sich auf die prüfungsfähigen Umstände beziehen; die Rechtspr. erfaßt den entscheidenden Punkt nicht. Unrichtig z. B. Stenglein ZB. 1864, 128; ObSt. 5, 361.

3. Bei Bemessung der Strafhöhe zulässig auch die Würdigung sonst der VerwBeh. vorbehaltener Fragen.

4. Im Zweifel zugunsten der richterl. Prüfung zu entscheiden; denn es darf angenommen werden, daß der Gesetzgeber, der Recht schafft, auch das Recht angewendet haben will.

5. Nicht notwendig, daß der Richter im einz. Falle alle Umst. prüft, deren Prüfung an sich ihm zusteht; legalia praesumunter. Er wird auch hier diese Prüfung nur aus besond. Anlaß anstellen.

6. Das gleiche Prüfungsrecht u. die gleiche Prüfungspflicht wie der Richter haben die VerwBeh.; denn auch sie haben das Gesetz anzuwenden; ebenso der einzelne Private; erstere sind aber durch etwa vorhandene Dienstanweisungen (auch stillschweigend erteilte) beschränkt (Art. 12 BeamtenGes.; Einschränkung VGH. 1903, 98). Keine Zuständigk. des VGH. zur selbständigen „Entsch. über die Gültigkeit" von PolVorschr.*); im übrigen hat auch er das gleiche Prüfungsrecht (VGH. 21, 158; 34, 225). Wegen des Standp. der preuß. Praxis hins. der Prüfung von VOen s. KGJ. 53 C 331.

7. Zur Frage, ob der Richter die Verfassungsmäßigkeit (Reichs- und Landesverfassung) der Gesetze u. deren ordnungsmäß. Zustandekommen zu prüfen hat, s. Graßm. 1, 840; ZfGR. 5, 86; KassH. 4, 17; OGHSt. 7, 379; ObSt. 1, 404; RG. 36, 421; RGZ. 48, 84; 77, 229; 93, 260; RG. JW. 1916, 597; RG. Reg. 29, 271; BayVGH. 25, 285 und gegenüber dem neuen VerfassRecht: BayVerfUrk. § 72: Brandis HansGZ. Beil. 1920, 77; Hauers ebenda 1920, 155; Arndt Recht 1920, 105 u. 195; Triepel ArchÖffR. 1920, 534; Schack Ann. 1919, 285; Bühler DJZ. 1921, 580; Thoma Arch. d. öff. Rechts 43, 267; Waldecker ebendort 52, 59; Poetzsch RVerfassung 3. Aufl. Art. 70 A. 3; Anschütz RVerf. 10. Aufl. Art. 70 A. 3; Jan § 72; Stier-Somlo, Staatsrecht 1924 S. 674; RGZ. 111, 323; ObZ. 25, 410. Zu prüfen hat der Richter die formelle u. materielle Verfassungsmäßigk.; aus dem Ausfertigungsrecht des Art. 70 RVerf., § 62 Bayer. Verf. läßt sich kein den Richter bindendes FeststellRecht der VerfassMäßigkeit ableiten. § 72 Bayer. Verf.

---

*) Wegen der Bedenken gegen eine solche Regelung s. Schultzenstein DJZ. 1911, 888.

ist besten Falls teilweise wirksam, nämlich nur, soweit es sich um einen Widerspruch mit einem landesrechtl. VerfGes. oder der bayer. Verf. handelt. Die RVerf. leitet ihre Wirksamkeit nicht von der bayer. Verf. ab; deshalb kann auch nicht durch das Landesrecht deren Anwendung beeinträchtigt werden. A. A. Nawiasky S. 374, wonach die durch § 72 normierte Prüfungspflicht auch gegenüber den Reichsgesetzen gelten soll. Prüfung der Vereinbark. landesrechtl. Vorschr. mit dem Reichsrecht: Ges. v. 8. April 1920 (RGBl. 510); Art. 13 Abs. 2 RVerf.

Zweite Abteilung.*) Vollzugsmaßregeln und vorläufige Einschreitung.

Art. 16.

Unterläßt jemand innerhalb der dafür bestimmten Zeit dasjenige zu tun, was ihm auf Grund eines wegen einer Übertretung ergangenen rechtskräftigen Strafurteils durch die zuständige Polizeibehörde auferlegt worden ist, so ist letztere befugt, diese Handlung auf Kosten des Ungehorsamen vornehmen zu lassen und, vorbehaltlich seiner Verpflichtung zum Ersatze des etwa verursachten Schadens, den von ihr festgestellten Kostenaufwand nach den gesetzlichen Bestimmungen über Beitreibung von Untersuchungskosten, in der Pfalz auf dem Wege des administrativen Zwangsvollzugs, von demselben zu erheben.

1. Dafür bestimmte Zeit: Die durch die „zust. PolBeh." festgesetzte Zeit.

2. Übertretung: Im techn. Sinne des § 1 Abs. 3 StGB., also nicht Vergehen oder Verbr., wohl aber Übertretungen anderer Ges. als des PStGB.

3. Rechtskr. Urteil: Auch ein rechtkr. Strafbefehl (VGH. 11, 192); wohl auch eine Entscheidung im obj. Verf. (§§ 430ff. StPO.); jedoch ist eine solche die Grundlage zum Vorgehen nur gegen Personen, gegen die die Entsch. prozessual wirksam ist.

4. Zust. PolBeh.: Art. 20 A. 3. Der Beschl. ist beschwerdefähig; aufschiebende Wirkung hat die Beschw. nicht (a. A. Reiner BlAPr. 1919, 264); die entscheid. Pol.-Beh. u. die BeschwBehörde können ihr aber solche verleihen. Vorläuf. Kostendeckung: Art. 20 A. 9 Abs. 2 gilt entsprechend (Reiner a. a. O.).

5. Das Strafurteil stellt, indem es eine Strafe ausspricht, zugleich die Rechtswidrigkeit einer Handlung oder Unterlassung fest; diesen darnach sich als rechtmäßig ergebenden Zustand kann die PolBeh. auf Grund des Art. 16 zur Geltung bringen. Art. 16 begründet kein selbständiges Anordnungsrecht, sondern nur ein Vollzugsrecht (Gerstle S. 725, 726) u. zwar nur das der Ersatzvornahme. Sie wird aber auch Handl. oder Unterlassungen der gleichen Art wie die abgeurteilte abstellen können z. B. Entfernung der neuerdings verbotswidrig angebrachten Tafel.

*) Schrifttum zur 2. Abt.: Kitzinger, Die Verhind. strafb. Handlungen durch Polizeigewalt 1913. Ziegler, Das Recht des VerwZwangs in Bayern Ann. 1915, 724. Kukula, Der Verwaltungszwang, Wien 1918. Eichner, Die Rechtsgrundlagen der Präventivpolizei 1927.

6. Nur dem Verurteilten selber können Auflagen gemacht werden, nicht etwa einem Rechtsnachfolger; so mit Recht BlAPr. 22, 133 gegen BlAPr. 22, 129; s. auch Koch BlAPr. 68, 14.

7. Pflicht zum Schadensersatz: Maßgebend das allg. bürg. Recht. Art. 16 schafft keinen neuen Rechtsgrund. Geltendmachung im Wege des Zivilprozesses.

8. Für die Betreibung des Kostenaufwands werden jetzt, soweit Anspr. des Staates in Frage kommen, Art. 184 u. 185 des KostenGes. v. 16. Febr. 1921 (GVBl. 133) u. Art. 6 u. 7 AG.ZPO. maßgebend sein (s. Grasm. 2, 222 A. 37; Reiner BlAPr. 1919, 265); soweit es sich um Anspr. der Gemeinden handelt, maßgebend nun Art. 19 u. 20 des VollzG. zum FinanzausglG. v. 5. Sept. 1927 (GVBl. 283) mit Änd. v. 20. April 1928 (GVBl. 201) u. 30. Juli 1929 (GVBl. 100); hiezu § 23 der JnnFMB. v. 5. April 1922 (GVBl. 225).

9. Anrufung des VGH. in den Angelegenheiten des Art. 16 ist nicht zulässig (VGH. 11, 192).

10. Vorläufige Vornahme der nach Art. 16 zulässigen Maßnahmen: Art. 20 A. 5; Art. 16 findet insbes. Anwendung in den Fällen des Art. 105; s. dort A. 9.

Art. 17.

1. Die Einziehung einzelner Sachen und die Schließung von Anstalten ist nur in den von dem Gesetze bestimmten Fällen statthaft und tritt nur dann ein, wenn der Richter ausdrücklich darauf erkannt hat.

2. Ist die Schließung einer Anstalt im Strafurteile für zulässig erklärt, so steht die Beschlußfassung über die Anwendung der Maßregel und der Vollzug der Polizeibehörde zu.

1. Art. 17 betrifft nur polizeil. u. strafrechtl. Einziehungen u. Schließungen, nicht etwa steuerliche oder disziplinäre; er ist auch als strafrechtl. Maßnahme mit dem Reichsrecht vereinbar (§ 5 EG. StGB.); unzulässig dagegen eine strafrechtl. landesrechtl. Einziehung innerh. der reichsgesetzlich geregelten Materien (Braunschw. LZ. 1924, 834).

2. Einziehung (vorbehaltlich besond. Bestimmung) nur zulässig, wenn der Gegenstand im Eigentum des Täters steht (arg. e contr. aus Art. 22a, 39 u. a.); im Miteigentum stehende Gegenstände nur einziehbar, wenn alle Miteigentümer Täter; Miteigentumanteil nicht einziehbar; bei Belastung mit Rechten Dritter einziehbar nur vorbehaltlich dieser Rechte, selbst wenn Dritter auch Täter ist oder Einziehung ohne Rücksicht auf das Eigentum zulässig ist. Einziehung hat im Strafverf. zu erfolgen, kann auch durch Strafbefehl geschehen (§ 407 Abs. 2 StPO.); auch im obj. Verfahren (Art. 18). Vollzug der Einziehung: § 463 StPO. Verständigung der Finanzbeh. durch die StAnwaltschaft von auf Einziehung lautenden Entscheid.: JME. v. 29. Nov. 1913 (JMBl. 694) C II 3. Vorläuf. Beschlagnahme: Art. 20 Abs. 2.

3. Auf Schließung kann nur im Strafverf. u. nur durch Urteil nicht durch Strafbefehl erkannt w. (§ 407 Abs. 2 StPO.). Zuständig zum Vollzug die allg. mit der Angelegenheit, in der die Schließung erfolgt, befaßte PolBeh. Die Schließung steht im Ermessen der PolBeh. (KdAbg. 1871/72 StA. Beil. 1, 101). Vollzug der Schließung: Art. 16 PStGB.; maßgebend im übrigen die allg. Grundsätze für die Zwangsbefugnisse der VerwBeh.; zweifelhaft, ob in Bayern ein

allg. Zwangsrecht der VerwBehörden besteht; die Praxis der VerwBehörden nimmt es an (BlAPr. 1880, 171); s. auch Art. 21 A. 5. Verständigung der Pol.-Beh. durch die StAnwaltschaften von der auf Schließung lautenden Entscheid.: JMG. v. 29. Nov. 1913 (JMBl. 694) C II 1. Schließung im obj. Verf.: Art. 18 Abs. 1. Schließung als vorläuf. Maßregel: Art. 20 Abs. 3.

Art. 18.

1. Ist in den Fällen, in welchen nach dem gegenwärtigen Gesetzbuche die Einziehung einzelner Sachen oder die Schließung einer Anstalt zulässig ist, die Verfolgung oder Verurteilung einer bestimmten Person nicht ausführbar, so können die bezeichneten Maßnahmen von dem Richter selbständig erkannt werden.

2. Unter denselben Voraussetzungen kann der Richter selbständig aussprechen, daß die Polizeibehörde berechtigt ist, die in den Art. 73 Abs. 3, 105 Abs. 1 und 130 Abs. 4 vorgesehenen Verfügungen zu erlassen.

1. Art. 130 Abs. 4 (s. Abs. 2) ist wirkungslos geworden. Gegenw. Gesetzbuch: Nur PStGB., nicht auch StGB. (KdAbg. 1871/72 GGA. Beil. 1, 101 wird § 42 StGB. falsch ausgelegt); auch das StGB. gibt bei Übertretungen kein Einziehungsrecht im obj. Verfahren (RG. 19, 45; a. A. OSt. 5, 368).

2. Art. 18 grundsätzlich wie § 42 StGB. auszulegen, weil diesem nachgebildet (KdAbg. 1871/72 GGA. Beil. 1, 101), aber nur, wie dieser richtig auszulegen, ohne Rücks. auf die teilw. falsche Auslegung bei Schaffung des PStGB. An die Stelle der §§ 40 u. 41 StGB. treten hiebei die die Einziehung anordnenden Bestimm. des PStGB. Folgerungen hieraus:

a) Vorsätzl. Begehung (§ 40 StGB.) nur erford., wenn die konkr. Pol.-Übertretung zur Bestrafung solche fordert; genügt Fahrläss., so bei solcher auch Einziehung nach Art. 18 möglich.

b) Ob dem Täter oder Teilnehmer nicht gehörige Sachen einziehbar, bemißt sich darnach, ob bei der konkr. Straftat im subj. Verf. diesen Falls Einziehung möglich. Wenn bei § 42 StGB. Eigentum geford. w. (RG. 25, 165), so erklärt sich das nur daraus, daß § 40 solches fordert. Wegen der Frage, wann im subj. Verfahren Gegenstände Dritter einziehbar, s. auch Art. 17 A. 2.

c) Auf die Maßnahme des Abs. 1 u. 2 muß erkannt w., wenn die gesetzl. Voraussetz. vorliegen, trotz der Fassung „können" (RG. 28, 122 zu § 42; ObSt. SeuffBl. 68, 376; ObSt. 25, 137, BayZ. 1925, 253; ObSt. 26, 85; ObSt. BayZ. 1928, 92; 15, 65; a. A. OSt. 5, 192; 2, 527; ObSt. 4, 365 u. besonders 9, 7, ausgehend von der unrichtigen Ansicht, daß die unrichtige Auslegung des § 42 StGB. durch die bayer. gesetzgeb. Faktoren für die Auslegung des Art. 18 entscheide. Ausnahme nur, wenn auch im subj. Verf. Ermessen des Gerichts besteht, z. B. bei Art. 22 a.

3. Unmöglich muß sein die Verfolgung oder Verurteilung; Art. 18 also auch anwendbar, wenn die Durchführung eines Strafverf. bis zum Urteil möglich ist; dagegen ist Art. 18 unanwendbar, wenn nur Vollstr. unausführbar ist. Unmöglich muß sein, die Verfolg. oder Verurteilung einer bestimmten Person, gleichgültig ob aus rechtl. oder tats. Gründen (ObSt. 6, 208); nicht ausreichend, daß eine Strafverfolg. überh. unmöglich ist, also eine strafb. Handlung überh. nicht vorliegt (ObSt. 4, 365). Es darf überhaupt gegen niemand eine Verfolgung oder

Verurteilung möglich sein (Olsh. StGB. § 42 A. 7). Ist aber Voraussetzung der Einziehung Eigentum des Täters, so Art. 18 anwendbar, wenn zwar gegen einen Dritten, nicht aber gegen den Täter ein subj. Verf. möglich ist; desgl. ist diesen Falls das obj. Verf. zulässig, wenn nur gegen einen Mittäter ein subj. Verf. nicht durchführbar ist. Keine nachträgl. Einziehung nach Art. 18, wenn die Verurteilung einer bestimmten Person erfolgte, aber die Einziehung unterblieb; denn hier war ja die Verfolg. u. Verurteil. ausführbar (OSt. 3, 199 u. 12; 9, 326; 15, 89); letzteres verkennt ObSt. 11, 296, das auch die Tragweite des Grunds. der res jud. verkennt; erledigt sind durch das Urteil alle Folgen des behandelten Tatbestandes nicht bloß jene, über die, pos. oder negat., entschieden ist. Kein obj. Verfahren auch dann, wenn das subj. mit Freispr. mangels des obj. Tatbestandes endete. Fälle der Unmöglichkeit der Verfolgung einer bestimmten Person: Nichtermittlung, Abwesenheit, Tod des Täters (OSt. 1, 500; ObSt. BayZ. 1928, 92); Verjährung (OSt. 2, 42; ObSt. 5, 228); Zurechnungsunfähigk. des Täters (OSt. 5, 192; a. A. RG. 29, 130); Abolition (ObSt. 17, 58; 19, 7); mangelndes Verschulden (OGHSt. 4, 155; ObSt. 18, 86); der obj. Tatbestand muß aber voll gegeben sein (OSt. 5, 192); unzulässig bei Notwehr u. Notstand (RG. 29, 130); bei Tod des Täters wird ein obj. Verfahren nur möglich sein, wenn auch dem Täter nicht gehörige Gegenstände einziehbar.

4. Wegen des pol. Charakters des Art. 18 (OSt. 5, 192) Einziehung auch möglich, wenn bei Idealkonk. die Bestrafung nicht nach dem Einziehungsdelikt zu erfolgen hat (§ 73 StGB.). Zulässig ist die Einziehung auch in einem subjektiven mit Freisp. oder Einstellung endenden Verfahren (ObSt. 19, 7), vorbehaltlich des A. 3 Bemerkten. Ref. in peius auch hier unzulässig (ObSt. 15, 65).

5. Das unter 2—4 Bemerkte findet auf die Fälle der Schließung einer Anstalt entsprech. Anwendung.

6. Bei Abs. 2 vorher. Afford. zur freiwilligen Beseitigung des ordnungswidr. Zustands nicht notw. (OSt. 5, 192); im übr. gilt auch hierzu das A. 2—4 Bemerkte; s. hiezu aus der Rechtspr.: Beseitigung nach Art. 105 bei Verjährung in den Fällen des § 367 Nr. 15 (ObSt. 25, 137, BayZ. 1925, 253).

7. Der Vollz. der Einzieh. erfolgt nach §§ 430 ff. StPO. („anderweit. gesetzl. Bestimm."). Im übrigen besteht der Vollzug des Urt. in der Verständigung der PolBeh.: Art. 17 A. 3 (teilw. Unvollziehbark. des Art. 18 nimmt an BlAPr. 1879, 395); desh. im Urt. auch keine Entscheid. über die Pflicht zur Tragung der Kosten des PolVerfahrens (ObSt. 15, 66).

8. Die Frage, ob ein obj. Verf. nach Art. 18 zulässig, ist materiell rechtl. Natur u. desh. auch bei Spruchrevision (§ 340 StPO.) revisionsfähig; denn es handelt sich darum, ob ein Anspruch auf Einziehung besteht; a. A. OSt. 5, 192; ObSt. 19, 251; prozessualer Natur ist nur die Frage, ob §§ 430 ff. StPO. anwendbar sind u. ob sie richtig angewendet wurden. Rev. aber mangels rechtl. Interesses unzulässig, wenn sie Durchführung eines subj. Verf. anstatt des eingeleiteten objektiven bezweckt (ObSt. 19, 251).

9. Wegen entsprechender Anwendung des Art. 18 Abs. 2 in den Fällen des Art. 22b Abs. 2 s. Art. 22b Abs. 3.

Art. 19.

1. Die Polizeibehörde ist befugt, Tiere, von welchen eine Gefährdung von Menschen zu besorgen ist, töten zu lassen, soferne ein anderes verlässiges Mittel zur Abwendung der Gefahr nicht besteht oder nicht ausführbar ist.

2. In Fällen dringender und augenblicklicher Gefahr ist zu dieser Tötung jedermann befugt.

1. Sachl. Zuständigkeit der PolBeh.: § 14 ZustVO.; wegen der Befugnisse der Gendarmerie s. § 50 Abs. 2 der Dienstesvorschr. v. 18. Juli 1922 (InnMBl. 223).

2. Art und Größe des für Menschen zu erwartenden Schadens gleichgültig. Gefahr für Menschen auch bei Abs. 2 erfordert.

3. Neben dem Tötungsrecht gibt Art. 19 das Recht zu minderweitgehenden Maßnahmen (Festhaltung, Verletzung der Tiere); s. die Worte „anderes verläss. Mittel nicht ausführbar". Kein Recht auf Kostenersatz, vorbehaltlich besond. Rechtstitel.

4. Eigentumsrechte oder Okkupationsrechte anderer an dem Tiere stehen der Anwendung des Art. 19 nicht entgegen.

5. Abs. 2 ist polrechtl. Natur; deshalb trotz dem BGB. wirksam.

6. Besondere Tötungsbefugnis gegenüber Hunden: Art. 83.

Art. 20.

1. In Fällen, welche mit Strafe gesetzlich bedroht sind, ist die zuständige Polizeibehörde, vorbehaltlich der späteren Strafverfolgung, soweit nötig, zur vorläufigen Einschreitung befugt.

2. In allen Fällen, in welchen die Einziehung einzelner Sachen gesetzlich zulässig ist, hat sie das Recht, letztere mit vorläufigem Beschlage zu belegen.

3. Sie hat die Befugnis, in jenen Fällen, in welchen die Gesetze bestimmen, daß die Schließung einer Anstalt im Strafurteile auszusprechen ist oder für zulässig erklärt werden kann, diese Schließung als vorläufige Maßregeln zu verfügen, darf jedoch dieselbe nicht über acht Tage fortsetzen, wenn der Richter nicht die Fortdauer als zulässig erklärt hat.

4. Unterläßt jemand, dasjenige zu tun, was ihm unter Strafe gesetzlich zu tun geboten ist, so steht der Polizeibehörde die Befugnis zu, diese Handlung statt seiner vorläufig vornehmen zu lassen. Der dadurch verursachte Kostenaufwand kann jedoch von dem Ungehorsamen nur auf Grund eines richterlichen Urteils zwangsweise beigetrieben werden.

5. War die vorläufig getroffene Maßregel nicht gerechtfertigt, so bleibt dem Freigesprochenen der allenfallsige Anspruch auf Schadensersatz vorbehalten.

1. Abs. 2—4 sind besonders ausgestaltete AnwendFälle des Abs. 1; Abs. 5 ist wirkungslos geworden durch die Einf. des BGB.; die Haftung besteht ohne Rücksicht auf den Vorbehalt des Abs. 5; maßgebend § 839 BGB. Art. 131 RVerf. Gerstle S. 722 nimmt im Anschluß an Kitzinger S. 128 an, daß die Worte des Abs. 1 „zur

vorläuf. Einschreitung" durch Art. 102 Abs. 1 AG.StPO. wirkungslos geworden seien und nur mehr Bedeutung für die Fälle der Abs. 2 und 4 hätten; mit Unrecht, denn Art. 102 regelt eine andere, neben Art. 20 einhergehende Angelegenheit.

2. Fälle, welche gesetzlich mit Strafe bedroht sind: Wenn auch außerh. des PStGB.; wenn auch durch auf Gesetz beruhende VOen; gleichgültig, ob Verbr., Vergehen oder Übertretungen (anders bei Art. 16), jedoch genügt nur Bedrohung mit Kriminalstr. Gegeben muß sein der volle, obj. wie subj., Tatbestand einer strafb. Handlung (s. auch ObSt. 9, 31; allein der obj. Tatbestand soll ausreichen nach ObSt. in Pol. 1929, 106, unter Verkennung des Gedankens des Art. 20, daß es sich um die Folgen einer strafb. Handlung handelt; eine Ausnahme besteht nur im Rahmen des A. 7 Bemerkten); die Straftat muß bereits begangen sein, also keine Ermächtigung zu vorbeugender Tätigkeit; solche möglich nach Art. 102 AG.StPO. v. 18. Aug. 1879 (s. zu letzterem Art. 18ff. des Feuerbachschen StGB. Teil 2).

3. PolBehörden sind in Bayern das Ministerium des Innern (FormVO. v. 9. Dez. 1825 § 74) u. wohl auch die anderen VerwMinisterien, die Kammern des Innern der Kreisregierungen, die Bezirksämter, die Lokalbaukomm. und die PolDirektionen, die staatl. Beamten im Sinne des Art. 52 Abs. 1 GemO., ferner die OrtspolBeh., nämlich in mittelb. Gemeinden die Ersten Bürgermeister (Art. 51 Abs. 3 GemO.); diese, der Gemeinde- (Stadt-)rat oder ein beschließender Senat in unmittelb. Städten (Art. 54 Abs. 2 u. 4 GemO.); auch die Ortsführer (Art. 51 Abs. 5 GemO.). Beh., die nur einzelne poliz. Befugnisse haben, fallen nicht hieher. Welche dieser PolBeh. im einzelnen Fall örtlich und sachlich zuständig ist, beruht im wesentl. auf ZweckmäßigkErwägungen und dem Herkommen (s. hierzu die vielfach durchlöcherten FormVOen v. 17. Dez. 1825, RegBl. 977 u. 1049; Oeschey BlAPr. 1909, 205—207; Henle S. 4; Gerstle S. 552). Man pflegt anzunehmen, daß, soweit nicht ausdrückl. eine höhere PolBeh. als zuständig erscheint, die OrtsPolBeh. zuständig ist (GemO. Art. 51 Abs. 1; Reus S. 68).

4. Einschreiten nur zulässig „vorbehaltlich" nicht „unabhängig von" der spät. Strafverfolg., d. h. es muß sofort die Einleitung des Strafverf. veranlaßt werden (vgl. KdAbg. 1859/61 Beil. 2, 161); andernf. wird das Einschreiten von dem Zeitp. der Möglichkeit des strafrechtl. Einschreitens an rechtswidrig. Verschieden davon die Fälle, in denen „unabhängig von der Strafverfolg." eingeschritten werden kann, z. B. Art. 32 Abs. 2; dort Ermessen der VerwBeh., ob ein Strafverf. veranlaßt werden soll — vorbehaltl. sonstiger prozess. Pflicht hiezu — (vgl. KdAbg. 1859/61 GGA. Beil. 3, 216). Diesenfalls aber auch keine Möglichkeit zum Kostenersatz gemäß Art. 20 Abs. 4; auch ein sonstiger Rechtstitel hierzu ist nicht feststellbar.

5. Vorläufige Einschreitung: d. h. nur sofortige Vornahme solcher Maßnahmen, zu deren Vornahme das Strafurteil die endgültige Ermächtigung gibt. Kein Recht der PolBeh. mehr vorzunehmen, als, wozu der Angekl. unter Strafe verpfl. war (ObSt. in Pol. 1929, 107). Desh. hauptsf. von Bedeutung bei Unterlass.-Delikten u. für Straffolgen. Auch die Befugnisse des Art. 16 können darnach vorläuf. ausgeübt werden.

6. Unzulässig sind auch beim vorläuf. Einschreiten alle Eingriffe in den Willens- und Rechtsbereich Dritter, für die auch das Strafurteil keine Wirkung hat; unzutreffend Sturm BlAPr. 1912, 228.

7. Das vorläuf. Einschreiten wird unzulässig und ist einzustellen, wenn das Strafverf. feststellt (gleichgültig, ob mit Recht oder Unrecht), daß keine strafb. Handlung vorliegt; es wird aber der Richter auch bei Freisprechung, wenn das VerwaltVerf. nach der Sachlage im Zeitp. des vorläuf. Einschreitens gerechtfertigt

war, die Kostenpflicht gemäß Abs. 4 S. 2 festzustellen haben (s. die Absicht, die man mit der jetzigen Fassung des Abs. 4 S. 2 verfolgte, KdAbg. 1859/61 Beil. 3, 217 u. 218). Es handelt sich hierbei um eine (auf Landesrecht beruhende) verwaltrichterl. Tätigkeit des Strafrichters; §§ 430ff. StPO. werden entsprechend anwendbar sein.

8. Die Entscheid. des Richters nach Abs. 3 wird formell unter entsprech. Anwendung der §§ 430ff. StPO. erfolgen; sie ist aber keine strafprozess., sondern eine auf Landesrecht beruhende verwalt.-richterliche.

9. In den Fällen des Abs. 4 S. 2 hat der Richter (gemeint ist nur der Strafrichter) über die Pflicht zur Tragung der Kosten der vorläuf. Vornahme ausdrücklich zu entscheiden (ObSt. 6, 248); es ist das eine mit dem Strafverf. verbundene verwaltungsrichterl. Entscheidung. Sinngemäße Auslegung des Ges. erfordert auch die Feststellung der Kostenhöhe durch den Richter, in Verbindung mit dem Urteil oder in einem bes. Beschl., durch den insbes. etwaige nachträgl. sich ergebende Kosten festgesetzt w. können. Die Vollstr. erfolgt dann entspr. der Beitreibung der Ger.-Kosten. Die Entscheid. können auch im Strafbefehl erfolgen; § 407 Abs. 2 StPO. findet keine Anwend.; denn es sind verwaltungsrichterliche Entscheidungen, keine „Straffestsetzungen". Gegen die Zulässigkeit der Festsetzung der Kostenhöhe ObSt. 22, 139, BayZ. 1923, 22 unter Verkennung des Gedankens des Art. 22, der den Beteiligten einen gerichtl. Schutz gewähren wollte.

Vorläufige Kostendeckung bei unmittelb. Städten aus Mitteln, die in den Haushaltsplänen vorgesehen sind; bei Bezirksämtern aus der Gebührenkasse, nötigenfalls aus hierzu von der Finanzverw. zu gewährenden Vorschüssen (Reiner BlAPr. 1919, 263). Eine allg. Pflicht der Gemeinden zur Kostentragung nimmt auf Grund der Verpflichtung der Gemeinden zur Tragung der Kosten „der ortspol. Verwaltung" an Huber BlAPr. 1916, 173; wieder einen andern Standp. nimmt ein die dort mitgeteilte E. des VGH. v. 22. Mai 1914.

10. Anweisungen zur Anwendung des Art. 20 enthalten für besondere Fälle: § 18 Abs. 2 der VollzBek. zur GewO. v. 10. Dez. 1909 (JnnMBl. 991); § 73 Abs. 2 der Allg. Bauordn.; § 28 der Bek. über die Bekämpf. übertragb. Krankh. v. 9. Mai 1911 (GVBl. 426); E. der Rgg. v. Niederbayern vom 11. April 1875 (KrBl. 285) hins. der zwangsw. Zuführung Schulpflichtiger. Anwendung zur „Wohnungssperre": Mayr BayZ. 1918, 349. Anwendbar Art. 20 zur Minderung des übermäßigen Wildstands gemäß § 5 der JagdpolVO. v. 6. Juni 1909 (Pollwein Jagdges. 11. Aufl. S. 234 A. 6 zu § 5 dieser VO.).

11. Keine Anwendung des Art. 20 beim Vollzug von Entscheid. nach dem VGHGes., hier findet Art. 46 dieses Ges. Anwendung; wegen Anwend. des Art. 20 in den Fällen des Art. 105 s. dort A. 9.

12. Verwandte Ermächtigungen: Art. 19 PStGB.; Art. 102 AG.StPO. v. 18. Aug. 1879; § 15 Abs. 2 GewO.; §§ 23ff. Preßges.; Art. 175 Wasserges.; wegen der Zulässigkeit der Polizeihaft im allg. s. Steinbach BlAPr. 1909, 370; Wartenstein BBl. 1927, 1; Eichner, Die Rechtsgrundlagen der Präventivpolizei 1927; Wintrich BBl. 1928, 179. Die Praxis der Verwaltungsbehörden, die allerd. im wesentl. auch von dem angeführten Schrifttum gebilligt wird, ist in dem weiten Umfang, in dem sie die Polizeihaft handhabt, namentlich, soweit sie ein allg. Recht dazu in Anspruch nimmt, schlüssig kaum zu begründen. Vorläufige Verfüg. der VerwBeh. in Wegesachen: Steinbach BayZ. 1911, 327; s. auch Art. 21 A. 5.

13. Wegen der Haftung des Staates bei Überschreitung der durch Art. 20 gesetzten Grenzen gilt das bei Art. 21 A. 16 Bemerkte.

Art. 21.*)

1. Die Behörden der inneren Verwaltung sind befugt, Verfügungen, die sie innerhalb ihrer Zuständigkeit zum Vollzug von Gesetzen, deren Übertretung nicht mit Strafe bedroht ist, an bestimmte Personen erlassen und diesen eröffnet haben, durch Anwendung gesetzlicher Zwangsmittel zur Ausführung zu bringen.

2. Zu diesem Zwecke sind jene Behörden insbesondere berechtigt, die Nichtbefolgung einer Verfügung der im Abs. 1 bezeichneten Art mit Ungehorsamsstrafen zu bedrohen und diese im Falle des Ungehorsams für verwirkt zu erklären und zwar die Bürgermeister und Gemeindeausschüsse der Gemeinden mit Landgemeindeverfassung in den Landesteilen rechts des Rheins und die Bürgermeister der Landgemeinden der Pfalz bis zu zwei Talern, die Bürgermeister und Magistrate der einem Bezirksamte untergeordneten Städte und Märkte der Landesteile rechts des Rheines und die Bürgermeister der Städte in der Pfalz bis zu drei Talern und die übrigen Magistrate, Bürgermeister und Behörden der inneren Verwaltung bis zu fünfzehn Talern.

3. Wird nach Verhängung der Ungehorsamsstrafe der erneuten Verfügung der Behörde nicht Folge geleistet, so ist diese befugt, die nach Abs. 2 zulässige Ungehorsamsstrafe wiederholt anzudrohen und in angemessener Frist als verwirkt zu erklären, sofern weder die in Abs. 4 vorgesehene Vollstreckungsmaßregel, noch ein sonstiges Zwangsmittel zur Durchführung des Vollzugs anwendbar ist.

4. Unterläßt jemand innerhalb der dafür bestimmten Frist dasjenige zu tun, was ihm durch eine Verfügung der in Abs. 1 bezeichneten Art durch die zuständige Behörde auferlegt ist, so ist letztere befugt, diese Handlung auf Kosten des Ungehorsamen vornehmen zu lassen und den von ihr festgestellten Aufwand, vorbehaltlich der Verpflichtung zum Schadensersatze, nach den gesetzlichen Bestimmungen über Beitreibung von Untersuchungskosten beziehungsweise Gemeindegefällen, in der Pfalz auf dem Wege des administrativen Zwangsvollzuges, zu erheben.

5. Gegen die Androhung oder Vorkehrung der nach Maßgabe des gegenwärtigen Artikels zulässigen Vollzugsmaßregeln ist Beschwerde an die höheren Stellen zulässig. In dringenden Fällen haben solche Beschwerden keine aufschiebende Wirkung.

---

*) Vorgänger der Art. 21 u. 22: Art. 28—30 EG. StGB. PStGB. v. 10. Nov. 1861. Schrifttum hierzu: Risch EG. StGB. PStGB. 1862 S. 144; Weis StGB. 1865; Barth BlAPr. 1862, 273.

6. Die von einer Gemeindebehörde verfügten Ungehorsamsstrafen fließen in die Kasse der betreffenden Gemeinde.

7. Erhält ein Spezialgesetz eine Mehrheit von Anordnungen, und ist in demselben nur die Übertretung eines Teiles der getroffenen Anordnungen unter Strafe gestellt, so findet der gegenwärtige Artikel auf die nicht mit Strafe bedrohten Anordnungen dieses Gesetzes Anwendung.

1. An die Stelle der in Abs. 2 in verschiedener Höhe festgesetzten Geldstrafen sind nun einheitlich 1—1000 RM. getreten (Art. III Abs. 1 Nr. 2, Art. II Abs. 1, Art. VIII GeldstrVO. v. 6. Febr. 1924 u. § 2 der VO. v. 12. Dez. 1924; s. auch Vorbem. VIII); wegen der Zuständigkeit der gemeindl. Organe zu Straffestsetzungen s. unten A. 17.

2. Behörden der inneren Verw.: Inneres, Unterrichts- u. Landwirtsch.-Ministerium mit ihren untergeordn. Beh.; doch nur, soweit sie auch sonst zu unmittelbaren Zwangsmaßnahmen befugt sind; nicht der Oberstudiendirektor eines Gymn., der Vorstand eines Bauamts; doch nicht bloß PolBeh. im engeren Sinn (KdAbg. 1871/72 StGA. Beil. 2, 23 u. 103); s. wegen dieser Art. 20 A. 3. Innerh. ihrer Zuständigkeit: Die Angelegenh. muß als solche zum Wirkungskreis der Beh. gehören; kein Ersuchen einer nicht zum Zwang berechtigten Beh. an eine zu Zwang berechtigte, den Vollzug einer Verfüg. zu erzwingen.

3. Gesetze: Nur die unmittelb. Gebots- oder Verbotsbestimmungen der Gesetze, das Gebot oder Verbot kann aber auch ein stillschweig. sein. Aus der Stellung des Art. 21 innerh. d. PStGB. wird weiter zu folgen sein, daß er nur auf den Bereich der Polizei (Anh. zu Art. 1 A. 4) Anwendung findet (s. hierzu ObSt. 26, 60; — keine Anwendung auf dem Gebiete des Beamtenrechts — u. Laforet GemO. Art. 53 A. 1 Abs. 1 Fußn.). Dagegen kein Zwang zum Vollzug von Gesetzen, die bloß staatl. Verwaltungseinrichtungen schaffen, ohne absolute Gebote oder Verbote zu enthalten (abgelehnt die Fassung „auf Grund von", KdAbg. 1859/61 StGA. Beil. 3, 212; mit Recht Fischer, Die Leichenverbrennung gegen InnME. v. 5. Aug. 1910).

4. Nicht mit Strafe bedroht: Sog. „Nicht bewehrte PolVerfüg.": mit Strafe bedroht, auch wenn ein BlankGes. die noch nicht ausgenutzte Möglichkeit zur Schaffung eines strafrechtl. Tatbestandes gibt. An bestimmte Personen erlassen und diesen eröffnet haben: Notwendig also individuelle Bezeichnung der Personen in der Verfügung, wenn auch zugleich mehrerer; ungenügend die Anordnung: An alle Anwesensbesitzer (Woerner GemO. Art. 53 A. 5). Formloser Eröffnung gleichgültig; doch tatsächliche Kenntnisnahme notwendig; nicht ausreichend deshalb Ersatzzustellung oder bloßes Zugehen.

5. Gesetzliche Zwangsmittel: Erforderl. eine gesetzl. Bestimmung, die ausdrücklich zu Zwang bestimmter Art d. h. zur Überwindung eines widerstehenden Willens durch gewisse Mittel ermächtigt; solche Ges. sind Abs. 2—4.

Die VerwPraxis schreibt sich eine allg., nicht auf bestimmte Mittel beschränkte Zwangsgew. zur Durchführung ihrer Aufgaben zu; s. H. M. in BlAPr. 1890, 391; Barth BlAPr. 1862, 305; Gmaehle BayZ. 1908, 435; Gerstle S. 735; Graßm. 2, 21; Ziegler S. 743; Eichner, Die Rechtsgrundlagen der Präventivpolizei; ferner VBl. 1927, 81; GemZ. 1928, 1; Laforet VBl. 1927, 447; Wintrich VBl. 1928, 177; Dittmann VBl. 1928, 183; von Jan VBl. 1927, 209; Laforet GemO. Art. 51 A. 3; zum großen Teil unter Vertretung von polizeistaatlichen, mit dem Wesen des bestehenden Rechtsstaats nicht vereinbarer Anschauungen. Die Ansicht verkennt, daß die Übertragung staatlicher Aufgaben noch nicht die Befugnis gibt, die der Erreichung dienenden Mittel schlechthin anzuwenden. Neben der Übertragung einer Aufg. muß, wenn Zwang zur Durchführ. geübt werden soll, die Zwangsgew. besonders verliehen sein; s. zur Frage auch KdAbg. 1859/61 GSA. Beil. 3, 329; Kitzinger S. 223, 224; S. 62 A. 3; Thoma S. 257; Jellinek S. 80; Nawiasky BVBl. 1926, 385; ObSt. 26, 59 (kein allg. Befehls- oder Zwangsrecht der (Polizei)behörden ohne besonderen Rechtstitel); Weis Bd. 2 S. 356 zu Art. 28—30 EG.StGB. v. 10. Nov. 1861: „Der durch das PStGB. angestrebte Zweck würde nur höchst unvollst. erreicht worden sein, wenn den PolBehörden die uneingeschränkte Befugnis belassen worden wäre, wegen aller nicht mit gesetzl. Strafe bedrohten Handlungen und Unterlassungen beliebig mit sog. Ordnungsstrafen oder sonstigem polizeil. Zwang einzuschreiten". Im besonderen wegen der Polizeihaft s. auch Art. 20 A. 12.

Zu der Frage der Grenzen der Polizeigewalt (im wesentl. auf der Rechtslage, wie sie in Preußen besteht) s. auch Loening, Polizeihaft u. StPO. (DJZ. 1925, 334); Böhme, Polizeiliche Einziehung (DJZ. 1925, 506).

6. Zu Abs. 2: S. oben A. 1 und wegen der gemeindl. Organe unten A. 17.

7. Strafandrohung kann schon in der Gebotsverfüg. enthalten sein; dagegen kann die Strafe selbst nicht schon bedingt für verwirkt erklärt werden (Bad. ME. in BadRpr. 1900, 232).

8. Auch mehrmalige Wiederholung der Strafe gemäß Abs. 3 zulässig. Umwandlung in Freiheitsstr. nicht zulässig (Weis S. 362); auch durch die VermögensstrafenVO. v. 6. Febr. 1924 ist insoweit eine Änderung nicht erfolgt (s. Art. II Abs. 4 ders. „Soweit").

9. Die Strafen der Abs. 2 u. 3 sind Zwangsstr.; deshalb nicht mehr zulässig oder vollstreckbar, wenn vorher der Befehl ausgeführt oder die Handlung unmöglich gemacht wird, wenn auch infolge des Verzugs, oder wenn der Befehl sonst gegenstandslos wird. (Verschiedene Anschauungen: BadVGH. BadRpr. 1900, 137; Bad. ME. v. 12. Juli 1900 BadRpr. 1900, 232; Gerstle S. 732).

10. Beitreibung des Aufwands: Nun Art. 16 A. 8. Auf dem gleichen Weg wird auch die Vollstreckung der Geldstrafe selbst zu erfolgen haben (analoge Anwendung); s. auch Laforet GemO. Art. 53 A. 7 Fußn. Verpflichtung zum Schadenersatz durch den Ungehorsamen: Art. 16 A. 7.

11. Abs. 5 schließt das nach allg. Vorschr. bestehende weitere BeschwRecht nicht aus. Auch in dringenden Fällen kann die BeschwBeh. der Beschw. aufschieb. Wirkung ausdrücklich verleihen (Weis S. 364). Wegen der Beschwerdestellen, soweit die Androhungen oder die VollzMaßregeln von den Gemeindeorganen ausgehen, s. A. 17. Keine sonstigen Verfahrensvorschriften; nach Laforet Art. 53 A. 8 angeblich „gewohnheitsrechtlich" eine vierzehntägige Beschwerdefrist.

12. Von einer anderen als einer GemBeh. verfügte Strafen fließen in die Staatskasse (Art. 29 AG. StPO.).

13. Spezialges.: Jedes andere Ges. als das PStGB.; auch Reichsgesetze.

14. Ausnahme von Art. 21: Art. 256 BergGes. v. 13. Aug. 1910 (GVBl. 815) zugunsten der Bergbehörden. Keine Anwendung des Art. 21 beim Vollzug der Entscheid. in VerwRechtssachen; hier kommt Art. 46 VGHGes. zur Anwendung.

15. Anwendungsfälle des Art. 21 nach der Praxis: Zwangsweise Durchführung der den nicht aufgenomm. Kirchenges. auferlegten Beschränkungen (Müller

BlAPr. 1902, 221); Lehrmittelanschaffung für schulpflicht. Kinder (E. der Regg. v. Niederbayern v. 11. April 1875, KrBl. 286); Duldung von Vermessungen (Zeiler BlAPr. 1911, 20, 21 u. 26); Erzwingen des Waldauslichtens an Staatsstr. (OGHSt. 6, 410); Erzwingung der Unterhaltung von Wegen u. Brücken (BlAPr. 1874, 332); Abstellung feuergefährl. Zustände (BlAPr. 1878, 142); Vollzug der Bauordn. (BlAPr. 1874, 415); Unterhaltung der Feldwege (Keidel GemZ. 1910, 518); Durchführung des § 27 GewO. (OGHSt. 6, 216); Durchführung des § 74 GewO. (BlAPr. 1880, 67; 1877, 267; Landw. GewO. § 74 A. 2; E. d. Regg. v. Niederbayern v. 17. Okt. 1879, KrBl. 677); Art. 22 Nr. 2 KirchGemO. v. 24. Sept. 1912 (GVBl. 911); Unterbringung Unterkunftsloser (Vervier GemZ. 1921, 109); Handhabung der elterl. Gewalt (BlAPr. 26, 161; dagegen Hendinger GemZ. 1916, 525); Vollzug des Art. 68 des bayer. Urheberrechtsges. v. 28. Juni 1865, GBl. 99 (KMB. v. 29. Jan. 1927, StAnz. Nr. 25; s. hierzu Stois GemZ. 1929, 474); Vollzug des § 4 Abs. 1 u. 2 des Ges. zur Bekämpfung der Geschlechtskrankh. v. 18. Febr. 1927, RGBl. 61 (Wirschinger GemZ. 1928, 269; richtiger Deisenhofer GemZ. 1929, 7 u. 555; Lieferung des Verwendungsnachweises nach § 6 Abs. 1 Satz 0 des Reichsmietengeſ. (SMB. v. 15. Juli 1924 (GVBl. 187); Verbot und Auflösung von Versammlungen (Vischer GemZ. 1926, 570); s. weitere Fälle Ziegler S. 746. Die vertretenen Anschauungen und ihre Begründung sind nicht immer zutreffend.

16. Ausdehnung des Art. 21 auf VOen: Art. 22. Einhaltung der Grenzen des Art. 21 ist Erfüllung einer dem Beamten einem Dritten gegenüber obliegenden Amtspfl.; Überschreitung der Grenzen, auch wenn sie durch Beschwerdeentscheidungen der Ministerien erfolgt, begründet die Haftung des Staates nach Art. 131 Abs. 1 RVerf. § 839 BGB.

17. Soweit Aufgaben der inneren Verwaltung gemeindlichen Organen obliegen, ist Art. 21 nun ergänzt u. teilw ersetzt durch Art. 53 der GemO., der bestimmt: Abs. 1: „Der Gemeinderat und der erste Bürgermeister können die Durchführung von Verfügungen, die sie innerhalb ihrer Zuständigkeit zum Vollzuge von Gesetzen und Verordnungen, deren Übertretung nicht mit Strafe bedroht ist, an bestimmte Personen erlassen und diesen eröffnet haben, unter Anwendung der Art. 21 und 22 des Polizeistrafgesetzbuchs erzwingen." Abs. 2: „Über Beschwerden entscheidet die Staatsaufsichtsbehörde; bei Gemeinden, die der Staatsaufsicht des Bezirksamts unterstehen, entscheidet im Falle der weiteren Beschwerde die Kreisregierung endgültig."

Die in Art. 53 Abs. 1 GemO. dem Gemeinderat u. dem ersten Bürgermeister eingeräumten Befugnisse werden, im Rahmen ihrer Zuständigkeit, in unmittelb. Städten auch den beschließenden Senaten des Gemeinderats im Sinne des Art. 54 Abs. 4 GemO. zustehen. Die gleichen Befugnisse wie der erste Bürgerm. haben auch seine Stellvertr. (Art. 18 Abs. 1 u. Art. 51 Abs. 3 Satz 2) u. die in Art. 18 Abs. 2 GemO. bezeichneten Beauftragten des Bürgerm. (Woerner GemO. Art. 53 A. 2). Auf die Lokalbaukommission München findet Art. 53 Abs. 1 keine Anwendung, weil staatl. Behörde (Laforet GemO. Art. 53 A. 2); für sie gelten Art. 21 u. 22 unmittelbar. Auch für die GemBehörden bestehen die Beschränkungen der A. 3. Abs. 6 des Art. 21 gilt fort; denn Art. 53 GemO. nimmt auf Art. 21 PStGB. ausdrücklich Bezug.

Art. 22.*)

1. Für die Anwendung des Art. 21 sind den Gesetzen nicht allein die zurzeit bestehenden gültigen Verordnungen, sondern auch die-

*) Ursprung u. Schrifttum s. Fußnote zu Art. 21.

jenigen Verordnungen gleichgestellt, welche künftig zu einem Gesetz auf den Grund eines in diesem enthaltenen Vorbehaltes erlassen werden.

2. Dasselbe gilt von Verordnungen, welche künftig zum Zwecke der Revision einer bestehenden gültigen Verordnung erlassen werden, insoweit diese letztere nicht unter Zustimmung des Landtages zustande gekommen ist, oder sonst die Natur eines Gesetzes an sich trägt.

3. Enthält in Fällen, in denen das gegenwärtige Gesetz auf Verordnungen Bezug nimmt, eine Verordnung eine Mehrheit von Anordnungen und ist in der betreffenden Verordnung nur die Übertretung eines Teiles der getroffenen Anordnungen unter Strafe gestellt, so findet Art. 21 auch auf die Übertretungen der übrigen Anordnungen keine Anwendung.

1. Soweit Aufgaben der inneren Verwaltung gemeindlichen Organen obliegen, ist Art. 22 nun ersetzt durch Art. 53 der GemO. v. 17. Okt. 1927 (s. diesen bei Art. 21 A. 17). Verordnungen: S. Art. 8; also nicht zum Vollzug von Erlassen der Ministerien oder sonstiger Verwaltungsorgane, auch wenn sie auf Grund gesetzlicher Delegation ergingen; ferner nur RechtsVOen.

2. Natur eines Ges.: D. h. ein Gesetz im formellen Sinn (Weis Bd. 2, 359).

3. Auf VOen Bezug nimmt: Zulassung von PolVorschr. im VOWege. Abs. 3 erklärt sich aus der Erwägung, daß in diesen Fällen die Regg. die Möglichkeit hat, die restigen Bestimmungen unter die Strafen des PStGB. zu stellen, es des Art. 21 also nicht bedarf (s. Weis S. 361). Unrichtige Auslegung des Abs. 3: AA. in BlAPr. 1874, 415. Entsprechende Gesetzesanwendung führt dazu, das gleiche für VOen auf Grund anderer Strafges. als des PStGB. gelten zu lassen. Für die Bestimmungen solcher Ges. selbst s. Art. 21 Abs. 7.

Dritte Abteilung. Besondere Strafbestimmungen.

Erstes Hauptstück.

Übertretungen in bezug auf einzelne Staatseinrichtungen und öffentliche Verpflichtungen.

Art. 22a.

An Geld bis zu einhundert Mark oder mit Haft bis zu dreißig Tagen wird bestraft, wer den verordnungsmäßigen Bestimmungen zuwiderhandelt, durch welche der Brieftaubenverkehr verboten oder Beschränkungen unterworfen wird. Neben der Geld- oder Haftstrafe kann auf Einziehung der Brieftauben und der Behältnisse erkannt werden, ohne Unterschied, ob sie dem Verurteilten gehören oder nicht.

1. Eingestellt durch die Nov. v. 24. Mai 1894 (GVBl. 267); Geldstr. nun 1—150 RMk.

2. Der Art. dient der Landessicherheit (KdAbg. 1893/94 Beil. 2, 280); doch hat diese Beschränkung keine Aufnahme in das Ges. gefunden; sie besteht also auch

nicht (anders Art. 7c Württ. PStGB.); ebensowenig besteht eine Beschränkung auf ausländ. Brieftauben (anders der Minister d. Innern a. a. O. StenB. 3, 237).

3. Behältnisse: Die der Verwahrung der Brieftauben dienenden Behältnisse (KdAbg. 1893/94 Beil. 2, 280), nicht etwa Behältnisse, die die Brieftauben mit sich führen; die Einziehung solcher und etwaiger sonstiger Gegenstände, die die Brieftauben mit sich führen, deshalb nicht zulässig. Einziehung im Ermessen des Gerichts. Einziehung im obj. Verfahren: Art. 18.

4. Idealkonkurrenz: Mit §§ 87ff. StGB. (Landesverrat) und Ges. vom 3. Juni 1914 (RGBl. 368) gegen den Verrat milit. Geheimnisse.

5. S. auch das RG. betr. den Schutz der Brieftauben und den Brieftaubenverkehr im Kriege vom 28. Mai 1894 (RGBl. 463) mit AusfBest. des Bundesrats vom 8. Nov. 1894 (ZBl. 457) u. InnMB. v. 18. Dez. 1894 (InnMBl. 431). S. zum Ges. ObSt. 9, 89.

Art. 22b.

1. An Geld bis zu 150 Mark oder mit Haft wird bestraft, wer den durch Verordnung oder oberpolizeiliche Vorschriften erlassenen Bestimmungen über Ausgrabungen und Funde von prähistorischen oder historisch merkwürdigen Gegenständen zuwiderhandelt.

2. Gleicher Strafe unterliegt, wer den ober-, distrikts- oder ortspolizeilichen Vorschriften zuwiderhandelt, die zum Schutze einheimischer Tier- und Pflanzenarten gegen Ausrottung oder zum Schutze von Orts- und Landschaftsbildern gegen verunstaltende Reklame erlassen sind.

3. In den Fällen des Abs. 2 finden die Vorschriften der Art. 105, 18 Abs. 2 entsprechende Anwendung.

1. Eingefügt durch Art. 2 der Nov. vom 6. Juli 1908 (GVBl. 353); Geldstr. nun 1—150 RMk.*) Wegen der durch Art. 153 Abs. 2 RVerf. (Enteignung) gesetzten Grenzen für die Bestimmungen über den Naturschutz s. RGZ. 116, 268 u. v. Dungern IRdsch. 1927 I. Tl., 646; ferner Art. 1 Anh. A. 5.

2. Funde: Gleichgültig, wo gemacht, ob in der Erde oder an anderen verborgenen Orten; ferner gleichgültig, ob zufällig gemacht oder auf Grund Suchens.

3. Prähistorisch (= urgeschichtlich): Aus der Vorgeschichte der Menschheit. Historisch: Auszulegen aus dem Zusammenhang mit Art. 1 der Nov. vom 6. Juli 1908, der die Worte „prähistorisch, historisch und kunsthistorisch" nebeneinanderstellt; demnach nicht schlechthin geschichtlich, d. h. den Verlauf der menschl. Begebenheiten im allg. bedeutend, sondern historisch im e. S., nur die politischen Begebenheiten umfassend.

---

*) Sonderschrifttum zu Art. 22b: Stois GemZ. 1919, 206; Wegner, Auswüchse der Reklame GemZ. 1930, 127; Schmidt GemZ. 1930, 25; Eigner, Der Schutz der Naturdenkmäler, 1905. Wegen der geschichtl. Entwicklung des Heimat- u. Denkmalschutzes s. Schmidt BBl. 1929, 65; s. weiter Schmidt, Der Begriff Denkmal im Recht des Heimat- u. Naturschutzes BBl. 1929, 349; Muster für Poliz. Vorschr. auf Grund der Art. 22b, 94, 101 Abs. 3 PStGB.: Dohn GemZ. 1928, 321.

4. PolVorschr. zum Schutze der einh. Tier- und Pflanzenarten können erlassen werden ohne Rücksicht auf deren Nützlichkeit, Schönheit oder sonstige Bedeutsamkeit; die Einschränkung, die bei den Verhandl. über das Ges. gemacht wurde („wissenschaftlich, künstlerisch, und so fort besonders bedeutsam"), hat keinen Ausdruck im Ges. gefunden. Zulässig sind sie aber nur zum Schutz gegen Ausrottung, d. h. vollständ. oder nahezu vollständ. Beseitigung, wenn auch nur für ein beschränktes Gebiet, und wenn auch nur einer einzelnen Unterart, nicht aber einzelner Tiere.

5. Ortsbild: Die Ansicht eines Ortes von außen oder innen (das Straßen- oder Platzbild, das Fassadenbild) s. KdAbg. 1907/08 Beil. 2, 953; Ort hierbei eine Anzahl zusammengehöriger menschl. Ansiedlungen; auch die Ansicht von Ortsteilen nicht aber von einzelnen Gegenständen (Stois S. 231); Landschaftsbild: Die Ansicht einer Landschaft; Landschaft hierbei ein größerer Ausschnitt der Erdoberfläche, gleichgültig ob besiedelt oder nicht, gleichgültig ob durch Schönheit hervorragend oder nicht.

6. Reklame: Veranstaltungen, die im geschäftl. Interesse die Aufmerksamkeit für einen Gegenstand, einen Vorgang, eine Person erwecken sollen (Sprachgebrauch! a.A. ObSt. 29, 169, BayZ. 1930, 77: Darnach Reklame auch die „gegenständliche (körperliche)" Propaganda für politische Zwecke); gleichgültig, ob Aufschriften, Abbildungen oder sonstige Gegenstände (KdAbg. 1907/08 Beil. 2, 953). Getroffen nur die Reklame für das Auge, nicht die für das Ohr, sonst wird nicht das „Bild" verunstaltet; Beisp. die Plakate der Leibniz-Keks (KdRR. StenB. 1, 462). Verunstaltend: Sie muß den Reiz des Bildes beeinträchtigen, und zwar des Landschafts- oder Ortsbildes; nicht genügend die Verunstaltung einzelner Punkte. Maßgebend das Empfinden der gebildeten Gesamtheit (Stois S. 206). Die Vorschr. können sich auch gegen den Eigentümer richten (ObSt. 25, 203).

7. Zu prüfen im Strafverf. sämtliche Voraussetzungen des Abs. 2; auch, ob die Vorschr. gegen verunstaltende Reklame erlassen sind; doch nur, ob dieses der Zweck (und zwar der wahre Zweck) war, nicht aber, ob die Anordnung zweckdienlich ist; wohl aber wieder, ob nicht mit der Anordnung, wenn sie sich auch gegen verunstaltende Reklame richten sollte, der Begriff derselben verkannt u. sie sich tatsächlich nicht dagegen richtete. Die Rechtspr. ist zum Teil zu unhaltbaren Ergebnissen gelangt: So ObSt. 11, 356: „Die Entsch. über die Verunstaltungsfrage eignet sich nicht für die Gerichte, sondern für die VerwBeh." (dagegen auch Schmidt GemZ. 1930, 164). ObSt. 12, 107: „Die Entsch. über die Verunstaltungsfrage ist ihrer ganzen Natur nach in die Hände der VerwBeh. gelegt." Ähnlich ObSt. 11, 327. Unzutreffend auch ObSt. BayZ. 1928, 285, wonach es von der Fassung der Polizeivorschr. abhängen soll, nämlich davon, ob sie die Bestrafung an objektive verunstaltende oder an nach Ermessen der Verwaltungsbehörde verunstaltende Reklame knüpfe, ob eine Prüfung der Verunstaltung im Strafverfahren zu erfolgen habe; es muß der gesetzl. Tatbestand erfüllt sein, daß die Polizeivorschr. gegen verunstaltende Reklame im dargelegten Sinn erlassen ist. Die angeführten Entsch. sind auch mit § 261 StPO. unvereinbar. Es kann zwar Tatbestand einer strafb. Handlung die Nichtbeachtung einer Anordn. der VerwBeh. sein, nicht aber kann die Entsch. der VerwBeh. binden, wenn das Ges. (die PolVorschr.) den Tatbestand objektiv abgrenzt; dies verkennt ObSt. 12, 112. Es darf zudem auch hier keine Umgehung des Gesetzes stattfinden; das Ges. will eine rechtliche, die strafprozessuale Prüfung ermöglichende Bindung; dem widersprechen PolVorschr., denen bewußt eine Fassung gegeben ist, die an deren Stelle Verwaltungsermessen setzt. S. zu dieser Frage auch Lindner SeuffBl. 1912, 185; Bretzfeld BayZ. 1912, 92; Jellinek S. 63. Wegen der preuß. Rechtspr. zu dem Ges. gegen verunstaltende Reklame v. 2. Juni 1902 (GS.

159) s. Kronecker DJZ. 1911, 1202; GKJ. 43 C 444; wegen der Stellung des Bad. VGH. zu den entsprech. Bestimm. des Bad. Rechts s. BadRpr. 1913, 64.

8. Zuständigkeit der Lokalbaukommission München für die Erlass. ortspol. Vorschriften zum Schutz gegen verunstalt. Reklame und zum Vollzug solcher ober- und ortspol. Vorschr.: VO. v. 22. Juni 1913 (GVBl. 341). Zuständig zum Erlaß der oberpol. Vorschr. unter den Ministerien das Min. d. Innern: ObSt. 27, 53, BayZ. 1927, 235.

9. Lauf der Verjährung, Dauerdelikt (?): ObSt. 15, 17.

10. Anweisungen für die Handhabung der den PolBeh. durch Art. 22b gegebenen Befugnisse: InnMB. v. 11. Juli 1911 über den Schutz der Orts- und Landschaftsbilder gegen verunstaltende Reklame (InnMBl. 463). An weiteren ME. über Natur- u. Denkmalpflege s. die Bek. v. 1. Febr. 1880 (InnMBl. 90) u. v. 20. Nov. 1880 (InnMBl. 380) betr. Baumpflanz. an Staatsstr., v. 13. Okt. 1880 (InnMBl. 345) betr. Altertümer, v. 1. Jan. 1904 (InnMBl. 1), v. 22. April 1904 (InnMBl. 123), v. 10. Aug. 1905 (InnMBl. 371) u. v. 27. Dez. 1909 (InnMBl. 1910, 13) betr. Denkmalpflege, v. 30. Nov. 1905 (InnMBl. 570) betr. alte Straßennamen, v. 28. Nov. 1907 (InnMBl. 565) betr. Heimatschutz, v. 21. April 1908 (InnMBl. 214) betr. Aufn. interessanter Bauwerke, v. 30. Aug. 1909 (InnMBl. 714) betr. Alleen, v. 8. Juni 1910 (InnMBl. 391) betr. Überlandzentralen, v. 27. Okt. 1910 (InnMBl., 839) betr. Aufzeichn. schutzwürd. Naturdenkmäler, v. 31. Mai 1912 (InnMBl. 647) betr. elektr. Anlagen, v. 10. Mai 1922 betr. Reklame der Reichspostverw. (InnMBl. 117), v. 10. Febr. 1925 betr. Neubauten (InnMBl. 33), v. 6. Nov. 1926 betr. Verzeichnis der schutzwürdigen Naturgebilde (StAnz. Nr. 259), v. 26. Juni 1928 (StAnz. 147) betr. die Entfernung zwecklos gewordener Reklameplakate; s. weiter wegen der Umformer die VO. v. 5. Mai 1922 V. Teil, bei Art. 101 PStGB.

11. Wegen des Schutzes der Flora s. auch Art. 95 u. 112 PStGB.; §§ 304 u. 368 Nr. 9 StGB.; Art. 85 ForstG.; Art. 23 ForstStG.; Seel GemZ. 1907, 238; InnME. v. 2. Juni 1912 (NB. KrBl. 63). Wegen des Schutzes von Tieren s. Ges v. 24. Febr. 1920 zum Schutze des Maulwurfs (GVBl. 41), außer Kraft gesetzt mit Wirkung bis 31. Dez. 1926 durch LMB. v. 22. Juni 1925 (GVBl. 161); dann vollständig mit VO. v. 22. Dez. 1926 (GVBl. 540); s. auch Art. 125 Abs. 4. Wegen des Schutzes von Denkmälern s. die VO. v. 11. Dez. 1919 über die Ausfuhr von Kunstwerken (RGBl. 1961), geändert u. verlängert durch Ges. v. 21. Dez. 1925 (RGBl. 470), 21. Dez. 1927 (RGBl. 485), 24. Dez. 1929 (RGBl. 244) nun bis 31. Dez. 1931; AusfVO. v. 27. Juni 1920 (RGBl. 125); ferner RVerf. Art. 105, auch Art. 101 PStGB.

Art. 23.

Wer ohne Erlaubnis der Aufsichtsbeamten mit Gefangenen in Verkehr tritt oder denselben etwas zubringt, wird an Geld bis zu fünf Talern oder mit Haft bis zu drei Tagen bestraft.

1. Geldstr. nun 1—150 RMk.

2. Erlaubnis: Vorhanden, auch wenn durch Täuschung erwirkt; a. A. Karlsr. BadRpr. 1905, 122. Erford. Erlaubnis des zuständ. Beamten.

3. Gefangene: Nur staatl., denn Art. 23 will staatl. Einrichtungen schützen; also StrafGef., UntersuchGef., DisziplinarGef. (auch Schüler; wechselnde Auffassung bei § 120 StGB., Gefangenenbefreiung, ObSt. 19, 177), PolizeiGef., Personen in staatl. Arbeitshäusern, Erziehungsanstalten.

4. Verkehr: Schriftlich oder mündlich (ObSt. JW. 1916, 282); auch die bloße Entgegennahme von Mitteilungen des Gef. Der Verkehr muß gelungen sein; a. A. Karlsr. BadRpr. 1905, 122. Bloße Entgegennahme von Gegenständen nicht strafbar, bloß das Zubringen.

5. Gefangener selbst: Auch nicht wegen Teilnahme strafbar.

6. Befreiung eines Gefangenen und Hilfeleistung zur Selbstbefreiung: § 120 StGB.; Entweichenlassen oder Beförderung oder Bewirkung der Befreiung eines solchen: § 121 u. § 347 StGB.; Befreiung von Fürsorgezöglingen u. ähnlichen Gefangenen: § 76 JugWohlfG. v. 9. Juli 1922 (RGBl. 633) u. Art. 18 u. 19 des insoweit noch geltenden bayr. FürsErzG. vom 21. Juli 1915 (GVBl. 595).

Art. 24.

Wer von einer Verehelichung, Entbindung oder von einem Todesfalle die ihm nach Gesetz oder Verordnung obliegende Anzeige nicht innerhalb der vorgeschriebenen Frist macht, wird, insoferne nicht disziplinäre Ahndung stattfindet, an Geld bis zu fünfzehn Taler gestraft.

1. Wirksam nur mehr nach Maßg. des § 74 Abs. 1 Nr. 2 PersStG.; darnach unbeschränkt wirksam, soweit er Anzeigen im Auge hat, die anderen Zwecken als denen des Personenstandswesens dienen (s. ObSt. 14, 289); im übrigen nur mehr, soweit eine Anzeigepflicht für Geburten u. Todesfälle (nicht auch für Eheschließungen) für bestimmte Personen, d. h. Personenklassen (Sartorius PersStG. § 74 A. 2; a. A. Hinschius PersStG. § 74 A. 88) besteht. Geldstrafe nun 1—150 RMk.

2. Art. 24 will allg. die Möglichkeit geben, die Behörden von Vorkommnissen des menschl. Lebens zu unterrichten, „an welche sich teils wichtige rechtl. Folgen, teils möglicherw. die Spuren mehr oder minder schwerer Rechtsverletzungen knüpfen" (KdAbg. 1859/61 Beil. 2, 106; 1871/72 GGA. Verh. 51; KdReichsr. 1871/72 GGA. Verh. 15).

3. Disziplinäre Ahndung stattfindet: Wenn überhaupt solche zulässig ist, auch wenn sie nicht wirklich erfolgt.

Art. 25.*)

1. Wer ohne Bewilligung der Staatsregierung seinen Geschlechtsnamen ändert, wird an Geld bis zu fünfzehn Talern gestraft.

2. Derselben Strafe unterliegen Eltern, Pflege-Eltern und Vormünder, welche ohne solche Bewilligung den Geschlechtsnamen ihrer Kinder, Pflegekinder oder Mündel ändern.

1. Geldstr. nun 1—150 RM.

2. Die Bewilligung zur Namensänderung u. das Verfahren hierbei ist geregelt durch Art. 3 Abs. 1 u. 3 AG.BGB. mit § 1 ZustVO. v. 24. Dez. 1899 (GVBl. 1929, diese geänd. durch VO. v. 8. Dez. 1915, GVBl. 731, GesMVO. v. 24. Nov. 1921, GVBl. 547, GesMVO. v. 18. Juli 1922, GVBl. 362); ferner durch JInnFMB. v. 27. Dez. 1899 (GVBl. 1241), geänd. durch JInnFMB. v. 12. Nov. 1916 (GVBl. 489), v. 9. Dez. 1919 (GVBl. 820), JInnMB. v. 24. Nov. 1921 (GVBl. 548), v.

*) Sonderschrifttum zu Art. 25: Müller BlAPr. 50, 430; Meyer SeuffBl. 69, 4; Keidel SeuffBl. 70, 10; Wenz GemZ. 1930, 497.

18. Juli 1922 (GVBl. 362), JJnnFMB. v. 31. Jan. 1924 (GVBl. 60). Zusatzbestimm.: JnnMB. v. 30. März 1920 (JnnMBl. 128). Zuständig an Stelle des Königs nun wohl die Min. der Justiz u. des Innern (§ 94 VerfUrk. mit VO. v. 15. Nov. 1918, GVBl. 1231 u. § 30 der erwähnten ZustVO.). Trotz des Wortlauts des Art. 25 selbstverst., daß keine Bestrafung erfolgt bei unmittelbar auf Grund des Ges. erfolgenden Änd. z. B. nach § 1577 Abs. 2 BGB., oder wenn nach dem etwa maßgebenden ausländ. Recht Namensänd. ohne Genehmigung sonst zulässig ist.

3. Geschlechtsname: Als solcher gelten nun auch die Adelsbezeichnungen (RVerf. Art. 109 Abs. 2); s. hierzu § 360 Nr. 8 A. 6. Nicht strafbar Änderung sog. Hausnamen, oder Annahme oder Änderung von Pseudonymen, solange sie letzteres sind; auch nicht von Pseudonymen, die wie Adelsbezeichnungen aussehen (wegen des früheren Rechts in letzterer Hins. SächsJnnME. v. 20. Aug. 1912 Reg. 33, 192). Wegen der Vornamen s. Art. 3 Abs. 2 AG. BGB. u. § 360 Nr. 8 StGB.

4. Änderung: Auch eine teilw., so von Buchstaben oder ohne Änd. des Wortklangs (PrOVG. DJZ. 1904, 222; GArch. 49, 285; a. A. Staud. BGB. § 12 A. III A 2 d); auch eine abgekürzte Schreibweise; auch bloße Zusätze (vorehelicher Name der Frau, Geburtsort); nicht aber, wenn dadurch bloß auf den früheren Namen oder Geburtsort hingew. werden soll; gegen jeden Zusatz Müller BlAPr. 50, 407. Ob ein Zusatz Namensbestandteil, entsch. die allg. Anschauung, nicht die Absicht des Namensträgers (ObSt. 5, 331) s. auch § 6 der Bek. v. 27. Dez. 1899. Änderung auch die Übersetzung in eine fremde Sprache (Müller BlAPr. 50, 429; Meyer SeuffBl. 69, 16); auch, wenn von der bisher. tats. Führung abgewichen wird; der einzelne darf nicht willkürlich auf die Namen der Voreltern zurückgehen; deshalb Weiterführung willkürlicher Zusätze der Eltern zulässig (KGJ. 22 C 115; kaum zutreffend). Nach wirks. Änderung kein Zurückgreifen auf den früheren Namen (KG. GArch. 46, 139). Kein Recht zur Namensführung, wenn Annahme an Kindes Statt zum Schein, zum bloß Zwecke der Namensänd. erfolgte (KG. Reg. 28, 446). Zulässig Benützung des Namens eines anderen mit dessen Zustimmung zur Geschäftsbezeichnung (RGRKomm. z. BGB. § 12 A. 2). Änderung nur, wenn der Name dauernd, wenn auch nicht für alle Zeiten gebraucht werden soll (KGJ. 18, 349; RG. 28, 344); andernf. können § 360 Nr. 8 StGB. oder Art. 47 PStGB. einschlagen.

5. Eltern: Nicht auch Großeltern; Pflegeeltern: Art. 56 A. 1; Vormünder: Maßgebend das bürg. Recht, also nicht auch der Pfleger.

6. Fahrlässigkeit genügt zur Bestrafung (Meyer SeuffBl. 69, 6). Irrtum über die Rechtmäßigkeit einer Namensänderung ist zivil- oder staatsrechtl. Irrtum, schließt also, wenn nicht etwa Fahrlässigkeit vorliegt, Bestrafung aus; a. A. Müller BlAPr. 50, 429 u. Meyer SeuffBl. 69, 7.

7. Zur Frage, ob Festst. der Schreibweise der Familiennamen in einem besonderen Verf. zulässig, s. Bernreuther BayZ. 1919, 418; Müller BlAPr. 1900, 419; Meikel ebendort 1903, 293; Steinbach ebend. 1907, 283 u. JnnME. v. 20. Nov. 1902, JME. v. 5. Dez. 1902 (beide BlAPr. 1903, 298); KGJ. 42 A 72. Demgegenüber ist festzuhalten, daß eine solche Feststellung ohne (z. Z. nicht bestehende) gesetzl. Ermächtigung keine autoritative Kraft nach außen hat, sondern höchstens den Charakter einer Dienstanweisung; sie ist deshalb für Anwendung des § 12 BGB., Art. 25 PStGB., § 360 Nr. 8 StGB. ohne Bedeutung. Für Preußen s. OVG. Reg. 34, 359; GArch. 61, 150. Verfahren bei Namensberichtigungen: Wenz GemZ. 1929, 745.

Art. 26.

An Geld bis zu dreißig Talern oder mit Haft bis zu vierzehn Tagen wird gestraft, wer seiner Dienerschaft gleiche Livree wie jene des königlichen Hauses gibt, und wer letztere unbefugt trägt.

1. Stillschweigend aufgehoben durch § 94 mit § 1 VerfUrk., § 12 Vorläuf. Staatsgrundges. v. 17. März 1919 (GVBl. 109).

Art. 27.

Wer Personen, welche bei Unglücksfällen, bei drohender oder bereits eingetretener Feuersgefahr oder anderer öffentlicher Gefahr oder Not Hilfe oder Dienste leisten, an solcher Hilfe oder Dienstleistung vorsätzlich stört oder ohne hinreichenden Grund von solcher Hilfeleistung abhält, wird an Geld bis zu fünfzig Talern oder mit Haft gestraft.

1. Geldstr. nun 1—150 RMk.
2. Bei Unglücksfällen: Auch wenn sie nur einen einzelnen treffen.
3. Auch die Abhaltung von der Hilfeleistung muß vorsätzlich erfolgen. Strafbar auch die Abhaltung von Dienstleistung.
4. Hinreichender Grund: Jeder Umstand, der bei verständiger Beurteilung der Sachlage dazu veranlassen kann; Abhaltung unter Umst. insbes. auch veranlaßt gegenüber abhängigen Personen; s. KdAbg. 1859/61 StA. Beil. 3, 146.
5. Verw. Strafbest.: § 360 Nr. 10 StGB. u. Art. 87 PStGB.

Art. 28.*)

Wer, ohne unter Polizeiaufsicht zu stehen, von der zuständigen Polizeibehörde auf Grund bestehender gesetzlicher Bestimmungen angewiesen ist, einen gewissen Bezirk zu verlassen oder nicht zu betreten, soll, wenn er dieser Anweisung zuwiderhandelt, mit Haft bis zu vierzehn Tagen bestraft werden.

1. Ohne unter PolAufsicht zu stehen: Eingefügt im Hinblick auf § 361 Nr. 1 StGB. Strafbar gemäß Art. 28 nach sinngemäßer Auslegung des Ges. auch, wer unter PolAuff. steht, aber Aufenthaltsbeschränk. zuwiderhandelt, die sich auf anderer Grundlage als der der PolAuff. ergeben (s. ObSt. 7, 103; SeuffBl. 72, 20).
2. Zuständige Polizeibehörde: Die BezPolBeh. der Gemeinde, aus der ausgewiesen wird, in München die PolDirektion (Art. 9 AufenthG. v. 21. Aug. 1914, GVBl. 1915, 590); s. hierzu nun auch die Bekanntmachungen v. 29. Okt. 1923 u. 26. März 1929 (Teil III Nr. 9 u. 11).
3. Auf Grund bestehender gesetzl. Bestimm.: Freizügigkeitsges. v. 1. Nov. 1867 (BayGBl. 1870/71 Beil. 13) u. AufenthaltsG. v. 21. Aug. 1914 (GVBl. 1915, 590); Übersicht der darnach zulässigen AufenthBeschränkungen: Ziegler, AufenthG. 4. Aufl. 1930 S. 4. Zu prüfen im Strafverf. auch die Zuständigkeit der PolBeh. u., ob die Anweisung zulässig war, denn diese Umstände sind Tatbestandsmerkmale; nicht aber die Ordnungsmäßigkeit des pol. Verfahrens (soweit nicht etwa

---

*) Art. 28 entstammt dem Art. 148 StGB. v. 10. Nov. 1861.

ein Verfahrensfehler absolute Nichtigkeit begründet); s. Weis zu Art. 148 StGB. v. 10. Nov. 1861 S. 375 u. RG. 6, 378 u. 12, 254 u. Olsh. unter c zu § 361 Nr. 2 StGB. u. wohl auch OGHSt. 8, 113; s. auch § 361 Nr. 2 A. 1; a. A. ObSt. 4, 135; OSt. 8, 229; 2, 327; OGHSt. 7, 538, wonach nur zu prüfen wäre, ob der Beschl. mit gesetzl. Bestimmungen begründet ist; wie letztere Ziegler a. a. O. AufenthG. Art. 1 A. 12.

4. Ob mehrmaliges Verlassen oder Betreten eine oder mehrere Straftaten in sich schließt, bemißt sich nach den allg. Lehren über das fortges. Delikt (OSt. 1, 168).

5. Nichteinhaltung der vorgeschriebenen Reiseroute oder Reisezeit: Art. 45 PStGB.

Art. 29.

1. An Geld bis zu fünf Talern werden Pflichtige oder deren Stellvertreter bestraft, welche die nach Festsetzung der Gemeindeverwaltung sie treffenden Dienste zur Übernahme der Sicherheitswache, sowie zur Erhaltung der Fahrbarkeit der Gemeindewege und Distriktsstraßen ohne genügende Entschuldigung nicht oder nicht zur rechten Zeit oder nicht in gehöriger Weise leisten.

2. In der Pfalz wird die Verpflichtung zur Leistung solcher Dienste durch ortspolizeiliche Vorschrift geregelt.

1. Geldstr. nun 1—150 RMk.; Abs. 2, der dem früheren pfälz. Recht (Art. 39 Abs. 1 Pf. GemO. 1869), das keine allg. Pflicht zur Leistung von GemDiensten kannte, Rechnung trug, gegenstandslos gew. durch die GemO. 1927; Abs. 1 nun auch für die Pfalz anwendbar.

2. Pflichtige oder deren Stellvertreter: Maßgebend nun Art. 41 GemO. 1927. Bestrafung nur, wenn die Voraussetzungen dieses Art. 41 u. des Art. 29 PStGB. vorliegen; also insbes. keine Bestrafung, wenn GemDienste anderer als der in Art. 29 bezeichneten Art in Frage kommen (Stöhsel GemO. Art. 41 A. 15). Wegen der Stellvertr. insbes. s. Art. 41 Abs. 2 GemO.; GemDienste zulässig in allen, nicht bloß in ländlichen Gemeinden (Woerner GemO. Art. 41 A. 2).

3. Festsetzung: Notw. ein allen zwingenden Vorschr. der GemO. über die Beschlußfassung genügender Beschluß. Zulässig allg. Festsetzung und solche für den Einzelfall (OSt. 6, 440; Stöhsel GemO. Art. 41 A. 2). Gemeindeverwaltung: Nun der Gemeinderat (Art. 41 Abs. 2 GemO.); „GemVerw." im Sinne des Art. 28 unter den Voraussetzungen des Art. 17 Abs. 1 Satz 4 GemO. (in dringenden Fällen) auch der Bürgermeister; auch die Aufsichtsbehörde und die Beschwerdebehörde. Nicht Ortsausschüsse im Sinne des Art. 62 Abs. 4 GemO. Keine Bestrafung bei Regelung durch Herkommen oder unvordenkl. Verjährung (s. Fassung des Ges.; OGHSt. 4, 128; Reindl BlAPr. 1891, 39; a. A. ObSt. 9, 269; 7, 101; 2, 280 u. Luthardt BlAPr. 1891, 39; wegen an sich noch möglicher Begründung der Gem.-Dienstpflicht durch Herkommen s. Woerner GemO. Art. 41 A. 11). Keine Bestrafung bei vertragsmäß. Übernahme der Dienste (ObSt. 8, 312). Besondere Mitteilung an die einzelnen Beteiligten oder Aufford. nicht notw. (OSt. 8, 455), doch kann diese Unterlassung eine „genügende Entschuldigung" begründen. Die Festsetz. hat keine formelle Bedeutung, so daß sie eine auch nicht bestehende Verpflichtung autoritativ mit Wirkung für die Anwendung des Art. 29 begründete; sie muß nur

zur objekt. Pflicht hinzutreten. Zu einem anderen Ergebnis führt auch nicht Art. 41 Abs. 7 GemO. (endgültige Entscheidung der unmittelb. vorgesetzten Staatsaufsichtsbeh.); es ist im Rechtsstaate Pflicht der Gerichte, das Recht auch gegenüber der Staatsverw. zur Geltung zu bringen; s. auch unten A. 9.

4. Sicherheitswache: Wache zur Aufrechterhaltung der öff. Ordnung u. Sicherheit, insbesondere bei Volksfesten, die sog. Kirchenwache (wegen dieser s. ObSt. 7, 10) u. die Nachtwache (KdAbg. 1859/61 GGA. Beil. 3, 418); nicht die Tätigkeit zur Durchführung einer gemeindl. Streife; das ist keine „Wache", a. A. OSt. 2, 362.

5. Erhaltung der Fahrbarkeit: Nicht der bloßen Begehbarkeit; nicht zur Herstellung der Fahrbarkeit (s. Hergt BlAPr. 1912, 283); nicht zur Erweiterung der Fahrbarkeit z. B. zur Anpassung an den Kraftwagenverkehr; Erhaltung der Fahrbarkeit auch die Herstellung von Notwegen (KdAbg. 1859/61 GGA. Beil. 3, 419 u. 420; OSt. 3, 383).

6. Gemeindewege: Im herkömmlichen Sinne des bayer. Wegerechts, da keine Anhaltsp. für eine andere Auffassung nachweisbar, also Wege, die bestimmt sind, den nachbarlichen Verkehr der im GemBezirk bestehenden Siedlungen (Ortschaften, Weiler) untereinander oder zwischen der Gemeinde u. den benachbarten Gem. oder mit andern Verkehrsstraßen (Staats-, Bezirksstraßen) zu vermitteln (dies auch die Begriffsbestimmung im Sinne der GemO. 1927, Stöhsel GemO. Art. 28 A. 7); auch die Wege zur Vermittlung des Verkehrs mit den Eisenbahnen (VGH. Recht 1914, 307); nicht aber Feldwege (Keidel GemZ. 1900, 518; a. A. OSt. 10, 12; ObSt. 1, 66); nicht Ortsstraßen, a. A. OSt. 3, 50; 10, 12; Meder BlAPr. 1908, 367. Distriktsstr.: Nun Bezirksstraßen.

7. Genügende Entschuld.: Jeder Umstand, der einen ord. Mann veranlassen kann, die Dienste nicht zu leisten; nach Lage der Sache kann auch Anzeige der Verhinderung notwendig sein (ObSt.BayZ. 1909, 437); Regelung dieser Frage durch PolVorschr. nicht zulässig.

8. Irrige Meinung, nicht zur Dienstleistung verpflichtet zu sein, macht straffrei, wenn dieser Irrtum, ohne daß insoweit Fahrlässigkeit vorliegt, sich bezieht auf die die Gemeindedienstpfl. regelnden Bestimm. der GemO. oder tatsächl. Verhältnisse oder auf die ortspol. Vorschr. des Abs. 2; das ist kein Strafrechtsirrtum; a. A. aber unrichtig ObSt. 7, 10; unrichtig auch OSt. 6, 310 u. 3, 229 u. ObSt. 13, 20, denn das „Bewußtsein der Rechtswidrigkeit" steht hier nicht in Frage.

9. Zu prüfen im Strafverf. auch die Pflichtigkeit, ferner ob die Dienste tatsächlich solche zur Sicherheitswache oder zur Erhaltung der Fahrbarkeit der Gem.-Wege u. Bezirksstr. sind (nicht aber, ob sie dazu zweckdienlich sind), weiter, ob bei der Festsetzung die zwing. formellen Vorschr. eingehalten wurden (s. Art. 15 2 A. d u. oben A. 3). Hinsichtlich der Pflichtigkeit wohl auch dieser Ansicht ObSt. 7, 10; 1, 66; OSt. 8, 455; a. A. wohl OSt. 6, 570 u. 3, 50.

Zweites Hauptstück. Übertretungen in bezug auf öffentliche Ruhe, Ordnung und Sicherheit.

Art. 30.

Wer vorsätzlich durch falschen Notruf oder falsche Notsignale, durch öffentlichen Aufruf, durch aufreizende Reden, Gesänge oder Musikstücke oder durch den Gebrauch von Partei- oder Losungszeichen, Besorgnis von Gefahren, Not- oder Unglücksfällen unter den Bewohnern eines Ortes verbreitet oder zu verbreiten sucht, oder an öffentlichen Orten einen Zusammenlauf oder eine Bewegung der bewaffneten Macht verursacht oder zu verursachen sucht, wird, soferne die Bestimmungen des Strafgesetzbuches für das Deutsche Reich § 360 Ziff. 11 nicht anwendbar sind, an Geld bis zu dreißig Talern oder mit Haft bis zu vier Wochen gestraft.

1. Geldstr. nun 1—150 RMk. Losungszeichen (Loszeichen): Zeichen unter Verbündeten, Signale (Grimm, Wörterbuch). Art. 30 nicht anwendbar, wenn die Verbreitung oder ihr Versuch einen größ. Personenkreis als einen Ort berührt; es muß nicht der ganze Ort ergriffen sein. Bewaffnete Macht: Nicht auch zu Zusammenlauf gehörig (s. Art. 59 des Entw. KdAbg. 1859/61 GGA. Beil. 2, 67). Öff. Ort: Die Verursachung selbst oder die Versuchshandlung kann auch außerhalb des öff. Orts erfolgen (sinngemäße GesAuslegung). Verwandte Strafbestimm.: Art. 44 PStGB.; § 366 Nr. 10 u. § 360 Nr. 11 StGB.

Art. 31.

An Geld bis zu fünf Talern werden Wirte oder deren Stellvertreter gestraft, welche Personen, denen auf Grund gesetzlicher Bestimmungen der Besuch ihrer Wirtshäuser untersagt ist, diesen Besuch ungeachtet des ihnen von der Polizeibehörde bekannt gegebenen Verbotes wissentlich gestatten.

1. Geldstr. nun 1—150 RMk. Art. 31 ist unwirksam geworden, soweit die in § 16 Abs. 1 Nr. 1—3 mit § 29 Nr. 11 des Gaststättenges. v. 28. April 1930 (RGBl. 146) enthaltenen Strafbestimmungen auf das Verabfolgen geistiger Getränke an Jugendliche u. Betrunkene einschlagen; insoweit, wegen der gewollten ausschließl. reichsrechtl. Regelung, auch keine Idealkonkurrenz; im übrigen wird Art. 31 noch wirksam sein; aus dem ausdrückl. Vorbehalt, den § 16 Abs. 2 Gaststättenges. hinsichtl. weitergehender landesrechtl. Bestimmungen zum Schutze der Jugend enthält, kann nicht e contr. auf die Unwirksamkeit des Verbotes des Wirtshausbesuches geschlossen werden.

2. Wirt: S. Art. 46 A. 2; Stellvertreter: Gesetzlicher u. gewillkürter; auch Geschäftsführer ohne Auftrag; wegen Anwendung des § 151 GewO. s. Vorbem. von Art. 1 Nr. IXc.

3. Gesetzlicher Bestimm.: Gemeint zunächst die Fälle des § 39 Nr. 1 StGB. (als Wirkung der PolAufsicht; s. die Fassung v. 10. Nov. 1861 u. KdAbg. 1871/72 GGA. Verh. 21); sonstige Ges. bestehen z. B. nicht. Disziplinarverbote an Schüler von Lehranstalten fallen nicht hieher; sie sind keine Gebote an die Allgemeinheit (keine Rechtsvorschriften); nicht hieher fallen auch die Fälle des Art. 56; dieser enthält kein an die Besucher selbst gerichtetes Verbot; nicht hieher fallen endlich die Fälle des Art. 3 AufenthG. v. 21. Aug. 1914 (GVBl. 1915, 509), da dieser nur ein Verbot des Aufenth. „in der Gemeinde" kennt; a. A. Schmitt Art. 31 A. 1. Im Strafverf. zu prüfen, ob das Verbot eine gesetzl. Grundlage hat (s. Art. 28 A. 3). Bekannt gegeben: Besondere Bekanntgabe (Mitteilung) an den Wirt u. Stellvertreter notwendig u. zwar besondere an den Vertreter; auch Kenntnis von dem Verbot nötig (wissentlich).

4. **Besuch von Wirtshäusern** s. Art. 56 A. 4 (schon der bloße Aufenthalt soll genügen, nach KdAbg. 1859/61 GGA. Beil. 3, 378 u. 379; sprachwidrig!). **Gestatten**: Zur Frage der Zulässigkeit von Wirtshausverboten im allgemeinen s. Zorn GemZ. 1927, 265.

5. **Verwandte Strafbest.**: Art. 56 PStGB. u. § 29 Nr. 11 des GaststättenG.

Art. 32.

1. An Geld bis zu fünfzehn Talern oder mit Haft bis acht Tagen wird bestraft:

1. wer ohne die nach Verordnung erforderliche polizeiliche Erlaubnis öffentliche Lustbarkeiten, wie Tanzmusiken, Maskeraden, Schießen, Preiskegelscheiben, Feuerwerke, theatralische Aufführungen, Vorstellungen aus dem Gebiete der Kunstreiterei, Gymnastik oder ähnlicher Kunstfertigkeiten veranstaltet;
2. wer ohne die nach Verordnung erforderliche polizeiliche Erlaubnis Menagerien, Wachsfigurenkabinette, Sammlungen von Kunst- oder Naturmerkwürdigkeiten, Panoramen, Karusselle oder ähnliche Vorrichtungen aufstellt und dafür Eintrittsgeld erhebt;
3. wer die bei Erteilung der Erlaubnis zu solchen Unternehmungen von der Polizeibehörde ihm aufgelegten Bedingungen verletzt.

2. Unabhängig von der Strafverfolgung können solche Unternehmungen von der Polizeibehörde jederzeit eingestellt werden.

3. Auf Scheibenschießen, welche von anerkannten Schützengesellschaften in ihrem gewöhnlichen Lokale oder von kleineren Gesellschaften an erlaubten Schießstätten abgehalten werden, findet die Bestimmung der Ziffer 1 keine Anwendung.

1. **Geldstr.** nun 1—150 RMk.

2. **Art. 32 umfaßt größere, Art. 33 kleinere** Unternehm. (KdAbg. 1859/62 Beil. 2, 218)*); doch ist dies nicht zum begrifflichen Tatbestandsmerkmal gemacht; a. A. ObSt. 28, 33; 23, 76: Darnach **begriffliches** Erfordernis, daß das Unternehmen einen besonderen Raum oder eine größere Vorrichtung erfordert und der Art ist, daß erfahrungsgemäß größere Menschenansammlungen stattfinden und infolge der naheliegenden Möglichkeit erheblicher Ausschreitungen eine Gefährdung der öff. Ruhe, Ordn. u. Sicherheit zu besorgen ist. Art. 32 u. 33 **unberührt durch die GewO.**, soweit sie die Tanzlustbarkeiten betreffen (§ 33c GewO., ObSt 3, 230); ganz aufgehoben aber, soweit die Lustbarkeiten Ausspielungen sind, wegen erschöpfender Regelung durch §§ 284ff. StGB. (RG. Reg. 9, 310); im übrigen, soweit sie unter §§ 32, 33, 33a, 33b, 55 Abs. 1 Nr. 4, 60a mit § 147 Nr. 1, 148 Nr. 7 u. 7a, 149 Nr. 3 GewO. fallende Unternehm. betreffen, sind sie im wesentl. durch

---

*) Sonderschrifttum: Neupert GemZ. 1907, 401; Müller GemZ. 1892, 117; Keidel GemZ. 1903, 319.

diese ersetzt; insbes. können auch für die Zulassung zum GewBetr. keine weiteren landesgesetzl. Voraussetz. aufgestellt werden; wirksam sind sie insoweit nur mehr, soweit die Ausübung dieser Gew. in Betracht kommt; doch dürfen die Beschränkungen die Ausübung nicht tatsächlich unmöglich machen (ObSt. 5, 119; 3, 179; 4, 95; 2, 38; ObSt. BayZ. 1918, 395; OSt. 3, 401; Darmst. Reg. 2, 20); a. A. die preuß. Rechtspr. (s. OVG. GArch. 52, 415) auch Dresden (GArch. 58, 490), wonach die gewerbemäß. Darbietung von Lustbarkeiten der in § 33b GewO. bezeichneten Art in weiterem Umfang, als es dort vorgesehen ist, von einer poliz. Erlaubnis abhängig gemacht werden kann. Ausgeschlossen ist die Anwendung der Art. 32 u. 33 auch hinsichtlich der Vorzensur von Lichtspielen; insoweit maßgebend das Lichtspielgesetz v. 12. Mai 1920 (RGBl. 953) mit Änd. v. 23. Dez. 1922 (RGBl. 26); s. Stenglein Nebengesetze Bem. III vor § 1 des Lichtspielges. Wegen des Einflusses der GewO. u. des Lichtspielges. auf die Anwendung des Art. 32 auf Lichtspiele im übrigen s. Eichner GemZ. 1925, 190; 1927, 153. Keinerlei Beschränk. durch die GewO. jedenf., soweit die Unternehmungen der Art. 32 u. 33 nicht gewerbemäß. betrieben werden. Soweit Art. 32 u. 33 darnach unwirksam, gilt es auch für Abs. 2; an dessen Stelle teilw. insoweit §§ 15 u. 60c GewO. anwendbar. Schlechthin für Wirksamkeit der Art. 32 u. 33 ObSt. 28, 33, unter Verkennung der eigentlichen Tragweite des Art. Wegen des Einflusses des Vereinsges. s. Vorbem. vor Art. 1 Nr. VIId.

3. Die Fälle, in denen Erlaubnis nach Nr. 1 u. 2 notwendig ist, bestimmen die VO. v. 31. Okt. 1921 (GVBl. 541) u. § 15 der ZustVO. v. 4. Jan. 1872. Wegen der Bewillig. v. Lustbarkeiten am Karfreitag u. Gründonnerstag s. JnnME. v. 13. Nov. 1867 (Web. 7, 140). Die VO. kann den Kreis der Veranstaltungen über die Fälle der Nr. 1 u. 2 hinaus nicht erweitern, nur einschränken. Eine Anweisung an die Ortspolizeibehörden über die bei Erteilung der Erlaubnis an die aufzustellenden fliegenden Bauten zu stellenden technischen Erfordernisse enthält die AJnnLMB. v. 6. Juli 1929 (StAnz. Nr. 156).

4. Öffentliche Lustbarkeit: Wenn der Zutritt der Allgemeinheit offen steht u. keine Beschränkung auf bestimmte Personen besteht (OSt. 10, 200; ObSt. 28, 33; BayZ. 1928, 253); öff. auch dann, wenn die Männer beschränkt, weibl. Personen unbeschränkt Zutritt haben (OGHSt. 5, 188); auch dann, wenn einzelne wegen ungehörigen Benehmens zurückgew. werden (OSt. 8, 63); auch bei Beschränkung auf die Angehörigen eines Berufs (OGHSt. 5, 369); nicht öff. bei Beschränkung auf Vereinsmitgl. u. ihre Familien (OSt. 6, 270; OGHSt. 5, 369); für die Regel auch bei Beschränkung auf besonders Eingeladene (Pr. OVG. Reg. 33, 174; ObSt. 13, 352); die Öff. muß bei Lustbarkeiten, die mehr als bloßes Zusehen oder Zuhören fordern, z. B. bei Tanzmusiken, hins. der Beteiligung bestehen. Erforderlich zur Bestrafung, daß eine der im Folgenden näher bezeichneten Arten vorliegt; ausreichend aber auch eine diesen Arten ähnliche Art (ObSt. 28, 33, BayZ. 1928, 253).

5. Lustbarkeiten: Alle der Ergötzung u. Unterhaltung dienenden Veranstaltungen; Unternehmungen, die nach der Erfahrung des tägl. Lebens bestimmt u. geeignet sind, zu ergötzen u. zu unterhalten (ObSt. 28, 33, BayZ. 1928, 253); Veranstaltungen, Darbietungen und Vorführungen, die nach der Absicht (?) der Veranstaltenden dazu bestimmt und geeignet sind, zu ergötzen u. zu unterhalten (ObSt. BayZ. 1922, 77). Nebenzwecke (patriot., wohltätige, belehrende) gleichgültig, solange nicht der Lustbarkeitschar. ganz zurücktritt. Auch höheres Interesse der Kunst oder Wissenschaft nicht anders zu würdigen (a. A. ObSt. 13, 398); Vorträge (über Okkultismus, Spiritismus usw.), dann Lustbarkeiten, wenn sie unterhalten oder ergötzen, nicht aber, wenn sie ausschließlich der Belehrung dienen sollen (ObSt. BayZ. 1922, 77); Lustbarkeiten auch Rasen-

spiele (ObSt. 22, 57, BayZ. 1922, 212); auch Tanzmusiken usw. müssen Lustbarkeitscharakter haben (OSt. 6, 429); nicht erforderlich die „Absicht", zu ergötzen u. zu unterhalten (ObSt. 25, 9, BayZ. 1925, 152; ObSt. 23, 76).

6. Tanzmusik*): Jede durch die Ausführung von Tanz unter Musikbegleitung veranstaltete Belustigung (OSt. 6, 429); auch bei Begleitung durch ein einzelnes Instrument (OSt. 3, 47); Teilnehmerzahl gleichgültig (OSt. 7, 341); Dazwischenspielen anderer als Tanzstücke gleichgültig (OSt. 8, 63); keine Tanzveranstaltung das Tanzen als Ausfluß einer plötzl. hervorgetretenen, rasch vorübergehenden Stimmung (OSt. 7, 341; Darmst. Reg. 16, 217); ebensowenig das Tanzen zu turnerischen oder ästhetischen Zwecken; auch nicht Kinderbälle (Reger BlAPr. 1879, 70); auch nicht die Erteilung von Tanzunterricht einschließlich des „Tanzkränzchens", solange nicht bloßer Scheinunterricht vorliegt (s. hierzu Reger BlAPr. 1879, 69). Keine Veranstaltung das Dulden eingedrungener Uneingeladener bei einer nicht öff. Tanzmusik (ObSt. Recht 1914, 243). Keine Veranstaltung die Betrachtung des Tanzes Dritter. S. wegen Tanzmusiken weiter Art. 35. Maskeraden s. Art. 36 A. 4.

7. Schießen: Nicht bloß Scheibenschießen wie bei Abs. 3, dort aber eigentl. Scheiben erforderlich (KdAbg. 1859/61 GSA. Beil. 3, 121).

8. Theatralische Vorführungen: Die bühnenmäßige Darstellung eines Vorgangs durch Lebende (RG. Reg. 32, 215); nicht Marionettentheater.

9. Weitere Bestimmungen über Feuerwerke: § 367 Nr. 4, 5, 8 und § 368 Nr. 7 StGB.; über Maskeraden: Art. 36 Nr. 2 u. 3. Wegen der Einrichtung von Menagerien s. auch § 367 Nr. 11 StGB. Für musikalische Vorführungen schlechthin nur Art. 33 anwendbar (OSt. 6, 429), „Konzerte" fallen nicht hierher (KdAbg. 1859/61 Beil. 2, 218).

10. Veranstaltet: Wer bewirkt, daß die Lustbarkeit in der Weise, wie sie stattfindet, abgehalten wird (ObSt. 3, 47; 12, 246); dazu genügt aber nicht das Setzen einer Voraussetzung der Abhaltung; a. A. aber irrig ObSt. 3, 47 u. 146; OSt. 8, 63; OGHSt. 5, 479 hins. des Wirts, der das Tanzen in seinen Räumen nicht hindert; das ist begrifflich höchstens eine (straflose) Beihilfe. Strafbar ist die Veranstaltung, also nicht jede verursachende Tätigkeit, sondern nur die leitende Tätigkeit; diese kann aber auch, unter den allgemeinen Voraussetzungen, unter denen ein Kommissionsdelikt durch Unterlassung begangen werden kann, in einem Unterlassen liegen; ebenso genügt Mittäterschaft hinsichtlich der leitenden Tätigkeit. Veranstalter auch, wer sich selbst nicht an dem Genuß beteiligt; dagegen nicht, wer sich nur an der technischen Ausführung beteiligt (der mitwirkende Künstler; s. die Gegenüberstellung in Art. 36); auch nicht, wer etwas nur zur eigenen Befriedigung, ohne die Absicht, auf das Publikum einzuwirken, vornimmt (ObSt. 13, 393).

11. Eintrittsgeld: Jede Vergütung, auch wenn nicht wertentsprechend; auch wenn nur zur Deckung der Auslagen, auch wenn nicht gerade beim Betreten erhoben.

12. Bestrafung auch bei Überschreitung der mit der Erlaubnis verbundenen Beschränkungen hins. der Personenzahl (OGHSt. 4, 260); desgl. bei nicht gewerbsmäß. Veranstaltung (OSt. 6, 429).

13. Unabhängig von der Strafverfolg.: S. Art. 20 A. 4.

14. Anerkannte Schützengesellschaften: Solche, die die allg. Schützenordnung v. 25. Aug. 1868 (RegBl. 1729) anerkannt haben**). Erlaubte Schießstätten: Solche, die die pol. Erlaubnis nach Art. 78 erhalten haben.

*) Sonderschrifttum: GemZ. 1893, 50; Reger BlAPr. 1879, 65.

**) Wegen deren rechtl. Natur s. Diemayer BayZ. 1908, 104 u. 164; Oertmann BayZ. 1908, 121 u. Bervier BayZ. 1908, 299.

15. Wegen einzelner Vorführungen s.: Hypnot. u. suggestionäre Experimente: Neupert GemZ. 1907, 420; JnnME. v. 15. Nov. 1893 (Web. 22, 311); Lichtspiele: ObSt. 10, 12; JnnMB. v. 27. Jan. 1912 (JnnMBl. 145); v. 9. Febr. 1918 (JnnMBl. 17); Landmann BayZ. 1913, 237; Hellwig DJZ. 1912, 570; BayZ. 1913, 220; 1914, 97; Pr. OVG. GArch. 58, 210; JnnME. die kinematogr. Vorführung der Passionsgesch. betr. v. 19. Juli 1908 (JnnMBl. 371) u. nun RVerf. Art. 7 Nr. 20 u. Art. 118; Lichtspielges. v. 12. Mai 1920 (RGBl. 953) geänd. durch Ges. v. 23. Dez. 1922 (RGBl. 1923, 26), mit AusfVO. v. 16. Juni 1920 (RGBl. 1213), diese geänd. durch VO. v. 26. Juni 1930 (RGBl. 193); Ges. v. 15. Juli 1930 über die Vorführung ausländ. Bildstreifen (RGBl. 215); Stois GemZ. 1921, 124; Leibig GemZ. 1921, 707; Mayer BBl. 1929, 129; Leibig BBl. 1929, 280; Eichner GemZ. 1927, 153; Veranstaltung von Flugfahrten (auch Art. 44 PStGB.): JnnME. v. 2. Okt. 1911 (JnnMBl. 649). Art. 32 ist auch eine der Grundlagen für die Theaterzensur (s. ObSt. in BayZ. 1908, 188; Krais BlAPr. 1901, 23; jetzt Art. 7 Nr. 20 u. Art. 118 RVerf.). Darnach ist es nun unzulässig, theatral. Aufführungen an eine behördl. Genehmigung zu knüpfen u. zu diesem Zwecke Vorlegung des Textes zu verlangen; unberührt aber bleiben die Befugnisse zu sonstigem Eingreifen vor und nach der Erstaufführung (Lindenau nach Pr. OVG. DJZ. 1921, 585). Wegen Erlassung feuer- u. baupoliz. Anordnungen für Theater u. sonstige Versamml.räume gemäß Art. 32 s. JnnME. v. 10. Mai 1897 (JnnMBl. 145). Veranstaltung v. Lustbarkeiten usw. an Sonn- u. Feiertagen vor Beend. des Pfarrgottesdienstes: § 6 der VO. v. 21. Mai 1897 (GVBl. 197).

16. Schuldform: Auch Fahrlässigkeit (ObSt. 3, 146); auch bedingter Vorsatz (ObSt. 23, 76, ergangen zu Art. 32 Abs. 1 Nr. 1).

17. Durch Obpol., auf Grund des Art. II des Notges. v. 24. Febr. 1923 (RGBl. 147) ergangene Vorschriften v. 22. Dez. 1923 über das Verbot von Faschingslustbarkeiten (GVBl. 407) war die Veranstaltung maskierter Tanzlustbarkeiten jeder Art, auch geschlossener, sowie von sonstigen Faschingslustbarkeiten, wie karnevalistischen Abenden bis auf weiteres verboten worden; die Vorschriften wurden durch JnnMB. v. 22. Nov. 1924 (GVBl. 238) wieder aufgehoben.

Art. 33.

1. An Geld bis zu fünf Talern oder mit Haft bis zu drei Tagen wird gestraft, wer ohne die nach Verordnung erforderliche polizeiliche Erlaubnis oder mit Überschreitung der ihm erteilten Bewilligung gegen Bezahlung in Wirtschaftslokalitäten oder an anderen öffentlichen Orten Musikstücke, Gesänge, Deklamationen, Marionettenspiele, Taschenspielerkünste oder ähnliche Kunstfertigkeiten aufführt, oder Tiere, Kunst- oder Naturmerkwürdigkeiten oder ähnliche Gegenstände vorzeigt.

2. Unabhängig von der Strafverfolgung ist die Polizeibehörde berechtigt, solche Unternehmungen sofort einzustellen.

3. Die Abhaltung musikalischer Vorträge in Wirtschaftslokalitäten durch hierzu berechtigte Musikgesellschaften ist an eine polizeiliche Bewilligung nicht gebunden.

1. Geldstr. nun 1—150 RMk. Einfluß des Reichsrechts auf die Wirksamkeit des Art. s. Art. 32 A. 2.

2. Verordnung: Eine solche besteht z. B. nicht; die ursprüngl. einschlägige VO. v. 3. Juli 1868 (RegBl. 1161) ist nun ersatzlos aufgeh. durch VO. v. 17. März 1926 (GVBl. 275).

3. Bezahlung: Gleichgültig, ob bei den Gästen gesammelt wird oder ob der Besteller bezahlt (ObSt. 16, 18). Öff. Orte: Jedermann zugängliche; auch die Wirtschaftslokalitäten müssen öff. sein.

4. Aufführt u. vorzeigt: Strafbar nur der Veranstalter, nicht die Ausführenden, auch nicht der Inhaber des Lokals als solcher, unter Umständen ist aber der Aufführende selbst der Veranstalter. (Die Rechtspr. schwankt s. OSt. 6, 429; ObSt. 16, 13; 17, 8; ObSt. BayZ. 1921, 270).

5. Fahrlässigkeit als Schuldform genügend (ObSt. 5, 119).

6. Unabhängig von der Strafverfolgung: Art. 20 A. 4. Zuständigk. zur Einstellung u. Zwangsmittel hierzu: S. Art. 34 A. 5 u. 7.

7. Abs. 3 wirkungslos geworden, nachdem berechtigte Musikgesellsch. solche sein sollen, die die Genehmigung nach § 2 der (übrigens nun aufgehobenen) VO. v. 3. Juli 1868 (RegBl. 1161) erhalten haben, eine solche Genehmigung aber als eine Zulassung zum GewBetrieb nicht mehr zulässig ist; s. Schmidt BayZ. 1907, 226.

Art. 34.

1. Wer gegen ortspolizeiliche Vorschrift musikalische Aufführungen, Kegelspiele oder sonstige geräuschvolle Unterhaltungen, welche im Innern der Ortschaften in Wirtschafts- oder Privatgärten oder in sonstigen nicht geschlossenen Räumlichkeiten abgehalten werden, über die von der Polizeibehörde bestimmte Nachtstunde verlängert, wird an Geld bis zu fünf Talern gestraft.

2. Die Polizeibehörde ist berechtigt, solche Störungen der Nachtruhe unabhängig von der Strafverfolgung sofort abzustellen.

1. Geldstr. nun 1—150 RMk.

2. Musikal. Aufführ.: Auch rein gesangliche; auch musik. ohne künstl. Wert. Auch sie u. die Kegelspiele müssen geräuschvoll u. Unterhaltungen sein. Unterhaltungen: Bezwecken Zeitvertr. auf angenehme Weise. Nicht geschlossen: Ein Raum, der die Verbreitung des Schalles nicht hindert; also nicht eine Kegelbahn, die ein durch dichte Wände nach allen Seiten abgeschlossenes Bauwerk bildet, auch wenn sie nur mit Läden verschließbare Lichtöffnungen hat, die bei der Benützung nicht geschlossen werden (OSt. 2, 251). Durch die ortspol. Vorschr. kann der Begriff „nicht geschlossen" nicht näher abgegrenzt werden. Auch die sonstigen, nicht geschlossenen Räumlichkeiten müssen im Innern der Ortschaften gelegen sein.

3. Nachtstunde kann auch außerh. d. ortspol. Vorschr. für den Einzelfall festgesetzt werden.

4. Verlängern: Nur der Leiter der Unterhaltung; nicht die Zuhörer; auch nicht für die Regel die Mitwirkenden als solche oder der Inhaber des Lokals. Die ortspol. Vorschr. kann insoweit das Ges. nicht erweitern. Kein Verlängern, wenn erst nach der Nachtstunde begonnen.

5. Polizeibehörde: Die OrtspolBeh. s. Art. 20 A, 3; in München die Pol.-Direktion (Bek. v. 25. Juni 1898, GVBl. 347, mit VO. v. 28. Dez. 1928, GVBl. 438); PolDirektionen, soweit errichtet, auch sonst zuständig (Bek. 29. Okt. 1923, Tl. V Nr. 9, § 3 mit Bek. v. 26. März 1929, Tl. V Nr. 10); nicht ein einzelnes Pol.-Organ (Schutzmann), auch nicht bei Abs. 2. Die Festsetzung kann nicht in der ortspol. Vorschr. selbst erfolgen; denn „PolBeh." kann in Abs. 1 keine andere Bedeutung als in Abs. 2 haben.

6. Unabhängig von der Strafverfolgung: Art. 20 A. 4.

7. Zwangsmittel bei Abs. 2: Gesetzl. Vorschr. über die Art u. Weise der Abstellung fehlen (wegen des Standpunkts der Praxis der VerwBehörden s. Art. 21 A. 5); Zwang kann deshalb an sich nicht angewendet werden. Die Befugnisse der Art. 20 u. 16 hat die Pol. aber auch hier.

8. Durch das Gaststättenges. v. 28. April 1930 nicht berührt; s. Michel Gaststättenges. § 1 A. VIII 2 Abs. 2.

Art. 35.

Vorsteher oder Mitglieder von geselligen Vereinen und geschlossenen Gesellschaften, welche Tanzmusik an jenen Tagen veranstalten, an welchen die öffentliche Abhaltung derselben durch Verordnung untersagt ist, werden an Geld bis zu fünfzehn Talern gestraft.

1. Geldstr. nun 1—150 Reichsmark. Gesellige Vereine: Die in der Hauptsache der Unterhaltung dienen sollen (Musik-, Lese-, Tanzvereine), nicht wissenschaftl. Vereine. Geschlossene Gesellsch.: Nach außen hin abgeschlossener Kreis von nach innen miteinander verbundenen Personen, die Verbindung kann auf persönl. Bezieh. der Mitgl. oder auf einem gemeinsamen sachlichen Zweck beruhen, auch Feuerwehren (Celle GArch. 59, 361; KG. GArch. 54, 310; vgl. auch ObSt. 13, 424); nicht ganz zutreffend OSt. 6, 270. Nicht gefordert eine dauernde Organisation zu einem bestimmten Zweck; ausreichend, wenn andere als geladene Pers. keinen Zutritt haben (ObSt. 9, 130). Nicht hierher fällt ein Skatklub (Celle GArch. 52, 114), eine Stammtischgesellsch. (PrOVG. Reg. 32, 436). Tanzmusik: Art. 32 A. 6. Öffentlichk. hier nicht notw. Veranstalter: S. Art. 32 A. 10. Die Veranstaltung muß im eigenen Verein stattfinden. Tage, an denen die öffentliche Abhaltung von Tanzmusiken untersagt ist: Vgl. die VO. v. 31. Okt. 1921 (GVBl. 541).

Art. 36.

An Geld bis zu fünf Talern wird gestraft:

1. wer ohne ortspolizeiliche Erlaubnis auf öffentlichen Straßen oder Plätzen eine Nachtmusik veranstaltet oder ausführt;
2. wer zu einer durch oberpolizeiliche Vorschrift verbotenen Zeit auf öffentlichen Straßen oder Plätzen maskiert erscheint;
3. wer bei erlaubten Maskeraden der durch die Ortspolizeibehörde festgesetzten Ordnung zuwiderhandelt.

1. Geldstr. nun 1—150 RMk.

2. Ortspol. Erlaubnis: Zuständigk. hierzu s. Art. 1 A. 5. Nachtmusik: Musik während der Zeit der örtl. Nachtruhe, Eintritt oder Schwinden der Dunkel-

heit nicht entscheidend; auch bloßer Gesang; künstl. Wert gleichgültig; dagegen nicht hieherfallend „Katzenmusik". Veranstaltet: S. Art. 32 A. 10. Ausführt: Auch, wer den Musikanten nur die Tätigkeit erleichtert.

3. Maskierung: Vermummung (KdAbg. 1859/61 GGA. Beil. 3, 216), Gesichtsverkleidung, dann Verkleidung überhaupt (Grimm. Wörterbuch); auffällige Kleidung als solche keine Maskierung. Erford. die Absicht, als ein anderer zu erscheinen; bloßes Kostümieren nicht ausreichend (vgl. KGJ. 23 C 19); völlige Unkenntlichkeit nicht nötig; Scherzabsicht erforderlich.

4. Maskerade: Zustand des Maskiertseins im Sinne der Nr. 3, nicht bloß Maskenzüge (a. A. eine Rgg. nach Lindner GemZ. 1902, 48).

5. Auf Grund der Nr. 3 das Maskieren selbst nicht beschränkbar (insbes. nicht abhängig zu machen von der Lösung einer poliz. Karte), nur der Maskenverkehr (JnnM. nach Lindner GemZ. 1902, 48).

6. Durch die OrtsPolBeh. festgesetzte Ordnung: Nicht durch ortspol. Vorschr., aber allg. Regelung notw. („Ordnung").

7. Beschränkungen des Maskierens auf Grund von § 366 Nr. 10 StGB. nicht ausgeschlossen. Verwandte Strafbestimmungen: Art. 32 Abs. Nr. 1, Art. 44 PStGB. (KdAbg. 1859/61 Beil. 2, 219).

Art. 37.

1. An Geld bis zu fünf Talern wird gestraft:

1. wer gegen ortspolizeiliches Verbot Ankündigungen oder Bekanntmachungen auf öffentlichen Straßen oder Plätzen ausruft;
2. wer gegen ortspolizeiliches Verbot oder gegen Verbot des Eigentümers oder seines Stellvertreters an fremdem Eigentume Privatankündigungen anschlägt oder anheftet;
3. wer fremde Anschläge unbefugt aus Bosheit oder Mutwillen vernichtet, wegnimmt oder unlesbar macht.

2. Wird im Falle der Ziffer 2 die Übertretung gegen Verbot des Eigentümers an fremdem Privateigentume begangen, so ist dieselbe nur auf Antrag des Eigentümers oder seines Stellvertreters verfolgbar.

1. Geldstr. nun 1—150 RMk.

2. Abs. 1 Nr. 1 im allg. wirksam (Conrad A. 2 zu § 30 Preßges., Stenglein Bd. 1 S. 394), aber wohl unwirksam, soweit das Ausrufen von Preßerzeugnissen in Frage kommt, weil durch § 30 Abs. 2 PreßG. nicht vorbehalten (s. auch JnnME. v. 12. Febr. 1875 Web. 10, 596)*). Durch Art. 118 RVerf. wird der Art. nicht berührt; s. hierzu auch v. Jan, Festschrift S. 119 u. 122.

3. Ortspol. Verbot (Nr. 1 u. 2): Im Wege der ortspol. Vorschr. oder sonstiger allg. Anordn., auch im Wege der EinzelPolVerfüg. s. Art. 1 A. 2. Öff. Straßen oder Plätze: S. § 366 Nr. 10 A. 3 u. 4; bei Art. 37 auch Wege zu den Straßen zu rechnen.

4. Ausrufen: Lautes mündliches Bekanntgeben des Inhalts; nicht auch der bloße Hinweis auf die Ankündigungen oder Bekanntmachungen.

---

*) Zum Bay. Plakatrecht s. KG. in GemZ. 1900, 65.

5. Eigentümer: Nicht auch der dinglich Berechtigte; bei Miteigentum maßgebend §§ 744—746 BGB. Stellvertreter: Gewillkürter u. gesetzlicher; der bloß obligat. Berechtigte (Mieter) als solcher nicht Stellvertreter.

6. Anschlagen oder Anheften: Jede Verbindung für sich selbständiger Ankünd. mit dem Eigentum. Nicht strafbar also das Aufstellen (ObSt. SeuffBl. 1912, 52); auch nicht das Aufmalen.

7. Anschläge (Abs. 1 Nr. 3): Befestigungen an einem unbewegl. Körper; nicht umhergetragene Plakate (vgl. KGJ. 41 C 411).

8. Bosheit: Wer absichtl. u. mit schlechter, böser Gesinnung handelt u. sich des Unheils, das er anrichtet, freut; nach ObSt. 22, 28, wenn der Zweck des Handelns der damit verbundene schädliche Erfolg ist. Mutwillen: Wer ohne zureichenden Grund, aber ohne sich die Folgen seines Tuns zu überlegen handelt; nach ObSt. 22, 28 Handeln aus Leichtsinn, Übermut, Ausgelassenheit. Gewinnsucht fällt nicht hieher. (KdRR. 1859/61 GGA. 2, 185). Bloße Beschädigung fällt nicht unter Nr. 3.

9. Antrag auch notw., wenn die Übertretung gegen das Verbot des Stellvertreters erfolgt (nur ungenaue Fassung des Ges.).

10. Idealkonk. mit § 242, §§ 303ff. StGB. möglich.

11. Sonstige mit dem Plakatwesen sich befassende oder die Grundlage für eine polizeiliche Regelung desselben bietende Bestimmungen: Art. 22b, 53 Abs. 1 und 95 PStGB.; §§ 134 u. 366 Nr. 10 StGB.; Art. 12 u. 13 AG. StPO., diese nach ObSt. 22, 105, VGH. bei Reg. 43, 294, v. Jan DJZ. 1926, 582 unwirksam gew.; s. dagegen Conrad bei Stenglein Bd. 1, 394 A. 2 zu § 30 Preßges.; §§ 3, 5 u. 30 Abs. 2 des PreßG., letztere beiden unter Berücksichtigung der durch § 43 Abs. 4—6 GewO. getroffenen Änderungen; §§ 43, 56, 148 Nr. 5, 149 Nr. 1 u. 3 GewO.; vgl. hierzu Gaß in GemZ. 1909, 471.

Art. 38.

1. Geldstrafe bis zu fünf Talern trifft in Fällen, in welchen die Verpflichtung zur Wohnungsräumung nicht streitig ist, die bei einer solchen Räumung Beteiligten, welche den hierauf bezüglichen Anordnungen der Polizeibehörde nicht nachkommen.

2. Unabhängig von der Strafverfolgung ist die Polizeibehörde befugt, die von ihr getroffenen Anordnungen zwangsweise zu vollziehen.

1. Geldstr. nun 1—150 RMk.*)

2. Wohnungen: Auch Nebenräume solcher. Nicht Geschäftsräume. Anlaß der Innehabung gleichgültig (auch rein tatsächl. Verhältnisse, auch öff.-rechtl. Verhältnisse z. B. Armer im Gemeindehaus KdAbg. 1871/72 GGA. Verh. 22; a. A. Steinbach GemZ. 1907, 631.

Verpflichtung zur Wohnungsräumung nicht streitig ist: Entscheidend, ob kein Streit besteht VGH. 43, 8; nicht, ob ein solcher, objektiv betrachtet, bestehen kann; auch offensichtlich unberechtigtes Bestreiten ausreichend (a. A. Lindner GemZ. 1905, 441; Steinbach GemZ. 1907, 631), nicht aber nicht ernst gemeintes. Verbleiben in der Wohnung, ohne Gründe anzugeben, nicht ausreichend. Notw. Bestreiten durch den eigenberechtigten Inhaber oder seinen Vertreter, nicht durch Kinder, Dienstboten. Nur ausreichend Bestreiten während der Entsetzung.

---

*) Sonderschrifttum zu Art. 38: Steinbach GemZ. 1907, 631.

3. Beteiligt an der Räumung: Die Bewohner, auch der die Räumung Betreibende, auch das Räumungspersonal.

4. Sachlich zuständig: Die OrtsPolBeh. (§ 16 ZustVO.), in München die PolDirektion (§ 2B 12 Bek. v. 25. Juni 1898, GVBl. 347 u. VO. v. 28. Dez. 1928, GVBl. 438).

5. Anordnungen: PolVerfügungen. Nur hins. der Art des Vollzugs; das Benützungsrecht selbst kann nicht erweitert werden.

6. Unabhängig von der Strafverfolgung: Vgl. Art. 20 Anm. 4. Wegen der Zwangsmittel s. Art. 34 A. 7.

7. Verwandte Bestimmung: Art. 73 Abs. 3, § 367 Nr. 13 StGB.. Polizeilicher Zwang zur Bekämpfung des Wohnungsmangels: WohnMangG. v. 26. Juli 1923 (RGBl. 754) § 11, VollzVO. v. 29. März 1928 (GVBl. 161) § 38.

Art. 39.*)

Wer außer dem Falle des Strafgesetzbuches für das Deutsche Reich § 367 Ziff. 9 den Verordnungen zuwiderhandelt, wodurch zur Verhütung von Gefahren für die Sicherheit der Personen die Führung bestimmter gemeingefährlicher Waffen bestimmten Klassen von Personen oder in bestimmten Landesteilen untersagt ist, wird an Geld bis zu fünfzehn Talern oder mit Haft bis zu acht Tagen bestraft, wobei auf Einziehung der verbotenen Waffen erkannt werden kann, ohne Unterschied, ob sie dem Verurteilten gehören oder nicht.

1. Geldstr. nun 1—150 RMk. Art. 39 im allg. wirksam; durch das StGB. keine erschöpf. Regelung (RG. 36, 248; 42, 303); soweit jedoch Schußwaffen im Sinne des § 1 des Schußwaffenges. v. 12. April 1928 (RGBl. 143) mit § 1 der AusfVO. hierzu vom 13. Juli 1928 (RGBl. 198) geführt werden, durch § 25 Abs. 1 Nr. 2, § 29 dieses Ges. unwirksam gew. u. ersetzt; s. hierzu auch Nr. IV Abs. 1 der bayer. VollzBek. hierzu v. 31. Aug. 1928 (InnMBl. 77). Ersetzt ist auch die VO. über den Waffenbesitz v. 13. Jan. 1919 (RGBl. 31); s. zu dieser ObSt. BayZ. 1928, 171; ObSt. 23, 86, BayZ. 1924, 91; RG. BayZ. 1925, 133.

2. Für die Sicherheit der Personen: Das ist der einzelnen Personen, nicht der Allgemeinheit; nicht von Sachen. Zu prüfen im Strafverf., ob die VO. diesen Zweck verfolgt.

3. Führung von Waffen: Bei sich haben in der Absicht, sie allenf. zu gebrauchen (OGHSt. 5, 38); nicht z. B. Tragen im Rucksack (ObSt. 26, 171); wohl aber, wenn ein Begleiter oder ein Tier sie gebrauchsbereit trägt (Delius LZ. 1928, 795); nicht der bloße Besitz oder der Verkauf. Nur bestimmter Waffengattungen. Nur gemeingefährlicher Waffen: Solcher, die der Allgemeinheit Schaden verursachen können. Waffen: Nicht bloß solcher im technischen Sinn; also auch, wenn zunächst nicht zum Angriff oder zur Verteidigung, sondern als Gebrauchsgegenstände hergestellt (ObSt. 12, 221).

4. Hinsichtlich ders. Waffen nur Beschränkung in bezug auf die Personenklasse oder den Landesteil.

---

*) S. zur Frage des Waffenbesitzes (Stand vor dem Schußwaffenges.) auch Eichinger BayZ. 1926, 17; Grünbaum GemZ. 1926, 201.

5. Einziehbar die Munition nur, soweit Teil der Bewaffnung, also die, mit der die Schußwaffe geladen ist, u. jene, die der Täter bei sich führt, nicht aber der Vorrat zu Hause (ObSt. 28, 102). Einziehung im objektiven Verfahren: Art. 18.

6. Weitere Bestimmungen über den Verkehr mit Waffen: Die Bek. des Entwaffnungskommissars gemäß § 14 des (als solches außer Kraft getretenen) RG. v. 7. Aug. 1920 (RGBl. 1553) v. 27. Juni 1921 (RGBl. 776), das Schußwaffenges. v. 12. April 1928 (s. oben A. 1), § 4 Nr. 2 des Republikschutzges. v. 25. März 1930 (RGBl. 91); aufgeh. durch das Schußwaffenges. ist aber Art. 4 des Zigeunerges. v. 16. Juli 1926 (GVBl. 359); s. Nr. IV Abs. 1 der JnnMB. v. 31. Aug. 1928 (JnnMBl. 77). Ferner: StGB. §§ 84, 127 Abs. 1, 201, 360 Abs. 1 Nr. 2, 367 Abs. 1 Nr. 9 u. 10; 123 Abs. 2; 223a, 243 Abs. 1 Nr. 5, 250 Nr. 1, 362 Abs. 2.

7. Idealkonk. mit Art. 23 Nr. 6 Jagdges. möglich (ObSt. 26, 170).

8. Mit Wirkung bis 31. März 1931 entfällt die Anwendung des Art. 39 und der auf seiner Grundlage erlassenen PolVorschriften zufolge der auf Grund des Art. 48 RVerf. erlassenen VO. des RPräsidenten über Waffenmißbrauch v. 25. Juli 1930 (RGBl. 352), soweit der Bereich dieser VO. reicht, also insoweit. als die bayer. Bestimmungen sich auf die Führung solcher Hieb- und Stoßwaffen beziehen, die nach der Art ihrer Anfertigung zu Körperverletzungen bestimmt u. geeignet sind; dagegen bleiben die bayer. Bestimmungen in Kraft, soweit es sich um die Führung von Hieb- und Stoßwaffen im weiteren Sinne handelt, also feststehende oder feststellbare Messer, zugespitzte Streicher und Pfriemen und Holzknüppel (s. JnnME. v. 4. Aug. 1930 StAnz. Nr. 180).

Art. 40.

An Geld bis zu dreißig Talern wird gestraft, wer ein neugeborenes lebendes Kind findet und hievon nicht sogleich Anzeige bei der nächsten Obrigkeit macht.

1. Gegenstandslos gew. durch § 24 Abs. 1 S. 1 u. § 68 PersStG.

Art. 41.

Wer fremde Kinder unter acht Jahren ohne Bewilligung der Polizeibehörde gegen Bezahlung in Pflege oder Erziehung nimmt oder nach entzogener Bewilligung behält, wird an Geld bis zu fünfzehn Talern bestraft.

1. Art. 41 ist außer Kraft getreten infolge der Regelung des Pflegekinderverh. durch §§ 19—31 JugWohlfG. v. 15. Juli 1922 (RGBl. 633) u. Art. 23 u. 24 JugAmtsges. v. 20. Juli 1925 (GVBl. 211): s. § 28 der VollzVorschr. zu diesem vom 21. Dez. 1925 (GVBl. 279).

Art. 42.

An Geld bis zu fünfzehn Talern oder mit Haft bis zu acht Tagen wird gestraft, wer verirrte Kinder, wahnsinnige oder sonst hilflose Personen, welche er in Verwahrung genommen hat, ohne genügenden Entschuldigungsgrund länger als vierundzwanzig Stunden in seiner

Gewalt behält, ohne hievon der Obrigkeit Anzeige zu machen oder nach Beschaffenheit der Umstände den beteiligten Angehörigen Nachricht zu geben.

1. Geldstr. nun 1—150 RMk. Kinder: Nur, solange sie wegen ihres Alters hilflos sind. Verirrt müssen auch die Wahnsinnigen u. sonst Hilflosen sein. Genügende Entschuldigung: Gegeben in Fällen, in denen ein verständig Urteilender die Mitteilung unterlassen wird. Obrigkeit: Nur die PolBeh., nicht auch das VormundschGericht. Angehörige: Die Personen, die die Obhut ausüben, auch wenn nicht verwandt. Weitere Bestimm. über Geisteskranke: Art. 80 u. 81 PStGB.; § 234 StGB. Unzeitige Lösung des Schutzverhältnisses unter Umständen Aussetzung (§ 221 StGB.).

Art. 43.

1. An Geld bis zu dreißig Talern werden Totenbeschauer und Personen, welche aus dem Reinigen und Ankleiden der Leichen ein Gewerbe machen, bestraft, wenn sie bei Ausübung ihres Berufes von Todesfällen, welche den Verdacht eines gewaltsamen Todes erregen, Kenntnis erlangen und hievon nicht sogleich der Polizeibehörde Anzeige machen.

2. An Geld bis zu fünfzig Talern wird gestraft, wer, nachdem er bei der Öffnung einer Leiche die Spuren eines an dem Verstorbenen verübten Verbrechens entdeckt hat, nicht sogleich mit der Öffnung der Leiche einhält und der Polizeibehörde oder dem Staatsanwalte Anzeige macht.

1. Geldstr. nun bei Abs. 1 u. 2 1—150 RMk. Gewaltsamer Tod: Auf anderer Ursache, als dem natürl. Verlauf der Dinge beruhend, s. „nicht natürl. Tod" in § 159 StPO.; auch durch Selbstmord, Unglücksfall; nicht Vollzug der Todesstrafe. Verbrechen: Im Sinne des § 1 Abs. 1 StGB. Einhaltung mit der LeichÖffn. auch, wenn der Tod nicht auf dem Verbrechen beruht. Weitere Strafbest. über LeichÖffn. u. Totenschau: Art. 60. Verw. Strafbestimm. § 367 Nr. 1 u. 2 StGB.

Art. 44.

1. An Geld bis zu zwanzig Talern oder mit Haft bis zu vierzehn Tagen wird bestraft, wer außer den Fällen des § 366 Ziff. 10 des Strafgesetzbuches für das Deutsche Reich den besonders bekannt gemachten polizeilichen Anordnungen zur Aufrechterhaltung der öffentlichen Ruhe, Ordnung und Sicherheit bei Volksfesten, religiösen Feierlichkeiten, Truppenbewegungen, Eisenbahnbauten und sonstigen außergewöhnlichen Ansammlungen größerer Menschenmassen zuwiderhandelt.

2. Die in Absatz 1 bezeichneten Anordnungen werden durch ober- oder distriktspolizeiliche Vorschrift, in dringenden Fällen durch Verfügung der Distrikts- oder Ortspolizeibehörde erlassen.

1. Geldstr. nun 1—150 RMk. Durch die reichsrechtl. Bestimmungen über das Versammlungsrecht ist Art. 44 als solcher nicht berührt (Bischer GemZ. 1926, 514)

2. Form der poliz. Anordnungen: Abs. 2; daneben (gemäß Abs. 1) noch besondere, d. h. für den besonderen Ansammlungsfall (nicht für jede einzelne Ansammlung) erfolgende Veröffentl. notw. (KdAbg. 1859/61 GGA. Beil. 2, 220); nicht genügend hierbei bloße Verweisung auf eine frühere Bekanntm.; Bek. an jeden einzelnen nicht notw.; auch nicht Kenntnis des Täters von der bes. Bekanntm.

3. Notw. zur Gültigkeit, daß die Vorschr. zu den im Ges. angegebenen Zwecken erlassen wurde; nicht notw., daß sie ihnen wirklich förderlich ist; dies auch im Strafverf. zu prüfen (s. Art. 15 A. 2d); maßgebend der wirkliche, nicht der etwa vorgetäuschte Zweck. Nicht notwendig, daß die einzelne Handlung wirklich die öff. Ruhe usw. gefährdet (unrichtig OGHSt. 4, 304); notw.u. im Strafverf. zu prüfen auch, daß die bestimmte einzelne Ansammlung, für die eine Anordn. ergeht, eine solche im Sinne des Art. 44 ist (a. A. Kobler BlAPr. 1896, 249 mit der unzutreff. Begründung, daß die tatsächl. Vorausſetz. für die Erlassung der Vorschr. nicht zu prüfen seien; s. Art. 15 A.2e). Zulässig auch sittenpol. Anordnungen (KassH. in Stenglein Z. 6, 3 u. Stenglein ZB. 16, 17); nicht aber gewpol., weil mit den zuläss. gesetzl. Zwecken nicht vereinbar (vgl. OSt. 8, 335)*). Soweit der gesetzl. Zweck gewahrt ist, auch zulässig, das Feilbieten von Waren im Umherziehen ganz zu verbieten (ObSt. 4, 391; OSt. 8, 262).

4. Nicht notw., daß die Anordnung sich auf öff. Wege, Straßen oder Plätze bezieht (KdAbg. 1871/72 GGA. Verh. 22 u. 23; ObSt. 6, 33; 10, 36); anders bei § 366 Ur. 10 StGB.**). Auch die Volksfeste usw. müssen so sein, daß eine außergew. Ansammlung v. Menschen stattfindet.

5. Die Anordnungen können auch das Verhalten der schon vorhandenen Bevölk. regeln (Kobler BlAPr. 1896, 249); sie können auch Anordn. für die Zeit vor der Ansamml. und für das Abziehen der Menschenmassen treffen.

6. Verfügungen: Keine besond. Formvorschr. für die Erlassung, nur besondere Bekanntm. (Abs. 1) notw.; auch sie können nur allg. Anordn. geben (keine PolVerfüg. im techn. Sinn); denn „dring. Fälle" können wohl formlosen Erlaß, aber nicht Einzelverfüg. notw. erscheinen lassen. Keine Verfüg. in Fällen, die dem § 366 Nr. 10 StGB. sich unterordnen.

7. Verwandte Strafbest.: Art. 32, 88, 94.

Drittes Hauptstück. Übertretungen in bezug auf Reisen und Fremdenpolizei.

Art. 45.

Mit Haft bis zu drei Tagen wird gestraft, wer ohne genügende Entschuldigung die ihm von der zuständigen Polizeibehörde zwangsweise vorgeschriebene Reiseroute oder Reisezeit nicht einhält.

1. Wirksam gegenüber dem Reichsrecht gemäß § 10 Abs. 3 RPaßG. v. 12. Okt. 1867.

---

*) Unwirksam wäre eine nach den Ratschlägen Keidels BlAPr. 1901, 103 erlassene Vorschrift, weil in fraudem legis.

**) Über PolVorschr. für Eisenbahnbauten s. Kobler BlAPr. 1896, 245.

2. Genügende Entschuld.: Wenn nach billigem Ermessen die Nichteinhaltung erklärlich ist.

3. Zust. PolBeh.: § 18 ZustVO.; dieser unwirksam, soweit er Vorstände der Zuchth., GefAnst. u. Arbeitsh. für zust. erklärt; denn diese sind keine PolBeh.; a.A. KassH. Stenglein Z. 6, 18.

4. Keine Ermächtigung aus Art. 45 abzuleiten, beliebige Reisen vorzuschreiben; sondern nur die Ermächtigung, eine kraft anderweiter gesetzlicher Vorschr. besteh. Reise- pflicht (z. B. zufolge Ausweisung) oder eine freiw. vorgenommene Reise näher zu regeln.

5. Nichteinhaltung von Aufenthaltsbeschränk.: Art. 28 PStGB. S. auch § 361 Nr. 3 u. 4 StGB.

6. Vollzug der Ausweisung von Ausländern aus dem Reich: §§ 8—10 Bek. v. 10. Dez. 1890 (GBl. 378; InnMBl. 570), geänd. nach Bek. v. 15. Juli 1902 (InnMBl. 340), InnMB. v. 19. Mai 1908 (InnMBl. 257), 25. Okt. 1923 (Inn.-MBl. 76).

Art. 46.*)

1. Gastwirte und Herbergeber, welche den oberpolizeilichen Vorschriften über Aufzeichnung und Anzeige der Ankunft und Abreise der von ihnen aufgenommenen Fremden und beherbergten Personen zuwiderhandeln, die vorgeschriebenen Aufzeichnungen der Polizeibehörde oder den obrigkeitlichen Dienern auf Verlangen nicht vorzeigen, oder dieselben nicht zu der vorgeschriebenen Zeit vorlegen, werden an Geld bis zu fünf Talern gestraft.

2. Andere Personen, welche die durch ortspolizeiliche Vorschrift gebotene Anzeige über Beherbergung von Fremden verabsäumen, unterliegen einer Geldstrafe bis zu fünf Talern.

1. Wirksam gegenüber dem Reichsrecht: § 10 Abs. 3 RPaßG. v. 12. Okt. 1867 (s. aber § 10 Abs. 4 dieses G.), § 12 Abs. 2 FreizügigkG. v. 1. Nov. 1867; auch nicht berührt durch die PaßVO. v. 10. Juni 1919 (RGBl. 516) u. die PaßstrafVO. v. 6. April 1923 (RGBl. 249). Geldstr. bei Abs. 1 wie 2 1—150 RMk.

2. Wirt: Wer gewerbsmäßig gegen Vergütung Essen, Getränke oder Unterkunft gewährt. Gastwirt: Wer alle die Leistungen gewährt (ObSt. in InnMBl. 1911, 248 rechnet auch den hierher, der keine Verpflegung gewährt; s. zum Begr. auch Müller BlAPr. 1901, 178). Schankwirt: Wer in der Hauptſ. nur Getränke gewährt. Speisewirt: Wer in der Hauptſ. nur Speisen gewährt (Hamm GArch. 52, 262). Bierwirt: Wer in der Hauptſ. nur Bier gewährt; s. auch Art. 143 A. 2. Weinwirt: Wer in der Hauptſ. nur Wein gewährt. Herbergeber: Wer geschäftsmäßig (nicht notwendig gewerbsmäß.; a. A. ObSt. 1, 417) Personen, zu denen er keine näheren Beziehungen hat, Unterkommen auch während der Nacht gewährt. Also auch „Pensionen", „Hospize", Zimmervermieter. Grenze zw. Herbergeber u. Gastwirt fließend. Eisenbahnschlafwagen keine Gastwirtschaft (Jena GArch. 59, 385). Strafbar nach Abs. 1 nur der Betriebsinhaber; nicht das Personal, auch nicht der gesetzl. Vertreter (s. auch Allg. Bem. vor Art. 1 Nr. IX).

---

*) S. hierzu Art. 475 Nr. 2 Code penal.

3. Art u. Weise der Aufzeichnung u. Anzeige kann näher geregelt w.; deshalb auch zulässig, die Vorlegung von Auszügen aus den Fremdenbüchern zu verlangen (ObSt. 13, 265). Ob der richtige Name aufzuzeichnen ist („Inkognito" Reisende), ob Vorname, Stand usw. anzugeben ist, entscheidet der Inhalt der Vorschrift. Angabe von inkognito gebr. Namen u. von Pseudonymen erachtet schlechthin für strafbar Schneidert BlAPr. 1904, 212.

4. Fremde: Nicht einheimische, d. h. solche, welche nicht regelm. am Orte wohnen oder sich aufhalten; Verwandtschaft gleichgültig (ObSt. 1, 417). Beherbergte: Über Nacht Behaltene (ObSt. 1, 417).

5. Beherbergen (Abs. 2): Auch wenn nicht gewmäßig (ObSt. 1, 417).

6. Falscheintragung gemäß Art. 46 u. 47 keine UrkFälschung (Schneidert BlAPr. 1904, 208).

7. Nähere Weisungen über die zuläss. obpol. Vorschr.: InnME. v. 28. Febr. 1862 (Web. 9, 343).

8. Verwandte Strafbest.: Art. 47—50 PStGB.; Art. 2 AufenthG. v. 2. Aug. 1914; § 12 Nr. 2 des Ges. gegen den Verrat milit. Geheimnisse v. 3. Juni 1914; § 360 Nr. 8, § 363 StGB.

Art. 47.

Wer, um die Polizeibehörde zu täuschen, bei Gelegenheit der im Art. 46 vorgeschriebenen Aufzeichnung oder Anzeige eine falsche Namensangabe oder andere unwahre Angaben macht, wird an Geld bis zu fünfzehn Talern oder mit Haft bis zu acht Tagen bestraft.

1. Wirksam gegenüber dem Reichsrecht: S. Art. 46 A. 1. Geldstr. nun 1—150 RMk.

2. Die Falschmeldung kann auch begangen werden vom Wirt u. einem Dritten, nicht bloß vom Fremden (KdAbg. 1859/61 Beil. 2, 222).

3. Nur strafbar, wenn der Zweck verfolgt wird, die PolBeh. zu täuschen; nicht strafbar, wer nur Nachforsch. Privater entgehen will; Bewußtsein der Möglichkeit der Täuschung nicht genügend (a. A. Schneidert BlAPr. 1904, 214). Strafbar nur vorsätzl. Begehung.

4. Verwandte Strafbestimmungen: Art. 46 A. 8.

Art. 48.

Unbefugte, gewerbsmäßige Beherbergung von Landstreichern, Bettlern oder sicherheitsgefährlichen Personen wird mit Haft oder an Geld bis zu fünfzig Talern bestraft.

1. Geldstr. nun 1—150 RMk.

2. Unbefugt: Erforderlich besondere gesetzl., reichs- oder landesgesetzl. Bestimmung pol. Charakters, die das Beherbergen verbietet; eine solche z. B. nur § 33 GewO., auf den aber schon § 147 Nr. 1 GewO. zutrifft. Ob landesges. Bestimmung überh. zulässig, zweifelhaft (s. Bem. VII b vor Art. 1). Bloße zivilrechtliche oder dienstrechtl. Widerrechtlichkeit (Verletzung fremden Eigentums) fällt nicht hierher; s. auch KdAbg. 1871/72 GSA. Beil. 1, 106.

3. Gewerbsmäßig: In der Absicht, die Tätigkeit fortgesetzt (nicht notwendig, dauernd) auszuüben u. damit einen Gewinn zu erzielen; einmalige Beherbergung kann genügen: ObSt. 6, 310; 4, 123; 10, 372; 1, 331.

4. Landstreicher, Bettler: Maßgebend für die Begriffe die jeweilige Strafgesetzg., also jetzt § 361 Nr. 3, 4 StGB.; nicht genügend aber einmalige Bestrafung hiewegen; erford. der Charakter als Landstr. oder Bettler. Sicherheitsgef.: Gefährlich für Personen oder Eigentum.

Art. 49.

Wer von der Aufnahme oder Entlassung von Handlungsdienern, Gewerbsgehilfen, Gesellen oder Lehrlingen, von Fabrikarbeitern oder Taglöhnern, welche am Orte keinen festen Wohnsitz haben, die durch Verordnung oder ortspolizeiliche Vorschrift geforderte Anzeige nicht erstattet, wird an Geld bis zu fünf Talern gestraft.

1. Nicht berührt durch die GewO., weil nicht gewerbl. Natur. Geldstr. nun 1—150 RMk. Handlungsdiener: So viel wie Handlungsgehilfe im Sinne des § 59 HGB. (s. Staub HGB. § 59 A. 8). Lehrlinge: Jugendl. Arbeiter, die auf Grund Vertrags in einem Gewbetrieb tätig sind, um das Gewerbe zu erlernen; nicht Kopisten, Laufburschen (RG. GArch. 45, 68). Fabrikarbeiter: Arbeiter: Der, dessen Tätigkeit in Zusammenhang mit der Herstellung der Fabrikate steht. Nicht der bloß Beaufsichtigende oder der kaufm. Dienste Leistende (RG. GArch. 52, 383; 46, 30). Taglöhner: Personen, die in Abhängigkeit von dem Arbeitgeber für ihre Leistung (Dienstmiete) einen Taglohn erhalten (ObSt. 14, 232) oder für ähnliche kurze Zeiträume entlohnt w. (vgl. OGHSt. 5, 553).

2. Wohnsitz: Maßgebend der zivilrechtl. Begriff; „fest“: überflüssiger Zusatz.

3. Anmeldung von Arbeiterinnen u. jugendl. Arbeitern: §§ 134 i, 138, 154 a, 149 Nr. 7 GewO.

Art. 50.

Personen, welche Wohnungsräume in Miete oder Aftermiete geben, unterliegen einer Geldstrafe bis zu fünf Talern, wenn sie die durch ortspolizeiliche Vorschrift gebotene Anzeige über Ein- und Auszug ihrer Mieter verabsäumen.

1. Geldstr. nun 1—150 RMk. Personen: Auch die Vertreter jurist. u. natürl. Personen (s. hierzu Vorbem. IX vor Art. 1). Wohnungsräume: Nicht Stallungen, Keller, Niederlagen (KdAbg. 1859/60 Beil. 2, 222). Keine Anzeigepflicht bei Pachtverhältnissen, dingl. Wohnungsrechten, unentgeltlicher Aufnahme. Anzuzeigen nur der tatsächl. Ein- u. Auszug, nicht die Schließung oder Aufhebung des Mietvertrags. Mieter: Die Anzeigepfl. kann auch inhaltlich näher geregelt w., desh. können auch Angaben über die vom Mieter mit aufgenommenen Personen (Dienstpersonal, Angehörige) verlangt werden. Verwandte Strafbest.: Art. 46 u. 73 Abs. 2 PStGB.; Art. 2 AufenthG. v. 21. Aug. 1914 (GVBl. 1915, 590).

Viertes Hauptstück. Übertretungen in bezug auf unerlaubte Sammlungen, Gaukelei, Sittenpolizei und Glücksspiele.

Art. 50 a.

Personen, welche durch fortgesetztes häusliches Zusammenleben in außerehelicher Geschlechtsverbindung zu öffentlichem Ärgernisse Veranlassung geben, werden an Geld bis zu 45 Mark oder mit Haft bis zu acht Tagen, im Wiederholungsfalle an Geld bis zu 150 Mark oder mit Haft bestraft, und sind durch die Polizeibehörde voneinander zu trennen.

1. „Konkubinat". Eingefügt durch die Nov. v. 20. März 1882 (GVBl. 105); s. hierzu JME. v. 3. Febr. 1883 (Web. 16, 113). Geldstr. nun 1—150 RM. Wirksam gegenüber dem Reichsrecht, weil kein Sittlichkeitsdelikt (KdAbg. 1881/82 StenB. 1, 339; ObSt. 6, 154; Stuttg. WürttJ. 21, 346; Karlsr. BadRpr. 1899, 355).

2. Fortgesetztes häusl. Zusammenleben: Erford., daß die Personen in dems. Hause wohnen, gleichgültig, zu welchem Zwecke sie sich dort aufhalten, welche Räume sie bewohnen, wo sich ihr Schlafraum befindet, u. ob sie gemeinschaftlich die Mahlzeiten einnehmen oder nicht (OSt. 2, 538), gleichgültig auch, ob eine von ihnen regelm. außerhalb der Wohnung übernachtet (OSt. 4, 339; 3, 238). Geschlechtsverbindung: Geschlechtsverk. muß nachgewiesen sein, Feststellung bestimmter Beiwohnungsakte nicht nötig (ObSt. 6, 154). Ausreichend auch Geschlechtsverkehr durch abnorme u. perverse Akte (ObSt. 25, 71, BayZ. 1925, 257).

3. Veranlassung zu öff. Ärgernis: Öff. Ärgernis: Sittl. Entrüstung (Schicker zu Art. 15) einer unbestimmten Anzahl v. Menschen. Veranlassung: Notw. nur jener Grad von Gemeinkundigkeit des anstöß. Verhältnisses, vermöge deren eine unbestimmte Anzahl Anlaß zum Ärgernisnehmen finden kann (KdAbg. 1881/82 StenB. 2, 106; KdRR. Beil. 1, 540; JME. v. 3. Febr. 1883, Web. 16, 113). Nicht notw., daß jemand Ärg. genommen hat; wohl aber muß das Zusammenleben einer unbestimmten Anzahl bekannt gew. sein (ObSt. 10, 323; 6, 154) u. zwar solchen Personen, bei denen nach ihrer Art nicht ein ÄrgNehmen von vorneherein ausgeschlossen ist. Keine Bestraf., wenn die Zusammenleb. für verheir. gehalten werden. Gemeinkundigkeit in diesem Sinn auch erford. hins. der Geschlechtsverbind. Sie kann auch durch Mitteilungen Dritter entstehen (ObSt. 5, 269).

4. Subjektiv: Erforderlich nur Kenntnis, daß das häusl. Zusammenleben gemeinkundig ist oder werden kann u. zwar in einer Weise, daß jemand daraus Anlaß zum Ärgernis nehmen kann (ObSt. 5, 269; 10, 323) oder auf Fahrlässigkeit beruhende Nichtkenntnis dessen. Auch dolus event. genügend.

5. Wiederholungsfall (= Rückfall): Einfache Wiederholung ohne Rücksicht auf früher erlittene Bestrafungen u. die Zwischenzeit (KdAbg. 1871/72 SGA. Beil. 2, 92; Verh. S. 31). Rechtskräftige frühere Bestrafung fordert Meister BayZ. 1913, 244 N. 8. Weil nur die einfache Begehung entscheidet, § 5 Abs. 2 des Ges. über die beschr. Ausk. aus dem Strafreg. v. 9. April 1920 (RGBl. 507) unerheblich.

6. Trennungsbefugnis: Maßgebend hiefür Art. 20 u. 16.

Art. 51.*)

Wer gegen ortspolizeiliches Verbot zu Weihnachten, Neujahr oder zu anderen Festzeiten zum Zwecke der Erlangung herkömmlicher Geschenke in Wirts- oder Privathäusern oder auf öffentlichen Straßen oder Plätzen herumzieht, ist an Geld bis zu fünf Talern oder mit Haft bis zu drei Tagen zu bestrafen.

1. Geldstr. nun 1—150 RMk. Verbot: Erford. ortspol. Vorschr.; s. hierzu Art. 1 A. 2 u. Stenglein ZfGR. 8, 345. Zu Festzeiten: Auch an den herkömmlich dazu gerechneten vorherg. u. nachfolg. Tagen. Im Auge hatte man für die Anwendung des Art. 51 Stadttürmer, Nachtwächter, Zettelträger, Dienstboten von Gewerbetreibenden, die in den Häusern der Kunden ihres Meisters, und Dienstboten der Kunden, die bei den Gewerbetreibenden um Gaben anhielten (KdAbg. 1859/61 Beil. 2, 223). GesKonkurr. gegenüber § 361 Nr. 4 StGB.

Art. 52.

1. Wer ohne die erforderliche polizeiliche Bewilligung eine Sammlung von Geld oder sonstigen Beiträgen oder von Unterschriften hierzu unternimmt oder die erwirkte Bewilligung überschreitet, wird, vorbehaltlich dessen, was in Ansehung von Sammlungen für besondere Zwecke gesetzlich bestimmt ist, an Geld bis zu fünfzehn Talern gestraft.

2. Die Bestimmungen des vorstehenden Absatzes erstrecken sich nicht auf Sammlungen zu erlaubten Zwecken, welche jemand bei Gelegenheit einer geselligen Zusammenkunft oder in einem Vereine, welchem er angehört, oder im Kreise von Personen veranstaltet, mit welchen er in geselliger oder in Geschäftsberührung, in freundschaftlichen oder verwandschaftlichen Verhältnissen steht.

3. Das unbefugt Gesammelte wird zum Besten der Armenkasse des Ortes der Betretung eingezogen. War jedoch der Zweck der Sammlung ein angemessener, so ist der Richter berechtigt, die Verwendung für diesen Zweck vorbehaltlich der Zustimmung jener Behörde oder Stelle, deren Erlaubnis für die Vornahme der Sammlung erforderlich gewesen wäre, als zulässig zu erklären.

1. Geldstr. nun 1—150 RMk.

2. Erforderlich: Wann Bewilligung notw. ist, durch Ges. zu bestimmen; aufrecht erhalten aber wohl die bis zum Inkrafttreten des Ges. erfolgte sonstige Regelung; s. auch Art. 159.

---

*) Entnommen ebenso wie Art. 52 dem Württ. PolGes. v. 1839 (KdAbg. 1851/52 Beil. 2, 244).

3. Sammlung*) (= Kollekte): Jedes Zusammenbringen von Sachen, die freiwillig von einer Mehrzahl von Personen zu einem bestimmten Zweck geleistet w. (ObSt. 7. 389). Nicht Einhebung von Pflichtleistungen (ObSt. 7, 389; OSt. 10, 218). Erford. Einwirkung von Person zu Person; nicht ausreichend öff. Aufford. (RG. Reg. EBd. 2, 174; a. A. anscheinend OSt. 6, 217; solchen Falls allenfalls Art. 53 anwendbar; genügend bloße Entgegennahme. Kein Sammeln, wenn ausschließl. pers. Interessen verfolgt werden (so auch Zoellner SeuffBl. 72, 717); auch nicht, wenn nach außen andere Zwecke vorgeschoben werden; solchen Falls allenf. Betrug (ObSt. 5, 6). Sammeln auch, wenn zur Förderung einer Zeitung (OGHSt. 6, 441); desgl., wenn die Kosten der Veranstaltung einer Versammlung von den Teilnehmern eingehoben w. (OGHSt. 7, 62; OSt. 4, 67; a. A. OGHSt. 2, 134); anders, wenn ein Eintrittsgeld erhoben w. (RG. Reg. 13, 341). Sammeln kann auch in die Form eines Gegengeschäfts gekleidet w. (ObSt. 7, 389; OSt. 7, 190), z. B. Zusage der Verrichtung von Gebeten, Lesen von Messen (OSt. 7, 66); s. auch InnMB. v. 29. Okt. 1903 (InnMBl. 456); nicht ausschlaggebend hierbei, ob ein entsprechender Gegenwert gewährt wird, sondern ob der Opfersinn in Anspruch genommen wird (Zoellner S. 718); der Gegenwert muß aber eine freiwillige Zahlung darstellen, nicht ausreichend Verkauf zu festen Preisen (RG. GArch. 70, 15). Sammeln auch in Form einer verschleierten Vereinsgründung (ObSt. 11, 19).

4. Unternimmt: Der Auffordernde, wie der Gaben Entgegennehmende (OSt. 7, 66); auch, wenn die Aufford. erfolglos blieb (OSt. 5, 454).

5. Gesetze über Sammlungen für bes. Zwecke: § 16 PreßG. v. 7. Mai 1874 (§ 15 dess. ist aufgehoben); ferner die noch geltende BundesratsVO. vom 15. Febr. 1917 über Wohlfahrtspflege während des Krieges (RGBl. 143), die Bestimmungen über öffentliche Sammlungen u. dgl. zu Wohlfahrtszwecken trifft, mit InnMB. v. 28. Febr. 1917 (InnMBl. KrBeil. I. Tl. 190); hierzu wegen Sammlungen im Ausland InnMB. v. 20. Sept. 1923 (StAnz. Nr. 219) mit InnMB. v. 28. März 1924 (StAnz. Nr. 75).

6. Erlaubte Zwecke: Nicht solche, die obrigkeitlich besonders gestattet sind; sondern alle Zwecke, denen kein absolutes gesetzl. Verbot entgegensteht; also insbesondere nicht strafbare Zwecke. Anstandswidrigkeit nicht ausreichend.

7. Verein: Maßgebend die jeweilige Vereinsgesetzgebung, nun das RVereinsges. v. 19. April 1908. AA. ObSt. 10, 23: Darnach maßgebend das Bay. VereinsG. v. 26. Febr. 1850. Rechtsirrtum hinsichtlich der Vereinseigenschaft Strafrechtsirrtum (ObSt. 28, 27). Geschäftsberührung: Besteht zw. Personen, die miteinander Geschäfte machen (OSt. 6, 537). Freundschaftl. Verhältnis: Gegenseitige Zuneigung beruhend auf der Übereinstimmung der Lebensauffassung, der Gesinnung, der Bestrebungen (ObSt. 12, 254). Kein Verhältnis im Sinne des Abs. 2: Zwischen Arbeitern ders. Fabrik (OSt. 6, 537); zwischen Personen ders. Gemeinde; zwischen Pers., die sich häufig treffen; bei Gesinnungsgleichheit auf polit., wissensch., wirtsch. Gebiet (ObSt. 12, 254). Wegen der Sammlungen für wohltätige Zwecke s. auch Lehmayer BayZ. 1915, 120.

8. Angehen mehrerer Personen: Für die Regel nur ein Delikt (ObSt. 11, 296).

9. Ort der Betretung: Der Tatort, an dem der Täter zuerst ermittelt wird; Tatort jeder Ort, an dem ein Teil der Sammlungstätigkeit verwirklicht w. (unklar ObSt. 11, 296).

---

*) Vgl. Zoellner, Zum Begriff der Sammlung (SeuffBl. 72, 717).

10. Einziehung: An sich obligatorisch. Auch in den Fällen des S. 2; nur kann hier der Vorbehalt beigefügt werden; Ausnahme nur, wenn die Ermächtigung beim Urteil schon vorliegt. Ohne richterlichen Vorbehalt nachträgl. Genehmigung wirkungslos. Eigentum des Täters Voraussetzung der Einziehung s. Art. 17 A. 2. Einziehung im obj. Verf.: Art. 18.

11. Rechtl. Zusammenh. zw. Art. 52 u. 53 möglich.

Art. 53.

1. Die Bestimmungen des Art. 52 finden auch dann Anwendung, wenn ohne polizeiliche Bewilligung ein Aufruf zu Gaben oder Geldbeiträgen für andere als wohltätige Zwecke mit dem Erbieten zur Empfangnahme in öffentlichen Blättern oder Anschlägen erlassen wird.

2. In diesem Falle trifft die gesetzliche Strafe den Verfasser des Aufrufs.

3. Ist die Verfolgung oder Verurteilung des Verfassers nicht ausführbar, so trifft die Strafe den Redakteur, oder, soferne dieser für Ankündigungen nicht verantwortlich ist, den Verleger des Blattes, in welchem der Aufruf veröffentlicht worden ist.

1. Anwendbar von Art. 52 trotz der allg. Fassung nur Abs. 1, nicht die Ausnahmebestimmung des Art. 52 Abs. 2 (ObSt. 10, 23; 28, 27); Abs. 1 auch gegenüber dem PreßG. noch wirksam (ObSt. 28, 27); ausgeschlossen aber, soweit die VO. v. 15. Febr. 1917 (s. Art. 52 A. 5) einschlägt; Abs. 2 u. 3 nach der Rechtspr. aufgehoben durch §§ 20, 21 PreßG. (ObSt. 10, 23; 4, 109; OGHSt. 9, 15; 8, 314); zweifelhaft ist es, ob dieses schlechthin zutrifft. Durch Art. 118 RVerf. Art. 53 Abs. 1 nicht berührt, weil kein Sonderrecht gegen die Meinungsfreiheit, sondern ein allg. Ges. gegen die Veranstaltung von Sammlungen (ObSt. 28, 27).

2. Polizeil. Bewill.: Im Sinne des Art. 52; also gleich „erford. pol. Bewilligung".

3. Aufruf: Soviel wie Aufford., nicht notw. eine unmittelb. oder ausdrückl. (ObSt. 4, 109); Gebrauch des Wortes Aufruf nicht notw. (OSt. 7, 261).

4. Wohltätiger Zweck: Wenn anderen in Not Befindl. geholfen werden soll. Bestrafung auch, wenn daneben andere Zwecke verfolgt w. (ObSt. 4, 109; OSt. 5, 425). Die unmittelb. Anwendung des Art. 52 dagegen hat auch bei Verfolg. wohltät. Zwecke einzutreten.

5. Als in Empfang Nehmender kann auch ein Dritter bezeichnet werden: ObSt. 4, 109; OSt. 5, 425; OGHSt. 9, 15; 6, 226. Strafbarkeit tritt auch ein bei Bezeichnung einer außerbayr. Sammelstelle (OGHSt. 6, 226).

6. Öff. Blätter: Jedem zugängliche. Auch die Anschläge müssen öff. sein Nur durch die Presse hergestellte Anschl. (folgt aus Abs. 2 u. 3). Im übrigen s. Art. 37 A. 6 u. 7.

7. Rechtl. Zusammenhang zwischen Art. 53 u. 52 möglich.

Art. 54.*)

1. Wer gegen Lohn oder zur Erreichung eines sonstigen Vorteils sich mit angeblichen Zaubereien oder Geisterbeschwörungen, mit Wahrsagen, Kartenschlagen, Schatzgraben, Zeichen- und Traumdeuten oder anderen dergleichen Gaukeleien abgibt, wird an Geld bis zu fünfzig Talern oder mit Haft bestraft.

2. Außerdem kann auf die Einziehung der zur Verübung solcher Übertretungen bestimmten besonderen Werkzeuge, Anzüge und Gerätschaften erkannt werden, ohne Unterschied, ob sie dem Verurteilten gehören oder nicht.

1. Geldstr. nun 1—150 RMk.

2. Vorteil: Jeder materielle Nutzen, auch Abwendung von Schaden; auch Erzielung anderer als Vermögensvorteile; gleichgültig, ob der Vorteil unmittelbar durch die übernatürlichen Kräfte oder von einem Dritten, in dessen Interesse die Kunst angewendet wird, erwartet wird (OSt. 7, 298); gleichgültig, ob ein Vorteil wirklich erreicht wird (OSt. 1, 485).

3. Wahrsagen: Sowohl das Vorauskünden der Zukunft wie das Offenbaren von Dingen der Vergangenheit u. Gegenwart, die dem natürlichen Erkenntnisvermögen unter den gegebenen Umständen verschlossen sind (ObSt. 20, 55; 11, 183); stets strafbar, wenn es aus der Stellung der Sterne erfolgt ohne Rücksicht auf eine etwaige wissenschaftl. haltbare Grundlage (ObSt. 20, 55). Schatzgraben: Nicht bloß Graben im e. S., sondern jedes Suchen unter Überwindung von Hindernissen; nicht strafbar, wenn historische Forschungen, oder physik. oder chemische Untersuchungen die Grundlage des Suchens bilden. Zeichendeuten: Auch das Lesen vergangener Menschenschicksale aus den Handlinien (ObSt. 15, 123). Gaukelei: Alle Handlungen, die mit Kräften wirken wollen, über die nach dem menschl. Können z. B. eine Herrschaft nicht möglich ist. Nach ObSt. BayZ. 1930, 305 Gaukelei, alle Handlungen, bei denen der Täter mit dem obj. Erfolg der Täuschung und Übervorteilung abergläub. oder leichtgläubiger Leute, den Anschein erweckt, durch übermenschliche Kräfte oder durch die Kenntnis geheimnisvoller Beziehungen zwischen Erscheinungen der Außenwelt und den Schicksalen eines einzelnen Menschenlebens einen bestimmten Erfolg herbeizuführen oder nützliche Aufschlüsse oder Ratschläge erteilen zu können. Die besonders beispielsweise angeführten Handlungen sind aber auf jeden Fall strafbar; so insbes. das Wahrsagen auch bei Personen mit prophetischer Gabe (OSt. 5, 305); Gaukelei auch die Bestimmung von Krankheiten oder die Gewinnung von Heilmitteln mittels „siderischen Pendels" (ObSt. BayZ. 1930, 305); nicht ganz richtig ObSt. 11, 183; OSt. 7, 298 u. 5, 186; GArch. 59, 134. Gaukelei darnach auch die Zusage „zu beten", wenn der Zusagende für sich eine besondere Kraft in Anspruch nimmt (RG. GArch. 59, 134); der gute Glaube des Gauklers an die Wirksamkeit seines Tuns ist belanglos; s. auch die Begriffsbest. des badischen Rechts (Recht 1928 S. 295).

4. Sich abgibt: Nicht schon, wer sich im allg. bereit erklärt; aber auch nicht notw., daß eine Gaukeleihandlung verübt wird. Genügend das Anbieten zur Vornahme gegenüber einer bestimmten Person (RG. GArch. 59, 134; ObSt. 15, 121); nicht ausreichend das Auffordern zu Gaukeleihandlungen, also nicht das Verbreiten eines Buches mit Anleitungen hiezu (ObSt. 9, 152). Vorhanden muß sein eine sich

*) S. hierzu Art. 484 Nr. 7 Code pénal.

fortsetzende, zur Übung gewordene Tätigkeit; Gewerbsmäßigkeit aber nicht notwendig. Nur vorsätzliche Begehung strafbar (ObSt. 9, 152); nicht notwendig aber Täuschungsabsicht; strafbar auch der Täter, der an seine Kunst glaubt (ObSt. 11, 183); straffrei aber, wer in Wahrheit mit natürlichen Kräften wirken will.

5. Einziehung nur bei Gegenständen, die zur Tat bestimmt u. verwendet waren (KdAbg. 1859/61 GGA. Beil. 2, 224); die einschränkende Auslegung ist nötig, da sonst zwar die bloße Bestimmung, nicht aber die tatsächliche Verwendung die Einziehung nach sich zöge. Einziehung auch im objektiven Verfahren möglich (s. Art. 18).

6. Wahrsagen kann auch grober Unfug sein nach § 360 Nr. 11 (PrOVG. DJZ. 1915, 799); ebenso Idealkonk. möglich mit § 263 StGB.

Art. 55.

1. Betrunkene, welche öffentliches Ärgernis erregen oder Unfug treiben und Störungen verursachen, können von öffentlichen Wegen, Plätzen und Versammlungsorten, sowie aus Wirtschafts-Lokalitäten entfernt werden.

2. Gefährden dieselben die Sicherheit dritter Personen oder fremden Eigentums, oder verüben sie Störungen der öffentlichen Ruhe, so können sie, soweit es zur Verhütung weiteren Unfuges erforderlich ist, bis auf höchstens vierundzwanzig Stunden in polizeilichen Gewahrsam genommen werden.

3. Wer binnen Jahresfrist zum dritten oder öfteren Male gemäß Abs. 2 betreten wird, ist mit Haft bis zu vierzehn Tagen zu bestrafen.

1. Grad u. Ursache der Trunkenheit gleichgültig; doch müssen die in Abs. 1 bezeichneten Folgen auf der Trunkenheit beruhen.

2. Öffentl. Ärgernis: Das Publikum als solches muß Ärgernis genommen haben; anders bei § 183 StGB., wo nur die Handlung öffentl. sein muß u. Ärgernisnehmen einer Person genügt. Personen, welche „einen gemütlichen Rausch" haben, fallen nicht hierher (KdAbg. 1859/61 GGA. Beil. 2, 339).

3. Entfernungsbefugnis hat nur die PolBeh. (s. Abs. 2).

4. Dieselben in Abs. 2: Nur Betrunkene im Sinne des Abs. 1, nicht solche schlechthin.

5. Zuständig zur Festnahme die Gendarmerie: § 50 Abs. 5 Satz 2 Dienstvorschr. v. 18. Juli 1922 (JnnMBl. 223); daneben jedes poliz. Vollzugsorgan.

6. Festnahmebefugnis auch gegenüber Militärpersonen (Erhard BlAPr. 1915, 99).

7. Bestrafung nach Abs. 3 erfordert nur das mindestens dreimalige Eintreten des Zustands des Abs. 2; nicht notwendig, daß der Betrunkene jedesmal von der Polizei betroffen („betreten") wurde. Auch nicht notw., daß Festnahme zur Verhütung weiteren Unfugs notw. war.

8. Zurechnungsfähigkeit des Betrunkenen für Anwendung v. Abs. 1 u. 2 nicht notw. Bestrafung nach Abs. 3 auch möglich, wenn die Zurechnungsfähigk. bei der Gefährdung oder Ruhestörung nicht mehr gegeben war.

9. Art. 55 schließt weitergehende Eingriffe der Pol. auf Grund anderweiter gesetzl. Ermächtigung nicht aus (KdAbg. 1859/61 GGA. Beil. 3, 141). Bestrafung von Trinkern auch nach Art. 82 u. nach § 361 Nr. 5, § 360

Nr. 11 StGB.; Bestrafung der Verabfolgung geistiger Getränke an Betrunkene § 16 Abs. 1 Nr. 3, § 29 Nr. 8 GaststättenG. v. 28. April 1930 (RGBl. 146).

Art. 56.

1. Eltern, Pflegeeltern, Vormünder, Dienst- und Lehrherrn, welche ihren schulpflichtigen Kindern, Pflegekindern, Mündeln, Dienstboten oder Lehrlingen den Besuch von Wirtshäusern ohne gehörige Aufsicht oder den Besuch öffentlicher Tanzunterhaltungen gestatten, werden an Geld bis zu zehn Talern oder mit Haft bis zu acht Tagen gestraft.

2. Mit Haft bis zu sechs Tagen sind Sonntagsschulpflichtige zu bestrafen, welche öffentlichen Tanzunterhaltungen anwohnen oder ohne Erlaubnis der Eltern, Pflegeeltern, Vormünder, Dienst- oder Lehrherrn Wirtshäuser besuchen.

1. Geldstr. nun 1—150 RMk. Durch das GaststättenG. v. 28. April 1930 (RGBl. 146) ist Art. 56, zufolge des Vorbehalts des § 16 Abs. 2 des letzteren, nicht berührt. Eltern: Nicht entferntere Vorfahren. Pflegeeltern: Vorausgesetzt ein Verhältnis, das dem zwischen natürl. oder Adoptiv-Eltern u. natürl. oder Adoptiv-Kindern ähnlich, so gestaltet ist, daß es ein dauerndes sittl. Band herstellt (vgl. Olsh. StGB. § 52 A. 21; ähnlich Ebermayer RGRKomm. § 52 A. 5d). Vormund: Nun im Sinne des BGB.; nicht der Pfleger. Dienstherrn: Die Arbeitgeber der Dienstboten (Art. 107 A. 2). Lehrherrn: Die Arbeitgeber der Lehrlinge (Art. 49 A. 1). Nicht auch deren Familienmitgl. Nicht Gutsverw. u. andere Aufsichtsorgane (a. A. KassH. Stengl. ZB. 9, 423; Pr. OVG. GArch. 44, 433). Auch nicht die gesetzl. Vertreter (s. auch Bem. IX vor Art. 1). Lehrherr auch der Fabrikherr (KdAbg. 1859/61 GGA. Beil. 3, 392).

2. Schulpflichtige (Abs. 1): Maßgebend die auf der Grundlage des Art. 58 Abs. 1 erfolgte Regelung, umfassend auch die Pflicht zum Besuch der Volksfortbildungs- u. derBerufsschule, soweit eine Rechtspfl. hierzu besteht; eingeschlossen der Religionsunterricht, soweit dieser Bestandteil des Schulunterrichts im Sinne des Art. 58 Abs. 1. Sonntagsschulpflichtige (Abs. 2): Nun, trotz dieses Ausdruckes, die nach Maßgabe des Art. 58 Abs. 1 zum Besuch der Volksfortbildungs- u. Berufsschule Verpflichteten.

3. Wirtshäuser: Auch die sog. Automatenrestaurants. Nur öff. Wirtshäuser (Hümmer BayZ. 1908, 163).

4. Besuch: Anwesenheit als Gast oder Tanzlustiger, gleichgültig die Teilnahme am Tanz; nicht als Inhaber des Lokals, als Familienmitgl. des Inhabers, als Hilfskraft bei der Veranstaltung (Sprachgebrauch; KGJ. 37 C 61); a. A. ObSt. 1, 105; OSt. 9, 308, wonach auch das Bedienen der Gäste u. das Aufspielen ein Besuchen wäre. Anders Anwohnen: S. A. 6.

5. Tanzunterhalt.: Bezweckt muß sein, die eigene Beteiligung am Tanz, nicht etwa nur die Betrachtung des Tanzes (Künstlerischer Tanz). Nicht bloße Kindertänze (KdAbg. 1859/61 GGA. Beil. 3, 146). Öffentl.: Zutritt muß der Allgemeinheit möglich sein; s. weiter Art. 32 A. 4.

6. Anwohnen: Bloße Anwesenheit ausreichend, auch bloß als Musikant (OSt. 10, 308). Zwischen den beiden Möglichkeiten des Abs. 2 GesKonkurrenz (Hümmer BayZ. 1908, 163).

7. Erlaubnis auch stillschw.; nicht ausreichend ein bloß passives Verhalten der Eltern usw. (OGHSt. 8, 505).
8. Schuldform: Auch Fahrlässigkeit (ObSt. 5. 33).
9. Mitteilung von Verurteil. nach Art. 56 an die BezPolBeh.: Lit. B 16 JMB. v. 29. Nov. 1913 (JMBl. 694). Verwandte Strafb.: Art. 31 PStGB. u. § 29 Nr. 6, 7 u. 8 des GaststättenG. v. 28. April 1930 (RGBl. 146).

Art. 57.

Art. 57 ist aufgehoben durch Art. 16 des Gesetzes über das Lotteriespiel v. 11. Okt. 1912 (GVBl. 983), nun Art. 14 des Ges. i. d. F. der Bek. v. 26. Mai 1928 (GVBl. 333).

Art. 57 a.

Art. 57a, der durch die Novelle v. 28. Febr. 1880 (GVBl. 97) eingefügt worden war, ist aufgehoben durch Art. 16 des Ges. über das Lotteriespiel v. 11. Okt. 1912 (GVBl. 983), nun Art. 14 des Ges. i. d. F. der Bek. v. 26. Mai 1928 (GVBl. 333).

Fünftes Hauptstück. Übertretungen in bezug auf religiöse Einrichtungen, Erziehung und Bildung.

Art. 58.*)

1. Umfang und Dauer der Schulpflicht werden durch Verordnung bestimmt.

2. An Geld bis zu 150 Reichsmark oder mit Haft werden auf Antrag der zuständigen Schulbehörde bestraft:

1. Erziehungsberechtigte, die es ohne genügenden Grund unterlassen, die ihrer Erziehungsgewalt unterstellten schulpflichtigen Kinder zum Besuche des Unterrichtes anzuhalten; den Erziehungsberechtigten stehen die Personen gleich, denen die Erziehung schulpflichtiger Kinder übertragen ist, insbesondere die Vorstände von Erziehungsanstalten und die Dienst- und Lehrherren;
2. Schulpflichtige, die aus eigenem Verschulden den Besuch des Unterrichtes der Fortbildungsschule versäumen.

3. Ob und inwieweit dem Strafantrage der Schulbehörde ein Verwaltungsstrafverfahren vor den Schulpflegschaften oder den Schulbehörden vorauszugehen hat, wird durch Verordnung bestimmt. Im Verwaltungsstrafverfahren kann nach näherer Bestimmung der Verordnung für jedes Versäumnis die Strafe des Verweises oder Geldstrafe von 1 bis 100 Reichsmark gegen Erziehungsberechtigte, von 1 bis 50 Reichsmark gegen Schulpflichtige festgesetzt werden. Die Strafverfolgung im Verwaltungsstrafverfahren verjährt in drei Monaten.

*) Sonderschrifttum zu Art. 58: Messerer BayZ. 1927, 171.

4. Die Erziehungsberechtigten (Abs. 2 Ziff. 1) haften mit den Schulpflichtigen samtverbindlich für die Zahlung der Geldstrafen, die gegen die ihrer Erziehungsgewalt unterstellten Schulpflichtigen im gerichtlichen Strafverfahren oder im Verwaltungsstrafverfahren verhängt werden, es sei denn, daß sie außerstande waren, die Übertretung zu verhindern. Die Haftung ist im gerichtlichen Strafverfahren oder im Verwaltungsstrafverfahren auszusprechen.

1. Die nunmehrige Fassung des Art. 58 beruht auf § 33 des Schulaufsichtsgesetzes v. 1. Aug. 1922 (GVBl. 385) u. § 1 des Ges. zur Änd. usw. des PStGB. v. 8. Apr. 1930 (GVBl. 109). Der Art. findet an sich keine Anwendung auf die nach § 120 Abs. 3 GewO. begründete Schulpfl. (ObSt. 26, 161; s. hierzu nun die unten angeführte Änd. zur SchulpflichtVO. v. 16. Aug. 1926 mit KMB. v. gl. Tage (KMBl. 102) u. Messerer BayZ. 1927, 173). Nach dieser Änd. soll auch die statutarische Bestimmung einer Gemeinde oder eines GemVerbands oder die Anordnung der höheren Verw.-Beh. nach § 120 Abs. 3 u. 4 GewO. als eine Verlängerung der ordentl. Schulpfl. im Sinne der SchulpflVO. v. 22. Dez. 1913 gelten u. sind deshalb auch Zuwiderhandlungen gegen die auf Grund des § 120 Abs. 3 u. 4 GewO. verlängerte Schulpflicht nur nach Art. 58 PStGB., nicht mehr nach § 150 GewO. strafbar (§ 150 Abs. 2 GewO.). Abs. 1 wirksam nur innerh. der aus RVerf. Art. 142 ff., dem Grundschulgeš. v. 28. April 1920 (RGBl. 851; s. hierzu JFG. Erg. 3, 327), geänd. durch Ges. v. 26. Juli 1927 (RGBl. 67), u. dem Ges. v. 18. April 1925 (RGBl. 49) sich ergebenden Beschränkungen u. vorbehaltlich der Bestimmungen der weiteren bei Art. 59 A. 1 angeführten Vorschriften. Das Schulwesen ist nun Gegenstand der Grundsatzgesetzgebung des Reichs (RVerf. Art. 10 Nr. 2).

2. Schulpflicht nur die allg. jeden treffende Pflicht, nicht etwa auch zum Besuch höherer Lehranstalten oder zu Ausbildungen besonderer Art (Sport); auch nicht Privatunterricht; s. Edel S. 134; OSt. 10, 206; Renner BayZ. 1915, 366; Hümmer BayZ. 1906, 378. Schulfeiern als solche fallen nicht in den Rahmen der Schulpflicht; nur, soweit sie dem Unterricht u. der Erziehung dienen, Verkehrsanschauung; s. aber KG. GArch. 44, 187. Wegen des Einflusses des Grundrechtes der Gewissensfreiheit auf die Schulpflicht s. ObSt. 20, 259; 19, 124: Die Schulpflicht ist, und zwar auf Grund des Abs. 1 der nunmehrigen, und des Abs. 3 der früheren Fassung („Die Dauer der Schulpflicht wird bis zur Erlassung eines Schulgesetzes durch Verordnung bestimmt“) des Art. 58 geregelt durch die K.VO. v. 22. Dez. 1913 (GVBl. 957), geänd. durch JKHMVO. 16. Aug. 1926 (GVBl. 419) u. GesMVO. v. 10. April 1927 (GVBl. 116, StAnz. 83). Wegen Verlängerung der Übergangsfrist zu § 10 Abs. 1 u. § 11 Abs. 1 der VO. v. 22. Dez. 1913 bis 30. April 1934 s. KMB. v. 28. April 1922 (KMBl. 86), KMB. v. 11. März 1925 (StAnz. Nr. 60, InnMBl. 45) u. KMB. v. 25. Januar 1928 (StAnz. 27, KMBl. 10). Ergänzend tritt hinzu die K.VO. v. 22. Dez. 1913 über die Berufsschulen (GVBl. 966), geänd. durch § 8 der VO. v. 30. Sept. 1922 (GVBl. 618) u. die VO. v. 26. Aug. 1930 (GVBl. 303).

Begründet werden kann nur eine Schulpflicht; ist der Religionsunterricht Bestandteil des Schulunterrichts, so erstreckt sich Art. 58 auch hierauf; Art. 58 findet aber keine Anwendung auf einen selbständigen, in den Schulunterricht nicht organisch eingegliederten Religionsunterricht (wohl zu weit gehend ObSt. BayZ. 1929, 177). Ferner bleibt die Teilnahme an den religiösen Unterrichtsfächern und kirchl. Feiern u. Handlungen, auch wenn sie in den Schulunterricht eingegliedert sind, der Willenserklärung dessen überlassen, der über die religiöse Erziehung des Kindes zu bestimmen hat (RVerf. Art. 149 Abs. 2); die Erklärung kann jederzeit geänd. w. Eine Form der Willenserklärung ist reichsrechtl. nicht vorgesehen (Anschütz RVerf. Art. 149 Nr. 2 Abs. 2); eine solche kann deshalb auch landesrechtlich nicht vorgeschrieben w. (A. A. ObSt. BayZ. 1929, 178). Einschränkung der Schulpfl. nun hins. des Besuchs des ReligUnterrichts u. der Teilnahme der Schüler an religiösen Übungen durch VO. v. 25. Jan. 1919 (GVBl. 25; s. hierzu VGH. 1919, 116) mit Änd. v. 6. Mai 1920 (GVBl. 260); hierzu AusfB. v. 25. März 1925 (JnnMBl. 55, StAnz Nr. 74); s. auch § 2 Abs. 2 Ges. über die relig. Kindererziehung v. 15. Juli 1921 (RGBl. 939). Befreiung der Israeliten- u. Adventistenkinder v. Schulbesuch KMB. v. 7. Jan. 1921 (KMBl. 13).

Die örtliche Schulpflicht, der sog. Schulsprengelzwang, ist geregelt durch die VO. v. 26. Aug. 1883 (GVBl. 407), geänd. durch VO. v. 1. Aug. 1919 (GVBl. 391, sog. SimultanschulVO.); auch Zuwiderhandlungen hiergegen fallen unter Art. 58 (ObSt. 24, 52), a. A. OGSt. 2, 264 u. ein BezGer. BlAPr. 1878, 295. AusführBek. zur VO. v. 1. Aug. 1919, v. 26. Aug. 1919 (KMBl. 123) u. vom 22. Juni 1920 (GVBl. 347).

Ob eine Schulpflicht besteht, ist im Strafverfahren zu prüfen; das stellt die Fassung des Ges. außer Zweifel. Selbstverständlich hat aber die Prüfung nur soweit zu erfolgen, als sie nach objektiven Merkmalen und nicht nach Verfügungen einer Behörde bemessen ist; deshalb nicht zu prüfen, ob das durch § 4 Abs. 3 der VO. v. 22. Dez. 1913 eingeräumte Ermessen richtig gehandhabt ist, wohl aber, ob eine nach § 6 der VO. v. 30. Sept. 1922 erfolgte Verlängerung der Schulpflicht sich nicht über ein Jahr über die durch § 1 der VO. v. 22. Dez. 1913 gesetzte Grenze hinaus erstreckt. Die Rechtsprechung ist teilweise unklar, s. OSt. 6, 238; ObSt. 6, 284.

3. Strafbar auch fahrl. Begehung (ObSt. BayZ. 1924, 276). Strafbemessung für Jugendliche: § 9 Abs. 3, §§ 2—5 JugGerG.

4. Antrag: Mangels einer ausdrücklichen entgegenstehenden gesetzlichen Bestimmung im Sinne der sonstigen Strafgesetzgebung zu verstehen; es finden also §§ 61 ff., StGB. u. § 158 Abs. 2 StPO. Anwendung. Die Frage der Strafantragstellung ist eine solche des materiellen Rechts (ObSt. 24, 21, BayZ. 1924, 109).

Zuständig ist zur Strafantragstellung gemäß Abs. 2 u. 3 nach Nr. 28 (nun 29) Abs. 1 der unten A. 9 angeführten KMB. v. 3. Juni 1923 für die Volkshaupt- und Volksfortbildungsschulen die Bezirksschulbehörde, in unmittelbaren Städten die Stadtschulbehörde, für die Berufsschulen entweder die Schulvorstandschaft oder das Bezirksamt (der Stadtrat); letzterer in unmittelbaren Städten; und zwar ist, wie sich aus Nr. 37 (nun 38) ergibt, die Schulvorstandschaft bei diesen nur zuständig, wenn bei ihnen sowohl eine Schulvorstandschaft, als auch besondere Organe nach § 9 Abs. 2 u. 3 der VO. v. 22. Dez. 1913 (GVBl. 966) bestehen, das Bezirksamt (der Stadtrat) nur dann, wenn solche Organe nicht gebildet sind (ObLG. 24, 21). Der Stadtrat hat vor Stellung des Antrags den Stadtschulrat, wo ein solcher aufgestellt ist, zu hören.

Ordnungsmäßige Strafantragstellung seitens der zuständigen Schulbehörde ist Voraussetzung der Bestrafung. Im Strafverfahren ist deshalb — ohne daß für den einzelnen Fall ergangene Entschließungen der Verwaltungsbehörden maßgebend wären — zu prüfen, ob ordnungsmäßig, insbesondere auch seitens eines nach den bestehenden Zuständigkeitsvorschriften berufenen Organs Strafantrag gestellt wurde; die Anhörung des Stadtschulrats aber dürfte als bloße die Wirksamkeit der Antragstellung nicht bedingende Sollvorschrift gemeint sein; ihre Prüfung entfällt daher im Strafverfahren.

5. Erziehungsberechtigte (s. auch § 21 Abs. 2 BayerVerf.): Maßgebend die Bestimmungen des BGB. über das Recht der Personensorge (insbes. §§ 1631, 1684, 1793, 1666); auch derjenige, dem die Personensorge seitens des hierzu Berechtigten in einer nach den Bestimmungen des BGB. wirksamen Weise übertragen wird. Personen, denen die Erziehung schulpflichtiger Kinder übertragen ist: Die Wirksamkeit dieser Ausdehnung des Strafgebots Nr. 1 Halbs. 1 auf diese Personen zweifelhaft; das Erziehungsrecht und damit auch das Recht u. die Pflicht zur Herbeiführung des Schulbesuchs ist erschöpfend durch das BGB. geregelt; es kann nicht, landesrechtlich auch nicht auf dem Umweg über eine Strafbestimmung, eine Erziehungspflicht anderer Personen begründet w.

6. Ein genügender Grund liegt dann vor, wenn Umstände vorliegen, unter denen ein verständig Denkender das Kind von der Schule zurückhalten wird; eine nähere Regelung durch die Schulorgane oder durch VerwaltungsVO. ist nicht möglich; die Prüfung hat im Strafverfahren unmittelbar aus dem Gesetz zu erfolgen; der „Richter hat vollständig freie Hand" (LTVerh. 1921/22 StenB. VI S. 199). Die Unterlassung der Anzeige von der Verhinderung des Kindes ist als solche nicht unter Strafe gestellt; zu einem anderen Ergebnis führte die ursprüngliche Fassung des Gesetzes: „ohne genügende Entschuldigung". Auch bei „Schulstreiken" hat der Richter zu prüfen, ob die Fernhaltung der Kinder vom Schulbesuch genügend gerechtfertigt ist (s. LTVerh. 1921/22 Beil. VIII S. 464; StenB. VI S. 199). Nichtbesuchen der Schule unter dem Gesichtsp. des Notstands (§ 54 StGB.) straflos, wenn mit Mißhandlungen des Kindes durch den Lehrer zu rechnen ist (RGJ. 53 C 416).

7. Unterlassen: Nach dem erkennbaren Sinn des Gesetzes, nicht bloß, wer seiner Pflicht zum Handeln nicht nachkommt, sondern auch, wer durch positives Handeln bewirkt, daß kein Schulbesuch stattfindet. Anhalten: Das Herbeiführen des Schulbesuchs; unter Umständen Pflicht zur gewaltsamen Zuführung des Kindes (vgl. OSt. 10, 99; OGHSt. 4, 207). Tatbestand für die Regel erfüllt, wenn die Schule durch die Kinder versäumt wird (KassH. Stenglein ZB. 14, 7). Mehrere vorsätzl. Unterlassungen können ein fortges. Delikt sein, maßgebend die allg. Grundsätze; entsprechendes gilt für mehrere fahrläss. Unterlassungen. Bestrafung auch, wenn die Unterlassung z. Tl. in guter Absicht, aus Renitenz, weil ein Dispensgesuch abschlägig verbeschieden wurde, erfolgt (KdAbg. 1859/61 GGA. Beil. 3, 115). Strafbar nur die Unterlassung des Anhaltens zum Besuch des Unterrichts, nicht zur Teilnahme an sonstigen Unternehmungen der Schule (Schulfeiern, Ausflüge, die nicht dem Unterricht, sondern in der Hauptsache anderen Zwecken dienen).

8. Schulpflichtige: Maßgebend Abs. 1; s. hierzu A. 2. Eigenes Verschulden: Zu beurteilen nach den Umständen des Falles; Anordnung der Eltern schließt für die Regel Verschulden der Kinder aus.

9. Abs. 3, mit den durch Abs. 4 erfolgten Ergänzungen, will nicht ein Verwaltungsstrafverf. im Sinne des § 6 Nr. 3 EG. StPO., sondern ein „reines Verwaltungsverfahren" einführen; die angedrohten Strafen sollen keine Kriminalstrafen sein, das Verfahren sich nicht nach § 6 Nr. 3 EG.StPO., §§ 413 ff. StPO. bemessen; deshalb nach der Absicht des Gesetzgebers das StGB. nicht anwendbar, auch nicht das JugGerGes., und eine besondere Verjährungsfrist festgesetzt (Ldtgs.-Verh. 1929/30 Beil. 983 Begr. zu § 1; Meinzolt, Bayer. Volksschulrecht § 30 S. 25). Von diesem Standp. aus kann die Verwaltungsstrafe neben der kriminellen verhängt werden. Die so gewollte Regelung dürfte mit dem Reichsrecht kaum vereinbar und deshalb unwirksam sein. Sachlich ist die Strafe des Abs. 3 keine andere als die des Abs. 2; sie hat eine andere Bezeichnung erhalten, wird aber dadurch keine andere; es wäre insbes. verfehlt, sie als Disziplinar- oder Schulstrafe zu bezeichnen; die Er-

ziehungsberechtigten stehen nicht unter der Disziplin des Lehrers; sie ist demnach eine Strafe im Sinne des § 3 Abs. 1 EG.StPO. und kann nicht im Verwaltungsweg verhängt werden (s. auch Friedrichs JRdsch. 1927 Bd. I Aufsätze S. 494). Zulässig wäre ein Verwaltungsstrafverfahren nur bei Durchführung durch eine Polizeibehörde (nach § 6 Nr. 3 EG.StPO.); nie aber kann die Schulpflegschaft oder eine Schulbehörde ein solches durchführen. Gesetze sind nach ihrem Sinn auszulegen. Nicht zutreffend ist die Beurteilung dieses Verf. als ein Ungehorsamsverf. im Sinne des Art. 21 PStGB. (so Helmreich Grundriß S. 19); denn Art. 58 Abs. 3 setzt ja gerade eine kriminell strafb. Verfehlung voraus.

Wegen des Laufes der in Abs. 3 Satz 3 vorgesehenen Verjährung s. KMB. v. 20. Juni 1930 Nr. III (StAnz. Nr. 143, KMBl. 135): Beginn mit dem Tage der Begehung der Schulversäumnis; Unterbrechung durch Verhandlungen.

Auch wenn man sich auf den Standp. der Zulässigkeit der Einführung eines landesgesetzl. Verwaltungsstrafverf. stellt, kann die Frage, ob ein solches eingeleitet ist oder eingeleitet w. soll, keinesfalls von Einfluß auf die Zulässigk. der Durchführung oder Einleitung des gerichtl. Verf. nach Abs. 2 des Art. 58 sein, denn die Voraussetzungen der Zulässigk. eines kriminellen Strafverf. bemessen sich ausschließlich nach §§ 158ff. StPO. Zudem ist auch die VO. v. 30. Sept. 1922 (GVBl. 618) nicht dahin auszulegen, daß die Durchf. des VerwStrafverf. eine zwingende Voraussetzung der Durchführung des gerichtl. Verf. wäre (ObSt. 27, 219, BayZ. 1927, 377; ObSt. 24, 12, BayZ. 1924, 276).

Geregelt werden kann nach Abs. 3 im Verordnungswege — s. die Worte „nach näherer Bestimmung" — auch das Verfahren, vorbehaltlich der in Abs. 4 selbst getroffenen Bestimmungen über die Art und die Höhe der Strafen.

Regelung des Verwaltungsstrafverfahrens durch die VO. v. 30. Sept. 1922 über die Behandlung der Schulversäumnisse (GVBl. 618; abgedr. im III. Tl.). Hierzu Braun GemZ. 1923, 66: VollzBest. KMB. v. 23. Juni 1923 (JnnMBl. 56, KMBl. 75), geänd. u. ergänzt durch KMB. v. 10. Mai 1925 (JnnMBl. 81), v. 16. Aug. 1926 (KMBl. 102) u. v. 20. Juni 1930 (StAnz. Nr. 143; KMBl. 135). Hierzu Braun GemZ. 1924, 121. Wegen Abstandnahme von Bestrafung s. KMB. v. 20. März 1928 (KMBl. 183).

10. Hinsichtlich der Wirksamkeit des Abs. 4, soweit er das „Verwaltungsverfahren" betrifft, s. das A. 9 Bemerkte. Auch die Wirksamkeit der Bestimmungen über die Haftung für die Geldstr. des ord. Strafverfahrens zweifelhaft (s. § 5 EG. StGB. u. den ausdrücklichen Vorbehalt in § 361 Abs. 1 Nr. 9 Satz 2). Erziehungsberechtigte: S. A. 5; nicht auch die ihnen in Abs. 2 Nr. 1 „Gleichgestellten" (trotz der allgemeinen Verweisung auf „Abs. 2 Ziff. 1"). Es sei denn: Begründet keine formelle Beweislast; das Offizialprinzip gilt auch hins. der Möglichk. der Verhinderung; hierbei dürfen an die Pflichtigen nur Anforderungen gestellt werden, die man nach Lage der Sache billigerweise an sie stellen kann. Beiziehung der für haftbar zu Erklärenden zum Strafverfahren notwendig.

11. Mitt. durch den AmtsAnw. an die BezVerwBeh. von Verurt. nach Art. 58: lit. B 16 JMB. v. 29. Nov. 1913 (JMBl. 694); Verständigung der Schulbehörden: UMB. v. 16. Dez. 1924 (JnnMBl. 162), Nr. I 4 der JKMB. v. 1. Aug. 1928 (KMBl. 297, JMBl. 107).

Art. 58 a.

1. An Geld bis zu 150 Reichsmark oder mit Haft wird bestraft, wer vorsätzlich

1. Schulpflichtige gegen die Schule oder die Lehrer aufreizt oder

2. die Achtung Schulpflichtiger vor der Schule oder den Lehrern untergräbt oder

3. in sonstiger Weise gegenüber Schulpflichtigen der Erziehungsarbeit der Schule entgegenarbeitet.

2. Die Strafverfolgung tritt nur auf Antrag der zuständigen Schulbehörde ein. Die Zurücknahme des Antrags ist zulässig.

1. Art. 58a wurde eingefügt durch § 2 des Ges. zur Änd. usw. des PStGB. v. 8. April 1930 (GVBl. 109). Zum Vollz. erging die für die Gerichte nur als Auslegungsbehelf in Betracht kommende KMB. v. 2. Juli 1930 (StAnz. Nr. 152; KMBl. 141).

2. Wer: Auch ein (strafmündiger) Schulpflichtiger. Schulpflichtige: S. Art. 58 A. 8. Schule: Nur, soweit hinsichtlich ihrer Schulpflicht nach Art. 58 Abs. 1 besteht. Lehrer: Nicht bloße Aufsichtsorgane; nur noch im Dienst stehende Lehrer. Aufreizen, Untergraben, Entgegenarbeiten: Wenn auch ohne Erfolg.

Vorsatz notwendig.

3. Gegenüber Schulpflichtigen: Erforderlich auch in den Fällen des Abs. 1 Nr. 1 u. 2 (ergibt sich aus Abs. 1 Nr. 3). Aber nicht notw. gegenüber bestimmten einzelnen Schulpflichtigen, deshalb auch bei Gelegenheit von schulfeindlichen Versammlungen, Umzügen oder sonstigen Veranstaltungen, bei denen Schulpflichtige anwesend sind (Nr. 4b der Entschl. v. 2. Juli 1930, oben A. 1), auch durch Verbreitung von Zeitungen, Plakaten usw., die unter Nr. 1—3 fallen, unter den Schulpflichtigen (Nr. 5 Abs. 2 a. a. O.). Aber noch nicht durch Herstellung von Preßerzeugnissen, die der Erziehungsarbeit der Schule entgegenarbeiten; Teilnahme als solche nicht strafbar. Nach Nr. 4b der angeführten Entschl. soll es schon genügen, wenn Presseerzeugnisse schulfeindlichen Inhalts allgemein für Schulpflichtige bestimmt sind. Schule, Lehrer s. A. 2, nicht die Einrichtung der Schule im allgemeinen.

4. Unter die Nr. 3 soll nach Nr. 5 Abs. 3 der vorgenannten Entschl. auch fallen für die Regel die Gestattung der Teilnahme Schulpflichtiger durch die Erziehungsberechtigten an schulfeindl. Veranstaltungen, insbes. Versammlungen; ferner soll darunter fallen die Gründung politischer Schulzellen, die Heranziehung oder Zulassung von Schulpflichtigen zu staatsfeindlichen Veranstaltungen oder klassenkämpferischen Versammlungen, Umzügen u. ähnlichen Kundgebungen, die Veranstaltung von Gottlosen-Kundgebungen für Schüler, die Verbreitung revolutionärer Lieder unter den Schülern. Dieses trifft, soweit Unterlassungen in Betracht kommen, nur soweit zu, als nach allg. strafrechtl. Grundsätzen eine Pflicht zum Handeln besteht, ferner nur, soweit im einzelnen Fall dadurch „der Erziehungsarbeit der Schule" entgegengehandelt wird.

5. Der Erziehungsarbeit: Nicht bloß der Unterrichtstätigkeit. Was unter Erziehungsarbeit fällt, ist objektiv nach dem wissenschaftl. Inhalt dieses Begriffs abzugrenzen u. kann nicht durch Verwaltungsverordnungen formell bindend festgelegt w., da sich hieraus durch Art. 58a Folgen für die Rechtsstellung Dritter ergeben (§ 16 BayerVerf.). Schule s. A. 2. Die UMB. v. 28. Juli 1930 (StAnz. Nr. 176) nimmt an, daß ein Entgegenarbeiten gegen die Erziehungsarbeit der Schule auch vorliegt, wenn Schulpflichtige, entgegen dem bestehenden schulaufsichtlichen Verbot, der Beeinflussung durch die „Arbeitsgemeinschaft der Kinderfreunde" zugeführt werden.

6. Antrag: Maßgebend: §§ 61 ff. StGB. Zuständige Schulbehörde: Für die Volksschulen (Volkshauptschulen und Volksfortbildungsschulen) die Bezirksschulbehörde, in unmittelb. Städten die Stadtschulbehörde; für die Berufsschulen das Bezirksamt, in unmittelb. Städten die Schulvorstandschaft (KMB. v. 2. Juli 1930, StAnz. Nr. 152; KMBl. 141).

Art. 59.

1. An Geld bis zu 150 Reichsmark und mit Haft oder mit einer dieser Strafen wird bestraft,

1. wer ohne die nach Verordnung erforderliche Genehmigung oder Anzeige oder entgegen einem auf Grund einer Verordnung ergangenen Verbot oder Gebote der zuständigen Behörde eine Erziehungsanstalt, eine Unterrichtsanstalt oder ein gewerbsmäßiges sonstiges Unterrichtsunternehmen gründet, betreibt oder leitet, oder
2. wer ohne die nach Verordnung erforderliche Anzeige oder entgegen einem auf Grund einer Verordnung ergangenen Verbot oder Gebote der zuständigen Behörde anderweitig gewerbsmäßig Unterricht erteilt.

2. Im Strafurteil ist die Zulässigkeit der Schließung der Anstalt oder des sonstigen Unterrichtsunternehmens auszusprechen.

1. Art. 59 erhielt die jetzige Fassung durch § 3 des Ges. zur Änd. usw. des PStGB. v. 8. April 1930 (GVBl. 109). Reichsrechtl. Grenzen für dessen Anwendung: RVerf. Art. 142 ff. insbes. Art. 147; die GewO. im allg. nicht (Art. 6 Abs. 1), jedoch hinsichtlich der gewerbl. Fach- u. Fortbildungsschulen erheblich: § 81 b Nr. 1 u. 2 (Innungsschulen), § 103 e Abs. 3 (Einrichtungen der Handwerkskammern), § 104 Abs. 2 (Fachschulen der Innungsverbände), § 120 Abs. 3 (Fortbildungsschulen); s. ferner § 35 Abs. 1 (Tanz-, Turn-, Schwimmunterricht); ferner Bundesratsbeschl. v. 2. Aug. 1917 (RGBl. 683) mit KMB. v. 12. Okt. 1917 (KMBl. 187) betr. private Fortbildungs- u. Fachschulen, in denen gewerbl. oder kaufmänn. Unterricht erteilt wird (s. wegen dieser ObSt. 27, 164 u. 21, 295). Zur Fortbildungsschulpflicht s. auch VO. v. 28. März 1919 (RGBl. 354).

2. Nach Verordnung: Hat den Erfordernissen einer RechtsVO. zu genügen; verordnungsmäß. Ermächtigung zur Regelung im sonstigen Wege unwirksam (s. entsprechend das bei Art. 1 Anh. A. 12 Bemerkte). Grenzen der verordnungsmäß. Regelung die A. 1 angeführten reichsrechtl. Bestimmungen. Art. 8 PStGB. nicht anwendbar (s. Art. 8 A. 1).

3. Verbot oder Gebot: Zulässig (bei Nr. 1 u. 2) auch die Auferlegung von Bedingungen oder die Erteilung von Weisungen (LTVerh. 1929/30 Beil. 983), also modifiziertes Gebot u. Verbot.

4. Erziehungsanstalten: Der Erziehung dienende Anstalten, d. h. mit einem gewissen äußeren Bestand ausgestattete, auf eine gewisse Dauer angelegte Einrichtungen, die die Entwicklung der Jugend in allen wesentlichen Beziehungen fördern sollen. Nach LdtgsVerh. 1929/30 Beil. 983: „Anstalten, deren Hauptzweck nicht der Unterricht, die Vermittlung von Wissen, sondern die Erziehung, also die Heran-

bildung zu körperlicher, geistiger u. sittlicher Tüchtigkeit ist, ohne daß dabei auf Unterricht völlig verzichtet werden müßte." Gewerbemäßigkeit hier nicht erforderlich (e contr. „gewerbsm. sonstiges Unterrichtsunternehmen").

5. Unterrichtsanstalt: Eine dem Unterricht dienende Anstalt, also eine mit einem gewissen äußeren Bestand ausgestattete Einrichtung von gewisser Dauer, die dazu dient, Kenntnisse auf einem Gebiet zu vermitteln; nicht fällt hierher der einfache Privatunterricht, der nur den öff. Unterricht ergänzen soll (ObSt. 27, 169; 6, 43; 1, 84 u. 181; s. wegen dessen Abs. 1 Nr. 2). Die VO. kann den Begriff der Unterrichts- (u. Erziehungs)anstalt nur einschränken, nicht schlechthin abgrenzen; unrichtig ObSt. 21, 297; 11, 438; 15, 40; ein schulähnl. Betrieb an sich nicht erfordert (unrichtig ObSt. 13, 365), sondern nur, weil die VO. nur für solche Unterrichtsanstalten Genehmigung fordert. Nach LdtgsVerh. 1929/30 Beil. 983: Unternehmungen, deren Hauptmerkmale die Seßhaftigkeit, sowie das Vorhandensein einer schulmäßigen oder schulähnlichen Einrichtung und Ausgestaltung des Betriebs sind, die ferner ein bestimmtes Lehrziel verfolgen u. die ein gewisses Unterordnungsverhältnis des Schülers unter den Lehrer, eine Zuchtgewalt des Lehrers über den Schüler ersehen lassen. Gewerbemäßigkeit hier nicht erforderlich (e contr. „gewerbsm. sonstiges Unterrichtsunternehmen").

6. Sonstiges Unterrichtsunternehmen: Nicht auch Erziehungsunternehmen, insoweit fallen bloß Anstalten unter das Gesetz. Unterricht: Vermittlung von Kenntnissen (s. oben Unterrichtsanstalt A. 5); Unternehmen: Eine Veranstaltung größerer Art, die nicht Anstalt ist, also eines gewissen äußeren Bestands entbehrt (s. oben Erziehungsanstalt u. Unterrichtsanstalt A. 4). Beispiele: Kurse, Wanderschulen (LdtgsVerh. 1929/30 Beil. 983). Gewerbemäßig (Nr. 1 u. 2): Fortgesetzte, auf Gewinn oder Erwerb gerichtete Tätigkeit; nicht notw. ununterbrochen oder regelmäßig; wenn auch nicht auf unbestimmte oder unbegrenzte Dauer gerichtet; wenn auch nur bei günstiger Gelegenheit (in der Rechtspr. feststehender Begriff).

7. Unter das Ges. fällt schon die Eröffnung der Anstalt („Gründung"), Betrieb nicht erford.; dagegen nicht vorbereitende Tätigkeit (OSt. 9, 222). Nicht strafbar die bloße Erteilung von Unterricht an nicht genehmigten oder nicht angezeigten Anstalten oder Unternehmen (KdAbg. 1859/61 GGA. Beil. 2, 214); auch nicht nach Nr. 2 (dort: „anderweit" gewerbsm. Unterricht erteilt); doch können mehrere, Gründer, Betreibende oder Leiter, vorhanden sein. Änderungen im Betrieb können die Anstalt zu einer anderen u. daher nicht genehmigten oder nicht angezeigten machen. Beihilfe zur Gründung, Leitung oder zum Betrieb nicht strafbar (§ 49 StGB.), wohl aber Anstiftung (§ 48 StGB.).

8. Anderweitig Unterricht erteilt (Abs. 1 Nr. 2): Nicht nach Maßgabe der Nr. 1. Insbes. „Privatunterricht" (Erweiterung gegenüber der ursprüngl. Fassung). Gegenstand der Unterrichtserteilung gleichgültig. Gedacht insbes. an Musik-, Gesang-, Bühnen-, Film-Unterricht u. an Leibesübungen (LdtgsVerh. 1929/30 Beil. 983).

9. Ausspruch der Zulässigkeit der Schließung nur in den Fällen des Abs. 1 Nr. 1; in den Fällen des Abs. 1 Nr. 2 Polizeizwang im Rahmen des Art. 20 möglich (LdtgsVerh. 1929/30 Beil. 983 a. E.). Ergänzende Bestimmungen hins. der Schließung der Anstalten Art. 17, 18 u. 20 Abs. 3; Anwendung dieser Bestimmungen auf „sonstige Unterrichtsunternehmungen" nicht zulässig; hier nur Art. 20 anwendbar. Wirkung der Schließungsanordnung nur gegen die, gegen die das Strafverf. durchgeführt wurde.

10. Fahrlässigkeit zur Bestrafung ausreichend (ObSt. 6, 45).

Sechstes Hauptstück. Übertretungen in bezug auf Leben und Gesundheit.*)

Art. 60.

1. An Geld bis zu dreißig Talern oder mit Haft bis zu dreißig Tagen wird bestraft, wer zu einer Leichenöffnung schreitet, ehe die vorgeschriebene erste Leichenschau stattgefunden hat und Kennzeichen des erfolgten Todes eingetreten sind.

2. An Geld bis zu fünfzehn Talern wird gestraft, wer über die Zeit oder Art des eingetretenen Todes bei der Totenschau wissentlich falsche Angaben macht.

1. Geldstr. nun Abs. 1 u. 2 je 1—150 RMk. Keine Anwendung des Art., auch nicht des Abs. 2, auf die richterl. Leichenöffn. nach §§ 87 ff. StPO. (reichsrechtl. Regelung!). Wirksamkeit des Art. auch eingeschränkt bei einer etwaigen nach § 10 SeuchenG. v. 30. Juni 1900 angeordn. Leichenöffn. Vorgeschr. erste Leichenschau: Obpol. Vorschr. v. 20. Nov. 1885 (GVBl. 655). Kennzeichen des erfolgten Todes: Nicht schon dann, wenn eines oder das andere der von der Wissenschaft als Todeszeichen bezeichneten Zeichen eintrat; erford. vielmehr soviele Zeichen, daß die Wissenschaft mit Sicherheit den Schluß auf den Tod zieht (KdAbg. 1859/61 GGA. Beil. 2, 109). Bei Abs. 1 auch fahrl. Begeh. strafbar.

2. Abs. 2 hat nur mehr Bedeutung als Ausfüllung des Blanketts des § 367 Nr. 2 StGB.; denn er ist sachlich eine Anordn. über vorzeitige Beerdigung. Falsche Angaben: Nur solche gegenüber dem Totenschauer, nicht solche des letzteren (s. Entw. v. 1861 u. KdAbg. 1859/61 GGA. Beil. 2, 75 u. 230).

3. Weitere Strafbestimmungen über Leichenöffnungen: Art. 43 Abs. 2 PStGB. u. § 367 Nr. 2 StGB.

Art. 61.

1. An Geld bis zu dreißig Talern oder mit Haft bis zu dreißig Tagen wird gestraft:

1. Wer ohne Bewilligung der zuständigen Behörde eine Leiche von dem Sterbeorte an einen andern als den ordnungsgemäßen Ort der Beerdigung verbringt oder verbringen läßt oder den bei Erteilung der Bewilligung getroffenen polizeilichen Anordnungen zuwiderhandelt;
2. wer ohne Bewilligung der zuständigen Behörde eine Leiche an einem andern Orte als auf einem öffentlichen Kirchhofe oder in einer besonderen gesetzlich zulässigen oder polizeilich genehmigten Gruft oder Begräbnisstätte beerdigt oder beerdigen läßt;
3. wer den ortspolizeilichen Vorschriften oder in Ermangelung solcher den distriktspolizeilichen Anordnungen in bezug auf die

*) Sonderschrifttum: Gebhardt, Hilfsbuch für den bayer. Bezirksarzt 1912; Keidel, Mediz. Polizei 1925/29; Huber, Kostentragung bei Bekämpfung übertragbarer Krankheiten, BlAPr. 1916, 145.

Leichenordnung oder Beisetzung der Leichen in Leichenhäusern oder den oberpolizeilichen Vorschriften über Zeit, Ort und Art der Beerdigung, sowie über Verbringung von Leichen vom Sterbeorte an den außerhalb desselben befindlichen ordnungsmäßigen Begräbnisplatz zuwiderhandelt.

2. Totengräber, welche eine solche Übertretung ausführen oder dazu Beihilfe leisten, oder welche den gesetzlichen Vorschriften oder den ihnen besonders bekannt gemachten Anordnungen der Polizeibehörde über Anlage, Tiefe, Ordnung und Öffnung der Gräber zuwiderhandeln, sind an Geld bis zu fünfzehn Talern oder mit Haft bis zu acht Tagen zu bestrafen.

3. Bei wiederholten Verfehlungen kann der Richter aussprechen, daß der Verurteilte für die Verrichtungen eines Totengräbers nicht mehr verwendet werden darf.

1. Geldstr. nun Abs. 1 u. 2 je 1—150 RMk. Abs. 1 Nr. 3 statt distrpol. nun zu lesen bezpol. Einschränkung des Art. 61 durch etwaige gemäß §§ 21 mit 46 Nr. 2 ReichsseuchenG. v. 30. Juni 1900 erlassene Anordnungen. Weitere Einschränkung auf Grund des Grundsatzes der Gewerbefreiheit (s. Bem. vor Art. 1 Nr. VIIb; ferner KG. Reg. 32, 194; KGJ. 1, 189, dieses betr. Beschränk. in der Herstellung u. Pflege von Gräbern u. Grabdenkmälern). S. weiter auch wegen des Einfl. des VereinsGes. Bem. vor Art. 1 Nr. VII d u. §§ 168 u. 367 Nr. 1 u. 2 StGB. Nunmehr steht dem Reich hinsichtl. des „Bestattungswesens" die Normativgesetzgebung zu (RVerf. Art. 10 Nr. 5); s. auch § 19 Bay.VUrk.*).

2. Zuständ. Behörde: § 1 der Bek. v. 17. Febr. 1888 (GVBl. 123).

3. Leichen: Nur menschliche; Leiche wird die Frucht schon dann, wenn sie den Grad von Reife erlangt hat, der zum Leben außerh. des Mutterleibs befähigt, wenn auch nur auf kurze Zeit, Totgeburt gleichgültig (ObSt. 19, 88). Nach dem Tode hört die Eigenschaft als Leiche auf, wenn der Verwesungsprozeß abgeschlossen ist; keine Leiche: Leichenasche, amputierte Teile eines lebenden Körpers, kleinere Leichenteile.

4. Beerdigung: Nur die Erdbestattung; darüber läßt der gemeine Sprachgebrauch keinen Zweifel; so auch Bittner DJZ. 1912, 750; ferner die bayer. Regierung in wiederholten Erklärungen (s. die Nachweise bei Aufhauser S. 11ff.; VGH. 1913, 79; Reg. 32, 183; Fischer GemZ. 1913, 82); nicht überzeugend ObSt. 13, 318, wonach darunter das „ganze Bestattungswesen" zu verstehen sein soll (s. hierzu BlAPr. 1913, 53). S. auch Ehrenspeck Ann. 1929, 400.

5. Sterbeort (Nr. 1 u. 3): Der VerwBez., in dem der Tod erfolgt (KdReichsr. 1871/72 GGA. S. 7), u. zwar im Sinne des Beerdigungsrechts, also je nachdem polit. Gem., Pfarrbez.; nach Fischer GemZ. 1913, 140 schlechthin die Ortschaft. Ort der Beerdig. (Nr. 1) gleichbedeutend mit Sterbeort. Ort (Nr. 2), Ort der Beerdigung (Nr. 3) u. Begräbnisplatz (Nr. 3): Tatsächliche Beerdigungsstelle (Zusammenhang!; Fischer a. a. O.). Ordnungsgemäßer Beerdigungsort nach VGH. 1929, 172 der Gemeindefriedhof für alle im GemBezirk Verstorbenen.

*) Sonderschrifttum zu Art. 61: Grill, Leichen- u. Begräbnispolizei 1925; Aufhauser, Feuerbestattung 1911; Geiger, Arch. f. kath. Kirchenrecht 1914, 35. Entwickl. der Feuerbestattung in Deutschland Mager GemZ. 1908, 34.

6. Verbringung: Nur zum Zwecke der Beerd., nicht zu anderen Zwecken (Anatomie, Feuerbestattung); a. A. Fischer, Leichenverbr. S. 35.

7. Anordn. in Nr. 1: Pol. Verfügungen.

8. Gesetzlich zulässig: Eingefügt im Hinblick auf Ziff. 13 (richtig wohl Art. 14) des Dekr. v. 23. Prairial XII (s. Web. 6, 97); vgl. KdAbg. 1859/61 Beil. 2, 230. Allg. pol. Genehmigung: VO. v. 3. Okt. 1826 u. ME. v. 23. Nov. 1826 (Web. 2, 352) für Erzbischöfe u. Bischöfe. Im übrigen s. die VO. v. 14. Okt. 1862 (RegBl. 1311).

9. Distr.- (nun bez.) pol. Anordnungen: Art. 5 PStGB.

10. Leichenordnung: Vorschr. über das Verfahren mit den Leichen u. unmittelbar damit zusammenhängende Verhältnisse. Anwendungsfälle: KdAbg. 1871/72 GGA. Beil. 1, 108; Wr. GemZ. 1892, 615; Fischer, Leichenverbr. S. 32; sämtlich z. Tl. zu weitgehend; nicht über Leichenschmäuse oder Leichentrünke: BlAPr. 1873, 11. Regelung der Verhältnisse der Leichenbitter nach Art. 61 u. 152 Abs. 3: Meyer BlAPr. 1898, 96. Grundsätze für die Anlage von Friedhöfen, Leichenhäusern, Grüften: InnMB. v. 8. Juli 1911 (InnMBl. 447).

11. Art der Beerd.: Sonstige nähere Maßgaben als Ort u. Zeit der Beerd.; kein Verbot, keine Einschränkung der Beerd.; ObSt. 13, 335 u. 337 versteht darunter die Art der Leichenbeseitigung überh., wobei aber die Pol. die Bestattung nicht allg. erschweren oder unmöglich machen dürfe.

12. Ausführen: Die Tat eines andern. Bei Begehung animo auctoris auch die Totengräber nach Abs. 1 strafbar.

13. Gesetzl. Vorschr.: Für die Pfalz Dekr. v. 23. Prair. XII; s. Geib Bd. II S. 649 § 229. Besonders bekannt gemachte Anordn.: Dienstanweisungen, allg. u. besondere.

14. Abs. 3 wohl nun unwirksam: § 143 GewO. Wiederholte Verfehlung: Art. 50a A. 5.

15. Verw. Strafbestimm: §§ 168, 367 Nr. 1 u. 2 StGB.; Art. 24, 43, 60, 61, 95, 152 Abs. 3 PStGB.

Art. 62.

Einer Geldstrafe bis zu zehn Talern unterliegt, wer gegen ortspolizeiliches Verbot Leichen öffentlich zur Schau stellt.

1. Geldstr. nun 1—150 RMk. Ortspol. Verbot: Ortspol. Vorschr. oder Pol.-Verfüg. (letzteres ergibt sich aus KdAbg. 1859/61 GGA. Beil. 2, 75; 3, 148; s. auch Stengel ZfGR. 8, 355 u. 356). Für allg. Erlasse nur der erstere Weg; a. A. Stengel a. a. O. Leichen: Art. 61 A. 3. Öffentlich: So, daß die Allgemeinheit Zutritt oder Besichtigungsmöglichkeit hat.

Art. 63.

Eltern, Pflegeeltern und Vormünder, welche weder ihre impfpflichtigen Kinder, Pflegekinder oder Mündel auf ergangene obrigkeitliche Bekanntmachung zur öffentlichen Impfung und Impfkontrolle bringen, noch innerhalb der von der Polizeibehörde festgesetzten Frist die gänzliche oder zeitliche Befreiung der betreffenden Kinder von der Impfpflichtigkeit durch Zeugnis eines approbierten Arztes nachweisen, werden beim ersten Übertretungsfalle an Geld bis zu fünf Talern und bei fortgesetzter Säumnis an Geld bis zu fünfzehn Talern gestraft.

1. Art. 63 u. 64 gegenstandslos gew. durch §§ 12—15 Impfges. v. 8. April 1874.

Art. 64.

An Geld bis zu fünf Talern werden Vorsteher von Privatunterrichts- oder Erziehungsanstalten gestraft, welche Kinder aufnehmen, ohne durch vorschriftsmäßige Zeugnisse versichert zu sein, daß dieselben den Verordnungen über die Schutzpockenimpfung Genüge geleistet haben.

1. Gegenstandslos gew.: Art. 63 A. 1.

Art. 65.

Familienhäupter und deren Stellvertreter, in deren Wohnung die Blattern ausgebrochen sind und welche nicht innerhalb 12 Stunden, nachdem sie von der Natur der Krankheit Kenntnis erlangt haben, der Polizeibehörde Anzeige machen oder einen approbierten Arzt zu Hilfe rufen, werden an Geld bis zu fünf Talern bestraft.

1. Geldstr. nun 1—150 RMk. Voll wirksam nur mehr hinsichtl. der Blattern, die nicht unter § 1 des SeuchGes. v. 30. Juni 1900 fallen (s. dessen § 48), also wohl nur hinsichtl. anderer als der variola vera (Fränkel, HandwBuch der Staatsw. 8, 15). Im übrigen nur mehr nach Maßgabe des § 5 SeuchGes. (vgl. hierzu dessen § 45 Nr. 1 u. §§ 2 u. 3). Durch das Impfges. nicht berührt. S. Art. 67 A. 1.

2. Familienhaupt: Vorstand der Hausgemeinschaft, nicht notw. auf verwandtschaftl. Grundlage.

3. Blattern: Blattern in allen Formen insbes. auch der Varioliden oder Varizellen (KdAbg. 1859/61 GGA. Beil. 2, 76 u. 232).

4. Polizeibehörde: Die OrtsPolBeh. (§ 19 ZustVO.).

5. Zu Hilfe rufen: Der Arzt muß auch innerhalb der Frist erschienen sein.

6. Fahrlässige Nichtkenntnis der Krankh. zur Bestrafung nicht ausreichend; hins. der sonstigen Merkmale Fahrläss. ausreichend.

7. Anzeigepfl. der MedizPersonen: Art 72.

Art. 66.

1. Wer wissentlich an einem ansteckenden Übel leidet und mit Verheimlichung desselben sich als Dienstbote, Amme, Geselle, Gewerbsgehilfe, Lehrling oder Fabrikarbeiter verdingt, desgleichen, wer im Dienste von einem solchen Übel befallen wird und solches der Dienst-

herrschaft, dem Meister oder dem Fabrikherrn verheimlicht, wird mit Haft bis zu acht Tagen oder an Geld bis zu fünfzehn Talern bestraft.

2. Die Befugnis der Polizeibehörde, die erforderlichen Maßregeln wegen Absonderung und Heilung solcher Personen zu treffen, bleibt vorbehalten.

1. Art. 66 Abs. 1 durch das GeschlKrankhG. v. 18. Febr. 1927 (RGBl. 61) nicht berührt, weil auf einem anderen Gebiete liegend; Abs. 2 im Geltungsbereich dieses Ges. (s. Art. 67 A. 1) unwirksam gew.; für teilw. Unwirksamkeit des Abs. 1 Wirschinger GemZ. 1928, 298. Geldstr. nun 1—150 RMk.

2. Ansteckendes Übel: Gleich ansteck. Krankheit s. Art. 67 A. 3. Dienstbote: Art. 107 A. 2. Amme: Auch wenn sie eigenen Haushalt führt. Lehrling: A. 49 A. 1. Fabrikarbeiter: Art. 49 A. 1.

3. Abs. 2 gibt keine selbständige Ermächtigung, er enthält nur einen Vorbehalt; daß eine solche auf Grund anderer gesetzl. Vorschr. bestehe, nicht nachweisbar; § 23 der Bek. v. 9. Mai 1911 (GVBl. 426) hat wohl keine gesetzl. Grundlage. A. A. LG. München I BayZ. 1908, 435. A. A. auch BayZ. 1919, 62.

4. Zuständige PolBeh.: § 20 ZustVO.

Art. 67.

1. Wer Kleidungsstücke, Leinenzeug, Betten oder andere zur Verbreitung von Ansteckung geeignete Gegenstände, welche von einem an einer ansteckenden Krankheit Leidenden während derselben gebraucht worden sind, bei polizeilicher Nachfrage verheimlicht oder nicht in der von der Polizeibehörde vorgeschriebenen Weise reinigt oder der polizeilich angeordneten Vernichtung entzieht, desgleichen wer wissentlich solche zur Vernichtung geeignete Gegenstände verkauft, in Umlauf setzt oder an sich bringt, wird an Geld bis zu dreißig Talern oder mit Haft bis zu vier Wochen gestraft.

2. Der gleichen Strafe unterliegt, wer außer den Fällen des § 327 und § 328 des Strafgesetzbuches für das Deutsche Reich den von der zuständigen Behörde zum Schutze gegen den Eintritt oder die Verbreitung einer ansteckenden oder epidemisch auftretenden Krankheit oder Viehseuche angeordneten Sicherheitsmaßregeln zuwiderhandelt.

3. Die zur Vernichtung bestimmten Gegenstände werden eingezogen.

1. Nur mehr beschränkt wirksam gegenüber dem Reichsrecht: Hins. der Krankh. von Menschen von Bedeutung einmal das Impfges. v. 8. April 1874, das aber nur die Impfung regelt u. auch insoweit einen Vorbehalt zugunsten des Landesrechts enthält (§ 18 Abs. 3); s. hierzu § 9 der VO. v. 17. Dez. 1899 (GVBl. 1049). Ferner von Bedeutung das RSeuchG. v. 30. Juni 1900. Dieses schließt landesrechtl. Vorschr. hins. der sechs gemgefährl. Krankh. (Aussatz-Lepra, asiatische Cholera, Fleckfieber-Flecktyphus, Gelbfieber, orientalische Beulenpest u. Pocken-Blattern) schlechthin aus, nur läßt es eine landesrechtliche, weitergehende Anzeigepflicht zu (§ 48, § 5); hins. anderer Krankheiten ist das Landesrecht, abges. von

Geschlechtskrankh (s. unten), frei u. geht auch einer etwa nach § 5 Abs. 2 erfolgenden Ausdehnung der Anzeigepfl. vor: Stenglein Nebenges. § 5 A. 2 Bd. 1 S. 674; a. A. ohne zureichende Gründe (s. § 48) 5. Aufl. ebendort Bd. 1 S. 830. S. auch Dresd. Reg. 30, 537; ObSt. 18, 3 u. Huber BlAPr. 1916, 166. Unwirksam gew. ist Art. 67 auch hins. der Geschlechtskrankheiten (Syphilis, Tripper und Schanker) durch das Ges. z. Bekämpf. der GeschlKrankheiten v. 18. Febr. 1927 (RGBl. 61), das den Stoff zur Bekämpf. dieser Krankheiten erschöpfend regeln will (Stenglein Nebenges. 5. Aufl. § 19 A. 3 S. 994; bestr. s. Stenglein a. a. O.; ObSt. 28, 261, BayZ. 1929, 144 erklärt zwar landesrechtl. Strafbestimmungen zur Durchf. des § 2 des Ges. — Gebot der ärztl. Behandlung — für unzulässig, wohl aber solche für zulässig bei Zuwiderhandlungen gegen die nach § 4 Abs. 1 u. 2 des Ges. getroffenen Anordnungen der Gesundheitsbehörden (Vorlage ärztl. Zeugnisse, Untersuchungszwang, Anordnung eines Heilverfahrens); insoweit soll Art. 67 Abs. 2 anwendbar sein; wie das ObLG. Wirschinger GemZ. 1928, 265; 1929, 305; gegen die Anwendung des Art. 67 Abs. 2 (u. des Art. 66) in den Fällen des § 4 mit wohl zutreffenden Gründen Deisenhofer GemZ. 1929, 4 u. 555. Die VOen v. 11. Dez. 1918 u. 17. Dez. 1918 (RGBl. 1431 u. 1433) zur Bekämpfung v. Geschlechtskrankh. u. über Fürsorge f. geschlkranke Heeresangehörige nun aufgehoben durch § 19 GeschlKrankhG. Wegen Wirksamkeit des Abs. 2, soweit er Viehseuchen betr., s. Art. 68 A. 1.

2. Geldstr. nun 1—150 RMk.

3. Krankheit: Die Abweichung aller oder einzelner Organe des Körpers vom normalen physiologischen Verhalten (KGJ. 19 C 341); nicht kleinere Störungen (KGJ. 23 C 56; ObSt. 13, 194). Keine Krankheit: Warzen (KGJ. 23 C 56), Hühneraugen (KGJ. 12, 265), Kahlköpfigkeit, Schwangerschaft (KGJ. 19 C 341); möglicherweise aber Verstopfung (KG. GArch. 52, 99), Behaftung mit Filzläusen (RG. 22, 197), Trunksucht (KGJ. 11, 333). Ansteckende Krankheit: Jede vom Menschen auf den Menschen übertragbare (ObSt. 7, 326); gleichgültig, ob durch Infektion mittels der Haut, durch Einatmung, durch den Genuß gew. Gegenstände; der Begr. ist unabhängig von den wechselnden doktrinären Meinungen über den eigentl. kontagiösen, miasmatischen oder sonst gearteten Charakter des Krankheitsträgers (RG. 21, 121). Epidemisch auftretende Krankh.: Die innerh. kürzerer Zeit besonders viele gleichartige Erkrankungen innerh. eines bestimmten Bevölkerungskreises herbeiführen, gleichgültig, ob die Ursache Ansteckung ist oder nicht.

4. Strafbar nur Verkauf von dem Leidenden gebrauchter Gegenstände.

5. Sachl. Zust. der PolBeh. zur Bestimmung der Art u. Weise der Reinigung u. zur Anordn. der Vernichtung: § 21 Abs. 1 ZustVO. Zulässig allg. Anordn. u. PolVerfügungen; ersterenfalls Art. 1 Abs. 1 PStGB. einzuhalten.

6. Abs. 2 läßt Sich Maßregeln zu auch gegen noch nicht unmittelbar drohende Krankh. u. auch solche anderer Art als Aufsichts- u. Absperrungsmaßregeln u. Einfuhrverbote; anders § 327 StGB. (ObSt. 13, 498). Zulässig auch die Anordnung von Desinfektionen (Steinbach BlAPr. 1907, 131); auch Verbot der Ausübung des Hebammenberufs (JnnME. v. 15. Dez. 1875, Web. 11, 260). Kein Rauchverbot für Jugendl. (LG. Zweibr. BayZ. 1916, 117); s. hierzu auch § 366 Nr. 10 A. 7. Notwendig nur Erlassung zu dem angegebenen Zwecke, nicht Zweckdienlichkeit. Wohl mit Unrecht fordert ObSt. 13, 498, daß der gesetzliche Zweck in der Anordnung selbst bestimmt gekennzeichnet wird. Sicherheitsmaßregeln: Allg. verbindliche u. Einzelanordn. (ObSt. 7, 326); ersterenfalls aber Form der PolVorschr. einzuhalten (Art. 1 Abs. 1). Sachl. Zuständigk. für die Maßregeln: § 21 Abs. 2 ZustVO.

(ObSt. 13, 498), s. auch ObSt. 18, 3. Nach ObLG. 28, 261 nach Abs. 2 auch strafbar Zuwiderhandlungen gegen § 4 GeschlKrankhG. u. InnMB. v. 29. Sept. 1927 (InnMBl. 49); s. jedoch hierzu oben A. 1.

7. Bei Abs. 1 Vorsätzlichkeit erforderlich, soweit Verheimlichen oder Entziehung vorliegt; Fahrlässigkeit ausreichend bei Unterlassung der Reinigung u. bei Abs. 2.

8. Form der Einziehung: Art. 17; vorläufiges Vorgehen: Art. 20 Abs. 1 u. 2; Einziehung im obj. Verfahren: Art. 18; verwandte Bestimmungen: Art. 68 u. 69.

Art. 68.

An Geld bis zu fünf Talern wird gestraft, wer Schafe oder andere Haustiere der zur Verhütung der Schafräude oder sonstiger Viehseuchen oberpolizeilich angeordneten Beschau entzieht oder nicht rechtzeitig unterstellt.

1. Art. 67 Abs. 2, soweit er Viehseuchen betr., Art. 68, 69, 72 eingeschränkt durch das Reichsrecht. a) Vorgeht zunächst allg. § 328 StGB., zu dem auch eine ZuständBest. in Art. 2 Nr. 1 PStGB. besteht; Art. 67 Abs. 2, Art. 68, 69 u. 72 aber für ihn insoweit von Bedeutung, als sie den Inhalt der nach § 328 zulässigen Anordn. begrenzen. b) Für die Rinderpest nun schlechthin maßg. das Rinderpestges. v. 7. April 1869 (RGBl. 105) mit Ges. v. 2. Nov. 1871 (RGBl. 372; GBBl. Beil. S. 2); geänd. durch Ges. v. 25. Febr. 1876 (RGBl. 163). Ergänzung: RG. v. 21. Mai 1878, betr. Zuwiderhandl. gegen die zur Abwehr der Rinderpest erlass. Vieheinfuhrverbote (RGBl. 95). Landesrechtl. Regelung darnach nur mehr im Rahmen des § 7 RinderpestG. c) Hins. der unter das Viehseuchenges. v. 26. Juni 1909 (RGBl. 519) fallenden Seuchen nun dieses maßgebend (s. hierzu Zahn BayZ. 1913, 252). Unanwendbar deshalb Art. 68 insbes. hins. der Schafräude. Das Viehseuchenges. ist ergänzt durch Ges. v. 18. Juli 1928 (RGBl. 289), das dessen Wirksamkeit auf die Bienen erstreckt, ferner durch Ges. v. 10. Juli 1929 (RGBl. 133).

2. Geldstr. nun 1—150 RMk.

3. Oberpol. angeordnet: Durch obpol. Vorschr. angeordnet, also Pol. Verfüg. nicht zulässig; dies ergibt sich daraus, daß man bei Erlaß des Art. eine Anordnung allg. Charakters, nämlich ein MinAusschr. v. 1835 im Auge hatte (KdAbg. 1859/61 Beil. 3, 151); a. A. Stengel in ZfGR. 8, 354.

4. Weitere Bestimm. über Viehseuchen: Art. 67 Abs. 2, Art. 69, 72, 83.

Art. 69.

1. An Geld bis zu fünfzehn Talern wird gestraft, wer, nachdem er Kennzeichen einer ansteckenden Krankheit an einem ihm zugehörigen oder seiner Hut oder Aufsicht anvertrauten Tiere wahrgenommen hat, nicht sofort das Tier von Orten, wo die Gefahr der Ansteckung anderer Tiere besteht, fernehält und der Ortspolizeibehörde Anzeige macht, oder einen approbierten Tierarzt zur Behandlung des erkrankten Tieres beizieht.

2. Erscheinen an einem Tiere Kennzeichen der Wut, so muß dasselbe sogleich getötet oder auf andere Weise unschädlich gemacht werden, widrigenfalls die Eingangs bestimmte Strafe einzutreten hat.

1. Geldstr. nun 1—150 RM. Wirksamk. gegenüber dem Reichsrecht: Art. 68 A. 1.

2. Ansteckende Krankheiten: Solche, die von einem Tier auf das andere übertragbar sind; vgl. Art. 67 A. 3.

3. Auch die Pflicht des Abs. 2 obliegt nur dem, dem das Tier gehört oder dessen Hut oder Aufsicht es anvertraut ist.

4. Weitere Bestimmungen über Viehseuchen: Art. 67 Abs. 2, Art. 68, 72 u. 83.

Art. 70*.

Zuwiderhandlungen gegen die oberpolizeilichen Vorschriften über das Wegschaffen, den Transport und das Vergraben gefallener oder getöteter Tiere, sowie über das Ausgraben verscharrter Tiere und Tierknochen werden an Geld bis zu fünf Talern, und wenn dieselben wissentlich in Ansehung eines an einer ansteckenden Krankheit gefallenen oder wegen derselben getöteten Tieres begangen werden, an Geld bis zu fünfzehn Talern gestraft.

1. Art. 70 (u. 71) durch das Reichsrecht großenteils (vollständ. Ungültigkeit nimmt an Ob. RggH. v. 6. Juni 1919, KrBl. 62) gegenstandslos geworden: a) Aus der GewO. schlagen ein §§ 16, 7 u. 8; s. hierzu aber § 3 des Tierkadavergeſ. v. 17. Juni 1911. b) Einschlägige Bestimmungen enthält ferner das RinderpestG. v. 7. April 1869 (BGBl. 372); s. Art. 68 A. 1. Aus dem Viehseuchengeſ. v. 26. Juni 1909 kommen in Betracht § 9 Abs. 3 mit § 74 Abs. 1 Nr. 2, § 75; § 16 Abs. 3 mit § 78 u. § 76; § 17 Nr. 14 mit § 76. d) Aus dem Fleischbeschaugeſ. v. 3. Juni 1900 schlagen ein § 11 Abs. 5 mit § 10 Abs. 3. e) Hauptsächlich enthält aber Beschränkungen das Tierkadavergeſ. v. 17. Juni 1911 (RGBl. 248), das in § 6 die unter b—d bezeichneten Geſ. ausdrücklich aufrecht erhält.

2. Geldstr. nun 1—150 RM.

3. Wegschaffen: Nur die negative Tätigkeit des Entfernens von einem Ort. Vergraben: Nur das Bergen unter der Erde. Tiere: Wohl auch Tierteile; hinsichtlich der Art der Tiere keine Einschränkung, auch Wild umfassend. Ausgraben: Auch nur für kurze Zeit. Ansteckende Krankheit: Art. 69 A. 2.

4. Auch fahrl. Begehung strafbar, wenn nicht die Fassung der obpol. Vorschr. entgegensteht.

Art. 71.

1. Wasenmeister, welche den ihre Verrichtungen betreffenden oberpolizeilichen Vorschriften zuwiderhandeln, unterliegen einer Geldstrafe bis zu dreißig Talern.

2. Der gleichen Strafe unterliegen die im Geschäftsbetrieb des Wasenmeisters verwendeten Personen, welche jenen Vorschriften zuwiderhandeln.

1. Gegenstandslos gew. durch § 3 des Tierkadavergeſ. v. 3. Juni 1911 (RGBl. 248) u. des BayAG. v. 31. März 1917 (GVBl. 70).

---

*) Sonderschrifttum: Reuter GemZ. 1899, 8; Her. BlAPr. 1876, 65 u. 320.

Art. 72.

Approbierte Ärzte, Wundärzte, Bader, Hebammen und Tierärzte, welche die ihnen nach Verordnung obliegende Anzeige von dem Ausbruche einer ansteckenden Krankheit unter Menschen oder Tieren nicht sofort der Polizeibehörde erstatten, werden an Geld bis zu dreißig Talern gestraft.

1. Geldstr. nun 1—150 RM. Wirksamkeit hins. menschl. Krankh. eingeschränkt durch das RSeuchG. nach Maßgabe des Art. 67 A. 1 Bemerkten; hins. der Krankh. von Tieren durch das RindPestG. u. das ViehSeuchG. nach näherer Maßg. des bei Art. 68 A. 1 Bemerkten. Hins. der Anzeigepfl. der Tierärzte insbes. s. § 9 Abs. 3 ViehSeuchG.

2. Approbierte Ärzte usw.: Maßgebend der Stand der jeweiligen Gesetzg. Demnach auch approb. Ärzte, Wundärzte u. Tierärzte nur, wenn sie auch diese „Titel" führen oder seitens des Staates oder der Gemeinden als solche behandelt werden wollen (§ 29 GewO.). Zahnärzte werden nicht hieher zu rechnen sein; s. Art. 128 A. 2. Hebammen dagegen alle weibl. Pers., welche die Geburtshilfe gewerbsmäß. ausüben (§ 30 Abs. 3 GewO.). Bader alle, welche den Badertitel mit Recht führen (§ 6 GewO., Art. 127 PStGB.). Gleichgültig, ob amtl. oder nicht amtl. Arzt usw.

3. VO. im Sinne des Art. 72: § 6b Baderordn. v. 31. März 1899 (GVBl. 111).

4. Ansteckende Krankheit: Art. 67 A. 3 u. Art. 69 A. 2. Die Frage des Ausbruchs u., ob es sich um eine ansteckende Krankh. handelt, selbständig im Strafverf. zu prüfen; nicht maßgebend die Anschauung der VO. (ObSt. 7, 367 gegenstandslos).

5. Anzeigepfl. der Familienhäupter: Art. 65.

Art. 72 a.

Mit Geldstrafe bis zu 150 Mark oder mit Haft wird außer dem Falle des § 367 Abs. 1 Ziff. 5 des Strafgesetzbuches für das Deutsche Reich bestraft, wer den Verordnungen in bezug auf den Verkehr mit Arznei- oder Geheimmitteln, welche zur Heilung oder Verhütung von Krankheiten der Menschen oder Tiere bestimmt sind, zuwiderhandelt.

1. Eingestellt durch die Nov. v. 22. Juni 1900 (GVBl. 483); s. auch Art. 115 PStGB. v. 1861 u. KdAbg. 1899/00 Beil. 2, 463; StenB. 3, 806.

2. Wirksamkeit der nach Art. 72a ergehenden Vorschriften gegenüber dem Reichsrecht: a) Aus § 6 Abs. 2 GewO. folgt, daß für Apothekerwaren, die durch die dort vorgesehenen kais. VOen freigegeben sind, landesrechtl. Beschränk. nicht zulässig sind, insbes. auch nicht für Geheimmittel, die freigegebene Arzneimittel im Sinne der kais. VOen sind (KGJ. 23 C 56; RG. 16, 359; 23, 428; ObSt. 11, 188 u. 193; insbes. unzulässig auch die Auflage des Bezugs aus Apotheken). b) § 367 Nr. 3 StGB. enthält keine erschöpf. Regelung; desh. zulässig, für nicht freigegeb. Apothekerwaren auch zu anderen als den dort vorgesehenen Tätigkeiten Genehm. zu fordern, z. B. für Anpreisen (Karlsr. BadRpr. 1904, 27). c) Zufolge § 367

Nr. 5 StGB. kann landesrechtl. die Ausübung der Zubereitung u. Feilhaltung von Arzneien nur darnach geregelt werden, u. zwar auch von Geheimmitteln, die Arzneimittel sind (KGJ. 23 C 56); dagegen kann (ObSt. 3, 35; 6, 58) die Ausübung der sonstigen in § 367 Nr. 3 aufgef. Tätigkeiten u. der nach Landesrecht genehmigungspflicht. Tätigkeiten (s. b) geregelt werden; gilt auch für Geheimm., die Arzneimittel sind. d) Geheimmittel, die keine Arzneimittel, unterstehen der Gewerbefreiheit, weil sie nicht in § 6 GewO. ausgenommen sind (ObSt. 11, 193); maßgebend also hier Bem. VII b vor Art. 1 (s. auch ObSt. 6, 58); aber auch § 6 Abs. 2 GewO. gilt zu ihren Gunsten nicht.

3. Geldstr. nun 1—150 RMk.

4. Arzneimittel soviel wie Arznei s. § 367 Nr. 3 StGB. A. 3. Geheimmittel: Mittel, deren Natur, Beschaffenheit und Bestandteile aus ihrer Bezeichnung nicht erkennbar u. auch sonst nicht öff. u. gemeinverständl. publiziert ist (Schicker Art. 28 PStGB. A. 9). Weitere Begriffsbest.: RG. 16, 359 u. KGJ. 21 C 109. Zusammensetzung aus mehreren Stoffen nicht notwendig; Geheimmittel auch, wenn die Bezeichn. in wissensch., techn. u. Interessentenkreisen geläufig ist (KGJ. 20 C 49). Nicht Gegenstände mit nur dynamischer Wirkung z. B. Gehörapparate, Voltakreuze, Gichtketten (KGJ. 20 C 49). Geheimmittel-Eigenschaft entfällt, wenn im Einzelfall geeignete Angaben erfolgen (Stuttg. WürttZ. 11, 313). Nur Bestimmung zur Heilung u. Verhütung notw., wirkl. Wirkung gleichgültig. Stärkungsmittel, kosmet. Mittel fallen nicht hierher; nicht der Regensburger Karmelitengeist (KdAbg. 1899/00, StenB. 4, 756). Zu prüfen im Strafverf., ob ein Arznei- oder Geheimmittel im Sinne des Art. 72a vorliegt; eine Bindung an die Entsch. der LandeszentralmedizBeh. (KdAbg. 1899/00 StenB. 4, 757) für den Richter unwirksam.

5. Krankheit: Art. 67 A. 3.

6. Zulässig auch die vollständ. Untersagung des Verbrauchs (s. auch KdAbg. 1899/00 Beil. 2, 463); doch muß es sich um Rücksichten auf Leben u. Gesundheit handeln (s. Überschr. des 6. Hauptst.); nicht zu Konkurrenzzwecken.

7. Auch Fahrlässigkeit genügend (ObSt. 3, 35).

8. Weitere Bestimm. über den Verkehr mit Arzneimitteln: § 367 Nr. 3 StGB.

Art. 73.

1. Wer den Verordnungen, ober- oder ortspolizeilichen Vorschriften oder in Ermangelung der letzteren den distriktspolizeilichen Anordnungen über Anlage, Einrichtung oder Abänderung, sowie über Entleerung und bauliche Instandhaltung von Abtritten, Dung- und Versitzgruben in Wohngebäuden oder in unmittelbarer Nähe von Wohnungen, Brunnen oder Brunnquellen zuwiderhandelt, wird an Geld bis zu fünfzehn Talern gestraft.

2. Gleicher Strafe unterliegt, wer den Verordnungen, ober- oder ortspolizeilichen Vorschriften zuwiderhandelt, welche aus Rücksichten auf die Gesundheit oder Sittlichkeit über das Beziehen neuhergestellter Wohnungen oder Wohnungsräume, über die Beschaffenheit und die Belegung von Wohnungen oder Wohnungsräumen und über die polizeiliche Beaufsichtigung des Wohnungswesens erlassen sind.

3. In den Fällen des Absatzes 1 und 2 hat der Richter zu erkennen, daß die Polizeibehörde berechtigt ist, die Beseitigung des vorschriftswidrigen Zustandes, beziehungsweise die Räumung der vorschriftswidrigen Wohnung zu verfügen.

4. Die nach Maßgabe des gegenwärtigen Artikels erkannten Geldstrafen fließen zu zwei Dritteilen in die Armenkasse des Ortes der Übertretung.

1. Jetzige Fassung der Abs. 2 u. 3 beruhend auf der Nov. v. 22. Juni 1900 (GVBl. 483); Zweck der Änderung s. KdAbg. 1899/1900 StenB. 4, 766. Wirksamkeit des Art. durch das RMietengef. nicht berührt (ObSt. 24, 4). Zu berücksichtigen aus dem Reichsrecht: § 54 des Hausarbeitsges. i. d. F. v. 27. Juni 1923 (RGBl. I. 472) u. §§ 120a—120e GewO. (hierzu PrOVG. GArch. 56, 337)*).

2. Geldstr. nun 1—150 RM.

3. Ortspol. Vorschr.: Für München s. Mayr BayZ. 1918, 346; distrpol., nun bezpol. Anordnungen: S. Art. 5. Zulässig Vorschr. u. Anordn. für bestehende wie für neuanzulegende Aborte usw. (ObSt. 5, 215; OSt. 9, 111). Zulässig auch Einführung eines Monopols der Gem. (OSt. 8, 409). Zulässig auch das Verbot der Verbindung der Aborte mit öff. Abzugskanälen, wie umgekehrt das Gebot, daß die Entleerung in solche erfolgen müsse (ObSt. 15, 191). Nicht zulässig, auf Grund der Grundlage des Abs. 1, die Neuanlage von Aborten usw. vorzuschreiben (vgl. BlAPr. 1888, 331), wohl aber z. Tl. nach Abs. 2 möglich (Beschaffenheit der Wohnung). Nicht zulässig Anordn. über Benützung der Aborte usw. insbes. über die einzuwerfenden Gegenst. (a. A. ObSt. 7, 409). Möglich auch Begründung einer strafrechtl. Haftung für Maßnahmen des Vorbesitzers (ObSt. 7, 2). Dunggruben: Bodenvertiefungen für Abfälle zur Fruchtbarmachung des Bodens, nicht Dungstätten ohne Bodenvertiefung (a. A. ObSt. 12, 260). Versitzgruben: Bodenvertiefungen, die bezwecken, Flüssigkeiten versickern zu lassen.

4. Wohngebäude u. Wohnungen: Nur Orte, die Menschen zum ständigen Aufenthalt bei Tag u. Nacht dienen sollen, aber auch deren Nebenräume; nicht Werkstätten oder Fabriken (a. A. OSt. 5, 464; Mayr BayZ. 1918, 343), Lagerräume, Schulen, Turnanstalten, Sommerhäuschen. Wohnungen im Gegens. zu Wohngebäuden auch Wohnwägen, Höhlen, Teile von anderen Zwecken dienenden Gebäuden. Wohnungen: Gleichgültig, ob gemietete oder dem Inhaber eigentümlich zustehende, oder Dienstwohnungen; gleichgültig, ob neu hergestellte oder schon bestehende. Wohnungsräume: Räumlich selbständige Teile von Wohnungen.

5. Strafbar nach Abs. 2 nur Zuwiderhandlungen gegen Polizeivorschriften, nicht gegen Polizeiverfügungen; nach der Rechtsprechung soll es unbeschränkt zulässig sein, in Polizeivorschr. die Ermächtigung zu Polizeiverfügungen zu geben (ObSt. 27, 67); s. hiezu Art. 1 A. 6. Sittlichkeit: Im engeren Sinn, beschränkt auf geschlechtl. Verhältnisse. Zu prüfen im Strafverf., ob der Zweck verfolgt, nicht, ob er zweckdienlich verfolgt ist.

6. Neu hergestellt: Auch wenn schon bisher, aber für andere Zwecke vorhanden; nicht Neuinstandsetzung. Beschaffenheit der Wohnung: Nicht der Wohnungseinrichtung; Vorgehende Sonderbest.: Art. 76 Abs. 1 Nr. 2. Belegung:

*) Über Wohnungspolizei im allg. s. Mayr BayZ. 1918, 340.

Nicht über Besuche Dritter; nicht über die Art der Benützung. Zulässig Gebote u. Verbote an den Vermieter u. Mieter (ObSt. 7, 13) u. auch an Dritte (Handwerker). Polizeiliche Beaufsichtigung: Formelles WohnungsPolRecht, Überwachung des Zustands vom gesundh. u. sicherheitspol. Standp.; nicht umfassend: Anordn. über die Beschaffenh. oder Benützung, oder eine Aufsicht über die Bewohner oder die dort befindl. Gegenst. oder eine Aufsicht zu steuerl., polit. Zwecken. Wegen der Handhabung der Wohnungsauff. s. Neuer GemZ. 1924, 593.

7. Beseitigung des vorschrwidr. Zustands: S. das zu „ordnwidr." bei Art. 105 A. 3 Bemerkte. Beziehungsweise: D.h. in den Fällen des Abs. 1 Beseitigung des vorschrwidr. Zustands schlechthin, in den Fällen des Abs. 2 nur Räumung der vorschrwidr. Wohnung; also in den Fällen des Abs. 2 keine in anderer Weise erfolgende Abstellung des vorschrwidr. Zustands (vgl. hierzu die frühere Fassung des Art.; a. A. ObSt. 15, 65, das bei Abs. 2 beide Maßregeln zuläßt). Räumungsbefugnis nur für Wohnungen d. h. Wohnungsgebäude, nicht aber für Wohnungsräume. Die Vorschr. des Abs. 3 ist für den Richter zwingend (ObSt. 5, 424). Ermächtigung zur Beseitigung u. Räumung auch, wenn bei Idealkonk. die Strafe aus einem anderen Art. bemessen wird, weil pol. Straffolge; a. A. wohl ObSt. 15, 192. Verwirklichung des Abs. 3 im obj. Verf.: Art. 18 Abs. 2. Im Strafverf. keine Entscheid. über die Pflicht zur Tragung der Kosten des VerwVerf. (ObSt. 15, 66).

8. Teilung der Geldstr. bei Erstreckung der Übertretung auf die Bez. mehrerer Armenkassen.

9. Auch fahrläss. Begehung strafbar, soweit nicht die Fassung der Pol.-Vorschr. entgegensteht. Bewußtsein der Rechtswidrigk. nicht notw. (ObSt. 12, 265). Idealkonk. mit § 367 Nr. 15 möglich (ObSt. 11, 386). Art. 94 durch Art. 73 wegen GesKonk. als lex specialis ausgeschl. (ObSt. 15, 191).

10. Verwandte Strafbest.: Art. 92, 94, 95, 50 PStGB.; § 366 Nr. 10 StGB. (Reinlichkeit). Grundsätze für Anlage u. Einrichtung von Aborten usw.: InnME. v. 22. März 1870 (RBKrBl. 1872, 952).

Art. 74.

1. An Geld bis zu fünfzehn Talern wird gestraft:

1. wer den ober- oder ortspolizeilichen Vorschriften über Beschau des zur menschlichen Nahrung bestimmten Viehes vor und nach der Schlachtung zuwiderhandelt;
2. wer andere verkäufliche Nahrungsmittel, Eßwaren oder Getränke der durch ober- oder ortspolizeiliche Vorschrift angeordneten Beschau entzieht.

2. Die nach Maßgabe des gegenwärtigen Artikels erkannten Geldstrafen fließen zu zwei Dritteilen in die Armenkasse des Ortes der Übertretung.

1. Fleischbeschau im allg. nun geregelt durch das RG., betr. die Schlachtvieh- u. Fleischbeschau v. 3. Juni 1900 (RGBl. 547). Hiedurch erschöpfende Regelung, welche Untersuch. des Schlachtviehs u. Fleisches notw. u. zulässig sind; landesrechtl. Vorschr. nur mehr wirksam, soweit ausdrücklich aufrecht erhalten oder soweit Vorbehalte zu ihren Gunsten bestehen (KGJ. 33 C 78); solches ist geschehen

in den § 20 Abs. 1 u. 2 u. § 24 des Ges.; s. aber hierzu auch § 27 Nr. 4; Bestrafungen der Verletz. der durch § 20 vorbehaltenen Vorschr. erfolgen nach Landesrecht. Wegen des näheren Umfangs dieser reichsrechtl. Vorbehalte s. ObSt. 13, 455; 14, 36. Insbes. ist es ausgeschl., auf Grund des § 20 Abs. 1 FleischbeschG. eine nochmalige allg. Untersuchung bereits amtlich untersuchten Fleisches anzuordnen (KGJ. 53, 422; 41, 433; 33 C 78; ObSt. 15, 133; a. A. RG. 48, 261, darnach eine allg. Anordn. der nochmaligen Untersuchung zulässig, wenn sich die Vorschriften innerh. des durch § 20 Abs. 1 FleischbeschG. gezogenen Rahmens halten; zweifelnd ObSt. 23, 12); unzulässig ist es auch, den Vorbehalt des § 9 des FleischbeschG. über die Behandlung des zum Genusse von Menschen untaugl. Fleisches näher zu regeln (ObSt. 14, 196); zulässig landesrechtl. Vorschriften über Trichinenschau (ObSt. 14, 149); zulässig die Einführung des Schlachthauszwangs zum Zwecke der Fleischbeschau auch für Schlachtungen für den eigenen Haushalt (ObSt. 14, 320); wegen der Beschränkungen bei Herkunft aus inländ. Schlachtorten s. auch KGJ. 42 C 431. Die GewO. schließt Auflagen an die GewTreibenden nicht aus (OSt. 4, 192).

Geldstr. nun 1—150 RMk.

2. Vieh: Nur dem Menschen nutzbar gemachte u. im Hause gehaltene Tiere u. wohl auch nur Säugetiere u. Vögel (Geflügel); insbes. auch Schafe, Ziegen, Gänse (KdAbg. 1859/61 GGA. Beil. 2, 182; 3, 162; OSt. 3, 338). Nur eine auf die Schlachtung bezügliche Beschau, nicht für verunglücktes Vieh.

3. Nahrungsmittel im allg.: § 370 Nr. 5 StGB. A. 1. Beschau auch vorgesehen in §§ 7—10 des Lebensmittelges. v. 5. Juli 1927 (RGBl. 134). Im Hinblick auf § 11 Abs. 2 dieses Ges. wird jedoch dadurch Art. 74 Nr. 2 nicht berührt (s. hierzu Stenglein Bd. 1 S. 751 § 11 A. 2). Wegen des Verkehrs mit Milch s. das noch nicht in Kraft getretene Milchgesetz v. 31. Juli 1930 (RGBl. 421).

4. Zulässig bei Nr. 1 wie 2 nicht nur Bestimmungen, daß das Vieh einer Beschau zu unterstellen sei, sondern alle zur Durchführung der Beschau dienlichen Anordnungen (ObSt. 14, 146); auch Anordnungen auf Zuführung an eine Untersuchungsstelle; auch die Anordnung, daß die Beteiligten die Zusammensetzung der NahrMittel anzugeben haben; zulässig auch Anordnungen, die einen teilw. Verbrauch der Gegenstände verlangen.

5. Abs. 2: Ausnahme von Art. 29 AG. StPO.

6. Beseitigt sind die Vorschriften des älteren bayer. Rechts über die Biervisitationen in den Lagerkellern, insbes. LdtgsAbsch. v. 1. Juli 1856 III. Abschnitt § 29 Nr. 5; maßgebend auch insoweit nun Art. 74 Nr. 2 u. das LebensMittG.; s. BlAPr. 1881, 253. VollzBest.: InnMB. v. 2. Dez. 1873 (InnMBl. 599), 29. Nov. 1876 (InnMBl. 517), 17. Juni 1877 (InnMBl. 233), 9. Juli 1879 (Inn.-MBl. 287), 18. Okt. 1912 (InnMBl. 1019).

7. Beschau des Viehs aus seuchenpolizeilichen Gründen: Art. 68. Mit Art. 74 Nr. 1 verwandte Strafbest. Art. 145 Nr. 2.

Art. 75.

1. Wer außer den Fällen des § 367 Ziff. 7 des Strafgesetzbuches für das Deutsche Reich den zur Verhütung von Gefahren für die Gesundheit in bezug auf die Beschaffenheit, Zubereitung und Aufbewahrung oder das Ausmessen und Auswägen verkäuflicher Nahrungsmittel, Eßwaren und Getränke ergangenen ober- oder ortspolizeilichen Vorschriften zuwiderhandelt, wird an Geld bis zu fünf-

zehn Talern gestraft, womit, im Falle die Übertretung innerhalb zwei Jahren wiederholt wird, Haft bis zu acht Tagen verbunden werden kann.

2. An Geld bis zu fünf Talern wird gestraft, wer die ortspolizeilichen Anordnungen über Reinlichkeit in Mühlen, Schlachthäusern, Fleischbänken und auf Märkten übertritt.

3. Im Strafurteile ist zugleich die Zulässigkeit der Einziehung der in Abs. 1 als schädlich bezeichneten Gegenstände auszusprechen.

1. § 367 Nr. 5 StGB. ist mit Wirkung seit 1. Okt. 1927 aufgehoben durch § 24 Abs. 2 des LebensMittG. v. 5. Juli 1927 (RGBl. 134); der in Art. 75 zugunsten des § 367 Nr. 5 StGB. gemachte, übrigens bei dem Grundsatz, daß Reichsrecht Landesrecht bricht, selbstverständliche, Vorbehalt gilt nunmehr, zufolge des § 24 Abs. 3 des LebensMittG., zugunsten dieses Gesetzes. Geldstr. nun bei Abs. 1 u. 2 1—150 RMk. Vorgeht nun die Regelung durch das an die Stelle des NahrungsMittG. v. 14. Mai 1879 getretene LebensMittG. v. 5. Juli 1927 (RGBl. 134), das Ges. über den Verkehr mit blei- u. zinkhaltigen Gegenständen v. 25. Juni 1887 (RGBl. 273), das Farbenges. v. 5. Juli 1887 (RGBl. 277) — dieses nur mehr gültig nach Maßgabe des § 24 Abs. 4 des LebensMittG. —, das Margarineges. v. 15. Juni 1897 (RGBl. 475), die BdsRatsBek. v. 26. Juni 1916/22. April 1921 über fetthaltige Zubereitungen (RGBl. 589/501), die VO. v. 25. Okt. 1917 über Fleischbrühwürfel (RGBl. 969), das Ges. v. 27. April 1923 über den Verkehr mit Absinth (RGBl. 257), das Ges. v. 10. Aug. 1925 über den Verkehr mit Vieh u. Fleisch (RGBl. 186), das Süßstoffges. v. 14. Juli 1926 (RGBl. 409), das Ges. v. 23. Dez. 1926 zur Regelung des Verkehrs mit Milch (RGBl. 528) mit Ges. v. 22. März 1929 (RGBl. 81) — für die Folge ersetzt durch das noch nicht in Kraft getretene Milchges. v. 31. Juli 1930 —, das Weinges. v. 25. Juli 1930 (RGBl. 356). Hierzu die ihre gesetzl. Grundlage in § 5 LebensMittG. findenden VOen v. 14. Juli 1908 betr. den Verkehr mit Essigsäure (RGBl. 475), v. 24. Febr. 1882 über das gewerbsmäßige Verkaufen u. Feilhalten v. Petroleum (RGBl. 40), v. 29. Sept. 1927 über die äußere Kennzeichnung von Lebensmittel (RGBl. 318), geänd. durch VO. v. 28. März 1928 (RGBl. 136), VO. v. 10. Mai 1930 über Kaffee (RGBl. 169) u. VO. v. 10. Mai 1930 über Kaffee-Ersatzstoffe u. Kaffee-Zusatzstoffe (RGBl. 171). Keines dieser Gesetze regelt die Materie: Für das LebensMittG. s. RG. DJZ. 1929, 248; JFG. Erg. 8, 406; zu beachten wegen des Umfangs des Geltungsbereichs dieses Ges. das in § 5 dess. vorgesehene Verordnungsrecht; für das Bleiges. OSt. 7, 404; für das Farbenges. KG.J 38 C 51.

2. Gesundheit: Der normale physiolog. Zustand; auch die geistige Gesundheit. Zu anderen Zwecken auf Grund des Art. 75 Vorschr. nicht zulässig (ObSt. 11, 96); deshalb nicht zulässig die Anordnung, daß die Verwendung von Margarine usw. ausdrücklich angegeben wird (ObSt. 6, 226). Die konkrete Gefahr, der begegnet werden soll, muß tatsächlich eine solche für die Gesundheit sein; zu prüfen im Strafverfahren (nur teilw. richtig OGHSt. 5, 452); Zweckdienlichkeit aber nicht notw.; genügend die Absicht, den Zweck zu verfolgen (ObSt. 14, 218).

3. Zulässig nicht bloß Vorschr., die sich unmittelbar auf das aufbewahrte Nahrungsmittel usw. oder den Verwahrungsgegenstand beziehen; demnach auch Vorschr. hinsichtlich der Verwahrungsgegenstände, und zwar auch für eine Zeit, zu der sich in solchen noch keine Nahrungsmittel usw. befinden, z. B. leere Bierfässer

(ObSt. 28, 208 in Erweiterung v. ObSt. 10, 441); auch Vorschr. hins. der Orte des Zubereitens usw. u. der verwendeten Geräte; auch Verbot der Bierpressionen (ObSt. 7, 50). Anordn. über die Gassenschänken: BlAPr. 1906, 123.

4. Nahrungsmittel: § 370 Nr. 5 StGB. A. 1; auch lebende Tiere (a. A. OGHSt. 4, 114).

5. Wiederholte Begehung: Art. 50a A. 5; nur hier Frist bestimmt; Beginn der letzteren mit der Begehung.

6. Ortspol. Anordn. S. Art. 93 A. 2.

7. Mühlen: Es müssen in ihnen Menschen verkehren können, nicht bewegliche Handmühlen. Märkte: Art. 146 A.2.

8. Der Art. bezieht sich auch auf nicht gewmäßige Betriebe (ObSt. 14, 199). Fahrläss. Begehung strafbar.

9. Nicht einziehbar die zur Zubereitung usw. dienenden Gegenstände: ObSt. 9, 372. „Zulässigkeit der Einziehung" soviel wie Einziehung. Einziehung zwingend. Einzieh. im obj. Verfahren: Art. 18.

10. Verfügung über die Geldstr. u. die eingezogenen Gegenstände: Art. 77. VollzBestimm.: Art. 74 A. 6. Verwandte Strafbest.: Art. 94 u. 76 PStGB., § 367 Nr. 3 StGB.

Art. 76.

1. An Geld bis zu fünfzehn Talern oder mit Haft bis zu acht Tagen wird gestraft, wer den oberpolizeilichen Vorschriften zur Verhütung von Gefahren für die Gesundheit

1. bei Verfertigung, Aufbewahrung oder Verpackung von Tabak oder bei Verfertigung von Koch-, Eß- oder Trinkgeschirren, Kleidungsstoffen, Kinderspielwaren, Tapeten oder sonstigen Gegenständen des menschlichen Gebrauches oder
2. beim Anstreichen oder Bemalen von Wohnungsräumen zuwiderhandelt.

2. Gleicher Strafe unterliegt, wer gegen oberpolizeiliches Verbot solche für die Gesundheit gefährliche Gegenstände feilbietet oder verkauft.

3. Zugleich kann auf Einziehung solcher Gegenstände erkannt werden.

1. Einschlägiges Reichsrecht: Art. 75 A. 1. Geldstr. nun 1—150 RMk.

2. Kinderspielwaren: Auch wenn der Gegenstand beim Spiel verbraucht w. (Hamb. Reg. 13, 206).

3. Aufbewahrung: § 367 Nr. 5 A. 1. Gegenstände des Gebrauchs, nicht des Verbrauchs (für diese Art. 75). Wohnungsräume: Art. 73 A. 4.

4. Gefahren für die Gesundheit: Art. 75 A. 2. Wegen der Rücksichten auf die Reinlichkeit s. Art. 94 (vgl. OSt. 10, 221).

5. Feilbieten: § 367 Nr. 3 A. 6. Verkaufen: § 367 Nr. 3 A. 7.

6. Fahrlässigkeit ausreichend bei Abs. 1, soweit nicht die Fassung der obpol. Vorschr. entgegensteht; Abs. 2 erford. Vorsatz.

7. Verfügung über die erkannten Geldstrafen und den Erlös der eingezogenen Gegenstände: Art. 77.

Art. 77.

Die in Gemäßheit der Art. 75 und 76 erkannten Geldstrafen, sowie der Erlös der gemäß Art. 75 und 76 eingezogenen und nicht zur Vernichtung bestimmten Gegenstände fließen zu zwei Dritteilen in die Armenkasse des Ortes der Betretung.

1. Ausnahme von Art. 29 AG. StPO. Ort der Betretung: S. Art. 52 A. 9; absichtlich gewählt an Stelle des sonst gebrauchten Ausdrucks Ort der Übertretung (KdAbg. 1859/61 GGA. Beil. 2, 236).

Art. 78.

1. Mit Geldstrafe bis zu fünfzehn Talern wird bestraft, wer ohne polizeiliche Bewilligung eine Schießstätte oder einen Schießstand errichtet oder den in bezug auf die Einrichtung und Benützung einer solchen Vorrichtung von der Polizei im Interesse der öffentlichen Sicherheit getroffenen Anordnungen zuwiderhandelt.

2. Die Polizeibehörde ist berechtigt, zu jeder Zeit derartige Anordnungen zu erlassen und im Falle der Zuwiderhandlung die fernere Benützung der Anlage zu verbieten.

1. Geldstr. nun 1—150 RMk.

2. Schießstätten: Anlagen zur Übung im Schießen. Schießstände: Standplätze zum Übungsschießen ohne bleibende Einrichtungen (im wesentl. so KdAbg. 1859/61 Beil. 3, 156), aber auch die Standplätze innerh. der Schießstätten oder der Schießstände im vorigen Sinn. Art des Schießens gleichgültig (Bogenschießen). Nicht: Jagdlicher Schießstand. Gilt auch für Militärschießplätze; es handelt sich hierbei nicht bloß um eine Angelegenheit des Militärs; a. A. mit unzureichender Begr. InnME. v. 17. Juli 1863 (Web. 6, 195). Strafbar schon bloße Errichtung, auch wenn noch nicht benützt (KdAbg. 1871/72 GGA. Beil. 1, 110).

3. Zuständige PolBeh.: § 22 ZustVO. Neben der Genehm. zur Errichtung besondere Bewillig. nach § 367 Nr. 8 StGB. nötig (KdAbg. 1871/72 GGA. Beil. 1, 110; a. A. Karlsr. BadRspr. 1901, 238). Bewillig. zur Errichtung verleiht ein Recht (Abs. 2 Halbs. 2). Anordnungen: Einzelverfüg. nach Art. 1 Abs. 3. Erford. unter Umständen auch baupol. Bewillig. (Art. 101 PStGB., § 367 Nr. 15 StGB.). Ebenso unter Umst. einschläg. § 27 GewO. u. Art. 32 PStGB.

4. Öff. Sicherheit. Verhütung der Gefährdung von Pers. u. Sachen im allg.; Zweckdienlichkeit im Strafverf. nicht prüfen, wohl aber, ob der Zweck verfolgt wurde.

5. Verw. Strafbest.: § 368 Nr. 7, § 367 Nr. 8 StGB.

Art. 79.

An Geld bis zu drei Talern wird gestraft, wer an einem durch ortspolizeiliche Vorschrift verbotenen Orte badet oder gegen ortspolizeiliches Verbot sich auf eine Eisdecke begibt.

1. **Geldstr.** nun 1—150 RMk.

2. **Ortspol. Vorschr.:** Nur örtl. Beschränkung des Badens im allg. zulässig; nicht Abgrenzung nach PersKlassen (Männer, Schwimmer) oder sonstige Beschränkungen.

3. **Baden:** Nur Bad nehmen, nicht im trans. Sinn.

4. **Ortspol. Verbot:** Als allgemeines u. als PolVerfügung; ersterenfalls ortspol. Vorschr. nötig (a. A. Stengel ZfGR. 8, 353). Auch die PolVerfüg. kann nur von der PolBeh., nicht einem Organ (Schutzmann) ausgehen. **VollzBest.:** JnnMB. v. 3. Jan. 1889 (JnnMBl. 2).

5. **Verw. Strafbest.:** Art. 26 mit 206 Abs. 2 WassG. Art. 79 dadurch nicht berührt (Eymann Wasserges. 2. Aufl. Art. 206 A.2 S. 1681); a. A. Steinbach GemZ. 1909, 107.

Art. 80.*)

1. Wer mit Gefahr für Personen oder Eigentum oder für die öffentliche Sittlichkeit Blödsinnige oder Geisteskranke, deren Aufsicht ihm obliegt, frei auf Straßen oder an öffentlichen Orten herumgehen läßt, wird an Geld bis zu fünfzehn Talern bestraft.

2. Hat eine solche Person einen Angriff gegen Personen oder fremdes Eigentum verübt oder die öffentliche Sittlichkeit verletzt und ist wegen Unzurechnungsfähigkeit des Beschuldigten entweder ein Strafverfahren gar nicht eingeleitet worden oder ein das Strafverfahren einstellendes Erkenntnis erfolgt, oder ist die Gemeingefährlichkeit einer solchen Person in sonstiger Weise festgestellt, so ist die Polizeibehörde berechtigt, auf den Grund bezirksärztlichen Gutachtens deren Unterbringung in einer Irrenanstalt oder deren sonstige genügende Verwahrung anzuordnen.

1. **Geldstr.** nun 1—150 RMk.

2. **Gefahr:** Die nahe Möglichkeit der Verletzung; u. U. schon begründet durch den allg. Zustand des Kranken. **Eigentum:** Vermögen schlechthin. **Sittlichkeit:** Im eng. Sinn, beschränkt auf geschlechtl. Verhältn. **Öff.:** Gefährdung der Allgemeinh. notwendig.

3. **Blödsinnige oder Geisteskranke:** Furiosi vel mente capti (Gem. Recht); „Blöd- u. Unsinnige", „formierte ganze Narren, nicht bloße Simpeln, Melancholici oder solche Leut', welche nur in sensu morali für närrisch u. unverständig passieren" (LR. Anm. zu Tl. Ic 7 § 37 Nr. 3). Zu weitgehend Mayer a. a. O. S. 99; darnach soll „irgendwelcher geistige Defekt" ausreichen.

4. **Einstellendes Erkenntnis:** Auch des StAnw.; auch Erkenntnisse auf Außerverfolgsetzung oder Nichteröffnung.

---

*) S. hierzu Art. 475 Nr. 7 Code penal; Farmberger GemZ. 1904, 733; Mayer VBl. 1929, 97; Wildenauer GemZ. 1926, 353.

5. Gemeingefährlichkeit: Erford. gemeine Gefahr. Gefahr: Der Zustand naher Möglichkeit einer Verletzung, gleichgültig welchen Rechtsguts. Gemeine Gefahr: Wenn sie sich auf einen unbeschränkten Kreis von Rechtsgütern erstreckt; nicht, wenn sie sich bloß auf eine Familie beschränkt. Hierzu weiter erford., daß sich der Bezirksarzt für die Verwahrung ausspricht (Farmberger GemZ. 1904, 736; unklar Mayer BBl. 1929, 102); dieses auch maßgebend dafür, ob Unterbring. in einer Irrenanstalt oder sonstige Verwahrung erfolgen soll. Ablehnung möglich trotz befürwortenden Gutachtens des BezArzts. BeschwInstanz an das Gutachten des BezArzts nicht gebunden.

6. PolBeh.: Die BezPolBeh. des Wohnsitzes, bei dessen Mangel des Aufenthalts, in München die PolDir.; im übrigen s. die Bek. v. 29. Okt. 1923 u. 26. März 1929 (abgedr. im III. Teil). Ändern sich Wohnsitz oder Aufenthalt während der Verwahrung, so ändert sich dementsprechend auch die Zuständigkeit (Wildenauer GemZ. 1926, 360). Auch vorläuf. Maßnahmen zum Vollzug der Einweisung werden zulässig sein; auch Nr. 3 der Bek. v. 1. Jan. 1895 nimmt dies an; diese auch vor der Erstattung des bezärztl. Gutachtens zulässig. Für Zwangsmaßregeln zur Feststellung, ob die Voraussetz. des Art. 80 vorliegen, besteht keine gesetzl. Grundlage. Verfahrensvorschriften für die Anordnung der Unterbringung: InnMB. v. 1. Jan. 1895 (JMBl. 72; InnMBl. 2); sie hat nur die rechtl. Natur einer Dienstanweisung. Transport der Kranken: InnMB. v. 21. Jan. 1899 (InnMBl. 43). Die Voraussetzungen der Entlassung aus der Irrenanstalt oder der sonstigen Verwahrung nicht ausdrücklich gesetzlich geregelt; aus Art. 80 folgt, daß die Entlassung zu erfolgen hat, wenn die Voraussetzungen des Art. 80 Abs. 2 entfallen sind; Regelung durch Verwaltungsanweisungen mit Rechtswirkung nicht möglich; solche haben nur die Natur von Dienstanweisungen. Zur Erhebung der Kosten der Maßregeln des Abs. 2 von dem Kranken oder Dritten keine besondere gesetzl. Grundlage (a. A. Mayer BBl. 1929, 104). Maßgebend nur die allg. Grundsätze des BGB. über Geschäftsführung ohne Auftrag und die Bestimmungen über die öffentl.-rechtliche Fürsorgepflicht. Wildenauer GemZ. 1926, 394 scheint eine öffentrechtliche Pflicht des Kranken und der ihm gegenüber Unterhaltspflichtigen anzunehmen. Pflicht der StAnw. zur Mitteilung von Fällen, in denen Maßregeln nach Art. 80 Abs. 2 in Frage kommen: Dienstvorschr. v. 13. Jan. 1926 (JMBl. 41) § 100. Verhältnisse der Privatirrenanstalten: InnMB. v. 3. Dez. 1895 (InnMBl. 635; JMBl 1896, 37). Aufhebung der Fürsorgeerziehung nach § 73 JugWohlfG., wenn eine Anordn. nach Abs. 2 ergangen (ObZ. in BayZ. 1928, 251).

7. Weitere Bestimm. über Geisteskranke: Art. 42 u. 81.

Art. 81.

1. Wer ihm angehörige oder anvertraute Kinder, Kranke, Gebrechliche, Blödsinnige oder andere dergleichen hilflose Personen in bezug auf Schutz, Aufsicht, Verpflegung oder ärztlichen Beistand verwahrlost, wird an Geld bis zu dreißig Talern oder mit Haft bis zu vier Wochen bestraft.

2. Im Strafurteile kann ausgesprochen werden, daß die Polizeibehörde ermächtigt sei, in anderer Weise für die Unterbringung der betreffenden Person auf Kosten des Pflichtigen zu sorgen. Die Er-

mächtigung ist, wenn es sich um eine Maßregel handelt, zu der eine Anordnung des Vormundschaftsgerichts erforderlich ist, von der Erlassung dieser Anordnung abhängig zu machen.

1. Abs. 2 S. 2 beigefügt durch Art. 162 AG.BGB.*). Geldstr. nun 1 bis 150 RM.

2. Angehörige: Solche, hins. derer ein zivilrechtl. Schutzverh. besteht (BGB. §§ 1627, 1634, 1635, 1707, 1757, 1793, 1901, 1909, 1910); aber auch bloß tats. Pflegeverh., die zu einem dauernden sittl. Band wurden (ObSt. 3, 195 gegen OSt. 6, 213). § 52 StGB. nicht anwendbar. Anvertraut: Übergeben zur Beaufsicht. u. Erziehung auf Grund Vertrags (ObSt. 6, 169), aber auch auf Grund eines rein tatsächl. Verhältnisses (ObSt. 3, 195), auch gesetzl. begründete Überweisung durch öff. Organe (OGHSt. 5, 488). Nicht ausreichend öffrechtl. Fürsorgepflicht (OSt. 6, 212). Auch die Kranken usw. müssen angehörig oder vertraut sein. Kinder: Hilfsbedürftige wegen jugendl. Alters: Blödsinnig: Gleich „Blöds. u. Geisteskrank" bei Art. 80 A. 3.

3. Verwahrlost: Herbeiführung des Zustands der Gefährdung der körp. u. geistigen Entwicklung oder der Gesundheit (ObSt. SeuffBl. 73, 639). Nicht notw. Gesundheitsbeschäd. (ObSt. 6, 169). Nicht, wenn ein anderer (Armenpflege) sich rechtzeitig angenommen hat (OSt. 2, 474).

4. Auch Fahrlässigkeit ausreichend (ObSt. 6, 169).

5. Entscheid. nach Abs. 2 Ermessen des Gerichts (OGHSt. 9, 22). Nicht im Strafbefehl. Die Entscheidung regelt nur das Verhältnis zu dem, bei dem sich das Kind usw. befindet, u. hinsichtl. der Kostenfrage auch zu dem Pflichtigen, nicht zu der verwahrlosten Person selbst, oder zu den Obsorgeberechtigten. Zustimmung des handlungsfähigen Kranken oder des Vormunds also zum Vollzug notwendig. S. 2 eine selbstverständliche Folge dieses Gedankens; deshalb Anordn. des VormGerichts auch notw., wenn S. 2 vom Strafrichter nicht beachtet.

6. Pflichtiger: Wer nach sonstigen zivilrechtl. (familienrechtl. oder vertragl.) oder öffrechtl. Bestimmungen (z. B. fürsorgerechtlichen) zur Kostenbestreitung verpflichtet ist. Entscheid. hierüber weder durch den Strafrichter, noch durch die unterbringende VerwBeh., sondern in dem Verf., in dem über die die Grundlage bildende Rechtspflicht allg. zu entscheiden ist; a. A. BlAPr. 1879, 295 (Vorläuf. Anordn. Recht der VerwBeh.).

7. Sachl. u. örtl. Zust. zur Unterbringung: § 24 ZustVO. Transport der Personen, deren Unterbringung nach Abs. 2 angeordn. wurde: InnMB. v. 21. Jan. 1899 (InnMBl. 43).

8. Verw. Strafbestimm.: Art. 42 u. 80 PStGB.; § 361 Nr. 10 StGB.

Art. 82.

Wer bei Verrichtungen, welche zur Verhütung von Gefahr für Leben und Gesundheit Dritter besondere Vorsicht erfordern, sich betrinkt, wer betrunken solche Verrichtungen außer Notfällen vornimmt, wird an Geld bis zu fünfzehn Talern oder mit Haft bis zu acht Tagen gestraft.

---

*) Sonderschrifttum zu Abs. 2: BlAPr. 1879, 294.

1. Geldstr. nun 1—150 RM. Verrichtungen: Beispiele: Ärzte, Hebammen, Bahnbeamte, Bergführer. Gesundheit: Abs. 75 A. 2. Strafbar nach Halbs. 1 auch, wer, nachdem er sich betrunken hat, keine Verrichtung mehr vornimmt. Betrinkt: In solchem Grade, daß Gefahr unsachgemäßer Tätigkeit besteht. Notfall: Art. 89 A. 2. Weitere Strafbest. gegen Trunksucht: § 361 Nr. 5 StGB.; ferner § 5 der StraßenVerkO. v. 8. Mai 1926, dieser geht wohl dem Art. 82 als lex spec. vor. S. auch Art. 55 PStGB; außerdem § 16 des Gaststättengeſ. v. 28. April 1930 (RGBl. 146).

Art. 83.

1. An Geld bis fünf Talern wird gestraft:

1. Wer Hunde der durch ober- oder ortspolizeiliche Vorschrift angeordneten und öffentlich bekannt gemachten Visitation entzieht oder nicht rechtzeitig unterstellt oder die ober- oder ortspolizeilich vorgeschriebenen Zeichen für dieselben nicht löst;
2. wer Hunde in Kirchen oder zu Pferderennen mitnimmt;
3. wer gegen ortspolizeiliches Verbot oder in Ermangelung eines solchen gegen distriktspolizeiliche Anordnung Hunde auf Leichenhöfe, in öffentliche Wirtschaftslokale, in Theater, Fleischbänke, auf Märkte oder zu öffentlichen Feierlichkeiten mitnimmt, solche während der Nachtzeit auf öffentlichen Straßen frei herumlaufen läßt, läufige Hündinnen nicht gehörig verwahrt oder freilaufende Hunde größerer Gattung nicht mit einem wohlbefestigten Maulkorbe versieht.

2. Unabhängig von der Strafverfolgung steht der Polizeibehörde die Befugnis zu, die ohne vorgeschriebenes Zeichen oder gegen Verbot frei oder ohne Maulkorb herumlaufenden Hunde einfangen und nach Ablauf eines festgesetzten, öffentlich bekannt gemachten Zeitraumes töten zu lassen, wenn sich der Besitzer innerhalb dieses Zeitraumes nicht gemeldet hat.

3. Desgleichen ist die Polizeibehörde berechtigt, Hunde, welche mit ansteckenden oder ekelerregenden Krankheiten behaftet sind, auf Gutachten eines approbierten Tierarztes töten zu lassen.

4. Zuwiderhandlungen gegen die oberpolizeilichen Vorschriften, welche gegen den Ausbruch oder die Verbreitung der Wutkrankheit unter den Hunden gerichtet und aus Anlaß vorkommender wutkranker oder wutverdächtiger Hunde besonders bekannt gemacht oder den Hundebesitzern eröffnet worden sind, werden mit Geldstrafe bis zu fünfzig Talern oder Haft bestraft.

5. Die nach Maßgabe des gegenwärtigen Artikels erkannten Geldstrafen fließen zu zwei Dritteilen in die Armenkasse des Ortes der Übertretung.

1. Geldstr. nun 1—150 RMk. Abs. 4 unwirksam gew. durch § 10 Abs. 1 Nr. 2, §§ 36—41 ViehseuchG. v. 26. Juni 1909.

2. Besondere Bekanntm. der Visitation (neben der Verkünd. der pol. Vorschriften) notw. Aufzunehmen in die Bekanntm. alle zur Erfüllung der Vorschrift zu beachtenden Umstände, insbes. Art u. Zeit der Visitation.

3. Rechtzeitig: Maßgebend der Inhalt der pol. Vorschr. Die Pflicht zur Herbeiführung der Besichtigung kann auch für andere Personen als den Eigentümer begründet w. (OSt. 3, 191).

4. Löst: Nicht bloß der Erwerb des Zeichens notwendig, sondern Bestrafung auch, wenn der Hund damit nicht versehen ist (folgt aus Abs. 2).

5. Mitnimmt: Auch wer als Gast einer Wirtsch. den Hund, der aus freien Stücken nachlief, bei sich behält. Nicht mitgenommen der im Wirtschaftsraum sich aufhaltende Hund des Wirtes oder der Hund des Metzgers in dem Metzgerladen, weil aus einem anderen Anlaß schon dort befindlich (vgl. auch OSt. 10, 250; ObSt. BayZ. 1909, 302).

6. Ortspol. Verbot: Durch ortspol. Vorschr. erlassen. Distrpol., nun bez.-pol. Anordnung: S. Art. 5. Das Verbot kann auch beschränkt erlassen werden (für gewisse Hundearten, für gewisse Wirtschaften). Art der Befestigung des Maulkorbs nicht näher abgrenzbar; ebensowenig der Begr. des Hundes größerer Gattung, doch auch hier Beschränkung auf einen Teil der Hunde dieser Art zulässig. Weitere Beschränk. des Verkehrs der Hunde zulässig gemäß Art. 95 PStGB. (OSt. 4, 221).

7. Auch Bahnhofrestauration öff. Wirtschaftslokal, wenn allg. zugänglich (OSt. 6, 569); Markt: S. Art. 146 A. 2. Nachtzeit: Zeit der nächtl. Dunkelheit (Zweck des Ges.!); a. A. Schicker Art. 22 A. 1 (Zeit der Nachtruhe). Öff. Straße: S. § 366 Nr. 10 A. 4; hier aber auch öff. Wege, nicht aber Plätze umfassend.

8. Freilaufend: Gegensatz eingesperrte, angekettete, an der Leine geführte; nicht notw., daß sie Zugang zu öff. Plätzen oder Straßen haben (ObSt. 4, 182; 2, 409). Größere Gattung: Soviel wie größere Hunde; also nicht junge Hunde einer Gattung mit größ. Körperbau (vgl. OSt. 7, 38; ObSt. 9, 190; 2, 409).

9. Entziehen u. Mitnehmen erford. Vorsätzlichkeit; im übrigen Fahrlässigkeit ausreichend; Schuld aber erford. Die Rechtspr. schwankt: OSt. 3, 75; 5, 543; OGHSt. 4, 601.

10. Abs. 2: Vorgeschriebenes Zeichen: Gemäß Abs. 1 Nr. 1. Gegen Verbot: Nach Maßgabe des Abs. 1 Nr. 3. Abs. 2 nur anwendbar auf herumlauf. Hunde. Abs. 3: Polizeibeh.: Keine besondere Zuständigkeitsregelung; zuständig darnach jede Polizeibehörde.

11. Abs. 5: Ausnahme von Art. 29 AG. StPO.

12. Ergänzung zu Art. 83: § 367 Nr. 11 StGB. Allg. Tötungsbefugnis der PolBeh. gegenüber Tieren: Art. 19.

Art. 84.

Wer an Orten, wo Personen oder fremdes Eigentum beschädigt werden können, Tiere geflissentlich reizt, scheu oder wild macht, wird an Geld bis zu zwanzig Talern oder mit Haft bis vierzehn Tagen gestraft.

1. Geldstr. nun 1—150 RMk. Gefahr für den Reizenden oder scheu u. wild Machenden allein nicht ausreichend. Fremdes Eigentum: Fremdes Vermögen; nur Tiere, die beschädigen können (sinngemäße Auslegung). Geflissentlich: Vorsätzlich. Verw. Strafbestimm.: § 366 Nr. 6 u. § 367 Nr. 11 StGB. u. Art. 83 PStGB.

Art. 85.

An Geld bis zu fünf Talern oder mit Haft bis zu drei Tagen wird gestraft, wer scheue oder mit gefährlichen Fehlern behaftete Pferde mit Kenntnis dieses Umstandes einem andern ohne Warnung und Belehrung zum Gebrauche überläßt oder an bestellte Fuhren spannt.

1. Geldstr. nun 1—150 RMk. Nicht strafbar Übereignung. Bestellte Fuhr: Für einen andern mit dessen Willen ausgeführt, wenn auch mit dem Wagen des Anspannenden. Verw. Strafbestimm.: § 366 Nr. 5 StGB.

Art. 86.

Wer ohne Beachtung der erforderlichen Vorsichtsmaßregeln mit Gefahr für Personen oder fremdes Eigentum Sprengungen durch explodierende Stoffe vornimmt, wird an Geld bis zu fünfzehn Talern gestraft.

1. Besteht neben dem SprengstoffG. v. 9. Juni 1884 zu Recht; dieses trifft keine erschöpf. Regelung (RG. 34, 440). Geldstr. nun 1—150 RMk.

2. Erforderlich: Nach technischen Grundsätzen (ObSt. 10, 197); durch Pol.-Vorschr. nicht näher abgrenzbar.

3. Gefahr: Nahe Möglichkeit einer Verletzung. Fremdes Eigentum: Fremdes Vermögen. Personen: Gefahr für den Täter allein nicht ausreichend.

4. Explod. Stoffe: Solche, die bei der Entzündung eine gewaltsame u. plötzliche Ausdehnung dehnbarer Flüssigkeiten oder Gase hervorrufen; RG. LZ. 1914, 780 (Beispiele § 56 Abs. 1 Nr. 6 GewO.). Sprengstoffe: Eine bes. Art der explod. Stoffe, nämlich jene, welche als Sprengmittel wirken, d. h. den Erfolg einer Zerstörung hervorrufen (RG. LZ. 1914, 780 u. 399; RG. GArch. 46, 203).

5. Bestrafung auch dann, wenn nach Lage der Sache ohne Gefahr die Sprengung unausführbar ist; sie hätte solchenfalls ganz zu unterbleiben (ObSt. 6, 327; 3, 343; OSt. 1, 523).

6. Fahrlässigkeit ausreichend (vgl. ObSt. 6, 327). Merkmale derselben (ObSt. 10, 197).

7. Verwandte Strafbest.: StGB. § 367 Nr. 5, § 367 Nr. 8, § 368 Nr. 7; SprengstG. v. 9. Juni 1884 (RGBl. 61).

Art. 87.

1. Mit Haft bis zu vierzehn Tagen oder an Geld bis zu zwanzig Talern wird bestraft, wer vorsätzlich und unbefugt

1. die zur Verhütung von Unglücksfällen angebrachten Schutzmittel, Sperrungs- oder Warnungszeichen entfernt oder für ihren Zweck unbrauchbar macht oder

2. die zur öffentlichen Beleuchtung bestimmten Laternen von ihrer Stelle entfernt oder auslöscht oder
3. die zur Hilfe bei öffentlichen Notfällen bestimmten Gerätschaften entfernt, für ihren Zweck unbrauchbar macht oder deren Gebrauch verhindert.

2. Wer Gegenstände der in Ziff. 1—3 bezeichneten Art aus Fahrlässigkeit beschädigt, oder für ihren Zweck unbrauchbar gemacht hat und nicht sofort für angemessene Wiederherstellung Sorge trägt, wird an Geld bis zu fünf Talern gestraft.

1. Geldstr. nun bei Abs. 1 u. 2 1—150 RMk.

2. Unbefugt: Unter Verletzung zivilrechtl. oder öffrechtl. Pflichten; aber auch Gegenstände, die der Allgemeinheit widerruflich zur Verfügung gestellt w., dürfen nicht willkürlich, sondern nur unter Wahrung der Interessen der Allgemeinheit zurückgenommen werden.

3. Abs. 1 Nr. 1: Prellsteine, Laternen an Baustellen, Drahtseile an Abhängen, Wegweiser auf Bergen; auch die Warnungstafeln nach dem Internat. Abkommen über den Kraftwagenverkehr (InnME. v. 26. Nov. 1921, InnMBl. 205). Unglücksfälle: Auch solche einzelner. Abs. 1 Nr. 2: Laternen: Nicht elektr. Bogenlampen. Abs. 1 Nr. 3: Öff. Notfälle: Die die Allgemeinheit berühren; Gerätschaften: Feuerlöschgeräte, Rettungsringe. Gleichgültig bei Nr. 1—3, ob öff. oder von Privaten aufgestellt.

4. Gesetzeskonk. gegenüber §§ 303ff. StGB. (Sachbeschädigung); Idealkonk. mit §§ 242ff. StGB. (Diebstahl). Verwandte Strafbestimm.: § 307 Nr. 3, §§ 315, 316, 321, 322, 360 Nr. 10 StGB.; Art. 27 PStGB

Art. 88*).

1. An Geld bis zu zwanzig Talern oder mit Haft bis zu vierzehn Tagen wird gestraft, wer den oberpolizeilichen Vorschriften über Schutz der Eisenbahnen und des Bahnbetriebes zuwiderhandelt.

2. Übertretungen der oberpolizeilichen Vorschriften über Aufrechterhaltung der Ordnung auf der Bahn, in den Bahnhöfen und auf Dampfschiffen unterliegen einer Geldstrafe bis zu zehn Talern.

1. Art. 88 hat seine Wirksamkeit jedenf. insoweit verloren, als eine Regelung des Baues, des Betriebs u. des Verkehrs der Eisenbahnen durch die Reichsregierung im Rahmen des Art. 91 RVerf. erfolgt ist; bestritten ist, ob sich Art. 91 nur auf die reichseigenen, oder auch auf die sonstigen, dem allgemeinen Verkehr dienenden Bahnen (Großbahnen) und die Kleinbahnen erstreckt (s. Poetzsch-Heffter RVerf. 3. Aufl. Art. 91 A. 2; Anschütz RVerf. 10. Aufl. Art. 91 A. 3); die Frage wird zu bejahen sein. Soweit das Reich die Regelung nicht in Anspruch genommen hat, ist jedenfalls Art. 88 auch insoweit noch anwendbar. Art. 91 wird dem Reich, soweit er überh. anwendbar ist, auch die Befugnis geben, Strafvorschriften zu erlassen (s. Stenglein Bd. 1 S. 350 A. 1 zu § 1 der nun aufgehobenen Bau- u. Betriebsordn. v. 4. Nov. 1904). Erheblich auch § 10 des Staatsvertrags v.

*) S. wegen der Stellung der Polizei gegenüber der Reichsbahngesellsch. im allgemeinen Eichner GemZ. 1926, 180.

30. März 1920 (GVBl. 173). Soweit das Reich dem allgemeinen Verkehr dienende Eisenbahnen in sein Eigentum übernommen hat (Art. 89 RVerf.), sind nach Art. 90 RVerf. alle staatlichen Hoheitsrechte, also auch sämtliche Befugnisse, die Art. 88 PStGB. zum Erlasse obpol. Vorschr. einräumt, auf das Reich (u. nun z. Tl. durch das RBahngeſ. auf die RBahngesellschaft) übergegangen (Anschütz RVerf. 10. Aufl. Art. 90 A. 3); die Zuständigk. nach Maßgabe des Art. 88 obliegt insoweit dem Reich bzw. nun der RBahngesellschaft. Ob eine Eisenbahn eine solche des allg. Verkehrs ist, entscheidet der RVerkehrsminister nach Maßgabe des § 11 RBahnGes. (Staatsvertr. § 14 Abs. 1). Nach Art. 95 Abs. 1 RVerf. unterliegen auch die vom Reich nicht verwalteten Eisenbahnen des allg. Verkehrs der Beaufsichtigung durch das Reich. Eine Beschränkung des Art. 88 PStGB. dürfte sich hieraus nicht ergeben. S. hieher auch Jehle BBl. 1925, 65; 1927, 12; Kratzer BBl. 1928, 87. Erheblich auch die Übergangsbestimmung des § 10 Staatsvertrags.

Erlassen wurde auf Grund des Art. 91 RVerf. die VO. über die Einführung einer neuen Eisenbahn-Bau- u. Betriebsordn. (=BO.) v. 17. Juli 1928 (RGBl. II 541) — geänd. durch VO. v. 12. Nov. 1928 (RGBl. II 619) u. v. 16. Mai 1929 (RGBl. II 380) — mit Strafbestimmungen in § 82, die sich zugleich auf die Bestimmungen der EisenbahnVerkehrsordn. über die von der Mitnahme in Personenwagen ausgeschlossenen Gegenstände erstrecken. Die BO. beschränkt sich selbst auf „die dem allgemeinen Verkehr dienenden Eisenbahnen Deutschlands" (§ 1); s. zur Abgrenzung dieses Begr. Schneidewin BO. A. 1 zu § 1, Stenglein Bd. 2, 470 u. allgemein zur BO. Eccardt GemZ. 1930, 521. Ausdrückl. Aufhebung der bayer. Eisenbahn-Bau- u. Betriebsordn. v. 13. April 1905 durch Nr. VIII der ÄMB. v. 7. Dez. 1929 (GVBl. 168). Erstreckung der BO. auf weitere Bahnen (des allg. Verkehrs) durch Erklärung weiterer Bahnen zu Nebenbahnen durch den RVerkehrsmin. nach: ÄMB. v. 5. Nov. 1929 über die Nebenbahn Kinding-Beilngries (GVBl. 149), desgl nach ÄMB. v. 6. Okt. 1930 betr. die Nebenbahn Gasseldorf—Behringersmühle (GVBl. 357). Wegen der staatl. Hafeneisenbahnen s. ÄMB. v. 29. Nov. 1928 (StAnz. Nr. 280). Erstreckung der BO. (mit den Strafbestimmungen) auf Privatbahnen (des nicht allg. Verkehrs): ÄMB. v. 7. Dez. 1929 betr. Chiemseebahn, Wendelsteinbahn, Waldbahn, Oberlandbahn, Wasgenwaldbahn (GVBl. 168); desgl. v. 16. Jan. 1930 betr. die bayer. Zugspitzbahn (GVBl. 17). Eine Verordn. der Reichsreg. nach Art. 91 RVerf. liegt insoweit nicht vor. Bestrafung sonach nur möglich auf Grund Art. 88 PStGB., unter Würdigung obiger Bekanntmachungen als obpol. Vorschriften. VollzBestimmung zu Eisenbahn-Bau- u. BetrOrdn. Zu § 18 Abs. 9: JnnMB. v. 21. Februar 1929 (StAnz. Nr. 45). EisenbahnVerkehrsOrdn. nun v. 16. Mai 1928 (RGBl. II 401, 498) mit Änderungen v. 16. Febr. 1929 (RGBl. II 127), 4. Nov. 1929 (RGBl. II 735), v. 9. Jan. 1930 (RGBl. II 13), 24. Mai 1930 (RGBl. II 782), 17. Juli 1930 (RGBl. II 990) u. 25. Juli 1930 (RGBl. II 1130); Änderungen der Anl. C sind nicht berücksichtigt. Wegen der Vertragsstrafen nach der EisenbVerkehrsOrdn. s. Kröner BayZ. 1927, 201.

2. Geldstr. nun bei Abs. 1 u. 2 je 1—150 RM.

3. Eisenbahn: An sich jede zum Transport von Gütern oder Menschen bestimmte Anlage, deren Transportmittel sich auf eisernen Schienengleisen bewegen. Der Zusammenhang kann eine Einschränkung dieses Begr. für die Auslegung eines bestimmten Ges. notwendig machen (RG. 12, 205 u. 371); bewegende Kraft gleichgültig, deshalb auch Menschenkraft, auch Eigengewicht des talabwärts fahrenden Wagens (vgl. RG. 35, 12); auch Straßenbahnen u. Rollbahnen, nicht aber Schwebebahnen (sie sind keine Bahn); gleichgültig, ob private oder öff. Bahn (AA. für Art. 88 ein KreisRgg. BlAPr. 1895, 248; darnach Art. 88 nur anwendbar für öff. Bahnen);

im Bau begriffene Anlagen fallen nicht hierher (Kobler BlAPr. 1906, 246), auch nicht aufgelassene Anlagen, wohl aber vorübergehend nicht betriebene. Eisenbahn hier nur die Anlage als solche (s. die Gegenüberstellung mit „Bahnbetrieb"), dazu aber auch zu rechnen außer Ober- u. Unterbau die Hochbauten, Signalzeichen, das bewegliche Material.

4. Bahnbetrieb: Die Entfaltung der bestimmungsgemäßen Tätigkeit der fertigen Eisenbahn; keine Regelung der Benützung der Bahn während des Baus z. B. durch Materialzüge (Kobler in BlAPr. 1906, 247).

5. Ordnung in den Bahnhöfen: Auf dem ganzen, dem Bahnhof rechtswirksam zugewiesenen (nicht bloß der vom Bahnhofsgebäude umschlossene) Raum. Nicht mehr Zugänge zum Bahnhof. Eigenmächtig kann das Eigentum Dritter, z. B. einer Gemeinde, nicht zum Bahnhof herangezogen w.; ebensowenig können eigenmächtig Wege Dritter aufgehoben w. (a. A. wohl ObSt. 20, 49).

6. Dampfschiffe: Nicht Schiffe mit anderer Triebkraft als Dampf.

7. Polizeilicher Charakter der Vorschriften notwendig: Deshalb nicht möglich Sicherung privater (so vertragsmäßiger) Beziehungen, oder gegen die Konkurrenz von Fuhrwerksbetrieben (RGJ. 25 C 75); s. Art. 1 Anh. Nr. 4.

8. Schuld notw. (ObSt. 20, 359); doch jedes Verschulden ausreichend (ObSt. 7, 360 u. 384).

9. Aufrechterhaltung der Ruhe, Ordnung und Sicherheit bei Eisenbahnbauten: Art. 44 PStGB.

Siebentes Hauptstück. Übertretungen in bezug auf Straßen-, Reinlichkeits- und Wasserpolizei.

Art. 89.

1. An Geld bis zu zwanzig Talern oder mit Haft bis zu vierzehn Tagen wird gestraft, wer außer Notfällen

1. in den Gräben öffentlicher Straßen reitet oder fährt oder
2. in den Gräben, auf den Böschungen oder Dämmen einer Staats-, Distrikts- oder kunstmäßig gebauten Gemeindestraße Vieh treibt oder absichtlich weiden läßt, insoferne nicht von Seite der Oberpolizei Ausnahmen zugelassen werden.

2. Wer Vieh über die Straße und deren Zugehörungen treibt, um auf Grundstücke zu gelangen, auf welchen er Trieb- und Weiderecht hat und bei welchen besondere Übergänge nicht vorhanden sind, unterliegt keiner Strafe.

1. Geldstr. nun 1—150 RMk.

2. Notfall: Eine nicht vorherzusehende unmittelbar drohende Gefahr, die so erheblich ist, daß eine Ausnahme von den allg. Regeln gerechtfertigt ist (RG. PrVerwBl. 34, 398).

3. Graben: Sich lang hinziehende, in die Erde gegrabene Vertiefung, nicht notw. ein Wasserlauf (ObSt. 14, 65); Öff. Straßen: § 366 Nr. 10 A. 3 u. 4; auch Wege, nicht aber Plätze. Fährt: Im transitiven Sinne.

4. Distriktsstraßen: Nun Bezirksstraßen. Gemeindestraßen: Gemeindewege, Ortsstraßen, öff. Feld- u. Waldwege (Art. 28 u. 29 GemO.). Kunstmäßig gebaut: Nach technischen Grundsätzen angelegt. Vieh: Art. 74 A. 2. Treibt: Auch

Führen an einer Kette. Oberpolizei: Regierung oder Ministerium. Ausnahme: Durch PolVorschr. oder PolVerfüg.

5. Abs. 2 anwendbar, auch wenn die Grundstücke nicht an der Straße liegen (KdAbg. 1859/61 Beil. 2, 346).

6. Keine Strafe, wenn zu den in Art. 89 bezeichneten Handlungen ein dingl. oder persönl. Recht besteht; Strafgesetze heben bestehende Rechte nicht auf, sondern schützen sie (unrichtig ObSt. 10, 77; OGHSt. 5, 536). Wer auf einem Grundst. das Recht zum Weiden oder Viehtreiben hat, verliert es nicht dadurch, daß auf ihm eine Straße errichtet wird (a. A. OSt. 3, 338).

7. Nur vorsätzliche Begehung strafbar (s. die Worte reiten, fahren und treiben).

8. Verfügung über die Geldstr.: Art. 91. MittPflicht der Amtsanw. JMB. v. 29. Nov. 1913 (JMBl. 694) B 15. Verwandte Strafbest: § 366 Nr. 10 StGB.

Art. 90.

1. Wer außer den durch das Gesetz besonders vorgesehenen Fällen den Anordnungen zuwiderhandelt, welche über die Sicherstellung der öffentlichen Straßen, Wege, Plätze, Brücken und Stege gegen Beschädigungen erlassen sind, wird an Geld bis zu zwanzig Talern oder mit Haft bis zu vierzehn Tagen gestraft.

2. Diese Anordnungen werden in bezug auf Staatsstraßen und deren Zugehörungen durch oberpolizeiliche, in bezug auf Distriktsstraßen und deren Zugehörungen durch distriktspolizeiliche, in den übrigen Fällen durch ortspolizeiliche Vorschriften erlassen.

1. Geldstr. nun 1—150 RMk.

2. Öff. Straßen, Wege u. Plätze: § 366 Nr. 10 A. 3 u. 4. Brücken u. Stege: Auch, wenn die Bodenvertiefung kein Wasser hat.

3. Erford. nur der Zweck der Sicherstellung; nicht notw., daß die einzelne verbotene Handlung eine Beschädigung herbeiführen würde (OGHSt. 6, 561).

4. Von Bedeutung für die Anwendung des Art. 90 auch die HMB. v. 28. April 1863 (RegBl. 691), InnMB. v. 6. Juni 1876 (GVBl. 358), InnME. v. 19. Mai 1875 (InnMBl. 237) u. 26. Okt. 1876 (InnMBl. 425), regelnd insbes. auch das sog. Auslichten an Straßen. S. hierzu OGHSt. 6, 41; 6, 398; 5, 42; VGH. 13, 345; Henle ZwEGes. S. 59; Laforet ZwEG. S. 238; Luthardt BlAPr. 1889, 114.

5. Auch Fahrlässigkeit ausreichend (ObSt. 12, 333). Inwiefern Rechtswidrigkeit zur Bestraf. erforderlich, bemißt sich nach allg. strafrechtl. Grundsätzen; unhaltbare Ausführungen bei OSt. 6, 250.

6. Verfügung über die Geldstrafen: Art. 91.

7. Art. 90 nur anwendbar, soweit nicht § 366 Nr. 10 StGB. einschlägt; näheres Verhältnis zu diesem: OGHSt. 4, 70.

Art. 91.

Die auf Grund des § 366 Ziff. 9 des Strafgesetzbuches für das Deutsche Reich, sowie der Art. 89 und 90 des gegenwärtigen Gesetzes erkannten Geldstrafen werden zur Bildung eines Unterstützungsfondes für das zur Beaufsichtigung der Staats- und Distriktsstraßen verpflichtete Unterpersonal verwendet, wenn die Übertretung in bezug auf eine Staats- oder Distriktsstraße oder deren Zugehörungen verübt worden ist, in den übrigen Fällen fließen sie zu zwei Dritteilen in die Armenkasse des Ortes der Übertretung.

1. Ausnahme von Art. 29 AG.StPO.: Verteilung unter die mehreren Armenkassen, wenn die Übertretung in mehreren Gemeinden begangen. Mitteilungspfl. der Amtsanwälte zur Sicherung des Vollzugs des Art. 91: JMB. v. 29. Nov. 1913 (JMBl. 694) B 15.

Art. 92.

Wer das zum Genusse für Menschen oder Tiere bestimmte Wasser in Brunnen, Zisternen, Leitungen oder in den zum öffentlichen Gebrauche bestimmten Quellen oder Bächen unbefugt verunreinigt oder verdirbt, wird an Geld bis zu fünfzehn Talern oder mit Haft bis zu acht Tagen gestraft.

1. Geldstr. nun 1—150 RMk.
2. Bestimmt: Genügend das rein tats. Verhältnis der Benützung (OGHSt. 4, 229).
3. Quelle: Wasser, das aus unterirdischen Läufen oder Ausbreitungen als ein nicht bloß vorübergehender Wasserabfluß an die Oberfläche tritt (RG. Reg. EBd. 4, 172). Bach: In einem natürl. Bette fließendes kleineres Gewässer; nicht auch Flüsse u. Ströme (a. A. OSt. 6, 531).
4. Unbefugt: Maßgebend insbesond. Art. 16, 37—41 WassG.
5. Verunreinigung: Vermengung mit anderen Bestandteilen. Schädlicher Einfluß nicht notw. (OSt. 3, 234); auch die bloße Färbung; auch eine vorübergehende Verunreinigung (OGHSt. 4, 229). Verdorben: Nicht mehr bestimmungsgemäß verwendbar.
6. Fahrlässigkeit ausreichend: OSt. 6, 530; 3, 232.
7. Rechtl. Zusammentreffen mit Art. 202 Nr. 1 (Art. 38 bis 40) WassG.; auch mit Sachbeschäd. (§§ 303ff. StGB.). Verwandte Strafbest.: Art. 73, 95; §§ 324, 326 StGB.
8. Verfügung über die Geldstrafen: Art. 96.

Art. 93.

An Geld bis zu fünf Talern wird gestraft, wer außer den in § 366 Ziff. 10 des Strafgesetzbuchs für das Deutsche Reich erwähnten Fällen den Anordnungen der Ortspolizeibehörde über das Abladen von Unrat, Bauschutt, Schnee oder Eis zuwiderhandelt und wer solche Gegenstände an fremde Gebäude, in oder auf solche oder auf fremde Grundstücke unbefugt ableert.

1. Geldstr. nun 1—150 RMk.
2. Anordnungen: Allgemeine (diese nur in Form ortspol. Vorschr., s. Art. 1 Abs. 1; a. A. vielleicht OSt. 5, 221) u. PolVerfügungen (Gerstle S. 575). Ortspol.-Beh.: Art. 1 A. 5.

3. Abladen: Auch über die Art der sich anschließ. Lagerung, nicht über das Abführen selbst, hier § 366 Nr. 10 StGB. Unrat: § 366 Nr. 7 A. 1.

4. Fremd: Art. 115 A. 4. Ableeren: Nicht jedes Hinbringen, nur wenn zum Zweck, sich der Gegenstände zu entledigen, erfolgt.

5. Ableeren: Nur vorsätzlich (Begriff des Ableerens), sonst Fahrlässigk. ausreichend. Ohne Grund fordert OGHSt. 2, 112, daß außer der Verwirklichung des Tatbestands noch „öff. Rücksichten" für die Bestrafung sprechen.

6. Verfügung über die Geldstr. Art. 96.

Art. 94.

Wer außer den Fällen des § 366 Ziff. 10 des Strafgesetzbuches für das Deutsche Reich den ortspolizeilichen Vorschriften oder in Ermangelung von solchen den distriktspolizeilichen Anordnungen über öffentliche Reinlichkeit in Städten, Märkten, Dörfern und sonstigen Ortschaften zuwiderhandelt, wird mit Geld bis zu zwanzig Talern oder mit Haft bis zu vierzehn Tagen gestraft.

1. Wirksamkeit durch Art. 151 Abs. 3 RVerf. u. § 1 GewO. nicht beeinträchtigt (ObSt. 27, 62); Geldstr. nun 1—150 RMk.

2. Außer den Fällen des § 366 Nr. 10 StGB.: Öffentliche Reinlichkeit unter den Straßen, in Kanälen, in den innerh. der Ortschaften befindl. Höfen, Wohnstätten u. Gebäulichkeiten u. im Luftraum (ObSt. 27, 62, BayZ. 1927, 179). Distrpol. (nun bezpol.) Anordn.: Art. 5; nicht PolVerfüg. (ObSt. 9, 24); die Rechtspr. läßt zu, in den Polizeivorschr. die Ermächtigung zu Polizeiverfügungen zu geben (ObSt. 27, 62, BayZ. 1927, 179); s. hierzu Art. 1 A. 6. Öff. Reinlichkeit: Reinlichkeit in Verhältn., die eine unmittelb. Beziehung zur Allgemeinheit haben, nicht in Privaträumen, Privatflüssen (vgl. ObSt. 7, 106); zulässig Vorschr. aber auch für private Räume im Interesse der öff. Reinlichkeit. Vorschr. für Kanäle, Höfe, Wohnstätten, Gebäude u. den Luftraum: ObSt. 8, 333; 4, 23; 1, 7. Reinlichkeit in privaten Verhältnissen: Art. 75 Abs. 2, Art. 73, 93. Nur Reinlichkeit in Ortschaften (zusammenhängend bebauten Flächen) nicht in Flurbezirken (OSt. 10, 253); in Ortschaften aber auch für die Grundstücke zwischen den Anwesen (OSt. 5, 221). Die Rechtspr. (ObSt. 27, 62; 12, 209; 8, 335; 1, 7; OSt. 6, 425) fordert weiter, daß die zu bekämpfende Unreinlichkeit Gefahr für die öff. Gesundheit u. Belästigungen für das Publikum nach sich zieht; eine gesetzl. Grundlage besteht hiefür nicht. Zulässig auch Vorschr. zur Gesundheitspfl., soweit sie zugleich Reinlichkeitszwecken dienen (ObSt. 15, 188).

3. Zulässig auch Vorschriften für Gewerbe (OSt. 9, 216): auch die Einführung einer Genehmigungspfl. für Niederlagen bei einer Anlage nach § 16 GewO. (JnnMB. v. 25. März 1873, JnnMBl. 493; BGH. 14, 148; ObSt. 4, 23).

4. Anwendungsfälle des Art. 94: Anlage von Seitenkanälen durch die Grundbesitzer: ObSt. 4, 118; Anlage von Vorgärten, Verbot des Gewerbetr. in solchen: ObSt. 4, 335; Anbringung von Gittern an Fenstern, die in Winkel gehen: OSt. 8, 168; Zwangspfl. zur Benützung städtischer Müllbeseitigungsanlagen: ObSt. 12, 209; Genehmigungspflicht für Ställe: ObSt. 10, 362; Vorschriften zur Verhütung einer Verunreinigung des Bodens, namentlich durch Fäkalien u. Abwasser; zulässig auch Auflagen, die Geldausgaben verursachen (ObSt. 15, 188 u. 16, 64).

5. Ausreichend auch Fahrlässigkeit (ObSt. 4, 316). Zum Bewußtsein der Rechtswidrigkeit: ObSt. 12, 209.

6. Verfügung über die Geldstrafen: Art. 96.

Art. 95.

Wer öffentliche Denkmale, Statuen, Gemälde oder andere öffentlich aufgestellte Kunstgegenstände, wer öffentliche Spaziergänge oder Anlagen, Friedhöfe, Stadttore, öffentliche oder Privatgebäude, öffentliche Brunnen, Wasserleitungen, im Freien befindliche und für den öffentlichen Gebrauch bestimmte Sitzbänke, Tische oder dergleichen Gegenstände aus Bosheit oder Mutwillen besudelt, oder den zur Sicherstellung der hier aufgeführten Gegenstände erlassenen ober-, distrikts- oder ortspolizeilichen Vorschriften und Anordnungen zuwiderhandelt, wird an Geld bis zu zwanzig Talern oder mit Haft bis zu vierzehn Tagen gestraft.

1. Geldstr. nun 1—150 RMk. Anstatt „Distrpol." nun zu lesen „Bezpol."

2. Öffentlich: Sie müssen der Allgemeinheit dienen; in wessen Eigentum stehend, gleichgültig; öff. müssen auch die Anlagen, Friedhöfe, Stadttore u. Wasserleitungen sein; straffrei aber der Täter, der nicht fremdes Eigentum verletzt (ergibt die EntstehGeschichte ObSt. 20, 146). Denkmale:*) Erinnerungszeichen, die zu dem Zweck errichtet sind, das Andenken an gewisse Personen oder Begebenheiten zu erhalten (RG. 43, 240); der weitere Begriff, umfassend auch Werke, die als kennzeichnende Reste eines früheren Kulturabschnitts von geschichtl., wissenschaftl. oder künstler. Bedeutung sind, hier nicht anwendbar, s. die Worte: „andere öff. aufgestellte". Spaziergänge: Benützung zum Lustwandeln nötig (ObSt. 20, 150). Anlagen: Der Benützung durch das Publikum, seiner Erholung u. seinem Vergnügen gewidmete, durch Menschenhand geschaffene oder diesen Zwecken angepaßte Pflanzungen (ObSt. 20, 146; 4, 97); nicht ein nur forstl. oder jagdl. Zwecken dienender Wald (ObSt. 8, 151). Wasserleitungen: Nur die Leitungseinrichtungen, nicht auch das der Speisung der Leitung dienende u. sie durchfließende Wasser (ObSt. 7, 239; 13, 270). Öff. Brunnen: Nur die Brunnenanlagen, nicht das Wasser.

3. Anordnungen: Die in Art. 5 Abs. 2 bezeichneten bezpol. Anordnungen. PolVorschr. u. Anordn. sind zulässig gegen Beschädigungen jeder Art, nicht bloß gegen Besudelungen (OSt. 4, 221), überhaupt gegen Gefahren jeder Art (Fischer BlAPr. 1916, 134)**). Möglich die Sicherstellung von Bäumen, Sträuchern, Kapellen, Bildstöcken, Wegkreuzen (JnnME. v. 2. Juni 1912, RB. KrBl. 63). Muster zu ortspol. Vorschr. für öff. Wasserleitungen Hirsch GemZ. 1908, 319; Nürnberger FriedhofPolOrdnung: Fischer BlAPr. 1916, 130.

4. Bosheit u. Mutwillen: Art. 37 A. 8; die PolVorschr. u. Anordnungen können auch Handlungen unter Strafe stellen, die ohne Bosheit u. Mutwillen er-

---

*) Zur Denkmalpflege in Bayern im allg. s. Kahr BlAPr. 1909, 1 u. Art. 22b Note; s. zum Begr. des Denkmals im allg. Schmidt BBl. 1929, 349.

**) Unhaltbar sind aber die Ausführungen Fischers a. a. O., daß unter dem Gesichtsp. der Sicherstellung auch Vorschriften zur geschmackvollen Gestaltung der Friedhöfe aus Gründen der Ästhetik sollen getroffen w. können; ebenso unrichtig sind dessen Ausführ., daß die Prüfung dieser Frage unter Art. 15 falle.

folgen (InnME. v. 2. Juni 1912, NB. KrBl. 63); dagegen unzulässig, durch solche Besudelungen schlechthin unter Strafe zu stellen (Regelung der „Materie" durch das Ges. selbst). Besudlung muß vorsätzlich sein; Zuwiderhandl. gegen PolVorschr. u. Anordn. können auch bei Fahrläss. strafbar sein.

5. Verfügung über die Geldstrafe: Art. 96.

6. Verw. Strafbest. Art. 73 u. 92 PStGB.; §§ 304, 324, 326 StGB.; s. auch Art. 22b A. 10 u. 11.

Art. 96.

Die nach Maßgabe der Art. 92—95 erkannten Geldstrafen fließen zu zwei Dritteilen in die Armenkasse des Ortes der Übertretung.

1. Ausnahme v. Art. 29 AG.StPO. Teilung, wenn sich die Übertretung auf mehrere Kassenbezirke erstreckt.

Art. 97.

1. Die Übertretung der verordnungsmäßigen Bestimmungen über die Schiff- und Floßfahrt auf dem Ludwigskanale und über die sonstige Benützung der Anlagen dieses Kanals, sowie über Eichung der denselben befahrenden Schiffe wird mit Geld bis zu zwanzig Talern oder mit Haft bis zu vierzehn Tagen bestraft.

2. Die Geldstrafe fließt in die für das Kanal-Unterpersonal errichtete Unterstützungskasse.

3. Die Übertretung der oberpolizeilichen Vorschriften über die Schiffahrt auf dem Frankentaler Kanale und über die sonstige Benützung der Anlagen dieses Kanales unterliegt gleicher Geldstrafe oder Haft.

4. Die Geldstrafe wird zugunsten des Kanal-Unterpersonals verwendet.

5. Die Übertretung der durch oberpolizeiliche Vorschrift erlassenen Ordnungen für andere Kanäle wird an Geld bis zu zwanzig Talern oder mit Haft bis zu vierzehn Tagen gestraft.

6. Die Verwendung der Geldstrafen zugunsten des aufgestellten Kanal-Unterpersonales kann durch Verordnung bestimmt werden.

1. Geldstr. nun bei Abs. 1, 3 u. 5 1—150 RMk.

2. Noch wirksam gegenüber dem Wasserges. (jus singulare für Kanalordnungen); s. Brenner Wassergesf. 2. Aufl. Art. 206 A. 7; Ehmann WassG. Art. 206 A. 6; a. A. Harster WassG. Art. 206 A. 1. Vgl. auch § 7 der VollzVO. zum WassG. v. 1. Dez. 1907 (GVBl. 873) u. hierzu Schiedermair Nebenges. S. 529 A. 2 u. S. 530 A. 8. Gegenstandslos ist aber Art. 97, soweit Art. IV des Ges. betr. den Ausbau der deutschen Wasserstraßen usw. v. 24. Dez. 1911 (RGBl. 1137) reicht. Maß- u. Gewichtsordn. v. 30. Mai 1908 (RGBl. 349) berührt den Art. 97 nicht.

Hinsichtlich der Wirksamkeit des Art. 97 ist aus dem am 1. April 1921 in Kraft getretenen Ges. über den Staatsvertrag betr. den Übergang der Wasserstraßen von den Ländern auf das Reich v. 29. Juli 1921 (RGBl. 961), ergänzt durch Ges. v. 18. Febr. 1922 (RGBl. 222) u. v. 22. Dez. 1928 (RGBl. 1929 II 1), mit Bayer. Ges. v. 23. Sept. 1921 (GVBl. 489) u. aus diesem Vertr. selbst hervorzuheben: Übergegangen auf das Reich sind nachsteh. Wasserstraßen: Vom Rhein die bayer. Strecke längs der Pfalz, vom Main die Strecke von Bamberg bis zur Landesgrenze, von der Donau die Strecke von Kelheim bis zur Reichsgrenze u. endlich der Ludwigs-Donau-Main-Kanal nebst den dazu gehörigen Teilen der Regnitz u. der Altmühl von Bamberg bis Kelheim u. zwar alles mit allen Bestandteilen u. allem für die Verw. erford. Zubehör, einschließl. der Schutz- u. Sicherheitshäfen. Die Verw. geht auf das Reich über nach näherer Maßgabe des § 11 des Vertr.; die Ges. u. VOen der Länder bleiben unbeschadet der Bestimmungen der RVerf. bis zur anderweiten reichsges. Regelung in Kraft (§ 15 des Vertr.). Ergangen sind auf Grund des § 11 des Staatsvertr. die Schiffahrtspolizeiordn. für den kanalisierten Main v. 3. April 1925 (RGBl. II 123), durch deren § 51 aufgeh. wurden: Die Schiffahrtspolizeiordn. für den nicht kanalisierten Main v. der Regnitzmündung abwärts v. 25. Nov. 1901, mit der Ergänzung v. 10. Febr. 1904 für die Strecke v. der Aschaffenburger Straßenbrücke abwärts; u. die Donauschiffahrtspolizeiordn. v. 20. Mai 1927 (RGBl. II 387, GVBl. 167) mit Änd. v. 28. Juli 1930 (RGBl. II 1200, GVBl. 275). Vorgehen dem Art. 97 auch Regelungen in Staatsverträgen, so Art. 32 der revid. Rheinschiffahrtsakte v. 17. Okt. 1868 (RegBl. 1869, 1129).

3. Benützung: Nicht zulässig Vorschriften über die Unterhaltung oder die Aufrechterhaltung der Ordnung, soweit diese nicht mit der Benützung zusammenhängt. Floßfahrt auf dem Frankenthaler Kanal kann nicht geregelt werden; auch nicht die Eichung der ihn befahrenden Schiffe.

4. Ordnungen für andere Kanäle: Alle polizeil. Verhältnisse können geregelt werden. Kanäle: Künstl. Wege zur Weiterleitung des Wassers (s. auch ObSt. 12, 352).

Art. 98.

Einer Geldstrafe bis zu fünfzehn Talern unterliegt die Übertretung der durch ober- oder ortspolizeiliche Vorschriften erlassenen Hafen- und Ländeordnungen, soweit nicht nach Maßgabe der Gesetze über die Benützung des Wassers eine höhere Strafe zulässig ist.

1. Geldstr. nun 1—150 RMk. Ges. über die Benützung des Wassers: Nun Wasserges. v. 23. März 1907 (GVBl. 157). Letzteres geht aber als spät. Ges. dem Art. 98 ohne Rücks. auf den Vorbehalt vor. Gemäß Art. 206 Abs. 1 WassG. hat demnach Art. 98 nur mehr Bedeutung, soweit es sich nicht um die Regelung der Schiff- u. Floßfahrt handelt (ObSt. 11, 260; hierzu Schierlinger BayZ. 1912, 4). Durch Art. 206 Abs. 2 Wasserges. (s. zu diesem Schiedermair Nebenges. S. 529 A. 3 u. S. 533 A. 22) ist Art. 98 nicht berührt. Für gänzlich aufgeh. erachtet ihn Harster Wasserges. Art. 206 A. 1, für vollständig unberührt Eymann Wasserges. Art. 206 A. 3. Wegen des Einflusses des Staatsvertrags über den Übergang der Wasserstraßen auf das Reich s. Art. 97 A. 2.

Achtes Hauptstück. Übertretungen in bezug auf Brandversicherung.

Art. 99.

Aufgehoben durch Art. 9 Abs. 2 des Ges. betr. die Vereinigung der BrandVersAnstalt der Pfalz usw. v. 5. Mai 1890 (GVBl. 223).

Art. 100.

1. Überversicherungen von Mobilien, welche durch wissentlich unrichtige Wertsangabe in der Art herbeigeführt werden, daß die in demselben Vertrage versicherte Gesamtsumme den wahren Wert der Versicherungsgegenstände mindestens um den vierten Teil übersteigt, werden an den Mobilienbesitzern, sowie an den beteiligten Schätzern und Agenten an Geld bis zu einhundertundfünfundsiebenzig Talern gestraft.

2. Gleicher Strafe unterliegen Doppelversicherungen, mittels deren der bei einer Gesellschaft oder Anstalt bereits versicherte Wert einzelner oder mehrerer Mobilien auch noch bei einer anderen Gesellschaft oder Anstalt versichert wird.

1. Wirksamkeit der Art. 100 u. 134 in Frage gestellt durch das Versich.-AufsGes. v. 12. Mai 1901 (RGBl. 139) mit Änderungen durch Ges. v. 24. Okt. 1917 (RGBl. 973), VO. v. 29. April 1920 (RGBl. 1433), Ges. v. 30. Dez. 1921 (RGBl. 1922, 42), 19. Juli 1923 (RGBl. 684), 4. Juni 1925 (RGBl. 81), 15. Juli 1926 (RGBl. 411), ferner durch das VersichVertragsGes. v. 30. Mai 1908 (RGBl. 263) — dieses geänd. durch Ges. v. 20. Dez. 1911 (RGBl. 985) u. VO. v. 12. Febr. 1924 (RGBl. 65) — u. durch das EG. VVG. v. 30. Mai 1908 (RGBl. 305). In Betracht kommen §§ 1, 108, 121 u. 125 Abs. 4 VAG.; §§ 1 u. 55 betr. die Überversich. und §§ 58—61 betr. die Doppelvers. VVG.; Art. 2 EG. VVG.

Hieraus ergibt sich: Art. 100 Abs. 1 (Überversicherungen) nicht berührt durch das VAG. (s. RG. JW. 1907, 374); wohl aber unwirksam geworden durch das VVG., da dieses die Überversich. grundsätzlich als wirksam anerkennt; damit ist unvereinbar, landesrechtl. solche Verträge als strafbar zu behandeln (s. RG. 45, 119; Hager-Bruck VVG. 1926 § 51 A. 2; Conrad LZ. 1914, 1009; Gerhard VVG. § 51 A. 4 S. 233). Art. 100 Abs. 2 (Doppelversicherung) unwirksam geworden, weil unvereinbar mit Art. 58—60 VVG. (KGJ. 40 C 1 auch DJZ. 1910, 1237). Art. 134 Abs. 1 u. 2 durch das VAG. nicht berührt, weil nach Art. 134 A. 5 überh. nur auf Versicherungen anwendbar, die nicht unter das VAG. fallen; auch nicht berührt durch das VVG.; Landm. GewO. § 6 A. 9 erklärt sie für aufgehoben durch § 108 Abs. 2 VAG. Art. 134 Abs. 3 noch wirksam (§ 144 GewO.; KGJ. 27 C 3; KGJ. 40 C 396; Rehm VVG. 3. Aufl. S. 21).

2. Wegen der an die Stelle der Geldstr. v. 175 Thalern nun getretenen Geldstr. s. einerseits Henle BayZ. 1922, 117, anders. Kallenbach BayZ. 1922, 168; wieder anders Hellwig GeldstrGes. 3. Aufl. zu Art. I § 1 A. 4a S. 35; letztere beide dürften den Begr. der „höher strafbaren Übertretung" verkannt haben (s. zu letzterem Schiedermair S. 31 A. 3 zu Art. 5 AG. StPO.).

3. Weitere versichpol. Bestimm.: § 360 Nr. 9 StGB.; Art. 134 PStGB.

Neuntes Hauptstück. Übertretung baupolizeilicher Bestimmungen.

Art. 101.*)

1. An Geld bis zu 150 Mark oder mit Haft werden Bauherrn, Baumeister und Bauhandwerker gestraft, wenn sie den baupolizeilichen Vorschriften zuwiderhandeln.

*) Sonderschrifttum zu Art. 101 Abs. 3: Schmidt GemZ. 1930, 25.

2. Baupolizeiliche Vorschriften können in bezug auf Festsetzung und Einhaltung der Bau- und Vorgartenlinien, dann zum Zwecke der Feuersicherheit und Festigkeit der Bauführung, sowie der Gesundheit durch Verordnung, ober- oder ortspolizeiliche Vorschrift erlassen werden.

3. Im Interesse der Verschönerung können baupolizeiliche Vorschriften durch Verordnung, distrikts- oder ortspolizeiliche Vorschriften getroffen werden. Die hierauf gegründeten Abänderungen des Bauplanes dürfen jedoch die Kosten der Bauführung nicht wesentlich vermehren.

1. Abs. 1 zuerst neu gefaßt durch Art. 8 Ges. v. 5. Mai 1890 (GVBl. 223); dann der ganze Art. neu gefaßt durch die Nov. v. 22. Juni 1900 (GVBl. 483); Abs. 3 wurde neu gefaßt durch § 3 der Nov. v. 6. Juli 1908 (GVBl. 353). Seit 1. Mai 1901 gilt Art. 101 auch in der Pfalz (§ 4 der Nov. v. 22. Juni 1900 mit § 81 Bauordn. v. 17. Febr. 1901, GVBl. 87). S. auch Art. 2 A. 9. Früherer Rechtszust. in der Pfalz: KdAbg. 1889/90 Beil. 7,706; 1899/00 Beil. 2,464). Geldstr. nun 1–150 RMk.

2. Art. 101 nicht anwendbar, wo § 367 Nr. 15 StGB. einschlägt, also nicht hinsichtl. der Frage, inwieweit Bauen ohne Genehm. strafbar. Dagegen nicht § 367 Nr. 15 (OSt. 9, 112), sondern Art. 101 anwendbar bei einer Genehmigung zu einem zeitlich beschränkten oder einem widerrufl. Bau, wenn nach Ablauf der Zeit oder trotz Widerrufs das Bauwerk belassen wird. S. weiter § 367 Nr. 15 A. 10. Unwirksam im Hinblick auf die GewO. §§ 1 u. 16 bauliche Beschränkungen bloß für gewerbl. Anlagen, allgemein baupol. Vorschr. aber auch für gewerbl. Betriebe zulässig (PrOVG. GArch. 59, 166); so für Feldziegelöfen (PrOVG. GArch. 59, 162); besonderer hier erheblicher Vorbehalt zugunsten des Landesrechts: § 23 Abs. 3 GewO. (vgl. auch Bittinger BlAPr. 1901, 60). Weitere Einschränkung des Art. 101 durch das FestungsrayonGes. v. 21. Dez. 1871 (RGBl. 459); geht auch dem § 367 Nr. 15 StGB. vor; hierzu die VO. v. 13. Febr. 1924 über das Belassen v. Befestigungsanlagen (RGBl. 90).

3. Bauherr: Wer auf seine Rechnung oder Verantw. eine bauliche Maßnahme veranlaßt (selber ausführt oder durch andere ausführen läßt); Eigentum am Baugrund nicht erford. (ObSt. 4, 355; 7, 2; 8, 69; 9, 254; 27, 228; 28, 41; Knözinger BlAPr. 1898, 49); Eigentümer als solcher allein nicht Bauherr (ObSt. 4, 355). Im Laufe des Baus Wechsel in der Person des Bauherrn möglich (OSt. 9, 154); dagegen ObSt. 27, 228, BayZ. 1928, 92. Art. 101 Abs. 1 nicht anwendbar bei Bauaufführung durch den Vorbesitzer (ObSt. 7, 2). Bauherr nur, solange der Bau dauert (Karlsr. BadRspr. 1912, 255). Ist eine jurist. Person oder ein Handlungsunfäh. Bauherr, so sollen die gesetzl. Vertreter strafbar sein; ebenso der Verwalter eines fremden Vermögens (ObSt. 3, 13; 2, 406; Edel 1861 S. 415); die Richtigkeit dieser Ansicht zweifelh.; s. auch Bem. IXb vor Art. 1.

4. Baumeister: Wer die Errichtung des Baues in dessen Gesamtheit tatsächlich dergestalt leitet, daß nach seinen techn. Anordn. die Herstellung durch die Bauhandwerker u. Arbeiter erfolgt; ob er GewTreibender ist oder den Meistertitel führt, gleichgültig (ObSt. 8, 69; ObSt. 29, 62, BayZ. 1929, 208; Dresd. LZ. 1929, 417); notwendig Führung des Baues als Ganzes, unmittelbar u. in seinen wesentl. Bezieh.; der Baumeister kann zugleich Bauherr u. -Unternehmer sein (KGJ. 23 C 101). Gleichgültig ist, ob der tatf. Bauleiter vom Bauherrn gegenüber der BauPolBeh.

nach § 72 BauOrdn. als verantwortl. Bauleiter namhaft gemacht wurde, maßgebend das tatsächl. Verhältnis (ObSt. 29, 62, BayZ. 1929, 208). Ist eine jurist. Person Baumeister, so gilt A. 3 entsprechend.

5. Bauhandwerker: Alle die, die durch Bauarbeiten selbständig auf dem Bau an dessen Ausführung beteiligt sind (Dresd. LZ. 1929, 417); Personen, die den Bau durch planmäßige Verwendung der eigenen Arbeitskräfte u. Kenntnisse oder durch Leitung mechanisch arbeitender Gehilfen zu vollenden suchen; nicht, wer untergeordnete Arbeit verrichtet (Karlsr. BadRpr. 1912, 4; ähnlich ObSt. 8, 69; 3, 69; Schanz, Baugenehmigung S. 51).

6. Zulässig nur baupoliz. Vorschr.: Also Vorschriften über die Bauführung, die bei einer bestimmten Bauvornahme vom Bauherrn, Baumeister und Bauhandwerker zu befolgen sind (ObSt. 28, 41); sie müssen sich auf eine Bauvornahme, d. h. die Herstellung, Ausbess. oder den Abbruch eines Bauwerks (§ 367 Nr. 15 A. 2) beziehen, und auch insoweit nur auf das eigentl. Gebäude, nicht auf bewegl. Beigaben (ObSt. 11, 386); nicht in bezug auf nicht eingefügte Reklametafeln (ObSt. 9, 254); wohl aber in bezug auf ein in die Mauer eingefügtes Wappen (ObSt. 14, 70); nicht das Verbot der Beseitigung von Hauszierraten (ObSt. 11, 340); nicht das Verbot der Aufstellung eines Benzinmotors (ObSt. 13, 265); nicht Anordn. hins. des Heizmaterials (Karlsr. BadRpr. 1912, 255); keine Anordnung, daß nur einzelne bewohnbare Dachräume als Zubehörräume zu anderen Räumen eingerichtet w. dürfen (ObSt. 15, 74); keine Anordnungen in bezug auf bestehende Gebäude (ObSt. 15, 192); kein Gebot der Fassadenausbesserung (ObSt. 26, 219, BayZ. 1927, 95; insbesondere keine Anordnung der Änderung eines schon seit längerer Zeit bestehenden Zustands, wenn nicht eine neue Bauvornahme stattfindet (ObSt. 27, 228, BayZ. 1928, 92); die Anordnung muß mit der neuen Bauvornahme im unmittelb. Zusammenhang stehen; kein Schutz von Denkmälern gegen Abbruch (Mayer GemZ. 1919, 98); kein allg. Bauverbot; dieses nur im Rahmen des Abs. 2 (ObSt. 13, 7; ObSt. BayZ. 1930, 341); weitergehende Vorschr. unter Umständen haltbar nach Art. 94 (ObSt. 4, 355) oder nach Art. 22b. Nicht das Gebot der Abtretung von Grund u. Boden; s. hierzu Art. 1 Anh. A. 4 u. § 367 Nr. 15 A. 10. Keine Einführung einer Genehmigungs- oder Anzeigepfl. durch bez.- oder ortspol. Vorschriften, weil erschöpfende Regelung durch Verordnungen (Art. 10 PStGB.; ObSt. 10, 364; ObSt. 29, 166, BayZ. 1930, 60 u. 341). Polizeiverfügungen unzulässig (ObSt. 14, 306); ObSt. 27, 228, BayZ. 1928, 92 nimmt an, daß durch nach Maßgabe der Abs. 2 u. 3 ergehende Polizeivorschr. auch Zuwiderhandlungen gegen in ihnen vorgesehene Polizeiverfügungen unter Strafe gestellt werden können; s. hierzu Art. 1 A. 6.

7. Wesentlich vermehrt: Die durch die Änderung verurs. Kosten dürfen zu den ohne sie erwachsenden Kosten nicht in einem Verhältnis stehen, das einen entscheid. Einfluß auf den Bau ausübt. Die persönl. Verh. des Bauführenden kommen nicht in Betracht. „Authentische Interpretation" des Begr. durch die Regg.: KdAbg. 1899/00 StenB. 4, 771 u. 772; aber nicht formell bindend u. auch kaum richtig; s. auch KdReichsr. 1899/00 StenB. 1, 274. Die Frage ist im Strafverf. zu prüfen.

8. Fahrlässigkeit ausreichend: ObSt. 6, 17.

9. Verjährung: Entscheidend der Inhalt der baupol. Vorschr.; wenn darnach der Tatbestand eine Handlung (Unterlassung), so Beginn mit deren Vornahme ohne Rücksicht auf den Erfolg (67 Abs. 3 StGB.); wenn aber der Tatbestand ein rechtswidr. Zustand (Dauerdelikt), so Beginn erst mit dessen Aufgabe (ObSt. 2, 3; 8, 298). In Einzelfällen führt die Rechtspr. diesen Grundsatz nicht folgerichtig durch. Verjährung in den Fällen des § 8 der Bauordn.: ObSt. 11, 12; des § 40 Abs. 1: ObSt.

15, 30. Dauerdelikt die Nichteinhaltung der festgesetzten Baulinie nach § 1 Abs. 1 BauOrdn. (ObSt. 26, 85, BayZ. 1926, 283). S. auch § 367 Nr. 15 A. 8.

10. Erlassung baupol. Vorschr. für Waren- u. Geschäftshäuser: JnnMB. v. 7. Okt. 1903 (JnnMBl. 425); Richtpunkte für Bebauungsvorschriften: Seubelt BlAPr. 1916, 333.

11. Beseitigungsbefugnis: Art. 105.

12. Art. 73 Abs. 1 geht dem Art. 101 kraft GesKonk. vor. Idealkonk. zwischen Art. 101 u. § 367 Nr. 15 möglich; dann, weil gleiche Strafen, Wahlrecht des Richters (OSt. 2, 21). S. weiter § 367 Nr. 15 A. 11.

13. Baupol. Vorschr. des StGB.: §§ 330, 367 Nr. 13—15, § 368 Nr. 3, 4 u. 8, § 369 Nr. 3.

Art. 102.

Mit Wirksamkeit v. 1. Mai 1901 an aufgehoben durch § 4 der Nov. v. 22. Juni 1900 (GVBl. 483) und § 81 der Bauordnung v. 17. Febr. 1901 (GBl. 87).

Art. 103.

Baumeister und Bauhandwerker, welche die durch ortspolizeiliche Vorschriften festgesetzten besonderen Verpflichtungen ihres Berufes über Anzeige unternommener Bauten und Bauarbeiten vernachlässigen, unterliegen einer Geldstrafe bis zu fünfzehn Talern.

1. Baumeister, Bauhandwerker: Art. 101 A. 4 u. 5. Bauten: § 367 Nr. 15 A. 2. Bauarbeiten: Arbeiten baulichen Charakters: S. Art. 101 A. 6. Fahrläss. Begehung strafbar. Geldstr. nun 1—150 RMk.

Art. 104.

1. Obrigkeitlich aufgestellte Sachverständige, welche die ihnen obliegende Untersuchung eines Baues mit Gefahr für Personen oder fremdes Eigentum fahrlässigerweise versäumen, werden, insoferne nicht disziplinäre Ahndung stattfindet, an Geld bis zu dreißig Talern gestraft.

2. Gleicher Strafe unterliegen andere Sachverständige, welche nach übernommenem obrigkeitlichen Auftrage die Untersuchung eines Baues mit Gefahr für Personen oder fremdes Eigentum fahrlässigerweise versäumen.

1. Geldstr. nun 1—150 RMk. Obrigkeitl. aufgestellte Sachverständ.: § 66 Abs. 1 BauO. Untersuch. eines Baues: Eingeschlossen die daran sich schließende Gutachtenserstattung. Bau: § 367 Nr. 15 A. 2. Stattfindet: d.h. wenn ein diszipl. Verf. zulässig ist; gleichgültig, ob in concreto eingeleitet.

Art. 105.

1. In den Fällen des § 367 Ziff. 13—15 und § 368 Ziff. 3 und 4 des StGB. für das Deutsche Reich und der Art. 101 und 102 des gegenwärtigen Gesetzes hat der Richter im Strafurteile auszusprechen, daß die Polizeibehörde berechtigt ist, die Beseitigung des ordnungs-

widrigen Zustandes anzuordnen und zu diesem Zwecke die Sicherstellung, Abänderung, den gänzlichen oder teilweisen Abbruch des betreffenden Bauwerkes oder der betreffenden Vorrichtung zu verfügen.

2. Besteht Gefahr auf dem Verzuge, so ist die Polizeibehörde berechtigt, die im vorstehenden Absatze bezeichneten Maßregeln, vorbehaltlich der Strafverfolgung, sofort vorzukehren.

1. Art. 105 ist gegenstandslos hinsichtlich des Art. 102; reichsrechtl. Zulässigkeit der Bestimmung: Schiedermair, Nebengesetze EG. StGB. § 6 Anm. 4 S. 5. Sachliche Zuständigkeit der PolBeh. auch für die Fälle des Abs. 2: § 25 ZustVO.; s. auch Reiner BlAPr. 1919, 262; die Vorschrift des Art. 105 ist zwingend (KdAbg. 1859/61 GGA. Beil. 2, 113). Teilweise (soweit auf baupolizeiliche Vorschriften bezüglich) Wiederholung des Art. 105 in § 73 Abs. 2 der Bauordnung v. 18. Febr. 1901; diese Aufnahme in die Bauordnung hat aber keine rechtliche Bedeutung; sie wirkt nur als VerwaltungsVO.

2. Berechtigt ist: Pflicht der Behörde zum Vollzug der Ermächtigung durch Art. 105 nicht begründet, kann sich aber nur aus den allg. polizeil. Pflichten ergeben; die Pflicht des Angekl. zur eigenen Beseitigung des ordnwidrigen Zustands besteht fort; deshalb auch neue Bestrafung möglich (ObSt. 22, 21). Keine Ermächtigung, wenn die Straftat überhaupt nicht in einem Zustand besteht; die Ermächtigung entfällt; wenn z. B. des Urt. der ordnwidrige Zustand bereits beseitigt ist, oder die Ordnungswidrigkeit durch nachträgl. poliz. Genehmigung entfallen ist; denn es ist widersinnig, etwas nicht mehr Ausführbares anzuordnen; a. A. OSt. 5, 76; ObSt. 18, 86; ObSt. 25, 177, BayZ. 1926, 28 mit an dem Wortlaut haftender Auslegung des Gesetzes; die richtige Ansicht ist (ohne Feststellung des Widerspr. mit der sonstigen Rechtspr.) vertreten ObSt. 25, 137, BayZ. 1925, 253. Aus der gleichen Erwägung entfällt der Ausspr., wenn die Beseitigung unmöglich ist. S. auch Günther BayZ. 1930, 278 mit eingehender Begründung der hier vertretenen Ansicht.

3. Ordnungswidrig: Wenn u. soweit er den angeführten Strafbestimm. widerspr.; bedeutungslos, ob technisch in Ordnung (ObSt. 2, 263; OSt. 2, 527); bedeutungslos, ob anderen gesetzl. Bestimm. widersprechend; ein gefahrdrohender Zust. nicht nötig (ObSt. 4, 366). Keine positive Bestimmung, was an die Stelle zu treten habe. Nur zu erteilen, soweit der Zust. ordnungswidr. ist (ObSt. 18, 86). Für die PolBeh. ist die Entscheid. bindend, auch wenn sie die Ermächtigung mit Unrecht einschränkt oder erweitert; a. A. aber unrichtig OSt. 4, 12 u. Koch BlAPr. 68, 30. Besteht die Ordnwidrigkeit in der ungenehm. Vornahme eine genehm.-pflichtigen Handlung, so beseitigt nachträgl. Genehmigung zwar nicht die Strafbarkeit, aber die Anwendung der Art. 105 u. 18 (ObSt. 16, 8).

4. Wirksam nur gegen die Personen, gegen die das Strafverf. durchgeführt wurde; deshalb kein Vollzug gegen den Eigentümer wider dessen Willen, wenn die Ermächtigung nur gegen den Baumeister ausgespr. wurde; gleiches gilt, wenn sie nur gegen einen Miteigentümer ausgesprochen wurde. Bei Verurt. der Vertreter jur. Personen wirkt die Ermächtigung sinngemäß gegen letztere; bei Kollektivvertretung muß sie aber gegen alle Vertreter ausgespr. sein. Die Anordnung kann, wenn sie rechtskräftig wurde, auch gegen den Nachlaß des Verurteilten vollstreckt w. (entsprech. Anwendung des § 30 StGB.; OGHSt. 6, 99). Keine Wirksamk. gegen sonstige Rechtsnachfolger in dem Gegenstand, in bezug auf den die Anordn. erging (a. A. aber unrichtig Koch BlAPr. 68, 31).

5. Bei Idealkonk. kann auf die Folgen des Art. 105 auch erkannt werden, wenn die Strafe einer anderen Strafbestimmung zu entnehmen ist, da Art. 105 nur poliz. Straffolge (bestr. ObSt. 3, 310, gegen ObSt. 2, 406 u. OGHSt. 6, 130).

6. Entscheid. nach Art. 105 können nicht in einem Strafbefehl erfolgen, denn Strafe im Sinne des § 407 Abs. 2 StPO. ist jede im Strafges. begründete Folge der Tat; da die Entsch. nach Abs. 1 zwingend, ist desh. in den Fällen des Art. 105 das Strafbefehlsverf. ausgeschl.; es kann nicht etwa ein Strafbefehl ergehen u. die Entscheid. nach Art. 105 unterbleiben (OSt. 3, 15; ein LG. in BayZ. 1905, 280; Pramberger BayZ. 1908, 83 u. 1909, 331); a. A. Steinbach BayZ. 1908, 15 u. 1909, 206; Thoma BayZ. 1910, 55.

7. Objekt. Verfahren in den Fällen des Abs. 1: Art. 18 Abs. 2.

8. Vorbehaltlich der Strafverfolgung: Entspricht dem Wort vorläufig des Art. 20; es gilt deshalb Art. 20 A. 4.

9. Vollzug der rechtskräft. BeseitAnordn.: Art. 16 (Koch BlAPr. 68, 29). Erhebung der Kosten des Vollzugs einer vorläuf. Anordn. im Sinne des Abs. 2 des Art. 105: Art. 20 Abs. 4. Im Strafurteil keine Entscheid. über die Kosten des Vollzugs des Art. 105: ObSt. 15, 66; 27, 67. Bei Entscheidungen des Amtsrichters nach Art. 105 Berufung nach § 313 StPO. zulässig; bei trotzdem eingelegter Sprungrevision nach § 340 StPO. nur Rüge materiellrechtl. Normen (ObSt. BayZ. 1928, 76).

10. Entsprechende Anwendung des Art. 105 gemäß Art. 22b Abs. 3 u. gemäß Art. 46 Abs. 2 des Baugeländeges. v. 4. Juli 1923 (GVBl. 273); hieraus ergibt sich auch hinsichtl. der sachl. Zuständ. der PolBeh. zu den Maßnahmen des Art. 22b u. des Art. 46 Abs. 2 die Anwendung des § 25 ZustVO. Verwandte Strafbestimm.: Art. 73 Abs. 3 PStGB. u. Art. 205 WassG.

Zehntes Hauptstück. Übertretungen in bezug auf das Dienstbotenwesen.

Zur Gültigkeit der Art. 106—110. Im Hinblick auf Nr. 8 des Aufrufs des Rats der Volksbeauftr. v. 12. Nov. 1918 (RGBl. 1303), der in das Übergangsges. v. 4. März 1919 (RGBl. 285) aufgenommen wurde, u. auf §§ 1 u. 2 des auf die Bds.-RatsVO. v. 7. Nov. 1918 über die wirtschaftl. Demobilmachung (RGBl. 1292) gegründeten Erlasses des bayer. Staatskommissärs für Demobilmachung v. 13. Dez. 1918 (StAnz. Nr. 295), der durch Bek. v. 27. Mai 1919 (GVBl. 286; StAnz. Nr. 141) aufrecht erhalten wurde, sind von den Vorschriften der Art. 106—110, alle die, die das Verhältnis zwischen Dienstherrschaft u. Dienstboten regeln, nämlich die, die sich als „Gesindeordnungen" oder „Gesinderecht" bezeichnen lassen, als aufgehoben zu erachten (ObSt. 20, 222); s. auch die zum Erl. v. 13. Nov. 1918 ergangenen, in der Bek. v. 27. Mai 1919 ebens. aufrecht erhaltenen Richtlinien v. 31. Dez. 1918 (StAnz. 1919 Nr. 4); demgemäß sind außer Kraft getreten: Art. 106, auch soweit er die Taglöhner betrifft (s. § 8 des Aufrufs der Volksbeauftr.), Art. 108 u. 109; dagegen gilt noch weiter Art. 107 Abs. 1, außer, soweit er sich mit der Vorlage u. Aufbewahrung der Dienstbücher befaßt (ObSt. a. a. O.), u. wohl auch Art. 107 Abs. 2, u., soweit es sich um den Art. 107 handelt, auch Art. 110.

Wegen der Fortdauer der zivilrechtl. Bestimmungen der Art. 15—31 AG. BGB. über das Gesinderecht (bestr.) s. Keidel BayZ. 1921, 66, 121, 173, 283; Buckel BayZ. 1921, 121; Meyer BayZ. 1921, 172; v. Braunmühl BayZ. 1921, 161; Aubele BayZ. 1926, 301; und nun v. Marth BayZ. 1929, 1, 323 u. 337; Marquardt BayZ. 1929, 321.

Art. 106.

1. Mit Haft bis zu acht Tagen oder Geld bis zu fünf Talern werden Dienstboten bestraft, welche:

1. im Falle sie sich weiter verdingen, ihrer Dienstherrschaft nicht rechtzeitig aufkündigen;
2. sich an mehrere Dienstherrschaften zugleich verdingen;
3. ohne genügenden Rechtfertigungsgrund zur bedungenen oder gesetzlichen Zeit nicht in den Dienst eintreten;
4. ohne genügenden Rechtfertigungsgrund vor Ablauf der bedungenen oder gesetzlichen Dienstzeit den Dienst verlassen;
5. an abgeschafften Feiertagen oder anderen Werktagen das Arbeiten verweigern oder an Sonn- und wirklichen Feiertagen die ihnen obliegenden Geschäfte nicht verrichten;
6. zur Arbeitszeit sich in Wirtschaften, auf Spielplätzen oder in Winkelkneipen herumtreiben;
7. hartnäckigen Ungehorsam oder Widerspenstigkeit gegen die Befehle der Dienstherrschaft oder deren Stellvertreter sich zuschulden kommen lassen oder gegen dieselben die Pflicht der schuldigen Achtung gröblich verletzen;
8. ohne Erlaubnis der Dienstherrschaft oder deren Stellvertreter jemand beherbergen oder zur Nachtzeit die Behausung ordnungswidrig verlassen.

2. Landwirtschaftliche Dienstboten oder auf längere Zeit in Beschäftigung genommene Taglöhner, welche ohne genügenden Rechtfertigungsgrund zur Erntezeit oder zur Saat- und Ausbauzeit den Dienst verlassen, können mit Haft bis zu vierzehn Tagen bestraft werden.

3. Die unter Abs. 1 Ziff. 3, 4, 5, 7 und Abs. 2 bezeichneten Übertretungen werden nur auf Antrag der Dienstherrschaft oder ihres Stellvertreters gestraft.

4. Unabhängig von der Strafverfolgung steht der Polizeibehörde die Befugnis zu, Dienstboten, welche widerrechtlich den Antritt oder die Fortsetzung des Dienstes verweigern, der Dienstherrschaft auf ihren oder ihres Stellvertreters Antrag zwangsweise vorzuführen.

5. Gleiche Befugnis hat die Polizeibehörde gegen landwirtschaftliche, auf längere Zeit in Beschäftigung genommene Taglöhner, welche zu der in Abs. 2 angegebenen Zeit ohne genügenden Rechtfertigungsgrund die Arbeit verlassen.

6. Hat eine solche Vorführung stattgefunden, und entzieht sich hierauf der Vorgeführte nochmals widerrechtlich demselben Dienste

oder Arbeitsverhältnisse, so ist er mit Haft bis zu drei Wochen zu bestrafen.

1. Unwirksam gew. (s. Vorbem. vor Art. 106).

Art. 107.

1. An Geld bis zu fünf Talern werden Dienstherrschaften gestraft, welche den distrikts- oder ortspolizeilichen Vorschriften über die Anzeige des Ein- und Austrittes von Dienstboten, sowie über die Vorlage und Aufbewahrung der Dienstbücher zuwiderhandeln.

2. Einer Geldstrafe bis zu fünf Talern unterliegen Dienstboten, welche von ihrer Dienstherrschaft den Auftrag erhalten haben, anstatt derselben ihren Dienst-Eintritt oder -Austritt bei der Ortspolizeibehörde zur Anzeige zu bringen und diese Anzeige verabsäumen.

1. Wegen der teilw. Unwirksamkeit des Art. s. die Vorbem. vor Art. 106; für Unwirksamkeit auch des Abs. 2 v. Marth BayZ. 1929, 1 u. Schmitt PStGB. A. zu Art. 110. Geldstr. nun 1—150 RMk.

2. Dienstherrschaft: Art. 56 A. 1. Dienstboten (Gesinde): Personen, die ihre Arbeitskraft zu häuslichen oder niederen landwirtschaftl. Verrichtungen auf längere Zeit vermieten (OGHSt. 7, 113; 7, 171; 1, 283; ObSt. 2, 292); Entlohnung erford. (RG. GArch. 45, 439). Nicht notwendig, daß der Dienstbote die Wohnung des Dienstherrn teilt u. an dessen Tisch verköstigt w. (ObSt. 3, 244;); kein Gesinde ländliche Arbeiterfamilien mit selbständ. Haushalt (KGJ. 29 C 43); das Verhältnis muß die ganze Arbeitskraft für einen Dienstherrn in Anspr. nehmen (OGHSt. 2, 270); auch tageweise Entlohnung möglich (OGHSt. 7, 171); Einräumung einer leitenden Stellung schließt die Dienstboteneigensch. nicht aus, wohl aber die Stellvertretereigenschaft als Verwalter, Wirtschaftsführer (ObSt. 3, 244). Ausscheiden die nicht für die Hauswirtschaft angestellten Personen (Gouvernanten, Gesellschafterinnen, „Stützen" mit Familienanschluß, Ammen), ferner das kaufmännische Personal (Geßler, Dienstbotenrecht S. 4) und insbes. die gewerbl. Arbeiter (ObSt. 1, 236). Bei „gemischter Beschäftigung" entscheidend die überwiegende Tätigkeit (ObSt. 1, 236; OSt. 10, 41; 4, 349), s. aber RG. 47, 84. Kein Dienstbote der Pfleger einer Irrenanstalt (OGHSt. 7, 113), oder ein Führer beim Ausgehen (OGHSt. 2, 270); Tatfrage beim Schäfer (OGHSt. 5, 553).

3. Verabsäumt ist die Anzeige, wenn sie innerh. der in dem Auftrag ausdrücklich oder stillschweigend gesetzten Frist nicht erstattet wird. Ob die Dienstherrschaft durch den Auftrag von der Anzeigepflicht frei wird, bestimmt der Inhalt der PolVorschr.

4. Verfügung über die erkannte Geldstrafe: Art. 110. Anzeigepfl. hins. gewerbl. Arbeiter: Art. 49.

Art. 108.

An Geld bis zu fünf Talern wird gestraft, wer wissentlich einen bereits verbundenen Dienstboten für die nämliche Zeit für sich dingt oder einem Dienstboten bei Auflösung des Dienstverhältnisses polizeilicher Aufforderung ungeachtet, die Ausstellung des Zeugnisses im Dienstbotenbuche verweigert.

1. Unwirksam gew. (s. Vorbem. vor Art. 106).

Art. 109.

1. Mit Haft bis zu acht Tagen oder an Geld bis zu fünfzehn Talern werden Dienstherrschaften und Dienstboten bestraft, welche bei Eingehung eines Dienstvertrages unsittliche Bedingungen festsetzen.

2. Gleicher Strafe unterliegen diejenigen, welche in einen Scheindienst treten oder einen solchen gestatten.

1. Unwirksam gew. (s. Vorbem. vor Art. 106).

Art. 110.

Die nach Maßgabe der Art. 106—109 erkannten Geldstrafen fließen zu zwei Dritteilen in die Armenkasse des Ortes der Übertretung.

1. Wegen teilw. Wirksamkeit des Art. s. die Vorbem. vor Art. 106. Das dritte Drittel fließt in die Staatskasse: Art. 29 AG. StPO. Erstreckt sich die Übertr. auf mehrere Orte: Art. 96 A. 1.

Elftes Hauptstück. Übertretungen in bezug auf Landwirtschaft, Jagd u. Fischerei.*)

Art. 111.

1. An Geld bis zu zehn Talern wird gestraft, wer, ohne den durch Verordnung vorgeschriebenen Erlaubnisschein erlangt zu haben, Zuchtstiere, welche zur Benützung für die Viehzucht einer Gemeinde bestimmt sind, zur Zucht verwendet, verwenden läßt oder auf Gemeindeweiden treibt.

2. Gleicher Strafe unterliegt, wer innerhalb einer Ortschaft das Belegen von Pferden oder Rindvieh auf öffentlichen Plätzen oder Straßen vornehmen läßt.

1. Abs. 1 außer Kraft ges. durch Art. 14 des (nun aufgehob.) Körges. v. 5. April 1888 (GVBl. 235). Ergänzung zu Abs. 2: Hengstkörges. v. 7. Febr. 1927 (GVBl. 58) Art. 12, 13 Abs. 3 mit Gestütsordn. v. 7. Febr. 1927 (GVBl. 60) § 45 Abs. 2. Geldstr. nun 1—150 RM.

2. Ortschaft: Art. 94 A. 2. Öff. Straßen u. Plätze: § 366 Nr. 10 A. 3 u. 4; Straßen auch die Wege.

3. Vornehmen läßt: Nur wer eine leitende Tätigkeit zu entfalten hat; nicht der Dienstknecht.

---

*) Art. 112 u. 113 nachgebildet dem Pr. Ges. v. 13. April 1856 (KdAbg. 1871/72 GGA. Beil. 1, 115). Im übr. s. Preuß. Feld- u. ForstPolGes. v. 1. April 1880 (GS. 230). Aus dem StGB. s. § 368 Nr. 1, 2, 9 u. § 370 Nr. 1, 2. Reformvorschläge: Kujawa GArch. 52, 315.

Art. 112.

Mit Haft oder an Geld bis zu zwanzig Talern wird bestraft, wer unbefugterweise

1. aus Gärten, Weinbergen, Obstanlagen oder Alleen oder von Feldern, Äckern oder Wiesen Gartenfrüchte, Feldfrüchte oder andere Bodenerzeugnisse von unbedeutendem Werte oder in geringer Quantität entwendet;
2. Bäume oder Sträucher, welche in Gärten, Obstanlagen, Alleen, auf Äckern oder sonst außerhalb eines Forstes stehen, oder Hecken und andere zur Einfassung von Grundstücken dienende Anpflanzungen abhaut, abbricht, ausreißt, ausrodet oder beschädigt.

1. Die ersten drei Worte des Art. 112 wurden eingefügt durch das Ges. zur Änd. des Art. 112 des PStGB. v. 18. Juli 1924 (GVBl. 191). Geldstr. nun 1—150 RMk. Unbefugt: Art. 115 A. 2.

2. In Nr. 1 erschöpfende Aufzählung; a. A. OGHSt. 8, 289; 4, 83; ObSt. 13, 275; darnach soll Nr. 1 alle in Feld u. Flur gelegenen Bodenflächen erfassen, auch „höhere unkultivierte Alpengegenden" u. „Ödflächen". Gärten: Alle dem Anbau dienenden Anlagen, die der Sprachgebr. als Gärten bezeichnet (Rspr. 6, 497). Nicht sog. Wintergärten. Auch Friedhöfe, wenn obige BegrBest. zutrifft (RG. GArch. 50, 130). Äcker: Bestimmt zur Gewinnung von Bodenerzeugnissen (RG. 36, 395; RG. GArch. 50, 130). Wiesen: Mit Gras bewachsen. Auch eingezäunte Gärten usw. (KdAbg. 1871/72 GGA. Verh. 42). Wegnahme aus anderen Orten: Art. 113 Nr. 2.

3. Bodenerzeugnisse: Hier nur pflanzliche; insoweit aber alles, was vom Boden mit oder ohne menschl. Zutun hervorgebracht oder weiter entwickelt wird, Sträucher, Bäume, auch die Früchte (RG. 45, 200). Nicht Bestandteile des Grundstücks (OSt. 8, 422). Nicht Torf (RG. GArch. 58, 245). Gewisse Selbständigkeit aber notw., nicht ein einzelnes Blatt. Natürliche Verbindung mit dem Boden nicht mehr notw. (KdAbg. 1871/72 GGA. Verh. 22; OSt. 3, 380; OGHSt. 5, 17); sie müssen sich aber noch auf dem Erzeugergrundstück befinden (a. A. OSt. 3, 380). Nicht mehr bereits bearbeitete Erzeugnisse (Rspr. 10, 521); auch nicht bereits aufgeschichtete oder vergrabene Erzeugnisse (RG. 23, 386). Unbedeutender Wert oder geringe Qualität s. § 370 Nr. 5 A. 5.

4. Entwendet: Alle Merkmale des Diebstahls nach § 242 StGB. notw. (ObSt. 9, 165; ObSt. SeuffBl. 76, 740; OGHSt. 5, 548; 8, 81).

5. Art. 112 Nr. 1 geht §§ 242ff. StGB. kraft GesKonk. vor (OSt. 7, 534), auch dem Notdiebstahl (§ 248 a StGB.); bei zweifelhafter Beweislage nur Verurt. nach Art. 112 Nr. 1 (RG. BayZ. 1905, 512). Idealkonk. mit § 242, wenn die Absicht des Täters im Laufe der Tat sich auf Feldfrüchte von erhebl. Werte erweitert (RG. GArch. 49, 142; ObSt. 13, 111); § 370 Nr. 5 durch Art. 112 Nr. 1 wegen GesKonk. ausgeschlossen (OGHSt. 7, 109).

6. In Nr. 2 erschöpfende Aufzählung der Gegenstände (RG. 18, 128); a. A. OGHSt. 4, 83 (nur beispielsweise Aufzählung, auch Baumstützen umfassend). Sträucher: Gewächse, deren Stamm sich schon von der Wurzel an in mehrere, über der Erde als Einzelstämmchen erscheinende Äste zu zerteilen, sich samt seinen Zweigen — im Gegensatz zu den Bäumen — niedrig zu entfalten und holzartig zu entwickeln pflegt (ObSt. 26, 267, BayZ. 1927, 96). Natürliche Verbindung der Bäume usw. mit dem Boden notw. (OGHSt. 3, 242). Der Baum usw. als

solcher muß abgehauen werden; Teile genügen nicht. Standort muß der natürliche Boden sein, nicht anwendbar bei Entwendung aus Töpfen (ObSt. 14, 177). Wert der Bäume usw. gleichgültig (OSt. 4, 574; OGHSt. 3, 237; ObSt. 26, 267, BayZ. 1927, 95). Fremdes Eigentum an den Bäumen usw. nicht notw., ausreichend Verletzung dingl. Rechte, oder der §§ 921, 922 (ObSt. BayZ. 1911, 488 gegen OSt. 4, 289), nicht ausreichend Verletzung von FordRechten. Außerhalb eines Forstes: Andernfalls Forstges. anwendbar; Begr. des Forstes: Schiedermair Nebenges. S. 221. Hecken: Nur zur Einfassung dienend.

7. Beschädigung: Auch volle Zerstörung (OSt. 3, 500). Diebische Absicht nicht notw. (ObSt. 14, 177); sie schließt, auch wenn vorhanden, die Anwend. des Art. 112 Nr. 2 nicht aus (ObSt. 26, 267, BayZ. 1927, 95; ObSt. 21, 113).

8. Art. 112 Nr. 2 schließt §§ 303ff. StGB. wegen GesKonk. aus (a. A. OSt. 2, 442); auch §§ 242ff. (OGHSt. 3, 237; 2, 187; 4, 83; OSt. 2, 442; ObSt. 21, 113; Rspr. 6, 497).

9. Bei Nr. 1 wie 2 Vorsätzlichkeit notw. Idealkonk. zwischen Nr. 1 u. 2 möglich (a. A. wohl OSt. 4, 574). Die Tat kann auch in Städten begangen w. Besonderheiten: Art. 114 (Begehung aus Rache oder Bosheit), 122—124. Feststellung der Verpflichtung zum Schadenersatz: Art. 13 FeldschG.

Art. 113.

An Geld bis zu drei Talern ist zu bestrafen, wer unbefugterweise

1. fremde auf dem Felde zurückgelassene Ackergeräte gebraucht;
2. das auf Grenzrainen, Gräben, Wegen oder Triften wachsende Gras oder sonstige Viehfutter abschneidet oder abrupft;
3. Dünger von Äckern, Wiesen oder Weiden aufsammelt.

1. Geldstr. nun 1—150 RM. Unbefugterweise: Art. 115 A. 2. Fremd: Art. 115 A. 4. Ackergeräte: Nicht bloß die zum Ackern (Pflügen), sondern schlechthin die zum Bestellen der Äcker bestimmten.

2. Graben: Art. 89 A. 3. Gras: In solcher Menge, daß es zum Viehfutter sich eignet. Vieh: Art. 74 A. 2.

3. Dünger: Nur solche Dungstoffe, welche einzeln und zerstreut, nicht in kompakten Massen gefunden werden und unabhängig von dem Willen des Eigentümers auf dessen Grund und Boden kamen, nicht aber solche Stoffe, die der Eigentümer zum Zwecke der Düngung hinbringen ließ (RG. GArch. 45, 430). Äcker u. Wiesen: Art. 112 A. 2.

4. Diebische Absicht nicht notw., auch Schädigungsabsicht ausreichend; a. A. OGHSt. 2, 189. Vorsatz notw.

5. Entwendung von anderen Plätzen: Art. 112 Nr. 1. Verhältnis der Nrn. 1 u. 2 zu Diebst. u. Sachbeschäd.: Wie bei Art. 112 A. 8. Besonderheiten: Art. 114, 122—124. Feststellung der Verpflichtung zum Schadensersatz: Art. 13 FeldschG.

Art. 114.

Ist in den Fällen der Artikel 112 und 113 eine Beschädigung fremden Eigentums aus Rache oder Bosheit verübt worden, so kommen die Bestimmungen des Strafgesetzbuches zur Anwendung.

1. Beschädigung: Auch die vollst. Zerstörung u. die Entwendung. Eigentum: Nicht andere Rechte. Rache: Absicht, für eine als Übel empfundene Tat ein

Übel zuzufügen. Bosheit: Art. 37 A. 8. Bestimmungen des StGB.: §§ 303, 304. Anwendung der Bestimmungen des StGB., und nicht mehr der Art. 112 u. 113 auch dann, wenn etwa mangels Strafantrags oder aus anderen Gründen, trotz Verübung aus Rache oder Bosheit, Bestrafung nach dem StGB. nicht erfolgen kann; denn Art. 114 stellt den Ausschluß der Art. 112 u. 113 nicht auf die Tatsache der anderweiten Bestrafung ab. (RG.ObSt. BayZ. 1930, 305). Festst. d. Verpfl. z. Schadensersatz: Art. 13 FeldSchG.

Art. 115.

Wer unbefugt Vieh auf fremden Grundstücken weidet, die Grenzen fremder Grundstücke durch Mähen oder Ernten überschreitet, fremde Gräben verschüttet oder über die Einfriedungen fremder Gärten steigt, wird an Geld bis zu fünfzehn Talern gestraft.

1. Ein Teil aus Art. 345 StGB. v. 10. Nov. 1861. Geldstr. nun 1—150 RMk.

2. Unbefugt: Maßgebend das Zivilrecht (ObSt. 3, 340; OSt. 7, 72) u. das öff. Recht; auch bloße Überschreitung der Befugnisse ausreichend (OSt. 7, 303). Von Bedeutung besonders Art. 1—5 des Weidegeſ. v. 28. Mai 1852 (GVBl. 601). Zu letzterem s. ObSt. 5, 375; 3, 165; OGHSt. 3, 471; BlAPr. 1879, 129. Gemeindliches Weiderecht: OSt. 7, 303; 3, 170.

3. Vieh: Art. 74 A. 2.

4. Fremde Grundstücke, Gräben, Gärten: Im Eigentum eines andern stehend (allg. Bedeutung des Wortes; s. auch Art. 119 die Worte „fremd" u. „eigenen"; ObSt. 5, 380; BlAPr. 1878, 85; a. A. ObSt. 8, 358, maßgebend soll Art. 1 Abs. 4 FeldSchGes. sein). Fremd: Auch Gemeindeeigentum für die NutzBerechtigten (ObSt. 5, 374). Gräben: Art. 89 A. 3.

5. Steigen: Auch Einkriechen, entspr. § 243 Nr. 2 StGB. Gärten: Art. 112 A. 2.

6. Vorsatz notw., auch Bewußtsein der Rechtswidr. (ObSt. 8, 358; 5, 374; 3, 165; OGHSt. 7, 43); dolus event, ausreichend (ObSt. 3, 340).

7. Besonderheiten: Art. 122—124. Feststellung der Schadensersatzverpfl. Art. 13 FeldSchG. (Schiedermair Nebengeſ. S. 46). Idealkonk. mit § 368 Nr. 8: ObSt. 3, 165; OGHSt. 3, 471. Verw. Strafbestimm.: Art. 89 PStG.; § 368 Nr. 9 u. § 370 Nr. 11 StGB.

Art. 116.

Wer gegen ortspolizeiliches Verbot sein Vieh außerhalb geschlossener Höfe oder anderer umfriedeter Räume ohne gehörige Aufsicht umherlaufen läßt, wird an Geld bis zu drei Talern gestraft.

1. Geldstr. nun 1—150 RMk. Ortspol. Verbot: Nur als allg. Verbot nicht als PolVerfüg. zulässig (anzunehmender Wille des Ges.); also nur Weg der ortspol. Vorschr.; s. auch Art. 3 Abs. 2. Vieh: Art. 74 Abs. 2; Hühner will ausgenommen haben Tisch BayZ. 1915, 234. Umfriedete Räume: Der Art, daß das Vieh nicht austreten kann. Gehörige Aufsicht: Durch die PolVorschr. nicht abgrenzbar. Besonderheiten: Art. 122—124. Festst. der Verpfl. zum Schadensersatz: Art. 13 FeldSchG. Verw. Strafbestimm.: Art. 118.

Art. 117.

1. An Geld bis zu fünf Talern wird gestraft:*)

1. wer die Viehweide zur Nachtzeit ausübt;
2. wer das während der Nachtzeit im Freien, in Hürden oder anderen geschlossenen Räumen bleibende Vieh vor Sonnenaufgang auf die Weide bringt oder später als eine Stunde nach Sonnenuntergang wieder eintreibt;
3. wer Weidevieh, welches nicht während der Nachtzeit im Freien, in Hürden oder anderen geschlossenen Räumen verbleibt, später als eine Stunde nach Sonnenuntergang zu Stalle bringt oder früher als eine Stunde vor Sonnenaufgang zur Hut wieder austreibt.

2. Eine Ausnahme von dem Verbote der Nachtweide tritt bei der Alpenweide und bei der Weide auf jenen Grundstücken ein, welche von allen Seiten so umschlossen sind, daß dadurch das Austreten des Viehes verhindert wird.

3. Weitere Ausnahmen von dem Verbote der Nachtweide sind von der Kreisverwaltungsstelle für solche Gegenden zu machen, in welchen die Nachtweide auf nicht umschlossenen Grundstücken bisher üblich gewesen ist oder nach den eigentümlichen wirtschaftlichen Verhältnissen nicht entbehrt werden kann. Hiebei hat die Kreisverwaltungsstelle zugleich die Befugnis, die zum Schutze gegen Beschädigungen und Mißbräuche erforderlichen Vorschriften zu erlassen, deren Übertretung die in dem gegenwärtigen Artikel bestimmte Strafe nach sich zieht.

1. Geldstr. nun 1—150 RMk. Vieh: Art. 74 A. 2. Nachtzeit: Zeit von Sonnenuntergang bis -Aufgang. Nr. 1 bedroht die vollständige, Nr. 2 u. 3 die teilw. Nachtweide. Alpenweide: Weide in den Alpen (ObSt. 8, 157); Hoch- u. Heimweide (Min. des Innern KdAbg. 1859/61 GGA. Beil. 2, 232). Strafbar nach Nr. 1—3 nur der Betriebsleiter. KreisVerwStelle, Form der Anordn. u. Vorschr.: Art. 1 Abs. 1 mit Art. 7. Zum Schutze gegen ..... erforderlichen: Im Strafverfahren zu prüfen (Art. 15 A. 2d). Besonderheiten: Art. 122—124. Festst. der Verpflichtung zum Schadensers.: Art. 13 FeldSchG.

Art. 118.**)

1. An Geld bis zu fünf Talern wird gestraft, wer Vieh, welches weder durch genügende Umfriedung des Weideplatzes noch durch Anbinden an dem Austreten in fremde Grundstücke gehindert ist, ohne

*) Abs. 1 Nr. 2 und 3 entnommen dem Preuß. Ges. v. 5. Juli 1844 (GS. 1844, 263).

**) Entspr. dem § 1 PreußG. v. 5. Juli 1844 (GS. 1844, 263).

tauglichen Hirten weiden läßt oder die seiner Hut anvertrauten Tiere an dem Austreten in fremde Grundstücke nicht hindert.

2. Gleicher Strafe unterliegt, wer zur Hut schulpflichtige Kinder mit Versäumung ihrer Schulpflicht verwendet.

1. Geldstr. nun 1—150 RMk. Vieh: Art. 74 A. 2. Weideplatz: Auch die Straßenböschungen (OSt. 7, 377). Anbinden: Jede Befestigung. Grundstücke: Nicht bloß landwirtschaftl. (ObSt. 10, 77; OSt. 2, 330; OGHSt. 7, 59). Fremd: Art. 115 A. 4. Weiden lassen: Bloßer Aufenthalt der Tiere nicht genügend, es muß beabsichtigt sein, daß sie die Erträgnisse des Grundstücks fressen (OSt. 7. 377). Nicht notw., daß das Vieh schon austrat (GHSt. 7, 59). Tiere: Weidendes Vieh. Straflosigkeit, wenn der allein betroffene Eigentümer der fremden Grundst. damit einverstanden ist oder ein Privatrecht zum Übertreten besteht; bloße örtliche Übung allerd. bedeutungslos (ObSt. 16, 9), a. A. OGHSt. 9, 336; ObSt. 10, 77. Schulpflicht. Kinder: Art. 58 A. 2. Besonderheiten: Art. 122—124. Feststellung der Verpflichtung zum Schadensersatz: Art. 13 FeldSchG.

Art. 119.

Einer Geldstrafe bis zu fünf Talern unterliegt, wer den ober- oder ortspolizeilichen Vorschriften zuwiderhandelt, welche zur Vermeidung von Mißbräuchen bei der Ausübung der Einzelhut auf ungeschlossenen, eigenen oder fremden Grundstücken erlassen werden.

1. Geldstr. nun 1—150 RMk. Einzelhut: Gegensatz zur Gemeindeweide, also auch die gemeinsame Weide zweier oder mehrerer Eigentümer. Geschloss. Grundstücke: So, daß das Austreten unmöglich ist. Eigene: Art. 115 A. 4. Ortspol. Vorschr.: Unzulässig Vorschriften, die ein offenes oder verstecktes Verbot der Hut enthalten, auch die Bindung an pol. Bewilligung (KdAbg. 1859/61 GGA. Beil. 3, 194; ObSt. 4, 311; OSt. 10, 310); auch nur zulässig Beschränkungen weidepol. Art, nicht z. B. im erzieherischen Interesse der Hirten; a. A. OFrRgg. v. 2. Aug. 1873 (KrBl. 885); Formvorschrift Art. 3 Abs. 2. Fahrläss. strafbar. Aufhebung älterer Bestimm.: InnHMB. v. 4. Mai 1863 (RegBl. 721). Besonderheiten: Art. 122—124. Feststellung der Verpflichtung zum Schadensersatz: Art. 13 FeldschG.

Art. 120.

1. Einer Geldstrafe bis zu fünf Talern unterliegt:

1. Wer Hausgeflügel während der durch ortspolizeiliche Vorschrift verbotenen Zeit auf die Felder auslaufen läßt oder Feldtauben zur Saat- und Erntezeit innerhalb des durch die Ortspolizeibehörde bestimmten und öffentlich bekannt gemachten Termines nicht eingeschlossen hält;
2. wer abgesehen von den Fällen des § 368 Nr. 2 des Strafgesetzbuches für das Deutsche Reich den hinsichtlich der Abwehr und Vertilgung schädlicher Tiere oder Pflanzen erlassenen ober-, distrikts- oder ortspolizeilichen Vorschriften zuwiderhandelt.

Bei Zuwiderhandlungen gegen Vorschriften zur Abwehr und Vertilgung der Reblaus ist Geldstrafe bis zu einhundertfünfzig Mark oder Haft zulässig. Reben, welche gegen ein auf Grund solcher Vorschriften erlassenes Verbot versendet, eingeführt oder sonst in Verkehr gebracht werden, sind einzuziehen.

2. Vor Erlassung der in Ziff. 2 Abs. 1 und 2 bezeichneten Vorschriften und der auf Grund derselben ergehenden allgemeinen Anordnungen sind entweder die zur Vertretung der landwirtschaftlichen Interessen berufenen Organe oder Sachverständige zu vernehmen.

1. Abs. 1 Nr. 2 neu gefaßt, Abs. 2 beigefügt durch die Nov. v. 12. Mai 1898 (GVBl. 223). Geldstr. nun, u. zwar auch bei Abs. 1 Nr. 2 Abs. 2, 1—150 RM.

2. Zu Abs. 1 Nr. 1: Ortspol. Vorschr.: Formvorschrift: Art. 3 Abs. 2. Verbotene Zeit: Die ortspol. Vorschrift muß eine zeitliche, d. h. eine mit Zeitbegriffen bestimmte Abgrenzung enthalten; unwirksam deshalb das Verbot, das Geflügel auf „bestellte“ Felder auslaufen zu lassen, wenn auch daraus sich eine zeitliche Beschränkung im Erfolge ergibt; unwirksam auch eine Ausdehnung des Verbots auf das ganze Jahr; das Gesetz will eine Beschränkung schlechthin nicht. Wer: Strafbar nicht der Eigentümer als solcher (ObSt. 15, 164), sondern jeder, der die Pflicht zur Überwachung hat. Auslaufen: Nicht das Hinfliegen (besond. Anführung der Tauben!) oder Hintreiben oder Hintragen.

Feldtauben: Jene Art, welche die Gewohnheit hat, „zu feldern“, auch Brieftauben einschließlich der Militärbrieftauben; jedoch zu beachten § 2 des Brieftaubenschutzges. v. 28. Mai 1894 (RGBl. 463). Terminsbestimmung (sprachlich richtiger: Frist): Nur wirksam, wenn sie sich innerhalb der Saat- und Erntezeit hält, zu prüfen im Strafverf.; ortspol. Vorschr. nicht notw. Fahrlässigkeit strafbar (vgl. ObSt. 9, 329; 15, 164).

3. Zu Abs. 1 Nr. 2: Schädl. Tiere: Maikäfer. Schädliche Pflanzen: Beabsichtigt Schutz gegen infektiöse Krankheiten u. gegen Verunkrautung; auch Forstschutz, Nonne (KdAbg. 1897/98 Beil. 15, 212; Reichsr. Beil. 7, 504). Abs. 1 hins. der Bekämpfung von Krankheiten der zur menschl. Ernährung oder zur Fütterung dienenden Pflanzen ersetzt durch die RKzlBek. v. 30. Aug. 1917 (RGBl. 745); Abs. 2 gegenstandslos durch das neue Reblausges. v. 6. Juli 1904 §§ 2, 10 u. 11. Fahrläss. ausreichend zur Bestrafung, wenn nicht der Inhalt der Vorschr. entgegensteht. Verwandte Strafbest. § 368 Nr. 2 StGB.

4. Zu Abs. 2: Zur Vertretung der landw. Interessen berufene Organe: Früher der Landwirtschaftsrat, die landw. Kreisausschüsse u. BezAusschüsse (KdAbg. 1897/98 Teil 15, 212), jetzt die Bauernkammern (Art. 5 des Ges. v. 20. März 1920, GVBl. 67). Notw. nur Vernehmung, nicht Zustimmung. Keine Vorschr. über die Art der Vernehmung. Notw. aber Vernehmung über die Vorschriften, es muß also der ganze endgültige Inhalt mitgeteilt werden. Ob die Vernehmung erfolgte, im Strafverf. zu prüfen; aus der Vorschr. selbst braucht aber dieses nicht ersichtlich zu sein (ObSt. 6, 122). Sachverständige: Auch, wenn sie geringe oder keine Sachkunde haben; notw. nur Vernehmung wegen ihrer (wenn auch vielleicht nicht vorhandenen) Sachkunde. Art. 3 Abs. 2 PStGB. durch Abs .2 für die Fälle des Abs. 1 Nr. 2 ersetzt.

5. Besonderheiten: Art. 122—124; Festst. der Verpflichtung zum Schadensersatz: Art. 13 FeldschG. Verw. Strafbestimm.: Art. 77 Abs. 1 mit Art. 64 ForstG.

Art. 121.

1. Zuwiderhandlungen gegen ortspolizeiliche Vorschriften über die Nachlese in Feldern, Obstbaumpflanzungen und Weinbergen oder gegen sonstige von der Ortspolizeibehörde zum Schutze des landwirtschaftlichen Eigentums, der Feldwege und der auf der Flurmarkung befindlichen Abzugsgräben erlassene feldpolizeiliche Vorschriften werden an Geld bis zu fünf Talern bestraft.

2. Unterläßt die Ortspolizeibehörde, die nötigen Vorschriften zu treffen, so ist die vorgesetzte Distriktspolizeibehörde zur Erlassung von Anordnungen für den Ortspolizeibezirk befugt.

1. Geldstr. nun 1—150 RMk. Nur Vorschriften über die Nachlese, kein vollst. Verbot. Poliz. Vorschriften (einschließl. der über die Nachlese, Schicker Art. 34 A. 6) zulässig nur zum Schutz gegen Dritte, nicht aber Anweisungen an den Eigentümer zur Beseitigung von Hindernissen der Bodenwirtschaft u. Viehzucht oder zum Schutze seines Eigentums (ObSt. 7, 157; 16, 9; a. A. OGHSt. 8, 537; BlAPr. 1879, 125), auch nicht zur Ausrottung der Mistelpflanzen; a. A. Grill GemZ. 1898, 9; insoweit Art. 120 Abs. 1 Nr. 2 anwendbar.

2. Landwirtschaftl. Eigentum: Gegenstände, die unmittelbar landwirtschaftl. Zwecken dienen; nicht sonstiges Eigentum der Landwirte, nicht gärtnerische Zwecke, nicht Jagdschutz. Feldwege: Diejen. Wege, welche dazu bestimmt sind, vorwiegend zur Bewirtschaftung der Feldgrundstücke zu dienen, auch Gewannenwege (Stöhsel GemO. Art. 29 A. 1; Kahr GemO. S. 386; ObSt. 26, 24); öffentl. brauchen die Wege hier nicht zu sein (ObSt. 26, 24). Flurmarkung: der landwirtschaftl. benutzte Teil der Gemeindeflur. Abzugsgräben: Gräben: Art. 89 A. 3; auch die Schutzgräben an den Feldwegen (KdAbg. 1859/61 GGA. Beil. 3, 195). Formvorschr. für die Erlass. der poliz. Vorschr.: Art. 3 Abs. 2. Bewußtsein der Rechtswidrigk. nicht notwendig (ObSt. 26, 24). Zulässig auch Vorschr. zum Schutze der Hege- u. Wehrzeichen (Strohwische). Vgl. BlAPr. 1882, 94 u. § 368 Nr. 9 StGB.; Art. 87 Abs. 1 Nr. 1 PStGB.; Art. 92 Nr. 2 ForstG.; Art. 30 Nr. 2 ForstStG. Unterhaltung der Feldwege: Art. 29 GemO.

Zu Abs. 2: S. Art. 5 PStGB. Besonderheiten: Art. 122—124. Festst. der Verpflichtung zum Schadensersatz: Art. 13 FeldschG.

Art. 122.*)

1. Sind Feldpolizeiübertretungen durch Familienangehörige, Dienstboten, Taglöhner, Hirten oder in ähnlichen Verhältnissen stehende Personen auf Befehl oder Anordnung des Familienhauptes, Dienstherrn oder Arbeitgebers vorgenommen worden, so ist nur derjenige nach den Bestimmungen dieses Gesetzes strafbar, auf dessen Befehl oder Anordnung die Handlung vorgenommen wurde.

2. Außerdem haften Eltern, Pflegeeltern und Dienstherrschaften, soferne die von ihren im elterlichen Hause sich aufhaltenden Kindern

*) Entnommen den Art. 345 u. 288 StGB. v. 1861 u. dem § 49 der preuß. Feldpolizeiordn. v. 1. Nov. 1847.

oder Pflegekindern oder von ihren Dienstleuten begangenen, in den Art. 112, 113 Ziff. 2, 3 und 115 erwähnten Feldfrevel zu ihrem Vorteile gereichen, für die Kosten, Geldbußen und Entschädigungen.

3. Kann die Geldstrafe gegen den Täter nicht vollstreckt werden, so ist sie von den gemäß Abs. 2 hiefür haftbaren Personen einzuziehen; sind auch diese unvermögend, so wird die Geldstrafe gegenüber dem Verurteilten in Haft umgewandelt.

1. Geänd. durch Art. 162 AG. BGB. (KdAbg. 1898/99 GGA. Beil. 20 S. 108). Reichsrechtl. zulässig: Abs. 1 u. 3 gemäß § 2 Abs. 2 EG. StGB.; Abs. 2 gemäß Art. 107 EG. BGB. u. § 361 Abs. 1 Nr. 9 S. 2 StGB.**)

2. Zu Abs. 1: Feldpol. Übertretungen: Art. 112, 113, 115—121 PStGB.; Bestimmungen d. StGB. fallen nicht hierher. Dienstboten: Art. 107 A. 2. Taglöhner: Art. 49 A. 1. Familienhaupt: Art. 65 A. 2. Familienangehörige: Die im Familienverband in diesem Sinne Stehenden. Dienstherrn: Art. 56 A. 1; Dienstherrschaft u. Dienstherr gleichbedeutend. Abs. 1 nur negative Bedeutung, insoferne die Untergebenen nicht bestraft werden sollen; die bloße Befehlgebung oder Anordnung (ohne Mittäterschaft oder Anstiftung) begründet aber keine Bestrafung. Der Angekl. braucht sich auf Abs. 1 nicht ausdrücklich zu berufen (ObSt. 8, 358).

3. Zu Abs. 2: Eltern: Nicht die Großeltern. Pflegeeltern: Art. 56 A. 1. Dienstleute: Erforderlich Hausgenossenschaft mit dem Dienstherrn (ObSt. 23, 52, BayZ. 1923, 197). Alter der Kinder usw. gleichgültig. Abs. 2 nur anwendbar, wenn die Kinder usw. strafbar sind (also auch nicht in den Fällen der Straffreiheit nach Abs. 1); eine weitergehende Anwendung wäre auch nicht durch Art. 107 EG. BGB. gedeckt. Kosten: Nur des Verf., nicht des Strafvollz. (Weis StGB. zu Art. 288 Abs. 2). Prozessuale Verwirklichung des Abs. 2: Art. 14 FeldschG.; soweit dieser nicht einschlägig, für Entschädigungen ZPWeg, im übrigen StPO. u. die strafproz. VollstrVorschriften entsprechend anwendbar. Die Haftung des Täters nach Art. 13 FeldschG. besteht weiter.

4. Zu Abs. 3: Nicht vollstr. werden: Soweit Vollstreckung nicht unmöglich, ist sie auch zu versuchen; § 28a Abs. 2 StGB. hieher nicht anwendbar. Unvermögend: Ebenso auszulegen wie „nicht vollstr. werden“ (s. das Wort „auch“ in Halbsatz 2). Eventualumwandlung der Geldstr. hat in den Fällen des Abs. 2 im Urteil nicht zu erfolgen, sondern immer nach § 459 StPO. Verfügung über die Geldstr.: Art. 124.

4. Verwandte Strafbestimmung: § 361 Nr. 9 StGB.

Art. 123.

Bei der Verfolgung und Aburteilung der in § 368 Ziff. 1, 2 und 9 und § 370 Ziff. 1 und 2 des Strafgesetzbuches für das Deutsche Reich, dann in Art. 112, 113 und 115 bis 121 gegenwärtigen Gesetzes erwähnten Übertretungen sind Bedienstete der Distriktsgemeinden, sowie Privatpersonen, welche von der Distriktsverwaltungsbehörde als Organe des Feldschutzes verpflichtet und anerkannt sind, in bezug

**) Sonderschrifttum: Reuß, Die Haftung nach bayer., preuß. u. Reichsstrafgesetz 1900.

auf den amtlichen Glauben ihrer Aussagen, sowie hinsichtlich der Befugnis zur Vornahme zu Pfändungen den von den Gemeinden aufgestellten Flurschutzbediensteten gleichzuachten.

1. Art. 123 wirkungslos, weil strafprozessualer Natur. Auch nicht gedeckt durch § 3 Abs. 3 EG. StPO. (Art. 1 AG. StPO.), weil nur vereinzelte Bestimmungen, kein „besonderes Verfahren".

Art. 124.

Die auf Grund des § 368 Ziff. 1, 2 und 9 und § 370 Ziff. 1 und 2 des Strafgesetzbuches für das Deutsche Reich, sowie der Art. 112, 113 und 115 bis 122 erkannten Geldstrafen fließen in die Kasse derjenigen Gemeinden, in deren Bezirk die Übertretung verübt wurde oder, insoferne eine Ortschaft auf eigene Kosten Flurwächter aufgestellt hat, in die Kasse dieser Ortschaft und sind für Zwecke des Flurschutzes zu verwenden.

1. Bei Begehung in mehreren Gem. Teilung notw.

Art. 125.

1. Die Übertretung der gesetzlichen Bestimmungen über Ausübung der Jagd und der nach Maßgabe des Gesetzes im Verordnungswege erlassenen jagdpolizeilichen Vorschriften wird nach den hierüber bestehenden Gesetzen bestraft.

2. Auf Personen, welche bei Ausübung des Jagdrechtes eine gemäß § 367 Ziff. 9 des Strafgesetzbuches für das Deutsche Reich verbotene Waffe führen, sind die Bestimmungen jenes Gesetzes anwendbar.

3. Unbeschadet der nach Maßgabe des Abs. 1 verwirkten Strafe unterliegt Wild, welches mit Übertretung der die Hege oder Hegezeit betreffenden Bestimmungen erlegt wird, desgleichen Wild, welches während der für die betreffende Wildgattung festgesetzten Hegezeit und, nachdem seit deren Eintritt vierzehn Tage verstrichen sind, ohne von der Distriktspolizeibehörde bewilligte Terminsverlängerung zum Verkaufe gebracht wird, der Einziehung. Der Erlös daraus fließt in die Armenkasse des Ortes der Übertretung.

4. An Geld bis zu zehn Talern oder mit Haft bis zu sechs Tagen wird gestraft, wer Vögel, deren Einfangen, Töten oder Verkauf durch Verordnung verboten ist, einfängt, tötet oder verkauft oder wer den Verordnungen oder oberpolizeilichen Vorschriften über das Einsammeln oder den Verkauf von Ameiseneiern zuwiderhandelt.

1. Gesetzliche Bestimmungen über Ausübung der Jagd: Jagdges. v. 30. März 1850 (GVBl. 118) mit VO. v. 11. Juli 1900 über die jagdbaren Tiere

GVBl. 693) mit Änd. v. 5. Mai 1913 (GVBl. 189), 29. April 1925 (GVBl. 143) u. v. 4. April 1927 (GVBl. 111). Jagdpolizeiliche Vorschriften: VO. v. 6. Juni 1909, die Ausübung und Behandlung der Jagd u. den Verkehr mit Wildbret betr. (GVBl. 409) mit Änderungen v. 13. Febr. 1911 (GVBl. 81), 5. Mai 1913 (GVBl. 189), 7. Juli 1926 (GVBl. 332), 24. Mai 1929 (GVBl. 61), 18. Juli 1929 (StAnz. Nr. 165), 11. Sept. 1929 (GVBl. 123), 23. Nov. 1929 (JnnMBl. 146) mit Änd. v. 14. März 1930 (JnnMBl. 9).

2. Abs. 2 stellt klar, daß Bayern von seinem Recht (§ 2 Abs. 2 EG. StGB.), von § 367 Nr. 9 abweich. Bestimmungen zu treffen, keinen Gebrauch macht.

3. Abs. 3 ist Ergänzung der jagdpol. Strafges. Einziehbar nur Wild oder Teile von Wild; nicht Gegenstände des Jagdrechts, die kein Wild sind (z. B. Eier). Desgl. nur erlegtes (nicht sonst okkupiertes) u. verkauftes (nicht sonst veräußertes). Auch nicht der Erlös von Wild, außer wenn die Veräußerung erst nach der Besitzergreifung erfolgte (ObSt. 8, 384). Einziehung nur zulässig im Anschluß an einen strafrechtl. Tatbestand, nicht bei sonstigem Verstoß gegen die JagdPolVO. v. 6. Juni 1909 (ObSt. 16, 150). Bestimm. über die Hegezeit: Art. 23 Abs. 1 Nr. 5 Jagdges. u. §§ 2—8 JagdPolVO. v. 6. Juni 1909 (GVBl. 409) oben A. 1. Auch obj. Verf. zulässig (Art. 18). Einziehbar nur dem Täter gehöriges Wild (ObSt. 8, 384; 9, 204; K. in BayZ. 1905, 408; a. A. OSt. 2, 372; einschränkend mit unschlüss. Begründung ObSt. 16, 150; s. auch Art. 17 A. 2); gilt auch für das obj. Verf. (Art. 18 A. 2b). Einziehung im Ermessen des Gerichts; auch im obj. Verf. (Art. 18 A. 2c). Erlös zur Staatskasse, wenn ÜbertretOrt im ausmärk. Gebiet (Berolzheimer BlAPr. 1894, 284).

4. Entstehung u. Zweck des Abs. 4: KdAR. 1871/72 GGA. Beil. 1, 10; KdAbg. GGA. 2, 217. Gegenüber dem VogelschutzG. v. 30. Mai 1908 (RGBl. 317), soweit unter dieses Ges. fallende Vögel in Betracht kommen, nur mehr wirksam nach Maßg. des § 9 dieses Ges. Hinsichtlich anderer Vögel voll wirksam (§ 8 d. Ges.), außer hins. des Fangens mit Schlingen, insoweit § 2 Abs. 1 lit. b u. §§ 6 u. 7 des VogelSchG. maßgebend. Einfangen: Nicht bloß Besitzergreifung, sondern alle Handlungen, die geeignet sind, die sofortige Besitzergreif. herbeizuführen, Aufstellen von Leimruten, Netzen usw. (OSt. 1, 71; ObSt. 4, 97). Nicht strafb. aber das Nachstellen zum Zwecke des Tötens, Versuch des Tötens (ObSt. BayZ. 1930, 179). Verkauf: Maßgebend das bürg. Recht, da der Begr. dem bürgerl. Recht entnommen ist u. Strafgesetze insbes. auch nicht ausdehnend ausgelegt w. dürfen; nicht schon das bloße Anbieten, a. A. OSt. 2, 546; a. A. auch ObSt. 29, 30; verkaufen darnach „nach dem Zwecke der Bestimmung" jede entgeltliche Veräußerung. Ankauf nicht strafbar, solange nicht etwa die Tätigkeit des Ankäufers über das Maß der „notwendigen Teilnahme" hinausgeht (ObSt. 28, 241). Geldstr. nun 1—150 RM.

Art. 126.

Aufgehoben durch Art. 111 FischG. v. 15. Aug. 1908 (GVBl. 527).

Zwölftes Hauptstück. Erwerbs- und Gewerbs-Polizei.

Vorbemerk.: Die strafbaren Handlungen des XII. Hauptst. erfordern grundsätzl. (s. die Überschrift) eine gewerbemäß. Tätigkeit, vorbehaltlich besonderer, eine Ausnahme hievon enthaltender Bestimmungen einzelner Artikel. Maßgebend hierbei für den Begriff Gew. die RGewO., weil man bei der Revision des PStGB. im Jahre 1871 das XII. Hauptst. mit dem Gewerberecht des übrigen Deutschl. in Einklang bringen wollte (KdAbg. 1871/72 Beil. 1, 21; StenB. 1, 19). Eine falsche Vorstellung von der Bedeutung der Einführung der GewO. für den Nordd. Bund in Bayern hatte der Minister des Innern (KdAbg. 1871/72 StenB. 1, 19).

Art. 127.

1. An Geld bis zu fünfzig Talern wird bestraft, wer, ohne hierzu approbiert zu sein, sich als Arzt, Wundarzt, Landarzt, Chirurg, Augenarzt, Geburtshelfer, Zahnarzt, Bader, Tierarzt bezeichnet oder sich einen ähnlichen Titel beilegt, durch den der Glaube erweckt wird, der Inhaber derselben sei eine geprüfte Medizinalperson.

2. Derselben Strafe unterliegen Personen, welche ohne hierzu approbiert zu sein, außer Notfällen eine geburtshilfliche Handlung vornehmen, sowie approbierte Hebammen, wenn sie außer Notfällen ihre durch Verordnung oder Ministerialvorschrift bestimmten Befugnisse überschreiten.

3. Die Bezahlung der approbierten Ärzte, Wundärzte, Bader, Hebammen und Tierärzte bleibt der Vereinbarung vorbehalten. Als Norm für streitige Fälle im Mangel einer Vereinbarung können jedoch für dieselben Taxen durch Verordnung festgesetzt werden.

1. Art. 127 an sich grundsätzlich noch wirksam (§ 6 Abs. 1 GewO.); jedoch Abs. 1 gemäß §§ 29 u. 147 Abs. 1 Nr. 3 GewO. nur mehr von Bedeutung hinsichtlich des Badertitels oder eines diesem ähnlichen Titels. Abs. 2 unwirksam in seinem ersten Teil, denn die Vornahme geburtshilfl. Handl. durch weibl. Personen nun durch die GewO. geregelt (§ 30 Abs. 2, § 147 Abs. 1 Nr. 1; RG. 15, 181); für Männer gilt aber insoweit der Grundsatz der GewFreiheit. Auch nicht wirksam hins. nicht gewerbl. Tätigkeit; denn solche erfaßt Art. 127 überhaupt nicht. Teil 2 des Abs. 2 voll wirksam (§§ 6 u. 144 GewO.; ObSt. 1, 306). Abs. 3 unwirksam hinsichtlich der Ärzte, Wundärzte u. Tierärzte (Art. 80 Abs. 2 GewO.), im übrigen wirksam, jedoch nur mit den aus §§ 611, 612 Abs. 2, § 632 Abs. 2 BGB. sich ergebenden Einschränkungen (RGR.-Komm. § 612 A. 3; RGZ. 68, 202); auch stillschweig. Vereinb. geht sonach der Taxe vor.

Abs. 1 ist dem § 147 Abs. 1 Nr. 3 GewO. nachgebildet (KdAbg. 1871/72 GGA. 1, 126); demnach auszulegen wie dieser. Geldstr. nun 1—150 RM.

2. Die Vorschriften über die Approbation der Bader sind enthalten in der Baderordnung v. 31. März 1899 (GVBl. 111). Entziehung der Berechtigung zur Führung des Badertitels nach § 9 dieser Ordnung: OSt. 4, 383.

3. Titel: Bezeichnung, die eine von jemand ausgeübte berufliche Tätigkeit erkennbar machen soll (ObSt. 11, 109); nicht die Annahme einer unpersönlichen Bezeichnung (Baderei, Badergeschäft), sie ist nicht strafbar (RG. 31, 164; Darmst. GArch. 47, 386; RG. Reg. 33, 70; ObSt. SeuffBl. 67, 313; a. A. ObSt. 11, 325). Beilegung soviel wie Gebrauch (Marienw. GArch. 46, 226). Ausübung des Gew. nicht notw., Titelbeilegung auch außerh. des geschäftl. Verkehrs ausreichend; sie muß aber nach außen hervortreten. Zeitdauer gleichgültig. Ausübung des Gew. selbst nicht strafbar (OGHSt. 5, 401).

4. Keine Bestrafung, wenn bei der Bezeichnung als Bader auf die Tats. einer außerbayer. Approbation hingewiesen wird; denn nur die inländ. Approb. soll geschützt werden (RG. 48, 2; ObSt. 11, 359; 14, 279; a. A. Cöln GArch. 39, 193; KGJ. 21 C 10; 43 C 366; Reg. 33, 424).

5. Dem Titel Bader ähnlicher Titel: Jeder, der ihm nach Inhalt und Bedeutung nahekommt (Marienw. GArch. 49, 341 zu § 147 Nr. 3 GewO.). Z.B. Badereibesitzer (OSt. 4, 383); „Vertreter des Baders" (Marienw. GArch. 49, 341);

auch Baderin bei einer weibl. Person, wenn es nicht Frau eines Baders bedeuten soll. Nicht aber der Titel Friseur oder Haarkünstler. Der baderähnliche Titel braucht nur geeignet zu sein, den Glauben zu erwecken, der Inhaber sei eine geprüfte Medizinalperson; daß tatsächlich in einer bestimmten Person der Glaube erweckt wurde, nicht notwendig (Hamb. in Reg. 12, 11); notw. aber die Erweckung des Glaubens, der Inhaber sei ein geprüfter Bader. Bei Gebrauch des Badertitels Erregung des Glaubens, der Inhaber sei gepr. MedizPerson, nicht notwendig.

6. Nicht strafbar bei Badern die bloße Überschreitung der ihnen verordn.-mäßig eingeräumten Befugnisse (auch nicht nach der GewO.); das ergibt die Entstehung des Art. 127 (RG. 13, 259).

7. Nur die Nichteinhaltung der Grenzen der Berechtigungen der Hebammen nach Abs. 2 strafbar, nicht jede Zuwiderhandlung gegen eine ihnen auferlegte Pflicht; darüber lassen Fassung und Entstehung des Art. keinen Zweifel (ObSt. 3, 80; ObSt. in BayZ. 1905, 28; Grasm.-Pil. 2, 777 Anm. 8; zweifelnd ObSt. 1, 306). Strafbar aus diesem Grunde insbes. auch nicht ein ungebührliches Verhalten gegenüber dem Arzte (ObSt. in SeuffBl. 70, 103). Nur die Befugnisse hins. der Hebammentätigkeit können geregelt w.; dazu wohl auch die sich an die Tätigkeit bei der Entbindung anschließ. Sorge für Mutter u. Kind zu rechnen (Stuttg. in WürttJ. 20, 178), u. auch die Sorge für die Zeit vorher. Die Befugnis zur GewAusübung kann Hebammen durch Landesges. nicht entzogen werden; maßgebend nur § 30 Abs. 2 u. § 53 Abs. 2 GewO. (PrOVG. GArch. 54, 427). Dafür, daß die Ausübung des Hebammenberufs durch Landesges. von behördlicher Erlaubnis abhängig gemacht w. kann, Köln in LZ. 1927, 802.

8. Bezeichnung als Geburtshelferin nach § 147 Nr. 3 GewO. strafbar (KG. GArch. 41, 306); dagegen Führung des Hebammentitels selbst nicht.

9. Auch fahrläss. Zuwiderhandl. gegen Abs. 1 u. 2 strafbar, soweit nicht der Inhalt der VO. oder MinVorschr. entgegensteht (Marienw. GArch. 49, 341).

10. Pflicht der Ärzte, Wundärzte, Bader, Hebammen und Tierärzte zur Anzeige ansteckender Krankheiten: Art. 72; Pflicht zur Anzeige von der Wahl und den Veränderungen des Wohnorts: Art. 128; Pflicht zur Wahrung des Berufsgeheimnisses durch Ärzte, Wundärzte, Hebammen, Apotheker und die Gehilfen dieser Personen: § 300 StGB.

11. Zu Abs. 3 für Bader: § 8 der BaderOrdn. v. 8. März 1899 (GVBl. 111), für Hebammen: HebammenGebOrdn. v. 20. April 1926 (GVBl. 287). Festſ. v. Taxen für andere als die in Abs. 3 bezeichn. Personen: Art. 142.

Art. 128.

Ärzte, Wundärzte, Bader, Hebammen und Tierärzte werden an Geld bis zu fünfzehn Talern gestraft, wenn sie bei der Wahl oder Veränderung ihres Wohnortes den durch Verordnung festgesetzten Verpflichtungen zuwiderhandeln.

1. Wirksam gegenüber Gew. (s. deren § 144; ObSt. 1, 381). Geldstr. nun 1—150 RM.

2. Bezieht sich nur auf geprüfte (approb.) Ärzte usw. (ObSt. 7, 167). Weiter einschlägig das bei Art. 72 A. 2 Bemerkte. Zahnärzte wohl Ärzte im Sinne des Art. 128 (s. § 1 gegenüber § 12 der VO. v. 29. Jan. 1865, RegBl. 137; anders erst die VO. v. 11. Aug. 1873, RegBl. 1313).

3. Keine Verpflichtungen in bezug auf die Wahl oder Veränderung, nur bei der Wahl oder Veränd. und auch insoweit nur innerlich damit zusammenhängende.

4. Wohnort: Der Ort, wo jemand wohnt; nicht der Wohnsitz (unklar ObSt. 1, 381); auch nicht die Wohnung; maßgebend die polizeiliche Einheit, für die Regel also die Gemeinde (s. auch Fischer BayZ. 1913, 40).

5. VOen im Sinne des Art. 128: VO. v. 9. Jan. 1912 über die Meldepfl. der Ärzte u. Zahnärzte (GVBl. 15), geänd. durch VO. v. 28. Aug. 1924 (GVBl. 196); § 6 der Baderordn. v. 31. März 1899 (GVBl. 111); § 1 der HebammenVO. v. 23. März 1926 (GVBl. 295); § 1 der VO. v. 21. Dez. 1908, die Tierärzte betr. (GVBl. 1141), geänd. durch VO. v. 12. April 1923 (GVBl. 149), v. 14. Juli 1924 (GVBl. 187), v. 2. Juli 1927 (GVBl. 232).

6. Die durch § 14 GewO. geregelte Anzeigepflicht findet auf die in Art. 128 genannten Personen keine Anwendung (§ 6 GewO.).

Art. 129.

1. Wer ohne Genehmigung der zuständigen Behörde eine Privatheil- oder Entbindungsanstalt oder eine Badeanstalt eröffnet oder den Betrieb nach Einziehung dieser Genehmigung fortsetzt oder den bezüglich der Einrichtung und des Betriebs einer solchen Anstalt von der zuständigen Behörde im Interesse der Gesundheitspflege, der Sittlichkeit und der persönlichen Sicherheit festgesetzten Bedingungen zuwiderhandelt, wird an Geld bis zu fünfzig Talern bestraft.

2. In dem Straferkenntnisse ist die Zulässigkeit der Schließung solcher ohne Genehmigung betriebenen Anstalten auszusprechen. Im Falle des Zuwiderhandelns gegen die für die Einrichtung und den Betrieb polizeilich festgesetzten Bedingungen kann bis zur Abänderung der ordnungswidrigen Einrichtung oder des ordnungswidrigen Betriebes auf Zulässigkeit der Schließung erkannt werden.

1. Abs. 1 u. 2 hins. der Heil- u. EntbindAnstalten aufgehoben durch §§ 30, 53, 147 Abs. 1 Nr. 1 GewO.; hins. der Badeanstalten Abs. 1 in seinem ersten Teil durch §§ 35, 148 Abs. 1 Nr. 4, § 1 GewO. aufgehoben, wirksam aber noch in seinem zweiten Teil (§ 144 GewO.); Abs. 2 für sie aufgehoben durch §§ 35, 148 Abs. 1 Nr. 4 GewO. Für vollständ. Aufhebung des Art. Schmitt Justizges. S. 749; Seuffert SeuffBl. 1873, 427. Geldstr. nun 1—150 RMk.

2. Zust. PolBeh.: § 27 ZustVO. Sittlichkeit: Art. 73 A. 5. Bedingungen: Nur für den Inhaber der Anstalt. Verwandte Strafbestimmung: Art. 79.

Art. 130.

1. An Geld bis zu fünfzig Talern wird gestraft, wer Fabriken, Werkstätten oder sonstige gewerbliche Anlagen, welche eine schädliche oder belästigende Ausdünstung verbreiten oder sonst für die Nachbarn oder das Publikum erhebliche Gefahren, Nachteile oder Belästigungen herbeiführen können, ohne Genehmigung der zuständigen

Behörde errichtet oder wesentlich verändert oder den bei Erteilung dieser Genehmigung bezüglich der Lage, Einrichtung und des Betriebes solcher Fabriken, Werkstätten oder sonstiger gewerblicher Anlagen erlassenen polizeilichen Anordnungen zuwiderhandelt.

2. Das Verzeichnis der unter Abs. 1 begriffenen Fabriken, Werkstätten oder sonstigen gewerblichen Anlagen wird durch Verordnung festgesetzt.

3. Im Strafurteile ist die Zulässigkeit der Schließung der unbefugt errichteten oder veränderten Fabrik oder Werkstätte auszusprechen. Bei eigenmächtiger Abweichung von den bei Erteilung der Genehmigung erlassenen polizeilichen Anordnungen kann die Schließung bis zur Abänderung der vorschriftswidrigen Einrichtungen für zulässig erklärt werden.

4. Überdies hat der Richter auszusprechen, daß die Polizeibehörde befugt ist, die Abänderung, den Abbruch oder die Entfernung der ordnungswidrigen Vorrichtungen zu verfügen.

1. Der Art. ist jetzt wohl unwirksam; denn er sollte nur einen Ersatz für die z. Z. der Erlassung des PStGB. noch nicht geltenden §§ 16ff., 49 u. 147 GewO. bilden u. ist deshalb mit deren Inkrafttreten bedeutungslos gew. (KdAbg. 1871/72 GGA. Beil. 1, 27); bestr.; für Unwirksamkeit: OGHSt. 6, 216; 4, 14; OSt. in Reg. 15, 249; Web. 6, 172; für Wirksamk.: BGH. 14, 150; 18, 243; ObSt. 13, 369; 19, 251 (teilw.); Koch BlAPr. 1918, 16; weiteres Schrifttum Bittinger BlAPr. 1901, 63. Geldstr. nun 1—150 RMk.

2. Fabrik: Die Vereinigung einer größeren Anzahl von Arbeitern zu Produktionszwecken in einem Gebäude, die unter vorzugsweiser Anwendung von Maschinen und Motoren sich gegenseitig in die Hand arbeiten, so daß alle an der Herstellung eines und desselben Gegenstandes mit bestimmten Leistungen beteiligt sind (Stieda, HandwBuch der Staatsw.). Werkstätten: Räume, in welchen bestimmungsgemäß die in einen Gewerbebetrieb einschlagenden Arbeiten ausschließlich oder doch überwiegend verrichtet werden (RG. GArch. 51, 349).

3. Genügend auch schädliche Einwirkungen auf Sachen der Nachbarn oder des Publikums. Nachträgl. Anordnungen nicht zulässig; unzulässig auch der Vorbehalt nachträgl. Anordnungen, oder des Widerrufs, oder befristete oder bedingte Genehmigung. Prüfung dessen auch im Strafverf.; ferner, ob die Anordn. sich auf Lage, Einrichtung u. Betrieb bezieht. Die Anordn. sind PolVerfügungen.

4. Das Verzeichnis des Abs. 2: VO. v. 16. Mai 1863 (RegBl. 993); bestimmt auch die zur Genehm. zust. Beh.; für München s. OGHSt. 9, 234. Es stellt bindend, auch für das Strafverfahren, fest, daß die Voraussetzungen des Abs. 1 vorliegen.

5. Schließung nicht zulässig bei „sonst. gewerbl. Anlagen"; gilt auch für Abs. 4. Vollzug der Entscheid. des Abs. 3: Art. 17 Abs. 2; Obj. Verf. in den Fällen des Abs. 4: Art. 18 Abs. 2.

6. Verjährung: Beginnt erst mit Aufg. des gesetzwidr. Betriebs (ObSt. 19, 251).

Art. 131.

1. Wer den Verordnungen über Prüfung, Aufstellung und Gebrauch von Dampf- und anderen sicherheitsgefährlichen Maschinen und dazu gehörigen Vorrichtungen und Leitungsröhren zuwiderhandelt, wird an Geld bis zu fünfzig Talern gestraft.

2. Die Polizeibehörde ist berechtigt, den Gebrauch der in Abs. 1 bezeichneten Gegenstände bis zur erfolgten Prüfung oder Herstellung des entsprechenden Zustandes zu untersagen.

1. Voll wirksam hins. anderer sicherh.gefährl. Maschinen als Dampfkessel; hins. der letzteren wirksam nur soweit, als nicht §§ 24, 25 u. 147 Abs. 1 Nr. 2, Abs. 3 GewO. eingreifen, also namentlich hinsichtlich des Gebrauchs u. der wiederholten Prüfung (OSt. 8, 36; VGH. 2, 291; a. A. Seuffert SeuffBl. 1873, 430). Geldstr. nun 1—150 RMk. Maschine: Entscheidend nicht der techn. Begr., sondern die Auffassung des tägl. Lebens. Zum Umfang der Sorgfaltspflicht s. ObSt. 18, 68 u. OSt. 10, 19. Vollzug der Untersagung: Art. 20.

Art. 132.

An Geld bis zu fünfzig Talern wird gestraft, wer ohne polizeiliche Bewilligung Tanzunterricht, an welchem Personen männlichen und weiblichen Geschlechts gleichzeitig teilnehmen, oder eine Anstalt für Fecht-, Turn- oder Schwimmunterricht eröffnet. Zugleich ist in dem Strafurteile die Zulässigkeit der Schließung solcher Anstalten auszusprechen.

1. Unwirksam, weil er in Widerspr. mit § 1 GewO. die Zulassung zum Gew.-Betr. regelt; Unterrichtserteilung im Sinne des § 6 GewO. liegt in den Fällen des Art. 132 nicht vor (RG. 44, 20); teilw. überdies auch ersetzt durch §§ 35 mit 148 Abs. 1 Nr. 4 GewO.

Art. 133.

1. An Geld bis zu fünfzig Talern wird gestraft, wer ohne die nach Verordnung erforderliche polizeiliche Bewilligung Auswanderungsgeschäfte betreibt oder eine Auswanderungs-Agentur errichtet oder nach entzogener Bewilligung die Geschäfte einer solchen fortsetzt.

2. Gleicher Strafe unterliegt, wer unbefugt als Zwischenhändler (Unteragent) solche Geschäfte abschließt oder vermittelt.

3. In dem Strafurteile ist zugleich die Zulässigkeit der Schließung solcher unberechtigter Agenturen auszusprechen.

4. Geldstrafe bis zu zwanzig Talern trifft berechtigte Agenten, welche den für ihre Geschäftsführung erlassenen Verordnungen oder oberpolizeilichen Vorschriften zuwiderhandeln.

1. Unwirksam gew. durch das die gleiche Materie regelnde Ges. über das AuswandWesen v. 9. Juni 1897 (RGBl. 463); die VollzVO. v. 7. Juni 1862 (RegBl. 1191) wurde ausdrücklich aufgehoben durch Nr. 2 der VO. v. 28. März 1898 (GVBl. 171).

Art. 134.

1. An Geld bis zu 150 Mark wird bestraft, wer für eine auswärtige Kasse, Anstalt oder Gesellschaft der im § 360 Ziff. 9 des Strafgesetzbuches für das Deutsche Reich bezeichneten Art, welche die zur Ausdehnung ihres Geschäftes auf das Königreich Bayern nach Verordnung erforderliche Genehmigung nicht besitzt, Beitritts- oder Versicherungsverträge abschließt oder vermittelt oder seine Vermittlung zur Abschließung solcher Verträge oder zur Erteilung von Auskunft über dieselben gewerbsmäßig anbietet.

2. Wer wegen Zuwiderhandlung gegen die Bestimmungen des Absatzes 1 rechtskräftig zu einer Strafe verurteilt worden ist und innerhalb zwei Jahren vom Tage der Rechtskraft des verurteilenden Erkenntnisses an sich der abermaligen Zuwiderhandlung gegen die Bestimmungen des Absatzes 1 schuldig macht, wird mit Haft bestraft.

3. Agenten für Mobiliarbrandversicherung, welche den in bezug auf ihre Geschäftsführung erlassenen Verordnungen oder oberpolizeilichen Vorschriften zuwiderhandeln, werden an Geld bis zu 60 Mark bestraft.

1. Jetzige Fassung beruht auf der Nov. v. 9. Febr. 1892 (GVBl. 29); gegenstandslos damit OSt. 3, 385. Art. 134 in seiner Wirksamkeit weder durch § 360 Nr. 9 StGB. (OSt. 9, 269; RG. GArch. 46, 350) noch durch die GewO. berührt (OSt. 9, 74; KdReichsr. 1891/92 Beil. 7, 172). Wegen des Einflusses des VersichAG. u. des VVG. s. Art. 100 A. 1. Geldstr. nun bei Abs. 1 u. 3 1—150 RMk.

2. Kassen, Anstalten oder Gesellschaften der in § 360 Nr. 9 StGB. bezeichneten Art: S. § 360 Nr. 9 StGB.; auswärtige Kasse usw.: Eine solche, die nicht in Bayern errichtet ist. Zur Ausübung des Geschäftsbetr. einer in Bayern mit Genehmigung errichteten Gesellschaft ist eine besondere Genehmigung überhaupt nicht erforderlich. Erfordernis der Genehm. u. Zuständigkeit hierzu: § 4 Abs. 2 ZustVO., der schon vor der Neufassung des Art. 134 bestand; man nahm an, er sei durch die Neufassung nachträglich wirksam geworden (KdAbg. 1891/92 Beil. 13, 317); ob das richtig ist, ist zweifelhaft (s. Anh. zu Art. 1 A. 15); eine nichtige Rechtshandlung wird nur durch Neuvornahme (oder formgerechte Genehmigung) wirksam.

3. Strafbar nur, wer für die Kasse usw., wenn auch nicht gerade als offener Vertreter, abschließt oder vermittelt; nicht, wer mit ihr handelt; ebenso strafbar auch nur, wer sich zur Abschlußvermittelung für die Kasse erbietet. Abschluß u. Vermittlung auch strafbar, wenn nicht gewerbemäßig. Abschluß braucht nicht rechtsgültig zu sein; die Vermittlung muß zu einem (wenn auch nicht rechtswirksamen) Vertrag geführt haben. Nicht strafbar, wer selber Auskunft erteilt oder sich zur Auskunfterteilung anbietet; die Vermittlung zur Auskunftserteilung kann aber auch der Direktor der Anstalt anbieten (OSt. 9, 269). Eine andere Förderung der Kasse usw., als sie Abs. 1 vorsieht, nicht strafbar, also nicht die Einhebung der Prämien, die Auszahlung der VersichSumme (AA. KdRR. 1891/92 StenB. 5, 238). Mitwirkung zur Änderung eines bestehenden VersichVerh. nur strafbar, wenn ein vollständig neuer Vertrag entsteht (s. hierzu KdRR. 1891/92 StenB. 5, 229).

4. Abs. 2 schon dann anwendbar, wenn die erste Strafe z. B. der wiederholten Übertretung rechtskräftig ist; Vollzug oder Begnadigung nicht notwendig (KdAbg. 1891/92 StenB. 7, 30). Wirkung der Tilgung des Vermerks der Bestrafung im StrafReg.: § 5 Abs. 2 des Ges. v. 9. April 1920 (RGBl. 507).

5. Weil Abs. 1 u. 2 eine Erweiterung des § 360 Nr. 9 StGB. sein wollen, passen sie sich diesem in seiner jeweiligen Gestalt an; deshalb gilt die Einschränkung, die § 360 Nr. 9 durch das VersichAG. erfuhr, auch für Art. 134; wegen dieser Einschränkung s. § 360 Nr. 9 StGB. A. 1.

6. Agenten: § 84 HGB. Nicht Prokuristen, HandlBevollm.; auch nicht Mäkler (keine dauernde Geschäftsverbindung).

7. Abs. 1 u. 2 erfordern Vorsätzlichkeit; bei Abs. 3 kann Fahrlässigkeit ausreichen, wenn nicht der Inhalt der VOen oder PolVorschr. entgegensteht. Weitere versichrechtl. Bestimm.: Art. 100 PStGB., § 360 Nr. 9 StGB., §§ 14, 148 Abs. 1 Nr. 2 GewO.

Art. 135.

Gewerbsleute, welche Gold- oder Silberwaren feilhalten oder verkaufen, die den Verordnungen über Feingehalt und Probe solcher Waren nicht entsprechen, werden an Geld bis zu dreißig Talern gestraft, womit die Einziehung der vorschriftswidrigen Waren verbunden werden kann.

1. Aufgeh. durch § 10 des RG. v. 16. Juli 1884 über den Feingehalt von Gold- u. Silberwaren (RGBl. 120).

Art. 136.

Wer den Verordnungen über den Verkauf geschwefelten Hopfens zuwiderhandelt, wird an Geld bis zu fünfzig Talern gestraft.

1. Wohl unwirksam geworden durch § 6 Abs. 1 f u. § 11 Hopfenherkunftsges. v. 9. Dez. 1929 (RGBl. 213) mit Nr. 22 u. 23 der Bayer. DurchfVO. v. 28. Mai 1930 (GVBl. 185).

Art. 137.

Trödler und Inhaber von Versteigerungsbureaus, welche den durch ober- oder ortspolizeiliche Vorschriften zur Überwachung ihres Geschäftsbetriebes erlassenen Anordnungen zuwiderhandeln, werden an Geld bis zu dreißig Talern gestraft.

1. Hinsichtlich der Trödler gehen nun dem Art. 137 § 35 Abs. 2, 6 u. 7 mit 1, § 38 Abs. 4 mit § 35 Abs. 2 u. § 148 Abs. 1 Nr. 4 u. 4a GewO. vor; soweit diese nicht unmittelbar einschlagen, bleibt er wirksam (§ 144 GewO.; ObSt. 1, 286; SächsOLG. StengleinZ. 17, 230). Hinsichtl. der Inhaber der VersteigBureaus gehen dem Art. 137 vor § 367 Nr. 16 StGB., § 35 Abs. 3 mit 1, Abs. 6 u. 7, § 36, § 53, § 38 Abs. 1 u. 4, § 56 c, § 148 Abs. 1 Nr. 4, § 147 Abs. 1 Nr. 1, § 148 Abs. 1 Nr. 4a, § 148 Abs. 1 Nr. 7b GewO.; soweit diese nicht unmittelbar einschlagen, bleibt er wirksam (ObSt. 1, 286). Geldstr. nun 1—150 RM.

2. Trödler: Personen, die mit Gegenst. handeln, deren Wert infolge ihres Alters oder ihrer Abnützung gemindert ist; s. auch die Begr.Bestimm in § 35 GewO

Antiquitätenhändler fallen nicht hierher (KGJ. 12, 228); s. auch JnnME. v. 17. Juli 1878 (BlAPr. 1879, 300). Trödler ist auch, wer nur kommissionsweise handelt (Oldenb. Reg. 34, 265).

3. Versteigerer: Wer eine Anzahl von Personen auffored., ihm Kaufangebote für eine bestimmte Sache zu machen, gleichgültig ob für eine eigene oder eine fremde (Celle GArch. 52, 433; enger Cöln GArch. 51, 378); auch wer „Abwärtsversteig." vornimmt (Cöln GArch. 51, 379), wenn er an das erste Gebot, das an ihn herantritt, gebunden sein will (Cassel GArch. 51, 415). Gerichtsvollz. fallen nicht hierher, sie sind keine GewTreibenden (KG. GArch. 45, 446).

4. Zur Überwachung des Geschäftsbetr.: Zur Ermöglichung des behördl. Einblicks in den Geschäftsbetr.; a. A. ObSt. 1, 286; darnach soviel wie Ausübung des Gew.

Art. 138.

Wer gegen gesetzliches Verbot Versteigerungen von Mobilien oder unbeweglichen Gütern vornimmt, wird an Geld bis zu dreißig Talern gestraft.

1. Art. 138 unwirksam geworden durch die GewO., soweit gewerbl. Tätigkeit in Frage steht; es bestehen nur die in Art. 137 A. 1 erwähnten Beschränkungen von Versteigerungen; im übrigen besteht GewFreiheit. Wirksam aber hinsichtlich privater Tätigkeit, da, wie die EntstehGeschichte (KdAbg. 1859/61 GGA. Beil. 2, 88, 144 u. 249; 3, 175) ergibt, Art. 138 ausnahmsw. (s. Vorbem. vor Art. 127) auch solche im Auge hat. Da aber z. B. eine „gesetzliche Bestimmung" nicht besteht (Art. 2 Nr. 3 NotarGes. schafft keine ausschließliche Zuständ. der Notare), ist Art. 138 z. B. bedeutungslos. Geldstr. nun 1—150 RMk.

Art. 139.

1. Wer ohne Berechtigung eine Leihanstalt unterhält oder gewerbsmäßig auf Pfänder leiht, unterliegt einer Geldstrafe bis zu fünfzig Talern.

2. Zugleich ist die Zulässigkeit der Schließung der Anstalt im Straferkenntnisse auszusprechen.

1. Wirkungslos gew. durch § 1 GewO. S. übrigens auch §§ 34, 147 Abs. 1 Nr. 1 GewO. u. § 360 Nr. 12 StGB.

Art. 140.

Wer ohne die nach Verordnung erforderliche polizeiliche Bewilligung Sparkassen errichtet oder den bei der Bewilligung auferlegten Bedingungen zuwiderhandelt, wird an Geld bis zu fünfzig Talern bestraft.

1. Unwirksam gew. durch die GewO. § 1; denn er beschränkt die Zulassung zum GewBetrieb (KGJ. 5, 243); für teilw. Wirksamkeit Seuffert (SeuffBl. 1873, 435).

Art. 141.

In bezug auf die Vorschriften der Maß- und Gewichtspolizei werden alle Personen, welche auf öffentlichen Märkten oder sonst im öffentlichen Verkehr nach Maß und Gewicht verkaufen, den Gewerbetreibenden gleichgeachtet.

1. Wirkungslos gew. mit Einführ. der GewO. in Bayern, weil er nur beabsichtigte, die frühere bayer. GewGesetzgebung für die Anwendung des § 369 Abs. 1 Nr. 2 StGB. mit der norddeutschen in Einklang zu bringen (KdAbg. 1871/72 StGA. Beil. 1, 27).

Art. 142.

1. Soweit nicht für einzelne Fälle etwas anderes gesetzlich bestimmt ist, werden Gewerbetreibende, welche der für bestimmte Waren oder Arbeiten von der zuständigen Behörde festgesetzten Taxordnung durch Überforderung zuwiderhandeln, an Geld bis zu fünfzig Talern bestraft.

2. Die Taxierung von Waren oder Arbeiten kann nur in denjenigen Fällen vorgeschrieben werden, in denen sie auf Grund von Gesetzen oder Verordnungen bisher zulässig war.

3. Soferne die Bestimmungen des Strafgesetzbuches für das Deutsche Reich § 263 nicht anwendbar sind, werden Bäcker und Brothändler, welche Brotwaren von bestimmtem Gewichte feilbieten, desgleichen Personen, welche Lebensmittel von bestimmtem Gewichte auf öffentlichen Märkten verkaufen, an Geld bis zu 15 Talern bestraft, wenn die feilgebotenen Brotwaren oder Lebensmittel das erforderliche Gewicht nicht haben. Zugleich kann auf Einziehung der nicht vollwichtigen Brotwaren oder Lebensmittel erkannt werden.

1. Abs. 1 u. 2 unwirksam durch §§ 72, 76—80 GewO.; Abs. 3 im allg. noch wirksam (§ 144 GewO., OSt. 9, 30; a. A. SeuffBl. 1873, 436); unwirksam nur, soweit er Bestimm. über den Verkauf auf öff. Märkten, abgesehen v. Spezialmärkten (§ 70 GewO.), trifft; Regelung insoweit durch § 69 mit § 149 Nr. 6 GewO. Geldstr. bei Abs. 3 nun 1—150 RMk.

2. Bäcker u. Brothändler: Nur die Betriebsinhaber; deshalb auch nur die Inhaber strafbar, soweit Personen in Frage stehen, welche Lebensmittel auf öff. Märkten verkaufen. Von bestimmtem Gewicht: Wenn in irgendeiner Weise allg. zum Ausdruck gebracht wird, welches das Gewicht der Ware ist, Wahl einer bestimmten Verpackung, Anschlag, Herkommen, polizeiliche Feststellung nach Maßgabe des Art. 145 Nr. 1.

3. Feilbieten: Gleich feilhalten (s. § 367 Nr. 3 A. 6). Öffentl. Märkte: nur mehr Spezialmärkte (s. A. 1 u. Art. 146 A. 1 u. 2). Verkaufen: S. § 367 Nr. 3 A. 7. Erforderliches Gewicht: Das bestimmte Gewicht; es muß vorhanden sein z. Z. des Feilbietens; Bestrafung auch, wenn Mindergewicht durch Austrocknung veranlaßt (OSt. 6, 475; 3, 321). Höheres Gewicht zieht keine Bestrafung nach sich (s. „vollwichtig").

4. Fahrlässigkeit ausreichend. Verfügung über die eingezogenen Gegenstände: Art. 147. Verwandte Strafbestimm.: Art. 145 Nr. 1; Art. 146. S. auch die bei Art. 74 A. 6 angeführten VollzBek.

Art. 143.

Bäcker, Brot- und Mehlhändler, schenkberechtigte Brauer und Bierwirte, Metzger und andere zum Feilbieten von Fleisch berechtigte Personen werden:

1. an Geld bis zu zehn Talern gestraft, wenn sie gegen ortspolizeiliche Vorschrift es unterlassen, die Preise ihrer Verkaufsgegenstände an oder in ihren Gewerbslokalitäten auf eine für die Käufer sichtbare Weise anzuschlagen;
2. an Geld bis zu zwanzig Talern, wenn sie die von ihnen angezeigten Preise überschreiten oder gegen ortspolizeiliche Vorschrift eine Erhöhung ihrer Preise eintreten lassen, ohne wenigstens drei Tage vorher der Ortspolizeibehörde davon Anzeige gemacht oder deren Bewilligung zur früheren Änderung ihrer Preise erlangt zu haben.

1. Nach der bayer. Rechtspr. noch wirksam (§ 144 GewO.; ObSt. 9, 137; 7, 206; OGHSt. 6, 454; 5, 255); wie diese Landmann GewO. § 73 A. 1a; folgerichtiger die nichtbayer., nach der die GewO. das gewerbl. Taxwesen erschöpfend regelt und die Beschränkungen in der Art und Weise des Verkaufs durch §§ 72ff. GewO. erschöpfend geregelt sind; (Dresden GArch. 58, 253; KGJ. 15, 236; KG. Reg. 29, 25; 15, 257; 17, 257; 8, 14; Kolmar Reg. 13, 17); danach ist Art. 143 unwirksam. Jedenfalls ist dessen Anwendung (auch nach der bayer. Rechtspr.) eingeschränkt durch § 148 Nr. 8 GewO. (Preisüberschreitung durch Bäcker u. Verkäufer von Backwaren, OGHSt. 6, 454), durch § 75, § 148 Nr. 8 u. § 149 Nr. 7a für Gastwirte (s. BlAPr. 1877, 266). Geldstr. bei Nr. 1 u. 2 nun 1—150 RMk.

2. Bierwirt: Wer Bier mit Verdienst in der Absicht dauernden Erwerbs zum Genusse an Ort u. Stelle abgibt (Jena Reg. 34, 18); auch an Stehgäste (BGH. 13, 169); nicht der Kleinhandel mit Bier, also auch nicht die Gassenschenke (Düsseld. GArch. 58, 498; BlAPr. 1906, 123); auch nicht die Abgabe an Arbeiter einer Fabrik zum Genusse in der Fabrik (ObSt. Reg. 32, 9); ausreichend Abgabe an eine Personenvereinigung, Korps (Jena Reg. 34, 18); Umfang des Ausschanks gleichgültig (Müller BlAPr. 1901, 181); s. auch Art. 46 A. 2. Andere zum Feilhalten von Fleisch berechtigte Personen: Nun alle tatsächlich Feilhaltenden. Strafbar nur die Inhaber der Betriebe, nicht Vertreter, gesetzl. oder bevollmächtigte, Bedienstete u. Geschäftsgehilfen (a. A. OGHSt. 6, 589; a. A. auch ObSt.BayZ. 1923, 198 zu Art. 149; darnach strafbar auch der an Stelle des Inhabers Tätige, insofern die Art u. Weise der Betätigung dem eigenen Willen des Stellvertreters entspr., es sich also nicht bloß um die unselbst., vom Willen und Geheiß des Gewerbetreib. abhängige Tätigkeit eines Angestellten oder Gehilfen handelt.)

3. Ortspol. Vorschr.: Kann nur bestimmen, daß anzuschlagen sei, nicht die Art des Anschlags regeln; a. A. ObSt. 9, 137. Preise: Die regelmäßigen Verkaufspreise; sind sie unter gewissen Voraussetz. verschieden, so ist dieses zum Ausdruck zu bringen (nur Angabe des Höchstsatzes verlangt ObSt. 3, 213). Es genügt auch eine Angabe, aus der der tats. Preis erst zu berechnen ist, z. B. der Anschlag des Preises von einem Pfund (a. A. OSt. 6, 58). Ungenügend aber der Anschlag bloß in ungewöhnlichen Maßgrößen (ObSt. 14, 248). Ihrer Verkaufsgegenstände: Der regelmäßig geführten Gegenstände. Anschlagen: Auch anschreiben, anmalen.

4. Angezeigte Preise: Durch Anschlag nach Nr. 1 oder auf andere Weise; auch ohne, daß es eine ortspol. Vorschr. gefordert hat. Überschreiten: Auch verschleiert etwa durch Nebenforderungen. Drei Tage: Drei volle Kalendertage.

5. Anschläge der Bierpreise mit Rücksicht auf das erhöhte Schaummaß: InnME. v. 20. Mai 1913 (InnMBl. 456). S. auch die bei Art. 74 A. 6 angeführten weiteren VollzBek. Verwandte Strafbestimmungen: Art. 142, 144, 145, 75.

Art. 144.*)

1. Die im vorhergehenden Artikel genannten Gewerbetreibenden unterliegen einer Geldstrafe bis zu fünfzehn Talern, wenn sie ohne genügenden Entschuldigungsgrund, solange ihre Vorräte reichen, einem Käufer die Abgabe ihrer Verkaufsgegenstände gegen Zahlung verweigern.

2. Bäcker, Metzger, Müller und Bierwirte, welche den Betrieb ihres Gewerbes ohne genügende Entschuldigung einstellen, ohne solches wenigstens vierzehn Tage zuvor der Ortspolizeibehörde angezeigt zu haben, werden an Geld bis zu dreißig Talern gestraft.

1. Wirksam auch gegenüber der GewO.: OGHSt. 3, 376; OSt. 10, 122; ObSt. 5, 47; 17, 9; RG. JW. 1916, 1016; a. A. Seuffert SeuffBl. 1873, 439; Geldstr. nun bei Abs. 1 u. 2 1—150 RMk.

2. Gewerbetreibende: S. Art. 143 A. 2. Genüg. EntschuldGrund: Jeder Umstand, der die Verweig. als gerechtfertigt erscheinen läßt; so anerkannt Beschimpfung des Wirtes oder anderer Gäste durch einen Gast (ObSt. 5, 192); die begründ. Annahme des Wirtes, daß Skandalsucht der Anlaß zum Besuche der Wirtschaft sei (ObSt. 5, 231); frühere Äußerung, die Wirtsch. nicht mehr zu besuchen (ObSt. 3, 255); die Absicht, Geschlechtsverkehr mit der Wirtstochter zu suchen (OSt. 7, 505); jedoch Pflicht des Gewerbetreibenden, geringe wirtschaftliche Nachteile zu übernehmen (ObSt. 17, 9); keine Bevorzugung der ständ. Kunden (ObSt. 16, 114); die Frage ist im wesentl. tats. Natur (ObSt. BayZ. 1923, 198). Verkaufsgegenstände: Solche, die der GewTreibende im regelmäß. Geschäftsgang, wenn auch nebenbei, so Speisen durch den Wirt (s. BlAPr. 1877, 261), verkauft. Gefordert Abgabe zu jeder Zeit, in jeder Menge (Bier in Schoppen, ObSt. 14, 248; OSt. 10, 122), an jeden in jedem Raum, solange Vorräte vorhanden sind, von jeder vorhandenen Art (ObSt. BayZ. 1923, 198), auch keine verschleierte Zurückhaltung (Ford. höherer Preise von einzelnen Kunden); alles dies aber nur, soweit nicht genüg. EntschGründe vorhanden sind. Zahlung: In inländischem Geld.

3. Müller: Nur solche, die Getreide mahlen. Bierwirt: Art. 143 A. 2. Einstellen: Auch vorübergehend (ObSt. 17, 9); zulässig aber Einschränkung. Volle vierzehn Tage.

4. VollzBest.: Art. 74 A. 6.

*) Zur Frage des Beherbergungszwangs für Gastwirte s. Bervier GemZ. 1921, 106.

Art. 145.

An Geld bis zu fünf Talern werden gestraft:

1. Bäcker, welche den ortspolizeilichen Vorschriften über Bezeichnung bestimmter Brotwaren mit auf denselben aufgedruckten Zeichen und das Ausbacken bestimmter Brotwaren nach den herkömmlichen oder polizeilich festgestellten Gewichtsgrößen zuwiderhandeln;
2. Metzger und andere zum Feilbieten von Fleisch berechtigte oder für ihren Gewerbsbetrieb schlachtende Personen, welche den ortspolizeilichen Vorschriften über das Schlachten von Vieh außer den öffentlichen Schlachthäusern, die Schlachtordnung in den letzteren, den Verkauf des Fleisches außer den öffentlichen Fleischbänken und die Ordnung des Verkaufes in den letzteren, sowie über Güte und Gewicht der Zuwagen zuwiderhandeln;
3. Personen, welche den oberpolizeilichen Vorschriften über den Transport von Schlachtvieh zuwiderhandeln.

1. Nr. 1: Hinsichtlich der Wirksamkeit gilt das bei Art. 143 A. 1 Bemerkte; bejaht ist die Wirksamkeit des Art. 145 Nr. 1 von OGHSt. 4, 614; OSt. 9, 30; ObSt. 27, 283, BayZ. 1928, 252; Dresden GArch. 49, 365. Nr. 2: Für das Schlachten von Rindvieh, Schweinen, Schafen, Ziegen, Pferden, Eseln, Maultieren, Mauleseln, Hunden, Büffeln, Kälbern, Ferkeln, Lämmern u. Kitzen nun zunächst maßgebend das Ges. über das Schlachten von Tieren v. 17. Mai 1930 (GVBl. 133) mit VollzBek. v. 21. Mai 1930 (GVBl. 133); im übrigen Nr. 2 im allg. wirksam (§ 144 GewO.), vorbehaltl. der allg. Grundsätze der GewO., also kein mittelb. oder unmittelbares Verbot der Fleischeinfuhr (OGHSt. 9, 307; OSt. 1, 1); s. auch Vorbem. VIIb vor Art. 1. Zum Teil ausdrückl. Vorbehalt in § 20 Abs. 2 FleischbeschG. v. 3. Juni 1900 (RGBl. 547) u. § 23 Abs. 2 GewO. Zulässig auch ortspol. Vorschr. über Güte u. Gewicht der Zuwagen; a. A. Seuffert SeuffBl. 1873, 440. Nr. 3 wirksam, vorbehaltlich der Regelung im Rahmen des ViehseuchGes. Geldstr. nun 1—150 RMk.

2. Bäcker: Nur die Betriebsinhaber (s. auch Art. 143 A. 2). Bestimmte Brotwaren: Nicht Brotwaren schlechthin. Nicht alle Backwaren, sondern nur aus Mehl und Wasser hergestellte (Württ. ME. v. 31. März 1885, Reg. 6, 182), wenn auch mit Zusätzen. Nicht Erzeugnisse der Feinbäckerei; im übrigen aber Weißbrot wie Schwarzbrot. Ausbacken: Nur Gewichtsvorschriften für dieses, nicht auch für das Feilhalten u. Verkaufen; a. A. mit kaum zulässiger ausdehnender Auslegung ObSt. 27, 283, BayZ. 1928, 252; Beschränkung auf das Ausbacken wohl schon aus backtechnischen Gründen vom Gesetzgeber beabsichtigt. Herkömmlich: Zu verstehen im Sinne des gewöhnlichen Sprachgebrauchs, nicht in technisch-juristischem. Polizeil. festgestellt: Nicht notw. in ortspol. Vorschr. Die Brotwaren dürfen auch nicht größer sein. Unvermeidbare Abweichungen nach oben oder unter sind zulässig. Wegen des Verkaufs s. Art. 142 Abs. 3.

3. Zum Feilbieten von Fleisch berechtigt: Nun alle tatsächlich Fleisch Feilhaltenden (Gastwirte, Garköche). Strafbar nur die Inhaber der Betriebe („für ihren Gewerbebetrieb"). Nicht betroffen Private, die für eigenen Bedarf schlachten.

Schlachten außer den Schlachthäusern:*) Zulässig sowohl gänzliches Verbot wie Regelung der Schlachtung. Vieh: Art. 74 A. 2. Fleisch: Nur von Vieh in diesem Sinne. Schlachtordnung: Auch über alle das Schlachten vorbereitenden, ihm nachfolgenden u. sonst damit zusammenhängenden Vorgänge (ObSt. 8, 147). Nicht über die Weiterverarbeitung, Räuchern, Fleischfabrikate (BlAPr. 1890, 71). Verkauf außer den öff. Fleischbänken: Kein gänzliches Verbot zulässig (folgt e contrario aus § 23 GewO.; a. A. OGHSt. 8, 326; einschränkend zu dieser Entsch. BlAPr. 1879, 126).

4. Transport von Schlachtvieh: Auch Be- u. Entladen (Kiel, Reg. 34, 485).

5. Errichtung von Schlächtereien: § 16 GewO. Reinlichkeit in den Schlachthäusern: Art. 75 Abs. 2. Verfügung über die Geldstrafen: Art. 147 VollzBest.: Art. 74 A. 6.

Art. 146.

1. Zuwiderhandlungen gegen die durch ortspolizeiliche Vorschriften festgesetzten Ordnungen für den Verkehr mit Getreide auf öffentlichen Schrannen, sowie für den Verkehr auf Messen und Jahrmärkten, auf Vieh-, Holz- und Viktualienmärkten, dann auf Märkten für Rohstoffe oder Waren irgendeiner Art werden an Geld bis zu zehn Talern gestraft.

2. Zuwiderhandlungen gegen ortspolizeiliche Vorschriften über das Herumtragen verkäuflicher Lebensmittel und sonstiger Gegenstände des gewöhnlichen Marktverkehrs auf der Straße und das Hausieren mit denselben werden an Geld bis zu fünf Talern gestraft.

3. Durch die ortspolizeilich festgesetzten Schrannen- oder Marktordnungen kann weder der Handel mit Gegenständen des Marktverkehrs, welche noch nicht in die Markung des Marktorts gebracht sind, noch der Einkauf auf dem Markte während eines Teiles der Marktzeit für bestimmte Klassen von Personen untersagt, noch die freie Abfuhr der am Markte oder Schrannentage unverkauft gebliebenen Vorräte verboten oder beschränkt werden.

4. Personen, welche auf Viehmärkten gewerbsmäßig Geschäfte vermitteln (Unterhändler, Viehschaffner, Agenten, Schmuser, Makler usw.) oder Hilfsdienste verrichten (Lader, Wäger, Viehtreiber usw.), werden an Geld bis zu dreißig Mark bestraft, wenn sie den ortspolizeilichen Vorschriften über ihre Geschäftsführung und Dienstleistung zuwiderhandeln. Die Bestimmung in Abs. 3 findet auf diese Personen keine Anwendung.**)

*) Wegen der gemeindl. Schlachthäuser im allg. s. Reuter GemZ. 1900, 530.

**) Regelung des Marktverkehrs in Bayern: Neupert GemZ. 1905, 457. Hausierhandel u. Jahrmärkte bei kirchl. Feierlichkeiten (Missionen): Krick GemZ. 1896, 594. Marktordnungen für Viehmärkte: Wetzel GemZ. 1921, 697.

1. Abs. 4 eingefügt durch die Nov. v. 12. Mai 1898 (GVBl. 223); OSt. 5, 170 damit gegenstandslos; er ist gedeckt durch § 144 GewO.; Abs. 2 außer Kraft getreten durch § 69 GewO.; Abs. 1 u. 3 haben nur mehr Bedeutung für Spezialmärkte (s. A. 2; § 70 GewO.); Abs. 3 aber weiter insoweit außer Kraft, als er Vorschr. über die freie Abfuhr der am Markte unverkauft geblieb. Vorräte enthält (§ 71 GewO.); die Strafbestimm. des Abs. 1 ersetzt durch § 149 Abs. 1 Nr. 6 GewO. (KdAbg. 1897/98 Beil. 15, 212; ObSt. 26, 145; 12, 172; 9, 75; OSt. 8, 335; 7, 264; OGHSt. 9, 111; 4, 386). Mit dieser Beschränk. aber auch neue Vorschr. zulässig (OGHSt. 8, 335; Dresd. RegE. Bd. 1, 240). Unzulässig, weil mit dem Grundsatz der Marktfreiheit (§ 64 GewO.) in Widerspr. stehend, das Verbot, bestellte Waren dem Händler auf dem Markt abzuliefern (JFG. Erg. 7, 160). Weitere Einschränkungen durch das RG. über den Verkehr mit Vieh u. Fleisch v. 10. Aug. 1925 (RGBl. 186) §§ 3—5; ferner durch das ViehseuchG. v. 26. Juni 1909 (RGBl. 519) § 17 Nr. 2, 3 u. 17 mit § 76 Nr. 1 u. endlich durch § 8 JnnMB. v. 27. Mai 1906 (GVBl. 198), ergangen auf Grund des Reblausges. v. 6. Juli 1904 § 10 Nr. 2 u. § 11 Nr. 1 mit § 2 dieses Ges. Geldstr. nun bei Abs. 1 u. 4 1—150 RMk.

2. Messen: Im Gegens. zu Jahrmärkten die längere Zeit dauernden, hauptsächl. für den Großhandel bestimmten Märkte. Markt: Eine Veranstaltung zu dem Zweck, den Kauf oder Verkauf bewegl. Sachen auf eine gewisse Zeit u. auf einen bestimmten, dem Publikum zugängl. Ort zu vereinigen (OSt. 8, 355). Notw. Konkurrenz von Verkäufern (ObSt. BayZ. 1905, 224). Spezialmärkte (s. A. 1): Märkte bei bes. Gelegenheit oder für bestimmte Arten von Gegenständen; s. § 30 VO. v. 29. März 1892 (GVBl. 61), geänd. durch GesMVO. v. 12. März 1928 (GVBl. 153). Nur Vorschriften über den Verkehr, nicht organisat. Bestimm. über die Gestaltung des Marktes selbst; auch nicht über den Inhalt der Marktgeschäfte selbst (Preise, Massenaufkauf); s. ObSt. bei Reg. 34, 473; a. A. Wetzel GemZ. 1921, 702. Zulässig aber auch Vorschr. über die Ordnung u. den ungestörten Verkehr auf dem Marktplatz (ObSt. 3, 247). Keine Vorschr. über den Verkehr außerhalb des Marktes, also nicht Verbot des Viehverkaufs im stehenden GewBetr. außerh. des Marktes (ObSt. 2, 129); kein Marktzwang (ObSt. 26, 145); auch keine Beschränkung des Verkehrs in Gasthäusern u. Privathäusern (OSt. 7, 265; a. A. OSt. 5, 406); auch nicht für Waren, die für den Markt bestimmt sind (Wetzel GemZ. 1921, 702); auch nur Bestimmungen für die Marktzeit, nicht für die Tage vorher oder nachher (ObSt. 9, 75). S. auch Art. 1 A. 7.

3. Grundlage der Regelung der Verhältnisse der Spezialmärkte für Bayern gemäß § 70 GewO.: Art. 146 Abs. 1 PStGB., Art. 24 GewG. v. 30. Jan. 1868, VO. v. 25. Juni 1868, den Marktverkehr betr. (RegBl. 1029), §§ 3, 4 u. 7 (OSt. 7, 264). Man nimmt an, daß für sie die Landesgesetzgebung völlig freie Hand habe (OGHSt. 9, 111; Keidel BlAPr. 1901, 105; ObSt. 11, 413). Zulässig Verbot des Zwischenhandels (Dresd. GArch. 54, 325; ObSt. 13, 54); Verbot, die gekauften Tiere geschlachtet wieder auf den Markt zu bringen (ObSt. 12, 172). Beschränkung der landesrechtl. Regelung auch der Spezialmärkte nun nach §§ 3—5 des Ges. über den Verkehr mit Vieh u. Fleisch v. 10. Aug. 1925 (ObSt. 26, 144, s. A. 1). Einführung von Spezialmärkten: § 30 VollzVO. zur GewO. v. 29. März 1892, geänd. durch GesMVO. v. 12. März 1928 (GVBl. 153); Art. 24 GewG. v. 30. Jan. 1868; Aufhebung bedarf keiner Genehm. (Kobler GemZ. 1897, 226).

4. Viehmärkte: Vieh s. Art. 74 A. 2; Märkte s. A. 2.

5. Verfügung über die Geldstrafen: Art. 147. Weitere Bestimm. über den Marktverkehr: Art. 142 Abs. 3. Reinlichkeit auf den Märkten: Art. 75 Abs. 2.

Art. 147.

1. Die nach Maßgabe der Art. 145 und 146 erkannten Geldstrafen fließen zu zwei Dritteilen in die Armenkasse des Ortes der Betretung.

2. Die auf Grund des Art. 142 eingezogenen Brotwaren und Lebensmittel sind der Armenpflege desselben Ortes zu überlassen.

1. Abs. 1: Ausnahme v. Art. 29 AG.StPO. Ort der Betretung: S. Art. 77 A. 1. Wegen der Geldstr. nach Art. 145 s. Art. 145 A. 1, ersetzt durch § 149 Abs. 1 Nr. 6 GewO.

Art. 148.

Wer das Privatbeschälgeschäft, ohne einen durch Verordnung vorgeschriebenen Erlaubnisschein erlangt zu haben, gegen Bezahlung oder sonstige Vergütung ausübt oder den ihm angewiesenen Bezirk überschreitet, unterliegt einer Geldstrafe bis zu dreißig Talern, welche zur Belohnung für das zur Beaufsichtigung des Beschälwesens aufgestellte Unterpersonal verwendet wird.

1. Wirksam gegenüber der GewO., weil es sich um Viehzucht handelt (§ 6 GewO.); das Gegenteil läßt sich nicht aus § 56b Abs. 3 GewO. ableiten, s. Landmann GewO. § 6 A. 17. Gegenstandslos aber, soweit die beiden Körges. v. 26. Mai 1930 (GVBl. 140) u. v. 7. Febr. 1927 (GVBl. 58) einschlagen; doch keine erschöpf. Regelung durch diese. VollzBest. zu ersterem: JnnMB. v. 26. Mai 1930 (GVBl. 144); zu letzterem: Gestütsordnung v. 7. Febr. 1927 (GVBl. 60) u. FLMB. v. 7. Febr. 1927 über Hengstkörung (GVBl. 75), beide mit LMB. v. 7. Febr. 1927 (GVBl. 77). Jn Art. 148 keine Beschränkung auf gewisse Tierarten. Geldstr. nun 1—150 RMk. Verwandte Strafbestimmung: Art. 111 Abs. 2.

Art. 149.

1. Unberechtigte Hausierer werden, insoferne das Gesetz in bezug auf das Hausieren mit besonderen Arten von Gegenständen nichts anderes verordnet, an Geld bis zu fünfzig Talern gestraft.

2. Jn gleicher Weise werden Handlungsreisende und ständige Handelsagenten gestraft, wenn sie den Verordnungen über die Berechtigung zum Aufsuchen von Warenbestellungen zuwiderhandeln.

1. Unwirksam geworden durch die GewO., die sowohl den Gewerbebetr. im Umherziehen, wie die Verhältnisse der Handlungsreisenden u. Handlungsagenten regelt (§§ 55—63 u. §§ 44 u. 44a GewO.).

Art. 150.

An Geld bis zu zehn Talern sind berechtigte Jnhaber solcher Gewerbe oder Erwerbsarten, welche herumziehend betrieben werden, zu bestrafen, wenn sie ohne genügende Entschuldigung bei Besuch der Märkte oder bei ihrem Umherziehen auf Verdienst mit den nach

Verordnungen oder oberpolizeilichen Vorschriften erforderlichen Nachweisungen nicht versehen sind, oder den in ihren Beglaubigungsurkunden enthaltenen, auf Verordnungen oder oberpolizeiliche Vorschriften gegründeten besonderen Anweisungen zuwiderhandeln.

1. Unwirksam gew., weil der GewBetr. im Umherziehen nun durch die GewO. geregelt (§§ 55—63 GewO.); s. auch Schmidt BayZ. 1907, 225.

Art. 151.

1. Die Übertretung der durch oberpolizeiliche Vorschrift erlassenen Ordnungen für Lohnkutscher, Stellwagen-Unternehmer, Land- und Wasserboten, wird an Geld bis zu fünfzehn Talern oder mit Haft bis zu acht Tagen bestraft.

2. Die zurzeit bestehenden Beschränkungen der Gewerbsbefugnisse der in Abs. 1 bezeichneten Personen können durch oberpolizeiliche Vorschrift aufgehoben, neue Beschränkungen solcher Befugnisse aber in Zukunft nur durch Gesetz eingeführt werden.

1. Abs. 1 nur mehr wirksam im Rahmen des § 144 GewO., unbeschränkbar also die Zulassung zu den bezeichneten Berufen; eingeschränkt weiter, soweit darnach noch wirksam, durch die Bestimm. des Postges. v. 28. Okt. 1871 (RGBl. 347). Abs. 2 wirkungslos, weil GewBeschränk. mit der GewO. unvereinbar. Geldstr. nun 1—150 RM. Stellwagen: Omnibus. Ordnungen: Auch Vorschr. über die verwendeten Bediensteten zulässig. Verw. Strafbestimm.: Art. 152.

Art. 152.

1. An Geld bis zu fünfzehn Talern oder mit Haft bis zu acht Tagen werden Personen gestraft, welche den von der Ortspolizeibehörde erlassenen Vorschriften und Anordnungen über die Unterhaltung des öffentlichen Verkehrs innerhalb der Orte durch Wagen aller Art, Sänften, Pferde und andere Transportmittel, sowie über das Gewerbe derjenigen Personen, welche auf öffentlichen Straßen oder Plätzen ihre Dienste anbieten, zuwiderhandeln.

2. Einer Geldstrafe bis zu fünfzehn Talern oder Haft bis acht Tagen unterliegen Personen, welche sich mit den Verrichtungen von Güterschaffnern, Schrötern, Güterladern, Güterführern, Gepäck- oder Lastträgern, mit dem Messen oder Abwägen von Gegenständen, mit dem Reinigen oder Ankleiden von Leichen oder mit Dienstleistungen bei Leichenfeierlichkeiten unbefugt und gewerbsmäßig befassen, insoferne für die betreffende Dienstleistung von der Gemeindebehörde oder einer sonstigen hierzu befugten Behörde oder Anstalt Personen mit ausschließlicher Berechtigung aufgestellt sind.

3. An Geld bis zu fünfzehn Talern oder mit Haft bis zu acht Tagen werden Personen gestraft, welche von der Gemeindebehörde für die

in Abs. 2 genannten Verrichtungen aufgestellt sind, wenn sie den durch ortspolizeiliche Vorschriften erlassenen Ordnungen für die betreffenden Verrichtungen zuwiderhandeln.

1. Abs. 1: Im allg. noch wirksam (§ 37 GewO.; ObSt. 4, 100; 14, 340); soweit jedoch Anordn. getroffen werden, die den Tatbestand des § 147 Abs. 1 Nr. 1 GewO. erfüllen, Bestrafung nach diesem (RG. Reg. 12, 144; s. aber auch Stuttg. WürttZ. 21, 234); gleiches gilt im Verhältnis zu § 148 Abs. 1 Nr. 8 mit § 76 GewO. Im übrigen findet § 37 GewO. in Art. 152 seinen strafrechtl. Schutz (ObSt. 14, 336). Wegen des Verhältnisses zum KraftfahrzGes. v. 30. Mai 1909 s. PrOVG. Reg. 32, 223. Abs. 2: Unwirksam, weil in Widerspr. mit dem Grunds. der GewFreiheit (VGH. 1903, 271; Meyer BlAPr. 1898, 99); zudem z. Tl. Sonderregelung durch § 36 GewO. (OSt. 4, 158). Abs. 3: Wirksam (§ 144 GewO.); auch § 36 GewO. steht nicht entgegen, weil er nur die Zulassung regelt; nur § 47 GewO. bringt eine unerhebliche Beschränkung des Abs. 3. Geldstr. bei Abs. 1 u. 3 nun 1—150 RM.

2. Vorschriften u. Anordnungen: Weg der ortspol. Vorschr. (Art. 1 mit 3 PStGB.); PolVerfügungen (Art. 1 Abs. 3 PStGB.) unzulässig (PrOVG. Reg. 3, 239; 34, 460; ObSt. 15, 23). Da § 37 GewO. ein subj. Recht der OrtsPolBeh. begründet (BayVGH. Reg. 27, 42), sind bei den ortspol. Vorschr. die aufsichtl. Befugnisse (Art. 5, 6 Abs. 3, Art. 12, 13, 14 PStGB.) nicht anwendbar.

3. Unterhaltung des öff. Verkehrs: Auch die vorbereitende Tätigkeit; auch die Beschaffenheit der Transportmittel; öff.: Der jedem zur Verfügung steht, keine Beschränkung auf öff. aufgestellte Verkehrsmittel (ObSt. 15, 24). Zulässig nur die Regelung des Verkehrs mit Transportmitteln, nicht des Verkehrs (des Gehens, Fahrens) als solchen (ObSt. 3, 247); nicht von Verhältnissen, durch die der Verkehr nur mitbetroffen wird, z. B. des Abfuhrgewerbes (KGJ. 17, 337; GArch. 44, 70); zulässig Rauchverbot für die Droschkenführer (RG. Recht 1907, 77); desgl. das Gebot anständigen Benehmens (RG. Recht 1908, 496); keine Weisungen an das Publikum zulässig; deshalb nicht ein Verbot, die Dienste auf öff. Straßen nicht anzunehmen; kein Verbot, sich der für das Straßengew. vorgeschrieb. Bezeichnungen zu bedienen (ObSt. Reg. 29, 351). Zulässig auch Einführung eines Konzeßzwangs u. eines Untersagungsrechts (VGH. Reg. 27, 42; RG. GArch. 44, 70; ObSt. 15, 23); auch KraftfahrzG. hat daran nichts geändert (BadVGH. BadRspr. 1912, 224); zulässig auch die Regelung der Stellvertr. u. der Verwendung von Hilfspersonen. Eingriffe in das gewpol. Gebiet hält dagegen für unzulässig ObSt. 4, 100; unzutreffend, denn § 37 GewO. will eine Ausnahme schaffen. Wegen der Bestrafung von Zuwiderhandlungen gegen Anordnungen der PolBeamten s. ObSt. 4, 100 u. Art. 1 Anh. A. 12.

4. Ort: Die bebauten Teile des Landes, im Gegensatz zum unbebauten oder einödeweisen besiedelten (KGJ. 25 C 77; Landw. GewO. § 37 A. 3; a. A. ObSt. 8, 194 darnach „jeder nach außen abgegrenzter Bezirk"); auch auf dem Wasser, soweit es zum Orte gehört; der Strom, an dem ein Ort liegt, fällt aber nicht hierher (PrOVG. GArch. 56, 333). Verkehr innerh. der Orte: Nicht von Ort zu Ort (a. A. KGJ. 15, 291; 13, 294; PrOVG. GArch. 56, 333).

5. Auf öff. Straßen oder Plätzen ihre Dienste anbieten: Träger, Führer, Dienstmänner*); nicht Droschkenkutscher, Führer von Booten, diese bieten ihre Fahrzeuge an (KGJ. 25 C 77 mit PrOVG.). Ort der Verrichtung der Dienste gleichgültig. Öff. Straßen u. Plätze: § 366 Nr. 10 A. 3 u. 4.

6. Schuld erford. (ObSt. 11, 16); Fahrläss. ausreichend (ObSt. 9, 396).

---

*) Entwürfe zu Dienstmännerordnungen: BlAPr. 1876, 237; 1878, 154.

7. Schröter: Verlader. Die allg. Grunds. der GewO. gelten auch für die Ordnungen nach Abs. 3, also keine Beschränkung der Zulassung, keine örtl. Abgrenzung der Tätigkeit auf gew. Bezirke (so für Leichenbitter Meyer BlAPr. 1898, 96).

8. Verw. Strafbestimm.: Art. 151, 61 PStGB. Zuwiderhandlungen gegen ortspol. Vorschriften, die unter Abs. 1 fallen, sind, auch wenn sie zugleich unter § 366 Nr. 10 gebracht werden könnten, nach Art. 152 Abs. 1 (lex specialis) strafbar.

Art. 153.

Wer ohne die nach ortspolizeilicher Vorschrift erforderliche Bewilligung sich mit der Verdingung von Dienstboten oder mit der Vermittlung oder Nachweisung von Lehrer- oder Erzieherstellen, Verwalterstellen oder ähnlichen höheren Diensten gewerbsmäßig befaßt oder den für dieses Geschäft gegebenen ortspolizeilichen Vorschriften zuwiderhandelt, wird an Geld bis zu fünfzig Talern bestraft.

1. Gegenstandslos durch das StellenvermittlG. v. 2. Juni 1910 (GRBl. 860).

Art. 154.

1. Wer außer den im gegenwärtigen Gesetze besonders vorgesehenen Fällen ein Gewerbe, zu dessen Betrieb eine besondere Konzession, amtliche Bestellung oder polizeiliche Bewilligung erforderlich ist, ohne eine solche erlangt zu haben, unternimmt oder wer ein solches Gewerbe auszuüben fortfährt, nachdem die Berechtigung hierzu erloschen, oder die Ausübung von der zuständigen Behörde auf bestimmte Zeit eingestellt oder gänzlich eingezogen worden ist, wird an Geld bis zu fünfzig Talern bestraft.

2. Der Handel mit Vieh und Getreide, mit inländischen Bodenerzeugnissen und Rohstoffen, sowie mit den gewöhnlichen, den Gegenstand des Wochenmarktverkehrs bildenden Lebensmitteln ist freigegeben und soll im Verordnungswege weiteren Beschränkungen, als im gegenwärtigen Gesetze vorgesehen sind, nicht unterworfen werden.

1. Abs. 1 nur mehr wirksam für solche Gew., auf die die GewO. gemäß ihrem § 6 keine Anwendung findet. Abs. 2 unwirksam (§ 1 GewO.); s. Seuffert SeuffBl. 1873, 446; BlAPr. 1872, 352. Geldstr. bei Abs. 1 nun 1—150 RM.

2. Besonders vorgesehene, gegenüber der GewO. noch wirksame Fälle: Art. 41, 59, 134 PStGB.

3. Anwendungsfälle des Art. 154: Betrieb einer Apotheke ohne Konzession durch einen approbierten Apotheker (§ 6 GewO.); § 147 Nr. 1 GewO. betrifft nur die Fälle, in denen jemand als Apotheker nicht approbiert ist; die Frage der KonzessErteilung ist durch Landesrecht geregelt (Art. 8 GewG. Schiedermair S. 352; OSt. 10, 208). Betrieb einer Privateisenbahnunternehmung ohne Konzession oder nach Entziehung ders. (Art. 8, 12 GewG.; Schiedermair a. a. O. S. 352 ff.). Strittig die Anwendung auf Kaminkehrer; s. hierzu Schiedermair a. a. O. S. 359; Landm. GewO. § 39 A. 2; Riedel PStGB. zu Art. 154; Schmitt PStGB. A. 1; für nicht mehr wirksam für Kaminkehrer erachtet ihn anscheinend auch die KaminkehrerVO. v. 16. Juni 1930 (GVBl. 173); s. deren Einleitung.

Art. 155.

1. Handwerksgesellen, Gewerbsgehilfen, Lehrlinge und Fabrikarbeiter, welche den sogenannten blauen Montag feiern, werden an Geld bis zu fünfzehn Talern oder mit Haft bis zu acht Tagen bestraft.

2. Gleicher Strafe unterliegen auf Antrag des Fabrikherrn oder Meisters oder dessen Stellvertreters, insoferne ein solcher Antrag binnen vierzehn Tagen nach der Übertretung gestellt wird, die genannten Personen:

1. wenn sie hartnäckigen Ungehorsam oder Widerspenstigkeit gegen berechtigte Anordnungen oder Aufträge ihrer Arbeitgeber oder deren Stellvertreter sich zuschulden kommen lassen oder gegen dieselben die Pflicht der schuldigen Achtung gröblich verletzen;
2. wenn sie ohne genügenden Rechtfertigungsgrund zur bedungenen Zeit nicht in Arbeit oder vor Ablauf der bedungenen Zeit aus der Arbeit treten oder sich der Arbeit an den dazu bestimmten Tagen oder Stunden entziehen.

3. Unabhängig von der Strafverfolgung ist die Polizeibehörde berechtigt, die Übertreter im Falle der Zuwiderhandlung gegen Abs. 2 Ziff. 2 auf Antrag des Gewerb- oder Fabrikherrn oder dessen Stellvertreters, im Falle der Zuwiderhandlung gegen Abs. 1 auch ohne solchen Antrag zur Arbeit zwangsweise vorführen zu lassen.

4. Hat eine solche Vorführung stattgefunden und entzieht sich hierauf der Vorgeführte nochmals widerrechtlich denselben Arbeitsverhältnissen, so ist er mit Haft bis zu drei Wochen zu bestrafen.

1. Abs. 1 gegenüber der GewO. wirksam, weil der öff. Ordnung u. der Sittenpolizei dienend (OSt. 5, 119; OGHSt. 5, 204 u. 531; a. A. Seuffert SeuffBl. 1873, 447). Abs. 2—4 durch sie unwirksam geworden (OSt. 1, 236; 5, 119; OGHSt. 5, 531; 3, 219; BlAPr. 1875, 286), insbes. auch hins. der Bergarbeiter (Landm. GewO. § 154 A. 1). Geldstr. bei Abs. 1 nun 1—150 RM. Gewerbegehilfen im Sinne des Abs. 1 auch die Bergarbeiter (OSt. 5, 119). Lehrling: Art. 49 A. 1. Fabrikarbeiter: Art. 49 A. 1. Blauer Montag: Kann auch ein anderer Tag als der Montag sein (OGHSt. 5, 204). Nicht notw., daß der Müßiggang sich auf den ganzen Tag erstreckt.

Art. 156.

An Geld bis zu fünfzig Talern werden bestraft:

1. Fabrik- und Gewerbeunternehmer, wenn sie ungeachtet der Aufforderung der zuständigen Behörde unterlassen, diejenigen Einrichtungen herzustellen und zu unterhalten, welche mit Rücksicht auf die besondere Beschaffenheit des Fabrik- oder Gewerbebetriebes und der Betriebsstätte zu tunlichster Sicherung der Arbeiter gegen Gefahr für Leben und Gesundheit notwendig sind;

2. Personen, welche den in sonstiger Hinsicht zur Verhütung von Gefahren für die Gesundheit bei dem Arbeitsbetriebe und bei Gewerben erlassenen oberpolizeilichen Vorschriften zuwiderhandeln.

1. Nr. 1 unwirksam gemäß §§ 120aff. GewO.: Nr. 2 teilw. wirksam nämlich, soweit Bestimmungen zum Schutze Dritter (nicht der Arbeiter) ergehen; für vollst. Unwirksamkeit SeuffBl. 1873, 447; BlAPr. 1872, 352; für teilw. Wirksamkeit Schmitt S. 754. Geldstr. nun 1—150 RMk. Sonstige Hinsicht: In anderen Fällen als denen des Abs. 1. Arbeitsbetrieb: Nur eine gewerbl. Tätigkeit (ObSt. 7, 130); s. auch vor Art. 127.

Art. 157.

An Geld bis zu fünfzehn Talern oder mit Haft bis zu acht Tagen wird gestraft, wer es unterläßt, die in bezug auf die Annahme und Beschäftigung von jugendlichen Personen unter 16 Jahre durch Verordnung vorgeschriebenen Anzeigen zu erstatten und Listen zu führen.

1. Art. 157 u. 158 außer Kraft getreten durch die GewO. insbes. deren Tit. VII §§ 105—139m u. das Kinderschutzges. v. 30. März 1903 (RGBl. 113).

Art. 158.

1. Wer außer den Fällen des Art. 157 den bestehenden Verordnungen über die Annahme und Beschäftigung von Arbeitern, welche das 16. Lebensjahr noch nicht erreicht haben, zuwiderhandelt, wird an Geld bis zu fünfzig Talern gestraft.

2. Wird ein Arbeitgeber innerhalb der letzten fünf Jahre drei verschiedene Male auf Grund der in Abs. 1 enthaltenen Bestimmungen bestraft, so kann der Richter beim dritten Straffalle es für zulässig erklären, daß die Polizeibehörde dem Straffälligen die Befugnis zur Beschäftigung jugendlicher Arbeiter für eine bestimmte Zeit oder für immer untersagt.

3. Die Untersagung und zwar für mindestens drei Monate muß stattfinden, wenn der betreffende Arbeitgeber innerhalb der letzten fünf Jahre bereits sechs verschiedene Male bestraft war.

4. Zuwiderhandlungen gegen solche Erkenntnisse werden an Geld bis zu fünfzig Talern oder mit Haft bestraft.

5. Die auf Grund dieses Artikels erkannten Geldstrafen fließen zu zwei Dritteilen in die für die Arbeiter des betreffenden industriellen oder gewerblichen Unternehmens etwa bestehende Kranken-, Unterstützungs-, Sterbe- oder Sparkasse und in Ermangelung einer solchen Kasse in die Armenkasse des Ortes der Übertretung.

1. Unwirksam gew.: Art. 157 A. 1.

Schlußbestimmung.

Art. 159.

1. Gegenwärtiges Gesetz tritt am 1. Januar 1872 im ganzen Umfange des Königreichs in Wirksamkeit.

2. Die bis zu diesem Tage bestehenden Verordnungen und Polizeivorschriften bleiben in Kraft bis zu ihrer in legaler Weise bewirkten Abänderung, wenn und soweit über den Gegenstand, welchen sie betreffen, nach Maßgabe des gegenwärtigen Gesetzes Vorschriften derselben Art erlassen werden können.

3. In allen Fällen, in welchen gemäß vorstehender Bestimmung die dermal geltenden polizeilichen Vorschriften auch nach dem 1. Januar 1872 in Kraft bleiben, sind an der Stelle der in denselben angedrohten Strafen bei Aburteilung der betreffenden Zuwiderhandlungen die Strafbestimmungen des Strafgesetzbuches, beziehungsweise des gegenwärtigen Gesetzes anzuwenden.

Gegeben München, den 26. Dezember 1871.

1. PStGB. v. 10. Nov. 1861 aufgehoben durch Art. 2 Nr. 2 Ges. v. 26. Dez. 1871 (GVBl. 81).

2. Wenn u. soweit .... Vorschriften derselben Art erlassen werden können. Das PStGB. braucht nicht die Blankettbest. zu enthalten; notw. nur, daß Art. 1ff. PStGB. anwendbar sind. Abs. 2 gilt aber nicht im Verhältnis von Nov. zum PStGB. zu diesem, oder von Nov. zum StGB. zu diesem. Wegen der Wirkung der Aufhebung des Blankettges. zu den ausfüllenden Bestimm. im allg. s. Art. 1 Anh. A. 15; RG. ZollBl. 1913, 683. Vorschr. derselben Art: Auch solche niederer Ordnung. Hinsichtlich der Bestimm. aus der Zeit vor dem PStGB. vom 10. Nov. 1861 s. dessen Art. 45. Veröff. landesherrl. VOen in früherer Zeit s. OGHSt. 6, 41; VO. v. 1. Jan. 1806 (RegBl. 4), v. 29. Dez. 1817 (GBl. 1818, 5), v. 30. Dez. 1820 (Döll. 19, 28), v. 29. Okt. 1873 (RegBl. 1553); ObSt. BayZ. 1912, 314. Für die Pfalz: VO. v. 23. Mai 1816 (KrBl. 1816, 30), E. v. 24. Nov. 1853 (KrBl. 871), VO. v. 24. Jan. 1872 (RegBl. 191), BlAPr. 7, 107.

II. Teil.

Der Übertretungsabschnitt des Strafgesetzbuchs. §§ 360—370.

§ 360.

1. Mit Geldstrafe bis zu einhundertfunfzig*) Mark oder mit Haft wird bestraft:

1. (Ist aufgehoben.)
2. wer außerhalb seines Gewerbebetriebes heimlich oder wider das Verbot der Behörde Vorräte von Waffen oder Schießbedarf aufsammelt;
3. wer als beurlaubter Reservist oder Wehrmann der Land- oder Seewehr ohne Erlaubnis auswandert, ebenso wer als Ersatzreservist erster Klasse auswandert, ohne von seiner bevorstehenden Auswanderung der Militärbehörde Anzeige erstattet zu haben;
4. wer ohne schriftlichen Auftrag einer Behörde Stempel, Siegel, Stiche, Platten und andere Formen, welche zur Anfertigung von Metall- oder Papiergeld, oder von solchen Papieren, welche nach § 149 dem Papiergelde gleich geachtet werden, oder von Stempelpapier, Stempelmarken, Stempelblanketten, Stempelabdrücken, Post- oder Telegraphenwertzeichen, öffentlichen Bescheinigungen oder Beglaubigungen dienen können, anfertigt oder an einen anderen als die Behörde verabfolgt;
5. wer ohne schriftlichen Auftrag einer Behörde den Abdruck der in Nr. 4 genannten Stempel, Siegel, Stiche, Platten oder Formen, oder einen Druck von Formularen zu den daselbst bezeichneten öffentlichen Papieren, Beglaubigungen oder Bescheinigungen unternimmt, oder Abdrücke an einen anderen als die Behörde verabfolgt;
6. wer Waren-Empfehlungskarten, Ankündigungen oder andere Drucksachen oder Abbildungen, welche in der Form oder Ver-

*) Geldstr. nun 1—150 RMk.

zierung dem Papiergelde oder den dem Papiergelde nach § 149 gleich geachteten Papieren ähnlich sind, anfertigt oder verbreitet, oder wer Stempel, Stiche, Platten oder andere Formen, welche zur Anfertigung von solchen Drucksachen oder Abbildungen dienen können, anfertigt;

7. wer unbefugt die Abbildung des Kaiserlichen Wappens oder von Wappen eines Bundesfürsten oder von Landeswappen gebraucht;
8. wer unbefugt eine Uniform, eine Amtskleidung, ein Amtszeichen, einen Orden oder ein Ehrenzeichen trägt, oder Titel, Würden, oder Adelsprädikate annimmt, ingleichen wer sich eines ihm nicht zukommenden Namens einem zuständigen Beamten gegenüber bedient;
9. wer gesetzlichen Bestimmungen zuwider ohne Genehmigung der Staatsbehörde Aussteuer-, Sterbe- oder Witwenkassen, Versicherungsanstalten oder andere dergleichen Gesellschaften oder Anstalten errichtet, welche bestimmt sind, gegen Zahlung eines Einkaufsgeldes oder gegen Leistung von Geldbeiträgen beim Eintritte gewisser Bedingungen oder Fristen, Zahlungen an Kapital oder Rente zu leisten;
10. wer bei Unglücksfällen oder gemeiner Gefahr oder Not von der Polizeibehörde oder deren Stellvertreter zur Hilfe aufgefordert, keine Folge leistet, obgleich er der Aufforderung ohne erhebliche eigene Gefahr genügen konnte;
11. wer ungebührlicherweise ruhestörenden Lärm erregt oder wer groben Unfug verübt;
12. wer als Pfandleiher oder Rückkaufshändler bei Ausübung seines Gewerbes den darüber erlassenen Anordnungen zuwiderhandelt, insbesondere den durch Landesgesetz oder Anordnung der zuständigen Behörde bestimmten Zinsfuß überschreitet;
13. wer öffentlich oder in Ärgernis erregender Weise Tiere boshaft quält oder roh mißhandelt;
14. (Ist aufgehoben.)

2. In den Fällen der Nummern 2, 4, 5, 6 kann neben der Geldstrafe oder der Haft auf Einziehung der Vorräte von Waffen oder Schießbedarf, der Stempel, Siegel, Stiche, Platten oder anderen Formen, der Abdrücke oder Abbildungen erkannt werden, ohne Unterschied, ob sie dem Verurteilten gehören oder nicht.

Zu § 360 Nr. 1.

1. Aufgehoben durch § 19 des Ges. gegen den Verrat militärischer Geheimnisse v. 3. Juni 1914 (RGBl. 195).

Zu § 360 Nr. 2.

1. Auch, wer einen GewBetr. überhaupt nicht hat. Heimlich: Besondere Veranstaltungen nicht notw. (RG. GArch. 54, 476). Verbot: Möglich als allgemeines u. als PolVerfügung; Zuständ. für letztere (§ 3 ZustVO.); für erstere fehlt es an einer ZustBestimm.; erford. hierzu Beachtung des Art. 1 Abs. 3 PStGB. Vorräte: Eine solche Menge, die die Bewaffn. einer milit. erheblichen Menge ermöglicht. Waffen: Gebrauchsfertige Angr.- u. Verteid.-Mittel (RG. GArch. 54, 476). Aufsammeln: Vereinigung in einer Hand (RG. GArch. 54, 476). Weitere Bestimm. über Waffenverkehr: Art. 39 PStGB. A. 6. Einziehung s. Abs. 2.

Zu § 360 Nr. 3.

1. Gegenstandslos durch das Ges. über Abschaffung der allg. Wehrpflicht usw. v. 21. Aug. 1920 (RGBl. 1608) mit § 48 Wehrges. v. 23. März 1921 (RGBl. 329).

Zu § 360 Nr. 4.

1. Siegel: Werkzeuge, mittels deren der Abdruck eines Zeichens in einen weicheren Körper erfolgt (Rspr. 2, 663). Formen: Nur, wenn sie ein Bild dessen enthalten, was (durch Guß oder Druck) als Zeichen oder Figur in einem Stoff hervorgebracht werden soll (RG. 55, 47); auch die Patrizen, die zur Anfertigung des Prägestempels benützt w. (OSt. 6, 293); Nr. 4 auch dann gegeben, wenn nur die Formen zu einer Seite hergestellt w. (BlAPr. 1880, 74). Einziehung s. Abs. 2.

2. Nach § 149 StGB. werden dem Papiergeld gleichgeachtet die auf den Inhaber lautenden Schuldverschreibungen, Banknoten, Aktien oder deren Stelle vertretenden Interimsscheine oder Quittungen, sowie die zu diesen Papieren gehörenden Zins-, Gewinnanteils- oder Erneuerungsscheine, welche von dem Reich, dem Norddeutschen Bunde, einem Bundesstaate oder fremden Staate oder von einer zur Ausgabe solcher Papiere berechtigten Gemeinde, Korporation, Gesellschaft oder Privatperson ausgestellt sind. Den Post- oder Telegraphenwertzeichen stehen (u. zwar auch im Sinne des § 360 Nr. 5) Stempelabdrücke gleich, die auf Postsendungen zur Freimachung angebracht w. (Art. 3 Ges. v. 30. Nov. 1921, RGBl. 1375). Nicht fallen unter § 360 Nr. 4 die Steuerzeichen des ZigarettenStG. (RG. 56, 240).

3. Bestrafung auch bei nicht vollständ. Übereinstimm.: OSt. 6, 293; BlAPr. 1880, 74. § 360 Nr. 4 gegenüber § 151 wohl durch Gesetzeskonk. ausgeschlossen.

Zu § 360 Nr. 5.

1. Abdruck: Jedes aus der Benützung hervorgegangene Erzeugnis (OSt. 6, 293). Auch auf Scherzpostkarten (Cöln GArch. 49, 152). Auch die Nachbildung der Münzen mittels des Stempels in Schokolade (Stuttg. WürttJ. 15, 201). Einziehung s. Abs. 2.

Zu § 360 Nr. 6.

1. Wegen der dem Papiergelde gleichgeachteten Papiere s. § 360 Nr. 4 A. 2. Ähnlich: Ausreichend die Möglichkeit der Täuschung, Täuschung selbst nicht notwendig (OSt. 3, 263). Ausreichend Ähnlichkeit mit den gleichgeachteten Papieren im allgemeinen nicht notw. mit einer bestimmten Gattung (ObSt. 3, 263); die Ähnlichk. muß aber mit in Geltung befindl. Papiergeld bestehen (Hamb. GArch. 71, 358). Einziehung s. Abs. 2.

Zu § 360 Nr. 7.

1. Das Wappenrecht ist ein besonderes durch das öff. Recht zu regelndes Recht (RGZ. 71, 262; Reg. 30, 110). Hinsichtl. des kais. Wappens u. der Wappen der Bundesfürsten nun gegenstandslos gemäß Art. 109 Abs. 2 S. 1 RVerf. (Kiesow DJZ. 1919, 874). Strittig, ob das nunmehrige, durch die Bek. v. 11. Nov. 1919 (RGBl. 1877) eingeführte Reichswappen den durch § 360 Nr. 7 dem „kaiserl. Wappen" gewährten Schutz genießt; für Verneinung ObSt. 27, 78, BayZ. 1927, 233; s. zur Frage auch Lucas JRdsch. 1925 I. Tl. 433. Bayer. Landeswappen: Nunmehriges Wappen des Freistaats Ges. v. 20. Juli 1923 (GVBl. 377) mit GesMBek. v. 22. März 1924 (GVBl. 83); früheres Wappen VO. v. 18. Okt. 1835 (RegBl. 889) u. v. 31. Okt. 1835 (RegBl. 951); ÄMB. v. 28. Febr. 1889 (GVBl. 193). Hinsichtlich der beschränkten Weiterverwendung des früheren Wappens s. Nr. 5 der vorerwähnten Bek. v. 22. März 1924; Verwendung des darnach noch zulässigen abgeänderten älteren Wappens nicht strafbar, weil durch MBek. allein (ohne eine gesetzliche, im Gesetz v. 20. Juli 1923 nicht enthaltene, Ermächtigung) eine ausschließende Befugnis zu einer Führung eines anderen Wappens nicht gegeben werden konnte. Führung außerdeutscher Landeswappen fällt nicht hierher (BlAPr. 1891, 11; Pr. OVG. Reg. 13, 65), auch nicht von Ortswappen (RGZ. 71, 262), auch nicht von Wappen von Kommunalverbänden. Weitere Beschränkung der Wappenführung: § 16 Warenzeichenges. v. 12. Mai 1894 (RGBl. 441).

Zu § 360 Nr. 8.

I. **Unbefugt**: Für die frühere Zeit s. hierzu Tit. IV § 14 Abs. 2 VerfUrk. v. 1818 mit ObSt. 8, 103; BlAPr. 1891, 10; Müller BlAPr. 1881, 356. Jetzt: RVerf. Art. 109, 175; Bayer. Verf. § 15; Vorläuf. StGrundges. v. 4. Jan. 1919 Nr. 11; Beamtenges. v. 16. Aug. 1908 Art. 20. Im Hinblick auf Art. 114 Abs. 1, 153 RVerf., § 74 Bayer. Verf. wird die Schaffung von Uniformen, Amtskleidungen, Amtszeichen usw., desgl. v. Titeln usw. mit einer die Anwendung des § 360 Nr. 8 begründenden Ausschlußwirkung nur mehr durch Gesetz (oder RechtsVO.) erfolgen können, wenn man nicht ein eine solche Ermächtigung gebendes Gewohnheitsrecht annimmt; aus § 360 Nr. 8 allein („unbefugt") läßt sich eine solche Ermächtigung (= zur Regelung im Wege der RechtsVO.) nicht ableiten. Wegen der Eigenschaft des Rechts zum Tragen einer Uniform als wohlerworbenes Recht s. ObSt. 22, 119. Hinsichtl. der Zuständigk. zur Titelverleihung s. auch ObSt. BayZ. 1922, 240.

II. **Tragen von Uniformen usw.**

2. Tragen von Uniformen usw.: Nicht sonstige Benützung, also nicht Maskierung (s. aber RG. 61, 7, Reg. 48, 77) oder Abbildung mit Uniform oder Orden; nicht Tragen einzelner Teile von Uniformen. Erforderlich nur Tragen, Täuschung nicht notw. (RG. 61, 7, JRdsch. 1927 II. Tl. 91). Nicht ausreichend vorschriftswidriges Tragen, auch nicht Tragen zur Unzeit oder am unrechten Orte. Ausreichend, wenn der Gesamteindruck einer Uniform erregt wird (RG. GArch. 62, 137; ObSt. 7, 399; Karlsr. Bad. Rpr. 1904, 326). Phantasieuniformen können getragen werden (ObSt. 7, 320); auch ausländische Uniformen. Bedeutung des Portepees der Offiziere: ObSt. 7, 320. Tragen der Uniform durch ehem. Reichswehrangehörige: VO. v. 27. Febr. 1929 (RGBl. II 159). Die bisweilen noch als Änd. der Strafbestimmung des § 360 Nr. 8 für den Fall des Tragens einer Militäruniform angeführte AusnahmeVO. v. 30. Aug. 1921 (RGBl. 1251) wurde bereits durch VO. v. 26. Aug. 1925 (RGBl. 320) aufgehoben. Subj. ausreichend das Bewußtsein des Täters, daß er eine Kleidung trägt, die völlig oder doch wesentl. einer staatl. Uniform gleicht (RG. 61, 7, Reg. 48, 77).

3. Orden u. Ehrenzeichen dürfen nunmehr vom Staat nicht mehr verliehen w., von einer ausländ. Regierung dürfen Deutsche einen Orden nicht annehmen (Art. 109 Abs. 4 u. 5 RVerf.); Ausnahme Art. 175 RVerf. Bloße Sollvorschrift für den Verleihenden, trotzdem erfolgte Verleihung wirksam u. unwiderruflich (Dyroff S. 94 u. 95). Hins. der bisher verliehenen Orden gilt der bisherige Rechtszustand fort; Regelung des früheren Ordenswesens in Bayern: Müller Bl.-APr. 1881, 353. Verwundetenabzeichen kein Orden (Berolzheimer BayZ. 1918, 351); Rettungsmedaille, „Ehrenschild" wohl Ehrenzeichen (a. A. wohl Dyroff S. 93).

III. Annehmen von Titeln usw.

4. Titel: Nur Bezeichnungen, wie sie vom Staate verliehen werden oder die mit einer bestimmten öff.-rechtl. Rangstellung verbunden sind, deren Träger, wenn sie auch keine Beamten sind, mindestens dem Publikum gegenüber eine öffentl.-rechtl. Stellung im Leben einnehmen; nicht Hinweise auf wissensch. oder gewerbl. Tätigkeit (RG. 35, 175; 37, 175; KG. bei Reg. 45, 411; staatl. vorgeschriebene oder anerkannte Bezeichnungen, die zur Angabe des Standes oder Berufes einer Person dienen sollen (Naumb. HRR. 1929, 1883); unrichtig Mittelfr. KrRgg. v. 7. Dez. 1910, KrBl. 275, die als Titel bezeichnet „landwirtsch. Wanderredner" „Referent vom Büro für Landwirtsch."; Titel auch Berufstitel Privater, wenn obigen Voraussetzungen genügend (ObSt. 26, 236). Nicht „Apotheker"; hier § 147 Nr. 1 GewO. (OSt. 10, 208). Nicht „in Amerika approbierter Zahnarzt"; auch § 147 Nr. 3 GewO. schlägt nicht ein (s. Art. 127 A. 4 PStGB.; Müller BlAPr. 1903, 157). Nicht „Masseuse" (RG. 37, 175). Keine Änd. zulässig, nur die üblichen Abkürzungen, auch nicht Übersetzung (Bad. VGH. Reg. 34, 333; Bad. Npr. 1914, 71). Verleihung einer im Leben üblichen Bezeichnung auch als Titel schließt nicht den Gebrauch durch andere aus (Stettin GArch. 44, 169). Rechtsanwalt ist ein Titel (RG. 34, 273); nach Zurücknahme der Zulassung oder Verzicht hierauf nur mehr Hinweis auf die frühere Führung zulässig (ObSt. 9, 259; 3, 58). Privatdozent ist Titel (KG. GArch. 48, 314). Auch Rat, allein oder in Verbindung mit anderen Worten (Rostock Reg. 50, 235). Unter Umständen auch Prozeßagent (Breslau GArch. 49, 338). Auch vereideter Auktionator (Breslau GArch. 49, 154). Unter Umständen auch die Bezeichnungen des § 36 GewO. (Cöln GArch. 51, 379; Landmann GewO. § 36 A. 7). Sensal nicht mehr (BlAPr. 1893, 112; Staub HGB. § 93 Einleitung). Dentist kein Titel, außer bei Zusätzen mit arztähnlichem Charakter (ObSt. 26, 236; s. dort auch wegen des Titels „in Baden staatl. gepr. Dentist"). Hoftitel (s. hierzu Bad. VGH., Bad. Npr. 1904, 272; ferner Bad. Npr. 1904, 305 u. 316; RGZ. 80, 273) jetzt keine Titel mehr im Sinne des § 360 Nr. 8, Führung deshalb nach § 360 Nr. 8 nicht strafbar; a. A. JFG. Erg. 6, 394; KG. JRdsch. 1927 II. Tl. 548; strafbar darnach auch die Führung vor der Staatsumwälzung eingeführter, jetzt aber nicht mehr bestehender Titel. Titel ehemaliger Reserveoffiziere: Leutnant der Reserve a. D. (Rotermund, Recht 1922, 32). Ein aus dem Amt geschiedener Beamter darf seine Titel nicht ohne einen das Ausscheiden zum Ausdruck bringenden Zusatz führen; der Zusatz a. D. oder i. R. darf aber nur ein Beamter führen, der in Ehre ausgeschieden ist; dagegen darf auch ein Beamter, bei dem diese Voraussetzung nicht vorliegt, seinen Titel mit einem Zusatz führen, der zum Ausdruck bringt, daß er das Amt zwar früher, aber jetzt nicht mehr bekleidet, z. B. „früher" . . .; doch darf er letztere Bezeichnung nicht in „fr." abkürzen, weil sie zu falschen Auffassungen Anlaß gibt (Rostock GArch.

60, 165; Königsb. HRR. 1930, 1782). Meistertitel: § 148 Nr. 9c GewO. Arzttitel: § 147 Abs. 1 Nr. 3 GewO.

Titel dürfen jetzt nur mehr verliehen w., wenn sie ein Amt oder einen Beruf bezeichnen; akad. Grade sind dadurch nicht berührt (RVerf. Art. 109 Abs. 3); unzulässig auch Verleihung von Titeln, die an sich ein Amt oder einen Beruf bezeichnen, wenn sie das im einzelnen Fall nicht tun. Titelverleihung u. -Annahme im Widerspruch mit dieser Vorschr. macht aber die Verleihung nicht unwirksam; die Vorschrift richtet sich bloß, allerdings zwingend, an den Verleihenden (s. JFG. Erg. 6, 394; Dyroff S. 94); der Titel bleibt auch unwiderruflich (wenn nicht etwa ein, wenn auch stillschweigender Vorbehalt vorliegt). Aus der Zeit vor der RVerf. herrührende Titel bleiben unberührt (JFG. Erg. 6, 394); sie sind auch nicht landesrechtlich beseitigt (Bayer. Verf. § 15 Abs. 3; § 12 des Vorläuf. Staatsgrundges. v. 17. März 1919, GVBl. 109, ist bloßer Programmsatz; s. auch Nawiasky § 35 Nr. 13, Dyroff S. 96). S. nun auch RStaatsgerHof (BBl. 1930, 77); zulässig nur eine Amts- oder Berufsbezeichn., welche für das in Frage stehende Amt oder den in Frage stehenden Beruf ein für allemal derart bestimmt ist, daß weder dasselbe Amt oder derselbe Beruf mit einmal oder mehrfach in sich gesteigerten verschiedenen Titeln bezeichnet w. kann, noch den Beamten oder Berufspersonen (dazu Jan BBl. 1930, 68) außer dem ihnen von vorneherein zustehenden Amts- oder Berufstitel noch ein bes. Titel verliehen w. kann. Amtstitel dürfen nur den Inhabern eines Amts, Berufstitel nur solchen Privatpersonen verliehen werden, welche ihren Beruf nur auf Grund besonderer Zulassung ausüben dürfen oder bestimmte Vorrechte ihres Berufs nur auf Grund einer solchen Zulassung in Anspr. nehmen können. Auch nach der Entsch. d. RStaatsgerHofs handelt es sich aber hierbei nur um „eine sich an die bisher verleihungsberechtigten Regierungen des Reichs und der Länder richtende, unmittelbar geltende Rechtsnorm". Gleichwohl erfolgende Titelverleihungen sind darnach nur Zuwiderhandl. gegen eine staatsrechtl. Pflicht, nicht aber nichtig; desh. auch die Führung der nach Erlassung der Entsch. des RStaatsG.-Hofs mit GesMB. v. 20. Febr. 1930 (GVBl. 27) verliehenen Ehrentitel nicht „unbefugt" im Sinne des § 360 Nr. 7. Eine Würdigung der Entsch. d. RStaatsGHofs vom Standp. der bayer. Regg. aus gibt v. Jan BBl. 1930, 68. Akad. Grade nur der Doktor- u. der Lizentiatentitel (RG. GArch. 70, 208; JFG. Erg. 6, 395; zweifelnd Dyroff S. 92).

Würde: Vorzugsstellung, die sich nicht in einer bloßen Bezeichnung (Titel) erschöpft, aber auch keine sachl. Bedeutung hat; Bezeichnungen, die kraft öffentl. Autorität vom Staat oder unter staatl. Anerkennung von einer Körperschaft des öff. Rechts mit Einschluß der Universitäten u. techn. Hochschulen zum Zwecke der Auszeichnung oder Ehrung einzelner Personen innerh. des Standes oder Berufes verliehen w., sei es auf Grund einer abgelegten Prüfung, sei es ohne solche (ObSt. 24, 74, BayZ. 1925, 29). Doktorat: Würde nach Dresd. GArch. 54, 320, Bad. VGH. Reg. 34, 333; Titel nach Celle GArch. 49, 333. Führung im Ausland erworbener akad. Grade in Bayern: VO. v. 12. Juli 1901 (GVBl. 501; Wirksamkeit dieser VO. zweifelhaft). Ausländ. Doktortitel nicht abkürzbar (RG. GArch. 67, 465, Reg. 42, 269). Verleihung des Doktortitels bemißt sich in Bayern nach den OrganisBestimm. für die Universitäten, für München VO. v. 26. Jan. 1804 Abs. IV Nr. 13 (Web. 1, 77). Doktoringenieur u. Diplomingenieur: VO. v. 10. Jan. 1901 (GVBl. 37); hierzu VGH. Reg. 39, 1. Doktor u. Ehrendoktor der veterinärmedizin. Wissenschaft: VO. v. 12. Juni 1910 (GVBl. 288). Titel Diplomphysiker, Diplomwirtschafter, Diplomkaufmann (UME. v. 9. April 1925, GVBl. 142 mit ObSt. 24, 74, BayZ. 1925, 29). Professor je nachdem Standes- (Berufs-) oder Ehrentitel (ObSt. BayZ. 1922, 240). Würde wohl die Bezeichnung Ehrenbürger nach Art. 11 GemO. Cand. jur.: Weder Würde noch Titel (Leipz. Juristenfakultät Reg. 14, 182).

5. Private Titel u. Würden: Zulässig, fallen aber nicht unter § 360 Nr. 8. Kirchliche Würden u. Titel genießen den Schutz des § 360 Nr. 8, soweit sie von Religionsgesellsch. verliehen werden, die öffrechtl. Körperschaften sind; Verleihung des Titels Pfarrer nur durch solche (KG. bei Reg. 45, 411).

Ausländ. Titel u. Würden fallen dann hierher, wenn rechtswirksam (Gesetz notw.) für sie inländ. Genehmigung gefordert wird (Celle GArch. 60, 142); an sich maßgebend das Staatsangehörigk.Prinzip (Baring BayZ. 1922, 110; ObSt. BayZ. 1922, 240). Nach RVerf. Art. 109 Abs. 6 darf kein Deutscher von einer ausländ. Regierung Titel u. Orden annehmen (s. auch Bayer. Verf. § 15 Abs. 3 ObSt. BayZ. 1922, 240); unbefugt desh. die Annahme ausländ. Titel durch einen Deutschen, auch wenn sie ein (ausländ.) Amt bezeichnen (KG. GArch. 70, 208), jedenf. nach der Beendigung des Amts (Naumburg LZ. 1930, 738; HRR. 1929, 1883). Unter die Titel im Sinne des Art. 109 Abs. 6 RVerf. fallen auch die akad. Grade (KG. GArch. 70, 208); Annahme von einer ausländ. Regierung auch, wenn die Verleihung von einer ausländ. Universität mit Ermächtigung der ausländ. Regierung erfolgt (KG. GArch. 70, 208). Zur Frage der Weiterführung ausländ. Titel durch eingebürgerte Ausländer s. Rensch LZ. 1930, 1230.

6. Der Adel ist nur z. Tl. eine rechtliche Einrichtung; er ist zum großen Teil tatsächlicher Natur, beruhend auf gesellschaftlichen Anschauungen; deshalb gibt es auch jetzt noch einen Adel u. Adelsprädikate (im gesellschaftl. Sinn) u. (strafb.) Annahme von Adelsprädikaten ist möglich (Naumb. JRdsch. 1926, II. Tl. 2403; LZ. 1930, 795; 1927, 413); a. A. KG. GArch. 71, 139; Jacobi DJZ. 1919, 1018; Beling BayZ. 1919, 191; für Zulässigkeit der Bestrafung Bernreuther BayZ. 1919, 418; s. auch JFG. Erg. 5, 183.

Was äußerlich als Adelsprädikat erscheint, ist z. Tl. zugleich Name, ersteres, insofern es die Zugehörigkeit zum Adelsstand u. zu einer besonderen Adelsklasse zum Ausdruck bringt, letzteres, insoferne es daneben den Träger als Einzelperson von anderen unterscheiden soll (s. hierzu RG. JW. 1904, 53). Bedient sich demnach jemand unbefugt eines Adelsprädikats, so ist er hierwegen nach § 360 Nr. 8 je nach dem Zweck wegen Führung eines solchen oder wegen Führung eines ihm nicht zukommenden Namens strafbar. Es ist darnach auch die unbefugte Annahme eines ausländ. Adelsprädikats strafbar. Strafbar (als unbefugte Namensführung) auch die Weglassung einer Adelsbezeichnung bei der Namensführung.

Zur Frage, ob in einem bestimmten Fall die Adelsführung oder die Führung eines sich zugleich als Adelsprädikat darstellenden Namens „unbefugt“ ist, s. Art. 109 RVerf., Bay. Adelsges. v. 28. März 1919 (GVBl. 114) mit AJnn.-MB. v. 5. April 1919 (GVBl. 161), § 15 Bay. Verf. u. hierzu aus dem Schrifttum Piloty Recht 1919, 129; Neumayer Recht 1919, 133 u. 244; Blume DJZ. 1921, 124 (über die Frage, inwiefern bisher nicht zur Adelsführung Berechtigte, ihn nun als Namen führen können); Anz DJZ. 1920, 899; Opet DJZ. 1920, 136; Blume DJZ. 1921, 126; Ostwien DJZ. 1928, 1469; Beling BayZ. 1919, 191; Bernreuther BayZ. 1919, 415; Neumeyer BayZ. 1920, 5; Baring BayZ. 1922, 109; Baring FischersZ. 51, 225; Oeschey BlAPr. 1920, 51; v. d. Pfordten GemZ. 1919, 633; Schiedermair LZ. 1919, 771; Mayer LZ. 1920, 133; Baring LZ. 1922, 89; RG. LZ. 1922, 111; Goslich LZ. 1929, 436; Josef LZ. 1929, 1119; Ostwien LZ. 1930, 289; Liebl BBl. 1925, 241; Neff BBl. 1925, 337; JFG. Erg. 5, 179. Gebrauch der weibl. Form des Adels („Gräfin“ usw.) als Name zulässig, auch die Deklination der Adelsbezeichnungen Graf, Freiherr usw. (RGZ. 113, 107, Reg. 49, 259); s. aber auch Klässel JRdsch. 1926 I. Tl., 229 u. 440. Nichtig der Vertrag über Annahme an Kindes Statt, durch den nur ein adeliger Name erkauft werden soll (ObSt. 25, 148). Zur Führung des Adels als Namen sind frühere Adelige berechtigt, auch wenn die Führung des Adels bei ihnen suspendiert war (ObZ. in BayZ. 1930, 321). Die durch das bayer. Ges. v. 28. März 1919 erfolgte Aufhebung des Adels ist mit Wirkung für die Befugnis der Führung des Adels als Namen rückwirkend aufgehoben (ObSt. in BayZ. 1930, 321). Allgemein zur Führung des Adels als Namen s. v. Marth BayZ. 1930, 1.

Adelsführung nach früherem Recht: V. Beil. z. VerfBek. v. 1818; hierzu OSt. 3, 511; 8, 437; 2, 544; ObSt. 14, 285 („von" als Bestandteil des bürgerl. Namens; dagegen ObZ. 16, 121; s. hierüber Zeiler Recht 1917, 120); Berechtigung bayer. Staatsangehöriger zur Führung des ausländ. Adels auch ohne Eintrag in die bayer. Adelsmatrikel ObSt. BBl. 1928, 244 gegen ObSt. 14, 285 u. OSt. 8, 437 und mit ObZ. 22A340, 25A256; kein Adelsverlust nach gem. Recht durch bloßen Nichtgebrauch (ObZ. 25, 44, Reg. 47, 108); Prüfung der Rechtmäßigkeit der Adelsführung durch die Gerichte: RG. 43, 33; Heine DJZ. 1910, 398; Kohler GArch. 59, 193; Hamm GArch. 63, 453.

7. Annehmen: Jedes Verhalten, durch das man sich als Inhaber geltend machen will (ObSt. 26, 239; OSt. 8, 437; 3, 511; RG. GArch. 61, 118); bloßes Dulden der Anrede mit dem Prädikat nicht ausreichend (RG. 33, 305). Die Annahme muß dem Publikum gegenüber erfolgen, nicht ausreichend der Gebrauch in einem einzelnen Fall (RG. GArch. 71, 227). Wegen Führung eines falschen Adelsnamens s. RG. GArch. 61, 118. Kein Annehmen, wenn eine Frau dem Mann einen falschen Titel beilegt; „Frau Oberstudienrat".

IV. **Unberechtigter Gebrauch eines Namens:**

8. Zukommender Name: Art. 25 A. 2 u. 3. Strafbar auch Gebrauch eines falschen Vornamens (RG. 30, 230); übliche Abkürzungen (Hans) zulässig; unzulässig Führung in einer anderen Sprache (Bresl. GArch. 51, 376); ferner Verbindung zweier Vornamen durch Bindestrich (Sächs. Min. Reg. 31, 77). Strafbar auch Gebrauch eines Pseudonyms (Schneickert BlAPr. 1914, 212); nicht strafbar sonstige falsche Angaben über die persönl. Verhältnisse (ObSt. 15, 58). Zuständiger Beamter: Jeder, der ein Recht auf Angabe des wahren Namens hat (Rspr. 10, 123). Es muß eine individuell bestimmte Amtsperson sein, nicht genügend eine Behörde (Amtsgericht) als solche (Dresd. LZ. 1926, 1154); Registerrichter (Breslau GArch. 51, 376); Wahlvorsteher (RG. 40, 201); Bahnwärter (Rspr. 1, 565); nicht Postbote (Rspr. 10, 123); nicht der Telegraphenbeamte (Rspr. 10, 793); nicht der Sparkassarendant (RG. GArch. 49, 138). Bedient: Wer den Glauben erwecken will, der Name sei sein richtiger; also nicht, wer trotz Verwarnung mit falschem Namen unterzeichnet (RG. GArch. 46, 139). Strafbar auch, wer den Namen eines anderen mit dessen Ermächtigung gebraucht (RG. Recht 1914 Nr. 717). Nur falsche Namensangabe, nicht § 271 StGB. bei Protokollierung falscher Namen im Strafverf. (OSt. 3, 297). Feststellung des Namens in einem besond. Verfahren Art. 25 A. 7.

9. Vorsätzlichkeit notw.: ObSt. 7, 320; ObSt. 8, 437; RG. 33, 305. Ausgeschl. durch den Glauben an die Richtigkeit des geführten Namens (ObSt. 15, 60); desgl. durch die irrige Meinung, zur Führung des Titels berechtigt zu sein (ObSt. 26, 236; JFG. Erg. 6, 395); Täuschungsabsicht nicht notw. (ObSt. 25, 150 betr. Gebrauch eines falschen Namens).

10. Verwandte Strafbestimm.: Art. 47, 25 PStGB.; § 7 des Ges. v. 3. Juni 1914 gegen den Verrat milit. Geheimnisse.

Zu § 360 Nr. 9.

1. Aufgehoben, soweit er sich auf Versicherungsunternehmungen im Sinne des VAG. v. 12. Mai 1901 bezieht (§ 108 Abs. 3 dieses Ges.); das sind Privatunternehmungen, welche den Betrieb von VersichGeschäften zum Gegenstand haben, mit Ausnahme solcher Personenvereinigungen, die ihren Mitgliedern Unterstützung gewähren, ohne ihnen einen Rechtsanspr. darauf einzuräumen (§ 1 VAG.). Unter das VAG. fallen auch Vereine, welche Erwerbszw. nicht verfolgen (RG. GArch. 60, 275). Wegen der Fälle, in denen zwar ein Rechtsanspr. besteht, aber nur der Rechtsweg ausgeschlossen ist, sowie der Fälle, in denen der Rechtsweg zur Ges.-Umgehung ausgeschlossen ist, s. Pr. OVG. Reg. 29, 459; 34, 372; RG. GArch. 60, 275.

2. Gesetzl. Bestimm.: § 4 Abs. 1 u. 3 ZustVO. mit Art. 2 Nr. 2 PStGB. Aussteuer-, Sterbe- oder Witwenkassen schlechthin der Genehm. unterstellbar, ohne die Erford. des Relativsatzes (BlAPr. 1875, 348; a. A. Bittinger BlAPr. 1903, 219). Versicherungsanstalten: Geschäfte, Gesellschaften, Institute; privat- u. öffentlrechtl.; ohne Rücksicht, ob gegen Prämie oder auf Gegenseitigkeit (RGZ. 34, 20); nicht, wenn im Zusammenhang mit einem anderen Geschäft versichert wird, Zeitungsabonnenten (RG. 36, 127; RG. JW. 1915, 723). Zahlungen an Kapital oder Rente: Nicht Zuwendungen auf Zeit, Unterstützungen (vgl. BlAPr. 1873, 111; JnnME. v. 20. April 1874, Web. 10, 259; KdReichsr. 1891/92 Beil. 7, 187; StenB. 5, 234); Vereine zur Unterstützung in Brandfällen fallen unter das Ges. (JnnME. v. 17. Dez. 1874, Web. 10, 252); gleichgültig, ob Rechtsanspr. auf die Leistung besteht; a. A. Bittinger BlAPr. 1903, 219. Wegen der Anwendung der Bestimmung auf Vereinigungen zur Beschaffung von Baugeldern (Bau- und Spargeldvereinigungen) s. SMB. v. 13. Jan. 1926 (StAnz. Nr. 11). Fahrlässigkeit strafbar. Verjährung: Beginn erst mit der Genehmigung oder dem sonstigen Wegfall der GenehmPflicht (RG. GArch. 46, 53). Erweiterung des Tatbestands: Art. 134 PStGB.

Zu § 360 Nr. 10.

1. Unglücksfall: Unfall von erhebl. Bedeutung hins. der Verletzung von Sachen u. Personen, der auch den Eintritt weiteren Schadens besorgen läßt, auch Selbstmord (Breslau HRR. 1928, 2240). Gefahr: Die nahe Möglichkeit einer Verletzung; gemeine Gefahr: Eine solche, deren Ausdehnung nicht ermessen werden kann; hieher fällt Gefahr für Menschenleben u. Eigentum; die Ursache gleichgültig (OSt. 6, 479). Gemeine Not erfordert Verletzung, Gefährdung oder Bedrohung am Leib, Leben, Gesundheit, Vermögen oder einem anderen Rechtsgut der Allgemeinheit (ObSt. 20, 268, BayZ. 1921, 25). Auch Krieg (ObSt. 15, 9, dagegen Hartmann Recht 1915, 297).

2. Nur jene Polizeibehörden fallen unter das Ges., denen die Obsorge für Leben u. Eigentum im öffentl. Interesse obliegt, also das Ministerium des Innern, die Kammern des Innern der Kreisregierungen, die Bezirksämter, der Stadtrat, der Erste Bürgermeister (s. hierzu Art. 1 A. 5), die Bergpolizeibehörden (Art. 253 Abs. 1 BergGes.). Für Feuersbrünste ist auch die Gendarmerie für zuständig erklärt, zur Hilfe oder Dienstleistung aufzufordern (s. § 51 Abs. 1 der Dienstvorschr. v. 8. Juli 1922, JnnMBl. 223; s. Art. 1 Anh. A. 4). Es besteht nur eine Pflicht zur ersten Hilfeleistung; nicht zu solcher auf unbestimmte oder erhebliche Zeit; desh. auch keine Pflicht zur dauernden Überlassung leerstehender Wohnungen. Dies ergibt sich aus dem Worte „bei" (Bad. VGH. Reg. 50, 237). Das Wort Stellvertreter ist als Anschluß an den gewöhnlichen, nicht den juristischen Sprachgebrauch auszulegen, umfaßt auch Schutzleute (ObSt. 20, 268).

3. Es besteht eine Pflicht zur persönlichen Hilfeleistung wie zu Sachleistungen, z. B. zu Zurverfügungstellung von Arzneien, von Wasser oder von Räumen (ObSt. 20, 268). Dagegen können Vermögensleistungen als solche nicht verlangt werden; denn damit würde das Gebiet der Polizei überschritten. Eine besondere, eine Pflicht zur Hilfeleistung begründende Rechtsvorschr. (außer § 360 Nr. 10) nicht notw.; a. A. wohl ObSt. 15, 15. Die Verweigerung braucht keine dauernde zu sein (KG. JRdsch. 1926, II. Tl. 877).

4. Erhebliche eigene Gefahr: Nicht bloß eine solche für Leib und Leben (ObSt. 20, 268), sondern für jedes Gut der Person; den Beweis dieser Gefahr braucht nicht der Beschuldigte zu führen (Celle GArch. 59, 358). Durch Landgesetz kann eine Bestrafung der Verweigerung der Nothilfe in Fällen eigener erheblicher Gefahr nicht eingeführt werden (erschöpfende Regelung der Materie; ObSt. 10, 246).

5. Strafbar auch fahrlässige Begehung (KG. JRdsch. 1926, II. Tl. 877).

6. Die Frage, ob ein Unglücksfall oder eine gemeine Gefahr oder Not vorliegt, entscheidet sich nach obj. Merkmalen, das Ermessen der Polizeibehörde ist nicht entscheidend; es ist deshalb die Frage auch im Strafverfahren zu prüfen (Celle GArch. 59, 358; ObSt. 20, 268, BayZ. 1921, 25); A. A. Posen GArch. 37, 449. Hinsichtlich der Frage, wer die Hilfe zu leisten hat, in welcher Weise und in welchem Grad er sie zu leisten hat, entscheidet innerhalb der Grenzen, in denen eine Pflicht zur Hilfeleistung überhaupt besteht, das Ermessen der PolBeh. (vgl. OSt. 6, 479); auch die Frage der Notwendigkeit und Zweckmäßigkeit der getroffenen Anordnung ist im Strafverfahren nicht zu prüfen (OGHSt. 3, 132; ObSt. 20, 268, BayZ. 1921, 25). Dagegen ist wieder ein Bestandteil des Tatbestands u. deshalb im Strafverfahren die Frage zu prüfen, ob die geforderte Tätigkeit „zur Hilfe" gegen den Unglücksfall, die Gefahr oder die Not dient; eine anderen Zwecken dienende Tätigkeit kann nicht gefordert werden.

7. Verwandte Strafbest.: Art. 27 u. 87 PStGB., Art. 46 mit 77 ForstG. (insoweit besteht Idealkonk. OSt. 6, 479), Art. 257 BergG. v. 13. Aug. 1910 (insoweit § 360 Nr. 10 durch GesKonk. ausgeschlossen).

Zu § 360 Nr. 11.

I. Die ungebührliche Erregung ruhestörenden Lärmes.

1. Ungebührlicherweise: Wenn die Lärmerregung dasj. Maß überschreitet, welches durch gegenseitige Duldung bedingt ist (Colmar GArch. 47, 454). Es muß die der Allgemeinheit schuldige Rücksicht grob verletzt werden (Stuttg. WürttJ. 19, 207). Wenn keine gerechtfertigte Veranlassung besteht (ObSt. 26, 36). Unrichtig ObSt. 17, 1, soweit es „ungebührlicherweise" gleich „unbefugt" erklärt. Ungebührlichkeit des durch GewBetr. erregten Lärms: ObSt. 26, 36; 20, 77; 14, 1; 7, 297; 3, 373; 2, 338; OSt. 9, 258; der mit dem Betrieb eines gesetzl. erlaubten Gewerbes notw. verbundene Lärm an sich nie ungebührlich; anders, wenn er durch geeignete Vorkehrungen vermieden werden kann (JFG. Erg. 6, 253). Einfluß obrigk. Genehmigung: KGJ. 3, 272.

2. Ruhestörender Lärm: Die Tat muß sich gegen die Allgemeinheit, einen nicht individuell abgegrenzten Personenkreis, richten — dieses ist auch die Mieterschaft eines größeren städt. Miethauses (einer sog. Mietskaserne, Dresd. LZ. 1926, 653) —; doch genügt, daß er zu deren Belästigung geeignet ist (ObSt. 28, 159; Hamb. GArch. 73, 71); für die Regel nicht ausreichend Türenschlagen u. Schimpfen in der Wohnung (Hamm GArch. 72, 113); die Begehung kann auch an einem nicht öffentl. Ort erfolgen; die Wirkung muß die Allgemeinheit treffen (ObSt. 28, 159); er kann auch bei Tag verübt werden (OGHSt. 4, 395).

3. Strafbar auch der, auf den die Erregung des Lärmes nur mittelbar zurückzuführen ist; deshalb strafbar, wer Lärm durch willenlose Werkzeuge, aber auch der, der ihn durch Menschen erregen läßt (Dresden GArch. 56, 243); ferner, wer die Fenster der Räume nicht schließt, in denen der Lärm entsteht (ObSt. 7, 297), oder der Hausherr, der Lärm in seinem Hause duldet (OSt. 4, 372); der Vorsitzende einer Vereinigung (Hamb. HRR. 1928, 1671, GArch. 73, 71); der Gastwirt (KG. JRdsch. 1926, II. Tl. 529); anwendbar die allg. Grundsätze, die für unechte UnterlassDel. gelten.

4. Einzelfälle: Dulden des Bellens eines Hundes (OSt. 8, 249); Halten schnatternder Gänse (OSt. 9, 258); Verwendung von Kuhglocken (ObSt. 17, 1); Nichtabnahme der Kuhglocken während der Nacht (ObSt. 15, 166); Vornahme von Hämmerarbeiten bei offenen Türen u. Fenstern (ObSt. BayZ. 1925, 80); Gebrauch des Rundfunklautsprechers (Bresl. GArch. 71, 389); Jagen bei Nacht unter Benutzung von Scheinwerfern (ObSt. 29, 94).

5. In bezug auf die Erregung des ruhestörenden Lärms muß Vorsätzlichkeit vorhanden sein, in bezug auf den Erfolg, die Belästigung der Allgemeinheit oder die Gefährdung der öff. Ordnung, genügt Fahrlässigkeit (Colmar GArch. 47, 454; ObSt. 20, 77; 14, 4). Bewußtsein der Rechtswidrigkeit nicht erforderlich (ObSt. BayZ. 1925, 80).

6. Keine erschöpfende Regelung der „Materie" des ruhestör. Lärms: JFG. Erg. 4, 285; KGJ. 47C374; Jena Reg. 29, 591; a. A. KG. GArch. 48, 317; KGJ. 23C13.

II. Die Verübung groben Unfugs.

7. Groben Unfug verübt: Jede Handlung (auch Unterlassung), durch die das Publ. in seiner Allgemeinh. (ein nicht geschlossener Personenkreis) unmittelb. psych. oder phys. in grob ungebührl. Weise belästigt oder gefährdet wird oder werden kann, dergestalt, daß zugleich eine Verletzung oder Gefährd. des äußeren Bestands der öff. Ord. zur Erscheinung kommt (ObSt. 15, 15; 6, 366; RG. 63, 290; 34, 364); ausreichend schon die Eignung zur Belästigung des Publikums u. zur Störung der öff. Ordn. (ObSt. 27, 82). Publikum: Eine unbestimmte Mehrheit von Personen (RG. 25, 404); auch die in einer öff. Kirche oder einem öff. Vergnügungsraume sich Aufhaltenden (Rspr. 3, 458); auch die Bewohnerschaft eines städt. Miethauses von größerem Umfang (ObSt. 28, 127); auch die Juden als solche (OSt. 9, 275). Unmittelbare Beunruhigung oder Belästigung oder Eignung dazu notw. (RG. 32, 100; RG. in BayZ. 1928, 305; ObSt. 27, 73). Zwischen der Tat und der Störung oder Gefährd. des äußeren Bestands der öff. Ordnung muß ein unmittelb. Zusammenhang bestehen (RG. 64, 253). Die Belästigung braucht nicht von allen als solche empfunden zu werden (ObSt. 11, 177). Ort der Verübung braucht nicht öff. zu sein, maßgebend der Ort der Wirkung (ObSt. 6, 130; OSt. 9, 203; Rspr. 8, 133). Störung und Gefährdung des äuß. Bestandes der öff. Ordnung oder Eignung hierzu notw. (RG. 34, 425; ObSt. 29, 20); genügend Verletzung oder Gefährdung des sittl. Anstands auf der Straße (ObSt. 8, 66; RG. 53, 139); doch müssen auch Dritte belästigt sein (RG. DJZ. 1919, 684); genügend auch psychische Beunruhigung (RG. 25, 404; 32, 100; ObSt. 11, 177); auch Verletzung berechtigter Gefühle und Anschauungen (OSt. 9, 210; ObSt. 27, 73). Genügend zunächst gegen einzelne gerichtete Handlungen (OSt. 8, 160; 6, 328). Begehung durch die Presse möglich (ObSt. 26, 206; OSt. 6, 13; 5, 67); solchen Falls auch Anordn. der Unbrauchbarmachung nach §§ 41, 42 StGB. (ObSt. 26, 205).

8. In subj. Hinsicht erforderl.: Vorsatz in bezug auf das äußere Handeln; in bezug auf den Erfolg, d. i. die ungebührl. Belästigung des Publ., die Gefährd. des äußeren Bestands der öffn Ordn. genügt jedes Verschulden (ObSt. 6, 130; ObSt. 29, 216; 28, 200; 27, 73); Fahrlässigk. insbes. auch ausreichend hins. der Eignung des Verhaltens zur Belästigung der Allgemeinheit u. der Störung der öff. Ordn. (ObSt. 29, 20); die Vorsätzlichkeit muß sich aber auch auf die Öffentlichkeit erstrecken (Rspr. 9, 323; ObSt. 20, 403; 11, 244; 5, 49); schlechthin Vorsätzlichkeit verlangt (ObSt. 15, 15; 8, 160 u. mit beachtenswerten Gründen KG. GoltdArch. 72, 35). Beweggrund des Täters gleichgültig (OSt. 4, 557).

9. Im einzelnen wurde grober Unfug erblickt: In der öff. Aufford. zum Boykott eines GewTreibenden (RG. 27, 292), allerd. nur unter gew. Voraussetz. (RG. GArch. 50, 396; Dresd. GArch. 60, 302); im Tragen roter Röschen bei der Beerd. eines SozDemokr. (OSt. 4, 232); im Tragen einer roten Feder auf dem Hut (OSt. 2, 396); im lauten Singen sozdemokr. Lieder (OSt. 5, 164); im Aufziehen einer roten Flagge an Stelle der Landesflagge (OSt. 3, 32); überh. in bewußten sozdemokr. Demonstrationen (RG. 23, 208); in der Beflaggung mit der franz. Nationalflagge (OSt. 9, 210); in verletz. Angriffen auf den Richterstand (OSt. 9, 234); im Verhöhnen eines Schutzmanns (OSt. 6, 366; OSt. 3, 155); im Mitführen des Zerrbilds eines Schutzmanns auf einem Kraftfahrzeug (ObSt. 11, 177); im Warnen der Kraftwagenführer vor Stoppstellen (Stuttg. HRR. 1930, 941); im öffentl. Herumführen von Zerrbildern des vormal. Kaisers oder eines Frontsoldaten (ObSt. 27, 73); in öffentl. Verbreitung von Beschimpfungen (ObSt. 27, 82); in der Behauptung, ein Scheintoter wäre fast beerd. worden (RG. 25, 404); in der Vergleichung der Juden mit Wanzen (OSt. 9, 275); in der Verbreitung antisemit. Schriften (OSt. 5, 67); in der Darstellung des Wortes Jude im Schaufenster (OSt. 7, 166); in der Verunglimpfung eines Verstorbenen durch den Geistl. in der Predigt (OSt. 8, 426); in dem Stören einer Prozession durch ein Kraftfahrzeug (ObSt. 28, 292); in dem Werben zum Kirchenaustritt gelegentl. der Fronleichnamsprozession (ObSt. 26, 52); in dem Nichtabnehmen des Hutes bei dem Vorüberziehen einer kirchl. Prozession (ObSt. 10, 419; ObSt. HRR. 1930, 1414); in dem Aufspielen eines Grabliedes bei einer Tanzmusik (ObSt. 29, 20); in dem Zuredestellen einer Lehrerin während des Unterrichts (OGHSt. 7, 543); in sonstiger Störung des Schulunterrichts (OGHSt. 6, 179); nicht aber im Verhalten der Schüler (OSt. 3, 123); im Stören einer Versteig. durch lautes Sprechen (OSt. 7, 490); im Stören einer polit. Versammlung durch Schreien u. Pfeifen (OGHSt. 5, 393); im Hin- u. Herzerren von Mädchen auf öff. Straße (OSt. 5, 448); im Ausstellen von Aktphotographien (ObSt. 8, 66); in dem Verbreiten unzüchtiger Schrift. (OGHSt. 4, 583); im öffentl. Anschlagen von Presseerzeugnissen, die geeignet sind, die seelische Ruhe des Publikums zu stören (Dresd. LZ 1928, 1000); in dem Umhergehen in der Badehose vor einem Hotel (ObSt. 21, 175); in dem Umherstreifen eines nach Dirnenart gekleideten Mannes (KG. JRdsch. 1925 II. Tl. 635); in dem „Hinaufräumen" der Röcke einer Kellnerin (RG. BayZ. 1905, 391); in der Entblößung des „Hintern" (OSt. 1, 220); im rücksichtslosen Fahren mit Kraftfahrzeugen (ObSt. 27, 127; 26, 111, BayZ. 1926, 250); in dem Ablassen von Harn auf Menschen (OSt. 9, 203); in dem Begießen mit Jauche (OSt. 8, 4); darin, daß man sich angesichts des Publikums in Gefahr bringt, bei einer Schießübung getroffen zu werden (Dresd. GArch. 72, 150); in groben Schimpfreden über Dritte (Dresd. LZ. 1928, 1115); in dem Wegwerfen eines Pakets mit Menschenkot in einer Hausflur (ObSt. 28, 127); in dem Läuten an Hausglocken (OSt. 9, 125); in der Mißhandlung eines Kindes (OSt. 8, 148; ObSt. 28, 200); in der Beohrfeigung von Kirchenbesuchern durch den Geistlichen (OGHSt. 4, 412); in der Aufforderung, einem anderen den Bauch aufzuschlitzen (OSt. 7, 4); in dem Balgen in einer Wirtsstube (OSt. 1, 498); in dem Aufstellen von Topfpflanzen auf Tischen u. Stühlen auf öff. Plätzen (ObSt. 6, 328); im Streikpostenstehen (Zusammenstellung der Rechtspr. GemZ. 1898, 479); in einem Boykott (Dresd. LZ. 1914, 1238).

Kein grober Unfug: Ausstellung einer Druckschr. mit dem Titel: Die hochheilige Vorhaut Jesu Christi (ObSt. 7, 376); Schmähungen Luthers (RG. 32, 100); grundlose Vorwürfe gegen die Rechtspfl. in der Presse (RG. 36, 214); Aushängen von Fensterläden u. Einschütten von Wasser in eine Wohnung (OGHSt. 5, 528); Verteilung von Flugblättern (Dresden GArch. 57, 241); politische Umzüge, auch wenn sie auf politisch gegnerisch Eingestellte belästigend wirken (Stuttg. HRR. 1930, 940); Kettenbriefe (Königsb. LZ. 1927, 870). Die Rechtsprechung zeigt, daß trotz Gleichbleibens des formellen Gesetzes, infolge Wechsels allgemeiner Anschauungen, dessen Anwendung eine andere werden kann.

10. Ruhestörender Lärm kann zugleich grober Unfug sein (OSt. 7, 259; 3, 277); rechtl. Zusammentreffen mit Beleidigung möglich (OSt. 5, 70); nur § 360 Nr. 11 nicht § 183 StGB., wenn die Tat nur Ekel, nicht Ärgernis hervorruft (RG. SeuffBl. 76, 171); § 360 Nr. 11 durch § 125 w. GesKonkurr. ausschl. (RG. 56, 336; 53, 257); verwandtes Delikt; Art. 30 PStGB.

Zu § 360 Nr. 12.

1. Erweitert durch § 148 Nr. 4a mit § 38, § 34 Abs. 2, § 35 Abs. 2 GewO.

2. Pfandleiher: Wer gewerbemäßig gegen Verpfänd. bewegl. Gegenst. Geld oder andere Sachen leiht und zwar in der Hauptsache von Gebrauchsgegenständen; ausscheidet das Lombardgeschäft, das sich auf Wertpap., Edelmetalle, Handelswaren bezieht (KG. Reg. 25, 199); nicht, wer Waren unter Pfandbestellung für den gestundeten Kaufpreis verkauft (RG. 12, 126); kann nebenbei Pfandvermittler sein, d. h. die Verpfändung bei anderen vermitteln (Cöln GArch. 51, 379). Rückkaufhändler: Wer gewerbemäß. bewegl. Sachen unter Gewährung des Rückkaufsrechts ankauft (GewO. § 34 Abs. 2); auch wenn zugunsten des Händlers nur Besitzkonstitut besteht (Sächs. OVG. Reg. 34, 445). Zuständige Behörde: Art. 2 Nr. 3 PStGB. mit A. 3. Fahrlässigkeit strafb. Betrieb des Geschäfts eines Pfandleihers oder Rückkaufhändlers ohne Erlaubnis strafbar nach § 34 Abs. 1 u. 2 mit § 147 Nr. 1 GewO.

Zu § 360 Nr. 13.

1. Öffentlich: Allg. wahrnehmbar, nicht notw. an einem allg. zugängl. Ort (Darmst. Reg. 12, 318); notw. Wahrnehmbarkeit durch eine unbestimmte Menge von Personen, Verübung auf öff. Straße für sich allein nicht ausreichend (ObSt. 21, 279). Ärgernis erregend: Geeignet, das allg. Gefühl zu verletzen, wobei tats. das Gefühl einer Person verletzt wurde (Darmst. GArch. 45, 291; Frankf. GArch. 56, 113; ObSt. 5, 428; OSt. 10, 216; 5, 429); das Ärgernis muß unmittelb. durch die Handlung selbst gegeben sein (Stuttg. WürttJ. 4, 323); a. A. ObSt. 21, 279, darnach ausreichend Ärgerniserregung durch nachträgl. Sichtbarwerden der Spuren. Quälen: Verursachen länger fortdauernder erheblicher Schmerzen (Dresd. LZ. 1927, 122). Boshaft: Wenn die Handlung ohne vernünftigen berechtigten Zweck vorgenommen wird und der Täter durch die Lust am Quälen zur Handlung bestimmt wird (Dresd. LZ. 1927, 122; Breslau GArch. 73, 50 betr. Ausbildung von Jagdhunden); s. auch Art. 37 A. 8. Mißhandeln: Zwecklose oder den berechtigten Zweck überschreitende Störung des Wohlbefindens (Breslau GArch. 73, 50); roh: Aus gefühlloser Gesinnung entsprungen (KGJ. 17, 472; ObSt. 10,

39); ausreichend auch Vernachlässigung (Bresl. GArch. 58, 467); auch durch Unterlassung begehbar (ObSt. SeuffBl. 70, 363). Rechtswidrigkeit der Tierquälerei notw. (RG. GArch. 73, 194, JFG. Erg. 8, 466). Einzelfälle: Strafbar längeres Stehenlassen von Pferden bei großer Kälte auf der Landstr. (Celle GArch. 69, 478).

Zu § 360 Nr. 14.

1. Aufgehoben durch Art. 1 Nr. 2 des Ges. gegen das Glückspiel v. 23. Dez. 1919 (RGBl. 2145).

Zu § 360 Abs. 2.

1. Geänd. durch § 19 des Ges. v. 3. Juni 1914 (RGBl. 195) — hierzu Klau DJZ. 1914, 880 — u. durch Art. 1 Nr. 2 des Ges. v. 23. Dez. 1919 (RGBl. 2145). Einziehung ist Nebenstrafe. Einziehung im obj. Verf.: Art. 18 A. 1 PStGB.

Zu § 360 Abs. 1 Nr. 4—6 u. Abs. 2.

1. Mitteilung an die Hauptstelle zur Bekämpfung von Geldfälschungen, Verfügung über die eingezogenen Gegenst. u. sonstiges Verfahren bei Übertretungen nach § 360 Abs. 1 Nr. 4—6, MB. v. 5. Aug. 1921 (GBBl. 399); geänd. durch Jnn.-MB. v. 23. Febr. 1922 (GBBl. 196) u. GesMB. v. 15. Okt. 1925 (GBBl. 263).

§ 361.

1. Mit Haft wird bestraft:

1. wer, nachdem er unter Polizeiaufsicht gestellt worden ist, den infolge derselben ihm auferlegten Beschränkungen zuwiderhandelt;
2. wer, nachdem er des Bundesgebiets oder des Gebiets eines Bundesstaats verwiesen ist, ohne Erlaubnis zurückkehrt;
3. wer als Landstreicher umherzieht;
4. wer bettelt oder Kinder zum Betteln anleitet oder ausschickt, oder Personen, welche seiner Gewalt und Aufsicht untergeben sind und zu seiner Hausgenossenschaft gehören, vom Betteln abzuhalten unterläßt;
5. wer sich dem Spiel, Trunk oder Müßiggang dergestalt hingibt, daß er in einen Zustand gerät, in welchem zu seinem Unterhalte oder zum Unterhalte derjenigen, zu deren Ernährung er verpflichtet ist, durch Vermittlung der Behörde fremde Hilfe in Anspruch genommen werden muß;
6. wer öffentlich in einer Sitte oder Anstand verletzenden oder andere belästigenden Weise zur Unzucht auffordert oder sich dazu anbietet;

6a. wer gewohnheitsmäßig zum Zwecke des Erwerbs in der Nähe von Kirchen oder in der Nähe von Schulen oder andern zum Besuche durch Kinder oder Jugendliche bestimmten Örtlichkeiten oder in einer Wohnung, in der Kinder oder jugendliche Personen zwischen drei und achtzehn Jahren wohnen, oder in einer Gemeinde mit weniger als fünfzehntausend Einwohnern, für welche die oberste Landesbehörde zum Schutze der Jugend oder des öffentlichen Anstandes eine entsprechende Anordnung getroffen hat, der Unzucht nachgeht;

7. wer, wenn er aus öffentlichen Armenmitteln eine Unterstützung empfängt, sich aus Arbeitsscheu weigert, die ihm von der Behörde angewiesene, seinen Kräften angemessene Arbeit zu verrichten;

8. wer nach Verlust seines bisherigen Unterkommens binnen der ihm von der zuständigen Behörde bestimmten Frist sich kein anderweitiges Unterkommen verschafft hat und auch nicht nachweisen kann, daß er solches der von ihm angewandten Bemühungen ungeachtet nicht vermocht habe;

9. wer Kinder oder andere unter seiner Gewalt stehende Personen, welche seiner Aufsicht untergeben sind und zu seiner Hausgenossenschaft gehören, von der Begehung von Diebstählen, sowie von der Begehung strafbarer Verletzungen der Zoll- oder Steuergesetze, oder der Gesetze zum Schutze der Forsten, der Feldfrüchte, der Jagd oder der Fischerei abzuhalten unterläßt. Die Vorschriften dieser Gesetze über die Haftbarkeit für die den Täter treffenden Geldstrafen oder anderen Geldleistungen werden hierdurch nicht berührt;

10. wer, obschon er in der Lage ist, diejenigen, zu deren Ernährung er verpflichtet ist, zu unterhalten, sich der Unterhaltspflicht trotz der Aufforderung der zuständigen Behörde derart entzieht, daß durch Vermittlung der Behörde fremde Hilfe in Anspruch genommen werden muß.

2. In den Fällen der Nr. 9 und 10 kann statt der Haft auf Geldstrafe bis zu einhundertfunfzig Mark*) erkannt werden.

Zu § 361 Nr. 1:

1. Zuständigk. zur Stellung unter PolAufs.: § 38 StGB., § 1 ZustVO. Abgrenzung der Zuständigk. unter den Ländern: JMinMB. v. 9. Aug. 1872 (RegBl. 1967). **Verfahren:** JMinMB. v. 13. Aug. 1908 (GVBl. 561). **Auferlegte Beschränkungen:** § 39 StGB. Nicht fallen hierher die Beschränkungen gemäß Art. 16 AG. BGB. oder die Beschränkungen nach §§ 43, 57, 62 GewO. Zu § 39 Nr. 1 StGB.: Notw., daß die Orte einzeln, nicht etwa durch Angabe des Verw.-Bezirks bestimmt werden (RG. GArch. 53, 444); die Beschränkung darf nicht einer Landesverweisung aus einem Lande gleichkommen (Pr. OVG. GArch. 58, 207). Zu § 39 Nr. 2: Zuwiderhandl. hiegegen nach § 361 Nr. 2 strafbar (Spezialbestimmung!). Ob die PolAufsicht mit Recht u. im ordnungsmäß. Verfahren (solange dieses nicht etwa absolut nichtig ist) verhängt wurde, im Strafverf. nicht zu prüfen.

*) Geldstr. nun 1—150 RMk.

Zu § 361 Nr. 2:

1. **Rückkehr:** Jedes Betreten, auch die Durchreise mit der Eisenbahn (Colmar GArch. 37, 372). Nicht strafbar der unerlaubte Aufenthalt, nur die Rückkehr; Beginn der Verjährung also mit der Rückkehr (ObSt. 1, 300; 11, 103); ferner keine neue Strafe, wenn der wegen Rückkehr Bestrafte im Lande bleibt (a. A. Breslau GArch. 58, 235); ferner nicht strafbar, wer das Land überhaupt nicht verläßt. Zu prüfen im Strafverf. die Rechtswirksamk. der Ausweisung, insbes., ob eine zust. Behörde innerh. ihrer Zuständigkeit ausgewiesen hat (ObSt. 1, 300; Rspr. 4, 577; 7, 241; Olsh. StGB. § 361 A. 2c). Fahrlässigkeit strafbar.

Zu § 361 Nr. 3:

1. Landstreicher: Wer zweck-, geschäfts- u. arbeitslos umherzieht, ohne die Mittel zum Unterhalt zu besitzen oder Gelegenheit zu Erwerb zu suchen (ObSt. 1, 300; OSt. 4, 74; Art. 88 PStGB. v. 1861. Nach Karlsr. BadRpr. 1918, 19 Mittellosigkeit überh. kein Erfordernis der Landstreich.). Notw. Umherziehen von Ort zu Ort mit wechselndem Nachtquartier (Cassel GArch. 52, 266); erford. eine gewisse Zeitdauer des Umherziehens (Stuttg. WürttZ. 13, 361). Landstreich. trotz Erwerb, wenn er unerlaubt ist, z. B. Handel ohne Wandergewerbeschein, Lohnhurerei (RG. 30, 438; ObSt. 7, 272); trotz Besitz von Mitteln, wenn auf unerlaubte Weise gewonnen (ObSt. 1, 300); häufig auch die sog. Weltreisenden (Pr. JnnME. v. 10. Nov. 1913, Reg. 34, 240). Wegen der Ausstellung von Waffen- (Munitions-) Erwerbscheinen oder Waffenscheinen an nach § 361 Nr. 3 Verurteile s. § 16 des Schußwaffenges. v. 12. April 1928 (RGBl. 143). Beherbergung der Landstreicher: Art. 48 PStGB. Haftbefehle gegen Bettler u. Landstreicher: Pramberger, Steinbach, Hattemer SeuffBl. 73, 29, 137 u. 576. Straffolgen: § 362. Anweisungen an die Polizeiorgane zur Bekämpfung der Landstreicherei: JnnME. v. 25. Nov. 1905 (JnnMBl. 569) u. v. 17. Juli 1923 (JnnMBl. 67).

Zu § 361 Nr. 4:

1. Bettel: Maßgebend der allg. Sprachgebr. (ObSt. 2, 184); ist die Inanspruchnahme der Mildtätigkeit eines Fremden für sich (RG. 20, 434); das Angehen fremder Personen um eine milde Gabe unter der Behauptung der Dürftigkeit, also aus wirkl. oder angebl. Dürftigkeit (ObSt. 25, 50); auch stillschweigend; ob Erfolg erzielt wird, gleichgültig (ObSt. 11, 375; RG. GArch. 45, 49); auch ein einmaliges Angehen (OSt. 2, 506); nicht vereinzelte Bitte bei vorübergehender Verlegenheit oder augenblickl. Notstand (RG. GArch. 45, 49); Bettel unter Umständen auch das Leichenbitten, als solches aber nicht (ObSt. 29, 135; OSt. 5, 26; 14, 270); oder die Veranstaltung von Musikaufführungen (ObSt. 11, 375); Aufspielen in Hofräumen (ObSt. 26, 128, BayZ. 1926, 394; ObSt. BayZ. 1927, 359); auch die Bitte um einen Teller Suppe (ObSt. 4, 400); auch das Anbieten geringwertiger Ware zum Kauf (ObSt. 15, 150). Unter besond. Umständen Straflosigkeit (ObSt. 12, 101); so, wenn gewisse Bezieh. zur angegangenen Person bestehen, z. B. Verwandtsch., Freundschaft (ObSt. 5, 26); bei Bestehen einer Vereinigung, durch Gleichartigkeit der Lebensstellung (OSt. 9, 105); Herkommen (ObSt. 1, 141; OSt. 10, 218 bei Bränden); Ersuchen an eine zur Unterstützung bestimmte Kasse (OSt. 7, 380); Übung, daß an gewissen Tagen an Ärmere Gaben verabreicht w. (ObSt. 1, 216); Handwerksbrauch (RG. 20, 434); Vorsprechen um das „Ortsgeschenk" (ObSt. 25, 50); Klosterbettel (Rechtspr. schwankt OSt. 3, 498; ObSt. 12, 101); Pfarrhofbettel strafbar (ObSt. 2, 184). Straffrei machender Notstand noch nicht die Möglichkeit einer Lebensgefährdung, auch nicht die Unmöglichkeit, sein Gewerbe auszuüben (ObSt. 25, 51).

2. Kinder: Personen jugendl. Alters, keine bestimmte Altersgrenze; eigene oder fremde Kinder. Anleiten oder ausschicken: Nicht notw., daß auch gebettelt wird; ausreichend zum Anleiten das Geben allgemeiner Lehren. Gewalt u. Aufsicht untergeben: § 361 Nr. 9 A. 1; auch hier rechtlich anerkannte Unterordnung notw. (RG. DJZ. 1930, 839). Fahrlässigkeit ausreichend (ObSt. 4, 341); die Tätigkeit selbst aber muß vorsätzlich sein (RG. 48, 324). Idealkonk. zwischen Betteln unter Drohung u. Erpressung (RG. 32, 47); zwischen Bettel u. Betrug (Rspr. 3, 460). Verwandte Strafbestimm.: Art. 48 u. 51 PStGB.

3. Straffolgen § 362. Wegen der Ausstellung von Waffen- (Munitions-) Erwerbscheinen oder Waffenscheinen an nach § 361 Nr. 4 Verurteilte s. § 16 des Schußwaffenges. v. 12. April 1928 (RGBl. 143).

Zu § 361 Nr. 5:

1. Zustand: Notw. moral. oder phys. Verkommenheit oder ökonom. Zerrüttung, nicht ausreichend bloße Nichtleistung des Unterhalts (Rspr. 1, 366; a. A. OGHSt. 3, 225); keine Bestrafung, wenn ein seinen u. seiner Familie Unterh. bestreitender Trinker zu seiner Heilung u., um die Angehörigen vor Gewalttätigkeiten zu sichern, eingeschafft w. (Königsb. HRR. 1929, 877). Zur Ernährung verpflichtet, durch Vermittlung der Behörde, fremde Hilfe: § 361 Nr. 10 A. 2 u. 5. Fahrlässigkeit ausreichend. Verwandte Strafbestimm.: § 361 Nr. 10 StGB.; Art. 81 u. 82 PStGB.

Zu § 361 Nr. 6:

1. Nr. 6 erhielt ihre jetzige, seit 1. Okt. 1927 geltende Fassung durch § 16 Nr. III des Ges. zur Bekämpfung der Geschlechtskrankheiten v. 18. Febr. 1927 (RGBl. 61); s. allg. hierzu Schläger JRdsch. 1928 I. Tl. 1132; zur Bordellfrage s. Hellwig JRdsch. 1928 I. Tl. 48. Die Neufassung ist gegenüber der früheren das mildere Gesetz im Sinne des § 2 Abs. 2 StGB. (ObSt. 28, 64, BayZ. 1928, 358; RG. GArch. 72, 186). § 361 Nr. 6 mit 6a enthalten nun eine selbständige u. abschließende Regelung des Unzuchtbetriebs; kein Raum mehr für landesgesetzl. Vorschr. (JFG. Erg. 8, 452, RG. GArch. 72, 268; Braunschw. GArch. 73, 233); unzulässig eine „Reglementierung" der Prostitution (InnME. v. 29. Sept. 1927, InnMBl. 49, zu § 16 Ziff. III).

2. Wer: Nicht bloß Frauen. Öffentlich: Wie sonst im Sinne des StGB.: Bestehen der Möglichkeit der Wahrnehmung durch unbestimmt welche u. wie viele Personen (Braunschw. HRR. 1928, 2242); a. A. ObSt. 28, 64, BayZ. 1928, 358: darnach Öffentlichkeit schon dann, wenn keine persönliche engere Beziehung zum Täter besteht. Öffentlich müssen auch die Umstände sein, die die Handlung zu einer die Sitte und Anstand verletzenden oder andere belästigenden machen. Nicht notw. ist es, daß die Handlung auf einem öff. Platze oder einer öff. Straße erfolgt.

3. Sitte oder Anstand verletzend: Zu beurteilen nach objektivem Maßstab, nicht nach dem Empfinden des am Tatort verkehrenden Publikums (Braunschw. HRR. 1928, 2242). Nicht ausreichend die in der Aufford. oder dem Sicherbieten zur Unzucht als solche liegende Verletzung von Anstand u. Sitte; es muß ein darüber hinausgehendes Verstoßen gegen Sitte u. Anstand vorliegen (Naumb. HRR. 1929, 1415; ObSt. 29, 185, BayZ. 1930, 94); a. O. wohl Braunschw. HRR. 1928, 2242. Ausreichend schon die unverhüllte Aufford. oder Anerbietung zu sofort. Vornahme unzüchtiger Handlungen als solche. Sitte u. Anstand verletzend auch, weil an einem ungeeigneten Ort — Kirche, Friedhof — nicht notwendig anstößige Worte oder Gebärden (ObSt. 28, 64, BayZ. 1928, 358). Sitte u. Anstand verletzend auch, wenn an dem Orte (Hafengegend) freiere Sitten herrschen; eine Unterscheidung

nach Orten ist dem Gesetz nicht zu entnehmen (Hamb. GArch. 72, 230). Nicht erford., daß die Handlung Sitte u. Anstand verletzt, ausreichend, daß sie nur geeignet hierzu ist (Hamb. GArch. 72, 230, ObSt. 29, 185, BayZ. 1930, 94; Hamb. HRR. 1930, 1416; a. A. Dresd. LZ. 1929, 68).

4. Andere belästigende Weise: Belästigung: Unangemessene Störung, Beschwerung (ObSt. BayZ. 1930, 94); auch wenn sich die Belästigung nur gegen eine Person richtete (ObSt. 28, 64, BayZ. 1928, 358); erforderlich nur belästigender Charakter, nicht erforderlich subjektives Gefühl der Belästigung, ausreichend schon, daß die Aufforderung geeignet ist, als Belästigung empfunden zu werden, maßgebend hierbei die Auffassung des anständigen Publikums (ObSt. 28, 64, BayZ. 1928, 358; ObSt. BayZ. 1930, 94; Hamb. HRR. 1930, 1416; Hamb. GArch. 73, 69). Belästigend schon die Aufforderung an jeden, der nicht Anlaß zur Annahme gibt, er wünsche eine Ansprache oder werde keinen Anstoß nehmen (ObSt. 28, 64, BayZ. 1928, 358).

5. Unzucht: Beischlafsvollz. und solche Handlungen, welche im Widerspruch mit den Geboten der Zucht u. Sitte die Erregung oder Befriedigung fremder geschlechtlicher Triebe durch eigene körperl. Tätigkeit bezwecken (RG. 37, 306).

6. Auffordern, sich anbieten: Auch durch Blicke, Gesten u. ähnliches, nicht bloß durch Worte möglich (ObSt. BayZ. 1930, 94).

7. Vorsatz erforderlich (Hamb. GArch. 73, 69); a. A. ObSt. 28, 64, BayZ. 1928, 358; ObSt. BayZ. 1930, 94; darnach Vorsatz nur erforderlich für die Aufforderung oder das Sicherbieten, im übrigen Fahrlässigkeit ausreichend.

8. Ergänzende Strafbestimmung: § 361 Nr. 6a.

Zu § 361 Nr. 6a:

1. Nr. 6a wurde mit Wirksamkeit vom 1. Okt. 1927 an eingefügt durch § 16 Nr. IV des Ges. zur Bekämpfung der Geschlechtskrankheiten v. 18. Febr. 1927 (RGBl. 61); er ist gegenüber § 361 Nr. 6 alter Fassung das mildere Ges. im Sinne des § 2 Abs. 2 StGB. (ObSt. 28, 19, BayZ. 1928, 309; RG. HRR. 1928, 1539, RG. GArch. 72, 186).

2. Gewohnheitsmäßig: Gegeben, wenn ein durch Übung ausgebildeter, bewußt oder unbewußt selbsttätig fortwirkender Hang zur Betätigung vorliegt; kann auch gegeben sein, wenn die Unzucht auf zwei Männer beschränkt wird (Hamb. HRR. 1929, 60, GArch. 73, 68). Gewohnheitsmäßig muß nicht nur die Unzuchtausübung als solche sein, sondern die besondere, durch den Ort charakterisierte Art der Nr. 6a (Dresd. LZ. 1929, 68; a. A. ObSt. 28, 19, BayZ. 1928, 309; ObSt. 28, 129, BayZ. 1928, 307).

3. In der Nähe von Kirchen: Schlechthin strafbar; nicht notwendig, daß gerade ein Kirchenbesuch (durch Kinder oder Jugendliche) stattfindet; also auch bei Nacht (ObSt. 28, 19, BayZ. 1928, 309). In der Nähe von Schulen usw.: Nicht notwendig, daß gerade um diese Zeit ein Schulbesuch stattfindet, also auch bei Nacht (Naumb. HRR. 1930, 1417). In der Nähe: Maßgebend, ob der Ort des unzüchtigen Treibens in einem solchen Verhältnisse räumlicher Nähe zu der Kirche steht, daß der Unzuchtsbetrieb wegen dieser räumlichen Nähe geeignet ist, von der religiös gesinnten Bevölkerung als eine Verletzung der Heiligkeit u. Ehrwürdigkeit der Kirche empfunden zu werden (ObSt. 29, 116, durch die Abstellung auf das innere Empfinden wohl zu weit gehend).

4. Wohnung: Der Inbegriff derj. Räumlichkeiten, die einer Einzelperson oder einer zusammengehörenden Mehrheit von Personen, einer Familie, zum ständigen Aufenthalt dienen oder zur Benutzung freistehen (RG. GArch. 72, 186, BayZ. 1928, 391); a. A. ObSt. 29, 14: Entscheidend soll darnach sein das sachliche Merkmal,

ob die Mehrheit von Räumen ihrer Lage u. Beschaffenheit nach in einer Art zusammenhängt, daß sie unter dem Gesichtsp. der von § 361 Nr. 6a verfolgten Zwecke als zusammengehörig zu betrachten sind, ohne daß es dabei darauf ankommen soll, ob sie von einer oder mehreren Personen oder Familien innegehabt oder beherrscht werden. Nur die eigene Wohnung der Unzucht treibenden Person (ObSt. 28, 129, BayZ. 1928, 307); gleichgültig, ob in anderen Räumen des Hauses, außerh. der Wohnung der Angekl. Kinder oder jugendl. Personen wohnen (RG. BayZ. 1928, 391).

5. Gemeinde mit weniger als 15000 Einwohnern: Für Bayern für solche Gemeinden zum Schutze der Jugend u. der öff. Anstalten allgemein verboten, zum Zwecke des Erwerbs der Unzucht nachzugehen (InnMB. v. 29. Juli 1927, InnMBl. 49, zu § 16 Ziff. IV).

6. Der Unzucht nachgeht: Wer selbst unzüchtigen Verkehr ausübt u. wer Handlungen vornimmt, die den unzüchtigen Verkehr anbahnen; strafbar deshalb auch nach außen nicht wahrnehmbarer Geschlechtsverkehr in einer in der Nähe einer Kirche gelegenen Wohnung (ObSt. 29, 116, wohl zu weit gehend).

7. Nur vorsätzliche, auf alle Tatbestandsmerkmale sich erstreckende Begehung strafbar, bedingter Vorsatz ausreichend (ObSt. 28, 19, BayZ. 1928, 309). Straffolgen: § 362. Ergänzende Strafbestimmung: § 361 Nr. 6.

Zu § 361 Nr. 7:

1. Aus öff. Armenmitteln: Nicht Unterstützung durch religiöse Gemeinschaften; die Kosten für die Fürsorgeerziehung dann, wenn die Pflicht zur Tragung sich nicht unmittelbar aus dem Jugendwohlfahrtsges. ergibt; nicht die Erwerbslosenfürsorge. Nur Unterstützung des Täters, nicht seiner Angehörigen, auch wenn er unterhaltspflichtig ist. Die Unterstützung muß z. Z. der Arbeitsverweig. noch fortdauern. Arbeitsscheu: Zur Neigung gewordene Unlust zur Arbeit. Angemessenheit der Arbeit im Verhältnis zu den Kräften im Strafverf. zu prüfen (OGHSt. 8, 553), sonstige Einwendungen gegen die Arbeit (zu geringe Vergütung, zu lange Dauer) nicht zulässig. Zuständig zur Anweisung: Wohl das Organ der öffentlichen Fürsorge (Wohlfahrtsausschuß, Bezirksfürsorgeausschuß, Ortsfürsorgeausschuß, Kreisfürsorgeausschuß, deren Vorsitzende u. die Unterausschüsse, soweit ihnen diese Aufgaben übertragen werden, § 1 Abs. 2 der ReichsVO. über die Fürsorgepflicht v. 13. Febr. 1924, RGBl. 100, Art. 13, 17, 19, 20, 16 u. 18 des Fürsorgeges. v. 7. März 1930, GVBl. 37), das den Verband vertritt, der die Unterstützung gewährt. Vorsätzlichkeit notw. Straffolgen: § 362.

Zu § 361 Nr. 8:

1. Unterkommen: Besitzt nur, wer eine Wohnung u. die sonstigen zum Lebensunterh. nötigen Mittel besitzt (ObSt. 2, 21; OSt. 5, 282; OGHSt. 7, 461); genügend aber der tatsächl. Besitz einer Wohnung, auch ohne Rechtsanspr. (RG. GArch. 52, 86; SeuffBl. 70, 325). Gleichgültig, wenn die Mittel durch eine strafb. Handlung verschafft wurden (RG. 36, 59). Gleichgültig, wenn Obdach u. Unterhalt von Dritten nur aus Furcht gewährt wird (ObSt. 13, 309). Unterkommen für die Familienmitglieder braucht nicht beschafft zu sein (a. A. Rostock GArch. 42, 275). Zuständige Behörde: § 6 ZustVO. Auftrag der Behörde muß allg. gehalten sein, kann nicht ein Unterkommen bestimmter Art. verlangen (a. A. ObSt. 2, 25); genügend der Auftrag, sich sofort um Arbeit umzusehen (ObSt. 2, 21). Nachweisen kann: Genügend der Nachweis, daß er kein dem Gesetz u. der Sitte entsprechendes Einkommen finden konnte (RG. 36, 59); Staatsanwalt u. Gericht haben die Beweisführung zu unterstützen. Fahrlässigkeit ausreichend. Straffolgen: § 362.

Zu § 361 Nr. 9:

1. Kinder: § 361 Nr. 4 A. 2. Gewalt u. Aufsicht untergeben: Alle Personen, die zum Gehorsam rechtl. verpflichtet sind, auch Dienstboten, Lehrlinge, Ehefrauen (Celle GArch. 49, 335; ObSt. 17, 14; OGHSt. 8, 89; 7, 333; 5, 430). Nicht Gesellen u. Gehilfen (GemZ. 1897, 199). Diebstahl: Diebereien aller Art z. B. § 370 Nr. 5 StGB., Art. 112 Nr. 1 PStGB. (OGHSt. 8, 248). Nicht notw., daß die Gewaltuntergebenen selbst strafbar sind (OSt. 8, 22; 7, 72). § 361 Nr. 9 nicht anwendbar, wenn Teilnahme an der Tat der Gewaltuntergebenen vorliegt (OSt. 2, 224; RG. BayZ. 1927, 391). Fahrlässigkeit ausreichend (a. A. OSt. 7, 72; s. zur Schuldfrage auch ObSt. 17, 14). Haftbarkeit für die Geldstr. u. sonstigen Geldleistungen: Art. 122 Abs. 2 PStGB., Art. 69 u. 70 ForstG., Art. 13 u. 27 ForstStG., Art. 107 FischG. Geldstrafe: Abs. 2. Die auf Forstfrevel bezüglichen Zuwiderhandl. sind Forstrügesachen (Art. 50 ForstG.; Art. 1 Abs. 2 ForstStG.). Verwandte Strafbest.: § 6 Abs. 2 VogelschGes. v. 30. Mai 1908 (RGBl. 317).

Zu § 361 Nr. 10 StGB.*)

1. In der Lage, zu unterhalten: Die tatsächl. Leistungsfähigkeit; zu beurteilen nach der Lage des Falls unter Berücksichtigung der vorhandenen Mittel aus Besitz u. Einkommen und der Möglichkeit, Mittel durch Ausnutzung der Arbeitskraft zu gewinnen (KG. HRR. 1929, 1627). Im einzelnen: Auch, wer sich die Geldmittel durch Ausnützung seiner Arbeitskraft verschaffen kann (Celle GArch. 46, 351; KGJ. 37 C 78); auch, wer nur einen Teil des Unterh. gewähren kann (Dresd. HRR. 1929, 61). Der UnterhPflichtige ist auch verpflichtet, eine Arbeitsstelle aufzugeben u. eine besser bezahlte Stellung anzunehmen (ObSt. BayZ. 1929, 313); er darf nicht auf die Vergütung für seine Arbeit verzichten (Kiel GArch. 71, 190); er ist auch verpflichtet, sich einer gefahrlosen, nicht besondere Schmerzen verursachenden, kostenlosen Operation zur Erlangung seiner Arbeitsfähigk. zu unterziehen, auch Bandagen anzulegen (Königsb. HRR. 1928, 1857, LZ. 1928, 926); auch, die Erwerbslosenunterstützung in Anspr. zu nehmen (Jena JRsch. 1927 II. Tl. 804).

2. Zur Ernährung verpflichtet: Auch in der Form der Geldleistung, aber auf Grund familienrechtl. Beziehungen; desh. auch der unehel. Vater (bestritten, dafür: ObSt. 21, 204; KG. GArch. 70, 77; 7, 80; Hamm GArch. 59, 182; 62, 111; Celle GArch. 58, 243; Naumburg GArch. 62, 214; dagegen Düsseld. GArch. 58, 495; KG. GArch. 52, 96; 55, 238). Die Unterhaltspfl. gegenüber dem unehel. Kinde findet ihre Grenze jedenf. in der Befriedigung des eigenen notdürft. Unterhalts des Vaters (Naumb. JRdsch. 1926 II. Tl. 878); dagegen geht der Unterhaltsanspr. des unehel. Kindes dem Anspruch der Frau und der ehel. Kinder auf standesmäßigen Unterhalt nach; s. auch Königsb. HRR. 1930, 753, Hamb. LZ 1930, 913, HRR. 1930, 849; KG. HRR. 1929, 1627; wegen des Verhältnisses der Unterhaltspfl. gegenüber dem unehel. Kinde zur Pflicht, den Eltern im Haushalt Dienste zu leisten (§ 1617 BGB.) s. Königsb. LZ. 1929, 796. Nicht unter § 361 Nr. 10 fallen die Fälle der bloß erzieherischen Fürsorge (Dresd. GArch. 60, 317); ausreichend nur gesetzl. nicht vertragsmäß. Ernährungspflicht. Das Bestehen der Unterhaltspfl. ist im Strafverfahren selbständig zu prüfen (a. A. Celle GArch. 61, 165, HRR. 1928, 92; ObSt. 29, 110, BayZ. 1929, 313; richtig ObSt. 21, 204; Hamb. HRR. 1930, 849; die Rechtskraft des Zivilurteils schafft nur Recht unter den Parteien); bindend desh. weder ein klageabweisendes noch ein verurteilendes Urteil; das gleiche ergibt § 262 StPO.

*) Sonderschriftt. zu § 361 Nr. 10: Bretzfeld BayZ. 1911, 417.

3. Aufford. der zust. Beh.: Muß gerichtet sein auf Erfüllung in der Zukunft; Nichterfüllung muß der Aufford. nachfolgen (ObSt. 7, 235); genügend ist die allg. Aufford., der UnterhPflicht nachzukommen, nicht notw. die Bezeichnung des zu leistenden Betrags oder der Art der Leistung (Dresd. HRR. 1930, 265; Hamm GArch. 59, 379). ZustBeh.: Die Behörden, denen die Verwaltung des Armenwesens obliegt, d. h. neben der Polizei die Organe der öff. Fürsorge (KG. GArch. 73, 261). Nach § 1 Abs. 2 der VO. über die Fürsorgepfl. v. 13. Febr. 1924 (RGBl. 100) nun die Fürsorgeverbände (ObSt. 27, 116, BayZ. 1927, 293; ObSt. BayZ. 1929, 284); zuständige Organe darnach die Wohlfahrtsausschüsse, Bezirksfürsorgeausschüsse, Ortsfürsorgeausschüsse u. Kreisfürsorgeausschüsse, Art. 13, 17, 19, 20 des Fürsorgeges. v. 14. März 1930 (GVBl. 38); auch die Unterausschüsse u. deren Vorsitzende (Art. 16 u. 18 a. a. O., Heß FürsBl. 1930, 70). Wegen der zuständigen Organe unter der Geltung der nun aufgehob. VOen v. 27. März 1924 (GVBl. 126) u. 12. Jan. 1925 (GVBl. 39) s. ObSt. 29, 106. Nicht zuständig sind die Jugendämter; werden die Aufgaben des Jugendamts nach § 10 JWG. Art. 15 JugAmtsges. einem Wohlfahrtsamt übertragen, so entscheiden die organisatorischen Regelungen des Einzelfalls, inwieweit die mit den jugendamtlichen Aufgaben des befaßten Beamten des Wohlfahrtsamts auch die Aufgaben nach VO. über die Fürsorgeverbände v. 13. Febr. 1924 übernehmen und demnach Strafantrag stellen können; sie müssen aber dann nicht in ihrer Eigenschaft als Organ des Jugendamts, sondern als Organ der öffentl. Fürsorge handeln (ObLG. GemZ. 1930, 763; KG. GArch. 73, 261).

4. Der Unterhaltspflicht sich entzieht: Unterhaltspflicht: S. A. 1 u. 2. Nicht strafb., wer von der Behörde verauslagte Kosten nicht ersetzt (Dresd. LZ. 1927, 1165); der Unterhaltspfl. entzieht sich auch nicht, wer die Kosten der Fürsorgeerziehung nicht ersetzt; denn hierbei handelt es sich um eine Ersatzforderung (Karlsr. BadRpr. 1915, 55); Verzug nicht notw.; Bestrafung auch, wenn der Berechtigte sich nicht an den Verpflichteten wenden will (Marienw. GArch. 47, 469). Vorsätzlichkeit notw. (ObSt. 7, 80; Hamm GArch. 59, 379); erforderl. insbes. das Bewußtsein der eigenen Leistungsfähigk. (Dresd. HRR. 1929, 61); ferner die Überzeugung von der Unterstützungsbedürftigkeit, nicht ausreichend, daß die zuständ. Behörde einen Unterstützungsfall gegeben erachtet (KG. GArch. 71, 140); erforderl. überhaupt die Überzeugung von der Leistungspflicht (KG. JRdsch. 1925 II. Tl. 335; a. A. KG. HRR. 1929, 1627); erforderlich weiter, daß dem Unterhaltspflichtigen von der die Aufforderung übermittelnden Stelle mitgeteilt wird, welche Behörde um die Aufforderung ersucht hat, da die Kenntnis von der Aufforderung durch die zuständige Stelle notw. (KG. GArch. 73, 263). Verjährung beginnt erst, wenn der Aufgeford. seiner Pflicht genügt (KG. GArch. 59, 412). Geldstr.: Abs. 2.

5. Vermittlung der Behörde: Auch wenn die Beh. die Hilfe selbst gewährt (Dresd. GArch. 56, 106). Fremde Hilfe: Jede, die dem Unterstützungsberechtigten nicht von dem an erster Stelle Unterhaltspflichtigen zukommt (Dresd. LZ. 1929, 576); jede nicht von dem UnterstützPflichtigen gewährte (Dresd. GArch. 56, 106); ausgenommen Leistung durch Personen, die vor oder neben dem Angekl. zum Unterh. verpflichtet sind (KG. HRR. 1929, 1077). In Anspruch genommen: Ausreichend schon die Bewilligung der Unterstützung, überh. jedes Einschreiten der Behörde, tats. Hilfeleistung nicht notw. (ObSt. 22, 61, BayZ. 1922, 183).

6. Beginn der Verjährung: Erst mit Erfüllung der Unterhaltspflicht, Dauerdelikt (Dresd. LZ. 1930, 913).

7. Wegen der Ausstellung von Waffen- (Munitions-) Erwerbscheinen oder Waffenscheinen an nach § 361 Nr. 10 Verurteilte s. § 16 des Schußwaffenges. v. 12. April 1928 (RGBl. 143).

8. Verwandte Strafbest.: § 361 Nr. 5 StGB.; Art. 81 PStGB.

§ 362.

1. Die nach Vorschrift des § 361 Nr. 3 bis 8 Verurteilten können zu Arbeiten, welche ihren Fähigkeiten und Verhältnissen angemessen sind, innerhalb und, sofern sie von anderen freien Arbeitern getrennt gehalten werden, auch außerhalb der Strafanstalt angehalten werden.

2. Bei der Verurteilung zur Haft kann zugleich erkannt werden, daß die verurteilte Person nach verbüßter Strafe der Landespolizeibehörde zu überweisen sei. Im Falle des § 361 Nr. 4 ist dieses jedoch nur dann zulässig, wenn der Verurteilte in den letzten drei Jahren wegen dieser Übertretung mehrmals rechtskräftig verurteilt worden ist, oder wenn derselbe unter Drohungen oder mit Waffen gebettelt hat.

3. Durch die Überweisung erhält die Landespolizeibehörde die Befugnis, die verurteilte Person bis zu zwei Jahren entweder in ein Arbeitshaus unterzubringen oder zu gemeinnützigen Arbeiten zu verwenden. In den Fällen des § 361 Nr. 6, 6a kann die Landespolizeibehörde die verurteilte Person statt in ein Arbeitshaus, in eine Besserungs- oder Erziehungsanstalt oder in ein Asyl unterbringen; die Unterbringung in ein Arbeitshaus ist unzulässig, falls die verurteilte Person zur Zeit der Verurteilung das achtzehnte Lebensjahr noch nicht vollendet hat.

4. Ist gegen einen Ausländer auf Überweisung an die Landespolizeibehörde erkannt, so kann neben oder an Stelle der Unterbringung Verweisung aus dem Bundesgebiete eintreten.

1. Abs. 1: Ausnahme von § 18 StGB. VollzBest.: § 186 der Dienst- u. Vollzugsordn. für die bayer. Strafanstalten u. Gerichtsgefängn. v. 15. März 1924 (GVBl. 85). Abs. 2 u. 3: Die Worte des Abs. 3 S. 2: „In den Fällen des § 361 Nr. 6, 6a" wurden mit Wirksamkeit vom 1. Okt. 1927 an eingefügt durch das Ges. zur Bekämpfung der Geschlechtskrankheiten v. 18. Febr. 1927 (RGBl. 61) anstatt der früheren Fassung: „Im Falle des § 361 Nr. 6".

2. Überweisung: Nebenstr.; deshalb nicht zulässig, wenn bei Idealkonk. die Strafe nicht aus § 361 bemessen wird (RG. GArch. 48, 356; Karlsr. Bad. Rpr. 1917, 114; herrschende Meinung); a. A. ObSt. 25, 249, BayZ. 1926, 157. Abs. 3 S. 2 Halbs. 2 bezieht sich nur auf die Fälle des § 361 Nr. 6 (nun der Nrn. 6 u. 6a); desh. bei § 361 Nr. 3, 4, 5, 7, 8 Arbeitsh. auch bei Jugendlichen zulässig (ObSt. 8, 402). Auf Überweisung kann nicht durch Strafbefehl erkannt w. (§ 407 Abs. 3 StPO.). Revision zulässig auch gegen die Überweisung allein (RG. 47, 227 gegen Rspr. 1, 366; ObSt. 25, 249, BayZ. 1926, 157); auch bei dieser beschränkten Rev. zu prüfen, ob eine strafb. Handlung vorliegt (ObSt. 3, 208), aber nur zur Entscheidung über die Überweisung.

3. Überweisung in den Fällen des § 361 Nr. 4: Gleichgültig, ob die früheren Strafen z. Z. der Begehung der nun abzuurteilenden Straftaten bereits verbüßt waren oder nicht, ob die erste frühere Verurteilung bei Verübung der zweiten Straftat oder ihrer Aburteilung rechtskräftig war, ob bereits früher auf die Nebenstr.

erkannt war oder nicht (OSt. 1, 123; 4, 169; 4, 332; OGHSt. 7, 346). Zulässig auch, wenn innerh. der letzten drei Jahre bereits eine solche Überweisung ausgesprochen und die Einschaffung in ein Arbeitshaus erfolgt war (Dresd. LZ. 1928, 576). Die Verurt. muß durch ein deutsches Gericht erfolgt sein. *Unter Drohung*: Nur unmittelbarer Zusammenhang erford.; deshalb auch Drohung nach der Abweisung ausreichend (RG. 35, 343). *Waffen*: Gefährl. Werkzeug schlechthin (RG. 8, 44).

4. *Ausweisung, Abs. 4*: Unterliegt keiner zeitlichen Beschränkung: InnMB. v. 5. Febr. 1874 (InnMBl. 98). *Vollzug der Unterbringung gemäß Abs. 3 S. 2 u. Bestrafung des Bruchs der Unterbringung*: Art. 19 mit 18 des, insoweit noch geltenden, Bayr. FürsErzG. v. 21. Juli 1915 (GVBl. 595), InnMB. v. 5. April 1901 (InnMBl. 169), v. 3. Febr. 1903 (InnMBl. 55) u. § 149 der Vollz. Vorschr. zum JugWohlfGes. v. 21. Dez. 1925 (GVBl. 279).

5. *Weitere Fälle der Überweisung*: Art. 1 Nr. 2 des Ges. gegen das Glücksspiel v. 23. Dez. 1919 (RGBl. 2145).

6. *VollzBest. zu Abs. 2—4 (Überweisung an die LandPolBeh.)*: JInnMB. v. 28. März 1891 (JMBl. 65), geänd. u. ergänzt durch JInnMB. v. 5. April 1901 (InnMBl. 169), InnME. v. 28. März 1907 (InnMBl. 194), Bek. v. 14. Mai 1907 (GVBl. 475), InnJMB. v. 29. Nov. 1910 (InnMBl. 1911, 30), InnMB. v. 16. Juli 1917 (InnMBl. 173), VO. v. 26. Nov. 1915 (GVBl. 723), InnMB. v. 1. Sept. 1922 (InnMBl. 292), InnMB. v. 28. März 1924 (InnMBl. 57). *AusfBek. hierzu*: JInnMB. v. 3. Febr. 1903 (InnMBl. 55). JMB. v. 8. März 1901 (JMBl. 282; InnMBl. 168), InnMB. v. 12. Juni 1890 (JMBl. 256; InnMBl. 243), InnMB. v. 17. April 1920 (InnMBl. 146), JInnMB. v. 9. Aug. 1872 (RegBl. 1967), § 186 Dienst- u. VollzOrdn. f. d. bayer. Strafanst. usw. v. 15. März 1924 (GVBl. 85), Dienst- u. VollzugsOrdn. f. d. Arbeitshäuser v. 3. Mai 1924 (GVBl. 153). Zuständig zum Vollz. des Abs. 3, soweit Polizeidirektionen errichtet, diese, Bek. v. 29. Okt. 1923 § 5 (s. diese im III. Teil) mit Bek. v. 26. März 1929 (s. diese im III. Teil).

§ 363.

1. Wer, um Behörden oder Privatpersonen zum Zwecke seines besseren Fortkommens oder des besseren Fortkommens eines anderen zu täuschen, Pässe, Militärabschiede, Wanderbücher oder sonstige Legitimationspapiere, Dienst- oder Arbeitsbücher oder sonstige auf Grund besonderer Vorschriften auszustellende Zeugnisse, sowie Führungs- oder Fähigkeitszeugnisse falsch anfertigt oder verfälscht, oder wissentlich von einer solchen falschen oder verfälschten Urkunde Gebrauch macht, wird mit Haft oder mit Geldstrafe bis zu einhundertfunfzig*) Mark bestraft.

2. Gleiche Strafe trifft denjenigen, welcher zu demselben Zwecke von solchen für einen anderen ausgestellten echten Urkunden, als ob sie für ihn ausgestellt seien, Gebrauch macht, oder welcher solche für ihn ausgestellte Urkunden einem anderen zu dem gedachten Zwecke überläßt.

*) Geldstr. nun 1—150 RMk.

1. Behörde: Eine in ihrem Rechtsbestand von den Personen der jeweils bei ihr tätigen Beamten unabhängige selbständige Amtsstelle zur Erfüllung eines wesentlichen Staatszwecks unter öff. Autorität (RG. BayZ. 1921, 99). Zum Zwecke bess. Fortkommens: Absicht, günstigere Gestaltung der Lebensverh. im allgemeinen zu erlangen, die Handlung darf nicht gegen ein bestimmtes öff. oder Privatrecht gerichtet sein (RG. 42, 79; 43, 271; Rostock bei Reg. 46, 255); z. B. zur Verschaffung eines Ausweises über persönl. Verhältnisse (RG. 27, 56); auch zur Verschaffung idealer Güter (RG. 39, 75); doch ist dieser Unterschied nicht immer durchführbar; manchmal maßgebend, daß mildere Beurteilung des Falles des § 267 StGB. angezeigt (RG. 26, 83). Nicht anwendbar bei der Absicht, die Fortdauer eines Vertragsverh. zu erreichen (RG. 38, 145), eine bestimmte amtl. Stellung zu erlangen (RG. 52, 186; 31, 296), an einer Univ. immatrikuliert zu werden (RG. 60, 375), als adelig anerkannt zu werden (RG. 29, 241), früher aus der Schule entlassen zu werden (RG. BayZ. 1913, 73), Lebensmittelkarten zu erhalten (RG. 52, 211), bei Verschaffung eines falschen Passes, um die Einwanderung in ein fremdes Land trotz dessen Kontingentierungsbestimmungen zu erlangen (RG. 62, 351). Anwendbar bei der Absicht, die poliz. Freilassung zu erreichen, oder sich der Strafverfolgung zu entziehen (RG. 58, 74), sich eine Wirtschaftserlaubnis zu verschaffen (RG. 26, 83), Gaben von Vereinen zu erlangen (Rspr. 5, 106), beim Militär angenommen zu werden (Rspr. 7, 536), den Bräutigam über das Alter zu täuschen (Rspr. 7, 681); Absicht der Gewinnerzielung kann nebenbei bestehen (RG. HRR. 1928, 1540, LZ. 1928, 912).

2. Militärabschied: Auch ein Kriegsranglistenauszug (RG. LZ. 1926, 1201). Legitimationspapier: Soll Ausweis über persönl. Verhältnisse, nicht über ein bestimmtes Recht verschaffen (RG. 42, 249). Auf Grund besond. Vorschr. auszustell. Zeugnisse: Nur Zeugnisse, die unter gewissen Verhältnissen, unabhängig vom Belieben der Beteiligten notw. sind (RG. 38, 145). Führungs- oder Fähigkeitszeugnisse: Bescheinigungen, die ihrem Inhalte nach die Zweckbestimmung verkörpern, über die Führung und Fähigkeiten des Inhabers gegenüber jedermann als Ausweis zu dienen (RG. 62, 218); auch von Privaten, auch über die Arbeitsfähigkeit (RG. 25, 103); dagegen nicht staatl. Prüfungszeugnisse (RG. 38, 145). Nicht hieher (sondern unter § 267 StGB.) fällt die falsche Anfertigung beglaubigter Abschriften der unter § 363 fallenden Papiere (RG. 63, 84). Einzelfälle: Heimatschein Legit.Papier (OSt. 5, 395); Geburtszeugnis desgl. (Rspr. 7, 536); ZivilversorgSchein nicht unter § 363 (RG. 27, 56); auch nicht der Führerschein nach dem KraftfG. (RG. HRR. 1929, 1805); nicht private Auskünfte, die zur Anstellung auf einen Posten empfehlen sollen (RG. 62, 218); Schulzeugnisse nur dann, wenn bloße Führungs- u. Fähigkeitszeugn. (RG. 43, 271); Quittungskarten sind Urkunden (RG. 42, 79). Wandergewerbescheine u. BesteuerNachweise sind LegitPapiere (OSt. 2, 248; a. A. RG. 42, 249; RG. BayZ. 1918, 322). Steuerkarten keine Legitimationspapiere (RG. 60, 162). Wegen der Zeugnisse über „Privatstudium" s. OSt. 4, 391.

3. Verfälschen: Auch Herausschneiden eines Blattes aus einem Buche (Darmst. GArch. 48, 15); Gebrauchmachen auch Verweisung auf eine an einem anderen Ort verwahrte Urk. (OSt. 6, 395). Nicht hierher fällt Gebrauchmachen von LegitPapieren, die dem Täter selbst unter falschem Namen ausgestellt wurden (Rspr. 6, 255; RG. 58, 76).

4. Idealkonk. mit § 263 (RG. 23, 43); Gesetzeskonk. gegenüber § 277, wobei § 277 vorgeht (RG. 31, 296; RG. BayZ. 1921, 99); ebenso schließen die Bestimmungen der PaßstrafVO. v. 6. April 1923 (RGBl. 249) die Anwendung des § 363 aus.

§ 364.

1. Mit Geldstrafe bis zu einhundertfunfzig Mark*) wird bestraft, wer wissentlich schon einmal verwendetes Stempelpapier nach gänzlicher oder teilweiser Entfernung der darauf gesetzten Schriftzeichen, oder schon einmal verwendete Stempelmarken, Stempelblankette oder ausgeschnittene oder sonst abgetrennte Stempelabdrücke der im § 276 bezeichneten Art veräußert oder feilhält.

2. Gleiche Strafe trifft denjenigen, welcher wissentlich schon einmal verwendete Post- oder Telegraphenwertzeichen nach gänzlicher oder teilweiser Entfernung des Entwertungszeichens veräußert oder feilhält.

1. Stempel: Nur steuerlichen Zwecken dienende; gleichgültig, ob reichs- oder landesrechtl. Der in § 276 bezeichneten Art: Welche zum Zeichen stattgehabter Versteuerung gedient haben. Keine Stempelmarken die Steuerzeichen des ZigarettenStG. (RG. 56, 240). Veräußern: Umfaßt nicht verpfänden, verleihen, nicht das bloß schuldrechtliche Geschäft. Feilhalten: § 367 Nr. 3 A. 6. Wiederverwendung der Stempel usw. und Wertzeichen: § 276 Abs. 1 u. 2 StGB. Wiederverwendung der Telegraphenfreimarken u. Postwertzeichen ohne Beseitigung des Entwertungszeichens: Art. 9 AG.StPO. (Schiedermair Nebenges. S. 35) u. § 27 Nr. 3, § 28 Postges. v. 28. Okt. 1871 (RGBl. 347).

§ 365.

1. § 365 ist, ebenso wie der ihn ergänzende Art. I des Notges. v. 24. Febr. 1923 (RGBl. 147), mit Wirkung seit 1. Juli 1930 aufgehoben durch § 33 Nr. 1 u. 7 des Gaststättenges. v. 28. April 1930 (RGBl. 146) und ersetzt durch die §§ 14, 23 Abs. 2, §§ 25 u. 27 dieses Gesetzes, die Bestimmungen über die Festsetzung und Handhabung der Polizeistunde in Gast- oder Schankwirtschaften, Speisewirtschaften und Betrieben von Eisenbahnen treffen, u. durch § 29 Nr. 6, 7 u. 8, die Strafbestimmungen für Zuwiderhandlungen gegen die Nichteinhaltung der Polizeistunde in Schankwirtschaften, Gastwirtschaften, Speisewirtschaften oder öffentlichen Vergnügungsorten enthalten. Zu dem Gaststättenges. erging hinsichtlich der Polizeistunde die im Tl. V abgedruckte InnMVO. v. 26. Juni 1930. S. wegen der Zuständigkeit zu deren Erlassung Art. 2 A. 4.

§ 366.

Mit Geldstrafe bis zu sechzig Mark*) oder mit Haft bis zu vierzehn Tagen wird bestraft:

1. wer den gegen die Störung der Feier der Sonn- und Festtage erlassenen Anordnungen zuwiderhandelt;
2. wer in Städten oder Dörfern übermäßig schnell fährt oder reitet, oder auf öffentlichen Straßen oder Plätzen der Städte oder Dörfer mit gemeiner Gefahr Pferde einfährt oder zureitet;

---

*) Geldstrafe nun 1—150 RMk.

3. wer auf öffentlichen Wegen, Straßen, Plätzen oder Wasserstraßen das Vorbeifahren anderer mutwillig verhindert;
4. wer in Städten mit Schlitten ohne feste Deichsel oder ohne Geläute oder Schelle fährt;
5. wer Tiere in Städten oder Dörfern, auf öffentlichen Wegen, Straßen oder Plätzen, oder an anderen Orten, wo sie durch Ausreißen, Schlagen oder auf andere Weise Schaden anrichten können, mit Vernachlässigung der erforderlichen Sicherheitsmaßregeln stehen läßt oder führt;
6. wer Hunde auf Menschen hetzt;
7. wer Steine oder andere harte Körper oder Unrat auf Menschen, auf Pferde oder andere Zug- oder Lasttiere, gegen fremde Häuser, Gebäude oder Einschließungen, oder in Gärten oder eingeschlossene Räume wirft;
8. wer nach einer öffentlichen Straße oder Wasserstraße, oder nach Orten hinaus, wo Menschen zu verkehren pflegen, Sachen, durch deren Umstürzen oder Herabfallen Jemand beschädigt werden kann, ohne gehörige Befestigung aufstellt oder aufhängt, oder Sachen auf eine Weise ausgießt oder auswirft, daß dadurch jemand beschädigt oder verunreinigt werden kann;
9. wer auf öffentlichen Wegen, Straßen, Plätzen oder Wasserstraßen Gegenstände, durch welche der freie Verkehr gehindert wird, aufstellt, hinlegt oder liegen läßt;
10. wer die zur Erhaltung der Sicherheit, Bequemlichkeit, Reinlichkeit und Ruhe auf den öffentlichen Wegen, Straßen, Plätzen oder Wasserstraßen erlassenen Polizeiverordnungen übertritt.

Zu § 366 Nr. 1:

1. Durch die GewO. (§§ 105a—105i) mit VO. v. 5. Febr. 1919 (RGBl. 176) keine Einschränkung des Landesrechts hins. der Regelung der Feier (OSt. 10, 299; RG. 20, 82); von Bedeutung aber § 24 Abs. 4 des Vereinsges. v. 19. April 1908 (RGBl. 151) geänd. durch Ges. v. 26. Juni 1916 (RGBl. 635) u. v. 19. April 1917 (RGBl. 361) (Beschränkungen des VersammlRechts an Sonntagen, die nicht zugl. Festtage, nur bis zur Beendigung des vormittägigen Gottesdiensts). Keine Beschränkung auch durch die in Nr. 2 des Aufrufs des Rates der Volksbeauftragten v. 12. Nov. 1918 (RGBl. 1303) enthaltenen Bestimmungen über das Vereins- u. VersammlRecht (JFG. Erg. 3, 324; s. aber Anschütz RVerf. Art. 123 A. 3); auch nicht durch Art. 123 RVerf.; auch § 24 Abs. 4 Vereinsges. noch gültig (JFG. Erg. 3, 324); auch nicht durch Art. 139 RVerf.; dieser bringt aber zum Ausdruck, daß das Reich die Zuständigkeit zur Einführung allg. Feiertage in Anspruch nimmt (JFG. Erg. 7, 287). Die allg. Bestimmungen gelten auch für Wahltage, die zugl. Sonn- oder Festtage sind (Jena GArch. 69, 384, LZ. 1924, 772).

2. Störung der Feier: Jede Beeinträchtigung der äußeren Heilighaltung (ObSt. 5, 99), aber auch nur diese; es können nur Handlungen getroffen werden, welche nach außen hin unmittelbar in die Erscheinung treten und geeignet sind, das allg. Gefühl der inneren Sammlung und Erhebung zu stören oder zu beeinträchtigen. Unzulässig deshalb ein allg. Verbot des Schankbetriebs (KGJ. 24C98; KG. DJZ. 1902, 312), wohl aber kann verboten werden der Betrieb der Schankwirtschaft in Verbindung mit lärmenden Spielen, der Ausschank geistiger Getränke, der geeignet ist, lärmende Auftritte hervorzurufen, der Betrieb von Branntweinschanken während des Hauptgottesdienstes (KGJ. 24C98; KG. Recht 1908, 46). Zulässig eine Anordnung, daß während des Hauptgottesdienstes Schaufenster, in denen Waren oder sonstige Gegenstände zu gewerbl. Zwecken ausgestellt werden, geräumt oder verhängt sein müssen (KGJ. 29C87). Unzulässig ein allg. Verbot der Veranstaltung von Proben zu Theateraufführungen während des Hauptgottesdienstes (KGJ. 32C43); desgl. ein allg. Verbot der Jagdausübung; wohl aber ein unbedingtes Verbot der Holz- und Treibjagden (KGJ. 26C77). Nicht unter § 366 Nr. 1 fallen Vorschriften, die ausschließlich den Schutz des Einzelnen in seinem Anspruch auf Sonntagsruhe bezielen (RG. 20, 82). Notwendig aber nur, daß die verbotene Handl. „an sich und gewöhnlich" geeignet ist, eine Störung hervorzurufen; ob die äußere Heilighaltung auch im einzelnen Fall gestört wurde, gleichgültig (KGJ. 26C77; KG. Recht 1908, 759); richtiger wird man, weitergehend, nur fordern dürfen, daß die Anordnung den Zweck verfolgt, die Störung der Feier der Sonn- u. Festtage zu verhüten. Ob die Handlung zur Störung geeignet war, unerheblich (ObSt. 27, 124, BayZ. 1927, 327).

3. Sonn- u. Festtage: Nur kirchl. (KGJ. 22C81); a. A. z. B. auch 1. Mai (Braunschw. HHR. 1930, 1418). Anordn. nur für die Sonn- u. Festtage selbst, nicht für die Vorabende, Ausnahmen nur bei Weihnacht, Ostern, Pfingsten (KG. DJZ. 1897, 494; Recht 1908, 133); jedoch nicht für den Nachmittag des Vorabends (KG. Recht 1908, 173); für die Sonn- u. Feiertage selbst auch erst für die Zeit von den Morgenstunden an (KGJ. 41, 413; 18, 309); auch für die Nächte vom 1. zum 2. Feiertag an Weihnacht, Ostern, Pfingsten (KG. Recht 1908, 133).

4. Welche Tage Festtage sind, bestimmt das Landesrecht*); s. aber A. 1 a.E. Rechtszustand unklar; Quellen hauptsächl. Breve v. 16. Mai 1772 (Web. 1, 18), für die Pfalz: Indultum de reductione festorum, Staatsr. Gutachten v. 13. März 1810, AllhE. v. 19. Febr. 1824 u. 24. März 1825. Nun Gegenstand gemischter Natur 2. Beil. § 76ff. § 19 ProtEd. Der Staat kann auch einseitig Feiertage schaffen, aber nicht im Sinne des § 366 Nr. 1 (s. A. 3). Zusammenstellung der staatlich geschützten kirchl. Festtage MB. v. 17. Juni 1926 (JnnMBl. 71; KMBl. 87), unten abgedr. Teil V.

Gesetzl. Feiertage im rechtsrh. Bayern: a) Allg. Feiertage: Ostersonntag, Ostermontag, Pfingsten u. Pfingstmontag (ObSt. 12, 20), Weihnachten (25. Dez.), zweiter Weihnachtsfeiertag (Stephan, 26. Dez.), Neujahr, Christi-Himmelfahrt; b) für kath. Orte: Hl. Drei Könige (6. Jan., ausgenommen Coburg. Gebiet), Fronleichnam, Maria Himmelfahrt (15. Aug., ausgenommen Coburg. Gebiet), Maria Empfängnis (8. Dez.; OSt. 10, 299; KJMB. v. 31. Jan. 1922 StAnz. Nr. 29; ausgenommen Coburg. Gebiet), Peter u. Paul (29. Juni, ObSt. 5, 351; 2, 280; KJMB. v. 31. Jan. 1922 StAnz. Nr. 29, ausgenommen Coburg. Gebiet), Allerheiligen (1. Nov.; ObSt. 1, 404, ausgenommen Coburg. Gebiet);**) c) für prot.

*) Schrifttum: Permaneder, Kirchenrecht 1865 § 345; Roth, Sonntagsfeier 1899; Krick, Kath. Pfarramt 1913 S. 177; Geib 2, 225.

**) Pfarrpatrozinium, Landespatrozinium, Diözesanpatrozinium (vgl. Krick S. 177; Roth S. 32) werden nunmehr nicht mehr als Feiertage gelten können (s. JMB. v. 9. Juni 1909, JMBl. 239; v. 13. Aug. 1910, JMBl. 679; ÄJnnKMB. v. 12. Mai 1912, JMBl. 100).

Orte: Karfreitag (RG. 4, 240, er ist kein allg. Feiertag ObSt. 11, 180 u. auch kein katholischer VGH. 31, 147),*) Bußtag im Coburg. Gebiet. d) Wiedererklärung des Josephitags als Festtag in Bayern r. d. Rh.: GesMB. v. 8. März 1923 (GVBl. 104). Gesetzl. Feiertage in der Pfalz: Allg. Feiertage die gleichen wie im rechtsrh. Bayern; an kath. Orten weiter: Fronleichnam, Mariä Himmelfahrt (15. August), Allerheiligen (1. November; ObSt. 1, 404); an prot. Orten: Karfreitag.**) Keine Feiertage die sog. politischen Feiertage (RGSt. 17, 56).

5. Form der Erlassung der in § 366 Nr. 1 vorgesehenen Anordnungen: Art. 2 Nr. 5 PStGB.

6. Landesrechtl. Einschränkung des poliz. AnordnRechts: 2. Beil. Verf. v. 1818 § 82, dem aber die Rechtspr. (wohl mit Unrecht) nur mehr Wirksamkeit für „gemischte Orte" beilegt (OSt. 7, 326; 5, 56; 10, 299; ObSt. 1, 404); § 82 gilt vielmehr schlechthin; die Einschränkung durch Art. 2 Nr. 5 ist, weil mit einem VerfGes. in Widerspruch stehend (§ 94 S. 2 der Bayr. Verf. 1919 hat daran nichts geändert, weil er nicht rückwirkend gilt) wirkungslos; demnach auch die VO. v. 21. Mai 1897 (V. Teil) teilweise wirkungslos; s. auch Graßm. 2, 494. Zur Auslegung des § 82 s. OSt. 5, 56.

7. Strafbar vorsätzl. u. fahrl. Begehung (ObSt. 7, 209); Fahrlässigkeit nur dann nicht ausreichend, wenn der Inhalt der poliz. Anordnung das Gegenteil ersehen läßt (ObSt. 27, 124, BayZ. 1927, 327); Bewußtsein der Rechtswidrigkeit nicht notw. (ebendort); keinerlei Verschulden verlangt OSt. 6, 90. Zwischen § 366 Nr. 1 u. § 146a GewO. Verhältnis der IdealKonk.

Zu § 366 Nr. 2:

1. Städten oder Dörfern. Maßgebend der tatsächl., nicht der verwalt.-rechtl. Begriff; auch Märkte umfassend. Übermäßig schnell: Keine Bindung des Gerichts durch PolVorschr. möglich (KG. Recht 1914, 366). Öff. Straßen u. Plätze: § 366 Nr. 10 A. 3; auch Wege. Auch mit Fahrrad (RG. SeuffBl. 70, 349); auch auf Straßenbahnen (KG. Recht 1914, 366); auch mit Postwagen (KG. GArch. 69, 424). Gemeine Gefahr: Art. 80 A. 5. Keine erschöpfende Regelung des Schnellfahrens u. -Reitens, desh. auch als grober Unfug strafbar (OSt. 3, 505) oder nach § 366 Nr. 10.

Zu § 366 Nr. 3:

1. Öff. Straßen u. Plätze: § 366 Nr. 10 A. 3 u. 4. Auch wer selbst fährt. Vorbeifahren: Verhinderung auch möglich gegenüber einem z. Z. des Hinderns stehenden Wagen (Dresd. LZ. 1927, 1427). Mutwillig: Ohne zureichenden Grund. Verhindern: Wenn auch nur auf kurze Zeit; nicht ausreichend bloßes Erschweren; auch für die Post geltend trotz § 19 PostG. (Darmst. Reg. 34, 334).

Zu § 366 Nr. 4:

1. Städte: Im tatsächl., nicht im verwaltungsrechtl. Sinn; also größere Orte mit nicht bloß (im wesentl.) landwirtschaftlicher Bevölkerung. Fährt: Im transitiven Sinn.

---

*) Hierzu Roth S. 33 wegen weiterer protest. Feiertage für einzelne Orte.

**) Die Ausscheid. besonderer Feiertage für kath. u. prot. Orte hat keine über die Anwendung der VO. v. 21. Mai 1897 hinausgehende Bedeutung u. auch diese nur dann, wenn man sich der in A. 6 abgelehnten Anschauung von der Bedeutung des Art. 2 Nr. 5 PStGB. anschließt.

Zu § 366 Nr. 5:

1. Städte oder Dörfer: § 366 Nr. 2 A. 1. Öff. Wege, Straßen, Plätze: § 366 Nr. 10 A. 3 u. 4. Erford. Sicherheitsmaßr.: Durch den Richter unmittelbar zu entscheiden. Keine Anwendung auf freilaufende Tiere (RG. GArch. 46, 240). Strafbar jeder, der die Obhut über das Tier hat (OGHSt. 5, 5). Verw. Strafbestimm.: §§ 366 Nr. 2, 367 Nr. 11 StGB.; Art. 84 u. 85 PStGB.

Zu § 366 Nr. 6:

1. Auch wenn der Hund den Menschen nicht anpackt (OSt. 4, 288). Hetzen muß vorsätzlich sein, im übrigen Fahrlässigkeit ausreichend (RG. 48, 324).

Zu § 366 Nr. 7:

1. Unrat: Was verunreinigt, Ekelerregung nicht notw. (OSt. 8, 207); auch das bei der Zubereitung von Speisen Entfallende (RG. 21, 314).

2. Werfen auf, werfen gegen: Auch, wenn nicht getroffen (Rspr. 2, 773; OSt. 5, 278; 4, 228; a. A. OGHSt. 6, 605; ObSt. 28, 127); auch auf eigene Tiere.

3. Gegen Häuser, Gebäude oder Einschließungen: Nur von außen (ObSt. 28, 127). Gärten u. eingeschlossene Räume: (Nach dem Zusammenhang) nur fremde. Eingeschlossener Raum auch Hausflur, selbst wenn Abschlußtür augenblicklich nicht geschlossen (ObSt. 28, 127). In Gärten oder eingeschlossene Räume: Nur von außen (ObSt. 28, 127).

4. Werfen: Durch das Mittel körperlicher Kraft in raschem Fluge durch den freien Luftraum treiben (ObSt. 28, 127); erforderlich Anwendung der Kraft der Arme oder Beine; nicht Ablassen von Harn (OSt. 9, 203).

5. Werfen muß vorsätzlich sein, im übrigen Fahrlässigkeit ausreichend (RG. 48, 324).

Zu § 366 Nr. 8:

1. Nach einer Straße usw.: Auch, wer sich selbst dort befindet (RG. GArch. 53, 77). Öff. Straße: § 366 Nr. 10 A. 3 u. 4. Gehörige Befestigung: Nicht bindend durch die PolBeh. (etwa Genehmigung) abgrenzbar (KGJ. 26C22). Ausgießen oder auswerfen: Nicht das Ausschütteln von Bettvorlagen (ObSt. BBl. 1929, 76). Die Tätigkeit muß vorsätzlich sein, im übrigen Fahrlässigkeit ausreichend (RG. 48, 324); letztere muß auch die Möglichkeit der Beschäd. oder Verunreinigung umfassen (a. A. RG. 17, 303). Kein (weitergehendes) Verbot des Auslegens von Betten in Fenstern wegen abschließ. Regelung der Materie durch § 366 Nr. 8 (JFG. Erg. 3, 304).

Zu § 366 Nr. 9:

1. Öff. Wege, Straßen, Plätze: § 366 Nr. 10 A. 3 u. 4; einschließlich der Bürgersteige: OSt. 3, 223.

2. Freier Verkehr gehindert: Schon die Eignung hierzu reicht aus (OSt. 2, 99; 6, 180; JFG. Erg. 5, 149); schon die Eignung, die Leichtigk. (Bequemlichk.) des Verkehrs zu beeinträchtigen (KG. GArch. 71, 215); gleichgültig, ob für Fußgänger oder Fuhrwerke (OSt. 3, 65); wesentliche Beschränkung ausreichend (ObSt. 3, 320; 2, 320); der bestimmungsgemäße Gebrauch muß behindert sein, also auf einem Fußwege der für Fußgänger (OSt. 9, 212).

3. Bestrafung auch bei fester Verbindung der Gegenst. mit dem Boden, z. B. Prellstein (OSt. 10, 277, wohl auch RG. GArch. 56, 210; a. A. RGZ. 47, 328; ObSt. 6, 150 nicht z. B. fester Zaun). Zeitdauer gleichgültig (OSt. 4, 416). Strafbar auch, wer sich Dritter bedient (ObSt. 1, 303). Auch wer Gegenstände

stehen läßt, wenn er zur Fortschaffung verpflichtet ist (ObSt. 22, 139; 2, 320). Auch Haltenlassen bespannter Wägen (ObSt. 1, 281). Auch bloßes Hineinragenlassen in den Luftraum (OGHSt. 6, 16); auch, nur wechselndes Göpelwerk (Cassel GArch. 51, 413). Nicht strafbar, weil weder aufstellen, hinlegen, noch liegen lassen, das Aufhängen von Wäsche über die Straße (s. den Gegensatz zwischen „aufstellen" u. „aufhängen" in § 366 Nr. 8).

4. Objektive Rechtswidrigkeit notw.: Keine Bestrafung bei Aufenthalt zum Auf- und Abladen (ObSt. 6, 412); die erford. Zeitdauer darf aber nicht überschritten werden (Stuttg. WürttJ. 23, 174); strafbar auch der Gerichtsvollzieher bei Wohnungsräumung (KGJ. 7, 278).

5. Schuld notw. (ObSt. 9, 31; a. A. OSt. 10, 277). Fahrlässigk. ausreichend (RG. GArch. 56, 210; GArch. 1, 303; a. A. Colmar GArch. 51, 208). Irrtum über die Berechtigung zum Widerruf der Benützung macht straffrei (RG. GArch. 56, 210).

6. Verwendung der Geldstr.: Art. 91 PStG.

Zu § 366 Nr. 10:

1. Notw., daß die Vorschr. zu den angegebenen Zwecken erlassen wurde (vgl. ObSt. 6, 341); nicht, daß sie hierzu geeignet ist (a. A. ObSt. InnMBl. 1914, 218); auch nicht, daß die einzelne Handlung die Sicherheit usw. gefährdet (a. A. ObSt. 2, 204); s. Art. 15 PStGB. A. 2d. Unwirksam eine Vorschr. mit zu allg. Inhalt (ObSt. 9, 73). Verfolgung gewerbepol. Zwecke unzulässig (ObSt. 8, 194, Verbot des Abfangens von Fahrgästen); unzulässig das Gebot, daß Leichenwägen schlechthin langsam zu fahren haben (KG. GArch. 51, 62). Unwirksam Vorschr., die ein Wegerecht begründen sollen (RG. BlAPr. 1908, 405; s. PStGB. Art. 1 Anh. A. 4). Herstellung oder Wiederinstandsetzung der Wege usw. kann nicht verlangt werden (ObSt. 4, 238). Wegen der Möglichkeit, gemäß § 366 Nr. 10 gegenüber Art. 38 GemO. 1869 (Art. 29 PfGemO.), nun gegenüber Art. 28 Abs. 1 Unterabs. 2 GemO. 1927 Pflichten zur Herstellung von Bürgersteigen, zur Reinigung der Straßen von Eis, Schnee, Schmutz, Gras, zur Straßenbesprengung zu begründen s. ObSt. 7, 268; 6, 248; 6, 419; 4, 178; 1, 59; OSt. 10, 132; 9, 27; 8, 404; 8, 447; 8, 331; 4, 81; OGHSt. 5, 74. Gegen diese Rechtspr. Seydel BlAPr. 1898, 177, 360, 385; StA. beim OLG. München BlAPr. 1899, 148; LG. Würzb. GemZ. 1891, 434; Full GemZ. 1891, 302; PilSch. S. 109; Graßm. 2, 368; dort weitere Literatur. Nach VGH. 41, 24 u. VGH. in GemZ. 1929, 207, soll es sogar zulässig sein, auf der Grundlage des § 366 Nr. 10 u. des Art. 94 PStGB. eine Zwangspflicht zur Benützung einer gemeindlichen Straßenreinigungsanstalt einzuführen; die Entsch. verkennen die Grenzen des Rechtes zur Erlassung von PolVorschr. (s. Art. 1 Anh. A. 4).

2. Zur Erhaltung der Sicherheit: Zur Vermeidung von Verkehrsstörungen oder -Gefährdungen (ObSt. Reg. 32, 519), nicht zum Schutz gegen Angriffe (ObSt. BayZ. 1909, 55). Ruhe: Auch insoweit nur die auf öffentl. Wegen usw., nicht die allgemeine Nachtruhe; also nicht zulässig das Verbot geräuschvoller Unterhaltungen in Wirtschaften.

3. Öffentliche Wege, Straßen, Plätze, Wasserstraßen: Solche, die nach der ihnen ausdrücklich oder stillschweigend von allen Beteiligten, d. i. dem Eigentümer, der Wegepolizeibehörde u. dem Wegebaupflichtigen, gegebenen Bestimmung dem allg. Verkehr dienen (JFG. Erg. 5, 146). Bloße Entscheidung der VerwBeh. genügt nicht; das den Weg zum öffentl. Weg bestimmende VerwOrgan muß rechtl. in der Lage sein, über den Grund und Boden zu verfügen (ObSt. 10, 296; 9, 31; 8, 203; 2, 273); anders ObSt. 26, 250; 13, 427; 12, 273; 2, 205; 2, 279; OGHSt.

6, 16; OSt. 8, 76; 6, 118; 2, 320; Darmst. JRdsch. 1925 II. Tl. 1598; darnach genügend, daß der Weg „tatsächlich dem öffentl. Verkehr dient"; einschränkend allerd. ObSt. 13, 427; nach ObSt. 26, 250 soll diese bloße Tatsächlichkeit jedenf. genügen, wenn die zust., den Weg dem öff. Verkehr widmende VerwBeh. der Meinung gewesen war, „nach bürgerl. Recht dazu befugt zu sein". Der von der bloßen Tatsächlichkeit ausgehende, d. h. nur den Verwaltungsakt als maßgebend erklärende Standp. verkennt den Grundsatz der Gesetzmäßigkeit der Verwaltung; auch guter Glaube verleiht kein Recht, das nicht besteht; „tatsächl. Öffentlichkeit" ausreichend höchstens in dem ObSt. 21, 316 angenommenen Sinn, d. h. öffentlich auch solche Wege, die ohne den Weg zum öffentl. Weg erklärenden Verwaltungsakt, aber durch den zur Verfügung über den Weg berechtigten Eigentümer der Allgemeinheit zur Verfügung gestellt werden; s. zur Frage der „tatsächlich öffentl. Wege" auch Mayer VBl. 1930, 225. Gleichgültig, wenn der Weg nur in beschränkter Weise (als Fußweg) oder gegen eine Gebühr benutzbar; Öffentlichk. entfällt, wenn nur für Bewohner gew. Orte benutzbar (ObSt. 10, 296) oder zum Bestandteil eines Schlachtviehhofs geworden (a. A. ObSt. 5, 140). Widerruf bei widerruflicher Gestattung nimmt die Eigensch. der Öffentlichkeit (RG. GArch. 56, 210). Einfluß eines Rechts auf Benützung der Straße: Hamb. LZ. 1914, 204. Öffentlich müssen auch die Wasserstraßen sein. Irrtum über die Öffentlichkeit je nach den Umständen Tatsachen- oder Rechtsirrtum, Strafrechtsirrtum oder sonstiger Rechtsirrtum.

4. Wege u. Straßen: Erstere von minderer Bedeutung; Plätze: im Gegensatz zu Straßen nicht bloß zum Fortbewegen bestimmt. Zu beiden gehören auch die Bestandteile u. ihr Zubehör (Gräben, Brücken, Durchlässe, Lagerplätze für Kies). Eine künstl. Anlage zum Begriff nicht notw. (ObSt. 3, 320). Gleichgültig, ob in den gehörigen Stand gesetzt (OSt. 6, 166). Wasserstraßen: Keine Vorschr. für Gewässer schlechthin (OSt. 6, 537).

5. Verboten können alle Handlungen werden, die in ihren Folgeerscheinungen auf die Wege usw. einwirken, nicht nur solche auf ihnen (ObSt. 3, 209; 2, 201).

6. Polizeiverordnungen: Nur solche allg. Inhalts, also nur PolVorschr., nicht PolVerfügungen (ObSt. BayZ. 1929, 80; KG. GArch. 51, 59). Zuständigkeit zum Erlaß der VOen: Art. 2 Nr. 6 PStGB. mit A. 6 dortselbst. Wegen der Möglichkeit, die Zuwiderhandl. gegen Einzelanordnungen der Schutzleute unter Strafe zu stellen, s. Art. 1 A. 6 u. Anh. A. 12.

7. Einzelheiten: Anordnung der Anlage von Kanälen durch die Grundeigentümer: ObSt. 12, 289. Regelung des öff. Plakatierens: KG. GArch. 44, 182; KG. DJZ. 1914, 382; Bad. VGH. Reg. ErgBd. 4, 316. Vorschr. über die Numerierung der Häuser (s. auch Krais GemZ. 1905, 21). Verbot des Kundenanreißens: Stuttg. WürttJ. 23, 345. Verbot des Streikpostenstehens: RG. DJZ. 1914, 884: Blüher Recht 1914, 3; Neukamp DJZ 1914, 954. Regelung des Ablaufenlassens der Mistjauche. Verbot, andere Fahnen als solche in den Landesfarben auszuhängen: KG. GArch. 44, 405. Zulässig Bestimmungen über den Straßenhandel trotz der GewO. (Pr. OVG. GArch. 50, 49; ObSt. 26, 241; s. zu dieser Entsch. Bem. VIIb vor Art. 1). Verbot des nächtlichen Verweilens der Jugend auf den Straßen (Renner BayZ. 1915, 364). Nicht zulässig Vorschr. zugunsten der sog. fare boxes: KGJ. 6, 285. Auch Rauchverbote für Jugendliche werden sich nicht unter die Zwecke des § 366 Nr. 10 bringen lassen (s. auch Art. 67 A. 6); auch nicht ein auf Jugendliche beschränktes Verbot des Wegwerfens von Zigarettenschachteln, Zigarettenstummel u. dgl.

8. Fahrlässige Zuwiderhandlung je nach dem Inhalt der PolVorschr. straf-

bar (ObSt. 9, 355; 7, 268; 6, 210); Verschulden aber notw. (a. A. OSt. 7, 404); Bestrafung auch bei Unterlassung pflichtgemäßen Eingreifens, insbes. des Begleiters des Kraftwagenführers (ObSt. BayZ. 1927, 126); Verschulden bei Fahren mit unbeleuchtetem Fuhrwerk: ObSt. BayZ. 1918, 291. Beginn der Verjährung: ObSt. 12, 114.

9. Sonstige Strafbest. für den öff. Verkehr: §§ 135, 303—305, 321 u. 326, 366 Nr. 2—9, 367 Nr. 12, 368 Nr. 9, 370 Nr. 1 u. 2 StGB.; Art. 44, 84, 85, 87 Nr. 1 u. 2, Art. 89, 90 u. 91, 93, 94 PStGB. Ferner das KunststraßG. v. 25. Juli 1850 u. das KraftfahrzG. v. 3. Mai 1909.

10. Wegen aus älterer Zeit stammender, nun auch unter § 366 Nr. 10 fallender Vorschriften s. Art. 90 PStGB. A. 4. § 366 Nr. 10 nun auch die Grundlage für Vorschriften, die gemäß Art. 157 PStGB. v. 1861 erlassen wurden (KassH. bei StengleinsZ. 14, 5).

11. Kraftfahrzeugverkehr. Die Strafbarkeit von Zuwiderhandlungen gegen die zur Erhaltung der Ordnung und Sicherheit auf den öffentl. Straßen u. Plätzen erlassenen Anordnungen über den Verkehr mit Kraftfahrzeugen bemißt sich nach § 21 des Ges. über den Verkehr mit Kraftfahrzeugen v. 3. Mai 1909 (RGBl. 437) u. den auf Grund dieses Ges. erlassenen Vorschriften, z. B. der VO. v. 15. Juli 1930 (RGBl. 276); insoweit scheidet § 366 Nr. 10 StGB. aus (ObSt. BayZ. 1928, 141); vorher erlassene Vorschr., die dieses Gebiet betreffen, sind mit der Regelung auf Grundlage des Ges. v. 3. Mai 1909 unwirksam geworden (ObSt. 27, 108). Nach § 2 Abs. 1 der VO. v. 15. Juli 1930 gelten aber für den Verkehr mit Kraftfahrzeugen wieder die den Verkehr von Fuhrwerken oder von Fahrrädern auf öffentl. Wegen allgemein regelnden Vorschriften „sinngemäß", sofern nicht durch diese VO. selbst oder gemäß § 6 Abs. 3 des KrFGesetzes von der obersten Landesbehörde andere Bestimmungen getroffen werden; insoweit erfolgt die Bestrafung auch, soweit die Zuwiderhandlungen innerh. des Kraftfahrzeugverkehrs erfolgen, nach § 366 Nr. 10 StGB. (ObSt. BayZ. 1929, 80). Nach § 2 Abs. 4 der VO. v. 15. Juli 1930 gelten deren Vorschriften nicht für Kraftschlitten, selbstfahrende Schneepflüge, Raupenkraftfahrzeuge, Dampfpflüge, selbstfahrende Arbeitsmaschinen (deren Begriff näher abgegrenzt ist), Zugmaschinen, deren Eigengewicht 9 Tonnen übersteigt, sofern sie von einer Dampfmaschine angetrieben w., Kraftfahrzeuge, die von einem zu Fuß gehenden Führer gelenkt werden und auf ebener Bahn eine Geschwindigkeit von 6 km in der Stunde nicht überschreiten können, selbstfahrende Krankenstühle (deren Begriff näher abgegrenzt w.). Insoweit ist die VO. v. 13. Juli 1930 überh. nicht anwendbar. Nach dieser Regelung, weil § 30 (frühere Fassung § 23) der VO. Sonderbestimmungen trifft, können Erklärungen von Straßen zu Einbahnstraßen auf Grund des § 366 Nr. 10 StGB. mit Wirkung für Kraftfahrzeuge nicht erfolgen (ObSt. BayZ. 1928, 226). Soweit nach den Dargelegten auf Grund des § 366 Nr. 10 Vorschriften erlassen werden, die nach § 2 Abs. 1 der VO. v. 15. Juli 1930 auch für Kraftfahrzeuge wirksam sein sollen, ist aber § 30 (frühere Fassung § 23) Abs. 2 der VO .zu beachten, wonach zu Beschränkungen unter gewissen Voraussetzungen die Genehmigung der höheren Verwaltungs- oder obersten Landes-Behörde notw. ist. Als ortspol. Vorschr. im Sinne dieser Bestimmungen haben auch Pol.-Vorschr. zu gelten, die in unmittelb. Städten erlassen werden (Art. 4 Abs. 2 PStGB.). Die Vorschr. über den KraftFahrzVerkehr gelten auch nicht für Kraftfahrz., die außer Verkehr sind; insoweit wieder § 366 Nr. 10 anwendbar (ObSt. BayZ. 1926, 251). § 366 Nr. 10 findet keine Anwendung für den Verkehr mit Kleinkrafträdern, auch nicht hins. der Straffatzung; maßgebend hiefür § 50 (frühere Fassung § 44) der VO. v. 15. Juli 1930 (ObSt. 27, 35, BayZ. 1927, 267); auch für

sie gilt aber die oben erwähnte Bestimmung des § 2 Abs. 1 der VO. (s. § 48 ders.) und damit nach Maßgabe desf. § 366 Nr. 10 StGB. Begriff der Kleinkrafträder: § 148 mit § 1 Nr. 2 der VO. v. 15. Juli 1930.

12. Wegen der Beschränkung des Erlasses straßenpoliz. Vorschr. durch Art. 123, 118 RVerf. (Grundrechte der Versammlungsfreiheit u. des Rechts der freien Meinungsäußerung) s. Jan Festschr. S. 98; Vischer GemZ. 1926, 574; Vorbem. VII vor Art. 1. Vorschriften, die sich nicht auf das Versammlungsrecht beziehen, werden durch Art. 123 RVerf. nicht berührt; die Versammlungsteilnehmer als solche haben keine günstigere Stellung als andere Personen (RG. GArch. 73, 18).

§ 366a.

Wer die zum Schutze der Dünen und der Fluß- und Meeresufer, sowie der auf denselben vorhandenen Anpflanzungen und Anlagen erlassenen Polizeiverordnungen übertritt, wird mit Geldstrafe bis zu einhundertfunfzig*) Mark oder mit Haft bestraft.

1. PolVO. im Sinne des § 366a auch Art. 86 WassG. Auch ein Landesges. ist eine VO. im Sinne des Reichsrechts. Art. 202 Nr. 4 WassG. insoweit unwirksam.

§ 367.

1. Mit Geldstrafe bis zu einhundertfunfzig**) Mark wird bestraft:

1. wer ohne Vorwissen der Behörde einen Leichnam beerdigt oder beiseite schafft, oder wer unbefugt einen Teil einer Leiche aus dem Gewahrsam der dazu berechtigten Personen wegnimmt;
2. wer den polizeilichen Anordnungen über vorzeitige Beerdigungen entgegenhandelt;
3. wer ohne polizeiliche Erlaubnis Gift oder Arzneien, soweit der Handel mit denselben nicht freigegeben ist, zubereitet, feilhält, verkauft oder sonst an andere überläßt;
4. wer ohne die vorgeschriebene Erlaubnis Schießpulver oder andere explodierende Stoffe oder Feuerwerke zubereitet;
5. wer bei der Aufbewahrung oder bei der Beförderung von Giftwaren, Schießpulver oder Feuerwerken, oder bei der Aufbewahrung, Beförderung, Verausgabung oder Verwendung von Sprengstoffen oder anderen explodierenden Stoffen, oder bei der Ausübung der Befugnis zur Zubereitung oder Feilhaltung dieser Gegenstände, sowie der Arzneien die deshalb ergangenen Verordnungen nicht befolgt;

5a. wer bei Versendung oder Beförderung von leicht entzündlichen oder ätzenden Gegenständen durch die Post die deshalb ergangenen Verordnungen nicht befolgt;

---

*) Geldstrafe nun 1—150 RM.

**) Geldstr. nun 1—150 RM. Sonderschrifttum zu § 367 Nr. 12—15 Werneburg Gerichtssaal 1928, 211.

6. wer Waren, Materialien oder andere Vorräte, welche sich leicht von selbst entzünden oder leicht Feuer fangen, an Orten oder in Behältnissen aufbewahrt, wo ihre Entzündung gefährlich werden kann, oder wer Stoffe, die nicht ohne Gefahr einer Entzündung beieinander liegen können, ohne Absonderung aufbewahrt;
7. (Ist aufgehoben.)
8. wer ohne polizeiliche Erlaubnis an bewohnten oder von Menschen besuchten Orten Selbstgeschosse, Schlageisen oder Fußangeln legt, oder an solchen Orten mit Feuergewehr oder anderem Schießwerkzeuge schießt, oder Feuerwerkskörper abbrennt;
9. wer einem gesetzlichen Verbot zuwider Stoß-, Hieb- oder Schußwaffen, welche in Stöcken oder Röhren oder in ähnlicher Weise verborgen sind, feilhält oder mit sich führt;
10. wer bei einer Schlägerei, in welche er nicht ohne sein Verschulden hineingezogen worden ist, oder bei einem Angriff sich einer Waffe, insbesondere eines Messers oder eines anderen gefährlichen Werkzeuges bedient;
11. wer ohne polizeiliche Erlaubnis gefährliche wilde Tiere hält, oder wilde oder bösartige Tiere frei umherlaufen läßt, oder in Ansehung ihrer die erforderlichen Vorsichtsmaßregeln zur Verhütung von Beschädigungen unterläßt;
12. wer auf öffentlichen Straßen, Wegen oder Plätzen, auf Höfen, in Häusern und überhaupt an Orten, an welchen Menschen verkehren, Brunnen, Keller, Gruben, Öffnungen oder Abhänge dergestalt unverdeckt oder unverwahrt läßt, daß daraus Gefahr für andere entstehen kann;
13. wer trotz der polizeilichen Aufforderung es unterläßt, Gebäude, welche dem Einsturz drohen, auszubessern oder niederzureißen;
14. wer Bauten oder Ausbesserungen von Gebäuden, Brunnen, Brücken, Schleusen oder anderen Bauwerken vornimmt, ohne die von der Polizei angeordneten oder sonst erforderlichen Sicherungsmaßregeln zu treffen;
15. wer als Bauherr, Baumeister oder Bauhandwerker einen Bau oder eine Ausbesserung, wozu die polizeiliche Genehmigung erforderlich ist, ohne diese Genehmigung oder mit eigenmächtiger Abweichung von dem durch die Behörde genehmigten Bauplane ausführt oder ausführen läßt;
16. wer den über das Abhalten von öffentlichen Versteigerungen und über das Verabfolgen geistiger Getränke vor und bei öffentlichen Versteigerungen erlassenen polizeilichen Anordnungen zuwiderhandelt.

2. In den Fällen der Nr. 7 bis 9 kann neben der Geldstrafe oder der Haft auf die Einziehung der verfälschten oder verdorbenen Getränke oder Eßwaren, ingleichen der Selbstgeschosse, Schlageisen oder Fußangeln, sowie der verbotenen Waffen erkannt werden, ohne Unterschied, ob sie dem Verurteilten gehören oder nicht.

Zu § 367 Nr. 1:

1. Behörde: Jedes öff. Organ, dem nach Verwaltungsrecht eine Aufsicht über die Leichen zusteht; so die OrtspolBeh. in den Fällen des § 60 PerſStG. (Celle GArch. 58, 474; RG. 28, 119); der Staatsanwalt u. Amtsrichter in den Fällen des § 159 StPO. (Posen GArch. 43, 61). Wegen des Begriffs Leichnam s. Art. 61 PStGB. A. 3; wegen des Begr. beerdigen ebendort A. 4. Verantwortlich für die Beerdigung der, der die Begräbnisstätte zur Verfügung stellt (Dresd. GArch. 58, 474), der Geistliche (OGHSt. 6, 466), auch wer die zust. Organe in Bewegung setzt; nicht aber, wer an den Feierlichkeiten teilnimmt oder nur die Kosten trägt. Zum Gewahrsam berechtigt: Der Leiter eines Krankenhauses, dieser darnach nicht strafb. (Hamb. HRR. 1928, 1260, GArch. 73, 72); s. hierzu auch Schläger JRdsch. 1928 I. Tl. 151. Beiseiteschaffen: Jede Handlung, durch welche die Leiche örtlich aus ihrer Lage gebracht u. der Beh. die Besichtigung unmöglich gemacht oder erschwert wird, auch wenn keine dauernde Beseitigung beabsichtigt (RG. 28, 119); die Tätigkeit selbst muß vorsätzlich sein, im übrigen Fahrlässigkeit ausreichend (RG. 48, 324). Schlechthin Vorsätzlichkeit verlangt für die Anwendung des § 367 Nr. 1 Dresd. GArch. 73, 272. Verwandte Strafbestimmung: § 168 StGB. Mitteilungen bei Verfahren gegen Ärzte, Zahnärzte, Tierärzte, Apotheker an die Berufskammern: JMB. v. 23. Juli 1930 (JMBl. 136).

Zu § 367 Nr. 2:

1. Polizeil. Anordnungen: Form der Erlassung Art. 2 Nr. 7 PStGB.; aber auch § 60 PerſStG. fällt hierher (OGHSt. 6, 466; Celle GArch. 58, 474). Vorzeitige Beerdigungen: Zeit zu regeln durch die pol. Anordn. Einschlägig die Obpol. Vorschr. v. 20. Nov. 1885 (GVBl. 655). Beerdigung: PStGB. Art. 61 A. 4. Verantwortlichkeit: Näher zu regeln durch die pol. Anordn.; aushilfsw. gilt § 367 Nr. 1, s. dort A. 1. Auch fahrläss. Begehung strafbar. Verw. Strafbestimm.: Art. 43, 60, 61 PStGB. Wegen der Mitteilungen bei Ärzten usw. an die Berufskammern s. § 367 Nr. 1 A. 1 a. E.

Zu § 367 Nr. 3:*)

1. Poliz. Erlaubnis: Stets erford., soweit der Handel nicht freigegeben ist (s. Art. 2 Nr. 8 PStGB. u. unten A. 4). Gefordert aber nicht notw. Sondererlaubnis; sie kann auch allg. erfolgen (Jena Reg. 34, 250); für Bayern s. für Apotheker, Ärzte, Zahnärzte, Anstalten §§ 20—23 VO. über das ApothWesen v. 27. Juni 1913 (GVBl. 343), § 7 der Baderordn. v. 7. März 1899 (GVBl. 111). Umfang der landesrechtl. AnordnBefugnis: Jena Reg. 34, 250. Zurücknahme älterer Bewilligungen zum Geheimmittelverkauf: InnMB. v. 10. Mai 1878 (InnMBl. 301) u. OGHSt. 9, 371.

---

*) Sonderschrifttum: Sonnenfeld, Handel mit Drogen u. Giften, 3. Aufl. 1926; Gebhardt, Hilfsbuch 1912; Keidel, Med.-Polizei 1926 mit Ergänz. 1929; Zörnig, ApothekenGesetzg. 1908; Joachim-Korn, Ärzterecht 1911.

2. Gift: Ein Stoff, der in kleinen Mengen durch seine chemische Beschaffenheit geeignet ist, das Leben oder doch die Gesundheit der Menschen zu zerstören oder zu beschädigen (KGJ. 36 C 78). Durch Verwaltungsverordnungen kann dieser allg. Begriff nicht abgegrenzt werden; a. A. KGJ 36 C 78; GArch. 42, 279; Reg. 29, 343. Wegen des Verkehrs mit Opium u. verwandten Giften s. das Opiumges. v. 10. Dez. 1929 (RGBl. 215).

3. Arznei: Jene Substanzen, Präparate, Zubereitungen, die in der mediz. Wissenschaft u. Praxis als Heilstoffe oder Heilmittel gelten u. in Anwendung kommen (OSt. 6, 187; andere Begriffsbestimmung KGJ. 44, 447); bloße Geltung als solche im Publikum nicht genügend, auch nicht Geltung als Geheimmittel (OGHSt. 3, 455); genügend auch Anerkennung als Heilmittel für Tiere (OSt. 7, 279; KGJ. 15, 340). Arzneien auch nicht in der VO. v. 22. Okt. 1901 bezeichnete Stoffe (OSt. 6, 187). Dagegen sollen alle unter diese VO. fallenden Stoffe jedenf. Heilmittel sein (ObSt. 14, 268; 6, 201 u. 325; OSt. 2, 500); kaum zutreffend s. OGHSt. 4, 490. Der Begriff der Arznei ist durch das Gesetz festgestellt; maßgebend ist der allgemeine wissenschaftliche Begr.; im Verordnungsweg kann er nicht erweitert und auch nicht eingeschränkt werden; es kann die Anwendung des § 367 Nr. 3 nur in der Weise beschränkt werden, daß der Handel mit Arzneien freigegeben wird.

4. Soweit der Handel mit denselben nicht freigegeben ist: Bestritten, ob auch auf „Gifte" bezüglich. Die Freigabe kann sich auf den Handel mit gewissen (Giften u.) Arzneien schlechthin erstrecken, aber auch auf gewisse Arten des Handels (z. B. nur den Verkauf) beschränken. Inwieweit der Handel mit Giften freigegeben ist, bestimmt die GifteVO. v. 16. Juni 1895 (GVBl. 267). Inwieweit der Handel mit Arzneimitteln freigegeben ist, bestimmt die Kaiserl. VO. v. 22. Okt. 1901 (ObSt. 4, 322). Durch diese VO. mit § 6 Abs. 2 GewO. sind alle Mittel, deren Feilhalten und Verkauf in ihr nicht den Apotheken vorbehalten ist, abgesehen von den Giften, dem freien Verkehr der Art überlassen, daß eine landesgesetzl. Beschränkung auf Apotheken unzulässig ist. Die in den Verzeichnissen B u. C der VO. aufgeführten Stoffe u. Zubereitungen sind schlechthin (vorbehaltlich der Ausnahme des § 3 für die des Verzeichnisses B) den Apotheken vorbehalten, die Zubereitungen des Verzeichnisses A nur dann, wenn sie als Heilmittel feilgehalten oder verkauft werden. Ungültig desh. insbes. eine landesrechtl. Vorschrift, welche diese Zubereitungen auch dann den Apotheken vorbehält, wenn sie zu Genußzwecken abgegeben werden (KGJ. 30 C 33). Die freigegebenen Mittel sind auch für das ärztl. u. niederärztl. Personal frei; landesrechtl. Einschränk. unzulässig (KGJ. 20 C 92); a. A. wohl ObSt. 11, 186.

5. Zubereitung: Alle die Handlungen, die unmittelbar den Zweck verfolgen, einen Gegenstand herzustellen.

6. Feilhalten: Erford., daß die Arznei oder das Gift dem Verkauf unterstellt u. dem Publikum als Verkaufsgegenst. bereit gehalten u. zugänglich gemacht w. (RG. BayZ. 1930, 281; ObSt. 29, 145, BayZ. 1930, 11; ObSt. 10, 62; 8, 34; 1, 402; KGJ. 42 C 426; Celle GArch. 52, 108). Feilhalten kann nur der, dessen Wille für das Bereithalten mindestens mitbestimmend ist, für die Regel nicht der Lagerhalter (ObSt. 28, 153, BayZ. 1928, 327). Nicht erford., daß der Kauflustige die Ware ohne weiteres sehen kann (Celle GArch. 49, 333); ausreichend auch Verwahrung in einem Nachbarraum (OSt. 9, 30); genügend auch Feilhalten an einen beschränkten PersKreis (Karlsr. BadRpr. 1904, 211). Gewerbsmäßigkeit nicht notw. (ObSt. 28, 153, BayZ. 1928, 327).

7. Verkaufen: Nach der Rechtspr. jedes Abgeben gegen Entgelt (ObSt. 10, 62; ObSt. 26, 83; 28, 153, BayZ. 1928, 327); Übertragung der tatsächl. Verfügungsgewalt notw., nicht ausreichend der bloße Abschluß eines schuldrechtl. Vertrags (Ob-

St. 29, 146, BayZ. 1930, 11). Gleichgültig, ob auf eigene oder fremde Rechnung, ob im eigenen oder fremden Namen (Darmst. Reg. 3, 409; ObSt. 26, 83); nicht die Besorgung als Bote (RG. 63, 420).

8. Sonstiges Überlassen an andere: Jede Handlung, durch die ein anderer in die Lage versetzt wird, über einen bis dahin nicht in seinem Besitz befindlichen Gegenstand tatsächlich frei zu verfügen (ObSt. 4, 432), durch die ihm die tatsächliche Verfügungsgewalt eingeräumt wird (Breslau GArch. 48, 145; ObSt. 3, 30; 16, 75; 26, 83; 28, 153, BayZ. 1928, 327), und zwar auch dann, wenn die Einräumung im Interesse eines andern erfolgt; die Einräumung des bloß tatsächlichen Innehabens reicht nicht aus; deshalb fällt ein bloßer Bote nicht hierher (ObSt. 3, 30; 16, 75); auch ein Übertragen an einen Beauftragten, dem gegenüber sich der Übergeber für dessen ferneres Handeln gewisse Weisungen vorbehält, sofern nur der Empfänger selbständig handeln soll und der Übergeber sich außerstande setzt, auf die Ausführung des Auftrags u. die Einhaltung seiner Weisungen Einfluß zu nehmen (RG. GArch. 72, 252); auch eine unentgeltliche Überlassung fällt hierher (OGHSt. 1, 210; OSt. 2, 48; ObSt. 28, 153, BayZ. 1928, 327); gleichgültig, ob auf fremde oder eigene Rechnung oder im eigenen oder fremden Namen (OGHSt. 5, 435; RG. 27, 167); auch nicht gewerbsm. (ObSt. 28, 153, BayZ. 1928, 327); ein Überlassen auch dann, wenn der Empfänger schon vorher Eigentümer des Gegenstandes war (Celle GArch. 61, 165); kein Überlassen, wenn ein HaushaltsVorstand aus der Hausapotheke an Familienmitgl. oder Dienstboten überläßt (Stuttg. WürttJ. 15, 194). Verwendung der Stoffe bei der Behandlung von Kranken ein Überlassen nur dann, wenn die Stoffe bei der Verwendung ihre sachliche Selbständigkeit behalten, nicht aber, wenn sie dadurch z. B. durch Einreiben verbraucht werden (RG. 33, 305); deshalb kommt die Strafbestimmung nicht zur Anwendung, wenn der Arzt die Mittel in der Sprechstunde sofort „anwendet" u. nicht etwa ein verschleierter Verkauf dahintersteht (RG. BayZ. 1930, 281; Sächs. InnME. v. 31. Dez. 1909 Reg. 30, 509); oder wenn ein Zahntechniker bei der Behandlung kranker Zähne giftige Stoffe anwendet (Preuß. MB. v. 27. Okt. 1906 bei Zörnig, Das Apothekenwesen). Wegen des Überlassens von Vereinen u. Kassen an ihre Mitgl. s. nun ObSt. 28, 153, BayZ. 1928, 327 mit § 2b der VO. v. 22. Okt. 1901 (RGBl. 871) i. d. F. der VO. v. 27. März 1925 (RGBl. 40).

9. Bezug aus Apotheken macht das Feilhalten usw. nicht erlaubt (OSt. 7, 519). Auch für nicht gewerbsmäßiges Überlassen kann polizeil. Erlaubnis gefordert w. (Hamb. GArch. 70, 282).

10. Fahrlässigkeit zur Bestraf. ausreichend (ObSt. 3, 268; OGHSt. 4, 299; a. A. OGHSt. 9, 371); Schuld erforderlich (RG. 63, 420; 22, 197; RG. BayZ. 1930, 281; ObSt. 4, 322); Bewußtsein der Rechtswidrigkeit nicht notw. (Frankf. GArch. 56, 347); die Tätigkeit selbst aber muß vorsätzlich (oder fahrl.) sein (RG. 48, 324); Vorsatz nach der Rechtspr. des RG. auch ausgeschlossen, wenn der Täter nicht wußte, daß das Mittel unter die VO. v. 22. Okt. 1901 fällt (RG. 63, 420; s. dazu Art. 1 A. 8).

11. GesKonk. gegenüber § 147 Nr. 1 GewO. bei ApothBetrieb durch einen Nichtapprobierten: Hamb. Reg. 32, 50.

12. Wegen des Verkehrs mit Arzneimitteln vgl. weiter § 367 Nr. 5 StGB., Art. 72a PStGB.; RG. zum Schutz des Genfer Neutralitätszeichens v. 22. März 1902 (RGBl. 125). Wegen des Verkehrs mit Giften s. weiter § 34 Abs. 3 mit § 147 Nr. 1 GewO. Wegen des Verkehrs mit Giften u. Arzneien s. weiter § 56 Nr. 9, § 42a u. § 148 Nr. 5 u. 7a GewO. (hiezu RG. 47, 20) u. die VO. über die Schädlingsbekämpfung v. 29. Jan. 1919 (RGBl. 165) mit AusfVOen v. 22. Aug. 1927 (RGBl. 297) u. v. 29. März 1928 (RGBl. 137).

Zu § 367 Nr. 4:

1. Nähere Regelung der Erlaubniserteilung erfordert VO. (Art. 1 Abs. 2 PStGB.); s. hierzu auch KdAbg. 1871/72 GGA. Beil. 1, 99 u. hierzu jetzt die RGewO. u. das Sprengstoffges. v. 9. Juni 1884 (RGBl. 61). Bis zum Erlaß einer VO. darf die Zubereitung ohne weiteres erfolgen. Explodierende Stoffe: Art. 86 PStGB. A. 4. Zubereiten: § 367 Nr. 3 A. 5.

Zu § 367 Nr. 5:

1. Ersetzt hins. der Sprengstoffe im Sinne des § 1 Abs. 1 u. 2 des Sprengstoffges. v. 9. Juni 1884 durch § 9 dieses Gesetzes (Stenglein Bd. 1, 400 § 1 A. 13), ferner hins. der Munition zu Schußwaffen im Sinne des Schußwaffenges. v. 12. April 1928 (RGBl. 143) u. des Schießpulvers jeder Art durch dieses Ges. (s. § 1 Abs. 2 dess.).

2. Aufbewahrung: Lagerung für einige Zeit unter einer sie vor schädigenden Einflüssen bewahrenden Obhut; nicht notw., daß die Sache während der Aufbewahrungszeit oder während ihrer Lagerung an dem Aufbewahrungsort zu ihrem bestimmungsgemäßen Gebrauch nicht verwendet wird (RG. 62, 354; OSt. 7, 36. Beförderung: Verbringung eines Gegenstandes an einen andern Ort, gleichgültig ob damit der Inhaber wechselt oder nicht; Unterschied zwischen der Beförderung und der Versendung: § 367 Nr. 5a A. 1.

3. Giftwaren: Umfaßt das Gift (s. § 367 Nr. 3 A. 2) und die mit Gift hergestellten Erzeugnisse, die noch dessen wesentl. Eigenschaften haben.

4. Explodierende Stoffe u. Sprengstoffe: Art. 86 PStGB. A. 4.*)

5. Verausgabung: Überlassen an andere; s. hierzu § 367 Nr. 3 A. 8.

6. Zubereitung: § 367 Nr. 3 A. 5; Feilhaltung: § 367 Nr. 3 A. 6.

7. Befugnis zur Zubereitung oder Feilhaltung: Strafbar nur Personen, die eine besondere Befugnis zur Zubereitung u. Feilhaltung der in Nr. 5 aufgeführten Gegenstände (einschließl. der Arzneien) erworben haben; anwendbar also insbes. nur auf die dem Apothekenzwang unterworfenen Arzneien (ObSt. 22, 55; 11, 186; gegen ObSt. 7, 15).

8. Arzneien: Begriff: § 367 Nr. 3 A. 3. Keine erschöpfende Regelung des Verkehrs mit Arzneimitteln durch § 367 Nr. 5. Kurpfuscherei u. Verkauf von Arzneimitteln kann durch Landesges. nicht weiter verboten w., als es durch die GewO. geschieht (RG. 23, 428). Verkehr mit Geheimmitteln u. weitere Bestimmungen über Arzneimittel: Art. 72a PStGB.

9. Verordnungen: Nur allg. Erlasse, nicht PolVerfügungen; a. A. Neukamp DJZ. 1914, 957. Zuständigkeit: Art. 2 Nr. 9 PStGB. u. § 2 der VO. v. 17. Jan. 1910 (GVBl. 45).

10. Strafbar auch fahrl. Begehung, soweit nicht der Inhalt der VOen entgegensteht.

Zu § 367 Nr. 5a:

1. Versendung u. Beförderung: Nicht identisch; Versendung erfordert eine weitere Person neben der den Transport bewirkenden (RG. GArch. 49, 257); vgl. auch § 367 Nr. 5 A. 2. Verordnung: Nur allg. Anordn., keine PolVerfüg.; a. A. Neukamp DJZ. 1914, 957. Einschlägig § 4 Abs. 1 Nr. 2 der PostOrdn. v. 30. Jan. 1929 (RGBl. 33); s. auch Art. 15 Abs. 2 u. 3 des Weltpostpaketabkommens Anl. 3 zum Ges. über die Weltpostverträge v. 13. Juni 1930 (RGBl. II 785).

Zu § 367 Nr. 6:

1. Vorräte: Eine Menge von größerem Umfang (Colm. GArch. 40, 461). Aufbewahren: § 367 Nr. 5 A. 2. Gefahr: Konkrete Gefahr nicht notw., aus-

*) Wegen des Verkehrs mit Feuerwerkskörpern s. Stritzke BBl. 1929, 351.

reichend die Möglichkeit einer Gefahr im Falle einer Entzündung vermöge der Lage u. der Beschaffenh. des AufbewahrOrts (RG. 30, 108; ähnlich OGHSt. 3, 150 u. 296). Absonderung: Muß geeignet sein, die Gefahr zu beseitigen. Schuld erford., Fahrläss. ausreichend (RG. GArch. 47, 445).

Zu § 367 Nr. 7:

1. Aufgehoben mit Wirksamkeit seit 1. Okt. 1927 durch § 24 des Lebensmittelges. v. 5. Juli 1927 (RGBl. 134).

Zu § 367 Nr. 8:

1. Pol. Erlaubnis: § 8 ZustVO. Wegen des Einflusses der Genehm. der Errichtung einer Schießstätte s. Art. 78 A. 3. Keine pol. Erlaubnis erford., soweit eine Person öff.rechtl. rechtswirksam zum Waffengebrauch ermächtigt ist. Solche Ermächtigung erfordert besonderes Gesetz (Art. 114, 122 RVerf., § 16 BayVerfUrk.), soweit nicht Notwehr vorliegt oder eine andere allgemeine gesetzl., hierzu berechtigende Bestimmung eingreift; die Praxis wählt mißbräuchlich den Verwaltungsweg. Im Strafverf. ist das Vorliegen der Voraussetzungen des Waffengebr. zu prüfen (Unrichtig RG. 44, 353). Waffengebr. kann durch erlaubte vorläuf. Festnahme zulässig w. (ObSt. 2, 384). Einfluß des § 228 BGB.: ObSt. 4, 381; Bestrafung trotz zivilrechtl. berechtigter Selbsthilfe nach Naumb. JRdsch. 1926 II. Tl. 1086. Jagdkarte gibt keine Befugnis, an einem unter § 367 Nr. 8 fallenden Ort zu schießen (ObSt. 2, 384). Bewohnte Orte: Stellen, an denen Menschen wohnen; ob sich dort solche im Augenblick der Tat aufhalten, gleichgültig (ObSt. 4, 381; OSt. 10, 27). Von Menschen besuchte Orte: Die von Menschen betreten zu werden pflegen (OSt. 6, 262), gelegentl. Hinkommen nicht ausreichend; auch Privaträume; auch unberechtigt besuchte (ObSt. 5, 302); auch nur zu gewissen Tageszeiten besuchte (RG. 55, 252, Reg. 42, 273); auch, wenn die Besucher von dem Legen der Geschosse usw. Kenntnis haben (ObSt. 6, 173); Aufenthalt im Augenblick der Tat nicht notw. (ObSt. 4, 381; RG. GArch. 47, 440). Orte: Nicht bloß Ortschaften (RG. 55, 252). Geschoß: Projektil wie Schießwerkzeug (ObSt. 5, 302). Legen: Anbringung; es muß geladen sein, wenn auch nur blind (ObSt. 5, 302). Am Orte gelegt, wenn er noch vom Gefährdungs- (nicht bloß Belästigungs-)Bereich umfaßt wird; — schießt, soweit er in den Gefährdungs- oder Belästigungsbereich fällt (ObSt. 5, 302; 4, 381; 27, 122). Schießwerkzeug: Werkzeug zur Abgabe von Schüssen auch Knallefixpistole (ObSt. 12, 416). Schießt: Auch blind (ObSt. 5, 302; 27, 122; RG. GArch. 53, 439); erford. die Absicht, das Gewehr zur Entladung zu bringen (RG. 48, 321). Nicht notw., daß an dem Orte der Tätigkeit eine Gefährdung oder eine Belästigung von Menschen im Einzelfall hervorgerufen werden konnte (a. A. Dresd. LZ. 1926, 653). Das Schießen, Legen, Abbrennen muß vorsätzlich sein, im übrigen Fahrlässigkeit ausreichend (RG. 48, 324; Königsb. GArch. 71, 270). Zur Strafbark. d. Schießens im Eisenbahnbereich s. Eccardt GemZ. 1929, 489. Einziehung: Abs. 2.

Zu § 367 Nr. 9:

1. Hins. der Schußwaffen im Sinne des Schußwaffenges. v. 12. April 1928 (RGBl. 143) unwirksam geworden u. ersetzt durch § 24 Abs. 1 § 25 Abs. 1 Nr. 1 u. 2 dieses Ges. mit der AusfVO. v. 13. Juli 1928 (RGBl. 198); s. Hoche SchußwGes. S. 16. Form der Erlassung des Verbots: Art. 2 Nr. 10 PStGB. Feilhalten: § 367 Nr. 3 A. 6. Mit sich führen: Art. 39 A. 3 PStGB. Strafbar auch fahrl. Begehung; nur muß die Tätigkeit selbst vorsätzlich sein (RG. 48, 324).

Waffenführung bei Jagdausübung: Art. 125 Abs. 2 PStGB. Einziehung: Abs. 2. Sonstige Bestimm. über Waffenführung: Art. 39 PStGB. mit A. 6.

Zu § 367 Nr. 10:

1. Schlägerei: Gegenseitiges Einwirken auf den Körper der Beteiligten, auch Stoßen, Treten; immer Gewalt erford.; auch zw. nur zwei Personen (Celle GArch. 49, 335; Stuttg. WürttZ. 23, 347). Verschulden: Nicht sachgemäßes Verhalten. Angriff: Eine Tätlichk. gegen die Person eines andern (RG. JRdsch. 1925 II. Tl. 443); ein Eingriff in die Rechte eines andern; kann auch von einem einzelnen ausgehen (ObSt. 5, 192; Rspr. 7, 555); a. A. in letzterer Hinsicht (OGHSt. 3, 273 u. 475); ein Schuß in die Luft kein Angr. (RG. JRdsch. 1925 II. Tl. 443; Rspr. 10, 505). Waffe bedient: Gebrauchmachen von (ObSt. 5, 192); auch Umsichschlagen mit einem Messer (ObSt. 7, 392); auch bloßes Schrecken oder Drohen mit der Waffe (Celle GArch. 49, 335). Bei: Zeitliches Zusammentreffen notw., nicht genügend der Gebrauch bei einem sich anschließ. Wortstreit (Celle GArch. 49, 335). Im Verhältnis zu § 223a GesKonk.; dieser geht vor (RG. nach GArch. 47, 162). Verw. Strafbestimm.: Art. 39 A. 6.

Zu § 367 Nr. 11:

1. Poliz. Erlaubnis: Zuständigk. § 10 ZustVO. Halten: Wer im eig. Interesse die Sorge für das Tier durch Gewährung von Obdach u. Unterhalt für längere Zeit übernommen hat (RGZ. 62, 81). Bösartig: Wenn inf. seiner Veranlagung Beschädigungen zu befürchten sind, auch wenn es keine böse Absicht hat, z. B. ein Hund fällt die Menschen zum Spielen von hinten an (ObSt. 6, 39; OSt. 4, 534; RG. GArch. 44, 432); gleichgültig, ob das Tier seiner Veranlagung nach Menschen oder nur Tiere anzufallen pflegt (KG. GArch. 69, 324); s. auch Kobler BlAPr. 1895, 313. Fahrläss. ausreichend (ObSt. 6, 39); deren Erfordernisse (ObSt. 6, 66). Verw. Strafbestimm.: § 366 Nr. 6 StGB., Art. 83, 84 PStGB. Wegen der Menagerien s. Art. 32 Nr. 1 PStGB.

Zu § 367 Nr. 12:

1. Wer: Die Pflicht, der Gefahr vorzubeugen, obliegt dem zur Verfügung über den Ort Berechtigten, sofern er den Verkehr von Menschen duldet oder zu dulden hat (ObSt. 9, 133). Auch dem bloßen Verwalter (OSt. 7, 176). Auch dem, der ihn nur vorübergehend benützt (OSt. 2, 454); bloße Mitbenützung nicht ausreichend (Rspr. 4, 158). Die Verpflichtung kann auf einen Dritten übergegangen sein (ObSt. 4, 253). Täter aber nur, wer für die Verdeckung oder Verwahrung zu sorgen hat (JFG. Erg. 5, 147). Wer den Zustand schuf, an sich gleichgültig (Karlsr. BadRpr. 1904, 125). Bei GemWegen pflichtig die Gemeinde (ObSt. 9, 133).

2. Auf öffentl. Wegen usw.: Nicht „an", nicht z. B. ein am Wege gelegener Teich (JFG. Erg. 5, 146). Öffentl. Wege, Straßen u. Plätze: S. § 366 Nr. 10 A. 3. Orte, an welchen Menschen verkehren: Betreten in öfterer Wiederkehr, auch unbefugtes, solange es nicht gehindert wird (ObSt. 4, 253); öff. Zugänglichkeit nicht erford. (RG. JW. 1913, 33); nicht ausreichend einmalige Öffnung eines sonst verschlossenen Gebäudes (RG. BadRpr. 1909, 72).

3. Brunnen: Nur künstl. Anlagen zur Fassung oder Förderung des Wassers, nicht Quellen (Stettin GArch. 42, 427). Öffnung: Vertiefung der Bodenfläche (ObSt. 4, 253); nicht: Fehlen eines Treppengeländers (dieses auch kein Abhang); wohl aber: Fehlen einer Sprosse (RGZ. 34, 32); ebenso Kellertreppe (RGZ. 87, 334). Abhang: Auch künstl., den natürlichen Abhängen ähnliche Senkung z. B. Graben am Weg (RGZ. 34, 32; 25, 53; Karlsr. BadRpr. 1906, 168); auch Seiten

eines Dammes (RGZ. 44, 173). Keine Pflicht, Gefahren zu begegnen, welche durch Herabgleiten der oberen Schichten eines Abhangs u. durch Verschütten drohen (Stettin GArch. 42, 427).

4. Gefahr: Die nahelieg. Wahrscheinlichkeit der Schädigung (KGJ. 32 C 10); auch wenn bloß für Kinder oder Schwachsinnige (OSt. 2, 454). Es braucht nicht eine jede denkbare Gefahr ausschließende Sicherheit hergestellt zu werden; maßgebend vernünftiges Ermessen (Darmst. GArch. 74, 246).

5. Fahrlässigkeit ausreichend. Keinerlei Verschulden verlangt OSt. 2, 454.

6. § 367 Nr. 12 keine Grundlage zum Erlaß von PolVorschr. (ObSt. 9, 73).

Zu § 367 Nr. 13:

1. Wer: Nur der VerfügBerechtigte, nicht aber notw. der Eigentümer (ObSt. 7, 348); auch der Verwalter oder Innehaber (ObSt. 11, 101); keine Bestrafung, wenn Frist gesetzt ist u. vor Ablauf die Verfügungsberechtigung aufhört (a. A. OSt. 1, 271); die Verfügungsbefugnis muß soweit gehen, daß sie die Ermächtigung zum Ausbessern oder Niederreißen in sich schließt. Pol. Auffordl.: Zuständigk.: Art. 1 Abs. 3 PStGB., § 11 ZustVO. Aufford. muß alternativ sein. Sie muß den Grund enthalten (ObSt. 2, 301). Beschwerdeeinlegung hindert nicht die Bestrafung (OGH.-St. 6, 68). Zurücknahme der Anordnung beseitigt die Anordn. u. damit auch die Strafbark. nach rückwärts. Gebäude: § 367 Nr. 15 A. 2. Welche den Einsturz drohen: Zu prüfen im Strafverf. (herrsch. Ansicht Olsh. § 367 A. 13; Hergt BlAPr. 1912, 390; Hamm GArch. 60, 155; nun auch ObSt. 25, 231, BayZ. 1926, 107; a. A. die frühere bayr. Rechtspr. OSt. 8, 162; ObSt. 11, 101 unter der Nachwirkung polizeistaatlicher Anschauungen; unklar ObSt. 16, 106). Verjährungsbeginn erst mit Erfüllung der poliz. Anordn. oder Ablauf einer in ihr etwa gesetzten (nicht bloß zugunsten des Beauftragten gemeinten) Frist. Beseitigungsbefugnis: Art. 105 PStGB.; sie entfällt mit Zurücknahme der Anordn.; denn damit ist die Widerrechtlichkeit der Unterlassung überh. beseitigt; dies verkennt ObSt. 25, 231, BayZ. 1926, 107.

Zu § 367 Nr. 14:

1. Täter kann sein: Jeder, der den Bau oder die Ausbesserung vornimmt: Bauherr, Baumeister, Bauführer (RGZ. 6, 262; 8, 236; 17, 105). Gebäude, Bauwerk: § 367 Nr. 15 A. 2. Von der Polizei angeordnet: § 12 ZustVO. Zu prüfen im Strafverf. nur, ob es sich um eine Sicherungsmaßr. handelt, nicht die Zweckmäßigkeit. Erforderlich: Nach der Sachlage zu beurteilen; keine Ermächtigung zur Regelung im Wege der PolVorschr. (Jena HRR. 1928, 2327); erforderlich für die Regel auch die in den Unfallverhütungsvorschr. vorgeschriebenen Unfallverhütungsvorkehrungen (Jena a. a. O.). Sicherungsmaßr.: Zum Schutze von Personen wie von Sachen (RGZ. 6, 262). Beseitigungsbefugnis: Art. 105.

Zu § 367 Nr. 15:

1. Bauherr, Baumeister, Bauhandwerker: Art. 101 A. 3, 4, 5.

2. Bau (= Gebäude, Bauwerk): Konstruktion aus bewegl. Baustoffen, so mit dem Boden verbunden, daß sich dessen Unbeweglichkeit darauf überträgt, oder doch der Art, daß ihr nach Länge, Höhe u. Tiefe die Unbeweglichkeit innewohnt; auch von vorübergehendem Bestand (ObSt. 2, 122; OSt. 5, 307; KGJ. 10, 226); auch Tiefbauten (Keller, Brunnenschachte) (ObSt. 10, 289); auch Brunnen, Brücken, Schleusen (s. § 367 Nr. 14); auch Steinbrüche u. aufgeschachtete Sand- u. Lehmgruben (OSt. 3, 408); auch Wegebauten (RGZ. 17, 105). Nicht die Anbringung bewegl. Reklameschilder an Grundstücken (KG. GArch. 70, 84). Die PolVorschr.

kann einen engeren aber keinen weiteren Baubegriff einführen (KG. DJZ. 1914, 1113). Ob die in § 8 der Bauordnung v. 17. Febr. 1901 aufgeführten Vorkehrungen, für die darnach durch ortspolizeiliche Vorschrift polizeiliche Genehmigung eingeführt werden kann, alle sich als Bauten im Sinne des § 367 Nr. 15 darstellen, unterliegt starken Bedenken; insbesondere wird dieses bei den Zäunen häufig nicht der Fall sein; insoweit es sich nicht um „Bauten" handelt, kann Bestrafung auf Grund des § 367 Nr. 15 nicht erfolgen.

3. Ausbesserung: Nur eine solche an einem Bau.

4. Polizeil. Genehmigung: Nur eine solche aus baulichen Rücksichten (ObSt. 14, 92). Inwieweit eine solche notwendig ist, bemißt sich nach Art. 2 Nr. 11 PStGB. in Verbindung mit den beiden Bauordnungen v. 17. Febr. 1901 u. v. 29. Juli 1895. Nachträgliche pol. Genehm. begründet keine Straflosigk. (ObSt. 2, 355). Erkl. der PolBeh., bei vorerst ungenehmigtem Bauen keine Anstände zu machen, schließt Bestr. nicht aus (ObSt. 16, 143). Für die Frage, ob für eine Bauführung die poliz. Genehmigung notwendig ist, entscheidet die Gesamtheit der in Aussicht genommenen Bauarbeiten (ObSt. 20, 385).

5. Bestrafung auch bei unwesentl. Abweichungen (ObSt. 4, 231; OSt. 5, 235); ebenso, wenn die Ausführ. nach der Genehmigung unmöglich wäre (OSt. 5, 235; 4, 388; anders wohl ObSt. 15, 93); oder einen unzuläss. Eingriff in fremde Rechte erfordert (OGHSt. 3, 108). Mehrfache Abweichungen je nach den Umständen selbständ. oder ideellkonkurr. Straftaten (ObSt. 2, 48; 27, 246, BayZ. 1928, 76). Mit Unrecht nimmt ObSt. 2, 341; 11, 386; 12, 346-351; 15, 93 u. 72; 20, 385; 27, 246, BayZ. 1928, 76; 1929, 208 Strafbarkeit nur an, wenn es sich um eine Abweichung handelt, die, an einem fertigen Gebäude vorgenommen, als solche der baupol. Genehmigung bedürfte; denn genehmigt wird der Bau als Ganzes, auch in seinen an sich nicht genehmigungsbedürftigen Teilen; richtig ObSt. 4, 23; 8, 69. Wie die erstgenannten Entscheidungen Englert Bauordnung zu § 75 A. 1 mit unzureichenden Gründen. Grenzüberschreitung nur strafb., wenn nach den besonderen Umständen darin eine Abweichung vom GenehmBeschluß liegt (ObSt. 27, 246, BayZ. 1928, 76).

6. Ausführen oder ausführen lassen: Schon der Beginn der Arbeit reicht aus zur Erfüllung des Tatbestands: ObSt. 25, 177, BayZ. 1926, 28; z. B. Herstellung der Baugrube: ObSt. 10, 222; 2, 141; OSt. 3, 66; schon die Aufstellung des Leergerüstes für den Betonbau (Dresd. HRR. 1929, 1541). Keine Pflicht zur Ausführung: wohl aber dazu, einen einmal begonnenen Bau fertigzustellen (ObSt. 12, 350 u. 351). Keine Bestrafung, wenn Abweichungen noch vor Bauvollendung beseitigt w. (a. A. OGHSt. 7, 224); oder, wenn nur vorübergehend gedachte Bauvornahmen, die später beseitigt w., vorgenommen w. (OSt. 1, 278). Ausführ. eines Baus auch die Veränd. oder Niederlegung von Gebäuden (RGZ. 70, 200).

7. Verschulden notw. (ObSt. 2, 48; OGHSt. 8, 632); a. A. OSt. 4, 265; OGHSt. 3, 108. Fahrlässigk. reicht aus (ObSt. 4, 150; auch soweit „eigenmächtige" Abweichung in Frage kommt (KG. GArch. 72, 110). Wegen der Erheblichkeit des Rechtsirrtums s. Art. 1 A. 8; bloße Erkundigung beim Bezirkstechniker, anstatt bei der BezVerwBeh., soll Verschulden nicht ausschließen (ObSt. 29, 65, BayZ. 1929, 208); Irrtum über die Notwendigkeit baupoliz. Genehmigung Strafrechtsirrtum (ObSt. a. a. O.).

8. Verjährung: Streitig, wann deren Lauf beginnt; die Entscheidung hängt davon ab, ob man annimmt, daß eine Handlung (Unterlassung) oder das Bestehen eines Zustands verboten ist; ersterenfalls Beginn der Verj. mit dem Abschluß der Handlung (bei fortgesetzter Begehung mit der letzten FortsetzHandlung, ObSt. 2,

355), letzterenfalls (Dauerdelikt) mit dem Aufhören des Zustands (so im wesentl. auch ObSt. 3, 131; 8, 32, anders ObSt. 2, 8). Unrichtigerweise führen einzelne Entscheidungen den Begriff des gefahrdrohenden Zustands ein (z. B. OSt. 3, 12; ObSt. 5, 107; 2, 263); dieser könnte nur dann erheblich sein, wenn ein solcher Tatbestandsmerkmal wäre. Weiter zu beachten, daß nur das Ausführen oder ausführen Lassen strafbar; Verjährung beginnt also mit der körperl. Herstellung, Vollendung des Baus (§ 67 Nr. 4 StGB.), die Fortd. des rechtswidr. Zustands bedeutungslos (RG. 37, 78; ObSt. 15, 30; 26, 86, BayZ. 1926, 283; ObSt. BayZ. 1929, 208; 1930, 147). Bedeutungslos der Zeitp. der Erstattung der Bauvollend.-Anzeige (so mit Recht ObSt. 17, 81 gegen eine jahrelange Praxis). S. auch BlAPr. 1877, 13; 1876, 373.

9. Beseitigungsbefugnis: Art. 105 PStGB.

10. § 367 Nr. 15 wird ergänzt durch Art. 101 PStGB., der baupol. Zuwiderhandl. ahndet, die keine ungenehmigten Bauausführungen oder Abweichungen sind. Bei den einzelnen Bestimm. der Bauordnung ist deren rechtl. Charakter nach diesen Gesichtspunkten zu untersuchen u. je nachdem nach § 367 Nr. 15 oder Art. 101 zu strafen. Die Genehmigung nach § 367 Nr. 15 kann auch mit einer Maßgabe (Auflage) erfolgen, d. i. eine im Voraus erteilte Erlaubnis, den Bau mit Abweichungen von dem ursprüngl. Vorhaben u. nur in dieser Weise auszuführen (es ist keine bedingte Genehmigung); hier liegt sachlich eine Anordnung vor, deshalb Bestrafung nach § 367 Nr. 15 (s. ObSt. 7, 358; 12, 346; BayZ. 1914, 28; OSt. 10, 194). Bisweilen sind solche Maßgaben (Auflagen) aber als Genehmigung nach Antrag gemeint; hiezu werden aber selbständige weitere Anordnungen gefügt; eine solche Beifügung von Auflagen nicht unbeschränkt zulässig. Standp. der Rechtspr. der: Grundlage muß stets ein Ges., die BauO. oder eine PolVorschr. sein; von Erheblichkeit hierbei insbes. § 12 BauO. (s. ObSt. 5, 107; 10, 71; 17, 16; BayZ. 1914, 28); deshalb straflos Abweichungen in bezug auf Zutaten, die nicht auf Grundlage eines Ges. vorgeschrieben werden können (ObSt. 11, 386; 17, 57). Kaum zutreffend, richtig vielmehr: Bereits in der BauO. oder in PolVorschr. vorgeschriebene Verpflichtungen bestehen ohnehin, Wiederholung bei der Genehm. deshalb rechtl. bedeutungslos; Bestrafung bei Nichtbeachtung nach Art. 101. Grundlage für weitere Anordnungen aber § 71 (mit § 12) BauO.; doch solche nur wirksam, soweit sie baupol. Charakter haben, mit der Bauausführung in Zusammenhang stehen (ObSt. BayZ. 1929, 381). Folgerungen hieraus: Keine mit dem Bauen nicht zusammenhängende Anordnungen wie z. B. hins. der Bewohnung, a. A. OSt. 5, 216 (hiefür Art. 73 PStGB. einschlägig); keine Anordnungen in bezug auf andere Baulichkeiten, a. A. OSt. 3, 398; keine Anordnungen in bezug auf gleichzeitig aufgeführte nicht genehmigungspflichtige technisch selbständige Bauten (ObSt. 12, 346); keine Anordn. in bezug auf die Verwendung der Räume (ObSt. 15, 73). Solche Fälle desh. straflos; nach § 71 zulässige Auflagen aber begründen bei Nichtbeachtung Strafe nach Art. 101. Die Genehmigung kann nicht (wie § 62 BauO. teilweise vorsieht) von Grundabtretungen oder Herstellung des Straßenkörpers abhängig gemacht werden; denn der Erwerb von Eigentum ist keine pol. Angelegenheit, sondern ein Bestandteil des Enteignungsrechts; es kann deshalb nicht im Wege der Polizeivorschr. eine Enteignung erfolgen; die Heranziehung des Art. 153 RVerf. u. der sonstigen gesetzl. Bestimmungen über Enteignung scheidet für die Frage der Wirksamkeit von PolVorschr. überhaupt aus; denn jedenf. kann eine Enteignung, sie mag an sich verfassungsmäßig zulässig sein oder nicht, nicht durch PolVorschriften erfolgen (soweit nicht ausnahmsweise eine Enteignungsbefugnis besonders verliehen ist); auch die Straßenherstellung hat mit der Baupolizei nichts zu tun (s. auch Schanz, Baugenehmigung S. 79 u. ObSt.

17, 16 mit nur teilw. zutreffender Begr.). Anders die bayer. Praxis; ihre Begründung versucht Martius BVBl. 1928, 119; s. auch Art. 1 Anh. A. 4. Durch Art. 46 Abs. 1 des Baugeländeges. v. 4. Juli 1923 (GVBl. 273) wurden nun die BauPol.-Beh. ermächtigt, auch außerh. des durch dieses Ges. geregelten Umlegungsverfahrens zur Gewinnung zweckmäßiger Bauplätze die Erteilung der Baugenehmigung davon abhängig zu machen, daß der Bauherr kleinere zum Abschlusse der eigenen oder einer benachbarten Baustelle erforderliche, selbständig nicht bebaubare Grundflächen gegen Entschädigung erwirbt oder abtritt. Dies soll auch gelten, wenn nach dem Baulinienplan bisherige Wegteile in das Gebiet des Baulandes fallen. Damit ist eine besondere (in der Form einer Polizeiverfügung erfolgende) Enteignungsbefugnis geschaffen; für die Wirksamkeit dieser landesgesetzl. Anordnung ist Art. 153 RVerf. zu beachten. Erfolgt nachträgliche Genehmigung eines ungenehmigt aufgeführten Baues, so keine Bestrafung, wenn hierbei gemachte Auflagen nicht erfüllt werden; denn der Bau ist bereits aufgeführt (ObSt. 27, 41).

11. Verhältnis zwischen § 367 Nr. 15 u. § 147 Abs. 1 Nr. 2 GewO. (ObSt. 7, 12; RG. GArch. 51, 408); s. auch Art. 101 A. 13. Einschränkung des § 367 Nr. 15 durch das RayonGes.: Art. 101 A. 2.

Zu § 367 Nr. 16:

1. Erweitert durch § 148 Nr. 4a mit § 38, § 34 Abs. 2, § 35 Abs. 2 GewO. Versteigerung: Art. 137 A. 3; GerichtsvollzVersteig. sind hier inbegriffen. Polizeil. Anordnungen: Ergehen durch ober- oder bezpol. Vorschr. (VO. v. 18. Okt. 1894, GVBl. 587, PfKrBl. 87). Verw. Strafbestimm.: Art. 137 PStGB.

Zu § 367 Abs. 2:

1. Einziehung: Aus poliz. Gründen verhängte Nebenstr. (RG. 54, 58); auch zulässig bei Eigentumswechsel nach der Tat (OGHSt. 4, 79); bei Nr. 8 keine Einziehung der Feuergew., Schießwerkz. u. Feuerwerkskörp. (Schaffert BayZ. 1913, 106); Einziehung im obj. Verf.: Art. 18 PStGB. A. 1.

§ 368.

Mit Geldstrafe bis zu sechzig Mark*) oder mit Haft bis zu vierzehn Tagen wird bestraft:

1. wer den polizeilichen Anordnungen über die Schließung der Weinberge zuwiderhandelt;
2. wer das durch gesetzliche oder polizeiliche Anordnungen gebotene Raupen unterläßt;
3. wer ohne polizeiliche Erlaubnis eine neue Feuerstätte errichtet oder eine bereits vorhandene an einen anderen Ort verlegt;
4. wer es unterläßt, dafür zu sorgen, daß die Feuerstätten in seinem Hause in baulichem und brandsicherem Zustande unterhalten, oder daß die Schornsteine zur rechten Zeit gereinigt werden;
5. wer Scheunen, Ställe, Böden oder andere Räume, welche zur Aufbewahrung feuerfangender Sachen dienen, mit unverwahr-

*) Geldstrafe nun 1—150 RMk.

tem Feuer oder Licht betritt, oder sich denselben mit unverwahrtem Feuer oder Licht nähert;

6. wer an gefährlichen Stellen in Wäldern oder Heiden, oder in gefährlicher Nähe von Gebäuden oder feuerfangenden Sachen Feuer anzündet;
7. wer in gefährlicher Nähe von Gebäuden oder feuerfangenden Sachen mit Feuergewehr schießt oder Feuerwerke abbrennt;
8. wer die polizeilich vorgeschriebenen Feuerlöschgerätschaften überhaupt nicht oder nicht in brauchbarem Zustande hält oder andere feuerpolizeiliche Anordnungen nicht befolgt;
9. wer unbefugt über Gärten oder Weinberge, oder vor beendeter Ernte über Wiesen oder bestellte Äcker, oder über solche Äcker, Wiesen, Weiden oder Schonungen, welche mit einer Einfriedigung versehen sind, oder deren Betreten durch Warnungszeichen untersagt ist, oder auf einem durch Warnungszeichen geschlossenen Privatwege geht, fährt, reitet oder Vieh treibt;
10. wer ohne Genehmigung des Jagdberechtigten oder ohne sonstige Befugnis auf einem fremden Jagdgebiete außerhalb des öffentlichen, zum gemeinen Gebrauche bestimmten Weges, wenn auch nicht jagend, doch zur Jagd ausgerüstet, betroffen wird;
11. wer unbefugt Eier oder Junge von jagdbarem Federwild oder von Singvögeln ausnimmt.

Zu § 368 Nr. 1:

1. Poliz. Anordn. Form der Erlassung: Art. 2 Nr. 12 PStGB.; PolVerfüg. in Bayern nicht zulässig. Bestimm. über den Anfang der Weinlese (Art. 226 PStGB. v. 1861) nur mehr zulässig, wenn die Schließung bis dahin dauert (ObSt. 1, 369); aufgehoben ist der sog. Code rural der Pfalz (ObSt. 1, 369). Verwend. der Geldstr.: Art. 124 PStGB.

Zu § 368 Nr. 2:

1. Polizeil. Anordn.: Form der Erlassung: Art. 2 Nr. 13 PStGB.; Pol.-Verfüg. in Bayern nicht zulässig. Raupen: Nur das Abraupen, nicht das Versehen der Bäume mit Leimringen, das der Entstehung der Raupen vorbeugen soll (JFG. Erg. 8, 339, KG. GArch. 73, 197); wohl aber auch das Reinigen der Bäume von Raupennestern (Rgg. d. OPf. v. 16. März 1882, KrBl. 329). Verfügung über die Geldstr.: Art. 124 PStGB. Erweiterung: Art. 120 Abs. 1 Nr. 2 PStGB.

Zu § 368 Nr. 3:

1. Poliz. Erlaubnis: Notwendigkeit der Erlaubnis damit unmittelbar vorgeschrieben, landesrechtl. nur mehr Zuständigkeit regelbar; für Bayern fehlt eine allg. Regelung; für gewisse Fälle lassen sich §§ 5, 6 u. 7 Nr. 3 mit § 65 BauO. als ZuständBestimm. auffassen; allerd. schreiben sie unzulässigerweise die Genehmigung erst vor; s. auch BlAPr. 1894, 385. Feuerstätte: Ort, der zum Feuer anmachen bestimmt ist, offene Stätten sowohl wie Herde, Öfen, Waschkessel; Kamine sind nur Bestandteile solcher (OGHSt. 7, 240 u. 55). Errichtet: Noch nicht, wenn nur ein Teil derselben errichtet ist. Die Tätigkeit selbst muß vorsätzlich sein, im übrigen Fahrlässigkeit ausreichend (RG. 48, 234). Verjährung: Beginn mit der Errichtung oder Verlegung, kein Dauerdelikt (RG. 22, 435). Beseitigungsbefugnis: Art. 105 PStGB. Verw. Strafbestimm.: § 368 Nr. 4, § 369 Nr. 3.

Zu § 368 Nr. 4:

1. Strafbar nur der Eigentümer („in seinem Hause"); Dritte auch nicht, wenn zivilrechtl. zur Unterhaltung oder Reinigung verpflichtet (OGHSt. 5, 481); nicht bloße Miteigentümer, nicht Verwalter oder Vertreter. Feuerstätte: § 368 Nr. 3 A. 1. Unterhaltung der Feuerstätte: Umfaßt auch die Pflicht zur Unterhaltung der Rauchrohre (ObSt. 6, 163) u. sonstiger Bestandteile der Feuerstätte (ObSt. 27, 67; 21, 314). Baulich: Die Feuerstätte muß allen Anforderungen genügen, die bei sachgemäßer Beurteilung an eine Feuerstätte, soweit ihre Errichtung und Instandhaltung in Frage steht, zu stellen sind; es kommen nicht bloß feuerpolizeiliche Gesichtspunkte in Frage; es hat allerdings § 368 Nr. 4 feuerpolizeilichen Charakter; aber er bringt durch die Nebeneinanderstellung von „baulich" und „brandsicher" zum Ausdruck, daß er alle baulichen Anforderungen bei einer Feuerstätte schlechthin als vom feuerpolizeilichen Gesichtspunkte geboten erachtet; a. A. Olshausen StGB. § 368 Nr. 3 u. 4 Anm. a, c; wonach sie lediglich in einem den baulichen Anforderungen in einem solchen Grade entsprechenden Zustand sein muß, daß die Gefahr eines Brandunglücks nicht vorliegt. Brandsicher: Dann nicht, wenn mittelbar oder unmittelbar die Entsteh. eines Brands ermöglicht wird (ObSt. 5, 76). Unterhalten: Auch ein als unzulässig vom Vormann übernommener Zustand ist zu beseitigen (ObSt. 6, 163); keine Pflicht zur Erhaltung der Feuerstätte. Schornsteine: Die vertikal aufsteigenden Kanäle, nicht gewundene, den Rauch in ein anderes Rohr leitende Kanäle (KG. GArch. 46, 143). Der Tatbestand kann durch PolVorschr. nicht näher abgegrenzt werden (a. A. OSt. 4, 488; 1, 218; KGJ. 15, 284). Fahrlässigkeit ausreichend (ObSt. 5, 76); aber Vorsatz oder Fahrlässigkeit notw. (ObSt. 21, 314): Verschulden kann durch Notlage ausgeschlossen sein (ObSt. 22, 21). Beseitigungsbefugnis: Art. 105 PStGB. Verwandte Strafbest.: § 368 Nr. 3, § 369 Nr. 3.

Zu § 368 Nr. 5:

1. Aufbewahren: § 367 Nr. 5 A. 1. Scheunen, Ställe u. Böden: Auch wenn in ihnen keine feuerfangenden Sachen aufbewahrt werden. Räume: Nicht Gebäude. Feuerfangende Sachen: Auch, wenn in geschlossenen Gefäßen (RG. 30, 108). Unverwahrt: Wenn nicht gegen die Verbreitung nach der Beschaffenheit des Ortes genügend gesichert (RG. SeuffBl. 71, 266; ObSt. 16, 2). Strafbarkeit auch, wenn das Licht erst im Raum entzündet wird (RG. 30, 108). Denselben: Die Scheunen usw. Die Tätigkeit selbst muß vorsätzlich sein, im übrigen Fahrlässigkeit ausreichend (RG. 48, 324).

Zu § 368 Nr. 6:

1. Gefährlich: Feuergefährlich. Feuer anzündet: Auch Streichholz oder Benzinfeuerzeug (Bresl. JRdsch. 1925 II. Tl. 545). Anzünden: Nicht auch Tätigwerden für Weiterbrennen (a. A. RG. GArch. 46, 114). Keine Strafe, wenn Gefahr erst im Laufe des Brennens eintritt (Rspr. 1, 720). Die Tätigkeit selbst muß vorsätzlich sein, im übrigen Fahrlässigkeit ausreichend (RG. 48, 324).

Zu § 368 Nr. 7:

1. Gefährliche Nähe: Nur feuergefährliche. Schießt: Auch blind. Die Tätigkeit selbst muß vorsätzlich sein, im übrigen Fahrlässigkeit ausreichend (RG. 48, 324). Verw. Strafbestimm.: § 367 Nr. 8.

Zu § 368 Nr. 8:

1. Polizeilich vorgeschrieben: Durch bez.- oder ortspol. Vorschr. Art. 2 Nr. 14 PStGB.*) Feuerlöschgerätschaften: Nicht der Vorbeugung dienende Geräte; nicht Geräte zur Rettung; insoweit nur „andere feuerpol. Anordnungen". Brauchbar: Durch PolVorschr. nicht näher abgrenzbar. Andere feuerpol. Anordn.: Sowohl Anordnungen, welche die Entstehung von Bränden verhüten sollen, wie solche, welche die Bekämpfung entstandener Brände und die Rettung von Personen und Sachen im Brandfalle zum Gegenstand haben (ObSt. BayZ. 1924, 11); wohl zu eng ObLG. in VBl. 1929, 397, darnach Anordnungen, die nach ihrem Inhalt erkennbar eine Verhütung von Feuersgefahren bezwecken. Nur allg. verbindl. Art (ObSt. 6, 160; 1, 421); die Rechtspr. läßt aber zu, daß in ihnen Anordnungen an einzelne Personen oder für bestimmte Fälle vorbehalten werden, deren Nichtbeachtung strafbar sei (ObSt. 8, 285; 5, 202 u. 397; 3, 347); s. auch Art. 1 A. 6 u. Anh. A. 12. Notw. objektiv feuerpol. Charakter, nicht genügend die Absicht, feuerpol. Vorschr. zu erlassen; unwirksam daher das allgemeine Verbot des Nächtigens im Freien (ObSt. 28, 48, BayZ. 1928, 194). Form der Erlassung: Art. 2 Nr. 14 PStGB. Fahrlässigkeit ausreichend, Bewußtsein der Rechtswidrigkeit nicht notw. (ObSt. 5, 202; 3, 87). Beseitigungsbefugnis nach Art. 105, Art. 18 nicht vorgesehen; a. A., wohl infolge Versehens, ObSt. BayZ. 1924, 11. Keine erschöpfende Regelung der Verhütung der Feuersgefahren durch das StGB. (KGJ. 12, 181).

2. § 368 Nr. 8 auch die Grundlage der sog. Feuerlöschordnungen (s. Art. 2 Nr. 14 PStGB.); sie müssen aber feuerpol. Anordnungen sein. Begründbar durch sie auch die Pflicht zur Dienstleistung bei Bränden u. Löschübungen (OGHSt. 5, 443; KGJ. 9, 297); auch zur Teilnahme an turnerischen Vorübungen (OGHSt. 3, 518); auch schriftl. Entschuldigung bei Wegbleiben kann gefordert werden (KGJ. 8, 236). Die Rechtspr. läßt auch zu, daß im Anschluß an die Regelung der Feuerwehrpfl. ein Verwaltungsverf. eingeführt wird, in dem über die Einhaltung dieser Pflicht bindend entschieden wird (ObSt. 3, 105; 16, 138; 21, 93; OSt. 2, 231). Dieses widerspr. dem § 262 StPO.; die Ansicht ist auch nicht mit der Erwägung zu halten, daß der Tatbestand der strafb. Handl. die Zuwiderh. gegen die Anordnung (Entscheidung) der VerwBeh. sei; denn in Wahrheit bildet doch das Sachverhältnis selbst den Tatbestand; die Unrichtigkeit des Standp. der angeführten Rechtsprechung ergibt auch die willkürliche Unterscheidung, zu der sich ObSt. 14, 173 genötigt sieht; s. hierzu auch KGJ. 26C57; 23C56; richtig auch ObSt. BayZ. 1907, 332. Wegen der Abhaltung von Feuerwehrübungen an Sonntagen s. OSt. 1, 5; 2, 304 (BlAPr. 1884, 330); Art. 139 RVerf. steht der Abhaltung an Sonntagen nicht entgegen (JFG. Erg. 7, 285). Eine Anweisung über die Fassung der die Heranziehung der Beamten zum Feuerlöschdienst betreffenden Bestimmungen der Feuerlöschordnungen enthält die JnnMB. v. 28. Nov. 1923 (StAnz. Nr. 277). Eine JnnMB. v. 5. Nov. 1925 betr. Feuerlöschwesen (StAnz. Nr. 257) erachtet es für zulässig, in bezpoliz. Feuerlöschordnungen den Gemeinden das Recht einzuräumen, im

*) Zum Feuerwehrwesen in Bayern s. Fried GemZ. 1903, 210. Link, Landesfeuerwehrverband, München 1910. Hofmiller, Samml. feuerpoliz. Vorschriften, München 1929.

Brandfalle auch fremde Kraftfahrzeuge zur Förderung von Personen u. Löschgeräten heranzuziehen; diese Ansicht dürfte mit § 360 Nr. 10 StGB., der die „Materie" regelt, in Widerspruch stehen.

3. Feuerpol. Vorschr. für Theater u. sonstige Versammlungsräume: InnMB. v. 20. Dez. 1881 (InnMBl. 503) u. v. 10. Mai 1897 (InnMBl. 145); s. auch GemZ. 1904, 264; desgl. für Warenhäuser u. Geschäftshäuser: InnME. v. 7. Okt. 1903 (InnMBl. 425). Richtpunkte für die Erlassung von ortspol. Vorschr. über den Petroleumvertrieb in Straßentankwagen: InnMB. v. 9. Dez. 1908 (InnMBl. 619), ergänzt durch InnMB. v. 2. Juli 1910 (InnMBl. 446). Luftgasbeleuchtungsanlagen: ÄInnMB. v. 30. Sept. 1909 (InnMBl. 797). Anweisung zur Erlassung ortspol. Vorschr. über die Benzinbeförderung in Straßentankwagen: InnMB. v. 26. Jan. 1924 (InnMBl. 18). Richtlinien für die Ausschmückung von Versammlungsräumen: InnMB. v. 13. Sept. 1928 (StAnz. Nr. 213). Aufgehoben ist die VO. des Herzogtums Coburg v. 25. Juni 1900 durch VO. v. 28. Mai 1923 (GVBl. 193).

Zu § 368 Nr. 9:

1. Unbefugt: Erforderlich ein Eingriff in ein fremdes Privatrecht (IFG. Erg. 6, 319); Besondere Berechtigungen: Fischereiberechtigte: Art. 70 FischG. v. 13. Aug. 1908; Jagdberechtigte: §§ 6 mit 18 JagdPolGO. v. 6. Juni 1909 (GVBl. 409) u. ObSt. 8, 5; OSt. 4, 147 u. 329 u. hierzu Schiedermair Nebenges. S. 416 u. 421; Betreten bei Vorarbeiten für die Zwangsabtretung (BlAPr. 1898, 21; SeuffBl. 63, 217, LG. München 2); Vermessungsbeamte: Zeiler BlAPr. 1911, 13, kaum haltbar; Betretungsrecht der ord. Posten usw.: § 17 PostG. v. 28. Okt. 1871, hierzu Jena GArch. 63, 461 (kaum richtig).

2. Gärten, Äcker, Wiesen: Art. 112 A. 2. Notw. Gehen, Fahren usw. über die Gärten usw. selbst; nicht ausreichend Gehen, Fahren usw. über einen über diese führenden Weg (Naumb. HRR. 1929, 358). Bestellt: Nicht notw., daß die Saat schon aufgegangen ist. Durch Warnungszeichen geschlossen: Genügend, wenn durch hinreichend erkennbare Warnungsmittel am Wege kundgemacht ist, daß er überh. nicht oder nur in gewissem Umfang benutzt werden darf (Dresden GArch. 55, 130); notw. sinnlich wahrnehmb. Gegenstände, nicht ausreichend mündliches oder schriftl. Verbot (Naumb. HRR. 1929, 358); geschlossen auch dann noch, wenn die Zeichen bloß vorübergehend, sei es befugt oder unbefugt entfernt werden (KGJ. 22 C 37); Schließung (Sperrung) auch möglich bloß für bestimmte Benützungsarten (KG. DJZ. 1914, 941; ObSt. 21, 316). Eigenmächtige Entfernung der Warnungszeichen selbst strafbar unter Umständen nach Art. 87 Abs. 1 Nr. 1, Art. 121 PStGB.; Art. 92 Nr. 2 ForstG.; Art. 30 Nr. 2 ForstStG.; § 303 StGB. (gegen dessen Anwendung BlAPr. 1882, 92). Privatweg: Weg, der nicht (u. zwar rechtl. wirksam) durch einen öffentlichrechtl. Akt zu einem öffentl. Weg erklärt ist; bloße Gestattung der allg. Benützung durch den Eigentümer nimmt die Natur als Privatweg nicht (ObSt. 21, 316; a. A. Kiel HRR. 1928, 1380: Auch Widmung durch den dinglich Berechtigten zum öffentl. Verkehr nimmt die Eigensch. als Privatweg, allerd. noch nicht die bloße Gestattung der Benützung durch Fußgänger). Viehtreiben, auch das Viehweiden (OGHSt. 3, 471). § 368 Nr. 9, nicht Art. 92 Nr. 1 ForstG. oder Art. 30 Nr. 1 ForstStG. auch anwendbar, wenn der Privatweg ein Waldweg ist (OGHSt. 6, 369).

3. Strafbar nur vorsätzliche Begehung, erford. bewußt unbefugtes Handeln (ObSt. 29, 178, BayZ. 1930, 162; OSt. 5, 21; 2, 302; Braunschw. GArch. 53, 82; Jena GArch. 63, 461); bedingter Vorsatz ausreichend (IFG. Erg. 6, 319; ObSt. 29, 178, BayZ. 1930, 162). Fälle der Mittäterschaft. u. Anstiftung: ObSt.

16, 25. Idealkonk. mit Art. 115 PStGB. möglich (ObSt. 3, 165; OGHSt. 3, 471); Verhältnis der GesKonk. zu Hausfriedensbruch. Verwendung der Geldstrafen: Art. 124 PStGB. Feststellung der Verpfl. zum Schadensersatz u. zur Zahlung von Ersatzgeld: Art. 13 FeldschG.

Zu § 368 Nr. 10 StGB.:

1. Genehmigung: Ausreichend nur vorhergehende; ungenügend der Glaube, die Genehmigung werde erteilt werden (ObSt. 8, 407; a. A. OSt. 7, 423); genügend auch mündliche (ObSt. 9, 398; 28, 11), auch stillschweig. Genehmigung, auch eine allgemeine; bei einer Mehrheit von Jagdberechtigten Genehmigung aller erforderlich (ObSt. 28, 11). Wirksamkeit des Widerrufs beurteilt sich nach dem der Genehmigung zu Grunde liegenden Rechtsverh., für die Regel demnach nach bürgerl. Recht. Sonstige Befugnis: Forstschutzbeamte in ihrem Bezirk (OSt. 3, 68; ObSt. 16, 56); auch bei Selbstverteidigung nach § 228 BGB. (Rostock DJZ. 1911, 544), dieser ist dabei erweiternd, auch Eingriffe in andere Rechtsbeziehungen umfassend, auszulegen (Kiel JRdsch.1926 II. Tl.762). Auch der Eigentümer bedarf der Genehmigung. Zum gem. Gebrauch bestimmt: Zum Fahren, Reiten, Gehen, Viehtreiben für jedermann (ObSt. 2, 429); nicht für forstl. Zwecke angelegter Weg (OSt. 7, 290); notw. Bestimmung, nicht ausreichend bloße Duldung (ObSt. 14, 42); nicht „Linien" (Schneusen) (OSt. 5, 408); benutzbar nur die zum allg. Gebrauch bestimmten Teile des Wegs, nicht Randgräben (OSt. 5, 408). Zur Jagd ausgerüstet: Bei sich Tragen einer Jagdausrüstung, die zum Jagen jagdb. Tiere dient (ObSt. 25, 161, BayZ. 1925, 360; ObSt. 26, 82). Neben Gewehr auch Schießmaterial notw.; daß geladen, nicht notw.; ausreichend, wenn die Munition ein Begleiter trägt (OSt. 10, 185). Umwinden des Gewehrs mit einem Tuch oder Verschließen mit Schloßkappe nur ausreichend, wenn Schußbereitschaft aufgehoben (Rspr. 9, 269; Marienw. GArch. 47, 469). Bei Jagdgeräten, z. B. Fallen, neben der Eignung zur Jagd auf jagdb. Tiere notw., daß sie zu diesem Zweck, nach ihrer obj. Beschaffenheit, dauernd bestimmt sind (ObSt. 25, 161, BayZ. 1925, 360; ObSt. 26, 82; beide betr. Tellereisen zum Fang von Bisamratten; bestr.). Nicht notw., daß der Träger des Jagdgeräts die Ausübung der Jagd auf jagdb. Tiere beabsichtigt (ObSt. 25, 161, BayZ. 1925, 360; bestr.). Bei gewissen Jagden schon Mitführen eines Hundes genügend (Celle GArch. 48, 148). Betroffen: Nicht notw., daß der Handelnde gesehen oder angetroffen wurde; Besitz ausreichend (RG. 55, 8; Rspr. 3, 352). § 368 Nr. 10 durch §§ 292—295 wegen GesKonk. ausgeschlossen (ObSt. 8, 155). Fahrlässigkeit ausreichend (ObSt. 8, 155; 8, 407; 2, 429; RG. 38, 104).

Zu § 368 Nr. 11:

1. Hinsichtlich der Eier u. Jungen von Singvögeln, die unter das Vogelschutzges. v. 30. Mai 1908 (RGBl. 317) fallen, durch dieses ersetzt (§ 8 dess.). Unbefugt: Maßgebend die besond. Vorschr. des Reichs- oder Landesrechts (RG. 40, 240); hins. des jagdbaren Federwilds s. §§ 7 mit 18 JagdPolVO. v. 6. Juni 1909 (GVBl. 409); zu deren Wirksamk. s. Schiedermair Nebenges. 413, 416, 421. Jagdbar: § 1 JagdVO. v. 11. Juli 1900 (GVBl. 693). § 292 StGB. durch GesKonk. ausgeschlossen (RG. 40, 239).

§ 369.

Mit Geldstrafe bis zu einhundert Mark*) oder mit Haft bis zu vier Wochen werden bestraft:

---

*) Geldstr. nun 1—150 RMk.

1. Personen, welche ohne obrigkeitliche Anweisung oder ohne Genehmigung des Inhabers einer Wohnung Schlüssel zu Zimmern oder Behältnissen in der letzteren anfertigen oder Schlösser an denselben öffnen, ohne Genehmigung des Hausbesitzers oder seines Stellvertreters einen Hausschlüssel anfertigen, oder ohne Erlaubnis der Polizeibehörde Nachschlüssel oder Dietriche verabfolgen;
2. (Ist aufgehoben.)
3. Gewerbetreibende, welche in Feuer arbeiten, wenn sie die Vorschriften nicht befolgen, welche von der Polizeibehörde wegen Anlegung und Verwahrung ihrer Feuerstätten, sowie wegen der Art und der Zeit, sich des Feuers zu bedienen, erlassen sind.

1. Abs. 1 Nr. 2 u. Abs. 2 aufgeh. durch § 23 der Maß- u. Gewichtsordn. v. 30. Mai 1908 (RGBl. 349).

2. Obrigkeitlich: Jede Behörde u. jedes Organ, die staatl. Hoheitsrechte gegenüber der Allgemeinheit auszuüben haben (UntersuchRichter, Schutzmann; nicht Militärpersonen). Behältnisse in der letzteren: Nicht aus der letzteren. Genehmigung: § 368 Nr. 10 A. 1. Hausbesitzer: Eigentümer; bei Miteigentümern die Genehm. beider notw. Erlaubnis: Zuständigk. zur Erteilung: § 13 ZustVO. Nachschlüssel: Falsche Schlüssel. Dietriche: Haken zum Öffnen ohne Schlüssel. Die Tätigkeit selbst muß vorsätzlich sein, im übrigen Fahrlässigkeit ausreichend (RG. 48, 324).

3. GewTreibende: Nur die Inhaber. Vorschriften: Zuständ. zur Erlassung Art. 2 Nr. 16 PStGB. Feuerstätten: § 368 Nr. 3 A. 1. VerwStrafbestimm. § 368 Nr. 3 u. 4.

§ 370.

1. Mit Geldstrafe bis zu einhundertfünfzig Mark*) oder mit Haft wird bestraft:

1. wer unbefugt ein fremdes Grundstück, einen öffentlichen oder Privatweg oder einen Grenzrain durch Abgraben oder Abpflügen verringert;
2. wer unbefugt von öffentlichen oder Privatwegen Erde, Steine oder Rasen, oder aus Grundstücken, welche einem anderen gehören, Erde, Lehm, Sand, Grand oder Mergel gräbt, Plaggen oder Bülten haut, Rasen, Steine, Mineralien, zu deren Gewinnung es einer Verleihung, einer Konzession oder einer Erlaubnis der Behörde nicht bedarf, oder ähnliche Gegenstände wegnimmt;
3. wer von einem zum Dienststande gehörenden Unteroffizier oder Gemeinen des Heeres oder der Marine ohne die schriftliche Erlaubnis des vorgesetzten Kommandeurs Montierungs- oder Armaturstücke kauft oder zum Pfande nimmt;
4. wer unberechtigt fischt oder krebst;

*) Geldstr. nun 1—150 RMk.

5. wer Nahrungs- oder Genußmittel oder andere Gegenstände des hauswirtschaftlichen Verbrauchs in geringer Menge oder von unbedeutendem Werte zum alsbaldigen Verbrauch entwendet oder unterschlägt.

Wer die Tat gegen einen Verwandten absteigender Linie oder gegen seinen Ehegatten begeht, bleibt straflos.

6. wer Getreide oder andere zur Fütterung des Viehes bestimmte oder geeignete Gegenstände wider Willen des Eigentümers wegnimmt, um dessen Vieh damit zu füttern.

2. In den Fällen der Nr. 5 und 6 trifft die Verfolgung nur auf Antrag ein. Die Zurücknahme des Antrages ist zulässig.

Zu § 370 Nr. 1:

1. Unbefugt: In Widerspruch mit einer Rechtsvorschr.; bei Wegen möglich auch, wenn sie im Eigentum des Täters stehen, wenn nur die Handlung unbefugt ist; gleichgültig desh. diesenfalls auch irriger Glaube, Eigentümer zu sein (RG. GArch. 49, 271; 59, 343); zur Verfügung über auf eigenem Grund angelegte Raine bleibt man befugt (RG. 26, 74). Fremd: Nicht ausschließl. im Eigentum des Täters befindlich (JFG. Erg. 6, 294). Öffentl. Weg: § 366 Nr. 10 A. 3. Grenzrain: Der Rain muß Grundstücke scheiden; nicht notw., daß er absichtlich zu diesem Zwecke angelegt wurde. Verringern: Bloße Beschädigung nicht ausreichend; erford. Wegnahme u. Zueignung und zwar vom Umfang des Grundstücks, nicht bloß von Sand, Steinen, erforderlich eine Verschiebung der Grundstücksgrenze zum Nachteil des Eigentümers (ObSt. BayZ. 1930, 27; OGHSt. 4, 416; 4, 508); vollständige Beseitigung erfüllt den Tatbestand nicht (a. A. OSt. 8, 76). Vorsätzlichk. notw. (RG. GArch. 59, 343). Idealkonk. mit § 303 (OGHSt. 6, 389) u. § 274 Nr. 1 (RG. 22, 286). Verfüg. über die Geldstr.: Art. 124 PStGB. Feststellung der Verpfl. z. Schadensersatz: Art. 13 FeldschG.

Zu § 370 Nr. 2:

1. Unbefugt: In Widerspruch mit einer Rechtsvorschr. Öffentl. Weg: S. § 370 Nr. 1 A. 1. Graben, Hauen, Wegnehmen von: Auch, wenn die Gegenst. nicht fest mit dem Wege verbunden sind (Breslau GArch. 49, 300); Graben, Hauen, Wegnehmen aus: Die Gegenstände müssen einen Teil des Grundstücks bilden (ObSt. BayZ. 1930, 27; OSt. 5, 259; OGHSt. 6, 503); nicht mehr strafbar, wenn die Gegenstände selbständige Sachen wurden z. B. eine Schutzwehr (Rspr. 9, 313). Einem andern gehören: Nicht im ausschließl. Eigentum des Täters stehend (JFG. Erg. 6, 294). Rasen: Mit Gras bewachsene Erdscholle (Sächs. OAppG. StengleinZ. 15, 186); Bestrafung schon, wenn in ein Wiesengrundstück eingesetzte Rasenstücke sich mit dem Erdreich des Grundstücks noch nicht fest verbunden haben (ObSt. BayZ. 1930, 27). Grand: Grober Kiessand (Heyne, Wörterbuch). Mergel: Fette, zum Düngen dienende Erde (Grimm, Wörterbuch). Plagge: Platter dünner Rasen, spärlich mit Gras bewachsene Moor- oder Heidescholle; Bulte: Haufen, Hügel (Grimm); s. zu beiden Bezeichnungen auch Siebs GArch. 66, 291, 292. Graben: Ausheben von Erde usw. (OSt. 8, 422); auch mit der Hand (LG. München GArch. 44, 280). Graben, Hauen, Wegnehmen: Absicht rechtswidr. Zueignung notw. (OSt. 8, 422; a. A. Celle GArch. 49, 315; JFG. Erg. 6, 295; s. auch Düsseld. GArch. 73, 146). Verleihung, Konzession,

Erlaubnis: BergG. v. 13. Aug. 1910 (GVBl. 815) Art. 1, 2, 24ff. Ähnliche Gegenstände: Tropfstein (OSt. 5, 259); nicht Erzeugnisse der Vegetation (Sächs. OAppG. StengleinZ. 15, 186). Vorsatz u. Bewußtsein der Rechtswidrigk. notw. (JFG. Erg. 6, 295). Art. 94 Nr. 5 ForstG. u. Art. 35 ForstStG. schließen § 370 Nr. 2 aus (§ 2 EG. StGB.; ObSt. 1, 145). Idealkonk. mit § 303 StGB. (OGHSt. 6, 389). Verfügung über die Geldstr.: Art. 124 PStGB.; Verpflicht. z. Schadensersatz: Art. 13 FeldschG. Verwandte Bestimm.: Art. 204 Nr. 3 WassG.; Art. 112, Art. 113 Nr. 3 PStGB.

Zu § 370 Nr. 3:

1. Auch wenn die Gegenst. Eigentum des Verkaufenden oder Verpfänd. sind. § 370 Nr. 3 ausgeschlossen, wenn zugleich die Merkmale der Teilnahme an einer Unterschlagung oder der Hehlerei vorliegen (ObSt. 16, 112).

Zu § 370 Nr. 4:

1. Unberechtigt: Maßgebend FischGes. v. 15. Aug. 1908 (GVBl. 527) Art. 1; es muß die Verletzung eines fremden Privatrechts vorliegen (JFG. Erg. 6, 319, KG. GArch. 72, 138). Fischen (Krebsen): Nicht bloß die Besitzergreifung, sondern auch jede Handlung, durch die die Tiere aufgesucht u. verfolgt werden oder ihnen nachgestellt w., um sie zu erlegen oder in Besitz zu nehmen (Rspr. 4, 132; ObSt. 2, 160; OSt. 9, 184); beim Fischen mit Netzen, nicht bloß das Auslegen u. Herausnehmen, sondern auch das Liegenlassen (RG. 37, 117). Gegenstand: Auch andere Wassertiere als Fische (OSt. 9, 184; Rspr. 4, 173); auch tote Fische, solange nicht zersetzt (OSt. 9, 184). Bei unzulässigem Perlfischen jedoch maßgebend Art. 203 Nr. 8 WassG. Vorsatz notwendig, auch Bewußtsein der mangelnden Berechtigung (ObSt. 6, 392; JFG. Erg. 9, 337; 6, 330; KG. GArch. 72, 138). Wegen der im Strafurteil auszusprech. Haftung für Geldstr., Kosten u. sonstige Ersatzleistungen, wenn sich der Täter seiner Angehör., Dienstboten, Lehrlinge, Arbeiter bedient, s. Art. 107 FischG. u. Schiedermair, NebenGes. zu Art. 107 FischG. A. 1 u. 6. Verw. Strafbestimm.: § 296, § 361 Nr. 9 StGB.

Zu § 370 Nr. 5, Verbrauchsentwendung:*)

1. Nahrungsmittel: Die Mittel, die zur Ernährung des menschl. Körpers dienen, gleichviel ob vorherige Zubereitung nötig oder nicht; auch Halbfabrikate (Rspr. 6, 488; ObSt. DJZ. 1917, 835); nicht solche für Tiere (Rspr. 2, 294), doch können solche Gegenst. des hauswirtsch. Verbrauchs sein; auch lebende Tiere können NahrMittel sein (Rspr. 6, 488; RG. 53, 72); NahrMittel brauchen nicht Gegenst. des hauswirtsch. Verbrauchs zu sein (RG. 47, 262).

2. Genußmittel: Mittel, die zwar nicht zur eigentlichen Ernährung, wohl aber zum Zwecke der Bereitung angenehmer Sinnesempfindung oder sonstigen Genusses dem Körper zugeführt werden (RG. GArch. 50, 103). Genießen ist hierbei im eigentl. Sinne zu nehmen, d. h. die Stoffe müssen dem Körper wirklich zugeführt werden und mit dem Genusse verbraucht werden. Gegenstände, die lediglich „einen Genuß bereiten", fallen nicht hierher, also z. B. nicht Blumen (Rspr. 3, 221). Auch Rauchtabak ein Genußmittel (Rspr. 3, 848; OSt. 6, 343). Auch Arzneimittel können unter Umständen Genußmittel sein (RG. GArch. 50, 103). Genußmittel fallen auch dann unter § 370 Nr. 5, wenn sie keine Gegenstände des hauswirtschaftl. Verbrauchs sind; s. RG. 47, 247 (262).

---

*) Jetzige Fassung: Nov. v. 19. Juni 1912 (RGBl. 295).

3. Nur Gegenstände des hauswirtsch. Verbrauchs: Hauswirtschaftl.: Sachen, die gewöhnl. im Haushalt verwendet w.; entscheid. die Verkehrssitte, wenn auch unter Begrenzung auf örtl. Bezirke, bestimmte Personenkreise, bestimmte Arten von Hauswirtschaften; demnach, was nach der herrsch. Gewohnheit vorzugsweise der Beschaffung des Unterh. für die Hausgenossen oder der Befriedigung von sonstigen Bedürfnissen des tägl. Lebens dient (ObSt. 26, 16); Dinge, die nach der Anschauung des Volks im gewöhnl. Leben in der Haushaltung verbraucht zu werden pflegen (RG. 58, 375). Verbrauch: Gegenstände, deren bestimmungsgemäße Verwendung bei ihnen zur stoffl. Zerstörung oder Umgestaltung führt (RG. 58, 375); nicht Gebrauch; Verbrauch nicht bloß Substanzvernichtung. sondern auch Umwandlung des Stoffs in einen andern Zustand (RG. 51, 51); entscheidend nicht die Verbrauchbarkeit im Rechtssinn, sondern, ob der Gegenst. außer dem Zwecke der Nahrung u. des Genusses im gewöhnl. Leben in der Hauswirtsch. verbraucht wird; entscheidend die allg. VerbrBestimmung, nicht die tatsächl. Verwendung: hieher fallen Brennmaterialien, Beleuchtungsmittel, nicht Wäsche, Schuhe (RG. 46, 422; 53, 229; GArch. 62, 340; 66, 76); Brennholz, nicht aber Nutzholz (RG. 53, 205; GArch. 60, 415); nicht Stroh für das Bett (ObSt. 13, 29); nicht Handtücher (RG. Recht 1914 Nr. 903); nicht Brotkarten (RG. 51, 317); nicht Hülsen elektr. Taschenlaternen (Breslau GArch. 69, 140); nicht Gas, das zum Handwerksbetrieb verwendet w. (KG. GArch. 71, 347); wohl aber Viehfutter für Tiere, die der Hauswirtschaft, nicht für solche, die der Vermehrung oder Gewerben dienen; maßgebend die hauptsächliche Verwendung (RG. 47, 247; GArch. 62, 340; ObSt. 28, 86); wegen Kalk s. RG. 51, 51; wegen Zement ObSt. 26, 16.

4. § 370 Nr. 5 auch anwendbar trotz gleichzeitiger Wegnahme geringwertiger Umhüllungen, Milchhafen (OSt. 2, 553; Rspr. 3, 516).

5. Geringe Menge oder unbedeut. Wert: Liegt vor, wenn sie nach der allg. Anschauung des Volkes (nicht bloß besonders begüterter oder völlig unbegüterter Kreise) im gewöhnlichen Verkehrs- u. Wirtschaftsleben weder vom Standp. des Gewinners noch von dem des Verlierers als erheblich angesehen werden; nicht mehr gegeben bei 120—130 Pfund Haber im Werte von 11—12 RMk. (ObSt. 28, 86). Maßgebend der allg. Verkaufswert, nicht der Wert für den Bestohlenen (RG. GArch. 65, 545), nicht der Verbrauchszweck, nicht die Zahl der am Verbrauch teilnehmenden Personen (RG. 48, 51; DIZ. 1914, 379; Rspr. 5, 352); bei fortges. Begehung maßgebend Gesamtwert u. Gesamtmenge (Rspr. 10, 333; RG. BayZ. 1908, 312; 1918, 85); maßgebend aber immer nur der Wert oder die Menge des wirklich Entwendeten, oder, soweit eine Einzelhandlung nicht zur Vollendung gelangte, dessen, was der Täter bei dieser Einzelhandlung entwenden wollte; nicht dazu zu rechnen, was nach dem Vorsatze des Täters bei späteren Einzelhandlungen weiter entwendet werden sollte (RG. 63, 274); anwendbar § 370 Nr. 5 bei Entwendung oder Unterschlagung von nicht vertretbaren Sachen (RG. GArch. 53, 443). Ob Menge u. Wert, wie sie tatsächlich festgestellt sind, gering u. unbedeutend, Rechtsfrage (ObSt. 28, 86). S. im allg. hiezu Schierlinger BayZ. 1922, 34.

6. Alsbaldiger Verbrauch: Verbrauch: Ausnutzung bis zum völligen Verschwinden (RG. 47, 80); nicht notw. sofortiger Verbrauch, nur die Absicht der Befriedigung eines augenblickl. Bedürfnisses (RG. 47, 82; ObSt. 14, 52; 28, 86); alsbald. Verbr. nicht mehr bei Ansammlung von Vorräten (Rspr. 6, 303; ObSt. 28, 86), oder, wenn entwend. Sträucher eingepflanzt werden sollen (RG. LZ. 1914, 299); bei fortges. Delikt ausreichend, wenn die einzelne Wegnahme in dieser Absicht erfolgte (Rspr. 5, 545); alsbald. Verbrauch auch, wenn er durch andere oder mit anderen erfolgen soll (RG. 53, 168; RG. DIZ. 1919, 600; Rspr. 8, 139); maßgebend die Absicht bei der Tat (RG. SeuffBl. 74, 775); alsbald. Verbr. auch, wenn mehr als die benötigte Menge, weil nur diese Möglichkeit gegeben, z. B. bei Verpackung der benötigten Gegenstände nur nach Zentnern (ObSt. 26, 16); gleichgültig ist, ob der Täter das Bedürfnis durch eigene Vorräte befriedigen könnte (RG. 52, 245). Die Gegenst. des hausw. Verbrauchs müssen zum hausw. Verbrauch entwendet w., d. h. zur Befriedigung der Bedürfn. des gewöhnl. Lebens, wie solche Gegenstand der Hauswirtsch. ist, nicht notw. zum Verbrauch in der Hauswirtsch. (RG. GArch. 62, 337; RG. 46, 379; 47, 247; KGJ. 49 C 381 u. nun auch RG. 58, 376 gegen RG. 47, 80; Hamb. GArch. 63, 133).

7. Entwendung: Voller Tatbestand des Diebst. erford. (RG. 28, 324); Unterschlagung: Erforderlich alle Merkmale des § 246 StGB.

8. Not kein Erfordernis der Anwendung des § 370 Nr. 5 (RG. 46, 379).

9. Antragsberechtigt: Der Verletzte, unter Umständen also auch der Gewahrsamsinhaber (Rspr. 8, 703; a. A. bei Entwend. von Postsendungen OGHSt. 4, 544); auch wer nur Mitgewahrsam hat, daher je nach dem Güterstand auch die Ehefrau (ObSt. 16, 3); zulässig Strafantragstellung durch ein „gräfliches Rentamt" (RG. BayZ. 1925, 80).

10. Das Vorliegen des Tatbestands des § 370 Nr. 5 schließt Bestrafung nach §§ 242—245 StGB. aus (OSt. 1, 126; ObSt. 20, 102), desgl. nach § 246 StGB. (RG. 46, 376), auch nach § 248a StGB.; dagegen wird die Anwendung des § 370 Nr. 5 ausgeschlossen durch den Tatbestand des Raubes (RG. 43, 175), des 133 StGB. (RG. 43, 175; 50, 396; RG. BayZ. 1917, 54), des § 350 StGB. (RG. 46, 376; RG. LZ. 1921, 754; ObSt. 20, 102), des Art. 112 Nr. 1 PStGB. (OGHSt. 7, 109). Behandlung der Fälle, in denen unter § 370 Nr. 5 u. unter §§ 242, 243 fallende Gegenstände gestohlen werden, Rspr. 3, 145; 8, 525; RG. 53, 198. Verhältnis zwischen Anstiftung u. Mittäterschaft bei derselben Tätigkeit, RG. BayZ. 1916, 113. Bestrafung vor der Novelle v. 19. Juni 1912 begründet Rückfall wegen Diebstahls, auch wenn die Tat jetzt unter § 370 Nr. 5 fiele (RG. 47, 145). Berechnung der Abstimmungsmehrheit (RG. 5, 404).

Zu § 370 Nr. 6, Futtermitteldiebstahl:

1. Realkonk. mit § 246 StGB., wenn nachträglich die Absicht auf Zueignung an den Täter gefaßt wird (RG. GArch. 56, 315).

III. Teil.

Zum PStGB. und zum StGB. ergangene Rechts- und allgemeine Verwaltungsverordnungen *).

---

1. K. VO. v. 4. Jan. 1872, die Zuständigkeit der VerwBehörden in Sachen des StGB. für das Deutsche Reich u. des PStGB. betr. Die ZuständigkeitsVO.[1])

(RegBl. 25; PfKrBl. 249).

Wir finden Uns bewogen, im Hinblicke auf Art. 1 Abs. III und Art. 2 Ziff. 2 und 10 des Polizeistrafgesetzbuchs über die Ausübung der im Strafgesetzbuche für das Deutsche Reich und im Polizeistrafgesetzbuche für Bayern den Verwaltungsbehörden vorbehaltenen Zuständigkeit zu verordnen, was folgt:

I. Zum Strafgesetzbuche für das Deutsche Reich.

§ 1.[2])

Die Befugnis, unter Polizeiaufsicht zu stellen (§ 38 Abs. II), wird durch die Distriktspolizeibehörde, in München durch die Polizeidirektion ausgeübt.

Die örtliche Zuständigkeit bemißt sich
nach dem Aufenthaltsorte, wenn der Verurteilte an einem Orte in Bayern ständigen Aufenthalt hat, andernfalls
nach dem letzten Orte der Strafvollstreckung oder
bei Tilgung der Strafe durch die Untersuchungshaft nach dem Urteilsorte.

§ 2.[3])

Die Erlaubnis, Risse von Festungen oder einzelnen Festungswerken aufzunehmen oder zu veröffentlichen (§ 360 Ziff. 1), kann nur durch das Kriegsministerium erlangt werden.

---

*) Wegen der Oberpol. Vorschriften u. der PolizeiVOen s. Teil IV u. V.

[1]) Hinsichtlich der Städte Nürnberg, Fürth, Augsburg, Würzburg, Regensburg, Hof, Ludwigshafen a. Rh., Kaiserslautern, Speyer u. Zweibrücken sind bei der Anwendung der ZustVO. die Bekanntmachungen v. 29. Okt. 1923, 26. März 1929 und 26. Nov. 1930 (unten Nr. 9, 11 u. 13) zu berücksichtigen.

[2]) In der Fassung der VO. v. 26. Nov. 1915 (GVBl. 723).

[3]) § 2 ist mit Aufhebung des § 360 Nr. 1 gegenstandslos gew.

§ 3.

Zum Erlasse eines Verbotes der Aufsammlung von Vorräten von Waffen oder Schießbedarf (§ 360 Ziff. 2) sind die Distriktspolizeibehörden, in München die Polizeidirektion, zuständig.

§ 4.

Die Errichtung von Aussteuer-, Sterbe- oder Witwenkassen oder anderen dergleichen Gesellschaften oder Anstalten, welche bestimmt sind, gegen Zahlung eines Einkaufsgeldes oder gegen Leistung von Geldbeiträgen beim Eintritte gewisser Bedingungen oder Fristen, Zahlungen an Kapital oder Renten zu leisten (§ 360 Ziff. 9), ist nur mit Genehmigung der Kreisregierung, Kammer des Innern, in deren Bezirk die Errichtung stattfindet, zulässig.

Sind derartige Kassen oder Anstalten außerhalb Bayerns errichtet, so bedürfen sie zur Ausdehnung ihres Geschäftsbetriebs auf Bayern der Genehmigung Unseres Staatsministeriums des Innern.

Die Errichtung oder der Betrieb von Versicherungsanstalten in Bayern ist, insoferne nicht bezüglich einzelner derartiger Anstalten etwas Besonderes bestimmt ist, von der Genehmigung Unseres Staatsministeriums des Innern abhängig.

§ 5.[4])

Zur Erlassung der in § 361 Ziff. 6 vorbehaltenen Anordnungen sind die Distriktspolizeibehörden, in München die Polizeidirektion, zuständig.

§ 6.

Die Vorstreckung der in § 361 Ziff. 8 erwähnten Frist steht den Distriktspolizeibehörden, beziehungsweise exponierten Bezirksamtsassessoren, in München der Polizeidirektion, zu.

§ 7.[5])

Die Befugnis, jemand in einem Arbeitshaus unterzubringen usw. sowie aus dem Reichsgebiete zu verweisen (§ 362 Abs. III, IV), wird durch die Distriktspolizeibehörde, in München durch die Polizeidirektion ausgeübt.

Die örtliche Zuständigkeit bemißt sich

nach dem Aufenthaltsorte, wenn der Verurteilte an einem Orte in Bayern ständigen Aufenthalt hat, andernfalls

nach dem letzten Orte der Strafvollstreckung oder

bei Tilgung der Strafe durch die Untersuchungshaft nach dem Urteilsorte.

§ 8.

Zur Erteilung der in § 367 Ziff. 8 vorgesehenen Erlaubnis sind die Distriktspolizeibehörden, beziehungsweise exponierten Bezirksamtsassessoren, in München die Polizeidirektion, zuständig.

§ 9.

[Aufgehoben durch § 5 der VO. v. 19. Nov. 1887 über die Waffenführung.]

---

[4]) Gegenstandslos gew. durch die Neufassung des § 361 Nr. 6.

[5]) In der Fassung der VO. v. 26. Nov. 1915 (GVBl. 723). Siehe hierzu InnMBek. v. 12. Juni 1890, Ausweisung von Ausländern aus dem Reichsgebiete betr. (IMBl. 256).

§ 10.

Die in § 367 Ziff. 11 vorgesehene polizeiliche Zuständigkeit in bezug auf das Halten und die Behandlung gefährlicher wilder oder bösartiger Tiere wird von den Distriktspolizeibehörden, beziehungsweise exponierten Bezirksamtsassessoren, in München von der Polizeidirektion, ausgeübt.

§ 11.

Die in § 367 Ziff. 13 erwähnte Aufforderung hat von den Distriktspolizeibehörden, beziehungsweise den exponierten Bezirksamtsassessoren, in München von der Lokalbaukommission, auszugehen.

§ 12.

Zum Erlasse der in § 367 Ziff. 14 vorgesehenen Anordnungen sind die Distriktspolizeibehörden und beziehungsweise exponierten Bezirksamtsassessoren, in dringenden Fällen die Ortspolizeibehörden zuständig; in München ist, soweit es sich um die Aufstellung oder Instandhaltung von Baugerüsten handelt, die Lokalbaukommission, in allen übrigen Fällen die Polizeidirektion, zuständig.

§ 13.

Die nach § 369 Ziff. 1 erforderliche polizeiliche Erlaubnis wird durch die Ortspolizeibehörden, in München durch die Polizeidirektion, erteilt.

II. Zum Polizeistrafgesetzbuche.

§ 14.

Die in Art. 19 der Polizeibehörde vorbehaltene Befugnis wird durch die Distriktspolizeibehörden, beziehungsweise exponierten Bezirksamtsassessoren und in dringenden Fällen durch die Ortspolizeibehörden, in München durch die Polizeidirektion, ausgeübt.

§ 15.*)

Zur Veranstaltung öffentlicher Lustbarkeiten und dergl. — Art. 32 — ist, insoweit nicht für einzelne Arten derselben andere Bestimmungen bestehen, die Erlaubnis der Ortspolizeibehörde, in München der Polizeidirektion, erforderlich.

§ 16.

Die zuständige Polizeibehörde in den durch Art. 38 vorgesehenen Fällen ist die Ortspolizeibehörde, in München die Polizeidirektion.

§ 17.

Die Bewilligung, fremde Kinder unter acht Jahren gegen Bezahlung in Pflege oder Erziehung zu nehmen — Art. 41 — wird von den Distriktspolizeibehörden, beziehungsweise den exponierten Bezirksamtsassessoren, in München von der Polizeidirektion, erteilt.

---

*) § 15 enthält nicht bloß eine Zuständigkeitsnorm, sondern er füllt das Blankett des Art. 32 PStGB. auch insoweit aus, als er schlechthin für die in Art. 32 vorgesehenen Veranstaltungen die pol. Erlaubnis für notwendig erklärt (ObGSt. 7, 99). Andere Bestimmungen im Sinne des § 15 enthält die VO. v. 31. Okt. 1921 über Tanzlustbarkeiten (s. diese Teil V zu Art. 32 PStGB.).

§ 18.[6a])

Eine Reiseroute oder eine Reisezeit nach Art. 45 zwangsweise vorzuschreiben, sind zuständig:

I. Für die Landesteile diesseits des Rheins:

1. in München die Polizeidirektion;

2. in den anderen, einer Kreisregierung unmittelbar untergeordneten Städten die Magistrate;

3. in den übrigen Polizeibezirken die Bezirksämter, beziehungsweise die exponierten Bezirksamtsassessoren. Zugleich sind diejenigen Beamten oder Bediensteten, welche mit der Vertretung der Staatsanwaltschaft bei den nicht an dem Sitze eines Bezirksamts oder exponierten Bezirksamtsassessors befindlichen Landgerichten betraut sind, zuständig, anstatt des Bezirksamts, Personen, welche ihnen oder den Landgerichten vorgeführt worden sind, eine Reiseroute oder Reisezeit in den eine solche Maßnahme begründenden Fällen zwangsweise vorzuschreiben.

II. Für die Pfalz:

1. die Bezirksämter,

2. die Ortspolizeibehörden an den Sitzen derjenigen Landgerichte, an welchen sich nicht zugleich auch ein Bezirksamt befindet.

Außerdem sind die Vorstände der Zuchthäuser, sowie der Gefangenanstalten und Arbeitshäuser zuständig, den zur Entlassung kommenden Personen eine Reiseroute oder Reisezeit zwangsweise vorzuschreiben.

§ 19.

Die in Art. 65 vorgeschriebene Anzeige ist an die Ortspolizeibehörde zu erstatten.

§ 20.

Sanitätspolizeiliche Maßregeln im Sinne des Art. 66 Abs. II zu treffen, steht den Distriktspolizeibehörden, beziehungsweise den exponierten Bezirksamtsassessoren, in München der Polizeidirektion, zu.

§ 21.[7])

Die Befugnis, über die Art der Reinigung der in Art. 67 Abs. I bezeichneten Gegenstände Vorschriften zu erteilen, sowie die Vernichtung solcher Gegenstände anzuordnen, ist den Distriktspolizeibehörden, beziehungsweise den exponierten Bezirksamtsassessoren, in München der Polizeidirektion, zugewiesen.

Zum Erlasse der in Art. 67 Abs. II vorgesehenen Anordnungen sind Unser Staatsministerium des Innern, dann die Kreisregierungen, Kammern des Innern, und die Distriktspolizeibehörden, sowie in dringenden Fällen die Ortspolizeibehörden zuständig, in München sind die Polizeidirektion und der Magistrat nach Maßgabe der über den Wirkungskreis dieser Behörden in bezug auf die Gesundheitspolizei bestehenden Bestimmungen zum Erlasse solcher Anordnungen kompetent.

[6a]) Landgerichte: Nun Amtsgerichte.

[7]) Abs. 2 des § 21 regelt die Zuständigkeit nicht bloß zum Erlaß pol. Vorschriften, sondern auch die zum Erlaß pol. Verfügungen im Sinne des Art. 1 Abs. 3 des PStGB. (ObSt. JnnMBl. 1914, 65). Wegen der Ausscheidung des Wirk.-Kreises der PolDir. u. des Stadtrats München s. die VO. v. 2. Okt. 1869 (bei Art. 3 A. 4).

§ 22.

Die im Art. 78 erwähnten polizeilichen Zuständigkeiten werden von den Distriktspolizeibehörden, beziehungsweise den exponierten Bezirksamtsassessoren, in München von der Polizeidirektion, ausgeübt.

§ 23.[8])

Die Befugnis, Geisteskranke usw. in einer Irrenanstalt unterzubringen oder sonst zu verwahren (Art. 80 Abs. II), wird durch die Distriktspolizeibehörde, in München durch die Polizeidirektion ausgeübt.

Die örtliche Zuständigkeit bemißt sich nach dem Wohnsitze, bei Mangel eines solchen nach dem Aufenthalte.

§ 24.[9])

Die Befugnis, für die Unterbringung einer hilflosen Person zu sorgen (Art. 81 Abs. II), wird durch die Distriktspolizeibehörde, in München durch die Polizeidirektion ausgeübt.

Die örtliche Zuständigkeit bemißt sich nach dem Wohnsitze, bei Mangel eines solchen nach dem Aufenthalte.

§ 25.

Die berechtigte Polizeibehörde für die in Art. 105 bezeichneten Fälle ist die Distriktspolizeibehörde, beziehungsweise der exponierte Bezirksamtsassessor.

In München steht diese Berechtigung in den Fällen des § 367 Ziff. 13 und 15, dann § 368 Ziff. 3, sowie des Art. 101 der Lokalbaukommission zu; in den Fällen des § 367 Ziff. 14 ist die Polizeidirektion und Lokalbaukommission und in den Fällen des § 368 Ziff. 4 die Lokalbaukommission und der Magistrat nach Maßgabe der über den Wirkungskreis dieser Behörden bestehenden allgemeinen Bestimmungen zuständig.

§ 26.[10])

Die in Art. 106 Abs. IV und V vorgesehene Befugnis wird von den Orts- oder Distriktspolizeibehörden, in München von der Polizeidirektion, ausgeübt.

§ 27.[11])

Die Genehmigung der Eröffnung von Privat-Heil- oder Entbindungsanstalten oder von Badeanstalten (Art. 129) wird durch die Kreisregierung, Kammer des Innern, erteilt.

§ 28.[12])

Die Bewilligung zur Errichtung einer Leihanstalt (Art. 139) wird von der Kreisregierung, Kammer des Innern, erteilt.

§ 29.[13])

Zur Errichtung einer Sparkassa (Art. 140) ist die Bewilligung der Kreisregierung, Kammer des Innern, erforderlich.

---

[8]) In der Fassung der VO. v. 26. Nov. 1915 (GVBl. 723).
[9]) In der Fassung der VO. v. 26. Nov. 1915 (GVBl. 723).
[10]) § 26 ist gegenstandslos gew. durch das Außerkrafttreten des Art. 106.
[11]) § 27 ist im wesentl. gegenstandslos geworden; s. Art. 129 PStGB. A. 1.
[12]) § 28 ist durch das Außerkrafttreten des Art. 139 gegenstandslos geworden.
[13]) § 29 ist durch das Außerkrafttreten des Art. 140 gegenstandslos geworden.

§ 30.[14])

Zu Einschreitungen nach Art. 155 Abs. III sind die Distrikts- oder Ortspolizeibehörden, in München die Polizeidirektion, berufen.

§ 31.[15])

Zuständig zum Erlasse der in Art. 156 Ziff. 1 erwähnten Aufforderung sind die Distriktspolizeibehörden, in München der Magistrat.

§ 32.[16])

Die in Art. 158 Abs. II den Polizeibehörden zugewiesene Zuständigkeit wird von den Distriktspolizeibehörden, in München von der Polizeidirektion, ausgeübt.

III. Allgemeine Bestimmungen.

§ 33.[17])

Die Zuständigkeit zur Erlassung der gesetzlich statthaften polizeilichen Anordnungen, Gebote oder Verbote an einzelne Personen oder in bestimmten Fällen richtet sich, soweit nicht das Gesetz oder gegenwärtige Verordnung hierüber maßgibt, nach den über die Zuständigkeit der Behörden bestehenden allgemeinen Normen oder den zu den einzelnen Paragraphen oder Artikeln des Strafgesetzbuchs, beziehungsweise Polizeistrafgesetzbuchs, besonders erlassenen Verordnungen oder Polizeivorschriften.

§ 34.

Gegenwärtige Verordnung tritt am 8. Januar 1872 im ganzen Umfange des Königreichs in Kraft.

Die Verordnungen vom 24. Juni 1862, die Zuständigkeit der Verwaltungsbehörden in Sachen des Polizeistrafgesetzbuchs betr., dann die Verordnung vom 10. Dezember 1862, die als gemeingefährlich allgemein verbotenen Waffen betr., sowie die Verordnung vom 29. März 1863, die Verhängung der Polizeiaufsicht oder der Verwahrung in einer Polizeianstalt anstatt der Landesverweisung betr., werden aufgehoben.

2. K.VO. v. 17. Jan. 1910, die Zuständigkeit zur Erlassung der in § 366 Nr. 10 u. § 367 Nr. 5 des RStGB. vorbehaltenen Vorschriften betr.

(GVBl. 45.)

Wir finden Uns bewogen, auf Grund des Art. 1 Abs. 2 des Polizeistrafgesetzbuchs für Bayern zu verordnen, was folgt:

---

[14]) § 30 ist gegenstandslos geworden, da Art. 155 Abs. 3 PStGB. unwirksam geworden ist.

[15]) § 31 ist gegenstandslos geworden, da Art. 156 Nr. 1 unwirksam geworden ist.

[16]) § 32 ist gegenstandslos geworden, da Art. 158 unwirksam wurde.

[17]) § 33 ist nur teilweise wirksam, nämlich nur, soweit er eine verordnungsmäßige Regelung der Zuständigkeit im Auge hat; nicht aber, soweit er schlechthin „allg. Normen" oder PolVorschr. als ausreichende Formen für die Regelung der Zuständigkeit erachtet; s. hierzu Art. 1 A. 6. Eine Ermächtigung zum Erlaß von PolVorschr. enthält § 33 nicht (ObSt. 26, 274). ObSt. 3, 350 leitet, zu Unrecht, aus ihm die Befugnis ab, durch Polizeivorschriften die Befugnis zum Erlaß von Polizeiverfügungen zu geben.

§ 1.

Die nach § 366 Nr. 10 des Reichsstrafgesetzbuchs zulässigen Polizeiverordnungen werden bezüglich der Wasserstraßen durch ober-, distrikts- oder ortspolizeiliche Vorschriften erlassen.

§ 2.

Die nach § 367 Nr. 5 des Reichsstrafgesetzbuchs zulässigen Verordnungen über die Verausgabung und Verwendung von Sprengstoffen oder anderen explodierenden Stoffen werden durch oberpolizeiliche Vorschrift erlassen.

3. InnMB. v. 28. Mai 1862, die Form der Verkündung orts- und distriktspolizeilicher Vorschriften betr.

(RegBl. 925; Pf. KrBl. 617.)

Auf Grund des Art. 40 Abs. 3 des Polizeistrafgesetzbuches werden über die Form der Verkündung orts- und distriktspolizeilicher Vorschriften nachstehende Anordnungen erlassen:[1])

§ 1.

Die ortspolizeilichen Vorschriften werden bekannt gemacht:

1. durch Einrückung in das im Gemeindebezirke erscheinende Lokalamtsblatt;
2. durch Anschlagen an dem Gemeinde- oder Schulhause oder an sonstigen geeigneten, im allgemeinen oder in besonderen Fällen hiezu bestimmten Stellen im Ortspolizeibezirke;

---

[1]) a) Die Bek. ist nun durch die mit ihrer Verkündung (31. Juli 1922) in Kraft getretene InnMB. v. 26. Juli 1922 (unten abgedruckt unter Nr. 4) ersetzt. Ihr Abdruck war aber gleichwohl geboten, weil die Wirksamkeit der vor dem 31. Juli 1922 verkündeten Vorschriften sich nach der Bek. v. 28. Mai 1862 bemißt. Gemäß Art. 159 Abs. 2 PStGB. v. 26. Dez. 1871 hatte sie unter diesem weiter gegolten (ObSt. 5, 311).

b) Anstatt distrpol. nun zu lesen bezpol. An Stelle des Art. 40 Abs. 3 des PStGB. v. 10. Nov. 1861 ist nun Art. 11 Abs. 3 des jetzigen PStGB. getreten.

c) Bekannt zu machen ist die pol. Vorschr., nicht deren Entwurf. Eine Bekanntmachung vor der Vollziehbarkeitserklärung ist deshalb wirkungslos (ObSt. 4, 288).

d) Besondere Bestimmungen über die Ausstattung des nach §§ 1 und 3 bekannt zu machenden Textes der pol. Vorschr. bestehen nicht; es genügt deshalb die Einrückung, der Anschlag, der Ausruf usw. des bloßen Textes. Er braucht keine Bemerkung zu enthalten über die Behörde, die die Vorschrift erließ, die Gemeinde, für die sie gelten soll, den Zeitpunkt des Erlasses, die Vollziehbarkeitserklärung usw. (vgl. OSt. 5, 228). Jede Veröff. hat sich aber auf den ganzen Inhalt der pol. Vorschr. zu erstrecken; es genügt nicht die Verweisung auf ein Schriftstück, das den Text enthalten soll.

e) Die für ortspol. Vorschr. getroffenen Vorschriften gelten entsprech. u. soweit anwendbar auch für solche für ausmärk. Bezirke, sonst wäre „eine gehörige Bekanntm." (Art. 11 Abs. 1) nicht möglich; a. A. ObSt. 8, 194. Die Befugnisse nach § 2 hat hier die BezPolBeh.

3. durch Ausruf auf Ortsstraßen und Plätzen unter Anwendung der Schelle, des Trommelschlags oder eines sonstigen geeigneten Signals;
4. durch persönliches Umsagen oder durch Zustellung von Abschriften oder Abdrücken in den einzelnen Häusern;
5. durch Verlesung in den Gemeindeversammlungen.[2])

§ 2.

Die Ortspolizeibehörden haben unter den im § 1 angeführten Formen der Verkündung jederzeit die nach den örtlichen Verhältnissen und dem Gegenstand der jeweilig bekannt zu machenden Vorschrift als die zweckmäßigste sich darstellende zu wählen und nach Umständen mehrere Formen der Verkündung zugleich in Anwendung zu bringen.

Die Form der Verlesung in den Gemeindeversammlungen kann jedoch nur in den Landgemeinden der Landesteile diesseits des Rheins angewendet werden.

§ 3.

Die distriktspolizeilichen Vorschriften werden in der Regel von den Distriktspolizeibehörden den Ortspolizeibehörden, in deren Bezirken sie zur Anwendung gebracht werden sollen, in Abschrift oder Abdruck mitgeteilt und von den Ortspolizeibehörden nach Art der ortspolizeilichen Vorschriften bekannt gemacht.

Den Ortspolizeibehörden steht hierbei die Wahl der Form der Verkündung frei, insoferne hierüber nicht in der bekannt zu machenden distriktspolizeilichen Vorschrift eine ausdrückliche Anordnung getroffen ist.

Wird eine distriktspolizeiliche Vorschrift in einem Distriktsamtsblatte bekannt gemacht, so ist deren besondere Mitteilung an diejenigen Ortspolizeibehörden, welche dasselbe halten, nicht erforderlich.

---

[2]) a) Unter den verschiedenen Formen, die § 1 zuläßt, haben die OrtsPol.-Beh. die freie Wahl; eine richterliche Prüfung der Zweckmäßigkeit findet nicht statt (OGHSt. 4, 313; StengleinZB. 1875, 31).

b) Nicht genügend, weil in § 1 nicht vorgesehen, ist die bloße Eröffnung an eine Anzahl Beteiligter (ObSt. 2, 106; 1, 137). Nicht genügend ist auch die Verkündung an Sonn- und Feiertagen vor der Pfarrkirche (Ungewitter GemZ. 1912, 274). Ausreichend die Anheftung in zwei Gasthäusern auf ortspolizeiliche Anordnung (ObSt. 2, 397).

c) Lokalamtsblatt: Dasjenige Blatt, das für die amtl. Veröffentlichungen der Gem. bestimmt ist; es muß dies selbstverständlich nicht ein besonderes Organ sein; im Gemeindebezirke erscheint das Blatt, wenn es dort bezogen wird, es braucht nicht dort herausgegeben zu werden. Lokalamtsblatt ist nicht gleichbedeutend mit Bezirksamtsblatt (vgl. OSt. 6, 425; BlAPr. 1893, 59). Erfolgt die Verkündung durch das Lokalamtsblatt, so muß für die Prüfung der formellen Gültigkeit der Vorschrift die Nummer des Lokalamtsblatts vorgelegt werden (ObSt. 14, 36).

d) Ob der Platz geeignet im Sinne des § 1 Nr. 2 ist, ist auch im Strafverfahren selbständig zu prüfen.

e) Erfolgt die Verkündung nach Maßgabe der Nr. 3, so muß ein „Signal" angewendet werden; es genügt nicht die bloße Einleitung durch einen Ruf des Ausrufenden. Der Ausruf muß auch in den Nebenorten, nicht bloß im Hauptort erfolgen (ObSt. 11, 340; Ungewitter GemZ. 1912, 274).

f) Auch das Umsagen u. Zustellen von Abschr. u. Abdrucken (Nr. 4) muß im ganzen Bezirke erfolgen, wenn auch nicht gerade in jedem Haus. Bei Nichtbeachtung ist die ganze Vorschrift unwirksam, auch in den Teilen, wo sie bekannt gemacht wurde; a. A. Ungewitter GemZ. 1912, 274.

Letztere haben die Verpflichtung, sofort nach Empfang der betreffenden Nummer des Distriktsamtsblattes zur örtlichen Verkündung zu schreiten.[3])

§ 4.

Gegenwärtige Anordnungen treten mit dem Tage der Verkündung durch das Regierungsblatt, bzw. durch das Amtsblatt der Pfalz, für den ganzen Umfang des Königreichs in Wirksamkeit.

4. InnMB. v. 26. Juli 1922 über die Form der Verkündung orts- und bezirkspolizeilicher Vorschriften.[1])

(GVBl. 372).

Auf Grund des Artikel 11 Absatz 3 des Polizeistrafgesetzbuches wird nachstehendes angeordnet:

§ 1.

Die ortspolizeilichen Vorschriften werden bekanntgemacht

1. durch Veröffentlichung im Amtblatte der Gemeinde,
2. durch Anschlag an den für öffentliche Bekanntmachungen allgemein bestimmten Stellen (Gemeindetafel),
3. durch Ausruf auf den Straßen und Plätzen des Ortspolizeibezirkes unter Anwendung der Schelle, des Trommelschlags oder eines sonstigen geeigneten Signals.

Handelt es sich um ortspolizeiliche Vorschriften größeren Umfanges, so kann statt des Anschlages der ganzen Vorschrift ihre Niederlegung in der Gemeindekanzlei oder an einer sonst geeigneten Stelle zur öffentlichen Einsichtnahme erfolgen. Auf die Niederlegung ist durch Bekanntmachung im Amtsblatte der Gemeinde oder durch Anschlag oder Ausruf in der in Absatz 1 Ziffer 2 und 3 vorgesehenen Weise aufmerksam zu machen.

---

[3]) In den beiden von Abs. 1 u. 3 vorgesehenen Fällen ist notwendig, daß die OrtsPolBeh. die Vorschrift in der für die ortspol. Vorschr. vorgeschriebenen Form verkündet; hinsichtlich der Freiheit der Wahl unter den ihnen hierbei zustehenden Möglichkeiten sind aber die OrtsPolBehörden hier insoweit gebunden, als sie an etwaige Anordnungen, die die bezpol. Vorschrift selbst hierüber enthält, gebunden sind; es ergibt sich das unmittelbar aus dem Wortlaut des § 3 (ObSt. 5, 310; RG. BayZ. 1907, 173).

Das Bezirksamt, das bei bezpol. Vorschr. nach § 3 Abs. 2 den OrtsPolBeh. über die Wahl der Form der Verkündung Weisungen geben kann, ist hierbei an die in § 1 vorgesehenen Formen gebunden; es ergibt sich das aus § 3 Abs. 2 insoferne, als auch das Bezirksamt nur die sonst den OrtsPolBeh. zustehende Wahl trifft (zweifelnd ObSt. 1, 140). Trifft das Bezirksamt Anordnungen zu einer anderweiten Bekanntm., so wird durch ihre Nichtbeachtung jedenfalls die Gültigkeit der Vorschrift nicht berührt, vorausgesetzt, daß in einer der vorgeschriebenen Verkündungsformen eine Verkündung stattfindet.

[1]) S. hierzu grundsätzlich Art. 11 A. 1: Hinsichtlich der Prüfung der ordnungsmäßigen Verkündung kann auch das Revisionsgericht eine tatsächliche Prüfung anstellen (ObSt. 2, 108).

§ 2.

Die Bekanntmachung der ortspolizeilichen Vorschriften hat nach Maßgabe des § 1 jeweils in der Form zu erfolgen, die nach der Sachlage als die zweckmäßigste erscheint. Mit Rücksicht auf die Wichtigkeit der Sache oder besondere örtliche Verhältnisse können auch mehrere Formen der Verkündung zur Anwendung gebracht werden.

§ 3.

Bezirkspolizeiliche Vorschriften werden im Amtsblatte der Bezirkspolizeibehörde bekannt gemacht.

Erfolgt ausnahmsweise eine solche Bekanntmachung nicht, so sind sie den Ortspolizeibehörden, für deren Bereich die Vorschrift in Anwendung kommen soll, im Abdruck mitzuteilen.

Die Ortspolizeibehörden haben bezirkspolizeiliche Vorschriften sofort nach Empfang des Amtsblatts, in dem sie abgedruckt sind, oder der besonderen Mitteilung (Abs. 2) in der für ortspolizeiliche Vorschriften vorgesehenen Weise öffentlich bekanntzumachen. § 2 gilt entsprechend, sofern in der bezirkspolizeilichen Vorschrift nichts anderes angeordnet ist.

§ 4.

In auswärtischen Bezirken werden orts- und bezirkspolizeiliche Vorschriften in der in § 1 angegebenen Weise bekanntgemacht, die Form der Verkündung bestimmt die Bezirkspolizeibehörde nach Maßgabe des § 2.

§ 5.

Gegenwärtige Anordnung tritt mit ihrer Verkündung im Gesetz- und Verordnungsblatt an die Stelle der Bekanntmachung vom 28. Mai 1862, die Form der Verkündung orts- und distriktspolizeilicher Vorschriften betreffend (RegBl. S. 925, PfKrBl. S. 617).

5. GesMB. v. 14. Juli 1922 über amtliche Veröffentlichungen.[1])

(GVBl. 363.)

Bei den amtlichen Veröffentlichungen der Ministerien werden in Zukunft folgende Grundsätze beachtet werden:

1. Im GVBl. erscheinen alle Gesetze und Verordnungen, ferner die Bekanntmachungen und Entschließungen zweier oder mehrerer Ministerien, die kein gemeinsames MABl. haben (mit der unter Ziff. 3a behandelten Ausnahme).

   Dem einzelnen Ministerium bleibt vorbehalten, Bekanntmachungen und Entschließungen, die es allein erläßt, die jedoch für den Geschäftsbereich anderer Ministerien von erheblicher Bedeutung sind, im GVBl. zu veröffentlichen unter kurzer Verweisung darauf in seinem Ministerialamtsblatt.

2. In den Ministerialamtsblättern erscheinen die Ministerialbekanntmachungen und Ministerialentschließungen, die von dauernder Bedeutung sind oder auch nur voraussichtlich dauernde Bedeutung erlangen können. Bekannt-

---

[1]) Die Bek. ist unwirksam, soweit nach ihr die Veröffentl. von Polizeivorschriften in anderen Blättern als im GVBl. vorgesehen ist (ObSt. BayZ. 1926, 60); sie ist nun aufgeh. durch die unten unter Nr. 6 abgedr. GesMBO. v. 26. März 1929; ihr Abdruck ist geboten, da nach ihr die Wirksamkeit der unter ihrer Geltung erfolgten Veröffentlichungen zu bemessen ist.

machungen und Entschließungen mehrerer Ministerien, die kein gemeinsames MABl. haben, werden nur im GVBl. veröffentlicht, in den einzelnen MABl. wird jedoch auf die Veröffentlichungen kurz verwiesen.

3. Im Staatsanzeiger erscheinen
   a) Ministerialbekanntmachungen und Entschließungen, die keine dauernde Beachtung beanspruchen.
   b) Veröffentlichungen, an deren schnellem Erscheinen ein besonderes Interesse besteht; daneben ist Veröffentlichung nach Ziff. 1 oder 2 nicht ausgeschlossen.
   c) Veröffentlichungen jeder Art, die für die Allgemeinheit oder für einen weiteren Behördenkreis von besonderem Interesse sind; in diesem Fall gilt das Gleiche wie zu Ziff. 3b.
4. Im übrigen gilt der Grundsatz, daß jede Veröffentlichung, wenn irgend möglich, nur an einer Stelle erscheint.

6. GesMBD. v. 26. März 1929 über amtliche Veröffentlichungen.

(GVBl. 53.)

§ 1.

Amtlich veröffentlicht werden:
1. Gesetze, d. h. staatliche Willensakte, die im Wege der Gesetzgebung nach den Bestimmungen der Verfassung ergehen;
2. Staatsverträge;
3. Rechtsverordnungen, d. h. Vorschriften, die auf Grund reichs- oder landesrechtlicher Ermächtigung allgemein verbindliches Recht setzen und die Freiheit der Person oder das Vermögen betreffen, ohne in den Formen des Gesetzes zu ergehen;
4. allgemeine Verwaltungsverordnungen (§ 61 Ziff. 6 der Verfassungsurkunde), d. h. Vorschriften, die ohne Recht im Sinne der Ziff. 3 zu setzen, allgemeine Anordnungen für die Staatsverwaltung treffen;
5. Organisationsverordnungen (§ 46 der Verfassungsurkunde);
6. sonstige Verordnungen, d. h. Vorschriften, die auf Grund besonderer Bestimmungen als „Verordnung“ zu erlassen sind;
7. Bekanntmachungen, d. h. Vorschriften und Kundgebungen, die sich an die Allgemeinheit wenden und nicht unter Ziff. 1 bis 6 fallen;
8. Entschließungen, d. h. Anordnungen und Kundgebungen an die untergeordneten Behörden und Stellen dann, wenn sie sich an einen weiteren Behördenkreis wenden oder wenn sie zur allgemeinen Kenntnis gebracht werden sollen.

§ 2.

Die Veröffentlichung erfolgt:
1. im Gesetz- und Verordnungsblatt
   a) bei allen Gesetzen, Staatsverträgen, Rechtsverordnungen, Organisationsverordnungen und bei solchen allgemeinen Verwaltungsverordnungen, die die Verteilung der Geschäfte der Staatsverwaltung unter die Staatsministerien betreffen — §§ 75 und 58 Abs. 3 der Verfassungsurkunde —,
   b) bei den sonstigen Verordnungen, bei Bekanntmachungen und Entschließungen dann, wenn es wegen ihrer besonderen Bedeutung für einen weiteren Behördenkreis oder wegen der Beteiligung mehrerer Staatsministerien erforderlich ist;

2. in den Ministerialamtsblättern bei den sonstigen Verordnungen, Bekanntmachungen und Entschließungen, die nicht nach Ziff. 1b im Gesetz- und Verordnungsblatt zu veröffentlichen sind und die voraussichtlich längere Zeit gelten werden;
3. im Bayerischen Staatsanzeiger bei den sonstigen Verordnungen, Bekanntmachungen und Entschließungen, die nicht nach Ziff. 1b im Gesetz- und Verordnungsblatt zu veröffentlichen sind,
   a) wenn sie voraussichtlich nicht längere Zeit gelten werden,
   b) unbeschadet der Veröffentlichung nach Ziff. 1b oder 2, wenn ihre Mitteilung an die Öffentlichkeit oder ihre rasche Bekanntgabe erforderlich ist.

Maßnahmen auf Grund des § 64 der Verfassungsurkunde und des Art. 48 Abs. 4 der Reichsverfassung können auch auf andere Weise veröffentlicht werden.

§ 3.

Verordnungen und Bekanntmachungen ergehen ohne, Entschließungen mit Anschrift.

Abgesehen von den in § 2 Ziff. 3b aufgeführten Fällen erfolgt in der Regel jede Veröffentlichung nur an einer Stelle. Es kann aber an anderer Stelle auf sie kurz verwiesen werden.

Bei Veröffentlichungen im Bayerischen Staatsanzeiger nach § 2 Ziff. 3b ist in einer Fußnote zu vermerken, wo die Veröffentlichung sonst noch erfolgt.

§ 4.

Soweit nicht gesetzliche Vorschriften entgegenstehen, hat die Art der Veröffentlichung (§ 2) auf die Rechtsgültigkeit der Vorschrift keinen Einfluß.

§ 5.[1])

Für die Veröffentlichung von Vorschriften, die von Behörden und Stellen erlassen werden, die den Staatsministerien untergeordnet sind, verbleibt es bei den besonderen Bestimmungen.

Soweit diesen Behörden und Stellen auf Grund reichsrechtlicher Ermächtigung die Erlassung von Vorschriften übertragen ist und die besonderen Bestimmungen keine anderweitige Regelung treffen, bestimmen die Behörden und Stellen selbst die Art der Veröffentlichung; dabei ist auf den örtlichen Geltungsbereich der Vorschriften Rücksicht zu nehmen.

§ 6.

Die Bekanntmachungen sämtlicher Staatsministerien, die Bekanntmachung von Verordnungen betreffend, vom 29. Oktober 1921 (GVBl. S. 545) und über amtliche Veröffentlichungen vom 14. Juli 1922 (GVBl. S. 363) werden aufgehoben.

---

[1]) § 5 Abs. 2 entspricht im wesentl. dem letzten Satz der nach § 6 aufgehob. Bek. v. 29. Okt. 1921; besondere Bestimmungen sind auch Art. 11 PStGB. und die hierzu ergangenen besonderen Anordnungen. Ferner werden unter die auf Grund „reichsrechtl. Ermächtigung" zu erlassenden Vorschr. solche überhaupt nicht fallen, hinsichtl. deren auch eine, allerd. auf Grund Reichsrechts ergangene landesrechtl. Ermächtigung vorliegt; s. hierzu Art. 11 A. 1.

7. Reichsges. v. 13. Okt. 1923 über die Verkündung von Rechtsverordnungen.[1]) [2])

(RGBl. 959.)

Der Reichstag hat das folgende Gesetz beschlossen, das mit Zustimmung des Reichsrats hiermit verkündet wird:

§ 1.

Rechtsverordnungen des Reichs werden im Reichsgesetzblatt oder im Reichsministerialblatte (Zentralblatt für das Deutsche Reich) oder im Deutschen Reichsanzeiger verkündet. Die Verkündung an einer dieser Stellen genügt auch dann, wenn durch frühere Gesetze und Verordnungen eine bestimmte Art der Verkündung vorgeschrieben ist.

Für Rechtsverordnungen in Besoldungsangelegenheiten ist die Verkündung im Reichsbesoldungsblatte, für Rechtsverordnungen der Post- und Telegraphenverwaltung die Verkündung in einem Amtsblatt des Reichspostministeriums ausreichend. Abs. 1 Satz 2 gilt entsprechend.

Verordnungen auf Grund des Art. 48 der Reichsverfassung können auch in anderer als der im Abs. 1 Satz 1 vorgesehenen Weise verkündet werden.

§ 2.

Rechtsverordnungen des Reichs treten, soweit sie nichts anderes bestimmen, mit dem auf die Verkündung folgenden Tage in Kraft.

§ 3.

Dieses Gesetz tritt am 1. November 1923 in Kraft. Von diesem Zeitpunkt an kann für die Zukunft die Rechtswirksamkeit der Verkündung von Rechtsverordnungen, die früher in einer dem § 1 Abs. 1 und 2 entsprechenden Weise erfolgt ist, nicht in Frage gestellt werden.

8. GesMBO. v. 24. Aug. 1923 über die Errichtung einer Polizeidirektion in Nürnberg.[1])

(GVBl. 282).

Auf Grund des Art. 98 der Gemeindeordnung für die Landesteile rechts des Rheins wird verordnet:

§ 1. In Nürnberg wird eine Polizeidirektion errichtet.

---

[1]) VollzBest. v. 1. Dez. 1923 (RGBl. 1236); gibt nur die Verwaltungsübung hins. der Handhabung der der Verwaltung nach dem Ges. eingeräumten Befugnisse bekannt.

[2]) Rechtsverordnungen des Reichs im Sinne dieses Ges. sind nur solche, die auf Grund reichsgesetzl. Ermächtigung durch Organe des Reichs ergehen; wegen der Erlassung von RechtsVOen (und VerwaltungsVOen) auf Grund reichsgesetzl. Ermächtigung durch Organe Bayerns s. § 5 der VO. v. 26. März 1929 (oben Nr. 6) u. Art. 1 A. 11.

[1]) Inkraftgetreten am 1. Nov. 1923 (JmMB. v. 29. Okt. 1923, GVBl. 369). Zum Begriffe der Sicherheitspolizei im Sinne dieser Bestimmungen s. Eichner GemZ. 1930, 313: „Erhaltung der Ruhe, Sicherheit u. Ordnung im allgemeinen".

Die Polizeidirektion führt die Bezeichnung „Polizeidirektion Nürnberg-Fürth" und ist im Rahmen des ihr durch diese Verordnung zugewiesenen Wirkungskreises Ortspolizei- und Bezirksverwaltungsbehörde für das Gebiet der Städte Nürnberg und Fürth.

Der Wirkungskreis der Stadträte Nürnberg und Fürth bleibt unberührt, soweit nicht diese Verordnung anderes bestimmt.

§ 2. In der Stadt Fürth wird ein Polizeiamt als Nebenstelle der Polizeidirektion Nürnberg-Fürth errichtet.

§ 3. Der Polizeidirektion Nürnberg-Fürth obliegt

1. die Sorge für Aufrechterhaltung der öffentlichen Ruhe, Ordnung und Sicherheit, insbesondere die Handhabung der Sicherheitspolizei zum Schutze des Staates und der bestehenden Staatseinrichtungen, die Verhütung und polizeiliche Verfolgung strafbarer Handlungen sowie der Vollzug der Bestimmungen über den Verkehr mit Waffen und Sprengstoffen,
2. die Ausübung der orts- und bezirkspolizeilichen Befugnisse hinsichtlich der Presse, des Vereins- und Versammlungsrechts und der Vollzug der Bestimmungen über Veranstaltung von Lustbarkeiten, über das Lichtspielwesen und die Polizeistunde,
3. die Handhabung der Fremdenpolizei mit Einschluß des Vollzugs der Vorschriften über Paß- und Meldewesen,
4. die Verkehrspolizei,
5. die Sittenpolizei.

§ 4. Das Staatspolizeiamt Nürnberg-Fürth wird aufgehoben. Seine Zuständigkeiten gehen auf die Polizeidirektion Nürnberg-Fürth über.

§ 5. Das Staatsministerium des Innern bestimmt den Zeitpunkt, an dem diese Verordnung in Kraft tritt. Es erläßt die näheren Vorschriften über die Festsetzung und Abgrenzung der Aufgaben, die der Polizeidirektion Nürnberg-Fürth und ihrer Zweigstelle in Fürth obliegen, und über das Zusammenwirken der Polizeidirektion mit den beteiligten Staats- und Gemeindebehörden. Es ist ferner ermächtigt, im Bedarfsfalle der Polizeidirektion Nürnberg-Fürth weitere Zuständigkeiten im Rahmen des Art. 98 der Gemeindeordnung zu überweisen, ihren Wirkungskreis einzuschränken sowie ihren Bezirk durch Zuteilung ausmärkischer Gebietsteile zu erweitern.

9. InnMB. v. 29. Okt. 1923 über den Wirkungskreis der Polizeidirektion Nürnberg-Fürth.

(GVBl. 370).

Auf Grund des § 5 der Verordnung über die Errichtung einer Polizeidirektion in Nürnberg vom 24. August 1923 (GVBl. 282) wird bestimmt:

A. Örtlicher Wirkungskreis der Polizeidirektion Nürnberg-Fürth.

§ 1. Der örtliche Wirkungskreis der Polizeidirektion Nürnberg-Fürth umfaßt das Gebiet der Städte Nürnberg und Fürth sowie die ausmärkischen Forstbezirke Eibach und Zerzabelshof.

B. Sachlicher Wirkungskreis der Polizeidirektion Nürnberg-Fürth.

I. Engere Sicherheitspolizei.

§ 2. Der Polizeidirektion obliegt die Handhabung der Sicherheitspolizei zum Schutze des Staates und der bestehenden Staatseinrichtungen und die Sorge für

Aufrechterhaltung der öffentlichen Ruhe, Ordnung und Sicherheit mit Einschluß der Sorge für die Sicherheit der Person und des Eigentums. Unter diesen Aufgabenkreis fällt insbesondere die vorbeugende polizeiliche Tätigkeit zur Verhinderung von Angriffen gegen die bestehende Staats- und Rechtsordnung, namentlich auch die Verhütung strafbarer Handlungen; ferner die Waffen- und Sprengstoffpolizei, die Handhabung der öffentlichen Verpflichtungen nach § 360 Ziff. 10 des RStGB. und die Bekämpfung von Unruhen, nötigenfalls durch Anforderung der Wehrmacht nach § 17 des Wehrgesetzes.

§ 3. Der Polizeidirektion steht die Ausübung der den Ortspolizei- und Bezirksverwaltungsbehörden zukommenden Befugnisse bezüglich der Presse, des Vereins- und Versammlungsrechts sowie der Vollzug der Bestimmungen über die Veranstaltung von Lustbarkeiten und über die Polizeistunde zu. Ihr obliegt auch der Vollzug des § 43 der Reichsgewerbeordnung, ferner der §§ 55 und 55a der Reichsgewerbeordnung, soweit Wandergewerbe mit Druckschriften in Frage kommt, sowie der Vollzug des § 56 Abs. IV der Reichsgewerbeordnung.

Die Polizeidirektion ist zuständig für den Vollzug der Bestimmungen über Glücksspiele, Lotterien und Ausspielungen, sofern die Veranstaltung und die Aufstellung von Glücksbuden nicht von den Stadt- und Gemeinderäten ausgeht; insbesondere obliegt ihr die Behandlung der Angelegenheiten der Totalisatorunternehmungen und des Buchmachergewerbes.

Die Polizeidirektion ist zuständig zur Erteilung und Zurücknahme der nach §§ 32 und 33a der Reichsgewerbeordnung erforderlichen Erlaubnis und zum Vollzuge der Bestimmungen über das Lichtspielwesen. Die gemeindliche Zuständigkeit zu Maßnahmen des Jugendschutzes auf dem Gebiete des Lichtspielwesens bleibt unberührt.

II. Mitwirkung bei der Strafrechtspflege und Sittenpolizei.

§ 4. Das Gebiet der der Polizeidirektion übertragenen Kriminalpolizei umfaßt die vorläufige polizeiliche Einschreitung bei Verübung von Verbrechen und solchen Vergehen und Übertretungen, die mit dem allgemeinen Wirkungskreise der Polizeidirektion in Zusammenhang stehen, und die Erforschung und Aufdeckung dieser strafbaren Handlungen.

Die Stadträte Nürnberg und Fürth sind verpflichtet, die Polizeidirektion und ihre Hilfsorgane bei der Handhabung der Kriminalpolizei zu unterstützen. Insbesondere sind ihre Hilfsorgane berechtigt und verpflichtet, in allen Fällen der frischen Tat sofort einzuschreiten, die gesetzlich zulässige Festnahme der Täter zu bewirken und das zur Sammlung und Erhaltung des Beweismaterials Erforderliche vorzukehren. Die Polizeidirektion ist hiervon jeweils sofort zu verständigen.

§ 5. Die Polizeidirektion besorgt das Gefangenen-Transport- und Schubwesen; ihr obliegt ferner die polizeiliche Mitwirkung bei Auslieferungen und bei der Schutzaufsicht über vorläufig entlassene Strafgefangene und bei der Obsorge für entlassene Sträflinge. Sie besitzt die Befugnis der Landespolizeibehörde, einen Verurteilten unter Polizeiaufsicht zu stellen und in einem Arbeitshaus unterzubringen (§ 38 Abs. 2, § 362 Abs. 3 Reichsstrafgesetzbuchs).

§ 6. Auf dem Gebiete der Sittenpolizei obliegen der Polizeidirektion die mit der Handhabung der Sicherheits-, namentlich der Kriminalpolizei, untrennbar verbundenen Aufgaben, insbesondere die Bekämpfung des Zuhälter-, Dirnen- und Kupplerunwesens.

III. Meldewesen, Fremden- und Verwaltungspolizei.

§ 7. Die Polizeidirektion führt die Bevölkerungsverzeichnisse nach Maßgabe der hierüber jeweils bestehenden Anordnungen; sie empfängt die hierzu nötigen Mitteilungen von den Standesbeamten, den Pfarrämtern, den Stadträten und den sonstigen Behörden ihres Bezirkes, sowie die Anzeigen und Meldungen der Einzelpersonen und erläßt die einschlägigen ortspolizeilichen Vorschriften. Sie hat den Gerichten, Stellen und Behörden die vorgeschriebenen Mitteilungen über uneheliche Geburten und über Todesfälle der Einwohner zu machen und den Stadträten Nürnberg und Fürth alle zu ihrer Geschäftsführung erforderlichen Aufschlüsse rechtzeitig zu erteilen sowie die Mitbenützung der Register, soweit es ohne Beeinträchtigung des Dienstes möglich ist, zu gestatten.

Die Verpflichtung der Stadträte zur Führung von Einwohnerlisten bleibt unberührt, soweit dies zum Vollzuge der in ihren Wirkungskreis fallenden Geschäfte notwendig ist. Das Staatsministerium des Innern behält sich vor, Anordnungen über die gemeinschaftliche Benützung des polizeilichen Einwohneramts durch Staats- und Gemeindebehörden zu treffen.

§ 8. Zum Wirkungskreise der Polizeidirektion gehören ferner
a) die Ausstellung von Lebensbescheinigungen und die Beglaubigung der dazu gehörigen Unterschriften,
b) die Vorbehandlung der Gesuche, die dem Gebiete der Fürsorge für die Staatsbeamten und deren Hinterbliebene angehören, einschließlich der Gesuche um Verleihung von Präbenden,
c) der Vollzug der Staatsverträge über die Übernahme von Ausgewiesenen,
d) die Besorgung der den Unterbehörden zukommenden Geschäfte bei Namensänderungen und Namensfestsetzungen,
e) die Ausstellung von Vermögenszeugnissen in Strafsachen sowie der Leumundszeugnisse,
f) die Behandlung der Fundsachen.

Im Vollzuge des Reichs- und Staatsangehörigkeitsgesetzes ist die Polizeidirektion zuständig
a) zur Entscheidung über den bestrittenen Besitz der bayer. Staatsangehörigkeit im ersten Rechtszuge,
b) zur Ausstellung von Heimatscheinen und Staatsangehörigkeitsausweisen.

§ 9. Der Vollzug der Bestimmungen über Paßwesen, Aufenthalt und Fremdenpolizei, insbesondere die Befugnis zur Ausweisung von Ausländern aus dem Reichsgebiete gemäß Verordnung vom 5. März 1916 (GVBl. S. 43), dann die Handhabung der Polizei in Bezug auf Arbeitsscheue, Landstreicher und Bettler, unerlaubtes Sammeln und Gaukelei stehen der Polizeidirektion zu.

Die Bundesratsbekanntmachung über Wohlfahrtspflege im Kriege vom 15. Februar 1917 (RGBl. S. 143) ist auch weiterhin von den Stadträten zu vollziehen.

IV. Verkehrspolizei.

§ 10. Die Polizeidirektion handhabt die Polizei in Bezug auf Sicherheit, Bequemlichkeit und Ruhe auf den öffentlichen Wegen, Straßen und Plätzen, ferner in Bezug auf den Rad-, Kraftfahrzeug- und Luftverkehr. Sie ist zur Erteilung der nach den §§ 33b und 60a der Reichsgewerbeordnung erforderlichen Erlaubnis zuständig.

Die Bestimmungen über unbefugte Benützung von Privatwegen und über die Sicherstellung der öffentlichen Straßen, Wege, Plätze, Brücken und Stege gegen Beschädigungen (Art. 89/90 PStGB.) werden von den Stadträten, unbeschadet des Rechtes der Polizeidirektion zur Erlassung vorübergehender Vorschriften für den Notfall, vollzogen.

Die Stadträte Nürnberg und Fürth sind auch befugt, Straßen- und Wegstrecken als gesperrt und für den Verkehr verboten zu erklären, soweit dies zur ungestörten Vornahme von Herstellungs- und Unterhaltungsarbeiten an Straßen, Wegstrecken und Gehbahnen notwendig ist. Die Polizeidirektion ist hiervon jeweils umgehend zu verständigen. Im übrigen ist die Polizeidirektion zur Sperrung öffentlicher Straßen und Wege zuständig.

§ 11. Die Regelung des Betriebs des öffentlichen Fuhrwerkes sowie des Gewerbes derjenigen Personen, welche auf öffentlichen Straßen oder Plätzen ihre Dienste anbieten, verbleibt den Stadträten. Diese sind auch zuständig, die verkehrspolizeiliche Erlaubnis zur Benützung öffentlicher Straßen und Plätze für Zwecke des Gewerbebetriebs (Hinausstellen von Tischen und Stühlen vor Wirtschaften, Aufstellen von Baugerüsten usw.) zu erteilen.

§ 12. Bei Ausbruch von Bränden und bei Feuer- und Wassernot trifft die Polizeidirektion, unbeschadet des Rechtes und der Pflicht der Stadträte zur Handhabung der Feuer- und Wasserpolizei, die erforderlichen Anordnungen und Maßregeln zur Aufrechterhaltung der öffentlichen Ruhe und Ordnung sowie der Sicherheit des Verkehrs und des Eigentums.

V. Zuständigkeit des Polizeiamts Fürth.

§ 13. Das Polizeiamt Fürth ist Nebenstelle der Polizeidirektion für das Gebiet der Stadt Fürth.

Der Vorstand und die Beamten des Polizeiamts Fürth haben die dienstliche Stellung von Beamten der Polizeidirektion Nürnberg-Fürth. Dem Vorstand ist jedoch größere Selbständigkeit in der Behandlung der dem Amte zugewiesenen Geschäftsaufgaben eingeräumt, als den übrigen Nebenbeamten der Polizeidirektion Nürnberg-Fürth.

Das Polizeiamt Fürth erledigt unter der Leitung der Polizeidirektion Nürnberg-Fürth selbständig die nachbezeichneten Aufgaben:

1. Anordnung und Vollzug dringlicher vorläufiger Maßnahmen bei Ruhestörungen, größeren Menschenansammlungen, Unglücksfällen und verdächtigen Todesfällen, sowie bei Bränden und Wassergefahr;
2. Handhabung der polizeilichen Vorschriften über den Verkehr mit Waffen und Sprengstoffen;
3. Handhabung der orts- und bezirkspolizeilichen Befugnisse in Bezug auf Presse, Vereins- und Versammlungsrecht mit Einschluß des Vollzugs der §§ 43, 55, 55a, 56 Abs. IV der Reichsgewerbeordnung in dem der Polizeidirektion überwiesenen Umfange, soweit sich die Polizeidirektion diese Gegenstände nicht zur eigenen Behandlung vorbehält;
4. Erteilung der Erlaubnis zu den in Art. 32, 33, 34 und 36 PStGB. und §§ 33b und 60a der Reichs-Gewerbeordnung aufgeführten Veranstaltungen und Darbietungen;
5. Vollzug der Polizeistunde;
6. Vollzug der §§ 32 und 33a der Reichsgewerbeordnung und der Bestimmungen über das Lichtspielwesen;

7. Genehmigung von Lotterien und Ausspielungen von Eßwaren in Wirtshäusern, soweit sich die Polizeidirektion nicht diese Gegenstände zur eigenen Behandlung vorbehält;
8. Führung des Einwohneramts und Erledigung der in den §§ 7, 8 und 9 bezeichneten Geschäfte;
9. Sorge für Erhaltung der Sicherheit, Bequemlichkeit und Ruhe auf öffentlichen Straßen, Wegen und Plätzen, soweit sich die Polizeidirektion nicht diese Gegenstände zur eigenen Behandlung vorbehält;
10. Vollzug des Art. 50a PStGB. und des § 360 Nr. 13 des RStGB.;
11. Mitwirkung bei der Erteilung der Erlaubnis zum Wirtschaftsbetriebe.

Die Gebühren für die beim Polizeiamte Fürth vorgenommenen gebührenpflichtigen Amtshandlungen werden vom Polizeiamte festgesetzt, vereinnahmt und an das Zahlamt der Polizeidirektion abgeliefert.

Die Mitwirkung der Beamten des Polizeiamts Fürth bei der Erledigung derjenigen Dienstgeschäfte, welche dem Polizeiamte nicht zur selbständigen Behandlung überwiesen sind, sowie der Geschäftsgang zwischen dem Polizeiamt und der Polizeidirektion werden durch innerdienstliche Anweisung geregelt.

C. Schlußbestimmungen.

§ 14. Die Polizeidirektion und die Stadträte Nürnberg und Fürth sind innerhalb ihrer Zuständigkeit unabhängig voneinander, soweit der Polizeidirektion nicht auf Grund der bestehenden Bestimmungen ein Recht zusteht, den Stadträten Anweisungen zu erteilen. Sie haben über Geschäftsgegenstände, die den Wirkungskreis der verschiedenen Behörden berühren, stets das entsprechende wechselseitige Benehmen zu pflegen und sich überhaupt durch Erteilung aller notwendigen Aufschlüsse, namentlich durch gegenseitige Mitteilung der orts- und bezirkspolizeilichen Vorschriften und durch sonstiges Zusammenwirken, zu unterstützen.

Die Entscheidung über folgende Gegenstände darf nur im Benehmen mit der Polizeidirektion erfolgen:

1. Benennung der Straßen und Plätze, Numerierung der Gebäude und Bildung der Stadtbezirke;
2. Anweisung von Standplätzen für die öffentlichen Fuhrwerke;
3. Erteilung einer Bewilligung zu dauernder Aufstellung von Geräten und Werkzeugen an die in § 37 der Reichsgewerbeordnung genannten Personen sowie in den in § 11 Satz 2 aufgeführten Fällen. Bei vorübergehenden Bewilligungen ist Mitteilung an die Polizeidirektion erforderlich.
4. Erteilung der Erlaubnis zum Betriebe der in den §§ 33 und 34 der Reichsgewerbeordnung bezeichneten Unternehmungen.

Die Polizeidirektion hat insbesondere bei Handhabung der Sprengstoffpolizei ein enges Zusammenarbeiten mit den Stadträten zu pflegen und den bau- und feuerpolizeilichen Anforderungen der genannten Behörden stets Rechnung zu tragen. Sie kann ferner, falls öffentliche Straßen und Plätze oder sonstiges Gemeindeeigentum zu Volksfesten, Schau- oder Vorstellungen oder zu ähnlichen Zwecken benützt werden sollen, die Bewilligung nur erteilen, wenn die Gemeinde die Benützung gestattet. Vor Erteilung einer Erlaubnis nach § 32 und § 33a der Reichsgewerbeordnung ist der beteiligte Stadtrat zu hören.

Erlangt eine der in Abs. I genannten Behörden bei Ausübung ihrer Befugnisse Kenntnis von polizeiwidrigen Zuständen, deren Beseitigung zunächst einer der anderen Behörden zusteht, so hat sie die letztere ungesäumt hiervon zu benachrichtigen.

§ 15. Entstehen Streitigkeiten über die Zuständigkeit, so ist bis nach erfolgter höherer Entscheidung jedes weitere Vorgehen zu unterlassen, es sei denn, daß es sich um die sofortige Abwendung einer dringenden Gefahr handelt. Im letzteren Falle soll entweder die Behörde, die unbestritten in der Hauptsache zuständig ist, oder in zweiter Linie die Behörde, von der die erste Anregung in der Angelegenheit ausgegangen ist, die unerläßliche vorläufige Maßregel treffen.

§ 16. Die von den bisher zuständigen Behörden erlassenen orts- oder bezirkspolizeilichen Vorschriften bleiben bis zu der in gesetzmäßiger Weise bewirkten Abänderung in Kraft, auch wenn sich die Zuständigkeit der Behörde zu ihrer Erlassung infolge der Verordnung über die Errichtung einer Polizeidirektion in Nürnberg und dieser Bekanntmachung geändert hat.

§ 17. Diese Bekanntmachung tritt gleichzeitig mit der Verordnung über die Errichtung einer Polizeidirektion in Nürnberg vom 24. August 1923 in Kraft.

10. GesMVO. v. 26. März 1929 über die Verstaatlichung der Sicherheitspolizei in den Städten Augsburg, Würzburg, Regensburg und Hof.[1])

(GVBl. 51.)

Auf Grund des Art. 55 der Gemeindeordnung wird verordnet:

§ 1.

In den Städten Augsburg, Würzburg, Regensburg und Hof wird die Handhabung der Sicherheitspolizei staatlichen Polizeibehörden übertragen.

Der Wirkungskreis der Stadträte bleibt unberührt, soweit nicht diese Verordnung anders bestimmt.

§ 2.

Für die Zuständigkeit der nach § 1 zu errichtenden Polizeibehörden gilt die Verordnung über die Errichtung einer Polizeidirektion in Nürnberg vom 24. August 1923 (GVBl. S. 282) entsprechend.

§ 3.

Diese Verordnung tritt am 1. April 1929 in Kraft.

11. InnMB. v. 26. März 1929 über den Wirkungskreis der staatl. Polizeibehörden in Augsburg, Würzburg, Regensburg und Hof.[2])

(GVBl. 52.)

Auf Grund der vorstehenden Verordnung über die Verstaatlichung der Sicherheitspolizei in den Städten Augsburg, Würzburg, Regensburg und Hof werden mit Wirkung vom 1. April 1929 in diesen Städten Polizeidirektionen eingerichtet.

---

[1]) S. hierzu Eichner Pol. 1928, 185 u. GemZ. 1930, 313, insbes. wegen des Begr. der Sicherheitspolizei (oben bei Nr. 8).

[2]) Die in Abs. 2 angeführten VOen v. 26. März 1929 u. 24. Aug. 1923 s. oben unter 10 u. 8; die in Abs. 4 angeführte MBek. v. 29. Okt. 1923 s. oben unter 9; die in Abs. 4 erfolgten Änderungen der §§ 7 u. 8 dürften nur für die Städte Augsburg, Würzburg, Regensburg und Hof gewollt sein.

Auf diese gehen die bisher von den Stadträten und den Stadtkommissären sowie dem Bezirksamte Hof ausgeübten Zuständigkeiten im Rahmen der Verordnungen vom 26. März 1929 und vom 24. August 1923 (GVBl. S. 282) über.

Weiter wird auf Grund des § 2 der Verordnung vom 26. März 1929 und des § 5 der Verordnung über die Errichtung einer Polizeidirektion in Nürnberg vom 24. August 1923 folgendes bestimmt:

Die Ministerialbekanntmachung über den Wirkungskreis der Polizeidirektion Nürnberg-Fürth vom 29. Oktober 1923 (GVBl. S. 369) gilt für die Polizeidirektionen Augsburg, Würzburg, Regensburg und Hof entsprechend. Die §§ 7 und 8 dieser Ministerialbekanntmachung erhalten jedoch folgende Fassung:

§ 7

Die Führung der Einwohnermeldeämter und die Erledigung der damit zusammenhängenden Geschäfte verbleibt bis auf weiteres den Stadträten. Diese sind verpflichtet, den Polizeidirektionen alle zu ihrer Geschäftsführung erforderlichen Aufschlüsse rechtzeitig zu erteilen und die unmittelbare Mitbenützung der Einrichtungen der Einwohnermeldeämter durch Beamte der Polizeidirektion zu gestatten.

Die ortspolizeilichen Vorschriften werden von der im Einzelfall zuständigen Behörde (Stadtrat oder Polizeidirektion) nach Benehmen mit der anderen Behörde erlassen. Wird durch eine von der Polizeidirektion zu erlassende ortspolizeiliche Vorschrift der Wirkungskreis des städtischen Einwohnermeldeamtes berührt, so ist zu ihrer Erlassung die Zustimmung des Stadtrates erforderlich.

§ 8

Zum Wirkungskreis der Polizeidirektionen gehören:

a) die Vorbehandlung der Gesuche, die dem Gebiete der Fürsorge für die Staatsbeamten und deren Hinterbliebene angehören, einschließlich der Gesuche um Präbenden,
b) der Vollzug der Staatsverträge über die Übernahme von Ausgewiesenen,
c) die Ausstellung von Vermögenszeugnissen in Strafsachen sowie der Leumundszeugnisse,
d) die Behandlung der Fundsachen.

12. GesMVO. v. 26. Nov. 1930 über die Verstaatlichung der Sicherheitspolizei in den Städten Ludwigshafen a. Rh., Kaiserslautern, Speyer und Zweibrücken.[1])

(GVBl. 359; StAnz. Nr. 274.)

Auf Grund des Art. 55 der Gemeindeordnung wird verordnet:

§ 1.

In den Städten Ludwigshafen a. Rh., Kaiserslautern, Speyer und Zweibrücken wird die Handhabung der Sicherheitspolizei staatlichen Polizeibehörden übertragen.

Für die Zuständigkeit dieser Polizeibehörden gelten die Vorschriften des § 2 der Verordnung über die Verstaatlichung der Sicherheitspolizei in den Städten Augsburg, Würzburg, Regensburg und Hof vom 26. März 1929 und der Ministerialbekanntmachung vom gleichen Tage (GVBl. Seite 51, 52) entsprechend.

---

[1]) Die in § 1 angeführte VO. v. 26. März 1929 u. die ebenfalls dort angeführte MBek. v. 26. gl. Tage s. oben Nr. 10 u. 11.

§ 2.

Die Zuständigkeit der Stadträte bleibt unberührt, soweit nicht diese Verordnung und die zu ihrer Durchführung ergehenden Bestimmungen des Staatsministeriums des Innern anders bestimmen.

Diese Verordnung tritt am 1. Dezember 1930 in Kraft.

13. InnMB. v. 26. Nov. 1930 zum Vollzuge der VO. über die Verstaatlichung der Sicherheitspolizei in den Städten Ludwigshafen a. Rh., Kaiserslautern, Speyer und Zweibrücken.[1])

(GVBl. 360; StAnz. Nr. 274.)

Auf Grund der vorstehenden Verordnung über die Verstaatlichung der Sicherheitspolizei in den Städten Ludwigshafen a. Rh., Kaiserslautern, Speyer und Zweibrücken werden mit Wirkung vom 1. Dezember 1930 in den Städten Ludwigshafen a. Rh. und Kaiserslautern Polizeidirektionen eingerichtet. Auf diese gehen die bisher von den Stadträten und den Stadtkommissären ausgeübten Zuständigkeiten im Rahmen der vorstehenden Verordnung über.

In den Städten Speyer und Zweibrücken wird die Handhabung dieser Zuständigkeiten vom gleichen Tag an den Bezirksämtern übertragen; sie führen in diesem Wirkungskreise die Bezeichnung „Bezirksamt .... Staatspolizeiamt für den Stadtbezirk ....“

Hiernach gilt für diese Behörden die MBek. über den Wirkungskreis der Polizeidirektion Nürnberg-Fürth vom 29. Oktober 1923 (GVBl. S. 369); die §§ 7 und 8 dieser MinBek. erhalten jedoch folgende Fassung:

§ 7.

Die Führung der Einwohnermeldeämter und die Erledigung der damit zusammenhängenden Geschäfte verbleibt bis auf weiteres den Stadträten. Diese sind verpflichtet, den staatl. Polizeibehörden alle zu ihrer Geschäftsführung erforderlichen Aufschlüsse rechtzeitig zu erteilen und die unmittelbare Mitbenützung der Einrichtungen der Einwohnermeldeämter durch Beamte der staatlichen Polizeibehörden zu gestatten.

Die ortspolizeilichen Vorschriften werden von der im Einzelfalle zuständigen Behörde (Stadtrat oder staatl. Polizeibehörde) nach Benehmen mit der anderen Behörde erlassen. Wird durch eine von der staatlichen Polizeibehörde zu erlassende ortspolizeiliche Vorschrift der Wirkungskreis des städtischen Einwohnermeldeamts berührt, so ist zu ihrer Erlassung die Zustimmung des Stadtrats erforderlich.

§ 8.

Zum Wirkungskreise der staatlichen Polizeibehörden gehören:

a) die Vorbehandlung der Gesuche, die dem Gebiete der Fürsorge für die Staatsbeamten und deren Hinterbliebene angehören, einschließlich der Gesuche um Präbenden,
b) der Vollzug der Staatsverträge über die Übernahme von Ausgewiesenen,
c) die Ausstellung von Vermögenszeugnissen in Strafsachen sowie der Leumundszeugnisse,
d) die Behandlung der Fundsachen.

---

[1]) Die in Abs. 3 angeführte MBek. v. 29. Okt. 1923 s. oben Nr. 9; die in Abs. 3 vorgesehenen Änderungen der §§ 7 u. 8 werden sich auf die Städte Ludwigshafen, Kaiserslautern, Speyer u. Zweibrücken beschränken.

14. GesMVO. v. 30. Sept. 1922 über die Behandlung der Schulversäumnisse.[1])

(GVBl. 618.)

Das Gesamtministerium erläßt zum Vollzuge des Art. 58 des Polizeistrafgesetzbuchs in der Fassung nach § 33 des Gesetzes über Schulpflege, Schulleitung und Schulaufsicht an den Volksschulen vom 1. August 1922 (GVBl. S. 385) folgende Verordnung:

§ 1.[2])

Dem Antrag der Schulbehörde auf gerichtliche Bestrafung nach Art. 58 Abs. II und III des Polizeistrafgesetzbuchs hat vorbehaltlich des § 4 Abs. I ein Verwaltungsstrafverfahren vor der Schulpflegschaft vorauszugehen.

§ 2.

I Die Entscheidungen der Schulpflegschaften im Verwaltungsstrafverfahren ergehen auf Grund mündlicher Verhandlung nach Anhörung der Beschuldigten.

II Die Zustellungen an die Beschuldigten erfolgen entweder unmittelbar gegen Empfangsbestätigung durch die Gemeindebehörde oder gegen Zustellungsnachweis durch die Post.

III Die Kosten des Verfahrens fallen dem Beschuldigten zur Last, wenn er verurteilt wird.

IV Gegen Entscheidungen der Schulpflegschaften im Verwaltungsstrafverfahren ist Beschwerde an die Bezirksschulbehörde, in unmittelbaren Städten an die Stadtschulbehörde, zulässig. Die Beschwerde ist binnen einer unerstrecklichen Frist von 14 Tagen, von der Eröffnung des Bescheides an gerechnet, beim Bezirksamt, in unmittelbaren Städten beim Stadtrat, einzulegen. Die Entscheidung der Bezirksschulbehörde (Stadtschulbehörde) ist endgültig.

V Die weiteren Vorschriften über das Verfahren werden vom Staatsministerium für Unterricht und Kultus erlassen.

§ 3.[3])

I Von der Strafe des Verweises ist nur beim ersten Versäumnis in leichteren Fällen Gebrauch zu machen. In schwereren Fällen sowie bei wiederholtem Versäumnis während des gleichen Schuljahres ist auf Geldstrafe bis zu 100 RMk. zu erkennen.

II Bei der Bemessung der Geldstrafe ist neben den Gesamtumständen des Falles insbesondere die Dauer der versäumten Schulzeit zu berücksichtigen.

§ 4.

I Von der zuständigen Schulbehörde kann ohne vorgängiges Verwaltungsstrafverfahren Strafantrag gestellt werden:

1. wenn innerhalb des gleichen Schuljahres gegen den Schuldigen bereits eine Geldstrafe im Verwaltungsstrafverfahren verhängt worden ist;

---

[1]) VollzBestimmungen s. Art. 58 A. 9 PStGB.

[2]) Eine notw. Voraussetzung des gerichtl. Strafverfahrens ist die vorgängige Durchführung eines VerwStrafverfahrens nicht; § 1 mit § 4 sind nur Verwaltungsanweisungen; sie haben nicht die rechtliche Tragweite einer Voraussetzung der Anwendung des Art. 58 Abs. 3 (ObSt. 27, 219).

[3]) Wegen der Strafhöhe s. nun Art. 58 Abs. 3 PStGB.

2. wenn die Schulpflegschaft es unterläßt, ein Verwaltungsstrafverfahren rechtzeitig und ordnungsgemäß durchzuführen, oder wenn die Durchführung sonstigen Schwierigkeiten begegnet;
3. in besonders schweren Fällen.

II Die Zulässigkeit der gerichtlichen Strafverfolgung hängt nicht vom Vorliegen der in Abs. I bezeichneten Voraussetzung ab.

§ 5.

I Die Einhebung der im Verwaltungsstrafverfahren erkannten Geldstrafen und der im Verfahren vor den Schulpflegschaften erwachsenden Kosten sowie ihre zwangsweise Beitreibung erfolgt durch die Gemeindebehörde nach den Vorschriften über die Beitreibung rückständiger Gemeindeumlagen.

II Die Geldstrafen fließen in die Schulkasse, wo eine solche nicht besteht, in die Gemeindekasse.

§ 6.

Die Regierung, Kammer des Innern, kann die Schulpflicht eines Schülers, der im Laufe eines Schuljahres oder mehrerer Schuljahre ein bestimmtes Maß von unentschuldigten Schulversäumnissen aufweist, um ein Jahr, jedoch nicht über das vollendete 18. Lebensjahr hinaus, verlängern.

§ 7.

Bei öffentlichen Berufsfortbildungsschulen treten beim Vollzuge der vorstehenden Verordnung an die Stelle der Schulpflegschaften die in § 9 Abs. II—IV der Verordnung vom 22. Dezember 1913 über die Berufsfortbildungsschulen (GVBl. S. 966) bezeichneten Schulbehörden nach näherer Bestimmung der Schulordnungen.

§ 8.

Die Verordnung vom 2. September 1886, die Behandlung der Versäumnisse des Besuches der Schule und des öffentlichen Religionsunterrichts betreffend (GVBl. S. 585) und der § 19 der Verordnung vom 22. Dezember 1913 über die Berufsfortbildungsschulen (GVBl. S. 966) werden aufgehoben.

§ 9.

Diese Verordnung tritt am 1. Oktober 1922 in Kraft.

15. K. VO. v. 22. Dez. 1913 über die Schulpflicht.[1])

(GVBl. 957).

§ 1.[2])

I Die Schulpflicht beginnt für Knaben und Mädchen mit der Vollendung des sechsten Lebensjahrs und dauert regelmäßig zehn Schuljahre.

II Hiervon treffen regelmäßig sieben Schuljahre auf die Hauptschulpflicht und drei Schuljahre auf die Fortbildungsschulpflicht.

---

[1]) Unter Berücksichtigung der Änderungen durch JKHMVO. v. 16. Aug. 1926 (GVBl. 419, KMBl. 101) u. GesMVO. v. 10. April 1927 (GVBl. 116, KMBl. 139). VollzBest. v. 31. März 1914 (KMBl. 75), v. 3. Okt. 1916 (KMBl. 341 u. 343); VollzBest. zu § 18 v. 26. Nov. 1917 (KMBl. 225); VollzBest. zur Änd. v. 16. Aug. 1926: KMB. v. 16. Aug. 1926 über die Schulpflicht (KMBl. 102).

[2]) Aus §§ 14 u. 15 ergibt sich, daß trotz § 1 die Schulpflicht erst mit der Aushändigung des Entlassungszeugnisses an den Schulpflichtigen oder Erziehungsberechtigten endet (ObSt. 25, 195, BayZ. 1926, 93).

§ 2.

Die Schulpflicht ist durch den Besuch der öffentlichen Volksschule (Volkshauptschule und Volksfortbildungsschule) zu erfüllen, soweit sich nicht aus dieser Verordnung ein anderes ergibt.

§ 3.[3])

I Die Aufnahme in die Hauptschule erfolgt am Beginne des Schuljahrs. Aufgenommen werden alle Kinder, die am Tage des Schuljahrbeginns das sechste Lebensjahr vollendet haben und körperlich und geistig genügend entwickelt sind.

II Bei genügender körperlicher und geistiger Entwicklung können auch Kinder aufgenommen werden, die spätestens am 31. Juli das sechste Lebensjahr vollenden.

III Diese Änderung (nämlich des Abs. 2) tritt in den Regierungsbezirken Oberbayern, Niederbayern sowie Oberpfalz und Regensburg mit Beginn des Schuljahres 1928/29, in den übrigen Regierungsbezirken sofort in Kraft.

§ 4.

I Die Entlassung aus der Hauptschule erfolgt regelmäßig am Schlusse des Schuljahrs derjenigen Volksschule, der die Schulpflichtigen während ihres siebten Schuljahrs zuletzt angehört haben.

II Hauptschulpflichtige, die sich bei der Schlußprüfung nicht als hinreichend unterrichtet erweisen, können durch Verfügung des Distriktsschulinspektors, Stadtschulreferenten oder Stadtschulkommissärs zum weiteren Besuche der Hauptschule auf eine im voraus zu bestimmende Zeit, längstens aber auf die Dauer eines Schuljahrs angehalten werden. Diese Zeit kann nachträglich abgekürzt oder bis zum Schlusse des Schuljahrs verlängert werden. Sie wird auf die Dauer der Fortbildungsschulpflicht regelmäßig nicht angerechnet.

III Bei außerordentlichen Umständen kann die Entlassung aus der Hauptschule auf Antrag der Erziehungsberechtigten vorbehaltlich des Bestehens einer besonderen Schlußprüfung vor dem aus Abs. I sich ergebenden Zeitpunkte durch die Distriktsschulbehörden, in unmittelbaren Städten die Stadtschulkommissionen ausnahmsweise bewilligt werden.

§ 5.

I An öffentlichen Volksschulen können auf Antrag der Gemeindeverwaltung (verstärkten Gemeindeverwaltung) besondere Schulabteilungen für Kinder des achten Schuljahrs durch die Regierung, Kammer des Innern, errichtet werden, wenn die erforderlichen Mittel bereitgestellt sind.

II Der Eintritt in diese Schulabteilungen ist vorbehaltlich des § 6 freiwillig, begründet aber die Verpflichtung zu ihrem regelmäßigen Besuche bis zur ordnungsmäßigen Entlassung unter Fortdauer der Hauptschulpflicht für diese Zeit.

§ 6.[4])

I Wo besondere Schulabteilungen für Kinder des achten Schuljahrs bestehen oder errichtet werden, kann die Dauer der Hauptschulpflicht für alle in der Gemeinde

[3]) Abs. 2 u. 3 beruhen auf der ÄnderungsVO. v. 10. April 1927.

[4]) „Alle in der Gemeinde oder dem Schulsprengel schulpflichtigen Kinder“: Schulpflichtige Kinder, die in der Gemeinde oder in dem Schulsprengel ihren ständigen Aufenthalt haben. „Die in einer Gemeinde oder einem Schulsprengel mit verlängerter Hauptschulpflicht schulpflichtig werdenden Kinder“: Solche Kinder, die in der Gemeinde oder einem solchen Schulsprengel ihren ständigen Aufenthalt nehmen, nicht dort bloß in einem Lehr- oder Arbeitsverhältnis stehende (ObSt. 26, 221).

oder dem Schulsprengel schulpflichtigen Kinder oder für einen Teil oder einzelne Gattungen auf acht Schuljahre ausgedehnt werden. Dies kann auch mit Wirkung für diejenigen geschehen, die in einer anderen Gemeinde nach § 4 aus der Hauptschule entlassen worden sind und sodann während des achten Jahres ihrer Schulpflicht in der Gemeinde oder dem Schulsprengel mit verlängerter Hauptschulpflicht schulpflichtig werden.

II Die Ausdehnung der Hauptschulpflicht auf acht Schuljahre wird auf Antrag der Gemeindeverwaltung (verstärkten Gemeindeverwaltung) von der Regierung, Kammer des Innern, verfügt. Zu dem Antrage bedarf es in Gemeinden mit städtischer Verfassung der Zustimmung der Gemeindebevollmächtigten.

III Während des achten Hauptschulpflichtjahrs sind in der Regel die besonderen Schulabteilungen für Kinder des achten Schuljahrs zu besuchen. Schulpflichtige, die hierfür nach dem Stande ihrer Kenntnisse nicht reif sind, werden für die Dauer des achten Hauptschulpflichtjahrs durch Verfügung des Distriktsschulinspektors, Stadtschulreferenten oder Stadtschulkommissärs einer anderen ihrem Kenntnisstand entsprechenden Schulabteilung der Hauptschule zugewiesen.

IV Durch die Verlängerung der Hauptschulpflicht auf acht Schuljahre kann die Verpflichtung zum Besuche der Volksschule einer anderen Konfession oder einer konfessionell gemischten Volksschule nur soweit begründet werden, als diese Verpflichtung auch für den Besuch der übrigen Schulabteilungen dieser Volksschule besteht.

§ 7.

I In den Fällen der §§ 5 Abs. II, 6 erfolgt die Entlassung aus der Hauptschule regelmäßig am Schlusse des Schuljahrs der Volksschule, der die Schulpflichtigen während ihres achten Schuljahrs zuletzt angehört haben. Eine weitere Verlängerung der Hauptschulpflicht ist alsdann nicht mehr zulässig.

II Die Bestimmung des § 4 Abs. III findet im Falle des § 6 entsprechende Anwendung. Die besondere Schlußprüfung kann erlassen werden.

III Die Zeit des Besuchs der Hauptschule während des achten Schuljahrs wird auf die Dauer der Fortbildungsschulpflicht angerechnet.

§ 8.

Bei der Entlassung aus der Hauptschule ist den Schulpflichtigen oder den Erziehungsberechtigten ein Schlußzeugnis auszuhändigen.

§ 9.

An die Entlassung aus der Volkshauptschule schließt sich unmittelbar die Pflicht zum Besuche der Volksfortbildungsschule.

§ 10.[5])

I Der Unterricht in der Volksfortbildungsschule umfaßt mindestens einhundertvierzig Unterrichtsstunden im Schuljahre. Die Verteilung dieser Unterrichtsstunden auf die einzelnen Monate erfolgt nach Einvernahme der Gemeindeverwaltung (verstärkten Gemeindeverwaltung) durch die Distriktsschulbehörden (Stadtschulkommission). Soweit nicht durch das Staatsministerium des Innern für Kirchen- und Schulangelegenheiten für besondere Verhältnisse Ausnahmen zugelassen wer-

[5]) Die Verteilung der Unterrichtsstunden auf die einzelnen Monate obliegt im Hinblick auf §§ 26, 27, 30 Abs. 3 der VO. v. 23. Dez. 1919 über Schulpflege usw. nun dem Vorstand des Bezirksamts; ihm steht auch die Befugnis zu, die Unterrichtsstunden auf die einzelnen Tage zu verteilen (ObSt. 22, 74, BayZ. 1922, 212).

den, dürfen auf keine Zeit des Schuljahrs weniger als zwei Unterrichtsstunden in der Woche festgesetzt werden. Unterrichtseinheiten von weniger als zweistündiger Dauer sollen in der Regel nicht zugelassen werden.

II Die Stundenzahl des Religionsunterrichts wird den im Abs. I bezeichneten Stundenzahlen nicht eingerechnet.

III Die Zahl der Unterrichtsstunden in der Volksfortbildungsschule kann auf Antrag der Gemeindeverwaltung (verstärkten Gemeindeverwaltung) durch Verfügung der Regierung, Kammer des Innern, für alle Schulpflichtigen oder für einen Teil oder einzelne Gattungen über die Mindestzahl von einhundertvierzig im Schuljahre vermehrt werden. Die Vorschrift im § 6 Abs. II Satz 2 findet Anwendung.

§ 11.

I Der Unterricht in der Volksfortbildungsschule soll tunlichst nur an Werktagen erteilt werden und sich nicht über sieben Uhr abends hinaus erstrecken. Wo es nach den örtlichen Verhältnissen nicht zu vermeiden ist, dürfen mit Genehmigung der Regierung, Kammer des Innern, außer dem Religionsunterrichte bis zu zwei Stunden Unterricht an den Vormittagen und auf dem Lande ausnahmsweise auch an den Nachmittagen der Sonntage bis drei Uhr gehalten werden.

II Die erforderliche Zeit zum Besuche des Hauptgottesdienstes oder eines besonders eingerichteten Schulgottesdienstes an den Sonntagen ist vom Unterrichte frei zu lassen.

§ 12.[6])

I Fortbildungsschulpflichtige sind für die Dauer ihrer allgemeinen Schulpflicht zum Besuche des allgemeinen, von den Kirchengesellschaften eingerichteten Religionsunterrichts ihres Bekenntnisses (Christenlehre usw.) oder eines besonderen Religionsunterrichts ihres Bekenntnisses (Abs. II) verpflichtet.

II Ein besonderer Religionsunterricht kann nach Bereitstellung der erforderlichen Mittel auf Antrag der zuständigen kirchlichen Behörde durch Verfügung der Regierung, Kammer des Innern, eingerichtet werden. Bei Volksfortbildungsschulen mit großer Schülerzahl soll dies tunlichst geschehen.

§ 13.[7])

I Nach Bereitstellung der erforderlichen Mittel kann an der Volksfortbildungsschule durch Verfügung der Regierung, Kammer des Innern, ein besonderer Fachunterricht (z. B. Fachzeichnen, Gewerbekunde, Hauswirtschaftslehre) eingerichtet werden. Die Unterrichtsstunden für den Fachunterricht dürfen in die Mindeststundenzahl der Volksfortbildungsschule (§ 10 Abs. I) nicht eingerechnet werden.

II Wenn in einer Gemeinde oder einem zusammengesetzten Schulsprengel an der öffentlichen Volksschule des einen Konfessionsteils ein besonderer Fachunterricht eingerichtet wird, so ist der Besuch dieses Fachunterrichts und die Benützung der hierfür bestehenden Einrichtungen den innerhalb des gleichen Gebiets wohnenden Fortbildungsschulpflichtigen des anderen Konfessionsteils unter den gleichen Be-

---

[6]) Die Vorschrift ist wirksam; nach ihr sind Schulpflichtige, die eine bayer. Volksfortbildungsschule besuchen, verpflichtet, auch den an der Schule eingerichteten Religionsunterricht, auch wenn er in der Form der Christenlehre erteilt wird, zu besuchen, solange sie nicht von der Teilnahme daran gemäß Art. 149 Abs. 2 RVerf. wirksam abgemeldet sind (ObSt. 28, 278); s. auch Art. 58 A. 1.

[7]) Die Schulpflicht erstreckt sich nach der VO. auf einen besonderen Fachunterricht nur, wenn er durch die Regg. nach Maßgabe des § 13 eingerichtet wird (ObSt. 26, 161).

dingungen auch dann zu gestatten, wenn diese Fortbildungsschulpflichtigen einer anderen öffentlichen Volksschule zugeteilt sind, es sei denn, daß ihnen der Besuch einer Berufsfortbildungsschule offen steht oder der gleiche Fachunterricht auch an der öffentlichen Volksschule ihres Bekenntnisses erteilt wird.

III Der Besuch des besonderen Fachunterrichts an einer Volksfortbildungsschule kann auf Antrag der Gemeindeverwaltung (verstärkten Gemeindeverwaltung) sämtlichen beteiligten Fortbildungsschulpflichtigen ohne Unterschied des Bekenntnisses (Abs. I, II) für die Dauer ihrer allgemeinen Schulpflicht durch Verfügung der Regierung, Kammer des Innern, zur Pflicht gemacht werden. Die Bestimmung im § 6 Abs. II Satz 2 findet Anwendung. Die rechtliche Natur der beteiligten Volksschulen bleibt unverändert.

§ 14.[8])

I Die Entlassung aus der Volksfortbildungsschule erfolgt vorbehaltlich der in dieser Verordnung zugelassenen Ausnahmen am Schlusse des Schuljahrs derjenigen Volksschule, der die Fortbildungsschulpflichtigen während des letzten Schuljahrs ihrer allgemeinen Schulpflicht zuletzt angehört haben.

II Fortbildungsschulpflichtige, die sich bei der Entlassungsprüfung nicht als hinreichend unterrichtet erweisen, können durch Verfügung des Distriktsschulinspektors, Stadtschulreferenten oder Stadtschulkommissärs zum weiteren Besuche der Volksfortbildungsschule auf eine im voraus zu bestimmende Zeit, längstens aber auf die Dauer eines Schuljahrs angehalten werden. Diese Zeit kann nachträglich abgekürzt oder bis zum Schlusse des Schuljahrs verlängert werden.

III Bei außerordentlichen Umständen kann die Entlassung aus der Volksfortbildungsschule auf Antrag der Erziehungsberechtigten vorbehaltlich des erfolgreichen Bestehens einer besonderen Entlassungsprüfung vor dem aus Abs. I sich ergebenden Zeitpunkte durch die Distriktsschulbehörden, in unmittelbaren Städten die Stadtschulkommission, ausnahmsweise bewilligt werden.

§ 15.

Die Schulpflicht endigt vorbehaltlich des § 19 mit der Aushändigung des Entlassungszeugnisses an die Schulpflichtigen oder die Erziehungsberechtigten.

§ 16.

I Wenn in einer Gemeinde mit Genehmigung der Regierung, Kammer des Innern, ein Wanderlehrkurs für Fortbildungsschulpflichtige veranstaltet wird, so können die Fortbildungsschulpflichtigen, für die der Wanderlehrkurs bestimmt ist, ohne Unterschied des Bekenntnisses und ohne Rücksicht auf Gemeinde-, Schulsprengel- oder Schulbezirksgrenzen zum Besuche dieses Wanderlehrkurses durch Verfügung der Regierung, Kammer des Innern, verpflichtet werden.

II Die Verpflichtung zum Besuch eines Wanderlehrkurses soll in der Regel nicht auf länger als sechs Wochen im Schuljahr und nicht auf länger als vier Stunden an jedem Werktag ausgedehnt und tunlichst auf arbeitsstille Zeiten beschränkt werden. Fortbildungsschulpflichtige, die am Orte des Wanderlehrkurses nicht schulpflichtig sind, dürfen zu seinem Besuche nur angehalten werden, soweit sie nach den Entfernungs- und Verkehrsverhältnissen von ihrem Wohnort aus ohne unbilligen Aufwand an Zeit und Kraft für den Hin- und Rückweg an dem Kurse teilnehmen und jedesmal vor Eintritt der Nacht nach Hause zurückkehren können.

---

[8]) Die Schulpflicht umfaßt auch die Pflicht zur Ablegung der Entlassungsprüfung. Die Verleugnung der Fortbildungsschulpflicht kann nicht auf unbestimmte Zeit erfolgen; eine solche Verlängerung ist unwirksam (ObSt. 25, 197, BayZ. 1926, 93).

III Die Verfügung nach Abs. I darf nur erlassen werden, wenn für die Gemeinden (zusammengesetzten Schulsprengel), aus denen Fortbildungsschulpflichtige zum Besuche des Wanderlehrkurses verpflichtet werden sollen, die im § 6 Abs. II bezeichneten gemeindlichen Vertretungskörper zugestimmt haben.

IV Fortbildungsschulpflichtige, die einen mit Genehmigung der Regierung, Kammer des Innern, eingerichteten Wanderlehrkurs (Abs. I) freiwillig oder pflichtmäßig besuchen, sind für die Dauer des ordnungsmäßigen Besuchs von der Teilnahme am Unterrichte der Volksfortbildungsschule mit Ausnahme des Religionsunterrichts befreit. Die Regierung, Kammer des Innern, kann eine weitergehende Anrechnung der Zeit des Besuchs eines Wanderlehrkurses auf die Jahresstundenzahl der Volksfortbildungsschule zulassen.

§ 17.

Von der Verpflichtung zum Besuche der Volksschule sind befreit:

1. Schüler und Schülerinnen einer Unterrichtsanstalt mit einem über die Volksschule wesentlich hinausgehenden Lehrziel und einer die Schüler oder Schülerinnen voll beschäftigenden Unterrichtszeit,
2. Schüler und Schülerinnen einer Berufsfortbildungsschule im Sinne Unserer Verordnung über die Berufsfortbildungsschulen,
3. Schüler und Schülerinnen einer sonstigen Unterrichts- oder Erziehungsanstalt, bezüglich deren von der Aufsichtsbehörde anerkannt ist, daß ihr Unterricht ausreichenden Ersatz für den Besuch der Volksschule bietet,
4. Schulpflichtige, die mit Genehmigung der Distriktsschulbehörden, in unmittelbaren Städten der Stadtschulkommission, anderweitig einen vollständigen Privatunterricht in den sämtlichen Lehrgegenständen der Volksschule erhalten.

§ 18.

I Das Staatsministerium des Innern für Kirchen- und Schulangelegenheiten kann bestimmen, daß Schulpflichtige, die während des achten und neunten Schuljahrs ihrer allgemeinen Schulpflicht eine Unterrichtsanstalt der im § 17 Ziff. 1 bezeichneten Art mit Erfolg besucht haben und sodann austreten, vorbehaltlich des Abs. III vom weiteren Besuche der Volksschule befreit sind.

II Das Staatsministerium des Innern für Kirchen- und Schulangelegenheiten kann ferner bestimmen, daß Schulpflichtige, die eine landwirtschaftliche Winterschule von mindestens viereinhalbmonatiger Dauer und einer die Schüler voll beschäftigenden Unterrichtszeit regelmäßig und mit entsprechendem Fortgange besucht haben, vorbehaltlich des Abs. III während des folgenden Sommerhalbjahrs vom Besuche der Volksschule befreit sind.

III Schulpflichtige, die nach Abs. I oder II oder nach § 16 Abs. IV Satz 2 vom Besuche der Volksschule befreit sind, bleiben bis zur Beendigung ihrer Schulpflicht der Schulzucht unterworfen und, soferne nicht Befreiung gewährt wird, zum Besuche des Religionsunterrichts (§ 12) verpflichtet. Sie können bis zur Beendigung ihrer Schulpflicht auf Antrag der Ortsschulbehörde durch die Distriktsschulbehörden, in unmittelbaren Städten durch die Stadtschulkommission, wieder zum Besuche der Volksfortbildungsschule angehalten werden, wenn sie sich grober Verfehlungen gegen die Schulzucht schuldig gemacht oder den Besuch des Religionsunterrichts wiederholt schuldhaft versäumt haben.

§ 19.

I In den Fällen der §§ 17 Ziff. 1 und 18 Abs. I, II endigt die Schulpflicht in dem Kalenderjahre, in dem die Schulpflichtigen ihre zehnjährige Gesamtschulzeit vollenden, und zwar mit demjenigen Tage, an dem am Wohnorte der Schulpflichtigen die ordnungsmäßige Entlassung der übrigen Fortbildungsschulpflichtigen (§ 15) stattfindet.

II Für Schüler und Schülerinnen einer Berufsfortbildungsschule bemißt sich die Entlassung aus der Schulpflicht nach den Bestimmungen der Verordnung über die Berufsfortbildungsschulen, in den Fällen des § 120 Abs. 3 u. 4 der Gewerbeordnung nach der statutarischen Bestimmung der Gemeinde oder des weiteren Kommunalverbandes oder nach der Anordnung der höheren Verwaltungsbehörde.

III Die statutarische Bestimmung einer Gemeinde oder eines weiteren Kommunalverbandes oder die Anordnung der höheren Verwaltungsbehörde nach § 120 Abs. 3 und 4 der Gewerbeordnung bewirkt eine entsprechende Verlängerung der Schulpflicht.

§ 20.

Wenn Schulpflichtige vor Beendigung ihrer Schulpflicht aus einer Berufsfortbildungsschule oder aus einer sonstigen Unterrichts- oder Erziehungsanstalt (§ 17 Ziff. 1, 3) ausscheiden, so hat der Leiter der bisher besuchten Berufsfortbildungsschule oder sonstigen Unterrichts- oder Erziehungsanstalt die Ortsschulbehörde des Wohnorts der Schulpflichtigen alsbald zu benachrichtigen.

§ 21.

(Aufgehoben.)

§ 22.

Die Vorschriften dieser Verordnung finden auf alle Einwohner des Königreichs ohne Rücksicht auf die Staatsangehörigkeit Anwendung, soweit nicht völkerrechtlich oder nach Staatsverträgen ein anderes gilt.

§ 23.

I Beschwerden gegen Verfügungen der Schulbehörden zum Vollzuge dieser Verordnung werden regelmäßig im letzten Rechtszuge von der Regierung, Kammer des Innern, entschieden.

II In Fällen, in denen die Regierung, Kammer des Innern, an erster Stelle zu verfügen hat, steht die Beschwerde zum Staatsministerium des Innern für Kirchen- und Schulangelegenheiten offen.

§ 24.

Das Staatsministerium des Innern für Kirchen- und Schulangelegenheiten ist ermächtigt, zum Vollzuge dieser Verordnung weitere Vorschriften zu erlassen und in einzelnen Fällen aus besonders wichtigen Gründen Ausnahmen zu gestatten.

§ 25.

I Diese Verordnung tritt am 1. Januar 1914 in Kraft.

II Vom gleichen Tage an sind die Verordnungen vom 4. Juni 1903 und 20. Juni 1907, die Schulpflicht betreffend, aufgehoben. Befreiungen vom Besuche der Volksschule, die auf Grund des § 17 der Schulpflichtverordnung vom 4. Juni 1903 eingetreten oder bewilligt worden sind, bleiben für die beteiligten Schulpflichtigen in Kraft. Änderungen im Schulbetriebe, die infolge der Vorschriften der §§ 10, 11 erforderlich werden, sind erst vom Beginne des nächsten Schuljahrs an durchzuführen.

III Die Distriktsschulbehörden können bis zur Dauer von drei Jahren nach dem Inkrafttreten der gegenwärtigen Verordnung auf Antrag der Gemeindeverwaltung (verstärkten Gemeindeverwaltung) nach Einvernahme der Ortsschulbehörde gestatten, daß der Unterricht in der Volksfortbildungsschule bis auf achtzig Unterrichtsstunden im Schuljahr ohne Einrechnung des Religionsunterrichts abgemindert wird. Bei unmittelbaren Städten ist die Regierung, Kammer des Innern, zur Erteilung dieser Genehmigung zuständig. Für die gleiche Zeitdauer kann die nach § 11 Abs. I Satz 2 erforderliche Genehmigung von den Distriktsschulbehörden, in unmittelbaren Städten der Stadtschulkommission, gegeben werden.

IV Wo der Durchführung der Vorschrift des § 10 Abs. I, II mit Rücksicht auf besondere örtliche Verhältnisse wichtige Gründe entgegenstehen, kann auch nach Ablauf der im Abs. III bezeichneten Frist die Regierung, Kammer des Innern, bis auf weiteres in Bezug auf die Unterrichtsstundenzahl der Volksfortbildungsschule Erleichterungen bis zu der im Abs. III bestimmten Mindeststundenzahl zulassen. Die Erleichterungen können auch auf einzelne Gattungen von Fortbildungsschulpflichtigen beschränkt werden.

V In Gemeinden, in denen schon bisher Fortbildungsschulen bestanden haben, dürfen die Erleichterungen nach Abs. III, IV auf diejenigen Gattungen von Fortbildungsschulpflichtigen, die bisher zum Besuche der Fortbildungsschule verpflichtet waren, nicht erstreckt werden.

IV. Teil.

Übersicht der zum Polizeistrafgesetzbuch und zum Übertretungsabschnitt des Strafgesetzbuchs erlassenen Polizeiverordnungen und Oberpol. Vorschriften der Ministerien.*)

(Nach der Reihenfolge der Art. und §§ der Gesetze).

I. Zum Polizeistrafgesetzbuch.

Zu Art. 22a PStGB. K. VO. v. 31. Mai 1894, den Brieftaubenverkehr betr. (GVBl. 268).

VollzBestimm.: InnMB. v. 8. Juni 1894 (JMBl. 152).

Zu Art. 22b Abs. 1 PStGB. K. VO. v. 6. Sept. 1908, Die Ausgrabungen und Funde von prähistorischen oder historisch merkwürdigen Gegenständen betr. (GVBl. 762).

(Abgedruckt im V. Teil.)

Zu Art. 22b Abs. 2 PStGB. InnMB. v. 26. Sept. 1921, Oberpol. Vorschr. (InnM.) über das Sammeln der Faulbaumrinde (GVBl. 485; Pf.KrBl.129).

Zu Art. 22b Abs. 2 PStGB. Obpol. Vorschr. (InnM.) v. 29. April 1925 zum Schutze des Steinadlers u. des „Uhu" (GVBl. 143).

(Abgedruckt im V. Teil.)

Zu Art. 22b PStGB. Obpol. Vorschr. (InnM.) v. 5. Mai 1926 über die Waldfrüchteernte (GVBl. 315, StAnz. Nr. 104).

(Abgedruckt im V. Teil.)

Zu Art. 22b PStGB. Obpol. Vorschr. (InnM.) v. 4. April 1927 zum Schutze des Baumfalken und des Wanderfalken (GVBl. 111).

(Abgedruckt im V. Teil.)

Zu Art. 22b Abs. 2 PStGB. Obpol. Vorschr. (InnM.) v. 11. Juni 1929 zum Schutze einheimischer Pflanzenarten gegen Ausrottung (GVBl. 75).

(Abgedruckt im V. Teil.)

VollzBest.: InnMB. v. 11. Juni 1929 (StAnz. Nr. 144).

---

*) VOen u. Oberpol. Vorschriften, die zu mehreren Artikeln des PStGB. oder §§ des StGB. ergangen sind, sind vollständig bei dem ersten dieser Artikel oder §§ angeführt; bei den späteren Artikeln oder §§ ist auf die frühere Anführung verwiesen.

Zu Art. 22b Abs. 2 PStGB. Obpol. Vorschr. (InnM.) v. 16. Dez. 1929 zum Schutz des Apollofalters (GVBl. 167).

(Abgedruckt im V. Teil.)

Zu Art. 24 PStGB. K. VO. v. 13. Juni 1862, die Anzeige von Entbindungen betr. (RegBl. 1196).

VollzBest.: InnME. v. 16. Okt. 1870 (Web. 8, 666).

§ 1 Abs. 1 der VO. ist durch die reichsrechtliche, in §§ 17 ff. des Personen-StG. v. 6. Febr. 1875 erfolgte Regelung der Anmeldung der Geburten bei den Standesämtern unwirksam gew.; dagegen ist § 1 Abs. 2, der polizeiliche Zwecke verfolgt, noch wirksam (ObSt. 14, 289); s. auch Art. 24 A. 1.

Zu Art. 32 u. 35 PStGB. GesMVO. v. 31. Okt. 1921 über Tanzlustbarkeiten (GVBl. 541).

Geänd. durch GesMVO. v. 10. Aug. 1925 (GVBl. 233), v. 30. Nov. 1926 (GVBl. 531, StAnz. Nr. 277), v. 9. Febr. 1927 (GVBl. 79, StAnz. Nr. 33).

(Abgedruckt im V. Teil.)

VollzBest.: InnMB. v. 11. Nov. 1921 (InnMBl. 198), aufrecht erhalten mit InnMB. v. 9. April 1924 (StAnz. Nr. 85), geänd. durch InnMB. v. 12. Dez. 1922 (InnMBl. 325), InnHMB. v. 26. Jan. 1924 (StAnz. Nr. 24), InnHMB. v. 30. Dez. 1926 (InnMBl. 1927, 5).

Zu Art. 35 PStGB. Vgl. die VO. v. 31. Okt. 1921 (bei Art. 32).

Zu Art. 36 Nr. 2, Art. 44 **PStGB.,** § 366 Nr. 10 StGB. Obpol. Vorschr. (InnM.) v. 17. Dez. 1921 über das Verbot von Maskenumzügen u. Maskentreiben auf öff. Straßen u. Plätzen (GVBl. 595, StAnz. Nr. 295, Pf. KrBl. 1922, 11).

Geänd. durch Obpol. Vorschr. (InnM.) v. 12. Dez. 1927 (GVBl. 359).

(Abgedruckt im V. Teil.)

Zu Art. 39 PStGB. u. § 367 Nr. 9 StGB. K. VO. v. 19. Nov. 1887, das Verbot des Feilhaltens u. Führens von Waffen zur Verhütung von Gefahren für die Sicherheit der Personen betr. (GVBl. 655, Pf. KrBl. 87).

(Abgedruckt im V. Teil.)

Zu Art. 39 PStGB. GesMVO. v. 23. Nov. 1922 über die Führung von Schlagwaffen in den Landesteilen r. d. Rh. (GVBl. 645).

(Abgedruckt im V. Teil.)

Zu Art. 39 PStGB. GesMVO. v. 20. Mai 1925 über die Führung von Waffen in der Pfalz (GVBl. 152, StAnz. Nr. 118).

(Abgedruckt im V. Teil.)

Zu Art. 44 PStGB. Obpol. Vorschr. (ÄInnVMB.) v. 18. Okt. 1910 zur Aufrechterhaltung der öff. Ruhe, Ordnung u. Sicherheit bei Eisenbahnbauten (GVBl. 987).

Zu Art. 44 PStGB. S. die obpol. Vorschr. v. 17. Dez. 1921 (bei Art. 36 PStGB.).

Zu Art. 49 PStGB. K. VO. v. 15. Juli 1862, die Anzeige von der Aufnahme oder Entlassung von Handlungsdienern, Gewerbsgehilfen, Gesellen und Lehrlingen betr. (RegBl. 1864).

Geänd. durch § 60 der VO. über das Apothekenwesen v. 27. Juni 1913 (GVBl. 343).

Zu Art. 49, 127, 128 **PStGB.** K. VO. v. 31. März 1899, die Verhältnisse der Bader betr. (GVBl. 111), die sog. Baderordnung, mit Anlage zu § 8, GebührenOrdn. für die Dienstleistungen der Bader.

Geändert hins. § 16 Abs. 1 durch InnMVO. v. 23. Jan. 1924 (GVBl. 11); Neufassung der GebOrdn.: InnMVO. v. 14. April 1925 (GVBl. 140), diese wieder geänd. durch InnMVO. v. 14. Juni 1929 (GVBl. 74).

VollzBest. zu §§ 4 u. 19 Abs. 1: InnMB. v. 4. April 1899 (GVBl. 121) mit Instruktion zur Abhaltung des Unterrichtskurses für Badergehilfen. Die Bek. ist geänd. durch InnMB. v. 20. Sept. 1922 (GVBl. 556). Die Instruktion ist geändert durch InnMB. v. 24. Nov. 1901 (GVBl. 676) u. v. 6. Aug. 1924 (GVBl. 194).

Berücksichtigung der Verwendung im Heeressanitätsdienst: Inn.-MB. v. 21. Febr. 1919 (InnMBl. 41).

Gegen die Wirksamkeit der Baderordn. bestehen keine reichsrechtl. Bedenken (ObSt. 7, 152). Die Landesgesetzgebung kann nach Reichsrecht vorschreiben, daß die Bader bei der Ausübung ihrer Befugnisse nur gewisse, dem freien Verkehr entzogene oder nur gewisse, dem freien Verkehr überlassene Arzneimittel abgeben und anwenden. Sie kann aber nicht verbieten, daß ein Bader neben dem Baderberuf die dem freien Verkehr überlassenen Arzneimittel in einem selbständigen Betrieb gewerbsmäßig feilhält oder verkauft (ObSt. 11, 188).

Zu § 23 der Baderordn.: Die Approbationsprüfung für Bader ist der Meisterprüfung im Sinne der GewO. gleichzustellen, wenn es sich darum handelt, ob ein approb. Bader, der zugleich im Barbiergewerbe die Voraussetzungen des § 129 Abs. 1 Satz 2 GewO. erfüllt hat, zur Anleitung von Lehrlingen in diesem Gewerbe berechtigt ist (ObSt. 13, 307).

Zur VollzBek. v. 4. April 1899: Die Bestimmungen in Nr. 2 u. 4 der Bek. sind angesichts des § 7 der Baderordn. verordnungsmäßige Bestimmungen über die Abgabe u. die Feilhaltung von Arzneien im Sinne des § 367 Abs. 1 Nr. 5 StGB. Nr. 3 u. 4 der Bek. haben nur die Abgabe von Arzneimitteln (durch die Bader) bei Ausübung des Baderberufs im Auge; die Bader sind aber nicht gehindert, solche in Ausübung eines daneben betriebenen Handels mit Drogen und dem freien Verkehr überlassenen Arzneimitteln abzugeben (ObSt. 7, 153).

Zu Art. 52 PStGB. K. VO. v. 20. Sept. 1862, die pol. Bewilligung zu Sammlungen betr. (RegBl. 2269; Pf. KrBl. 1505).

(Abgedruckt im V. Teil.)

Zu Art. 58 PStGB. K. VO. v. 26. Aug. 1883, die Errichtung der Volksschulen u. die Bildung der Schulsprengel betr. (GVBl. 407).

Geänd. durch UMVO. v. 1. Aug. 1919 (GVBl. 391).

Die VO. besteht gegenüber den später ergangenen SchulpflichtVOen (zuletzt v. 22. Dez. 1913) noch zu Recht; sie regelt im Verhältnis zu diesen die örtliche Abgrenzung der Volksschulen (ObSt. 24, 52).

Zu Art. 58 PStGB. K. VO. vom 22. Dez. 1913 über die Schulpflicht (GVBl. 957).

Geänd. durch JFHMVO. v. 16. Aug. 1926 (GVBl. 419; KMBl. 101) u. GesMVO. v. 10. April 1927 (GVBl. 116, KMBl. 139).

(**Abgedruckt** im III. Teil.)

Zu Art. 58 PStGB. K. VO. v. 22. Dez. 1913 über die Berufsfortbildungs- (nun Berufs-)Schulen (GVBl. 966).

Geänd. durch § 8 der VO. v. 30. Sept. 1922 (GVBl. 618) u. die UMVO. v. 26. Aug. 1930 (GVBl. 303; StAnz. Nr. 201). S. auch die VollzBestimmungen zur VO. v. 22. Dez. 1913 (Teil III Nr. 13).

Zu Art. 59 PStGB. K. VO. v. 10. Mai 1905, die Gründung, Leitung und Beaufsichtigung von Erziehungs- u. Unterrichtsanstalten betr. (GVBl. 471; Pf. KrBl. 58).

Geänd. durch VO. v. 8. April 1919 (GVBl. 160).

Vollzugsbest.: KMB. v. 13. Jan. 1907, betr. allg. Bestimm. über Einrichtung u. Betrieb der nach Art. 59 PStGB. genehmigungspfl. Erziehungsanstalten u. Unterrichtsanstalten, insbes. in bezug auf Gesundheitspflege (KMBl. 33).

Zu § 1: Die Merkmale des Begriffs Unterrichtsanstalt werden durch § 1 für die Anwendung des Art. 59 PStGB. bindend festgestellt; wesentlich darnach ein fester Lehrplan, Verteilung des Lehrstoffs auf bestimmte Zeit, Verpflichtung der Schüler sich zu bestimmten Stunden zum Unterricht einzufinden (Bildung von Klassen u. Kursen) (ObSt. 21, 294; 11, 438); s. dazu Art. 59 A. 5. Den Gegensatz des Unterrichts in Unterrichtsanstalten bildet der Privatunterricht; wesentlich für den Begriff Unterrichtsanstalt (im Sinne des § 1 Abs. 2 der VO.) ist, daß der Unterricht „schulmäßig" ist, daß in einem Unterrichtsraum von dem Lehrer derselbe Lehrstoff gleichzeitig einer Anzahl von Schülern vorgetragen wird u. daß der Lehrstoff, die Unterrichtsstunden, sowie die sonstigen Bedingungen der Teilnahme an dem Unterricht von dem Lehrer oder der Schulleitung beim Beginn des Schuljahrs für dessen ganze Dauer festgesetzt w. (ObSt. 13, 365; 15, 35).

Zu Art. 61 Abs. 1 Nr. 2 PStGB. K. VO. v. 14. Okt. 1862, die Einrichtung u. Benützung von Gruften u. sonstigen Begräbnisstätten außerh. der öff. Kirchhöfe betr. (RegBl. 2311; Pf. KrBl. 1544).

(**Abgedruckt** im V. Teil.)

Zu Art. 61 Abs. 1 Nr. 3 PStGB. u. § 367 Nr. 2 StGB. Obpol. Vorschriften v. 20. Nov. 1885 über die Leichenschau u. die Zeit der Beerdigung (GVBl. 655) mit einer Anlage, enthaltend die Dienstanweisung für die Leichenschauer.

Änderungen durch InnMB. v. 6. Dez. 1887 (GVBl. 690), v. 28. März 1907 (GVBl. 227), v. 9. Mai 1911 (GVBl. 445), v. 5. Jan. 1914 (GVBl. 2), v. 15. Juli 1915 (GVBl. 536), v. 26. Juni 1918, die Gebühren betr. (GVBl. 349), v. 20. Febr. 1920 (GVBl. 51), InnMVO. v. 13. Aug. 1920 (GVBl. 410), v. 27. Aug. 1921 (GVBl. 407), v. 30. März 1922 (GVBl. 216), v. 3. März 1924 (GVBl. 77; StAnz. Nr. 55), InnMB. v. 16. Juli 1927 (GVBl. 270), v. 3. Juli 1929 (GVBl. 85; StAnz. Nr. 153).

Kirchenrechtl. Vorschriften über die Beerdigung am Karfreitag u. Ostersonntag: Hofmann, BlAPr. 1904, 35.

Zu Art. 61 Abs. 1 Nr. 1 u. 3 PStGB. Oberpol. Vorschriften v. 17. Febr. 1888, die Beförderung von Leichen betr. (GVBl. 123; Pf. KrBl. 23).

Geänd. durch JnnMB. v. 19. Nov. 1902 (GVBl. 706), 23. April 1907 (GVBl. 242), 16. Febr. 1914 (GVBl. 66), 18. Aug. 1919 (GVBl. 417).

(Abgedruckt im V. Teil.)

Zu Art. 61 Abs. 1 Nr. 3 PStGB. Oberpol. Vorschriften v. 11. März 1920 über die Feuerbestattung (GVBl. 57).

(Abgedruckt im V. Teil.)

VollzBek. v. 11. März 1920 (GVBl. 59) mit Änd. v. 12. Jan. 1923 (GVBl. 16).

Zu Art. 67 Abs. 2 PStGB. JnnKBMB. v. 9. Mai 1911 über die Bekämpfung übertragbarer Krankheiten (GVBl. 426).

Ergänzt durch JnnMB. v. 8. Juni 1913 (GVBl. 204), v. 5. Jan. 1914 (GVBl. 2), v. 15. Juli 1915 (GVBl. 535); geänd. durch JnnMB. v. 4. Dez. 1923 (GVBl. 392), JnnKMB. v. 20. Nov. 1929 (GVBl. 149).

VollzBest.: JnnMB. v. 30. Jan. 1926 (JnnMBl. 17).

Zu § 2 der Bek. v. 9. Mai 1911: „Zugezogener Arzt"; Anwendung auf österreichische Grenzärzte ObSt. 22, 11; BayZ. 1922, 105.

Zu § 23 der Bek. v. 9. Mai 1911 s. PStGB. Art. 66 A. 3.

Zu § 23 der Bek. (i. d. F. v. 4. Dez. 1923) s. JnnMB. v. 5. Dez. 1923 (StAnz. Nr. 283), v. 31. Dez. 1923 (StAnz. Nr. 302), v. 4. Juni 1924 (StAnz. Nr. 145), v. 25. Juli 1924 (StAnz. Nr. 172), v. 7. Jan. 1925 (StAnz. Nr. 5), v. 2. Juli 1925 (StAnz. Nr. 151), v. 27. Febr. 1926 (StAnz. Nr. 51), v. 3. April 1926 (StAnz. Nr. 78), v. 5. Juli 1926 (StAnz. Nr. 154).

Statistik der übertragb. Krankheiten: JnnMB. v. 2. April 1921 (JnnMBl. 70), ergänzt durch JnnMB. v. 13. Mai 1921 (JnnMBl. 109).

Zu Art. 67 Abs. 2 PStGB. u. § 17 Nr. 2 u. 4, § 79 Abs. 2 Viehseuchenges v. 26. Juni 1909. JnnMB. v. 25. März 1930 über die Überwachung des Schafverkehrs (GVBl. 101).

Zu Art. 72, 127 u. 128 **PStGB.** u. §§ 30 u. 147 Nr. 1 GewO. GesMBO. v. 23. März 1926 über die beruflichen Verhältnisse der Hebammen (GVBl. 275).

(Abgedruckt im V. Teil.)

S. hiezu als Ergänzung die JnnMBO. v. 20. April 1926 (unten bei Art. 127 PStGB.).

Allg. VollzBek.: JnnMB. v. 4. Mai 1926 (JnnMBl. 55).

Zu § 5 der BO. v. 23. März 1926: Die Dienstanweisung ist nicht amtlich veröffentlicht.

Zu Art. 72a PStGB. BO. v. 15. März 1901, den Verkehr mit Arzneimitteln außerh. der Apotheken betr. (GVBl. 157).

(Abgedruckt im V. Teil.)

Zu Art. 72a PStGB. u. § 367 Nr. 5 StGB. BO. v. 26. Juli 1907, den Verkehr mit Geheimmitteln u. ähnlichen Arzneimitteln betr. (GVBl. 593).

Geänd. durch JnnMBO. v. 24. Dez. 1924 (GVBl. 244) u. v. 16. Febr. 1929 (GVBl. 11).

(Abgedruckt im V. Teil.)

Zu Art. 72a PStGB., § 367 Nr. 3 u. 5 StGB. u. § 30 GewO. K. VO. v. 27. Juni 1913 über das Apothekenwesen (GVBl. 343).

Geänd. durch VO. v. 17. Jan. 1918 (GVBl. 31), InnSMB. v. 14. Mai 1919 (GVBl. 212), InnMB. v. 13. Jan. 1920 (GVBl. 15).

Zu § 39: Pharmazeutische Zubereitungen, Herstellung von Pepsinwein (ObSt. 22, 55).

Allg. VollzBek. v. 28. Juni 1913 (GVBl. 367 mit Berichtigung 1914, 7). Geänd. u. ergänzt durch InnMB. v. 13. Juni 1917 (GVBl. 189), 5. Febr. 1919 (InnMBl. 24), 13. Jan. 1920 (GVBl. 17), 30. Juli 1926 (GVBl. 387), 7. Nov. 1926 (GVBl. 524) § 11, 7. Aug. 1928 (InnMBl. 74).

VollzBek. zu § 49 Nr. 5 u. § 37 Abs. 1 Satz 3 v. 24. Mai 1911: Verzeichnis der vorrätig zu haltenden Arzneimittel (GVBl. 785).

VollzBek. zu § 53 v. 11. Jan. 1912 über die Musterung der Apotheken (InnMBl. 89); Berichtigung durch InnMB. v. 22. Febr. 1912 (InnMBl. 325).

VollzBek. zu § 38 Abs. 2 v. 19. Okt. 1928 über Aufbewahrung gifthaltiger Arzneispezialitäten in Apotheken (InnMBl. 85).

Zu Art. 72a PStGB. u. § 367 Nr. 5 StGB. InnMVO. v. 8. Okt. 1926 über den Verkehr mit Salvarsan-Präparaten (GVBl. 499).

Zu Art. 72a PStGB. u. § 367 Nr. 5 StGB. InnMVO. v. 23. Aug. 1927 über Diphtherie-Toxin-Antitoxingemische (GVBl. 277).

Zu Art. 72a PStGB. u. § 367 Nr. 5 StGB. InnMVO. v. 31. Aug. 1927 über folia Digitalis (Fingerhutblätter) (GVBl. 281).

Zu Art. 72a PStGB., § 367 Nr. 3 u. 5 StGB. u. § 79 Abs. 2 des Viehseuchengeś. v. 26. Juni 1909. InnMVO. v. 25. März 1929, Vorschriften über Impfstoffe u. Sera betr. (GVBl. 45).

Eine Ergänzung der VO., insbes. zu ihren §§ 11, 12 u. 13 Abs. 2 bildet die, ebenfalls zu Art. 72a angeführte, VO. v. 11. Aug. 1930.

Zu Art. 72a PStGB. u. § 367 Nr. 5 StGB. InnMVO. v. 9. Mai 1930 über die öffentl. Ankündigung u. Anpreisung von Tiergeheimmitteln (GVBl. 134).

Zu Art. 72a PStGB., § 367 Nr. 3 u. 5 StGB. u. § 79 Abs. 2 des Viehseuchengeś. v. 26. Juni 1909. InnMVO. v. 11. Aug. 1930 zur Ergänzung der Vorschriften über Impfstoffe u. Sera v. 25. März 1929 (GVBl. 272).

Die VO. v. 25. März 1929 s. oben bei Art. 72a.

Zu Art. 73 u. 101 **PStGB.** u. § 367 Nr. 15 u. § 368 Nr. 3 u. 8 StGB. VO. v. 29. Juli 1895, die Bauordnung für die Haupt- u. Residenzstadt München betr. (GVBl. 333).

Geändert durch Nr. III u. IV der VO. v. 21. März 1900 (GVBl. 217), § 2 der VO. v. 1. Dez. 1902 (GVBl. 729), Nr. II u. III der VO. v. 3. Aug. 1910 (GVBl. 403), Nr. II der VO. v. 10. Juli 1918 (GVBl. 359).

Schrifttum: Helmreich-Schels-Steinhauser, Münchener Baupolizeirecht 1927; Englert-Schneider, Münchener Bauordnung 1911; Vorscht, Bauordnung für München 1896.

VollzBest. zu § 10: ÄInnLMB. v. 6. Juli 1929 über die Prüfung der Standfestigkeit fliegender Bauten (InnMBl. 109; StAnz. Nr. 156); ergänzt durch InnMB. v. 15. Sept. 1930 (InnMBl. 57).

VollzBest. zur Bek. v. 6. Juli 1929: InnMB. v. 7. Mai 1930 (Inn.-MBl. 14).

VollzBest. zu § 11: JnnMB. v. 4. Jan. 1910 (JnnMBl. 44), Hebungs- u. Schiebungsarbeiten an Gebäuden betr.

VollzBest. zu § 15: JnnMB. v. 8. Mai 1929 über die Bauführungen der Generaldirektion der Bayerischen Berg-, Hütten- u. Salzwerke AG. (StAnz. Nr. 108).

VollzBest. zu §§ 33, 45 Abs. 1 Nr. 4, § 49 Abs. 2: JnnMB. v. 13. Juni 1930 (JnnMBl. 29).

VollzBest. zu § 86 Nr. 5: JnnMB. v. 28. März 1927, betr. Bauführung in der Nähe von Bahnlinien (StAnz. Nr. 72).

Weitere VollzBest. zu § 86 Nr. 5: JnnMB. v. 10. Nov. 1928 über Bauführungen, in der Nähe von schienengleichen Bahnübergängen (StAnz. Nr. 262).

VollzBest. zu § 91 Abs. 2: JnnMB. v. 21. Sept. 1926 über das Pfuschertum im Baugewerbe (JnnMBl. 83; StAnz. Nr. 220).

JnnMB. v. 4. Juli 1929 über die Heraklith-Bauweise (StAnz. Nr. 154).

Zu Art. 73 u. 101 **PStGB.** u. § 367 Nr. 15 u. § 368 Nr. 3 u. 8 StGB. VO. v. 17. Febr. 1901, die Bauordn. betr. (GVBl. 87, Pf. KrBl. 35).

Geänd. durch VO. v. 1. Dez. 1902 (GVBl. 729), v. 3. Aug. 1910 (GVBl. 403), v. 10. Juli 1918 (GVBl. 359), v. 10. Sept. 1925 (GVBl. 247).

Schrifttum: Heilmann-Weinisch, Bayer. Bauordnung 2. Aufl. 1927; Englert, Die bayer. Bauordnung 6. Aufl. 1929; Schanz, Die Baugenehmigung in Bayern 1901; v. Koch BlAPr. 1910, 413 (zur Nov. v. 3. Aug. 1910); Schanz BlAPr. 1901, 161 (zur Neufassung v. 1901); BlAPr. 1890, 364 (zur Neufassung v. 1890); BlAPr. 1878, 1 (zur Neufassung v. 1877).

VollzBest. zur Änd. v. 3. Aug. 1910: JnnMB. v. 3. Aug. 1910 (JnnMBl. 477).

VollzBest. zu § 3: JnnMB. v. 18. Juli 1905, betr. Herstellung von Baulinienplänen (JnnMBl. 317) mit JnnMB. v. 12. April 1920, betr. Generalbaulinienpläne (JnnMBl. 138).

VollzBest. zu § 4: JnnMB., Hebungs- u. Schiebungsarbeiten an Gebäuden betr. v. 4. Jan. 1910 (JnnMBl. 44). JnnMB. v. 29. Juli 1918 über baupol. Maßnahmen zur Förderung des Kleinwohnungsbaues (JnnMBl. 259). Sicherheitsvorschriften für Aufzüge ÄJnnMB. v. 17. März 1911 (Jnn.-MBl. 145), geänd. u. ergänzt durch ÄJnnMB. v. 2. Sept. 1914 (JnnMBl. 422) u. v. 18. Nov. 1915 (JnnMBl. 297). JnnMB. v. 27. Nov. 1895, betr. den Vollzug der Baukontrolle (JnnMBl. 618), geänd. durch JnnMB. v. 12. Dez. 1908 (JnnMBl. 642).

VollzBest. zu § 6: ÄJnnLMB. v. 6. Juli 1929 über die Prüfung der Standfestigkeit fliegender Bauten (JnnMBl. 109; StAnz. Nr. 156), ergänzt durch JnnMB. v. 15. Sept. 1930 (JnnMBl. 57).

VollzBest. zur Bek. v. 6. Juli 1929: JnnMB. v. 7. Mai 1930 (Jnn.-MBl. 14).

VollzBest. zu § 10: JnnMB. v. 8. Mai 1929 betr. die Bauführungen der Generaldirektion der Bayer. Berg-, Hütten- u. Salzwerke, AG. (StAnz. Nr. 108).

VollzBest. zu § 26 Abs. 4, § 34 Abs. 1 Nr. 7, § 43 Abs. 2: JnnMB. v. 13. Juni 1930 über C u. U-Bauplatten der Firma Christoph u. Unmann (JnnMBl. 29).

VollzBest. zu § 64 Abs. 1 Nr. 4: JnnMB. v. 12. Okt. 1926 über Bauführungen an Staatsstraßen (StAnz. Nr. 239).

VollzBest. zu § 68 Abs. 1 Nr. 5: InnMB. v. 28. März 1927, betr. Bauführung in der Nähe von Bahnlinien (StAnz. Nr. 72).

Weitere VollzBest. zu § 68 Abs. 1 Nr. 5: InnMB. v. 10. Nov. 1928 über Bauführungen in der Nähe von schienengleichen Bahnübergängen (StAnz. Nr. 262).

VollzBest. zu § 72: S. § 10 AInnMB. v. 21. Mai 1911 (GVBl. 781).

VollzBest. zu § 72 Abs. 3: InnMB. v. 21. Sept. 1926 über das Pfuschertum im Baugewerbe (InnMBl. 83; StAnz. Nr. 220).

Sonstige Vollzugsbest.: InnMB. v. 10. Mai 1897, die Bau- u. Feuersicherh. der Theater u. sonstigen größ. Versammlungslokale betr. (Inn.-MBl. 145).

InnMB. v. 7. Okt. 1903, die Feuer- u. Betriebssicherheit in Waren- u. Geschäftshäusern betr. (InnMBl. 425).

InnMB. v. 14. Juni 1910, die Erbauung v. Dampfsägewerken betr. (InnMBl. 396).

InnMB. v. 26. Febr. 1926 über Neu- u. Umbauten von Theatern u. Saaltheatern (InnMBl. 32).

InnMB. v. 13. Okt. 1926 betr. Bauführungen nächst Starkstromleitungen (StAnz. Nr. 240), ergänzt durch InnMB. v. 5. Juni 1928 (StAnz. Nr. 131) u. v. 20. Juni 1930 (StAnz. Nr. 142).

JInnFMB. v. 26. Juni 1928 betr. Grundstückskäufe u. Baulinien (StAnz. Nr. 152).

InnME. v. 20. Juni 1929 über Luftfahrthindernisse (StAnz. Nr. 141).

InnME. v. 21. Juni 1929 über Wärmewirtschaft (StAnz. Nr. 143).

InnMB. v. 4. Juli 1929 über die Heraklith-Bauweise (InnMBl. 63; StAnz. Nr. 154).

InnMB. v. 5. Aug. 1929 über die Baupolizei; Berücksichtigung der derzeitigen wirtschaftlichen Verhältnisse (InnMBl. 114).

InnMB. v. 11. Okt. 1929 über Fragen der Baupolizei, hier Prüfung der Baustoffe (StAnz. Nr. 238); ergänzt durch InnMB. v. 15. April 1930 (StAnz. Nr. 92) u. v. 30. April 1930 (StAnz. Nr. 101).

InnMB. v. 16. Okt. 1929 über Fabrikschornsteine u. andere Turmschornsteine (StAnz. Nr. 242; InnMBl. 126).

Zu Art. 73 Abs. 2 u. 3 PStGB. K. VO. v. 10. Febr. 1901, die Wohnungsaufsicht betr. (GVBl. 73; Pf. KrBl. 65).

(Abgedruckt im V. Teil.)

Zu Art. 73 Abs. 2 PStGB. K. VO. v. 21. August 1906, die Aufstellung eines Zentralwohnungsinspektors (nun Landeswohnungsrats, InnMBl. 1917, 300) betr. (GVBl. 585).

Zu Art. 74 Abs. 1 Nr. 2 zu Art. 75 Abs. 1 **PStGB.** Obpol. Vorschr. v. 15. Juli 1887 über den Verkehr mit Milch (GVBl. 365; Pf. KrBl. 59).

Zu § 5 Abs. 4: Übelriechende Räume: Im weitesten Sinne zu verstehen; gleichgültig, ob der üble Geruch auf der natürl. Beschaffenheit des Raumes oder auf außerhalb desselben sich geltend machenden Verhältnissen beruht oder von in dem Raume selbst gelagerten Gegenständen herrührt (ObSt. 7, 57). S. auch PStGB Art. 74 A. 3.

Zu Art. 75 PStGB. Vgl. die obpol. Vorschr. v. 15. Juli 1887 (bei Art. 74).

Zu Art. 76 PStGB. InnHMB. v. 6. Juni 1863, gesundheitspol. Vorschr. in bezug auf Gegenstände des menschl. Gebr. (RegBl. 809).

Geänd. durch JnnMB. v. 17. Juni 1877 (GVBl. 371). Berührt in ihrer Wirksamk. durch das Bleiges. v. 25. Juni 1887 u. das Farbenges. v. 5. Juli 1887.
Art. 76 entspr. dem Art. 133 des PStGB. v. 1861.

Zu Art. 76 PStGB. JnnMB. v. 10. Juli 1881, betr. das Färben von Fliegengittern (GVBl. 823).

Zu Art. 83 Abs. 1 Nr. 1 PStGB. Obpol. Vorschriften (JnnM.) v. 4. Febr. 1925 über die gesundheitspolizeiliche Untersuchung der Hunde (GVBl. 70).
Geänd. durch JnnMB. v. 1. Juni 1926 (GVBl. 333).
(Abgedruckt im V. Teil.)
Allg. VollzBest.: JnnMB. v. 4. Febr. 1925 (GVBl. 71).

Zu Art. 88 PStGB. Obpol. Vorschriften v. 9. Okt. 1911 für die Ausführung von Holzfällungs-, Steinförderungs- und Erdarbeiten in der Umgebung von Eisenbahnanlagen (GVBl. 1068).
Hierzu FMB. v. 21. Okt. 1911 (FMBl. 584).

Zu Art. 88 Abs. 2 PStGB. Obpol. Vorschr. (AJnnM.) v. 24. Febr. 1903 zum Schutze der Tiere bei der Beförderung auf den Bodenseedampfschiffen (GVBl. 51).
Geänd. durch JnnRVMB. v. 2. Mai 1924 (GVBl. 164).

Zu Art. 97 PStGB. K. VO. v. 9. Jan. 1914, die Kanalordnung für den Ludwigskanal betr. (GVBl. 13).
Wegen der für die Verwaltung des Kanals zuständigen Behörden s. JnnMB. v. 13. Jan. 1923 (StAnz. Nr. 12).

Zu Art. 97 PStGB. VMB. v. 15. Juli 1915, betr. die Eichordnung für die den Ludwigkanal befahrenden Schiffe (GVBl. 537).
Geänd. durch JnnMB. v. 13. Nov. 1923 (StAnz. Nr. 265); desgl. v. 3. Mai 1929 (GVBl. 60).

Zu Art. 98 PStGB. AMB. v. 2. Juli 1892, die Hafen- u. Ländeordn. für den Staatshafen zu Aschaffenburg betr. (GVBl. 569).
Geänd. durch VMB. v. 11. Okt. 1906 (GVBl. 789).

Zu Art. 101 Abs. 2. VO. v. 16. Mai 1876, die Aufführung von Gebäuden im offenen (Pavillon-) Bausystem betr. (GVBl. 347).
Geänd. durch Nr. III der VO. v. 3. Aug. 1910 (GVBl. 403).

Zu Art. 101 PStGB. Vgl. die beiden Bauordnungen v. 17. Febr. 1901 u. v. 29. Juli 1895 (bei Art. 73).

Zu Art. 101 PStGB. u. § 120e Abs. 2 GewO. Obpol. Vorschriften v. 4. Sept. 1905 zum Schutze der bei Tiefbauten beschäftigten Personen (GVBl. 567; Pf. KrBl. 253).
VollzBest.: AJnnMB. v. 4. Sept. 1905 (JnnMBl. 445); KrMB. v. 3. Okt. 1905 (KrMBl. 199).
Zu § 49 Abs. 2 der VO. v. 4. Sept. 1905 s. wegen der Zuständigkeit der Lokalbaukommission München die AJnnMVO. v. 4. Febr. 1929 (GVBl. 13).
Bestrafung nach den Obpol. Vorschr. kann nur erfolgen, wenn es sich um eine Bauvornahme, d. h. die Herstellung, Reparatur oder den Abbruch eines Bauwerks handelt; nicht z. B. bei der Wegnahme von Erde an der Bodenoberfläche zur Verwendung an einem andern Orte (ObSt. 10, 292).

Zu Art. 101 Abs. 1 u. 2 PStGB. u. § 120e Abs. 2 GewO. Obpol. Vorschr. v. 21. Aug. 1909 zum Schutze der bei Bauten beschäftigten Personen (GVBl. 655).

Gegen die Wirksamkeit der Vorschr. als solcher besteht kein Bedenken (ObSt. 10, 320); sie haben nicht nur die eigentliche Bauführung, sondern auch Arbeiten an fertigen Bauten im Auge (ObSt. 10, 321).

Die Wirksamkeit des § 27 ist im Hinblick auf §§ 120a, 151, 147 Nr. 4 GewO. zweifelhaft (ObSt. 10, 322).

Zu Art. 101 PStGB. Obpol. Vorschriften v. 25. März 1918 für die Aufstellung u. Prüfung von Tragfähigkeitsnachweisen bei Bauwerken (GVBl. 251).

Ergänzt durch InnMB. v. 23. Aug. 1921 (GVBl. 404) u. nach InnMB. v. 1. April 1926 (StAnz. Nr. 77).

VollzBest.: InnMB. v. 25. März 1918 (InnMBl. 87); InnMB. v. 2. Mai 1918, betr. Schaffung einer amtl. Prüfungsstelle bei der Landesgewerbeanstalt (InnMBl. 89); InnMB. v. 28. März 1925 (StAnz. Nr. 74).

Zu Art. 101 Abs. 3 PStGB. VO. v. 27. März 1919 über die Errichtung von Denkmälern (GVBl. 119; Pf. KrBl. 118).

(Abgedruckt im V. Teil.)

VollzBest.: InnMB. v. 31. Juli 1920, Errichtung von Denkmälern betr. (KMBl. 353).

Zu Art. 101 PStGB. VO. (GesamtMin.) v. 5. Mai 1922 über die Errichtung von Bauten für Umformer (Transformatoren) (GVBl. 277).

VollzBest.: InnMB. v. 15. Mai 1922 (StAnz. Nr. 113) u. v. 3. Nov. 1922 (StAnz. Nr. 259).

Zu Art. 101 Abs. 2 PStGB. Obpol. Vorschriften (InnM.) v. 12. Febr. 1926 über A. Ausführung von Bauwerken aus Eisenbeton; B. Ausführung ebener Steindecken; C. Ausführung v. Bauwerken aus Beton; D. Druckversuche an Würfeln bei Ausführung von Bauwerken aus Beton u. Eisenbeton (GVBl. 235).

Geänd. durch die Obpol. Vorschriften (InnM.) v. 21. Dez. 1927 über die Ausführung von Bauwerken aus Eisenbeton u. Beton (GVBl. 360).

VollzBest.: InnMB. v. 1. April 1926 betr. Vorschriften über Beton u. Eisenbeton (StAnz. Nr. 77).

Zu Art. 101 Abs. 2 u. Art. 131 **PStGB.,** § 368 Nr. 8 StGB. u. § 120e Abs. 2 GewO. InnSozMVO. v. 18. Jan. 1927 über die Einrichtung u. den Betrieb von Aufzügen, AufzugsVO. (GVBl. 9).

Geänd. hins. der Anlage 8, Technische Grundsätze für den Bau von Aufzügen samt Erläuterungen durch InnMB. v. 8. März 1929 (GVBl. 77; StAnz. Nr. 62) u. v. 6. Juli 1929 (GVBl. 101 mit Berichtigung GVBl. 1929, 150).

Allg. VollzBek. v. 18. Jan. 1927 (GVBl. 54).

VollzBest. zu § 11a: GesMBek. v. 24. Jan. 1930 über die Aufzugsanlagen des Staates und der unter der Aufsicht des Staates stehenden Stiftungen und Anstalten (GVBl. 26).

VollzBest. zu § 12 Abs. 4: InnMB. v. 25. März 1929 (StAnz. Nr. 71).

VollzBest. zu § 16 Abs. 2: InnLMB. v. 13. Jan. 1930 über Heuaufzüge in landwirtschaftlichen Betrieben (GVBl. 1).

Zu Art. 101 Abs. 1 u. 2 PStGB. u. § 366 Nr. 10 u. § 368 Nr. 8 StGB. Inn.-MBD. u. Obpol. Vorschriften (InnM.) v. 10. Mai 1927 über Einstellräume für Kraftfahrzeuge und über die Einstellung von solchen (GVBl. 129).

Geänd. durch InnMBD. u. Obpol. Vorschrift (InnM.) v. 14. Okt. 1927 (GVBl. 346).

VollzBest. zu § 8: InnLMB. v. 2. Jan. 1929 über die Unterbringung von Kraftfahrzeugen in Einstellräumen (InnMBl. 6; StAnz. Nr. 4).

Zu Art. 101 Abs. 2 u. 3 PStGB. u. § 366 Nr. 10 u. § 368 Nr. 8 StGB. Inn.-MBD. u. Obpol. Vorschr. v. 8. April 1929 über Außenluftleiter für Funkanlagen (GVBl. 57; StAnz. Nr. 81).

(Abgedruckt im V. Teil).

Zu Art. 120 Abs. 1 Nr. 2 PStGB. Obpol. Vorschriften (InnM.) v. 21. Mai 1908, die Bekämpfung von schädlichen Tieren insbes. von Feldmäusen betr. (GVBl. 298; Pf. KrBl. 53).

Geänd. durch InnLMB. v. 4. Mai 1919 (GVBl. 220).

Zu Art. 120 Abs. 1 Nr. 2 PStGB. Obpol. Vorschr. (LM.) v. 1. Sept. 1924 zur Abwehr des Kartoffelkäfers (GVBl. 198).

VollzBest.: LMB. v. 1. Sept. 1924 (StAnz. Nr. 203).

Zu Art. 120 Abs. 1 Nr. 2 PStGB. Obpol. Vorschriften (InnM.) v. 19. Okt. 1925 über die Bekämpfung der Bisamratte (InnMBl. 167; GVBl. 1926, 324).

VollzBest.: InnMB. v. 19. Okt. 1925 (InnMBl. 169).

Zu Art. 125 Abs. 4 PStGB. u. zum VogelschG. v. 30. Mai 1908. K. VO. v. 5. Mai 1913 zum Schutze der Vögel (GVBl. 189).

Geändert durch LMBD. v. 9. Mai 1925 (GVBl. 144) u. v. 28. März 1927 (GVBl. 111).
Hierzu InnMB. v. 23. Jan. 1914 (InnMBl. 39).
(Abgedruckt im V. Teil.)

Zu Art. 125 PStGB. Vgl. die VO. v. 6. Juni 1909 (bei § 368 Nr. 9 StGB.).

Zu Art. 125 Abs. 1 PStGB. Vgl. die VO. v. 7. Juli 1926 (unten bei § 368 Nr. 9 u. 11 StGB. zur VO. v. 6. Juni 1909); desgl. die VOen v. 24. Mai 1929 u. v. 11. Sept. 1929 (ebendort).

Zu Art. 127 PStGB. Vgl. auch die Baderordnung v. 31. März 1899 (bei Art. 49 PStGB.).

Zu Art. 127 PStGB. Vgl. auch die VO. v. 23. März 1926 (bei Art. 72 PStGB.).

Zu Art. 127 Abs. 3 PStGB. InnMBD. v. 20. April 1926 über die Gebühren der Hebammen (GVBl. 287).

Geänd. durch Nr. II der InnSozMBD. v. 1. Okt. 1926 (GVBl. 495).
Allg. VollzBest.: InnMB. v. 4. Mai 1926 (InnMBl. 55).

Zu Art. 128 PStGB. Vgl. auch die Baderordnung v. 31. März 1899 (bei Art. 49 PStGB.).

Zu Art. 128 PStGB. K. VO. v. 9. Jan. 1912 über die Meldepflicht der Ärzte u. Zahnärzte (GVBl. 35).

Geänd. durch JnnMBO. v. 28. Aug. 1924 (GVBl. 196). (Abgedruckt im V. Teil.)

Zu Art. 128 PStGB. Vgl. auch die HebammenVO. v. 23. März 1926 (bei Art. 72 PStGB.).

Zu Art. 131 PStGB. K. VO. v. 24. Nov. 1909, die Anlegung und den Betrieb von Dampfkesseln u. Dampfgefäßen betr. (GVBl. 861).

Geänd. durch VO. v. 12. Okt. 1920 (GVBl. 441), JnnMBO. v. 6. Nov. 1923 (GVBl. 378), v. 23. März 1925 betr. die Dienstsiegel der bayer. Dampfkesselprüfungskommissäre (GVBl. 99) u. v. 24. April 1925 (GVBl. 143).

Wegen des Umfangs der Pflichten des Kesselbesitzers zur Überwachung seines Personals beim Vollzug der VO. s. ObSt. 18, 68.

Allg. VollzBest.: JnnMB. v. 12. Jan. 1910 (GVBl. 15); geänd. durch JnnMB. v. 13. Okt. 1920 (JnnMBl. 396), v. 5. Dez. 1925 über die Betriebsvorschriften für die Kesselwärter von Landdampfkesseln v. 20. Okt. 1925 (GVBl. 269); ergänzt durch JnnMB. v. 9. Juni 1926 über Niederdruckdampfkessel (JnnMBl. 67; StAnz. Nr. 131).

Zu § 4 der Allg. VollzBek. v. 12. Jan. 1910: JnnSMB. v. 21. Nov. 1925 über (Schreiner- oder) Tischlerdampföfen (GVBl. 268; StAnz. Nr. 273).

Zu § 17 der VO. v. 24. Nov. 1909: JnnMB. v. 6. März 1924 über die Genehmigung oder erneute Genehmigung alter Dampfkessel (JnnMBl. 31).

Einzelgenehmigungen nach § 24 Abs. 4 der VO. v. 24. Nov. 1909: Vulkanisierapparat Joseph Zängl in München JnnMB. v. 18. Juni 1925 (GVBl. 161; StAnz. Nr. 138). Pudöfen der Firma Max Ketterer in Leipzig-Reudnitz JnnSMB. v. 6. Aug. 1926 (StAnz. Nr. 182). Zängl-Dampfvulkanisatoren JnnMB. v. 6. Nov. 1926 (GVBl. 531; StAnz. Nr. 258). Kleinvulkanisierapparat der Fa. F. Jos. Kurz Söhne in Würzburg IV JnnMB. v. 28. April 1927 (GVBl. 128). Vulkanisierapparate der Vulkanisieranstalt Joseph Zängl in München JnnMB. v. 6. Febr. 1928 (GVBl. 18; StAnz. Nr. 32). Vulkanisierapparate der Firma Karl Zängl in München JnnMB. v. 19. Mai 1930 (GVBl. 196).

Zu § 25 Abs. 1 der VO. v. 24. Nov. 1909: JnnMB. v. 15. März 1930 Richtlinien für Werkstoff usw. (JnnMBl. 6).

Zu § 40 der VO. v. 24. Nov. 1909: Entbindung von einzelnen Bestimmungen: JnnMB. v. 18. Jan. 1924 über Dampfkessel (JnnMBl. 18); desgl. v. 5. Nov. 1925 über die Dampfgefäße (GVBl. 266; JnnMBl. 181; StAnz. Nr. 258).

JnnMB. v. 8. Febr. 1919 über die Sicherheit von Wasserdampfkesseln (JnnMBl. 26).

JnnMB. v. 2. April 1927 über die Überwachung von Rauchgasvorwärmern (JnnMBl. 13).

Zu Art. 131 PStGB. u. § 367 Nr. 5 u. § 368 Nr. 8 StGB. JnnSHMBO. v. 21. Dez. 1923 über die Herstellung, Aufbewahrung u. Verwendung von Azetylen sowie über die Lagerung von Kalziumkarbid, AzetylenVO. (GVBl. 393).

Geändert hinsichtlich der Anlage E, Gebührenordnung, durch JnnSHMB. v. 3. Juli 1926 (GVBl. 332), hinsichtlich der Anlage A, Technische Grundsätze, durch JnnMB. v. 4. Sept. 1928 (GVBl. 404).

JnnMB. v. 21. Dez. 1923 zum Vollzug der Azetylen VO. (GVBl. 405).

InnMB. v. 18. Febr. 1926 zum Vollzug der AzetylenVO. (GVBl. 228; InnMBl. 26).

Zu § 1 der VO. v. 21. Dez. 1923: Anmeldepflicht der Hersteller der Azetylenentwickler: InnMB. v. 24. Juni 1925 (StAnz. Nr. 145).

Zu § 5 Abs. 2 der VO. v. 21. Dez. 1923: Übersicht der Sachverständigen: InnMB. v. 21. Nov. 1924 (StAnz. Nr. 273).

Zu § 20 der VO. v. 21. Dez. 1923: InnMB. v. 14. Nov. 1924 (StAnz. Nr. 266); InnMB. v. 25. Mai 1929 über Hochdrucklötapparate bis 0,5 kg Karbidfüllung (StAnz. Nr. 121); InnMB. v. 20. Jan. 1930 über Kleinazetylenentwickler für Montagezwecke (StAnz. Nr. 25).

Zu § 21 Abs. 2 der VO. v. 21. Dez. 1923: Vornahme der Abnahmeprüfung: InnMB. v. 28. Juli 1924 (StAnz. Nr. 174), berichtigt durch InnMB. v. 2. Aug. 1924 (StAnz. Nr. 180).

Zu Nr. 23 der Anlage A der VO. v. 21. Dez. 1923: Technische Grundsätze für den Bau u. die Aufstellung von Azetylenanlagen: InnSMB. v. 28. Juni 1927 (StAnz. Nr. 147).

Zu Nr. 43 der Anl. A der VO. v. 21. Dez. 1923: Bekanntgabe der Grundsätze, unter denen Hochdruckazetylenentwickler nach Beschluß der techn. Aufsichtskommission für die Untersuchungs- u. Prüfstelle des Deutschen Azetylenvereins in Berlin bis auf weiteres zugelassen werden InnMB. v. 13. Dez. 1924 (StAnz. Nr. 292), ergänzt durch InnMB. v. 7. Juli 1928 (StAnz. Nr. 156). Hierzu Zusammenstellungen der zugelassenen Azetylenentwickler u. Wasservorlagen: Die genannte InnMB. v. 13. Dez. 1924; ferner InnMB. v. 28. Febr. 1925 (StAnz. Nr. 53); InnMB. v. 24. Aug. 1925 (StAnz. Nr. 195), umfassend das 1. Halbjahr 1925; desgl. v. 14. Juni 1926 (StAnz. Nr. 137), umfassend das 2. Halbjahr 1925; v. 23. Juli 1926 (StAnz. Nr. 169), umfassend das 1. Halbjahr 1926; v. 3. März 1927 (StAnz. Nr. 54), umfassend das 2. Halbjahr 1926, berichtigt mit InnME. v. 29. April 1927, StAnz. Nr. 100); v. 13. Sept. 1927 (StAnz. Nr. 217), umfassend das 1. Halbjahr 1927; v. 23. Febr. 1928 (StAnz. Nr. 55), umfassend das 2. Halbjahr 1927; v. 15. Okt. 1928 (StAnz. Nr. 245), umfassend das 1. Halbjahr 1928; v. 22. März 1929 (StAnz. Nr. 74), umfassend das 2. Halbjahr 1928; v. 4. Nov. 1929 (StAnz. Nr. 262), umfassend das 1. Halbjahr 1929; v. 31. März 1930 (StAnz. Nr. 83), umfassend das 2. Halbjahr 1929; v. 28. Okt. 1930 (StAnz. Nr. 257), umfassend das 1. Halbjahr 1930.

Zu Art. 131 Abs. 1 u. 2 PStGB. u. § 24 Abs. 4, § 40 der vorbezeichneten VO. v. 24. Nov. 1909: InnSMVO. v. 23. Aug. 1924 über Dampfbacköfen (GVBl. 195, berichtigt S. 209).

Geänd. durch InnSMVO. v. 27. Juli 1928 (GVBl. 381).

Zu §§ 2 u. 3 der VO. v. 23. Aug. 1924: InnMB. v. 30. Dez. 1924 über Dampfbacköfen (StAnz. Nr. 303).

Zu § 6 Abs. 8 der VO. v. 23. Aug. 1924: InnMB. v. 23. Mai 1925 über Dampfbacköfen (StAnz. Nr. 119).

Zu Art. 131 PStGB. Vgl. auch die VO. v. 18. Jan. 1927 (bei Art. 101 PStGB.).

Zu Art. 131 PStGB. u. § 367 Nr. 5 u. § 368 Nr. 8 StGB. InnSozHMVO. v. 20. Okt. 1927 über die Beförderung von Azetylenentwicklern, die zu technischen Zwecken benützt werden (GVBl. 346).

Zu Art. 131 PStGB. u. § 368 Nr. 8 StGB. InnMVO. v. 10. Aug. 1928 über Koch- u. Heizeinrichtungen, bei denen leichtentzündliche flüssige Stoffe verwendet werden (GVBl. 384; StAnz. Nr. 185).

Vollz Best. zu § 2: InnMB. v. 7. Nov. 1928 (StAnz. Nr. 259).

Zu Art. 131 PStGB. u. § 368 Nr. 8 StGB. InnMVO. v. 28. Aug. 1930 über die Aufstellung und den Betrieb von Verbrennungsmotoren (GVBl. 299).

Zu Art. 136 PStGB. K. VO. v. 6. Juni 1862, den Verkauf geschwefelten Hopfens betr. (RegBl. 1200; Pf. KrBl. 878).

Art. 136 PStGB. = Art. 188 in der Fassung v. 1861.

Vollz Best.: Bek. der Regg. der Pfalz v. 30. Juni 1862 (KrBl. 1192).

Zu Art. 137 PStGB., § 367 Nr. 16 StGB. u. § 35 Abs. 3 u. § 38 Abs. 1 u. 4 GewO. AMB. v. 6. Okt. 1910, den Geschäftsbetrieb der Versteigerer betr. (GVBl. 956).

S. hierzu Süßheim BlAPr. 1899, 221 u. 1900, 74.

Zu §§ 1ff.: Begriff Versteigerer u. Versteigerung (ObSt. 21, 88; ObSt. 29, 88, BayZ. 1929, 285).

Zu § 15: Wirksamkeit desselben (ObSt. 21, 88).

Zu Art. 151 PStGB. HMB. v. 25. Juni 1862, Ordnung für Land- und Wasserboten, Lohnkutscher, Stellwagen-Unternehmer betr. (RegBl. 1434).

Zu Art. 156 PStGB. InnHMB. v. 8. April 1863, die Verhütung von Gefahren für die Gesundheit bei dem Arbeitsbetriebe in Fabriken u. bei Gewerben betr. (RegBl. 577; Pf. KrBl. 461).

Geänd. durch § 23 InnMB. v. 30. Juli 1889 (GVBl. 422).

Zu Art. 156 Abs. 2 PStGB. u. § 120 Abs. 3 u. § 147 Abs. 1 Nr. 4 GewO. InnMB. v. 30. Juli 1889, die Einrichtung und den Betrieb von Spiegelbeleganstalten betr. (GVBl. 422; Pf. KrBl. 81).

Zu Art. 156 Nr. 2 PStGB. u. § 367 Nr. 5 StGB. InnMB. v. 26. Jan. 1910, die Lagerung u. die Verwendung von Sprengstoffen u. Zündmitteln bei der Ausführung von Sprengarbeiten betr. (GVBl. 46).

Geänd. durch InnSMB. v. 23. März 1921, Verwendung von flüssiger Luft bei der Ausführung von Sprengarbeiten betr. (GVBl. 115). Ausdrücklich aufrechterhalten in § 12 Abs. 2 der InnSHMinBek. v. 12. Dez. 1922 (GVBl. 667). Weiter geänd. durch InnMB. v. 21. Juli 1928 (GVBl. 364) u. v. 25. Nov. 1929 (GVBl. 138; StAnz. Nr. 275).

Vollz Best. zu § 38 Abs. 2: InnMB. v. 5. Dez. 1928 (StAnz. Nr. 284).

Zu Art. 156 Nr. 2 PStGB. u. §§ 120e, § 147 Abs. 1 Nr. 4 u. 150a GewO. Obpol. Vorschriften v. 9. März 1912 über Zelluloid und Zelluloidlager (GVBl. 77).

Geänd. durch Obpol. Vorschr. (InnSHM.) v. 19. Juni 1926 (GVBl. 326).

Vollz Best.: AInnMB. v. 23. März 1912 (InnMBl. 411).

Vollz Best. zu § 26 der Obpol. Vorschr.: InnSozMB. v. 26. Juli 1924 über die Lagerung von Filmen (StAnz. Nr. 173).

Anwendung der Strafbest. des Art. 156 Nr. 2 PStGB., nicht des § 368 Nr. 8 StGB. (ObSt. 24, 62, BayZ. 1924, 325).

§ 4 aufgehob. durch VO. v. 31. März 1911 (RGBl. 181). Neuer § 2a: VO. v. 9. Dez. 1924 (RGBl. 772). Neuer § 2b: VO. v. 27. März 1925 (RGBl. 40). Änderungen des Verzeichn. B: VO. v. 31. März 1911 (RGBl. 181); v. 18. Febr. 1920 (RGBl. 253); v. 21. April 1921 (RGBl. 490); v. 31. Juli 1922 (RGBl. 710); v. 13. Jan. 1923 (RGBl. 68); v. 21. Juni 1923 (RGBl. 511, 634); v. 16. Nov. 1923 (RGBl. 1117); v. 9. Dez. 1924 (RGBl. 772) § 2; v. 24. Dez. 1924 (RGBl. 966).

Neues Verzeichnis C: VO. v. 9. Dez. 1924 (RGBl. 772); dieses wieder geändert durch VO. v. 26. Jan. 1929 (RGBl. 19 mit Berichtigung S. 73).

Ältere Ergänzungen v. 1. Okt. 1903 (RGBl. 281), 29. Juli 1907 (RGBl. 418), 17. Dez. 1907 (RGBl. 774), 11. April 1908 (RGBl. 146); wohl wirkungslos s. KG. Recht 1911, 304; dagegen Arndt Recht 1911, 781.

Verhältnis der VO. zum Arzneibuch (KG. Reg. 34, 249).

Zur VO. im allgemeinen: Irrtum über den Inhalt u. die Bedeutung ihrer Bestimmungen Strafrechtsirrtum (ObSt. 28, 201; BayZ. 1928, 395; a. A. wohl RG. BayZ. 1930, 281; s. hierzu Art. 1 A. 8). Die VO. hindert nicht, daß der Verkauf von Arzneimitteln, die dem Apothekenmonopol nicht unterliegen, durch Landesges. mit Rücksicht auf die Berufsstellung der sich mit Abgabe befassenden Personen (Bader) Beschränkungen unterworfen wird (ObSt. 7, 152; nicht anders wohl auch ObSt. 11, 188).

Zu § 1 Abs. 1: Begr. der Krankheit (ObSt. 28, 112; BayZ. 1928, 328); Mittel gegen Verdauungsstörungen (ObSt. 3, 142); Wurmkuchen u. a. (Inn.-ME. v. 9. April 1881, OFr. KrBl. 272); Mittel gegen Kindergeschrei (Celle GArch. 52, 113); Mittel gegen Läuse an Tieren (Celle GArch. 25, 104). Straffreiheit des Kaufens (RG. 22, 197). Verkaufen: Jede Übertragung der tatsächl. Verfügungsgewalt gegen Entgelt (ObSt. 26, 83).

Zu § 1 Abs. 2: Begr. des kosmet. Mittels (Celle GArch. 56, 104; KG. Reg. 33, 206; KGJ. 48 C 361); kosmetische Mittel im Sinne des § 1 Abs. 2 bleiben dem freien Verkehr überlassen, auch wenn sie als Mittel zur Beseitigung oder Linderung von Krankheiten dienen können oder sollen; doch muß der Heilzweck mit ihrer Eigenschaft als kosmetische Mittel im Einklang stehen; sie dürfen außerhalb der Apotheken als Heilmittel für Krankheiten, die mit dem Zwecke der Pflege der Haut, der Haare u. der Mundhöhle nicht im Zusammenhang stehen, nicht feilgehalten oder verkauft werden (ObSt. 4, 323); Zinksalbe als kosmet. Mittel (ObSt. 13, 194).

Das Verbot des § 1, die dort bezeichneten Zubereitungen als Heilmittel feilzuhalten und zu verkaufen, gilt auch gegenüber Ärzten und nicht ärztlichen Heilbehandlern, die einen Auftrag zur Heilbehandlung übernommen haben; nur unmittelb. Anwendung im Laufe der Heilbehandlung fällt nicht hierher (RG. 63, 420; RG. BayZ. 1930, 281). Zu §§ 1 u. 2: „Außerhalb der Apotheken": Nicht räumlich zu verstehen, sondern soviel, wie außerh. des Apothekenbetriebs; der Apotheker ist auch dann nicht strafb., wenn er an den Vorstand eines Vereins zur Weitergabe durch diesen an dessen Mitglieder abgibt (Jena LZ. 1928, 1569).

Zu § 2a: Findet auch Anwendung bei bloß sachlicher Gleichheit von Stoffen mit den im Verz. C aufgeführten Stoffen; gleichgültig ein anderer Name (JFG. Erg. 8, 401).

Zu § 2b: Verabfolgen (ObSt. 28, 153, BayZ. 1928, 327).

Zu § 3: Großhandel: ObSt. 4, 29 (Keine scharfe Grenze zwischen Groß- u. Kleinhandel; regelmäßige Merkmale des letzteren, daß der Gegenstand der einzelnen Geschäfte eine verhältnismäßig große Warenmenge ist, daß die Ware zum Zwecke der Weiterveräußerung oder zum handwerks- oder fabrikmäßigen Gebrauch abgesetzt wird und zwar meist innerh. eines räumlich ausgedehnten Absatzgebiets aus größeren Lagerbeständen, oft in der vom Produzenten stammenden Verpackung und gewöhnlich zu einem mit Rücksicht auf die Größe der abgenommenen Menge ermäßigten Preise; im übrigen Tatfrage). S. ferner (KG. GArch. 48, 369; Stuttg. WürttZ. 23, 200; Karlsr. BadRpr. 1909, 262). Mittäterschaft zw. Großhändler u. Abnehmer? (ObSt. 28, 112, BayZ. 1928, 328; JFG. Erg. 4, 337; Dresden HHR. 1928, 931).

Zum Verzeichnis A: Zu Nr. 3: Wachholderextrakt: Nur reiner, ohne Zuckerzusatz (ObSt. 28, 201, BayZ. 1928, 394). Zu Nr. 4: Gemenge (ObSt. 7, 357, es müssen mehrere Substanzen gemengt sein, nicht genügend, wenn nur eine Substanz in zerkleinertem Zustand; OSt. 2, 500; Celle GArch. 52, 108); Unerheblichkeit des Mischungsverhältnisses (OGHSt. 4, 322). Trockenes Gemenge: Auch wenn die einzelnen trocken gelieferten Bestandteile erst in Wasser aufgelöst werden müssen (ObSt. 6, 326). Vieh-, Freß-, Milch- u. Mastpulver: InnMB. v. 28. März 1903 (InnMBl. 123) mit JMB. v. 25. April 1903 (JMBl. 268). Zu Nr. 5: Gemische, im bes. Verdünnung mit Wasser (OSt. 2, 500; a. A. KG. GArch. 46, 460). Lösungen (Frankf. GArch. 56, 347; KG. GArch. 46, 460; ObSt. 3, 142 z. Tl. widersprechend). Reine Destillate (ObSt. 10, 388; KGJ. 37 C 74). Skotts Emulsion (ObSt. 8, 34). Karbolwasser (KG. GArch. 55, 123; LG. München 2 BayZ. 1912, 424). Angabe der Bestandteile in deutscher Sprache (Breslau GArch. 57, 239). Tamarindensaft kein Obstsaft (Celle GArch. 63, 148). Auflösung von Eisenoxid in Malagawein (ObSt. 14, 268). Hienfongessenz (ObSt. 28, 112). Zu Nr. 9: Pillen auch homöopathische Streukügelchen (OSt. 1, 13). Abe Biskuits (Dresden GArch. 58, 494). „Aus künstlichen Mineralquellsalzen bereitete Pastillen" (KG. GArch. 70, 338). Zu Nr. 10: Pflaster u. Salben (Stuttg. WürttZ. 17, 329). Heftpflaster (Celle GArch. 57, 239).

Zu § 367 Nr. 3 StGB. Vgl. die VO. v. 27. Juni 1913 (bei Art. 72a).

Zu § 367 Nr. 3 u. 5 **StGB.** u. § 34 Abs. 3 GewO. LJnnMVO. v. 25. Aug. 1925 über den Vertrieb von giftigen Pflanzenschutzmitteln durch Vertriebsstellen des amtlichen Pflanzenschutzes und landwirtschaftliche Körperschaften (GVBl. 237; StAnz. Nr. 198).

Geänd. durch LJnnMVO. v. 30. Dez. 1925 (GVBl. 1926, 2).

VollzBest.: LJnnM. v. 25. Aug. 1925 (GVBl. 242; StAnz. Nr. 198).

Zu § 367 Nr. 3 u. 5 **StGB.** JnnMVO. v. 7. Nov. 1926 über die Einführung der sechsten Ausgabe des deutschen Arzneibuchs (GVBl. 524).

Geänd. durch JnnMVO. v. 27. Dez. 1926 (GVBl. 543).

Zu § 367 Nr. 3 u. 5 **StGB.** JnnMVO. v. 29. Dez. 1926 über die Abgabe starkwirkender Arzneien sowie die Beschaffenheit u. Bezeichnung der Arzneigläser und Standgefäße in den Apotheken (GVBl. 555).

Geänd. durch JnnMVO. v. 16. Mai 1929 (GVBl. 61).

Zu § 367 Nr. 3 u. 5 **StGB.** Vgl. auch die VO. v. 25. März 1929 (bei Art. 72a PStGB.).

Zu § 367 Nr. 3 u. 5 **StGB.** u. § 34 Abs. 3 GewO. InnMBO. v. 26. März 1929, Vorschriften über die Herstellung und den Vertrieb bakterienhaltiger Mittel zur Vertilgung tierischer Schädlinge betr. (GVBl. 49).

VollzBest.: InnMB. v. 26. März 1929 (GVBl. 50); geänd. durch InnMB. v. 7. Sept. 1929 (GVBl. 123).

Zu § 367 Nr. 3 StGB. Vgl. auch die VO. v. 11. Aug. 1930 (bei Art. 72a PStGB.).

Zu § 367 Nr. 5 StGB. InnMB. v. 15. Febr. 1894, die Versendung von Sprengstoffen und Munitionsgegenständen der Militär- und Marineverwaltung auf Land- und Wasserwegen (Sprengstoffversendungsvorschrift) betr. (GVBl. 98, Pf. KrBl. 18).

Geänd. durch InnMB. v. 19. Okt. 1906 (GVBl. 792).

Zu § 367 Nr. 5 StGB. Vgl. die Gifte VO. v. 16. Juni 1895 (bei § 367 Nr. 3).

Zu § 367 Nr. 5 StGB. Vgl. auch die ArzneimittelVO. v. 22. Okt. 1901 (bei § 367 Nr. 3 StGB.).

Zu § 367 Nr. 5 StGB. InnMB. v. 27. Juli 1905 den Verkehr mit Sprengstoffen betr. (GVBl. 531; Pf. KrBl. 237).

Geändert durch InnMB. v. 7. Okt. 1915 (GVBl. 688), 19. Jan. 1923 (GVBl. 24), 27. Nov. 1923 (GVBl. 387), 5. Mai 1925 (GVBl. 145), 9. Jan. 1926 (GVBl. 221, diese wieder aufgehoben), 31. Dez. 1926 (GVBl. 1927, 2, Zusatzbest. zu dieser ohne Datum StAnz. 1927 Nr. 89), 8. Sept. 1928 (GVBl. 405), 5. Juni 1929 (GVBl. 76, diese wieder aufgehoben), 13. Aug. 1929 (GVBl. 122) u. 26. März 1930 (GVBl. 103).

Einfluß des Schußwaffenges. vom 12. April 1928 (RGBl. 128) auf die Anwendbark. der Bek.: Reich Pol. 1928, 144.

Zu § 16 s. OSt. 1, 32; zu § 26 s. KGJ. 41, 383.

VollzBest.: InnMB. v. 27. März 1920 über den Verkehr mit Feuerwerkskörpern (InnMBl. 125).

Zu § 367 Nr. 5 StGB. u. § 80 GewO. VO. v. 26. Dez. 1906, die Arzneitaxe betr. (GVBl. 887).

Geänd. durch Bek. v. 23. Dez. 1908 (GVBl. 1249). Zu § 3 s. w. der nunmehr geltenden Arzneitaxe, InnLMB. v. 5. Jan. 1931 (StAnz. 1931 Nr. 5), nimmt die deutsche Arzneitaxe 1931 herüber.

Zu § 367 Nr. 5 StGB. Vgl. die VO. v. 26. Juli 1907 (bei Art. 72a PStGB.).

Zu § 367 Nr. 5 StGB. u. Art. 206 Wasserges. InnVMBO. v. 27. Dez. 1909 die Schiffahrts- u. Hafenordnung für den Bodensee betr. (GVBl. 937).

Geänd. durch InnVMB. v. 26. Juni 1915 (GVBl. 123) u. v. 14. Okt. 1927 (GVBl. 348).

Zu § 367 Nr. 5 StGB. Vgl. auch die VO. v. 26. Jan. 1910 (bei Art. 156 PStGB.).

Zu § 367 Nr. 5 StGB. Vgl. die VO. v. 27. Juni 1913 (bei Art. 72a PStGB.).

Zu § 367 Nr. 5 StGB. VO. v. 24. Febr. 1922 über Abgabe von Quellstiften in Apotheken (GVBl. 193).

Zu § 367 Nr. 5 StGB. GesMVO. v. 6. Febr. 1923 über Abgabe von Tuberkulinen in Apotheken (GVBl. 21).

Zu § 367 Nr. 5 StGB. Vgl. auch die AzetylenVO. v. 21. Dez. 1923 (bei Art. 131 PStGB.).

Zu § 367 Nr. 5 StGB. u. § 2 des Sprengstoffges. v. 9. Juni 1884 (RGBl. 61). Obpol. Vorschr. (JnnSozHMBek.) v. 18. Jan. 1924 über den Vertrieb von Sprengstoffen an den Bergbau (GVBl. 11).

VollzBest. zu § 5: Bek. d. Oberbergamts v. 25. Juli 1929 betr. die Liste der Bergbausprengstoffe (StAnz. Nr. 171); ergänzt durch Bek. dess. v. 30. Okt. 1930 (StAnz. Nr. 253).

Zu § 367 Nr. 5 u. 368 Nr. 8 StGB. u. §§ 120e u. 147 GewO. JnnSozHMB. v. 23. Mai 1925 über die Lagerung von Ammonsalpeter, von Mischsalzen aus Ammonsalpeter mit Ammonsulfat oder Kaliumchlorid und von Gemengen aus Ammonsalpeter mit anderen Düngemitteln (GVBl. 153).

Zu § 367 Nr. 5 StGB. Vgl. auch die VO. v. 25. Aug. 1925 (bei § 367 Nr. 3 StGB.).

Zu § 367 Nr. 5 u. 6 u. § 368 Nr. 8 **StGB.** u. §§ 120e u. 147 GewO. Jnn.-SozHMVO. v. 1. Sept. 1926 über den Verkehr mit verflüssigten oder verdichteten Gasen (GVBl. 483).

Geänd. durch JnnSozHMVO. v. 22. Okt. 1927 (GVBl. 347).

Zu § 367 Nr. 5 StGB. Vgl. auch die VO. v. 8. Okt. 1926 (bei Art. 72a PStGB.).

Zu § 367 Nr. 5 StGB. Vgl. auch die VO. v. 7. Nov. 1926 (bei § 367 Nr. 3 StGB.).

Zu § 367 Nr. 5 StGB. Vgl. auch die VO. v. 29. Dez. 1926 (bei § 367 Nr. 3 StGB.).

Zu § 367 Nr. 5 StGB. Vgl. auch die VO. v. 23. Aug. 1927 (bei Art. 72a PStGB.).

Zu § 367 Nr. 5 StGB. Vgl. auch die JnnMVO. v. 31. Aug. 1927 (bei Art. 72a PStGB.).

Zu § 367 Nr. 5 StGB. Vgl. auch die VO. v. 20. Okt. 1927 (bei Art. 131 PStGB.).

Zu § 367 Nr. 5 StGB. Vgl. auch die VO. v. 25. März 1929 (bei Art. 72a PStGB.).

Zu § 367 Nr. 5 StGB. Vgl. auch die VO. v. 26. März 1929 (bei § 367 Nr. 3 StGB.).

Zu § 367 Nr. 5 StGB. Vgl. auch die VO. v. 9. Mai 1930 (bei Art. 72a PStGB.).

Zu § 367 Nr. 5 StGB. Vgl. auch die VO. v. 11. Aug. 1930 (bei Art. 72a PStGB.).

Zu § 367 Nr. 6 StGB. Vgl. auch die VO. v. 1. Sept. 1926 (bei § 367 Nr. 5 StGB.).

Zu § 367 Nr. 9 StGB. Vgl. die VO. v. 19. Nov. 1887 (bei Art. 39 PStGB.).

Zu § 367 Nr. 15 StGB. Vgl. die Münchener Bauordn. v. 29. Juli 1895 (bei Art. 73 PStGB.).

Zu § 367 Nr. 15 StGB. Vgl. die Bauordn. v. 17. Febr. 1901 (bei Art. 73 PStGB.).

Zu § 367 Nr. 16 StGB. Obpol. Vorschr. v. 17. Okt. 1894 über öff. Versteigerungen (GVBl. 588; Pf. KrBl. 88).

Zu § 367 Nr. 16 StGB. Vgl. die Bek. v. 6. Okt. 1910 (bei Art. 137 PStGB.).

Zu § 368 Nr. 3 u. 8 **StGB.** Vgl. die Bauordn. f. München v. 29. Juli 1895 (bei Art. 73 PStGB.).

Zu § 368 Nr. 3 u. 8 **StGB.** Vgl. die Bauordn. v. 17. Febr. 1901 (bei Art. 73 PStGB.).

Zu § 368 Nr. 8 StGB. K. VO. v. 27. Juni 1862, die Verhütung v. Feuersgefahren betr. (RegBl. 1573; Pf. KrBl. 1104).

Geänd. durch VO. v. 31. Dez. 1867 (RegBl. 68, 5) u. v. 26. März 1903 (GVBl. 115). S. hiezu OSt. 2, 383; OGHSt. 7, 77; 3, 570.

Zu § 368 Nr. 8 StGB. K. VO. v. 31. Dezember 1867, die Verhütung von Feuersgefahren betr. (RegBl. 1868, 5; Pf. KrBl. 1868, 25).

Zu § 368 Nr. 8 StGB. K. VO. v. 10. Jan. 1872, die Verhütung von Feuersgefahren betr. (RegBl. 127; Pf. KrBl. 323).

Geänd. durch VO. v. 17. Juni 1881 (GVBl. 709), § 16 der VO. v. 17. Juni 1898 (GVBl. 332) u. die VO. v. 26. März 1903 (GVBl. 115).
VollzBest.: InnMB. v. 16. Juli 1894 (InnMBl. 267).

Zu § 368 Nr. 8 StGB. Vgl. die Münchener Bauordn. v. 29. Juli 1895 (bei Art. 73 PStGB.).

Zu § 368 Nr. 8 StGB. K. VO. v. 17. Juni 1898, die Feuerbeschau betr. (GVBl. 332).

(Abgedruckt im V. Teil.)

Zu § 368 Nr. 8 StGB. Vgl. auch die Bauordnung v. 17. Febr. 1901 (bei Art. 73 PStGB.).

Zu § 368 Nr. 8 StGB. K. VO. v. 13. Febr. 1914 zur Verhütung von Waldbränden (GVBl. 65).

(Abgedruckt im V. Teil.)

Zu § 368 Nr. 8 StGB. u. § 120e GewO. Obpol. Vorschr. (InnSozHMB.) v. 11. Dez. 1922 über die Herstellung und Lagerung von Zündhölzern (GVBl. 661).

Zu § 368 Nr. 8 StGB. Vgl. auch die AzetylenVO. v. 21. Dez. 1923 (bei Art. 131 PStGB.).

Zu § 368 Nr. 8 StGB. Vgl. auch die VO. v. 23. Mai 1925 (bei § 367 Nr. 5).

Zu § 368 Nr. 8 StGB. InnMVO. v. 20. April 1926 über die Sicherheit bei Lichtspielvorführungen (GVBl. 299).

Geänd. durch InnMB. v. 10. Juni 1927 (StAnz. Nr. 134).
VollzBest.: UMB. v. 19. Juli 1930 über Lichtspielvorführungen in Schulen (KMBl. 147).

VollzBest. zu § 33 Abs. 2 u. § 70: InnMB. v. 4. Febr. 1929 über Gasöfen in Lichtspieltheatern (StAnz. Nr. 31).

VollzBest. zu § 54 Abs. 1: InnMB. v. 31. Okt. 1929 über die Sicherheit bei Lichtspielvorführungen (StAnz. Nr. 255).

VollzBest. zu § 72: InnMB. v. 20. April 1926 über die Prüfung von Bildwerfern (StAnz. Nr. 102); geändert durch InnMB. v. 3. Aug. 1928 (StAnz. Nr. 179).

Übersicht der außer den Typenzeugnissen u. -bescheinigungen der Versicherungskammer gültigen Typenbescheinigungen u. sonstigen wirksamen Zulassungen: Bek. d. Versicherungskammer v. 27. Aug. 1928 (StAnz. Nr. 200); ergänzt durch Bek. v. 7. Mai 1930 (StAnz. Nr. 107). S. hierzu die InnUMB. v. 13. Mai 1925 über den Lichtbildvorführungsapparat Magister (StAnz. Nr. 110), desgl. die InnUMB. v. 15. Dez. 1925 über den Lichtbilderwerfer Pädagog (StAnz. Nr. 291), desgl. v. 22. April 1926 über den Bildwerfer Ica-Monopol (StAnz. Nr. 92).

Zu § 368 Nr. 8 StGB. GesMBO. v. 14. April 1924 über die Prüfung von Lichtspielvorführungen (GBBl. 142).

Geänd. durch GesMBO. v. 5. Okt. 1928 (GBBl. 407).

Allg. VollzBest. hierzu: InnMB. v. 14. April 1924 (InnMBl. 62), geänd. durch InnMB. v. 23. April 1925 (StAnz. Nr. 98), v. 9. Aug. 1926 (InnMBl. 75) u. v. 2. Mai 1928 (StAnz. Nr. 102).

InnKMB. v. 16. Okt. 1924 über die Prüfung von Lichtspielvorführern (StAnz. Nr. 245), geänd. durch InnKMB. v. 20. Aug. 1928 (StAnz. Nr. 193).

KHMB. v. 6. März 1925 über die Prüfung von Lichtspielvorführern (StAnz. Nr. 56), geänd. durch AKMB. v. 3. Juni 1930 (StAnz. Nr. 131).

VollzBest. zu § 2 der BO. v. 14. April 1924: InnMB. v. 5. Okt. 1928, betr. die in Danzig ausgestellten Prüfungszeugnisse (InnMBl. 84).

Zu § 3 der Bek. v. 14. April 1924: Anerkennung der badischen Vorführerzeugnisse: InnMB. v. 11. Juni 1927 (InnMBl. 33).

Zu § 368 Nr. 8 StGB. Vgl. auch die BO. v. 1. Sept. 1926 (bei § 367 Nr. 5 StGB.).

Zu § 368 Nr. 8 StGB. Vgl. auch die AufzugsBO. v. 18. Jan. 1927 (bei Art. 101 PStGB.).

Zu § 368 Nr. 8 StGB. Vgl. auch die BO. mit Obpol. Vorschriften v. 10. Mai 1927 (bei Art. 101 PStGB.).

Zu § 368 Nr. 8 StGB. InnKHMBO. v. 29. Aug. 1927 über den Feuerschutz bei theatralischen Vorführungen und bei Schaustellungen von Personen (GBBl. 278).

(Abgedruckt im V. Teil.)

VollzBek. zu § 2: InnKHMB. v. 29. Aug. 1927 über die Prüfung für technische Leiter von Bühnenbetrieben — technische Direktoren, technische Inspektoren, Theatermeister, Beleuchtungsmeister (GBBl. 279), geänd. durch Bek. v. 28. Juni 1928 (GBBl. 362), desgl. v. 6. Okt. 1928 (GBBl. 418).

Zu § 368 Nr. 8 StGB. Vgl. auch die BO. v. 20. Okt. 1927 (bei Art. 131 PStGB.).

Zu § 368 Nr. 8 StGB. Vgl. auch die VO. v. 10. Aug. 1928 (bei Art. 131 PStGB.).

Zu § 368 Nr. 8 StGB. Vgl. auch die VO. v. 8. April 1929 (bei Art. 101 PStGB.).

Zu § 368 Nr. 8 StGB., §§ 39 u. 47 Abs. 2 GewO. u. Art. 15 des Gewerbeges. v. 30. Jan. 1868. JnnMVO. v. 16. Juni 1930 über das Kaminkehrerwesen (GVBl. 173).

Allg. VollzBest.: JnnMB. v. 16. Juni 1930 (GVBl. 179).

Zu § 368 Nr. 8 StGB. Vgl. auch die JnnMVO. v. 28. Aug. 1930 (bei Art. 131 PStGB.).

Zu § 368 Nr. 8 StGB. JnnMB. v. 6. Dez. 1930 über den Verkehr mit brennbaren Flüssigkeiten (GVBl. 371).

VollzBek.: JnnMB. v. 6. Dez. 1930 (GVBl. 390).

Zu § 368 Nr. 9 u. 11 StGB. u. zu Art. 23 Abs. 1 Nr. 5 Jagdges. v. 30. März 1850: VO. v. 6. Juni 1909, die Ausübung und Behandlung der Jagd und den Verkehr mit Wildbret betr. (GVBl. 409).

Geänd. durch VO. v. 13. Febr. 1911 (GVBl. 81), durch § 5 der VO. v. 5. Mai 1913 (GVBl. 189), durch die unter Berufung auf Art. 125 PStGB. u. Art. 23 Abs. 1 Nr. 5 des Jagdges. ergangene JnnMVO. v. 7. Juli 1926 (GVBl. 332, StAnz. Nr. 153), desgl. v. 24. Mai 1929 (GVBl. 61, StAnz. Nr. 118), durch JnnMB. v. 18. Juli 1929 (StAnz. Nr. 165), durch die unter Berufung auf Art. 125 PStGB. u. Art. 23 Abs. 1 Nr. 5 des Jagdges. ergangene JnnMVO. v. 11. Sept. 1929 (GVBl. 123), durch die JnnMB. v. 23. Nov. 1929 (JnnMBl. 146), diese geänd. durch JnnMB. v. 14. März 1930 (JnnMBl. 9), durch die unter Berufung auf Art. 125 PStGB. u. Art. 23 Abs. 1 Nr. 5 des Jagdges. ergangene JnnMB. v. 6. Dez. 1930 (StAnz. Nr. 284, GVBl. 392).

VollzBest.: JnnMB. v. 1. Juni 1910 (JnnMBl. 387).

VollzBest. zu § 9 Abs. 1 Nr. 1 der VO. v. 6. Juni 1909: ÄJnn.-MB. v. 6. Dez. 1910, Wildvertrieb aus Kühlhäusern betr. (JnnMBl. 931); geänd. durch JnnÄMB. v. 9. Nov. 1929 (JnnMBl. 145). Als VollzBest. zur ÄJnnMB. v. 6. Dez. 1910 erging die JnnMB. gl. Betr. v. 6. Dez. 1910 (JnnMBl. 939), geänd. durch JnnMB. v. 9. Nov. 1929 (JnnMBl. 146).

Weitere VollzBest. zu § 9 Abs. 1 Nr. 1 der VO. v. 6. Juni 1909: JnnHMB. v. 12. Nov. 1925 über den Verkehr mit Wildbret (JnnMBl. 181; StAnz. Nr. 264).

VollzBest. zur Änd. v. 13. Febr. 1911: JnnMB. v. 14. Febr. 1911 (JnnMBl. 90).

VollzBest. zur Änd. v. 7. Juli 1926: JnnMB. v. 7. Juli 1926 über die Ausübung und Behandlung der Jagd (StAnz. Nr. 153).

VollzBest. zur Änd. v. 24. Mai 1929: JnnMB. v. 24. Mai 1929 (StAnz. Nr. 118).

VO. v. 11. Juli 1900 über die jagdb. Tiere (GVBl. 693), geänd. durch VO. v. 5. Mai 1913 (GVBl. 189); JJnnFMVO. v. 29. April 1925 (GVBl. 143) u. JJnnFMVO. v. 4. April 1927 (GVBl. 111).

Rechtsprechung zur VO. v. 6. Juni 1909: § 1 der VO. enthält nur eine Mahnung, keinen strafb. Tatbestand (ObSt. 29, 94). Das Verbot des § 3 der VO., die Jagd auf Kitze innerh. des ersten Lebensjahrs, legt dem Jäger ohne Rücksicht darauf, daß das Erkennen der jagdb. Rehe vielfach sehr schwierig ist, die Verpfl. auf, das nicht jagdb. Tier zu schonen; er muß sich untrügliche Gewißheit der Jagdbark. verschaffen (ObSt. 13, 281). Das Verbot des § 8 der VO. ist durch die hiefür allein in Betracht kommende Strafbest. des Art. 23 Nr. 5 Jagdges. nur teilweise gedeckt, nämlich nur, insoweit es sich dabei um Jagdausübung, oder doch nur, soweit es sich um die Tätigkeit des Jägers selbst handelt; darunter fällt jedenfalls nicht die Verwertung des Tieres durch Dritte (ObSt. 16, 152; ObSt. BayZ. 1914, 329; gegen ObSt. 8, 7). Zu § 12 der VO.: Treibjagd: Nicht jede Jagd, bei der das Wild dem Jäger zugetrieben wird; vielmehr nur „die regelrechte Treibjagd im engsten Sinn" oder doch eine solche, die dieser wegen der Beteiligung einer größeren Zahl von Jägern u. Treibern und deren jagdlicher Betätigung gleichzuachten ist (ObSt. 12, 76/87).

Zu § 16 der VO.: Aufsichtslos umherstreifender Hund: Ein Hund, der sich der Beobachtung und Einwirkung seines Herrn dauernd oder zeitweise gänzlich entzogen hat (ObSt. 10, 56). Der Hund muß „umherstreifen"; es genügt nicht, daß der Hund überhaupt innerh. des Jagdreviers sich ohne Aufsicht befindet oder dort umherläuft, z. B. um seinen Herrn zu suchen; sondern er muß „sich in dem Jagdgebiet da u. dort umhertreiben", wie es Hunde zu tun pflegen, die dem Wild nachspüren, und dadurch der Jagd gefährlich werden (ObSt. 11, 182). Zur Frage der Rechtsgültigkeit des § 16 s. auch ObSt. 8, 5.

V. Teil.

Abdruck der wichtigsten zum PStGB. und zum StGB. ergangenen Polizeiverordnungen und Oberpolizeilichen Vorschriften der Ministerien.

(In der zeitlichen Reihenfolge.)

Vorbemerkung.

Aufgenommen sind nur die häufiger anzuwendenden Vorschriften. Weggelassen sind ferner Vorschriften, für die Sonderausgaben vorhanden sind. Eine Übersicht der sämtlichen zum PStGB. und zum StGB. ergangenen, noch geltenden Polizeiverordnungen und oberpolizeilichen Vorschriften der Ministerien, einschließlich ihrer Änderungen, enthält der IV. Teil des Buches.

1. K.VO. v. 20. Sept. 1862, die pol. Bewilligung zu Sammlungen betr.

(RegBl. 2269; Pf. KrBl. 1505) [1]).

Wir finden Uns bewogen, mit Hinblick auf Art. 92 und 93 [2]) des Polizeistrafgesetzbuches über Sammlungen zu verordnen, was folgt:

§ 1.

Zu jeder Sammlung von Geld oder sonstigen Beiträgen, oder von Unterschriften hiezu, wird vorbehaltlich dessen, was hierüber in den Gesetzen besonders bestimmt ist, polizeiliche Bewilligung erfordert.

§ 2.

Die erteilte Bewilligung ist nach Umfluß von drei Monaten vom Tage ihrer Eröffnung an gerechnet als erloschen zu betrachten, wenn hierüber für den einzelnen Fall nicht anderweite Verfügung ausdrücklich getroffen ist.

---

[1]) VollzBest.: Sammlung bei Bränden: InnHME. v. 20. März 1866 (Web. 8, 240); InnME. v. 19. März 1867 (Web. 6, 765); InnHME. v. 30. Juli 1869 (Web. 8, 240). Hauskollekten: InnKMB. v. 4. Febr. 1873 (InnMBl. 311); Schneeballenkollekten: InnMB. v. 4. April 1893 (IMBl. 77); Sammlung unter der Form des Verkaufs: InnMB. v. 29. Okt. 1903 (InnMBl. 456); Hydrasystem: IInnMB. v. 3. Jan. 1925 (StAnz. Nr. 5).

[2]) Den Art. 92 u. 93 PStGB. v. 1861 entsprechen Art. 52 u. 53 des geltenden PStGB.

§ 3.

Unserer Allerhöchsten Entschließung bleibt die Erlaubnis zu allen Sammlungen vorbehalten, welche sich über mehrere Regierungsbezirke oder über das ganze Königreich erstrecken, oder für politische Zwecke oder für das Ausland bestimmt sind.

§ 4.

Sammlungen innerhalb eines einzelnen Regierungsbezirkes werden, sofern sie nicht unter die Bestimmungen des § 3 fallen, von den betreffenden k. Kreisregierungen, Kammer des Innern, bewilligt.

§ 5.

Sammlungen irgendwelcher Art zur Steuerung einer durch unvorhergesehene Ereignisse herbeigeführten augenblicklichen Not können von den Distriktspolizeibehörden in ihren Amtsbezirken angeordnet werden.

In einem solchen Falle ist von der getroffenen Anordnung sogleich Anzeige an die vorgesetzte Kreisregierung, Kammer des Innern, zu erstatten.

§ 6.

Wenn ein Aufruf zu Gaben oder Geldbeiträgen mit dem Erbieten der Empfangnahme derselben in öffentlichen Blättern oder Anschlägen erlassen werden soll, so kommen in Ansehung der Zuständigkeit zur Erteilung der erforderlichen polizeilichen Bewilligung die Bestimmungen der vorstehenden §§ 3—5 zur Anwendung.

§ 7.

Gegenwärtige Verordnung tritt mit dem Tage ihrer Veröffentlichung im ganzen Umfange des Königreichs in Wirksamkeit.

Hiedurch sind alle entgegenstehenden Bestimmungen aufgehoben.

2. K.VO. v. 14. Okt. 1862, die Errichtung und Benützung von Grüften und sonstigen Begräbnisstätten außer den öffentlichen Kirchhöfen betr.

(RegBl. 2311; Pf. KrBl. 1514.)

Wir finden Uns bewogen, im Hinblicke auf Artikel 110 Abs. 1 Ziff. 2 des Polizeistrafgesetzbuches[1]) über die Errichtung und Benützung von Grüften und sonstigen Begräbnisstätten außer den öffentlichen Kirchhöfen zu verordnen, was folgt:

§ 1.

Die Errichtung von neuen Grüften innerhalb der Kloster- oder Institutsmauern seitens der Mönchs- und Nonnenklöster, dann der Institute der englischen Fräulein und die Anlegung neuer Familiengrüfte in Kirchen ist von der Genehmigung Unseres Staatsministeriums des Innern für Kirchen- und Schulangelegenheiten abhängig.

§ 2.

Die Anlegung von Grüften, welche nicht unter den § 1 fallen, sowie die Herstellung anderweitiger besonderer Begräbnisstätten und die Benützung bereits vorhandener

[1]) An die Stelle des Art. 110 Abs. 1 Nr. 2 des PStGB. v. 10. Nov. 1861 ist nun Art. 61 Abs. 1 Nr. 2 des jetzigen PStGB. getreten.

Familiengrüfte in Kirchen darf vorbehaltlich der für den Regierungsbezirk der Pfalz geltenden Bestimmungen in § 14 des Dekrets vom 23. Prairial XII[2]) nur mit Genehmigung der einschlägigen Kreisregierung, Kammer des Innern, erfolgen.

§ 3.

Eine polizeiliche Bewilligung ist nicht erforderlich:

1. zur Bestattung der Erzbischöfe und Bischöfe in ihren Kathedralen oder den dazu gehörigen Grüften oder Kreuzgängen;
2. zur Bestattung von Mitgliedern der sämtlichen im Königreiche befindlichen Mönchs- und Nonnenklöster, dann der Institute der englischen Fräulein in den bereits vorhandenen Kloster- beziehungsweise Institutsgrüften oder auf den innerhalb der Kloster- oder Institutsmauern hergestellten Begräbnisstätten.

§ 4.

Gegenwärtige Verordnung, durch welche alle entgegenstehenden Vorschriften aufgehoben werden, tritt mit dem Tage der Bekanntmachung durch das Regierungsblatt beziehungsweise durch das Kreisamtsblatt der Pfalz für den ganzen Umfang des Königreiches in Wirksamkeit.

3. InnMB. v. 4. Jan. 1872, die Sicherheit u. Bequemlichkeit auf öff. Wegen, Straßen u. Plätzen betr.

(RegBl. 73; Pf. KrBl. 267)[1]).

Auf Grund des § 366 Ziffer 10 des Strafgesetzbuches für das Deutsche Reich und gemäß Artikel 2 Ziffer 6 des Polizeistrafgesetzbuches für Bayern vom 26. Dezember 1871 werden zur Erhaltung der Sicherheit und Bequemlichkeit auf den öffentlichen Wegen, Straßen und Plätzen nachstehende Anordnungen erlassen:

§ 1.

Es ist verboten, auf Brücken, die ganz oder teilweise aus Holz oder Eisen hergestellt sind, anders als im Schritte zu reiten oder zu fahren.

§ 2.

(Aufgehoben.)

§ 3.

(Aufgehoben.)

§ 4.

Bei dem Bergabfahren an jenen Stellen, wo solches durch obrigkeitlichen Anschlag geboten ist, sind Fuhrwerke durch Einlegung des Radschuhes, durch Anwendung von Radsperrschleifen oder Bremsvorrichtungen und bei Glatteis durch Anbringung von Eisketten zu hemmen.

---

[2]) Der Art. (nicht §) 14 des Dekrets v. 23. Prairial XII lautet: Jedermann kann auf seinem Eigentum begraben werden, wenn dieses außerhalb der Städte und Flecken und in der vorgeschriebenen Entfernung liegt (s. Geib Bd. II S. 649).

[1]) Unter Berücksichtigung der Änderungen durch die Obpol. Vorschr. v. 17. Sept. 1906 (GVBl. 729) § 33, v. 7. Nov. 1910 (GVBl. 1026), v. 8. Mai 1926 (GVBl. 315) § 35. VollzBest. v. 24. Sept. 1907 (InnMBl. 464) mit Note InnMBl. 1910, 214.

§ 5.
(Aufgehoben.)

§ 6.

Wege, Brücken und Stege, welche dem öffentlichen Verkehre gewidmet sind, sowie die zur Verhütung von Unglücksfällen erforderlichen Geländer und sonstigen Sicherungsmittel an solchen Wegen, Brücken und Stegen müssen von den hiezu Verpflichteten in sicherem Zustande erhalten werden. Desgleichen sind bei eingetretenen Beschädigungen solcher Wege, Brücken und Stege, oder bei Hemmungen des Verkehrs auf denselben die von der Polizeibehörde angeordneten oder sonst nötigen Warnungs- und Leitungszeichen von den hierzu Verpflichteten auszustecken.

§ 7[a]).

Die Benützung von Straßen oder Wegstrecken, welche von der zuständigen Behörde durch aufgeworfene Gräben, aufgestellte Tafeln oder sonstige Zeichen als gesperrt oder verboten erklärt sind, ist untersagt.

Die Befugnis, Straßen oder Wegstrecken als gesperrt oder verboten zu erklären, steht zu:

a) bei Staatsstraßen der Distriktspolizeibehörde, beziehungsweise der einschlägigen Baubehörde;
b) bei Distriktsstraßen der Distriktspolizeibehörde;
c) in allen übrigen Fällen der Ortspolizeibehörde — in München der Polizeidirektion, und in den Fällen des § 18 Absatz 2 der Allerhöchsten Verordnung vom 2. Oktober 1869 „die Ausscheidung der Zuständigkeiten der Polizeidirektion, des Magistrates und der Lokalbaukommission München bezüglich der Polizei- und Distriktsverwaltung betreffend" —, dem Magistrate.

§ 8.
(Aufgehoben.)

§ 9.
(Aufgehoben.)

§ 10.
(Aufgehoben.)

§ 11.

Gegenwärtige Vorschriften treten mit dem Tage ihrer Verkündung durch das Regierungsblatt, beziehungsweise das Kreisamtsblatt der Pfalz, für den ganzen Umfang des Königreiches in Wirksamkeit.

4. K.VO. v. 19. Nov. 1887, das Verbot des Feilhaltens u. Führens von Waffen zur Verhütung von Gefahren für die Sicherheit der Personen betr.

(GVBl. 655; Pf. KrBl. 87)[1]).

Wir finden Uns bewogen, zur Verhütung von Gefahren für die Sicherheit von Personen über das Feilhalten und Führen von Waffen zu verordnen, was folgt:

---

[a]) Die Sperrmaßregel bedarf nicht der Bekanntmachung nach Art. 11 PStGB. (ObSt. 2, 198); zulässig nach § 7 auch Wegsperren für Kraftfahrzeuge; in München durch den Stadtrat (ObSt. BayZ. 1929, 80).

[1]) a) Die VO. ist, soweit Schußwaffen im Sinne des § 1 des Schußwaffenges. v. 12. April 1928 und des § 1 der AusfVO. hierzu v. 13. Juli 1928

I. Auf Grund des Art. 39 des Polizeistrafgesetzbuches vom 26. Dezember 1871.

§ 1.[2])

Die Führung nachstehender Waffen:

1. von Dolchen, Stileten und anderen im Griffe feststehenden oder mittels einer Vorrichtung feststellbaren, sowie von solchen Messern, deren Klinge wegen Mangels einer Einschlagrinne in den Griff nicht einfallen kann,
2. von zugespitzten Streichern und Pfriemen,
3. von Revolvern, Terzerolen und Sackpistolen,
4. von Abschraubgewehren,
5. von Raufringen, Schlageisen, Schleudern und Totschlägern jeder Art

ist Bettlern und Landstreichern Zigeunern und allen nach Zigeunerart umherziehenden Personen untersagt.

Demselben Verbote unterliegen die wegen Geisteskrankheit entmündigten Personen.

Das gleiche Verbot gilt für Personen unter 18 Jahren, für Lehrlinge, für die bei Eisenbahnbauten beschäftigten Arbeiter, dann für ledige Dienstboten, Taglöhner, Gewerbsgehilfen, Fabrikarbeiter und in der Hausindustrie beschäftigte Personen, endlich für die noch im Brote des Familienhauptes stehenden ledigen Haussöhne.

§ 2.[3])

Das Verbot des § 1 findet keine Anwendung auf Personen, welche Messer,

---

in Frage kommen, durch dieses Ges. aufgehoben (s. JnnMB. v. 31. Aug. 1928 Nr. IV Abs. 1, JnnMBl. 77; ReichPol. 1928, 143).

b) Die VO. v. 7. Dez. 1921 über Führung von Schußwaffen in den Landesteilen r. d. Rh. (GVBl. 585) ist durch dieses Ges. vollständig unwirksam geworden.

c) Die VO. ist weiter, soweit sie sich auf die Führung von Waffen bezieht, die ihrer Natur nach dazu bestimmt sind, durch Hieb, Stoß oder Stich Verletzungen beizubringen (Hieb- oder Stoßwaffe), mit Wirkung bis spätestens 31. März 1931 (mit näherer Maßgabe) ersetzt durch die VO. des Reichspräsidenten v. 25. Juli 1930 gegen Waffenmißbrauch (RGBl. 352); s. auch Nr. 4 u. 5 der JnnMB. v. 4. Aug. 1930 (StAnz. Nr. 180).

[2]) Nicht mehr unter Nr. 1 fallen wegen Abrundung an der Spitze und an der Schneide nicht mehr zum Stechen u. Schneiden verwendbare Messer (ObSt. 7, 320). Schußwaffen fallen hieher, auch wenn augenblicklich unbrauchbar (ObSt. 5, 393). Revolver: Begriffsbest. RG. 42, 393. Knallefixpistolen u. Windbüchsen zulässig (ObSt. 12, 221); erstere fallen jedoch unter die Schießwerkzeuge des § 367 Nr. 8 StGB. (ObSt. 12, 416). Seitengewehre fallen im allg. nicht hieher (ObSt. 7, 320). Taglöhner: Art. 49 A. 1. Gewerbsgehilfen auch die Gesellen, d. s. im Handwerksbetriebe beschäftigte und für diesen vorgebildete, nicht im Lehrlingsverh. stehende, unselbständige Lohnarbeiter (ObSt. 3, 73). Bei verschiedenen Berufen maßgebend die Hauptbeschäftigung (ObSt. 14, 234). Haussohn: Nicht das rechtl., sondern das tats. Verhältnis maßgebend (OSt. 5, 188). Anwendung des § 1 auf weibl. Personen sowie Anwendung, wenn die Waffe zum Zwecke des Selbstmords mitgeführt wird: Fischer BayZ. 1908, 460. Ledig: Nicht verheiratet und auch früher nicht verheiratet gewesen (ObSt. 27, 281, BayZ. 1928, 109).

[3]) Das Messer usw. darf vom Orte der Berufsausübung auch wieder nach Hause gebracht werden u. auch bei unvorhergesehener Verzögerung der Heimkehr behalten werden (ObSt. 6, 251).

Streicher oder Pfriemen der in § 1 Ziffer 1 und 2 bezeichneten Art zur Ausübung des Berufes notwendig haben, insoferne sie solche während dieser Ausübung mit sich führen.

Außerdem können die Distriktspolizeibehörden, in München die Polizeidirektion, einzelnen Personen der in § 1 Abs. 3 aufgeführten Klassen das Tragen bestimmt bezeichneter Waffen der fraglichen Art in stets widerruflicher Weise oder auf bestimmte Zeit durch gebührenfrei auszustellenden Erlaubnisschein gestatten, welchen der Inhaber während des Waffentragens bei sich zu führen hat.

II. Auf Grund des § 367 Ziff. 9 des Strafgesetzbuches für das Deutsche Reich und des Art. 2 Ziff. 10 des Polizeistrafgesetzbuches vom 26. Dezember 1871.

§ 3.

Das Feilhalten oder Mitsichführen von Schußwaffen, welche in Stöcken oder Röhren oder in ähnlicher Weise verborgen sind, ist nur mit Bewilligung der Distriktspolizeibehörden, in München der Polizeidirektion, zulässig.

Das Mitsichführen von Stoß- oder Hiebwaffen dieser Art ist den in § 1 aufgeführten Klassen von Personen untersagt, kann jedoch einzelnen Personen der in § 1 Abs. 3 bezeichneten Klassen nach Maßgabe des § 2 Abs. 2 gestattet werden.

III. Allgemeine Bestimmungen.

§ 4.

Das k. Staatsministerium des Innern ist ermächtigt, bezüglich der in § 1 Abs. 3 aufgeführten Klassen von Personen den Vollzug der in § 1 und § 3 Abs. 2 enthaltenen Verbote auf Antrag der einschlägigen Regierung, Kammer des Innern, entweder für den ganzen Regierungsbezirk oder für einzelne Amtsdistrikte zeitweise zu suspendieren, soweit der Stand der öffentlichen Sicherheit solches gestattet.

§ 5.

Gegenwärtige Verordnung tritt am 1. Januar 1888 in Kraft.

Mit demselben Tage werden die k. Verordnungen vom 21. Januar 1872 (RegBl. S. 331) und vom 3. August 1879 (GVBl. S. 747), sowie die Bestimmung in § 9 der k. Verordnung vom 4. Januar 1872 (RegBl. S. 25) aufgehoben.

5. Obpol. Vorschr. v. 17. Febr. 1888, die Beförderung von Leichen betr.

(GVBl. 123; Pf. KrBl. 23.)[1]

In Bezug auf die Verbringung von Leichen an einen anderen als den ordnungsmäßigen Ort der Beerdigung werden im Hinblick auf Art. 61 Abs. 1 Ziff. 1 und 3 des Polizeistrafgesetzbuches vom 26. Dezember 1871 und auf Grund der hierüber unter den deutschen Bundesregierungen getroffenen Vereinbarung nachstehende Vorschriften erlassen:

---

[1]) Unter Berücksichtigung der Änderungen durch InnMB. v. 19. Nov. 1902 (GVBl. 706), 23. April 1907 (GVBl. 242), 16. Febr. 1914 (GVBl. 66), 18. Aug. 1919 (GVBl. 417).

Zusatzbest.: a) InnMB. v. 5. Sept. 1914 über die Überführung von Leichen (GVBl. 598); Zusatzbest. zur Änd. v. 18. Aug. 1919: InnMB. v. 18. Aug. 1919 (InnMBl. 194).

§ 1.

Die Verbringung einer Leiche vom Sterbeorte nach einem anderen als dem ordnungsmäßigen Orte der Beerdigung darf nur auf Grund einer von der zuständigen Behörde nach anliegendem Formular ausgestellten schriftlichen Bewilligung (Leichenpaß) erfolgen.

Zuständig zur Ausstellung des Leichenpasses ist in Bayern, vorbehaltlich der unten folgenden Bestimmung in § 10 Abs. 2, die Distriktspolizeibehörde bzw. der exponierte Bezirksamtsassessor, in deren Bezirk der Sterbeort liegt.

Bei Leichentransporten, welche aus einem anderen deutschen Bundesstaate kommen, ist ein Leichenpaß derjenigen Behörde erforderlich, welche nach den dortigen Bestimmungen zur Ausstellung zuständig ist.

Für Leichentransporte, welche aus dem Auslande kommen, kann, soweit nicht Vereinbarungen über die Anerkennung der von ausländischen Behörden ausgestellten Leichenpässe bestehen, die Ausstellung des Leichenpasses durch diejenige zur Ausstellung von Leichenpässen befugte inländische (deutsche) Behörde erfolgen, in deren Bezirk der Transport im Reichsgebiete beginnt. Auch können die Konsuln und diplomatischen Vertreter des Reichs vom Reichskanzler zur Ausstellung der Leichenpässe ermächtigt werden.

Die hiernach zur Ausstellung der Leichenpässe zuständigen Behörden werden vom Reichskanzler öffentlich bekanntgegeben werden.

§ 2.

Der Leichenpaß darf nur für solche Personen erteilt werden, über welche die nachstehenden Ausweise geliefert worden sind:

a) ein beglaubigter Auszug aus dem Sterberegister;

b) eine nach Anhörung des behandelnden Arztes und nach Vorlage des vorschriftsmäßigen Leichenschauscheines ausgestellte Bescheinigung des beamteten Arztes über die Todesursache, sowie darüber, daß seiner Überzeugung nach der Beförderung der Leiche gesundheitliche Bedenken nicht entgegenstehen;

c) ein Ausweis darüber, in welcher Weise die Einsargung der Leiche, entsprechend den nachstehenden Vorschriften (§§ 3—5), stattgefunden hat;

d) in den Fällen des § 157[2]) der Reichs-Strafprozeßordnung vom 1. Februar 1877 die seitens der Staatsanwaltschaft oder des Amtsrichters ausgestellte schriftliche Genehmigung zur Beerdigung.

Die Nachweise zu a und b werden bezüglich der Leichen von Militärpersonen, welche ihr Standquartier nach eingetretener Mobilmachung verlassen hatten (§§ 1 und 2 der kaiserl. Verordnung vom 20. Januar 1879, Reichsgesetzbl. S. 5), durch eine Bescheinigung der zuständigen Militärbehörde oder Dienststelle über den Sterbefall unter Angabe der Todesursache und mit der Erklärung, daß nach ärztlichem Ermessen der Beförderung der Leiche gesundheitliche Bedenken nicht entgegenstehen, ersetzt.

---

b) JnnKrMB. v. 9. April 1906, Beförderung v. Leichen auf dem Seewege betr. (GVBl. 165); geänd. durch JnnMB. v. 10. Nov. 1909 (GVBl. 843) u. v. 18. Aug. 1919 (GVBl. 418). Diese ergänzt durch JnnMB. v. 18. Aug. 1919 (JnnMB. 194).

c) JnnMB. v. 2. Okt. 1928 über die gegenseitige Anerkennung der im Deutschen Reiche und in Danzig ausgestellten Leichenpässe (JnnMBl. 93).

[2]) § 159 StPO. nach der nunmehrigen Fassung.

§ 3.

Die Leiche muß in einem hinlänglich widerstandsfähigen Metallsarge luftdicht eingeschlossen und letzterer von einer hölzernen Umhüllung dergestalt umgeben sein, daß jede Verschiebung des Sarges innerhalb der Umhüllung verhindert wird.

Erfolgt der Leichentransport nicht mittels Eisenbahn und nur auf geringe Entfernung, so kann die Distriktspolizeibehörde den Transport in einem einfachen Sarge von hartem Holze mit gut ausgepichten Fugen, oder auch, wenn die Leiche unmittelbar zum Friedhofe des Bestimmungsortes verbracht wird, in einem an den Fugen gut verpichten Sarge von weichem Holze gestatten. Das gleiche gilt, wenn eine Leiche in einem Kraftfahrzeug, das für die Beförderung von Leichen eingerichtet ist und ausschließlich zu diesem Zwecke benutzt wird, auf eine Entfernung von nicht über 120 Kilometer unter Aufsicht eines verlässigen Begleiters befördert wird.

§ 4.

Der Boden des Sarges muß mit einer mindestens 5 cm hohen Schicht von Sägemehl, Holzkohlenpulver, Torfmull oder dergleichen bedeckt, und es muß diese Schicht mit fünfprozentiger Karbolsäurelösung reichlich besprengt sein.

§ 5.

In besonderen Fällen, z. B. für einen Transport von längerer Dauer oder in warmer Jahreszeit, kann von der zur Ausstellung des Leichenpasses zuständigen Behörde nach dem Gutachten des beamteten Arztes eine Behandlung der Leiche mit fäulniswidrigen Mitteln verlangt werden.

Diese Behandlung besteht gewöhnlich in einer Einwickelung der Leiche in Tücher, die mit fünfprozentiger Karbolsäurelösung getränkt sind. In schwereren Fällen muß außerdem durch Einbringen von gleicher Karbolsäurelösung in die Brust- und Bauchhöhle (auf die Leiche eines Erwachsenen mindestens 1 Liter gerechnet) oder dergleichen für Unschädlichmachung der Leiche gesorgt werden.

§ 6.

Jedem Leichentransport ist ein Begleiter beizugeben; als Begleiter sind von der den Leichenpaß ausstellenden Behörde nur zuverlässige Personen zuzulassen.

Erfolgt der Leichentransport mittels Eisenbahn, so bedarf es auf der Eisenbahn einer Begleitung nicht, wenn als Bestimmungsort eine Eisenbahnstation bezeichnet ist und der Absender bei der Aufgabestation das schriftliche oder telegraphische Versprechen des Empfängers hinterlegt, daß dieser die Sendung sofort nach Empfang der bahnseitigen Benachrichtigung von ihrem Eintreffen abholen lassen werde. Bei Sendungen an Leichenverbrennungsanstalten und an Beerdigungsinstitute genügt es, wenn diese eine derartige Verpflichtung gegenüber der Eisenbahn in allgemeiner Form übernommen haben. Im übrigen wird auf die Bek. des K. Staatsmin. des K. Hauses und des Äußern vom 7. August d. Js., die Einführung der Eisenbahnverkehrsordnung betr. (GVBl. S. 460), hingewiesen.

§ 7.

Die vorstehenden Bestimmungen haben sinngemäße Anwendung zu finden, wenn bereits beerdigte Leichen wieder ausgegraben und an einen anderen Ort überführt werden sollen. Die Ausstellung des Leichenpasses steht in solchen Fällen derjenigen Behörde (Distriktspolizeibehörde, exponierter Bezirksamtsassessor) zu, in deren Bezirk der seitherige Bestattungsort liegt.

§ 8.

Ist der Tod infolge von Cholera, Pest oder Pocken erfolgt, so ist die Überführung der Leiche an einen anderen als den ordnungsmäßigen Ort der Beerdigung nur dann zu gestatten, wenn mindestens ein Jahr nach dem Tode verflossen ist.

§ 9.

Von der Erteilung eines Leichenpasses ist von der ausfertigenden Behörde dem Pfarrer des Sterbeortes, sowie derjenigen Distriktspolizeibehörde, in deren Bezirk die Leiche verbracht wird, Kenntnis zu geben.

§ 10.

Bei dem Transporte von Leichen, welche von Polizeibehörden, Krankenhäusern, Strafanstalten usw. an öffentliche höhere Lehranstalten übersendet werden, bedarf es einer Begleitung nicht; auch genügt es, wenn solche Leichen in dicht verschlossenen Kisten verladen werden.

Bei Verbringung von Leichen aus den königlichen Strafanstalten und Arbeitshäusern an die anatomischen Institute der k. Universitäten zu München, Erlangen und Würzburg wird der Leichenpaß durch die Strafanstalts- bzw. Arbeitshausverwaltung nach gutachtlicher Einvernahme des Anstaltsarztes ausgefertigt. Die betreffende Verwaltung hat Einleitung zu treffen, daß die Leiche alsbald nach der Ankunft am Bestimmungsorte vom Eisenbahnhofe abgeholt werde.

Im übrigen sind auch bei diesen Leichenverbringungen die Vorschriften der §§ 2, 4, 5, 8 und 9 zu beachten.

§ 11.

Bei Ausstellung von Leichenpässen für Leichentransporte nach dem Auslande sind außer den vorstehenden Bestimmungen auch die von dem Deutschen Reiche mit ausländischen Regierungen hinsichtlich der Leichentransporte abgeschlossenen Vereinbarungen, deren Bekanntmachung vorbehalten bleibt, zu beachten. Soll der Transport einer Leiche in oder durch das Gebiet eines Staates erfolgen, mit welchem ein Übereinkommen dieser Art nicht abgeschlossen ist, so darf der Leichenpaß nur unter der Voraussetzung erteilt werden, daß derjenige, welcher um die Erlaubnis zur Verbringung der Leiche ins Ausland nachsucht, die Zustimmung der betreffenden Regierung, in oder durch deren Gebiet der Transport stattfinden soll, sofort übergibt.

§ 12.

Bezüglich der Beförderung von Leichen auf Eisenbahnen sind außerdem die Bestimmungen des § 34 des Eisenbahn-Betriebsreglements vom 2. Juni 1874, in der revidierten Fassung der Bekanntmachung vom 12. Januar 1888 (Gesetz- und Verordnungsblatt S. 68), maßgebend.[3])

§ 13.

Die vorstehenden Anordnungen treten mit dem 1. April 1888 in Kraft.

Gleichzeitig treten die Bekanntmachungen vom 27. September 1862 und vom 4. Mai 1864 (RegBl. S. 2245 bzw. 491) außer Wirksamkeit.

---

[3]) S. hierzu nun §§ 43ff. der Eisenbahnverkehrsordnung v. 16. Mai 1928 (RGBl. II 401).

6. KVO. v. 21. Mai 1897, die Feier der Sonn- u. Festtage betr.

(GVBl. 197.)[1])

Wir finden Uns bewogen, auf Grund des § 366 Ziffer 1 des Strafgesetzbuches für das Deutsche Reich und Artikel 2 Ziffer 5 des Polizeistrafgesetzbuches für das Königreich Bayern bezüglich der Feier der Sonn- und Festtage zu verordnen, was folgt:

§ 1.[2])

Alle öffentlich vorgenommenen oder öffentliches Ärgernis erregenden oder geräuschvollen Arbeiten

---

[1]) Unter Berücksichtigung der durch GesMVO. v. 14. März 1924 (GVBl. 76) erfolgten Änderungen.

Schrifttum: Roth, Sonntagsfeier 1899; AusfBest.: InnKMB. v. 21. Mai 1897 (GVBl. 201). AInnMB. v. 9. Juni 1909, die Verlegung des St. Bennofestes betr. (JMBl. 239); JMB. v. 13. Aug. 1910, das Fest der hl. Kunigund betr. (JMBl. 697); AInnKMB. v. 12. Mai 1912, Verminderung der kath. Wochenfeiertage betr. (GVBl. 627) mit Bek. v. gl. Tage (InnMBl. 640). Die VO. ist als solche an sich wirksam (ObSt. 5, 351). S. auch § 366 Nr. 1 A. 4 u. 6.

[2]) Öffentlich vorgenommene: Solche, die in einer Weise ausgeführt werden, daß sie von unbestimmt welchen und wie vielen Personen wahrgenommen werden oder wahrgenommen werden könnten, wenn sie ihre Aufmerksamkeit darauf gerichtet hätten (ObSt. 27, 125, BayZ. 1927, 327; ObSt. 5, 352 u. 373; 4, 307). Öffentliches Ärgernis erregend: Genügend, daß die Arbeit geeignet war, öffentl. Ärgernis zu erregen; nicht notw., daß eine Mehrzahl von Personen Ärgernis genommen hat (ObSt. 5, 374). Arbeiten: Strafbar nicht bloß, wer die Arbeit in eigener Person vornimmt, sondern auch, wer als Unternehmer die Arbeiten in seinem Betriebe zuläßt (ObSt. 12, 296); auch wenn es bloß aus Fahrlässigkeit zugelassen wird (ObSt. 6, 205). Arbeiten der in Abs. 1 aufgezählten Betriebe: Nicht getroffen Arbeiten, die zwar nach der Art der äußerlich in Erscheinung tretenden Tätigkeit Verrichtungen eines der aufgezählten Betriebe sein können, jedoch nicht im Bereich der auf Erwerb abzielenden Tätigkeit, sondern zu privaten Zwecken vorgenommen werden (ObSt. 27, 254, BayZ. 1928, 11). Arbeiten des Handelsbetriebs: Solche, die in und zur Ausübung des Handelsgewerbes vorgenommen werden, durch den Handelsbetrieb bedingt sind (ObSt. 27, 125, BayZ. 1927, 327; ObSt. 5, 352). Dazu gehört auch das Treiben des vom Viehhändler zum Zwecke der Weiterveräußerung angeschafften u. an den Ort seiner gewerbl. Niederlassung beförderten Viehs von der Ladestelle der Bahn in die Stallung des Händlers (ObSt. 27, 125, BayZ. 1927, 327; ObSt. 12, 17); auch die Zurückverbringung der unverkauft gebliebenen Viehstücke in die Handelsstallungen des Viehhändlers (ObSt. 5, 352); auch die Beförderung von u. zu einem Markt u. die Übersendung an einen Abnehmer (ObSt. 12, 295). Auch das Ausfahren des Bieres von den Brauereien zu den Wirten (ObSt. 14, 81); auch das Zurückholen der leeren Fässer von den Wirten und das Abladen (ObSt. 14, 247); auch der Transport eines Musterkoffers (ObSt. 4, 306). Nicht notw., daß die Arbeiten geeignet sind, die Sonntagsfeier zu stören (ObSt. 27, 126, BayZ. 1927, 327; ObSt. 5, 352). Zu Abs. 2 Nr. 1: Maßgebend für Verwendung von Arbeitern zu Arbeiten an Sonn- und Feiertagen § 101e GewO. (ObSt. 27, 218). Die Ausnahmebestimmung des Abs. 2 Nr. 1 umfaßt §§ 105c u. e u. § 105b GewO. (ObSt. 12, 295).

Aus der sonstigen Rechtspr. s. zu § 1: RGJ. 20 C 41; 1, 404; OSt. 3, 178; 9, 247; 8, 29; 7, 496 u. 508; 6, 298; 5, 263; 2, 521; OGHSt. 3, 243.

a) des Gewerbe-, Handels- und Fabrikbetriebes,
b) der Land- und Forstwirtschaft, der Viehzucht, Berufsgärtnerei und Berufsfischerei

sind an Sonn- und Festtagen ohne Unterschied, ob letztere als Festtage im Sinne der Gewerbeordnung bestimmt sind oder nicht, untersagt.

Dem Verbote unterliegen nicht

1. die Arbeiten im Gewerbe-, Handels- und Fabrikbetriebe, bei welchen auf Grund der Gewerbeordnung für das Deutsche Reich oder der hiezu erlassenen Anordnungen an Sonn- und Festtagen Arbeiter verwendet werden dürfen, und zwar auch an den nicht unter die Gewerbeordnung fallenden Festtagen,
2. die Arbeiten im Verkehrsgewerbe, welche ohne Nachteil nicht aufgeschoben oder unterbrochen werden können,
3. die Arbeiten in Apotheken, Badeanstalten, Gast- und Schankwirtschaftsbetrieben und im Vergnügungsgewerbe (Darbietung von Musikaufführungen, Schaustellungen, theatralischen Vorstellungen oder sonstigen Lustbarkeiten), vorbehaltlich der in § 4 und § 5 gegenwärtiger Verordnung bezeichneten Beschränkungen,
4. die dringenden sowie die zur Befriedigung täglicher oder an Sonn- und Festtagen besonders hervortretender Bedürfnisse der Bevölkerung nötigen Arbeiten in der Land- und Forstwirtschaft, Viehzucht, Berufsgärtnerei und Berufsfischerei, die durch ungünstige Witterung gebotenen Erntearbeiten, die Arbeiten der Weinlese, dann die Arbeiten, welche in landwirtschaftlichen Nebenbetrieben, wie Branntweinbrennereien, Molkereien, ohne Nachteil nicht aufgeschoben oder unterbrochen werden können, bei der Berufsfischerei in den mehreren Staaten gemeinsamen Gewässern auch jene Arbeiten, welche den Fischern der anderen Staaten gestattet sind.

Bezüglich der Feier der Sonn- und Festtage im Betriebe der Staatsverkehrsanstalten sind die hierüber von den zuständigen Behörden erlassenen Anordnungen maßgebend.

Der Ministerialinstanz bleibt vorbehalten, bei erheblichen Veranlassungen bezüglich des Arbeitens in Fabriken für einzelne Festtage Ausnahmen in widerruflicher Weise zu bewilligen.

§ 2.[3])

Die offenen Verkaufsstellen sind:

1. am ersten Weihnachtstage,
2. an dem Oster- und Pfingstsonntage,
3. in katholischen Orten am Fronleichnamstage, in protestantischen Orten am Karfreitage

den ganzen Tag über geschlossen zu halten, soweit nicht nach der Gewerbeordnung und den hiezu erlassenen Anordnungen Ausnahmen gestattet sind; für die unter Ziffer 3 genannten Festtage dürfen in der Regel keine weiteren Ausnahmen als für jene unter Ziffer 1 und 2 zugelassen werden.

Im übrigen bemißt sich das Offenhalten der Verkaufsstellen an den Sonntagen und den unter die Gewerbeordnung fallenden Festtagen ausschließend nach den Bestimmungen der Gewerbeordnung und den hiezu erlassenen Anordnungen.

An den nicht unter die Gewerbeordnung fallenden Festtagen dürfen die Ver-

---

[3]) Ein katholischer Ort ist dann gegeben, wenn die Zahl der ständigen katholischen Einwohner derart überwiegt, daß dadurch dem Orte ein konfessionell katholischer Charakter aufgeprägt wird (ObSt. 5, 353).

kaufsstellen während des vormittägigen Pfarrgottesdienstes nicht geöffnet werden. Ausgenommen sind jene Geschäftsbetriebe, welche an den der Gewerbeordnung unterstellten Festtagen einer solchen Beschränkung nicht unterliegen.

Vorstehende Bestimmungen gelten auch hinsichtlich des Öffnens der Marktbuden an den auf einen Sonn- oder Festtag fallenden Messen und Jahrmärkten.

Apotheken dürfen an sämtlichen Sonn- und Festtagen den ganzen Tag über geöffnet sein.

Die Beschränkungen, welchen der Gewerbebetrieb im Umherziehen sowie der ambulante Gewerbebetrieb im Gemeindebezirke des Wohnsitzes oder der gewerblichen Niederlassung an den Sonn- und Festtagen nach der Gewerbeordnung und den hiezu erlassenen Anordnungen unterworfen ist, gelten im gleichen Umfange auch für diese Betriebe an den nicht unter die Gewerbeordnung fallenden Festtagen.

§ 3.[4])

Die Abhaltung von Getreide- und Viehmärkten, von Treibjagden und öffentlichen Versteigerungen an Sonn- und Festtagen ist verboten.

§ 4.

Lärmendes Zechen und Spielen, lärmende Zusammenkünfte und Lustbarkeiten in Wirtschaftslokalitäten, lärmende Unterhaltungen in der Nähe von Kirchen an Sonn- und Festtagen während des vor- und nachmittägigen Pfarrgottesdienstes sind untersagt.

§ 5.[5])

Es ist verboten, Scheiben- und Vogelschießen und andere öffentliche Lustbarkeiten, sowie Schau- und Vorstellungen (Art. 32 Abs. 1 Ziffer 1 und 2, Art. 33 Absatz 1 des Polizeistrafgesetzbuches) an Sonn- und Festtagen vor Beendigung des vormittägigen Pfarrgottesdienstes zu veranstalten.

§ 6.[6])

Das Austreiben und Hüten des Weideviehes darf an Sonn- und Festtagen zur Zeit des vormittägigen Pfarrgottesdienstes nicht stattfinden.

An Orten, wo bisher eine abweichende Übung bestand, kann dieselbe durch ortspolizeiliche Vorschrift aufrecht erhalten werden.

Auf die Alpenweide findet die vorstehende Bestimmung in Absatz 1 keine Anwendung.

§ 7.

Durch ortspolizeiliche Vorschrift können die Stunden, auf welche sich die in § 2 Absatz III, §§ 4, 5 und 6 Absatz 1 enthaltenen Verbote erstrecken, näher bezeichnet werden.

---

[4]) Treibjagd: Es muß eine „regelrechte" Treibjagd „im engsten Sinne" des Wortes sein oder es muß doch daran eine größere Anzahl von Personen teilnehmen (ObSt. 10, 190 gegen ObSt. 5, 99; 2, 127; OLG. München 5, 182); es ist notw., daß sich nicht bloß Jäger, sondern auch andere Personen beteiligen, die das Wild aus seinem Stand oder Lager aufscheuchen, um es den Schützen zuzutreiben (Treiber); allerd. dürfen auch die Treiber mit Jagdausrüstung versehen sein (ObSt. 12, 300 u. 76/87).

[5]) Öffentlich: S. A. 2.

[6]) Alpenweide: „Die Weide im Hochgebirge und zwar in den Alpen", nicht jede nach Art der Alpenweide geübte (ObSt. 3, 159).

§ 8.[7])

Die Vorschriften der §§ 1—7 finden auch in Orten mit gemischten Bekenntnissen bezüglich der Sonntage und der den christlichen Bekenntnissen gemeinschaftlichen Festtage Anwendung bezüglich der besonderen Feiertage eines christlichen Bekenntnisses dann, wenn diesem an dem Orte mindestens Dreiviertel der Bevölkerung angehören. Im übrigen bemessen sich an Orten mit gemischten Bekenntnissen die Einstellung der Arbeits- und Gewerbstätigkeit und der Ladenschluß an den besonderen Feiertagen eines christlichen Bekenntnisses zunächst nach der Vereinbarung zwischen den beiden christlichen Bekenntnissen; auch mangels einer solchen Vereinbarung ist jede Störung der Gottesdienste und der religiösen Handlungen und Gebräuche dieses Bekenntnisses verboten.

§ 9.

Gegenwärtige für alle Landesteile gültige Verordnung tritt mit dem Tage ihrer Verkündigung in Wirksamkeit.

Gleichzeitig erlöschen die Bestimmungen der Verordnungen vom 30. Juli 1862 und 4. August 1883, die Feier der Sonn- und Festtage betreffend.

7. K.VO. v. 17. Juni 1898, die Feuerbeschau betr.

(GVBl. 332).[1])

Wir finden Uns bewogen, auf Grund des § 368 Ziffer 8 des Reichsstrafgesetzbuches und des Artikels 2 Ziffer 14 des Polizeistrafgesetzbuches zu verordnen, was folgt:

§ 1.

Die Feuerbeschau ist Gegenstand der Ortspolizei.

Jede Gemeinde bildet einen Feuerschaubezirk. Größere Gemeinden können in mehrere Feuerschaubezirke eingeteilt werden.

§ 2.

Für jeden Feuerschaubezirk wird eine Feuerbeschaukommission gebildet.

Die Feuerbeschaukommission besteht aus einem Vertreter der Ortspolizeibehörde und einem von der Gemeinde aufgestellten, obrigkeitlich verpflichteten, bauverständigen Feuerbeschauer (Bautechniker, Maurer- oder Zimmermeister).

Der Ortspolizeibehörde ist anheimgestellt, nach Bedarf auch einen Kaminkehrer oder andere Sachverständige zur Feuerbeschau zuzuziehen.

Ferner ist das Kommando der Ortsfeuerwehr berechtigt, einen Vertreter zur Teilnahme an der Feuerbeschau abzuordnen.

Veranlaßten Falles können den Feuerbeschaukommissionen seitens der Bezirksämter die Amtstechniker oder andere Sachverständige beigegeben werden.

---

[7]) Fassung v. 14. März 1924. Rechtsprechung zur früheren Fassung: OSt. 8, 73; 5, 56; 6, 256; ObSt. 12, 17; 1, 404; BGH. 31, 147; KGJ. 43 C 430; RG. GArch. 47, 444; Zur Karfreitagfeier s. Hofmann BBl. 1928, 49.

[1]) VollzBest.: JnnMB. v. 19. Juni 1898 (GVBl. 336); v. 2. Febr. 1922 (StAnz. Nr. 29); v. 15. März 1922 (StAnz. Nr. 64); v. 16. Juli 1926 (StAnz. Nr. 61); v. 1. Juni 1928 (StAnz. Nr. 126).

§ 3.

Die Ortspolizeibehörde veranlaßt den Zusammentritt der Feuerbeschaukommission alle zwei Jahre mindestens einmal zu einer allgemeinen Feuerbeschau und zwar während der Heizperiode.

Gebäude, welche zur Herstellung, Bearbeitung oder Lagerung größerer Quantitäten leicht entzündlichen oder schwer zu löschenden Materials dienen, mit Ausnahme der Stallungen, Scheunen und Schupfen, müssen alljährlich mindestens einmal der Feuerbeschau unterzogen werden.

Außerdem können von der Distriktsverwaltungs- oder Ortspolizeibehörde erforderlichenfalls jederzeit für den gesamten Bezirk oder für ein einzelnes Anwesen oder Gebäude außerordentliche Feuerbeschauen angeordnet werden.

§ 4.

Die Feuerbeschau erstreckt sich nicht nur auf die Privatgebäude, sondern auch auf alle Hof-, Staats-, Gemeinde-, Kirchen- und Stiftungsgebäude.

Die Besitzer von Gebäuden und Anwesen beziehungsweise deren Stellvertreter in der Verwaltung und Benützung der Gebäude, wie Verwalter, Mieter, Aftermieter usw. usw., sind verpflichtet, die Feuerbeschau ungehindert vornehmen zu lassen.

§ 5.

Bei Vornahme der Feuerbeschau sind die Anwesen und Gebäude nach innen und außen auf das Vorhandensein feuergefährlicher Zustände und sicherheitsgefährlicher Baugebrechen gründlich zu untersuchen; hiebei ist insbesondere den Kaminen und Feuerstätten, sowie der Beobachtung der zur Verhütung von Feuersgefahren erlassenen Vorschriften ein besonderes Augenmerk zuzuwenden, sowie darauf zu sehen, ob die Kaminkehrer ihren Verpflichtungen nachgekommen sind.

In die Beschau sind nicht nur die Hauptgebäude, sondern auch die Nebengebäude, sowie die Hofräume usw. einzubeziehen.

In den Gebäuden sind, soweit möglich, sämtliche einzelnen Gelasse zu besichtigen.

Bei Erledigung der vorbezeichneten Aufgaben ist darauf Rücksicht zu nehmen, daß die Bewohner der Gebäude nicht ungebührlich belästigt werden.

§ 6.

Die Feuerbeschaukommission hat die Anwesens- beziehungsweise Wohnungsinhaber auf die vorgefundenen Mängel aufmerksam zu machen.

Handelt es sich um Zustände, welche ohne Schwierigkeit sofort beseitigt werden können, so ist der hiefür verantwortliche Anwesens- oder Wohnungsinhaber zur sofortigen Abstellung zu veranlassen und vor Wiederholung zu verwarnen.

In anderen Fällen ist zur Beseitigung eine entsprechende Frist zu bestimmen, welche abgesehen von größeren Bauvornahmen vier Wochen nicht überschreiten darf.

Besonders gefährliche Zustände, welche sofortige Abhilfe erheischen, hat die Feuerbeschaukommission unverzüglich der Ortspolizeibehörde anzuzeigen.

§ 7.

Spätestens einen Monat nach beendigter Beschau ist eine Nachbeschau vorzunehmen, wobei die Zuziehung eines Sachverständigen in einfach gelagerten Fällen unterbleiben kann.

Wo zu einer größeren Bauvornahme eine längere Frist gewährt wurde, ist nach deren Verlauf eine gesonderte Nachbeschau vorzunehmen.

§ 8.

Der Befund der Beschau und der Nachbeschau ist in ein Protokoll einzutragen, welches der Ortspolizeibehörde mit den Anträgen der Feuerbeschaukommission vorzulegen ist.

Die Führung der Protokolle wird durch Ministerialvorschrift geregelt.

§ 9.

Die einem Bezirksamte untergeordneten Ortspolizeibehörden bringen demselben die Feuerbeschauprotokolle ohne Verzug in Vorlage und äußern sich, soweit veranlaßt, zu den einzelnen Anträgen der Feuerbeschaukommission.

§ 10.[2])

Seitens der Distriktsverwaltungsbehörden werden die Feuerbeschauprotokolle einer Durchsicht unterzogen und die erforderlichen Verfügungen getroffen zur Beseitigung derjenigen Mängel, welche inhaltlich der Feuerbeschauprotokolle und nach den etwa weiter gepflogenen Erhebungen der Abhilfe bedürfen.

Gegen derartige Verfügungen ist Beschwerde im polizeilichen Instanzenzuge zulässig. Die Beschwerden sind an eine Frist von 14 Tagen gebunden.

Die Besitzer von Gebäuden und Anwesen beziehungsweise deren Stellvertreter in der Verwaltung oder Benützung derselben sind auch in denjenigen Fällen, welche nicht durch anderweitige feuerpolizeiliche Anordnungen im Sinne des Artikels 2 Ziffer 14 des Polizeistrafgesetzbuches getroffen werden, verpflichtet, den Verfügungen der Distriktsverwaltungsbehörde in bezug auf Abstellung feuergefährlicher Zustände in oder an den Gebäuden und Anwesen innerhalb der hiefür von der Behörde festgesetzten Frist nachzukommen.

§ 11.

In denjenigen Fällen, welche eine strafrichterliche Einschreitung erheischen, werden von den Distriktsverwaltungsbehörden die erforderlichen Anzeigen bei dem Staatsanwalte beziehungsweise dem Amtsanwalte erstattet.

Veranlaßtenfalles haben die Distriktsverwaltungsbehörden mit der k. Versicherungskammer, Abteilung für Brandversicherung, ins Benehmen zu treten.

§ 12.

Für die Feuerbeschau an Hof- und Staats-, Kirchen- und Stiftungsgebäuden gelten folgende Bestimmungen:

---

[2]) Nach der Rechtspr. sind Zuwiderhandlungen gegen die in Abs. 3 bezeichneten Verfügungen strafbar (ObSt. 1, 423; 5, 203; ObSt. BayZ. 1924, 11); s. hierzu Art. 1 A. 6 u. Art. 1 Anh. A. 12. Feuergefährliche Zustände im Sinne des Abs. 3 sind auch solche, die nur deshalb gefährlich sind, weil sie geeignet sind, die Entstehung oder Ausdehnung eines Brandes zu erleichtern, der durch einen von außen kommenden Zündstoff hervorgerufen werden könnte. Anders aber ist die Sache zu beurteilen, wenn ein Gebäude allen Anforderungen der Feuersicherheit entspricht und erst eine Anlage auf einem Nachbargrundstück eine Feuersgefahr begründet; die feuerpolizeilichen Anordnungen können solchenfalls nur die gefährdende Anlage zum Gegenstand haben (ObSt. 14, 307 gegen ObSt. 1, 421).

§ 10 Abs. 3 ist nicht anwendbar, wenn die Bezirksverwaltungsbehörde mit seiner Auflage die Durchführung einer der Feuersicherheit dienenden Vorschrift der Bauordnung bezweckt, nicht aber die Abstellung eines als vorhanden festgestellten feuergefährlichen Zustands im Auge hat (ObSt. 8, 287).

1. Von der Vornahme der Feuerbeschau ist den mit der unmittelbaren Verwaltung der betreffenden Gebäude betrauten unteren Behörden und Organen beziehungsweise Personen vorher besondere Mitteilung zu machen.
2. Die Vornahme der Feuerbeschau darf nur in Gegenwart der von diesen Behörden und Organen beziehungsweise Personen bezeichneten Vertreter betätigt werden.
3. Für jedes Gebäude ist, falls eine Beanstandung erfolgt, ein gesondertes Feuerbeschauprotokoll aufzunehmen und sofort nach Vornahme der Feuerbeschau der Ortspolizeibehörde beziehungsweise durch diese der Distriktsverwaltungsbehörde vorzulegen.
4. Die weiteren Verhandlungen mit den einschlägigen Behörden beziehungsweise Verwaltungen über die Abstellung der vorgefundenen Mängel werden von den Distriktsverwaltungsbehörden betätigt.

§ 13.

Die Kosten der Feuerbeschau fallen, soweit sie nicht durch Abordnung von Sachverständigen seitens der Bezirksämter veranlaßt werden, den Gemeinden zur Last.

§ 14.

Zuwiderhandlungen gegen die Vorschriften in § 4 Absatz II und § 10 Absatz III unterliegen der Strafbestimmung des § 368 Ziffer 8 des Reichsstrafgesetzbuches.

§ 15.

In Städten, in welchen zur Vornahme der Feuerbeschau technisch gebildete Bedienstete in ständiger Eigenschaft aufgestellt sind, kann mit Genehmigung des k. Staatsministeriums des Innern eine von vorstehenden Bestimmungen abweichende Regelung der Feuerbeschau getroffen werden.

§ 16.

Sämtliche über die Feuerbeschau bestehenden verordnungsmäßigen Bestimmungen werden aufgehoben.

8. K.VO. v. 10. Febr. 1901, die Wohnungsaufsicht betr.

(GVBl. 73.)[1]

Wir finden Uns bewogen, auf Grund des Artikel 73 Absatz II und III des Polizeistrafgesetzbuches für das Königreich Bayern vom 26. Dezember 1871 in der Fassung des § 2 des Gesetzes vom 22. Juni 1900 — GVBl. 1900 S. 484 — zu verordnen, was folgt:

Bestellung der Wohnungsaufsicht. § 1.

In allen Gemeinden des Königreichs ist eine polizeiliche Beaufsichtigung der Wohnungen und Wohnungsräume einzuführen.

---

[1]) Die VO. v. 10. Febr. 1901 stellt nur Richtlinien für die Wohnungsaufsicht auf, enthält aber selbst keine allg. verbindlichen Gebote u. Verbote zur Ausfüllung der Blankettvorschrift des Art. 73 Abs. 2 PStGB. ObSt. 5, 417 (422); ObSt. BayZ. 1925, 11; ObSt. 27, 67; s. auch Dittmar GemZ. 1927, 916. Vollz.-Best.: InnMB. v. 18. Jan. 1917 (InnMBl. 5); SozMB. v. 23. Mai 1928 (StAnz. Nr. 118; InnMBl. 65). Im allg. s. zur VO. Mayr BayZ. 1918, 343.

Die Wohnungsaufsicht hat im allgemeinen den Zweck, dem Wohnungswesen fortgesetzt sorgsames Augenmerk zuzuwenden, auf Verbesserung der Wohnungsverhältnisse, namentlich der Minderbemittelten, hinzuwirken, Mißstände zu beseitigen und hienach das Geeignete vorzukehren.

Zuständigkeit.

§ 2.

Die Handhabung der Wohnungsaufsicht obliegt den Ortspolizeibehörden, in München dem Stadtmagistrate bzw. der k. Polizeidirktion und der Lokalbaukommission auf Grund der bestehenden Zuständigkeitsbestimmungen.

Wohnungskommissionen.

§ 3.

Nach Maßgabe des Bedürfnisses sind in größeren Städten, dann in sonstigen Orten mit dichter Bevölkerung eigene Wohnungskommissionen zu bestellen.

Die Zahl der Mitglieder der Wohnungskommission wird durch Beschluß der Gemeindeverwaltung (Magistrat, Gemeindeausschuß, Gemeinderat) bestimmt. Durch dieselbe erfolgt auch die Wahl der Mitglieder und zwar auf die Dauer der Wahlperiode, in magistratischen Gemeinden auf je 6 Jahre. Es wird hiebei auch auf eine Vertretung des ärztlichen Standes Rücksicht zu nehmen sein.

Die Tätigkeit der Mitglieder der Wohnungskommission ist eine ehrenamtliche, wobei jedoch nicht ausgeschlossen ist, daß für besondere Mühewaltung einzelner Mitglieder von der Gemeindevertretung eine Vergütung bestimmt und gewährt wird. Die Mitglieder sind auf gewissenhafte unparteische Geschäftsführung und Wahrung der Amtsverschwiegenheit handgelübdlich zu verpflichten. Durch die Gemeindeverwaltung ist eine Geschäftsordnung zu erlassen.

Wohnungsinspektoren.

§ 4.[2])

Im Bedürfnisfalle sind der Wohnungskommission eigene durch die Gemeinde aufzustellende Wohnungsinspektoren als Hilfsorgane beizugeben.

Je nach den örtlichen Verhältnissen kann der Dienst eines Wohnungsinspektors einem Gemeindebediensteten neben anderen Verrichtungen übertragen werden.

Die Aufgabe der Wohnungsinspektoren ist durch eine Dienstanweisung zu regeln, welche von der Ortspolizeibehörde nach Einvernahme der Wohnungskommission zu erlassen ist.

Wohnungserhebung (Enquete).

§ 5.

Insoferne es zur Gewinnung eines Überblicks über die Wohnungsverhältnisse geboten erscheint, sind durch die Gemeinde unter Mitwirkung der zur Wohnungsaufsicht berufenen Organe Wohnungserhebungen zu veranstalten. Das Ergebnis dieser Erhebungen bildet die Grundlage für die zur Beseitigung von Mißständen weiter veranlaßten Anordnungen.

Umfang der Wohnungsaufsicht.

§ 6.

Alle Gebäude und Gebäudeteile, welche zum Aufenthalte für Menschen als Wohn-, Schlaf- oder Arbeitsräume dienen, sowie die dazu gehörigen Küchen, Aborte, Zugänge, Keller oder sonstigen Räume unterliegen der polizeilichen Wohnungsaufsicht.

[2]) Wohnungsinspektoren: InnMB. v. 9. Juni 1913 (InnMBl. 568). Durch §§ 2 u. 3 der VO. ist die auf der Münchener Bauordn. beruhende Zuständigkeit der Lokalbaukommission zur Überwachung des Vollzugs der baupolizeil. Vorschriften nicht berührt, insbesondere auch nicht ihre Befugnis zum Widerruf einer nach § 43 Abs. 1 der Münchener Bauordn. erteilten Genehmigung (ObSt. 16, 7).

Die den Gewerbeaufsichtsorganen obliegende Kontrolle der Arbeitsräume wird hiedurch nicht berührt.

Ausübung der Wohnungsaufsicht im allgemeinen.

§ 7.

Den mit Ausübung der Wohnungsaufsicht betrauten Organen ist der Zutritt in die der Aufsicht unterstehenden Räume zu gestatten.

Die Aufsichtsbeamten haben sich beim Betreten fremder Wohnungen anzumelden, sich unaufgefordert über ihre Person und ihren Dienst zu legitimieren und die Wohnungsbesichtigung zu einer Zeit und in einer Weise vorzunehmen, daß hiedurch eine Belästigung der Beteiligten tunlichst ferngehalten wird.

Abstellung von Mißständen.

§ 8.

Werden bei Ausübung der Wohnungsaufsicht Mißstände wahrgenommen, so ist deren Abstellung zunächst im Wege der Belehrung und Mahnung zu versuchen.

Ist die Beseitigung beanstandeter Mißstände auf diese Weise nicht zu erreichen, so haben da, wo besondere Organe mit Ausübung der Wohnungsaufsicht betraut sind, diese an die Ortspolizeibehörde Anzeige zu erstatten.

Die Ortspolizeibehörde hat hinsichtlich der zu ihrer Kenntnis gelangenden Mißstände, soweit dieselben auf vorstehende Weise nicht beseitigt werden können, nach Maßgabe der gesetzlichen Bestimmungen und der vorliegenden besonderen Verhältnisse weitere Verfügung zu treffen.

Müssen althergebrachte Verhältnisse und Zustände aus gesundheitlichen Rücksichten beanstandet werden, so ist deren allmähliche Beseitigung unter Vorsteckung einer entsprechenden Frist ins Auge zu fassen.

Beziehen von Neubauten.

§ 9.[3])

Neuhergestellte Wohnungen und Wohnungsräume dürfen ohne polizeiliche Genehmigung nicht bezogen werden.

Diese Genehmigung ist schriftlich zu erteilen und darf erst erfolgen, wenn die betreffenden Wohnungen oder Wohnungsräume vollständig fertiggestellt und genügend ausgetrocknet sind.

Zuständig zur Erteilung der Genehmigung ist die Ortspolizeibehörde, in München die Lokalbaukommission.

Luft u. Licht für Wohnräume.

§ 10.

Alle Räume, welche als Wohn-, Schlaf- oder Arbeitsräume benützt werden, sollen hinreichend Luft und Licht und zwar in der Regel unmittelbar aus dem Freien erhalten.

Ausnahmen können von der Ortspolizeibehörde bei solchen Gebäuden gestattet werden, welche vor Erlaß dieser Vorschriften entstanden sind. Hiebei darf jedoch den etwa früher erlassenen bau- oder gewerbepolizeilichen Anordnungen kein Eintrag geschehen.

Beschaffenheit der zum Aufenthalte für Menschen bestimmten Räume.

§ 11.

Alle zum Aufenthalt für Menschen dienenden Räume sollen in bezug auf baulichen Zustand, Trockenheit und Reinlichkeit derart beschaffen sein, daß aus ihrer Benützung gesundheitliche Gefahren nicht entstehen.

---

[3]) § 9 enthält nicht nur ein Gebot für den Vermieter, sondern auch für den Mieter (ObSt. 7, 13).

Belegung der Schlafräume. § 12.

Schlafräume sollen für die hierin untergebrachten Personen einen genügenden Luftraum enthalten und dürfen nicht in einer Weise belegt werden, welche den Anforderungen der Sittlichkeit zuwiderläuft. In einzelnen Orten ist veranlaßtenfalls das Mindestmaß des Luftraumes durch ortspolizeiliche Regelung festzusetzen.

Heizvorrichtungen und Feuerungen. § 13.

Die Heizvorrichtungen und Feuerungen müssen so beschaffen sein, daß durch ihren Gebrauch die Gesundheit nicht gefährdet wird.

Aborte. § 14.

Die Abortanlagen müssen, unbeschadet der auf Grund des Artikel 73 Absatz I des Polizeistrafgesetzbuches erlassenen Bestimmungen, so eingerichtet sein, daß ihre Benützung ohne Verletzung von Sitte und Anstand erfolgen kann.

Schlafgängerwesen. § 15.

Jedem Schlafgänger ist eine eigene Lagerstätte zur Verfügung zu stellen.

Bei der Unterbringung von Schlafgängern ist die Trennung nach dem Geschlechte durchzuführen; auch für die Zugänge zu den Schlafstellen haben die Rücksichten der Sittlichkeit Beachtung zu finden.

Die an Schlafgängerinnen vergebenen Räume müssen von innen verschließbar, jedenfalls aber mit einem Riegel versehen sein.

Die als Schlafstellen benützten Räume dürfen in bezug auf die Möglichkeit einer Rettung bei Feuersgefahr keinem Bedenken unterliegen.

Ober- u. ortspolizeiliche Vorschriften. § 16.

Die nähere Regelung der in den §§ 10—15 einschließlich behandelten Verhältnisse wie auch der Erlaß weiterer einschlägiger Anordnungen, so namentlich hinsichtlich der Unterbringung des gewerblichen und häuslichen Dienstpersonals, hat, soweit veranlaßt, im Wege ober- und ortspolizeilicher Vorschriften zu erfolgen.

Auf dem Lande, dann in Märkten und Städten mit ländlichen Verhältnissen können bei Handhabung der Bestimmungen in §§ 10—13 Erleichterungen insoweit gewährt werden, als einerseits die Durchführung einzelner Bestimmungen unverhältnismäßige Schwierigkeiten mit sich bringen würde und andererseits gesundheitliche und sittliche Gefahren nicht zu befürchten sind.

Staatsaufsicht. § 17.

Die den Gemeinden vorgesetzten Aufsichtsbehörden haben unter Mitwirkung des Amtsarztes darüber zu wachen, daß den Bestimmungen über die Handhabung der Wohnungsaufsicht überhaupt sowie insbesondere über die Aufstellung von Wohnungskommissionen und Wohnungsinspektoren sowie über die Veranstaltung von Wohnungserhebungen entsprechend Rechnung getragen wird, und haben nötigenfalls im Aufsichtswege das Geeignete anzuordnen.

In Hof-, Staats-, Kultus- und Stiftungsgebäuden wird die Wohnungsaufsicht nach Maßgabe der Bestimmungen gegenwärtiger Verordnung durch die zur Überwachung dieser Gebäude zuständigen Organe ausgeübt.

§ 18.

Durch gegenwärtige Verordnung bleiben die einschlägigen Vorschriften des bürgerlichen Rechts, welche bestimmte Anforderungen an Wohn-, Schlaf- oder Arbeitsräume stellen, unberührt.

9. K.VO. v. 15. März 1901, den Verkehr mit Arzneimitteln außerhalb der Apotheken betr.

(GVBl. 157.)[1])

Wir finden Uns bewogen, auf Grund des nach § 1 des Gesetzes vom 22. Juni 1900 neu eingestellten Art. 72a des Polizeistrafgesetzbuches für das Königreich Bayern vom 26. Dezember 1871 zu verordnen, was folgt:

§ 1.

Wer Arzneimittel, welche dem freien Verkehr überlassen und zur Heilung oder Verhütung von Krankheiten der Menschen oder Tiere bestimmt sind, gewerbsmäßig feilhält oder verkauft, hat der Distriktspolizeibehörde, in München der k. Polizeidirektion, Anzeige zu erstatten.

In der Anzeige sind die Räume, in welchen die Arzneimittel aufbewahrt und feilgehalten oder verkauft werden, zu bezeichnen.

Jeder spätere Wechsel sowie jede etwaige Zuziehung anderer Räume zur Benützung im Gewerbebetriebe ist gleichfalls den genannten Behörden anzuzeigen.

Dieselben haben ein Verzeichnis der in ihrem Bezirke befindlichen Arzneiwarenhändler zu führen.

§ 2.

Sämtliche Gelasse, in denen die Arzneimittel aufbewahrt und feilgehalten oder verkauft werden, müssen reinlich gehalten, genügend geräumig, hell, trocken und gut lüftbar sein.

Die Aufbewahrung und Feilhaltung der Arzneimittel in anderen Räumen als den nach § 1 der Behörde bezeichneten ist verboten.

§ 3.

Die Arzneimittel sind sowohl in den Verkaufs- als in den Vorratsräumen in dichten festen Behältern mit gut schließenden Deckeln oder Stöpseln aufzubewahren.

Die Schiebladen, in welchen die Arzneimittel lose liegen, müssen entweder mit dichtschließenden Staubdeckeln versehen sein oder in vollen Füllungen laufen.

Jeder Behälter darf nur einerlei Ware enthalten.

In Fächer geteilte Schiebladen für verschiedene Arzneimittel sind nicht zulässig.

§ 4.

Die Behälter, in welchen die einzelnen Arzneimittel aufbewahrt werden, sind derart übersichtlich geordnet und getrennt von den übrigen Waren aufzustellen, daß jede Verwechslung oder Vermischung der giftigen, stark wirkenden und übrigen Arzneimittel untereinander oder mit anderen Gegenständen, insbesondere mit Nahrungs- und Genußmitteln ausgeschlossen ist.

Jeder Behälter ist auf seiner Außenseite mit einer dem Inhalt entsprechenden deutlichen und dauerhaften Bezeichnung in deutscher Sprache zu versehen. Neben dem deutschen Namen ist die lateinische Bezeichnung in kleinerer Schrift zulässig.

Die Behälter und Umhüllungen für Tierheilmittel müssen die deutliche und dauerhafte Aufschrift „Nur für Tiere" tragen.

---

[1]) Schrankdrogerien (Drogenschränke): InnMB. v. 19. Jan. 1913 (InnMBl. 107).

§ 5.

Die Behälter (Gläser, Schachteln, Papierumhüllungen usw.), in welchen die Arzneimittel abgegeben werden, sind mit der entsprechenden Bezeichnung nach Maßgabe des § 4 Abs. 2 und 3 sowie mit der Firma des Verkäufers zu versehen.

§ 6.

Die zum Abwägen und Abmessen der Arzneimittel oder zu sonstigen Hantierungen mit denselben erforderlichen Gerätschaften (Waagen, Löffel usw.) sind stets reinlich und in guter Beschaffenheit zu erhalten und dürfen nur für diese Zwecke verwendet werden.

§ 7.

Die Arzneimittel müssen den Anforderungen an handelsgute Ware entsprechen. Sie dürfen nur in brauchbarem, unverdorbenem, unverfälschtem und nicht verunreinigtem Zustande feilgehalten und abgegeben werden.

§ 8.

In den Verkaufsräumen ist ein alphabetisches Verzeichnis der feilgehaltenen Arzneimittel aufzulegen.

§ 9.[3])

Titel und Bezeichnungen, welche zu der Annahme führen können, daß es sich um einen Apothekenbetrieb handle, dürfen im Geschäftsbetriebe nicht gebraucht werden.

§ 10.

In bezug auf den Handel mit Giften und giftigen Farben sind die Vorschriften über den Verkehr mit Giften zu beachten.

§ 11.

Die Aufsicht über die unter vorstehende Bestimmungen fallenden Geschäftsbetriebe steht den Distriktspolizeibehörden und den Bezirksärzten zu. Dieselben sind befugt, Nachsicht zu pflegen und Visitationen vorzunehmen.

Dem k. Staatsministerium des Innern ist vorbehalten, über die Vornahme der Visitationen nähere Bestimmungen zu erlassen und, soweit sich ein Bedürfnis dafür ergeben sollte, wegen etwaiger Zuziehung eines pharmazeutischen Sachverständigen das Geeignete vorzukehren.

§ 12.

Auf Großhandelsgeschäfte, welche Arzneimittel nur an Wiederverkäufer oder an staatliche Untersuchungs- oder Lehranstalten abgeben, finden vorstehende Bestimmungen — unbeschadet dessen, was über den Verkehr mit Giften bestimmt ist — keine Anwendung.

---

[3]) Das Verbot des § 9 steht mit § 29 GewO. nicht in Widerspruch; auch der approb. Apotheker, der ein Drogengeschäft führt, darf sich deshalb den Apothekertitel nicht beilegen (ObSt. 3, 35); s. auch Meyer SeuffBl. 67, 331.

16. K.VO. v. 26. Juli 1907, den Verkehr mit Geheimmitteln und ähnlichen Arzneimitteln betr.

(GVBl. 593.)[1]

Wir finden Uns bewogen, auf Grund des § 367 Nr. 5 des Strafgesetzbuches für das Deutsche Reich und des Artikel 72a des Polizeistrafgesetzbuches für das Königreich Bayern zu verordnen, was folgt:

§ 1.

Auf den Verkehr mit denjenigen Geheimmitteln und ähnlichen Arzneimitteln, welche in den Anlagen A, B und C aufgeführt sind, finden die nachstehenden Vorschriften Anwendung; die Ergänzung der Anlagen bleibt vorbehalten. Die Anwendung der nachstehenden Vorschriften auf diese Mittel wird dadurch nicht ausgeschlossen, daß deren Bezeichnung bei im wesentlichen gleicher Zusammensetzung geändert wird.

§ 2.

Die Gefäße und die äußeren Umhüllungen, in denen diese Mittel abgegeben werden, müssen mit einer Inschrift versehen sein, welche den Namen des Mittels und den Namen oder die Firma des Verfertigers deutlich ersehen läßt. Außerdem muß die Inschrift auf den Gefäßen oder den äußeren Umhüllungen den Namen oder die Firma des Geschäfts, in welchem das Mittel verabfolgt wird, und die Höhe des Abgabepreises enthalten; diese Bestimmung findet auf den Großhandel keine Anwendung.

Es ist verboten, auf den Gefäßen oder äußeren Umhüllungen, in denen ein solches Mittel abgegeben wird, Anpreisungen, insbesondere Empfehlungen, Bestätigungen von Heilerfolgen, gutachtliche Äußerungen oder Danksagungen, in denen dem Mittel eine Heilwirkung oder Schutzwirkung zugeschrieben wird, anzubringen oder solche Anpreisungen, sei es bei der Abgabe des Mittels, sei es auf sonstige Weise, zu verabfolgen.

§ 3.

Der Apotheker ist verpflichtet, sich Gewißheit darüber zu verschaffen, inwieweit auf diese Mittel die Vorschriften über die Abgabe stark wirkender Arzneimittel Anwendung finden.

Die in der Anlage B aufgeführten Mittel sowie diejenigen in den Anlagen A und C aufgeführten Mittel, über deren Zusammensetzung der Apotheker sich nicht so weit vergewissern kann, daß er die Zulässigkeit der Abgabe im Handverkaufe zu beurteilen vermag, dürfen nur auf schriftliche, mit Datum und Unterschrift versehene Anweisung eines Arztes, Zahnarztes oder Tierarztes, im letzteren Falle jedoch nur beim Gebrauche für Tiere verabfolgt werden. Die wiederholte Abgabe ist nur auf jedesmal erneute derartige Anweisung gestattet.

Bei Mitteln, welche nur auf ärztliche Anweisung verabfolgt werden dürfen, muß auf den Abgabegefäßen oder den äußeren Umhüllungen die Inschrift „Nur auf ärztliche Anweisung abzugeben“ angebracht sein.

---

[1]) Unter Berücksichtigung der Änderungen durch InnMB. v. 24. Dez. 1924 (GVBl. 244) u. v. 16. Febr. 1929 (GVBl. 11).

S. hierzu Stuttg. WürttZ. 25, 39 u. 21, 338. Gegenstandslos sind ObSt. 8, 107 u. 6, 48. Zur Entstehung der VO. s. Landmann GewO. § 6 A. 19. Sie ist wirksam gegenüber dem Reichsrecht ObSt. 6, 60.

VollzBest. v. 10. Sept. 1910 (InnMBl. 591) u. 5. Okt. 1911 (InnMBl. 649) betr. „Winters natürl. Gesundheitshersteller“, „Nalther Tabletten“.

§ 4.[2])

Die öffentliche Ankündigung oder Anpreisung der in den Anlagen A, B und C aufgeführten Mittel ist verboten.

Der öffentlichen Ankündigung oder Anpreisung der Mittel steht es gleich, wenn in öffentlichen Ankündigungen auf Druckschriften oder sonstige Mitteilungen verwiesen wird, welche eine Anpreisung des Mittels enthalten.

§ 5.

Diese Verordnung tritt am 1. Oktober 1907 in Kraft; am gleichen Tage tritt die Verordnung vom 19. September 1903 — Gesetz- und Verordnungsblatt 1903 Seite 479 — außer Wirksamkeit.

Anlage A.

1. Adlerfluid. 2. Amarol (auch als Ingestol). 3. American Coughing cure Lutzes. 4. Anticeltatabletten (auch als Anticelta-Tablets oder Fettreduzierungstabletten der Anticelta-Association). 5. Antidiabeticum Bauers. 6. Antiépileptique Uten. 7. Antigichtwein Duflots (auch als Antigichtwein Oswald Niers oder Vin Duflot). 8. Antihydropsin Bödikers (auch als Wassersuchtselixier oder Hydrops-Essenz Bödikers). 9. Antimellin (auch als Essentia Antimellini composita). 10. Antineurasthin (auch als Nervennahrung Hartmanns). 11. Antipositin Wagners (auch als Mittel des Dr. Wagner und Marlier gegen Korpulenz). 12. Asthmamittel Hairs (auch als Asthma cure Hairs). 13. (Gestrichen). 14. Asthmapulver Zematone, auch in Form der Asthmazigaretten Zematone (auch als antiasthmatische Pulver und Zigaretten des Apothekers Escouflaire). 15. Augenwasser Whites (auch als Dr. Whites Augenwasser von Ehrhardt). 16. Ausschlagsalbe Schützes (auch als Universalheilsalbe oder Universalheil- und Ausschlagsalbe Schützes). 17. Balsam Bilfingers. 18. Balsam Pagliano (auch als Tripperbalsam Pagliano). 19. Balsam Thierrys (auch als allein echter Balsam Thierrys, englischer Wunderbalsam oder englischer Balsam Thierrys). 20. Bede-Cur. 21. Beinschäden Indian Bohnerts. 22. Blutreinigungspulver Hohls. 23. Blutreinigungspulver Schützes. 24. (Gestrichen). 25. Bräune-Einreibung Lamperts (auch als Universal-Bräune-Einreibung und Diphtheritistinktur). 26. Bruchbalsam Tanzers. 27. Bruchsalbe des pharmazeutischen Bureaus Valkenberg (Valkenburg) in Holland (auch als Pastor Schmits Bruchsalbe). 28. Chromonal-Erzeugnisse (auch als Neo-Chromonal). 29. Corliber. 30. Djoeat Bauers. 31. Elexier Godineau. 32. Embrocation Ellimans (auch als Universal embrocation oder Ellimans Universal-Einreibemittel für Menschen) ausgenommen Embrocation etc. for horses. 33. Entfettungstee Grundmanns. 34. Epilepsieheilmittel Quantes (auch als Spezificum oder Gesundheitsmittel Quantes). 35. Epilepsiepulver Cassarinis (auch als Polveri antiepilettiche Cassarinis). 36. Eubalsol (auch als Radikalmittel Dr. Dammanns gegen Gonorrhoe). 37. Euergon. 38. Eukalyptusmittel Heß' (Eukalyptol und Eukalyptusöl Heß'). 39. Eusanal (auch als Epilepsiemittel Dr. H. Seemanns oder Ueckers). 40. Excedol. 41. Ferrolin Lochers. 42. Frauenwohl Dr. Heys. 43. Fulgural (auch als Blutreinigungsmittel Steiners und Schulzes). 44. Gehöröl Schmidts (auch als verbessertes oder neu verbessertes Gehöröl Schmidts). 45. Gloria tonic Smiths. 46. Glycosolvol Lindners (auch als Antidiabeticum Lindners). 46a. Haemasal (auch Dr. Schultheiß' blutreinigendes und nervenstärkendes Haemasal). 47. Haematon Haitzemas. 47a. Heilmittel des Grafen Matei (auch als Graf Cesare Mateische elektro-homöopathische Heil-

[2]) Öffentl. Anpreisung, auch wenn Zettel von Haus zu Haus verteilt werden (ObSt. 27, 57).

mittel). 48. Heiltränke Jakobis (auch als Heiltrankessenz, insbesondere Königstrank Jakobis). 49. Homeriana (auch als Brusttee Homeriana oder russischer Knöterich Polygonum aviculare Homeriana). 50. Hustentropfen Lausers. 51. Injektion Brou (auch als Brousche Einspritzung). 52. Injektion au matico (auch als Einspritzung mit Matiko). 53. Johannistee Brockhaus (auch als Galeopsis ochroleuca vulkania der Firma Brockhaus). 54. Kalosin Lochers. 55. Kava Lahrs (auch als Kavakapseln Lahrs, Santalol Lahrs mit Kavaharz oder Kavaharz Lahrs mit Santalol). 56. Knöterichtee, russischer, Weidemanns (auch als russischer Knöterich- oder Brusttee Weidemanns). 56a. Konplexmittel, homöopathische der Engelapotheke (Iso-Werks) in Regensburg (auch als zusammengesetzt-homöopathische oder elektro-homöopathische Mittel System Matei). 57. Kräutergeist Schneiders (auch als wohlriechender Kräutergeist oder Luisafluid Schneiders). 58. Kräuterpillen Burkharts. 59. Krebsmittel Dr. Heys (auch als Krebskur Dr. Heys). 60. Kronessenz, Altonaer (auch als Kronessenz oder Menadiesche oder Altonaische Wunder-Kronessenz). 61. Kropfkur Haigs (auch als Goitre Cure oder Kropfmedizin Haigs). 62. Kurmittel Mayers gegen Zuckerkrankheit. 63. Lungenelixier Dr. Heys. 64. Magenpillen Tachts. 65. Magentropfen Bradys (auch als Mariazeller Magentropfen Bradys). 66. Magolan (auch als Antidiabeticum Braemers). 67. Margonal-Erzeugnisse (auch als Erzeugnisse der Margonal-Compagnie) und zwar: Boldo-Tee, Frauen- und Mutterkraut-Tee, Menstruations-, Badekraut-Tee, 63 Tees gegen 63 Krankheiten, Breborat-Blut- und Nervennahrung (Breboral-Tabletten und -Tropfen), Injektion Trio, Kapseln gegen Harn- und Blasenleiden, Margoglykose, Mittel gegen chronischen Magenkatarrh und Schutzstäbchen. 68. Mother Seigels pills (auch als Mother Seigels Abführungspillen oder operating pills). 69. Mother Seigels Syrup (auch als Mother Seigels curative syrup for dyspepsia, Extract of American roots oder Mutter Seigels heilender Syrup). 70. Naturmittel Pfarrer Jos. Schmidts und zwar: Anticonvulso, Anticorposan, Antigrassol, Cancrostoma, Diabetum, Diabetol, Oedemal, Oedemasan, Pulmone, Pulmospira, Regular, Renicura, Renicurol, Salvador, Salvadoria, Stomafortin, Stomasana, Urinator, Urinoxal. 71. Nervenfluid Dressels. 72. Nervenkraftelixier Liebers. 73. Nervenstärker Pastor Königs (auch Pastor Königs Nerve Tonic). 74. (Gestrichen). 75. Nervicin. 76. Nervol Rays. 77. Orffin (Baumann Orffsches Kräuternährpulver). 78. Oxallo (auch als Oxalka). 79. Pektoral Bocks (auch als Hustenstiller Bocks). 80. Pillen Beechams (auch als Patent pills Beechams). 81. Pillen, indische (auch als Antidysentericum). 82. Pillen Rays (auch als Darm- und Leberpillen Rays). 83. Pilules du Docteur Laville (auch als Pillen Lavilles). 84. Polypec (auch als Naturkräutertee Weidemanns). 85. Rad Jo (auch als Radjovis-Gonie). 86. Reduktionspillen, Marienbader, Schindler-Barnaysche (auch als Marienbader Reduktionspillen für Fettleibige). 87. Regenerator Dr. Heys. 88. Regenerator Liebauts (auch als Regenerator nach Liebaut). 89. Renascin (auch als verbessertes Renascin). 90. Retterspitzwasser Schecks (auch als Heilwickelbäder von M. Retterspitz). 91. Rongoasalbe. 92. Saccharosalvol. 93. Safe remedies Warners (Safe cure, Safe diabetic, Safe nervine, Safe pills). 94. Sanjana-Präparate (auch als Sanjana-Spezifika). 95. Sarsaparillian Ayers (auch als Ayers zusammengesetzter und gemischter Sarsaparilleextrakt). 96. Sauerstoffpräparate der Sauerstoffanstalt Vitafer. 97. (Gestrichen). 98. Schlagwasser Weißmanns. 99. Sirup Pagliano (auch als Sirup Pagliano Blutreinigungsmittel, Blutreinigungs- und Bluterfrischungssirup Pagliano des Prof. Girolamo Pagliano oder Sirup Pagliano von Prof. Ernesto Pagliano). 100. Spermatol (auch als Stärkungselixier Gordons). 101. Spezialtees Lücks (auch als Spezialkräutertees Lücks). 101a. Sternmittel, Genfer, Sauters (auch als elektro-homöopathische Sternmittel von Sauter in Genf oder Neue elektro-homöopathische Sternmittel usw.). 102. Sterntee Weidhaas (auch als Sterntee des Kurinstituts „Spiro Spero"). 103. Stroopal (auch als Heilmittel Stroops gegen Krebs-, Magen- und Leberleiden oder Stroops Pulver). 104. Tee Puhlmanns. 105. Tuberkeltod (auch als Eiweiß-Kräuterkognak-Emulsion Stickes). 106. Vater Philipp-Salbe. 107. Venerin (auch als Venerin-Brunnen). 108. Vin Mariani (auch als Marianiwein). 109. Visnervin (auch in abgeänderter Form als Nervisan). 110. Vulneralcreme (auch als Wundcreme Vulneral). 111. Wunderbalsam jeder Art. 112. Zambakapseln Lahrs.

Anlage B.

1. Antineon Lochers. 2. Asthmamittel Tuckers (auch als Asthmaheilmethode (Spezific) Tuckers). 3. Asthmapulver M. Schiffmanns. 4. Augenheilbalsam, vegetabilischer, Reichels (auch als Ophthalmin Reichels). 5. Bandwurmmittel Friedrich Horns. 6. Bandwurmmittel Theodor Horns. 7. Bandwurmmittel Konetzkys (auch als Konetzkys Helminthenextrakt). 8. Bandwurmmittel Schneiders (auch als Granatkapseln Schneiders). 9. Bandwurmmittel Violanis. 10. Bromidia Battle und Komp. 11. Cathartic pils Ayers (auch als Reinigungspillen oder abführende Pillen Ayers). 12. Diptherietropfen der Marie Osterberg (auch als Universaltropfen der Marie Osterberg oder des Laboratoriums Osterberg). 13. Diphteritismittel Noortwycks (auch als Noortwycks antiseptisches Mittel gegen Diptherie). 14. Gesundheitshersteller, natürlicher, Winters (auch als Natura health restorer Winters). 15. Gicht- und Rheumatismuslikör, amerikanischer, Latons (auch als Remedy Latons). 16. Cont and rheumatic pills Blairs. 17. (Gestrichen). 18. Heilmittel Kidds (auch als Heilmittel der Davis Medical Co). 19. Kolkodin Heuschkels (auch als Mittel Heuschkels gegen Pferdekolik). 20. (Gestrichen). 21. Kräutersaft, wunderbar wirkender, Sprengels. 22. Krebspulver Frischmuths (auch als Mittel Frischmuths gegen Krebsleiden). 23. Liqueur du Docteur Laville (auch als Likör des Dr. Laville) 24. Lymphol Rices (auch als Bruchheilmittel Rices). 25. Magalia-Erzeugnisse Krahes (auch als Heilpräparate oder Medizinen Krahes), einschließlich Antitoxinal und Pulmersal. 26. Nalther-Tabletten. 27. Noordyl (auch als Noordyltropfen Noortwycks). 28. Oculin Carl Reichels (auch als Augensalbe Oculin). 29. Panchymagogum Dr. Heys. 30. Pillen Morisons. 31. Pillen Redlingers (auch als Redlingersche Pillen). 32. Pink-Pillen Williams' (auch als Pilules Pink pour personnes pâles du Dr. Williams). 33. Reinigungskuren Konetzkys (auch als Reinigungskuren der Kuranstalt Neuallschwill, Schweiz). 34. Remedy Alberts (auch als Rheumatismus- und Gichtheilmittel Alberts). 35. (Gestrichen). 36. Vixol (auch als Asthmamittel des Vixol Syndikate).

Anlage C.

1. Mittel gegen Blutstockung, und zwar auch dann, wenn sie als Mittel gegen Regel-, Perioden- oder Menstruationsstörungen angekündigt werden (z. B. die Margonal-Erzeugnisse Frauen- und Mutterkraut-Tee, Menstruations-, Badekraut-Tee). — 2. Mittel gegen Trunksucht (z. B. Mittel des Alkolin-Instituts, Mittel Burghardts- auch als Diskohol-, Mittel August Ernst, Franks, Theodor Heintz', Konetzkys- auch als Kephalginpulver oder Mittel der Privatanstalt Villa Christina-, Mittel der Gesellschaft Sanitas, Josef Schneiders, Wessels, Cozapulver, Trinkerhilfe Richard Oldenburgs Kasankha).

11. K.VO. v. 6. Sept. 1908, die Ausgrabungen u. Funde von prähistorischen oder historisch merkwürdigen Gegenständen betr.

(GVBl. 762.)[1])

Wir finden Uns bewogen, auf Grund des Artikels 22b Absatz 1 des Polizeistrafgesetzbuches zu verordnen, was folgt:

§ 1.

Wer auf einem Grundstücke Ausgrabungen nach prähistorischen oder historisch merkwürdigen Gegenständen vornehmen will oder wer zu einem anderen Zwecke Grabungen in einem Grundstücke vornehmen will, in dem prähistorische oder historisch merkwürdige Gegenstände zu vermuten sind, bedarf der Genehmigung der Distriktsverwaltungsbehörde — in München des Stadtmagistrates.

Mit der Ausgrabung oder Grabung darf erst begonnen werden, wenn die Genehmigung der Distriktsverwaltungsbehörde erteilt ist.

Die Distriktsverwaltungsbehörde kann die Genehmigung versagen oder von der Erfüllung bestimmter Bedingungen abhängig machen.

Vorstehende Bestimmungen finden keine Anwendung auf Ausgrabungen, welche von einer staatlichen Denkmalpflegebehörde vorgenommen oder veranlaßt werden. In solchen Fällen ist der Distriktsverwaltungsbehörde vor Beginn der Ausgrabungsarbeiten lediglich Anzeige zu erstatten.

§ 2.

Werden bei einer Erdarbeit, bei einer Bau- oder Abbrucharbeit zufällig prähistorische oder historisch merkwürdige Gegenstände gefunden, so ist hievon der Ortspolizeibehörde spätestens am nächstfolgenden Werktage Anzeige zu erstatten. Die Anzeigepflicht obliegt demjenigen, der zuerst auf den Gegenstand gestoßen ist (Finder). Ist der Finder nicht der Unternehmer oder dessen Stellvertreter oder der Leiter der Arbeiten, so genügt es, wenn der Finder dem an Ort und Stelle befindlichen Unternehmer, Stellvertreter des Unternehmers oder Leiter der Arbeiten unverzüglich Anzeige erstattet. Dieser ist sodann verpflichtet, die Anzeige an die Ortspolizeibehörde sofort weiterzugeben.

Der Unternehmer der Arbeiten, alle dabei beschäftigten Personen, der Eigentümer des Grundstücks und die sonst etwa Verfügungsberechtigten haben die Fortsetzung der Arbeiten zu unterlassen und die gefundenen Gegenstände in unverändertem Zustande zu verwahren. Diese Verpflichtung erlischt mit dem Ablauf des 7. Tages nach dem Tage der Anzeigeerstattung, wenn nicht seitens der Distriktsverwaltungsbehörde — in München seitens des Stadtmagistrats — schon früher die Fortsetzung der Arbeiten gestattet oder die Freigabe der gefundenen Gegenstände verfügt wurde.

§ 3.

Das Staatsministerium des Innern für Kirchen- und Schulangelegenheiten ist ermächtigt, die zum Vollzug dieser Verordnung erforderlichen Vorschriften zu erlassen.

§ 4.

Diese Verordnung tritt am 1. November 1908 in Kraft.

---

[1]) VollzBest.: JnnMB. v. 7. Sept. 1908 (GVBl. 763; JnnMBl. 503).

12. Obpol. Vorschr. (InnM.) v. 28. Aug. 1909, betr. die Sicherheit auf öffentl. Wegen, Straßen u. Plätzen.

(GVBl. 668).

Auf Grund des § 366 Nr. 10 des Strafgesetzbuchs für das Deutsche Reich und des Art. 2 Ziff. 6 des Polizeistrafgesetzbuchs für das Königreich Bayern wird folgende Vorschrift erlassen:

Es ist verboten, Stacheldraht derart anzubringen, daß dadurch Personen, die auf öffentlichen Wegen, Straßen oder Plätzen verkehren, gefährdet werden.

Verlangt die Polizeibehörde die Entfernung oder Abänderung einer Vorrichtung aus Stacheldraht mit der Begründung, daß dadurch Personen, die auf öffentlichen Wegen, Straßen oder Plätzen verkehren, gefährdet werden, so ist diesem Verlangen innerhalb der von der Behörde bestimmten Frist zu entsprechen.

Weitergehende oberpolizeiliche Vorschriften der Regierungen, Kammern des Innern, distrikts- oder ortspolizeiliche Vorschriften werden vorbehalten.

13. MB. v. 11. Febr. 1911, das Pfandleihgewerbe betr.

(GVBl. 83.)[1]

Auf Grund des § 34 Abs. 1 und 2 sowie des § 38 Abs. 1 und 2 der Gewerbeordnung (Reichsgesetzblatt 1900 S. 871), dann auf Grund des § 360 Ziff. 12 des Strafgesetzbuches und Art. 2 Ziff. 3 des Polizeistrafgesetzbuches werden über den Umfang der Befugnisse und Verpflichtungen sowie über den Geschäftsbetrieb der Pfandleiher folgende Vorschriften erlassen.

§ 1.

Die Erlaubnis zum Betrieb des Geschäfts eines Pfandleihers wird von der Distriktspolizeibehörde erteilt.

Diese Behörde entscheidet auch über die Zurücknahme der Erlaubnis und die Untersagung des Gewerbebetriebs.

In Ortschaften, für welche dies durch Ortsstatut (§ 142 der Gewerbeordnung) festgesetzt wird, darf die Erlaubnis zum Betriebe des Pfandleihgewerbes nur dann erteilt werden, wenn ein Bedürfnis hiefür vorhanden und nachgewiesen ist.

§ 15 der K. Allerhöchsten Verordnung vom 29. März 1892 (GVBl. S. 61) in der Fassung der Ziffer 3 der Verordnung vom 29. September 1900 (GVBl. S. 1157).

Die in dieser Bekanntmachung der Distriktspolizeibehörde zugewiesenen Aufgaben obliegen in München der Polizeidirektion.

§ 2.

Der Pfandleiher darf sich an Zinsen nicht mehr ausbedingen oder zahlen lassen, als monatlich 2½ v. H. des Darlehensbetrages bei Darlehen bis zu 50 RM., 2 v. H., soweit das Darlehen den Betrag von 50 RM. übersteigt, und 1½ v. H., soweit das Darlehen den Betrag von 100 RM. übersteigt. Er kann ausbedingen, daß an Zinsen mindestens der Betrag für zwei Monate zu zahlen ist, und ist berechtigt, in jedem Falle wenigstens 20 Reichspfennig zu fordern.

---

[1]) Unter Berücksichtigung der Änderungen v. 8. Jan. 1912 (GVBl. 18) u. v. 10. Nov. 1927 (InnMBl. 58).

Bei Berechnung der Zinsen und Gebühren darf der angefangene Monat als voll berechnet und der Gesamtbetrag auf volle Reichspfennig abgerundet werden.

An Gebühren darf der Pfandleiher erheben:

1. eine einmalige Unkostengebühr zu 2 v. H. des Darlehensbetrages,
2. eine Versteigerungsgebühr zu 10 v. H. des Versteigerungserlöses,
3. eine Lagergebühr von 50 Reichspfennig für Motorräder, Fahrräder, Nähmaschinen und dergl. größere Gegenstände, sofern er hierfür einen eigenen Einstellraum bereitstellen muß.

Die Erhebung anderweitiger Gebühren, dann das Vorausnehmen von Zinsen und Gebühren ist untersagt.

§ 3.

Dem Pfandleiher ist verboten:

1. mit jugendlichen Personen Pfandleihgeschäfte abzuschließen und von solchen Pfänder entgegenzunehmen, wenn ihm nicht die Einwilligung eines Elternteiles oder des Vormundes vorgelegt wird;

2. neue Waren gleicher Gattung in größeren Mengen, dann ganze Warenposten und Partiewaren zum Pfande zu nehmen;

3. das Pfand ohne Zustimmung des Verpfänders zu benützen, an Dritte zu überlassen oder weiter zu verpfänden;

4. Kleider, Leinen und Betten als Pfand zu nehmen, welche ekelhaft beschmutzt oder von jemand benützt sind, der an einer ansteckenden Krankheit leidet;

5. Pfandscheine anzukaufen, zu belehnen oder damit Handel zu treiben;

6. Pfänder von einem Pfandvermittler anzunehmen, wenn ihm nicht letzterer gleichzeitig einen Auszug aus seinem Geschäfts- (Pfand-) Buch über den zu verpfändenden Gegenstand übergibt, der den richtigen Abschluß des Geschäftes durch den Pfandvermittler ersehen läßt;

7. dem Pfandvermittler die von diesem versetzten Pfänder, die nicht zu einem den Betrag des Pfanddarlehens samt Zinsen erreichenden Preis versteigert werden, um den Betrag des Pfanddarlehens samt Zinsen zurückzugeben.

§ 4.

Der Pfandleiher ist verpflichtet, die Pfandsachen während der Dauer des Pfandvertrags in besonderen Lagerräumen aufzubewahren, welche hell und trocken, gut zu lüften und gut verschließbar sein müssen.

Die Wahl sowie jede Veränderung der Geschäftsräume ist unter genauer Bezeichnung der einzelnen Räume der Distriktspolizeibehörde anzuzeigen.

Jedes Pfandstück ist mit einer der Eintragung im Pfandbuch entsprechenden Nummer zu versehen. Wenn mehrere Sachen gleichzeitig verpfändet werden, kann die Nummer an der gemeinschaftlichen Umhüllung oder Befestigung angebracht werden.

Die Pfänder müssen so geordnet sein, daß sie jederzeit leicht aufgefunden werden können.

§ 5.

Der Pfandleiher muß die verpfändeten Gegenstände in einem dem tatsächlichen Geschäftsumfang entsprechenden Betrag gegen Feuersgefahr und Einbruchdiebstahl versichern.

§ 6.

Der Verpfänder ist berechtigt, das Pfand jederzeit bis zum Abschlusse des Verkaufs einzulösen.

Zugunsten des Pfandleihers darf ein früherer Zeitpunkt der Fälligkeit der Pfandforderung als sechs Monate nach Hingabe des Darlehens nicht ausbedungen werden.

Die Zinsen dürfen unter Berücksichtigung der Bestimmungen in § 2 nur bis zur Einlösung des Pfandes berechnet werden.

§ 7.

Der Verkauf des Pfandes ist im Wege öffentlicher Versteigerung zu bewirken. (§§ 1235 Abs. 1, 383 Abs. 3 BGB.)

Die Versteigerung darf nicht vor Ablauf eines Monats nach dem Verfall des Pfandes erfolgen und muß in der Gemeinde stattfinden, in welcher das Pfandleihgewerbe zur Zeit des Geschäftsabschlusses betrieben worden ist.

§ 8.

Ort und Zeit der Versteigerung sind wenigstens 14 Tage und höchstens 4 Wochen vorher in dem amtlichen Verkündigungsblatte bekannt zu machen, wobei der Name des Pfandleihers, die Gattung des Pfandgegenstands und die Nummer des Pfandbucheintrags anzugeben ist.

§ 9.

Hat das Pfand einen Börsen- oder Marktpreis, so kann der Pfandleiher den Verkauf aus freier Hand durch einen zu solchen Verkäufen öffentlich ermächtigten Handelsmäkler oder durch eine zur öffentlichen Versteigerung befugte Person zum laufenden Preise bewirken. (§§ 1235 Abs. 2, 1221 BGB.)

§ 10.

Gold- und Silbersachen dürfen nicht unter dem Gold- oder Silberwerte zugeschlagen werden.

Wird ein genügendes Gebot nicht abgegeben, so kann der Verkauf durch eine zur öffentlichen Versteigerung befugte Person aus freier Hand zu einem den Gold- oder Silberwert erreichenden Preise erfolgen. (§ 1240 BGB.)

§ 11.

Der Pfandleiher hat unverzüglich nach erfolgtem Verkauf des Pfandes den für den Verpfänder nach Abzug der Pfandschuld und der Kosten des Pfandverkaufs etwa verbleibenden Überschuß des Erlöses an den Verpfänder zu zahlen oder für diesen nach Ablauf einer 14tägigen Frist die nicht abgehobenen Beträge bei dem Amtsgericht oder, sofern die Besorgung des gerichtlichen Hinterlegungswesens der K. Bank übertragen ist, bei dieser zu hinterlegen.

Wenn der Betrag binnen Jahresfrist nicht erhoben wird, verfällt er zugunsten der Armenkasse der Gemeinde, in welcher das Pfandleihgewerbe zur Zeit des Geschäftsabschlusses betrieben worden ist.

Eine vor dem Eintritt der Verkaufsberechtigung getroffene Vereinbarung, nach welcher dem Pfandgläubiger, falls er nicht oder nicht rechtzeitig befriedigt wird, das Pfand zufallen oder übertragen werden soll, ist nichtig. (§ 1229 BGB.)

§ 12.

Der Pfandleiher hat bei der Distriktspolizeibehörde nach den Bestimmungen der §§ 233—240 BGB. Sicherheit zu leisten und zwar in Orten mit weniger als 15000 Einwohner im Betrage von 1000 RM., in größeren Orten im Betrage von 3000 RM.

Die Art der Sicherheitsleistung (vgl. § 232 BGB.) bestimmt die Distriktspolizeibehörde.

Diese kann auch für einzelne Geschäfte den Sicherungsbetrag je nach dem Geschäftsumfang bis zur Hälfte ermäßigen und bis zum Doppelten erhöhen.

Die Sicherheitsleistung dient zur Sicherstellung der Ansprüche der Verpfänder und derjenigen Ansprüche von Pfandeigentümern, welche diese gegen den Pfandleiher haben, weil er eine dem Verpfänder nicht gehörende Sache zum Pfand nahm oder das Pfand nicht rechtmäßig (§ 1243 BGB.) veräußerte.

§ 13.[1])

Der Pfandleiher ist verpflichtet,

a) ein Pfandbuch für Juwelen, Gold- und Silbersachen.

b) ein Pfandbuch für die sonstigen Pfänder

nach dem beigefügten Muster ordnungsmäßig zu führen und in den Geschäftsräumen aufzubewahren.

§ 14.

Die beiden Pfandbücher, welche dauerhaft gebunden und mit fortlaufenden Seitenzahlen versehen sein müssen, sind vor dem Gebrauch der Distriktspolizeibehörde vorzulegen.

Findet diese die Bücher in Ordnung, so genehmigt sie ihre Verwendung unter Beidruck des Amtssiegels, indem sie zugleich auf dem ersten Blatt die Zahl der Seiten vermerkt.

§ 15.

Das Herausnehmen oder Zusammenkleben von Blättern der Pfandbücher, sowie das Einheften neuer Blätter ist untersagt.

Die Einträge in die Pfandbücher müssen gut leserlich, in deutscher Sprache und mit Tinte geschrieben sein; sie dürfen nicht durch Ausschaben oder in sonstiger Weise unleserlich gemacht werden.

§ 16.

Pfandbücher, die nicht mehr benützt werden, sind unter Angabe des Datums abzuschließen und der Distriktspolizeibehörde vorzulegen, welche sie nach Bestätigung des Abschlusses zur Aufbewahrung an den Pfandverleiher zurückzugeben hat.

Nach dem Abschluß dürfen weitere Einträge nicht gemacht werden.

Die Pfandbücher dürfen nur mit Genehmigung der Distriktspolizeibehörde ganz oder teilweise vernichtet werden.

Die Bestimmungen in vorstehenden drei Absätzen gelten auch für den Fall der Einstellung des Geschäftsbetriebs, jedoch mit der Maßgabe, daß die Pfandbücher der Distriktspolizeibehörde ausgehändigt werden können.

§ 17.

Jedes abgeschlossene Geschäft muß sofort in das betreffende Pfandbuch in fortlaufender Reihenfolge, deutlich, vollständig und wahrheitsgetreu eingetragen werden.

Der Gebrauch von Decknamen der Verpfänder unter Weglassung der Wohnungsbezeichnung ist zulässig; ausgenommen hievon sind jugendliche Verpfänder.

§ 18.

Der Pfandleiher hat alle einlaufenden Geschäftsbriefe sowie Abdrücke oder

---

[1]) Das Muster ist hier nicht abgedruckt.

Abschriften der auslaufenden Geschäftsbriefe, dann Empfangsbestätigungen, Postscheine und sonstige Geschäftsbelege 3 Jahre lang aufzubewahren.

In besonderen Fällen kann er die Schriftstücke an die Distriktspolizeibehörde mit deren Genehmigung aushändigen.

Alle schriftlichen Mitteilungen über gestohlene, verlorene oder sonst abhanden gekommene Gegenstände muß der Pfandleiher nach der Zeitfolge ordnen und 1 Jahr lang aufbewahren.

§ 19.

Dem Verpfänder hat der Pfandleiher über das abgeschlossene Geschäft eine mit seiner Unterschrift versehene Bescheinigung (Pfandschein) auszustellen, die mit dem Eintrag im Pfandbuch übereinstimmen muß.

Auf dem Pfandschein müssen die §§ 2, 6—8, 11 und 19 dieser Bekanntmachung wörtlich enthalten sein.

§ 20.

Bei Verlängerung des Pfandvertrags ist ein neuer Pfandschein auszufertigen und im Pfandbuch ein neuer Eintrag zu machen.

§ 21.

Wenn der Pfandleiher bei dem Betrieb seines Geschäfts Kenntnis von strafbaren Handlungen erhält oder nach den Umständen Grund zu der Vermutung hat, daß eine solche begangen worden sei, hat er der Polizeibehörde oder den Aufsichts- und Sicherheitsbeamten sofort Anzeige zu erstatten und, wenn möglich, die Personen und Gegenstände einzuhalten.

§ 22.

Der Pfandleiher ist verpflichtet, den Beamten der Polizeibehörde jederzeit Zutritt in seine Geschäfts- und Lagerräume zu gestatten, ihnen die Pfandgegenstände, Geschäftsbücher, Versicherungsurkunden und sonstigen Geschäftspapiere vorzuzeigen und jede auf den Geschäftsbetrieb bezügliche Auskunft wahrheitsgemäß zu erteilen.

§ 23.

In dem für den Kundenverkehr bestimmten Geschäftsraum muß der Pfandleiher an einer in die Augen fallenden Stelle die gegenwärtigen Vorschriften im großen, deutlichen Druck aushängen.

§ 24.

Zuwiderhandlungen gegen diese Vorschriften unterliegen den in § 148 Ziff. 4a der Gewerbeordnung und § 360 Ziff. 12 des Strafgesetzbuches bestimmten Strafen.

§ 25.

Die Bestimmungen dieser Bekanntmachung finden auch auf die in § 34 Abs. 2 der Gewerbeordnung bezeichneten Rückkaufsgeschäfte entsprechende Anwendung.

§ 26.

Die gegenwärtigen Vorschriften treten mit dem 1. März 1911 an Stelle der Bekanntmachung vom 5. November 1906 (GVBl. S. 799) und der auf das Pfandleihgewerbe bezüglichen Bestimmungen der Bekanntmachung vom 12. Februar 1910 (GVBl. S. 76).

Pfandbücher nach dem bisherigen Muster können mit entsprechenden handschriftlichen Änderungen noch verwendet werden.

Im übrigen gelten die Vorschriften in den §§ 1204—1258 BGB., soweit nicht diese Bekanntmachung etwas anderes bestimmt.

14. K.VO. v. 9. Jan. 1912 über die Meldepflicht der Ärzte u. Zahnärzte.

(GVBl. 15.)[1])

Wir finden Uns bewogen, auf Grund des Art. 128 des Polizeistrafgesetzbuchs vom 26. Dezember 1871 zu verordnen, was folgt:

§ 1.

Ärzte und Zahnärzte, die in Bayern wenn auch nur vorübergehend die Heilkunde ausüben, haben sich binnen 14 Tagen nach Beginn dieser Tätigkeit bei der Bezirksverwaltungsbehörde des Niederlassungsorts oder des Sitzes der beruflichen Tätigkeit, in München bei der Polizeidirektion und bei dem zuständigen Bezirksarzte persönlich anzumelden und sich hierbei über die Approbation nach § 29 der Gewerbeordnung und bei Führung des Doktor- oder eines ähnlichen Titels über die Berechtigung hiezu auszuweisen.

§ 2.

Ärzte und Zahnärzte, die in Bayern die Heilkunde ausüben, haben der Bezirksverwaltungsbehörde des Niederlassungsorts oder des Sitzes der beruflichen Tätigkeit, in München der Polizeidirektion, einen Wechsel des Wohnortes vor der Änderung mündlich oder schriftlich anzuzeigen.

§ 3.

Die K. Verordnung vom 11. August 1873, die Ausübung der Heilkunde betreffend, wird aufgehoben.

15. K.VO. v. 5. Mai 1913 zum Schutze der Vögel.

(GVBl. 189.)[1])

Wir finden Uns bewogen, auf Grund des Vogelschutzgesetzes vom 30. Mai 1908 und des Art. 125 Abs. 4 des Polizeistrafgesetzbuchs vom 26. Dezember 1871 nachstehendes zu verordnen:

§ 1.[2])

Das Fangen und das Erlegen der in der Anlage I angeführten Vögel sowie der Ankauf, der Verkauf und das Feilbieten, die Vermittlung eines An- oder Verkaufs, die Ein-, Aus- und Durchfuhr von solchen Vögeln in lebendem oder totem Zustande ist auch außerhalb der in § 3 Abs. I des Vogelschutzgesetzes festgesetzten Schonzeit (1. März bis 1. Oktober), sohin während des ganzen Jahres, verboten.

---

[1]) Unter Berücksichtigung der Änderungen durch InnMVO. v. 28. Aug. 1924 (GVBl. 196). S. zur VO. ObSt. 1, 381.

[1]) Unter Berücksichtigung der Änderungen v. 9. Mai 1925 (GVBl. 144) u. v. 28. März 1927 (GVBl. 111). VollzBest.: InnMB. v. 23. Juni 1914 (InnMBl. 39) u. v. 9. Sept. 1927 (StAnz. Nr. 211).

[2]) Nicht strafbar das Nachstellen zum Zwecke des Tötens hinsichtlich der in Europa heimischen Arten (im gegebenen Falle Amseln) außerh. der Schutzzeit des Vogelschutzgesetzes v. 30. Mai 1908 (ObSt. 29, 157, BayZ. 1930, 179). Verkauf: Jede entgeltliche Veräußerung ObSt. 29, 32 (s. aber Art. 125 A. 4).

§ 2.

Das Fangen von Vögeln jeder Art mit Pfahleisen ist verboten. Art. 85 Abs. I des Fischereigesetzes vom 15. August 1908 wird hierdurch nicht berührt.

§ 3.

I Die nach § 5 Abs. II und III des Vogelschutzgesetzes zulässigen Ausnahmebewilligungen werden von den Distriktspolizeibehörden, in München von der Polizeidirektion, erteilt.

II Dieselben Behörden können einzelne Ausnahmen von den weitergehenden Vorschriften in § 1 dieser Verordnung zu wissenschaftlichen oder Lehrzwecken sowie zur Wiederbevölkerung mit einzelnen Vogelarten oder zur Verhinderung einer schädlichen Überhandnahme für eine bestimmte Zeit und für bestimmte Örtlichkeiten bewilligen. Sie können weiter für Stubenvögel, mit Ausnahme der in der Anlage II aufgeführten Vögel, den An- und Verkauf und die Vermittlung eines solchen, das Feilbieten, die Ein-, Aus- und Durchfuhr in lebendem Zustande für eine bestimmte Zeit und für bestimmte Örtlichkeiten gestatten.

III Gesuche um solche Bewilligungen sind bei der Ortspolizeibehörde des Wohn- oder Aufenthaltsorts zu stellen. Die Ortspolizeibehörde legt die Gesuche mit gutachtlicher Äußerung der Distriktspolizeibehörde vor.

IV Die Distriktspolizeibehörde prüft die Gesuche, nimmt die erforderlichen Erhebungen vor und holt vor der Bescheidung die gutachtliche Äußerung der Forstbehörde, der landwirtschaftlichen Interessenvertretung, der staatlich autorisierten Kommission für Vogelschutz in Bayern oder anderer Sachverständiger ein.

§ 4.

I In den Fällen des § 5 Abs. 3 des Vogelschutzgesetzes und des § 3 Abs. 2 dieser Verordnung dürfen Ausnahmebewilligungen nur an durchaus gut beleumundete Personen erteilt werden. Die Bewilligung erfolgt durch Ausfertigung eines Erlaubnisscheins.

Dieser hat zu enthalten:
1. den Namen und die genaue Personalbeschreibung des zur Führung des Scheines Berechtigten,
2. den Inhalt der Bewilligung, insbesondere die Vogelart, Örtlichkeit und Zeitdauer, auf die sie sich erstreckt,
3. den Vorbehalt jederzeitigen Widerrufs der Bewilligung,
4. alle sonst. Bedingungen, unter denen die Ausnahmebewilligung gewährt wird,
5. das Verbot der Überlassung des Erlaubnisscheins an andere Personen.

II Den Erlaubnisschein hat der zu seiner Führung Berechtigte bei Ausübung seiner Befugnisse stets bei sich zu tragen und den Polizei-, Forst- und Jagdschutzbediensteten, dann den Feldschutzbediensteten auf Verlangen vorzuzeigen.

§ 5.

(Ändert die VO. Ausübung u. Behandlung der Jagd usw. betr. v. 6. Juni 1909.)

§ 6.

(Ändert die VO. über die jagdbaren Tiere v. 11. Juli 1900.)

§ 7.

Diese Verordnung tritt mit der Verkündung in Kraft.

Gleichzeitig tritt die Verordnung über den Schutz von Vögeln vom 19. Oktober 1908 (GVBl. S. 965) außer Wirksamkeit.

Anlage I.[a])

Abendfalke, Ammern, Bachstelzen, Baumfalken, Blau- und Braunkehlchen, Braunellen, Bussarde, Drosseln mit Ausnahme der Krammetsvögel, Eisvögel unbeschadet des Art. 85 Abs. I des Fischereigesetzes, Eulen einschließlich des Uhu, Finken [das sind alle Finkenarten, insbesondere Buchfink, Gimpel, Hänfling, Grünfink, Stieglitz, Zeisig, Steinsperling (passer petronius) mit Ausnahme der Bergfinken, sogenannten Böhemer sowie des Haussperlings und des Feldsperlings (passer domesticus, passer montanus)], Fliegenschnapper, Gabelweihen (rote Milane), Gartenrotschwanz, Goldamsel (Pirol), Goldhähnchen, Grasmücken, sämtliche Arten mit Einschluß der Gartengrasmücke und des Schwarzplättchens, Hausrotschwanz, Laubsänger, sämtliche Arten mit Einschluß des Gartenspötters, Lerchen, Kuckuck, Mandelkrähen (Blauracken), Nachtigallen, Nachtschwalben, Pieper, sämtliche Arten, Rohrsänger, sämtliche Arten, Rötelfalken, Rotkehlchen, Schwalben, Segler, Schelladler, Schlangenadler (Schlangenbussarde), Schreiadler, schwarze Milane, Schwarzkehlchen, Seeadler, Seeschwalben, Spechte, sämtliche Arten, Sprosser, Stare, Steinadler, Steinschmätzer, Störche, Triel (Dickfuß), Turmfalken, Wanderfalken, Wasseramseln, unbeschadet des Art. 85 Abs. I des Fischereigesetzes, Wendehälse, Wiedehopfe, Zaunkönige.

Anlage II.

Blau- und Braunkehlchen, Garten- und Hausrotschwanz, Grasmücken, sämtliche Arten mit Einschluß der Gartengrasmücke und des Schwarzplättchens, Laubsänger, sämtliche Arten mit Einschluß des Gartenspötters, Nachtigallen, Rohrsänger, sämtliche Arten, Rotkehlchen, Schwarzkehlchen, Sprosser, Zaunkönige.

16. K.VO. v. 13. Febr. 1914 zur Verhütung von Waldbränden.

(GVBl. 65.)[1])

Wir finden Uns bewogen, auf Grund des § 368 Nr. 8 des Strafgesetzbuchs für das Deutsche Reich und des Art. 2 Ziff. 14 des Polizeistrafgesetzbuchs für das Königreich Bayern zu verordnen, was folgt:

In den Waldungen und in deren Nähe bis zu 100 m vom Waldrand ist beim Rauchen und bei sonstigem Gebrauche brennender oder glimmender Gegenstände die zur Verhütung von Waldbränden erforderliche Sorgfalt anzuwenden.

17. VO. (Reg. d. Volksstaats Bayern) v. 27. März 1919 über die Errichtung von Denkmälern.

(GVBl. 119.)[1])

Auf Grund des Artikels 101 Abs. 3 des Polizeistrafgesetzbuchs wird verordnet:

1. Die Errichtung, Wiederherstellung, Instandsetzung, Änderung oder Beseitigung von Denkmälern auf oder an öffentlichen Straßen, Wegen oder Plätzen bedarf der baupolizeilichen Genehmigung.

---

[a]) Wegen Unwirksamkeit des Verbots des Ankaufs eines Uhus. ObSt. 28, 241.

[1]) VollzBest.: JnnFMB. v. 28. Febr. 1914 (JMBl. 37; JnnMBl. 106).

[1]) VollzBest.: JnnKMB. v. 31. Juli 1920 (KMBl. 353) u. KMB. v. 26. Febr. 1920 (KMBl. 99). S. auch PStGB. Art. 22b A. 10 u. 11. Die VO. v. 8. Mai 1920 (RGBl. 913) über den Schutz von Denkmälern u. Kunstwerken ist aufgeh.

2. Das gleiche gilt für Denkmäler in Friedhöfen mit Ausnahme der Denkmäler für Einzelgräber oder Familiengrabstätten, dann für Denkmäler, die nicht auf oder an öffentlichen Straßen, Wegen oder Plätzen errichtet sind oder errichtet werden, aber von dort gesehen werden können und geeignet sind, das landschaftliche oder Ortsbild wesentlich zu beeinflussen.
3. Eine Anlage, die im Zusammenhange mit einem Denkmale zur Ausgestaltung seiner Umgebung hergestellt ist oder hergestellt wird, gilt als Bestandteil des Denkmals.

18. Obpol. Vorschr. (InnM.) v. 11. März 1920 über die Feuerbestattung.

(GVBl. 57.)[1])

Das Staatsministerium des Innern erläßt auf Grund Art. 61 Abs. I Ziffer 3 des bayerischen Polizeistrafgesetzbuches folgende Vorschriften:

§ 1.

Menschliche Leichen dürfen nur in Feuerbestattungsanlagen eingeäschert werden, die von politischen Gemeinden betrieben werden.

§ 2.

I Die Feuerbestattungsanlagen, ihre Einrichtung und ihr Betrieb müssen den bau-, feuer- und gesundheitspolizeilichen Anforderungen entsprechen.

II Es muß Vorsorge getroffen sein, daß die Asche einer jeden Leiche möglichst rein und vollständig gewonnen und eine Vermengung mit anderen Stoffen oder eine Verwechslung tunlichst vermieden wird.

III Zur Beisetzung von Aschenresten, die weder auf einem öffentlichen Friedhof noch in einer sonstigen nach Art. 61 Abs.I Ziffer 2 PStGB. zugelassenen Bestattungsanlage beigesetzt werden, sind bei den Feuerbestattungsanlagen besondere Anlagen vorzusehen.

§ 3.

Feuerbestattungsanlagen dürfen — unbeschadet der nach Maßgabe der allgemeinen Vorschriften durch die zuständigen Behörden vorzunehmenden Prüfung in bau- und feuerpolizeilicher Hinsicht — erst dann in Betrieb genommen werden, wenn die Regierung, Kammer des Innern, festgestellt hat, daß sie den gesundheitspolizeilichen und den in § 2 Abs. II und III vorgeschriebenen Anforderungen genügen.

§ 4.[2])

I Eine Leiche darf erst dann eingeäschert werden, wenn die Ortspolizeibehörde des Einäscherungsortes, in München der Stadtrat, die Feuerbestattung schriftlich genehmigt hat.

II Die Genehmigung darf nur erteilt werden, wenn folgende Nachweise beigebracht sind:
1. die amtliche Sterbeurkunde;
2. eine amtsärztliche Bescheinigung über die Todesursache;

---

[1]) Vollz.Best.: InnMB. v. 11. März 1920 (GVBl. 59), geänd. durch InnMB. v. 12. Jan. 1923 (GVBl. 16). Zur Frage der Rechtswirksamkeit s. Art. 61 A. 4, ObSt. 13, 318 u. Grahm. 2, 269 A. 1. Zur Auslegung: Fischer GemZ. 1913, 82.

[2]) § 157, nun § 159 StPO.

3. der Nachweis, daß der Verstorbene die Feuerbestattung seiner Leiche angeordnet hat;
4. eine Bescheinigung der Ortspolizeibehörde des Sterbeortes oder des letzten Wohnortes, in München der Polizeidirektion, darüber, daß ihr Umstände, die den Verdacht der Herbeiführung des Todes durch eine strafbare Handlung begründen, nicht bekannt sind; in den Fällen des § 157 Abs. I der Strafprozeßordnung ersetzt die nach Abs. II des § 157 erteilte Genehmigung die Bescheinigung der Ortspolizeibehörde.

§ 5.[3])

I Der Nachweis, daß der Verstorbene die Feuerbestattung angeordnet hat (§ 4 Abs. II Ziff. 3), kann erbracht werden:
1. durch eine letztwillige Verfügung des Verstorbenen;
2. durch eine mündliche Erklärung des Verstorbenen, die von einer zur Führung eines öffentlichen Siegels berechtigten Person als in ihrer Gegenwart abgegeben beurkundet ist;
3. durch eine schriftliche, hinsichtlich der Unterschrift von einem bayerischen Notar beglaubigte Erklärung des Verstorbenen;
4. durch die mündliche, eidesstattliche Versicherung zweier eidesfähiger (§ 56 Nr. 1 und 2 StPO., § 393 Nr. 1 und 2 der ZPO.) Zeugen vor einem bayerischen Notar, daß der Verstorbene in ihrer Gegenwart den ausdrücklichen und ernstlichen Wunsch geäußert hat, eingeäschert zu werden.

II Die Anordnung kann nicht durch einen Stellvertreter getroffen werden. Sie ist nur wirksam, wenn der Verstorbene sie nach vollendetem 16. Lebensjahre getroffen hat und zu der Zeit, in der er die Anordnung traf, nicht geschäftsunfähig war.

III An die Stelle der Anordnung tritt:
1. Der Antrag des Inhabers der elterlichen Gewalt, wenn der Verstorbene unter elterlicher Gewalt stand und das 16. Lebensjahr nicht vollendet hatte;
2. der Antrag des Vormundes und die Genehmigung des Vormundschaftsgerichts, wenn der Verstorbene unter Vormundschaft stand und nicht nach Absatz II fähig war, selbst eine Anordnung zu treffen.

§ 6.

Die Aschenreste einer eingeäscherten Leiche müssen in einem besonderen, amtlich zu verschließenden Behälter entweder auf einem öffentlichen Friedhof oder in einer sonstigen nach Art. 61 Abs. I Ziff. 2 PStGB. zugelassenen Bestattungsanlage oder in den besonderen Anlagen der Feuerbestattungsanlage (§ 2 Abs. III) beigesetzt werden.

§ 7.

Die Vorschriften über die Beförderung von Leichen und über die Behandlung von Leichen der an ansteckenden Krankheiten verstorbenen Personen bleiben unberührt. Die Vorschriften über die Leichenschau und die Zeit der Beerdigung finden auf Leichen, die der Feuerbestattung zugeführt werden, entsprechende Anwendung. Doch ersetzt die nach § 2 Abs. II Ziff. 2 vorzunehmende amtsärztliche Untersuchung die zweite Leichenschau.

§ 8.

Die Vorschriften treten mit dem Tage der Veröffentlichung im Gesetz- und Verordnungsblatt in Kraft. Die Oberpolizeilichen Vorschriften vom 28. Dezember 1912 — GVBl. Seite 1297 — werden vom gleichen Tage an aufgehoben.

[3]) Zur Frage, ob letztw. Verfügungen im Sinne des Abs. I Nr. 1 vom Nachlaßgericht zu eröffnen sind, s. Haberstumpf BayZ. 1930, 220. § 56 jetzt § 57 StPO.

19. VO. (GesamtMin.) v. 31. Okt. 1921 über Tanzlustbarkeiten.

(GVBl. 541.)[1])

Auf Grund der Art. 32 und 35 PStGB. sowie des Art. 158/II des Kostengesetzes vom 16. Februar 1921 (GVBl. S. 134) wird verordnet:

§ 1.

Zur Veranstaltung öffentlicher Tanzlustbarkeiten ist polizeiliche Erlaubnis erforderlich. Die polizeiliche Erlaubnis ist widerruflich; auf ihre Erteilung besteht kein Anspruch.

Sie darf nur erteilt werden
1. Inhabern oder Pächtern von Gaststätten und Tanzräumen,
2. Tanzlehrern,
3. Vereinen.

Die zuständigen Polizeibehörden sind berechtigt, von Vereinen den Nachweis über die Zeit der Gründung des Vereins, Vorlage der Satzungen sowie eines Namen, Stand und Wohnung der Mitglieder enthaltenden Verzeichnisses zu verlangen, widrigenfalls sie die Erlaubnis versagen können.

Sind Tatsachen vorhanden, aus denen sich ergibt, daß das Gewerbe eines Tanzlehrers zu dem Zwecke der gewerbsmäßigen Veranstaltung von Tanzlustbarkeiten betrieben wird, oder ist nach den näheren Umständen anzunehmen, daß ein Verein zu diesem Zwecke gegründet worden ist, so ist die Erlaubnis zu versagen.

Der Tanzraum muß den bau-, feuer- und sicherheitspolizeilichen Vorschriften entsprechen.

§ 2.

Zuständig für die Erteilung der Erlaubnis sind die Bezirkspolizeibehörden, in München die Polizeidirektion oder die Polizeiämter.

Die Erlaubnis ist regelmäßig bei Meidung der Versagung mindestens eine Woche vor der Veranstaltung bei der Ortspolizeibehörde des Ortes der Veranstaltung, in München bei der Polizeidirektion oder den Polizeiämtern, nachzusuchen.

§ 3.[2])

Die Erlaubnis wird schriftlich erteilt. Sie kann von Bedingungen abhängig gemacht werden, die die öffentliche Ruhe, Ordnung und Sicherheit gewährleisten. Zur Sicherung der Einhaltung der Bedingungen sowie zur Deckung der durch die Überwachung der Veranstaltung entstehenden Kosten kann unbeschadet der Strafverfolgung bei Verletzung der Bedingungen eine Sicherheit bis zum Betrage von 1000[3]) M. verlangt werden.

In der schriftlichen Ausfertigung sind die Stunde des Beginns und der Beendigung der Tanzunterhaltung, die auferlegten Bedingungen sowie die Bestim-

---

[1]) Unter Berücksichtigung der durch GesMVO. v. 10. Aug. 1925 (GVBl. 233). 30. Nov. 1926 (GVBl. 531, StAnz. Nr. 277) u. 9. Febr. 1927 (GVBl. 79, StAnz. Nr. 33) erfolgten Änderungen. VollzBest.: InnMB. v. 11. Nov. 1921 (InnMBl. 198); geänd. durch InnMB. v. 12. Dez. 1922 (InnMBl. 325), InnHMB. v. 26. Jan. 1924 (StAnz. Nr. 24) u. InnHMB. v. 30. Dez. 1926 (InnMBl. 1927, 5). Erläuterungen zur VO.: Stuch, GemZ. 1922, 241.

[2]) Bedeutung des § 3: OGHSt. 4, 260.

[3]) Durch die auf Grund der im übrigen aufgehobenen VO. v. 26. Juni 1923 (GVBl. 209) ergangene InnMB. v. 26. Jan. 1924 (StAnz. Nr. 24) wurde der Betrag von 1000 (P)M. auf 200 GM. erhöht.

mungen über die Leistung und den Verfall der Sicherheit und die Übernahme der Überwachungskosten aufzunehmen.

Der Beginn der öffentlichen Tanzlustbarkeiten darf, von besonders begründeten Ausnahmefällen abgesehen, an Sonn- und Feiertagen nicht vor 4 Uhr nachmittags, an Werktagen nicht vor 6 Uhr nachmittags gestattet werden.

§ 4.

Geschlossene Tanzlustbarkeiten müssen von dem Veranstalter und dem Inhaber des zur Tanzunterhaltung bestimmten Raumes regelmäßig mindestens 48 Stunden vor Beginn bei der für den Tanzort zuständigen Bezirkspolizeibehörde, in München der Polizeidirektion oder den Polizeiämtern, schriftlich oder persönlich angemeldet werden. In dringenden Fällen kann eine vorläufige Anmeldung bei der Ortspolizeibehörde des Tanzorts, in München der Polizeidirektion oder den Polizeiämtern, erfolgen, die sie an die Bezirkspolizeibehörde weitergibt. Bei geschlossenen Tanzvergnügungen zufälliger Art, wie sie z. B. bei Ausflügen vorkommen, kann ausnahmsweise die Anmeldung spätestens am folgenden Tage nachgeholt werden, wenn auch die vorläufige Anmeldung bei der Ortspolizeibehörde nicht möglich war.

Der Anmeldepflicht ist genügt, sobald einer der Anmeldepflichtigen die Anmeldung vorgenommen und den Nachweis der Anmeldung in Händen hat. Der Nachweis der Anmeldung wird durch die von der zuständigen Polizeibehörde ausgestellte, mit Quittung über die entrichtete Anmeldegebühr (Art. 158/II des Kostengesetzes) versehene Anmeldebescheinigung erbracht. Über die vorläufige Anmeldung wird eine Bescheinigung der Ortspolizeibehörde ausgestellt.

§ 5.

Als geschlossene Tanzlustbarkeiten im Sinne des § 4 sind diejenigen anzusehen, die nicht als öffentliche Tanzlustbarkeiten einer Genehmigung nach § 1 bedürfen.

Von der Anmeldepflicht nach § 4 sind ausgenommen:

1. Tanzlustbarkeiten in Privatwohnungen, soferne sie nicht zu Erwerbszwecken veranstaltet werden;
2. Tanzunterrichtsveranstaltungen von Tanzlehrern, die nachfolgenden Anforderungen entsprechen:

   An dem Unterrichte dürfen nur Schüler teilnehmen, die eine Pauschvergütung für die ganze Kursdauer entrichtet haben. Der Zutritt zu den Unterrichtsstunden ist Nichtschülern, ausgenommen die begleitenden Eltern oder sonstige Aufsichtspersonen, verboten. Diese dürfen sich am Tanze nicht beteiligen. Die Kurse dürfen nicht in öffentlichen Wirtschaftsräumen stattfinden. Ein Verzeichnis der Schüler ist auf Verlangen der Bezirkspolizeibehörde einzureichen oder im Unterrichtsraum während der Erteilung des Unterrichts zu hinterlegen.

§ 6.[4])

Die Veranstaltung öffentlicher Tanzlustbarkeiten ist verboten

1. in der Adventszeit, am Weihnachtsabend und am ersten Weihnachtsfeiertage,
2. in der Zeit vom Aschermittwoch bis einschließlich des ersten Osterfeiertags,
3. am 28. Juni (Tag der Unterzeichnung des Friedensvertrags von Versailles),
4. in Gegenden mit überwiegend katholischer Bevölkerung: am Fronleichnamstag und am 1. und 2. November (Allerheiligen- und Allerseelenfest),

---

[4]) Fortsetzung in einen verbotenen Tag hinein: OSt. 2, 489.

5. in Gegenden mit überwiegend protestantischer Bevölkerung: am Tage des Reformationsfestes, im Gebiete des ehemaligen Herzogtums Coburg ferner noch am Totenfestsonntag und am Bußtag.

Die Regierungen, Kammer des Innern, werden ermächtigt, die Abhaltung öffentlicher Tanzlustbarkeiten zur Sicherung der landwirtschaftlichen Ernte während eines Zeitraums von höchstens vier Wochen in der Haupterntezeit zu untersagen.

Ist zur Verhütung von Rechtsungleichheit bei Erlassung solcher Verbote die Einbeziehung von Nachbarbezirken, die sich dem Vorgehen nicht anschließen, erforderlich, so ist die Entscheidung des Staatsministeriums des Innern einzuholen.

Aus Gründen der öffentlichen Sicherheit, insbesondere zur Bekämpfung von Volks- und Tierseuchen, können die Regierungen die Veranstaltung von Tanzlustbarkeiten für bestimmte Bezirke und für bestimmte Zeit verbieten.

Das Staatsministerium des Innern behält sich vor, nötigenfalls weitere Verbote aus besonderen Anlässen ergehen zu lassen.

§ 7.

Soweit öffentliche Tanzlustbarkeiten verboten sind, dürfen auch Tanzlustbarkeiten von geselligen Vereinen und geschlossenen Gesellschaften nicht stattfinden.

§ 8.

Die allgemein geltenden Bestimmungen über die Polizeistunde gelten auch für Tanzlustbarkeiten.

§ 9.

Zuwiderhandlungen gegen §§ 1, 3 und 7 dieser Verordnung werden nach Maßgabe der Art. 32 und 35 PStGB. mit Geld, soweit zulässig auch mit Haft, bestraft.

Neben der Strafeinschreitung haben Personen und Vereine, die ohne Erlaubnis öffentliche Tanzlustbarkeiten veranstalten oder die auferlegten Bedingungen verletzen, zu gewärtigen, daß ihnen für bestimmte Zeit keine Erlaubnis zu öffentlichen Tanzunterhaltungen mehr erteilt wird.

Ferner ist bei allen Zuwiderhandlungen gegen die Verordnung zu gewärtigen, daß die geschuldete Gebühr auf das zulässige Höchstmaß — 500 M.[5]) — festgesetzt und nachträglich erhoben wird.

§ 10.

In Orten, in welchen aus Anlaß von öffentlichen Tanzlustbarkeiten Ausschreitungen begangen worden sind, kann auf eine bestimmte Zeit die polizeiliche Erlaubnis zur Veranstaltung öffentlicher Tanzlustbarkeiten versagt werden.

§ 11.

Vorstehende Verordnung tritt am 15. November 1921 an die Stelle der K. Verordnung vom 18. Juni 1862, die Abhaltung öffentlicher Tanzmusiken betreffend (RegBl. 1862 S. 1391).[6])

Das Staatsministerium des Innern ist ermächtigt, Ausnahmen von den Vorschriften der Verordnung zu bewilligen.

---

[5]) S. hierzu Art. 158 Kostengef. v. 16. Febr. 1921 (GVBl. 134).

[6]) ObSt. 12, 250; 12, 258; 2, 399; GemZ. 1893, 50; 1897, 30; BlAPr. 1879, 66; 1889, 213; 1890, 46.

20. Obpol. Vorschr. (InnM.) v. 17. Dez. 1921 über das Verbot von Maskenumzügen u. Maskentreiben auf öff. Straßen u. Plätzen.

(GVBl. 595.)[1])

Auf Grund des § 366 Ziffer 10 des Reichsstrafgesetzbuchs sowie der Art. 2 Ziffer 6, Art. 36 Ziffer 2 und Art. 44 des PStGB. werden für das gesamte Gebiet des Freistaats Bayern folgende

Oberpolizeiliche Vorschriften

erlassen.

I.

Die Veranstaltung von öffentlichen Maskenumzügen, jede Art von Maskentreiben sowie das maskierte Erscheinen auf öffentlichen Straßen und Plätzen werden bis auf weiteres verboten. Die Bezirkspolizeibehörden, in München, Nürnberg und Fürth die Polizeidirektionen sind ermächtigt, für einzelne Tage in der Faschingszeit Ausnahmen von diesem Verbote zuzulassen.

II.

Zuwiderhandlungen gegen diese Vorschriften werden nach Maßgabe des § 366 Ziffer 10 des Reichsstrafgesetzbuchs sowie der Art. 36 und 44 des Polizeistrafgesetzbuchs mit Geld oder mit Haftstrafe bestraft.

III.

Diese Vorschriften treten am 1. Januar 1922 in Kraft.

21. GesMBO. v. 23. Nov. 1922 über die Führung von Schlagwaffen in den Landesteilen r. d. Rh.

(GVBl. 645.)[1])

Auf Grund des Art. 39 des Polizeistrafgesetzbuchs wird für die Landesteile rechts des Rheins zur Verhütung von Gefahren für die Sicherheit von Personen bis auf weiteres folgendes verordnet:

§ 1.

Die Führung von Raufringen, Schlageisen, Schleudern, Totschlägern jeder Art und Knütteln aus Gummi, Holz, Metall oder sonstigen Stoffen ist vorbehaltlich der Bestimmungen der §§ 2 und 3 verboten.

§ 2.

Die Bezirkspolizeibehörden, in München die Polizeidirektion, können das Tragen bestimmt bezeichneter Waffen der in § 1 genannten Art in widerruflicher Weise oder auf bestimmte Zeit durch Ausstellung eines Waffenscheins gestatten. Diesen hat der Inhaber während des Waffentragens stets bei sich zu führen.

Der Waffenschein darf nur dann ausgestellt werden, wenn die Persönlichkeit des Antragstellers dafür bürgt, daß jeder Mißbrauch der Waffe ausgeschlossen ist. Für mehrere Waffen kann ein einheitlicher Waffenschein ausgestellt werden.

---

[1]) Unter Berücksichtigung der durch die Obpol. Vorschr. (InnM.) v. 12. Dez. 1927 (GVBl. 359) erfolgten Änderungen. VollzBest. zu dieser Änderung: InnMB. v. 12. Dez. 1927 (StAnz. Nr. 289).

[1]) Wegen der zeitweisen teilweisen Außerkraftsetzung dieser VO. gilt das bei der VO. v. 19. Nov. 1887 (s. oben Tl. V Nr. 4) unter 1c Bemerkte auch hier.

§ 3.

Personen, die von dem Reich, dem Staat oder einer Gemeinde mit polizeilichen Verrichtungen betraut oder in sonstigen Zweigen des öffentlichen Dienstes angestellt sind, bedürfen zur Führung der zum Dienstgebrauch oder zur Hilfeleistung benötigten Waffen der in § 1 bezeichneten Art keines Waffenscheins.

§ 4.

Zuwiderhandlungen gegen vorstehende Vorschriften werden, sofern nicht nach sonstigen gesetzlichen Bestimmungen eine härtere Strafe verwirkt ist, nach Maßgabe des Art. 39 PStGB. in Verbindung mit dem Reichsgesetz zur Erweiterung des Anwendungsgebiets der Geldstrafe und zur Einschränkung der kurzen Freiheitsstrafen vom 21. Dezember 1921 (RGBl. S. 1604) mit Geld- oder Haftstrafe bestraft, wobei auf Einziehung der verbotenen Waffen erkannt werden kann, ohne Unterschied, ob sie dem Verurteilten gehören oder nicht.

§ 5.

Diese Verordnung tritt mit ihrer Verkündigung im Gesetz- und Verordnungsblatt in Kraft.

Die Bestimmungen der K. Verordnung vom 19. November 1887, das Verbot des Feilhaltens und Führens von Waffen zur Verhütung von Gefahren für die Sicherheit der Person betreffend (GVBl. S. 655), bleiben unberührt, soweit sie nicht durch weitergehende Bestimmungen dieser Verordnung ersetzt sind.

22. Obpol. Vorschr. (InnM.) v. 4. Febr. 1925 über die gesundheitspolizeiliche Untersuchung der Hunde.

(GVBl. 70.)[1])

Das Staatsministerium des Innern erläßt auf Grund des Art. 83 Abs. I Ziff. 1 des Polizeistrafgesetzbuches folgende oberpolizeiliche Vorschriften:

§ 1.[2])

I Jeder über 4 Monate alte, im Freistaate Bayern gehaltene Hund ist ohne Rücksicht darauf, ob er nach den Bestimmungen des Hundeabgabengesetzes vom 23. August 1922 (GVBl. S. 616) steuerbar oder abgabenfrei ist, alljährlich der für den Ort der Hundehaltung angeordneten ordentlichen amtstierärztlichen Untersuchung zu unterstellen.

II Kann ein Hund wegen Abwesenheit oder wegen anderer Hindernisse der ordentlichen Untersuchung nicht unterstellt werden, so hat der Besitzer hiervon der zuständigen Ortspolizeibehörde spätestens 14 Tage nach dem Untersuchungstermin Anzeige zu machen und den Hund innerhalb 14 Tagen nach Behebung des Hindernisses dem zuständigen Tierarzt zur außerordentlichen Untersuchung vorzuführen.

III Wird ein Hund erst nach dem ordentlichen Untersuchungstermin 4 Monate alt oder wird ein Hund erst nach diesem Termin in eine Gemeinde zur dauernden Haltung eingebracht, so ist er spätestens 14 Tage nach Eintritt in das untersuchungs-

---

[1]) Unter Berücksichtigung der Änderungen durch InnMB. v. 1. Juni 1926 (GVBl. 333). Allg. VollzBest. v. 4. Febr. 1925 (GVBl. 71).

[2]) Verhältnis der Vorführungspflicht zu den Anmeldungspflichten nach dem Hundeabgabenges. (ObSt. 25, 186, BayZ. 1926, 107).

pflichtige Alter oder nach der Einbringung dem zuständigen Tierarzt zur außerordentlichen Untersuchung vorzuführen. Die Erfüllung dieser Pflicht ist der Ortspolizeibehörde spätestens 14 Tage nach der außerordentlichen Untersuchung durch Vorlage des tierärztlichen Zeugnisses nachzuweisen.

IV Die Vorführungspflicht nach Abs. III entfällt

1. wenn der Hund erst in den letzten 2 Monaten des gemeindlichen Rechnungsjahres 4 Monate alt wird,
2. wenn der Nachweis erbracht wird, daß der Hund im laufenden gemeindlichen Rechnungsjahr bereits im Deutschen Reiche amtstierärztlich untersucht worden ist.

§ 2.

Hunde, die ein umherziehender Gewerbetreibender mit sich führt, sind nach Maßgabe des § 1 in derjenigen Gemeinde zu untersuchen, in der der Gewerbetreibende nach Art. 7 des Hundeabgabengesetzes abgabenpflichtig ist.

§ 3.

Ort und Zeit der ordentlichen Hundeuntersuchung hat die Bezirkspolizeibehörde im Benehmen mit dem Amtstierarzt für jede Gemeinde festzusetzen und in den Gemeinden mindestens 14 Tage vorher öffentlich bekanntzugeben.

§ 4.

I Bei der ordentlichen oder außerordentlichen Untersuchung müssen die Hunde durch eine erwachsene Person an der Leine vorgeführt werden. Bissige Hunde müssen einen wohlbefestigten Maulkorb tragen. Durch ortspolizeiliche Verfügung können weitergehende Sicherheitsmaßnahmen angeordnet werden.

II Bei der Vorführung ist alles Erforderliche wahrheitsgetreu anzugeben.

III Mit Räude oder sonstigen ekelerregenden oder ansteckenden Krankheiten behaftete Hunde dürfen gelegentlich der Untersuchung mit fremden Hunden nicht in Berührung gebracht und dürfen erst bei Schluß der Untersuchung in den Untersuchungsraum geführt werden.

§ 5.

Durch ortspolizeiliche Verfügung können bei Obwalten besonderer Umstände weitere Untersuchungen der Hunde (Nachuntersuchungen) angeordnet werden.

§ 6.

Wer Hunde der ordentlichen, außerordentlichen oder nachträglichen Untersuchung entzieht oder nicht rechtzeitig unterstellt, wird an Geld bis zu 150 Reichsmark bestraft.

§ 7.

Aufgehoben werden die oberpolizeilichen Vorschriften der Regierungen über die gesundheitspolizeiliche Untersuchung der Hunde und zwar der Regierung:

von Oberbayern vom 3. August 1911 (Kreisamtsblatt S. 109),
von Niederbayern vom 3. Oktober 1911 (Kreisamtsblatt S. 119),
der Pfalz vom 8. September 1911 (Kreisamtsblatt S. 123),
der Oberpfalz und von Regensburg vom 17. November 1911 (Kreisamtsblatt S. 141),
von Oberfranken vom 19. Juli 1911 (Kreisamtsblatt S. 190),
von Mittelfranken vom 31. Oktober 1911 (Kreisamtsblatt S. 125),
von Unterfranken und Aschaffenburg vom 26. Oktober 1911 (Kreisamtsblatt S. 79),
von Schwaben und Neuburg vom 21. August 1911 (Kreisamtsblatt S. 123).

23. Obpol. Vorschr. (JnnM.) v. 29. April 1925 zum Schutze des Steinadlers u. des Uhu.

(GVBl. 143.)

Auf Grund der Art. 1 Abs. I, 7, 22b Abs. II des PStGB. erläßt das Staatsministerium des Innern nachstehende Oberpolizeiliche Vorschriften:

§ 1.

Das Fangen und Erlegen des Steinadlers und des Uhu, das Zerstören ihrer Horste und Brutstätten, das Ausnehmen und Töten ihrer Jungen, die Wegnahme ihrer Eier ist im Lande Bayern verboten.

§ 2.

Auf Antrag kann die Bezirkspolizeibehörde in besonders begründeten Fällen von vorstehenden Vorschriften Ausnahmen gestatten.

§ 3.

Zuwiderhandlungen gegen § 1 werden mit Geldstrafe bis zu 150 Reichsmark oder mit Haft bestraft.

§ 4.

Diese oberpolizeilichen Vorschriften treten am 15. Mai 1925 in Kraft.

24. GesMBV. v. 20. Mai 1925 über die Führung von Waffen in der Pfalz.

(GVBl. 152.)[1])

Die für die Landesteile r. d. Rh. über die Führung von Schuß- und Schlagwaffen erlassenen Verordnungen werden auf Grund des Art. 39 des PStGB. zur Verhütung von Gefahren für die Sicherheit von Personen, wie folgt, auf die Pfalz ausgedehnt:

§ 1.

Die Führung von Schußwaffen sowie von Raufringen, Schlageisen, Schleudern, Totschlägern jeder Art und Knütteln aus Gummi, Holz, Metall oder sonstigen Stoffen ist vorbehaltlich der Bestimmungen der §§ 2 und 3 verboten.

§ 2.

Die Bezirkspolizeibehörden können das Tragen bestimmt bezeichneter Waffen der in § 1 genannten Art in widerruflicher Weise oder auf bestimmte Zeit durch Ausstellung eines Waffenscheins gestatten. Diesen hat der Inhaber während des Waffentragens stets bei sich zu führen.

Der Waffenschein darf nur dann ausgestellt werden, wenn die Persönlichkeit des Antragstellers dafür bürgt, daß jeder Mißbrauch der Waffe ausgeschlossen ist. Für mehrere Waffen kann ein einheitlicher Waffenschein ausgestellt werden.

---

[1]) Unwirksam geworden durch das Schußwaffengesetz v. 12. April 1928, soweit Schußwaffen im Sinne des § 1 dieses Ges. u. des § 1 der AusfBO. v. 13. Juli 1928 in Frage kommen (s. Nr. IV Abs. 1 der JnnMB. v. 31. Aug. 1928, JnnMBl. 77; Reich Pol. 1928, 143). Wegen der teilw. zeitweisen Außerkraftsetzung der VO. im übrigen gilt das bei der VO. v. 19. Nov. 1887 (s. oben Teil V Nr. 4) unter 1c Bemerkte auch hier.

§ 3.

Personen, die von dem Reiche, dem Staate oder einer Gemeinde mit polizeilichen Aufgaben betraut sind, bedürfen zur Führung der hierzu benötigten Waffen der in § 1 bezeichneten Art keines Waffenscheins.

Für Jagdwaffen oder von Jägern zum persönlichen Schutze auf der Jagd mitgeführte Faustwaffen ersetzt die Jagdkarte (Jagdschein, Schutzgewehrschein) den Waffenschein.

§ 4.

Zuwiderhandlungen gegen vorstehende Vorschriften werden, sofern nicht nach sonstigen gesetzlichen Bestimmungen eine härtere Strafe verwirkt ist, nach Maßgabe des Art. 39 PStGB. in Verbindung mit der Reichsverordnung über Vermögensstrafen und Bußen vom 6. Februar 1924 (RGBl. I S. 44) mit Geld oder Haftstrafe bestraft, wobei auf Einziehung der verbotenen Waffen erkannt werden kann ohne Unterschied, ob sie dem Verurteilten gehören oder nicht.

§ 5.

Die Bestimmungen der K. Verordnung vom 19. November 1887, das Verbot des Feilhaltens und Führens von Waffen zur Verhütung von Gefahren für die Sicherheit der Personen betreffend (GVBl. S. 655), bleiben unberührt, soweit sie nicht durch weitergehende Bestimmungen dieser Verordnung ersetzt sind.

25. ObpolVorschr. v. 12. Dez. 1925 über die öffentliche Verbreitung von Plakaten, Flugblättern u. Flugschriften i. d. Fassung v. 8. Mai 1929.

(GVBl. 1929, 58.)[1])

Nachstehend wird der Wortlaut der oberpolizeilichen Vorschriften über die öffentliche Verbreitung von Plakaten, Flugblättern und Flugschriften bekanntgegeben, wie er sich aus den Bekanntmachungen vom 12. Dezember 1925 (GVBl. S. 269), vom 27. Oktober 1926 (GVBl. S. 503) und vom 8. Mai 1929 (GVBl. Nr. 9) ergibt.

Auf Grund des § 366 Ziff. 10 RStGB. und Art. 2 Ziff. 6 PStGB. werden zur Erhaltung der Sicherheit und Ruhe auf den öffentlichen Wegen, Straßen und Plätzen folgende oberpolizeiliche Vorschriften erlassen:

§ 1. Plakate, Flugblätter und Flugschriften dürfen an und auf öffentlichen Wegen, Straßen und Plätzen nur dann angeschlagen, ausgestellt, verbreitet oder sonst der Öffentlichkeit zugänglich gemacht werden, wenn sie lediglich Ankündigungen über nicht verbotene Versammlungen oder in geschäftsüblicher Form gehaltene wirtschaftliche oder Vergnügungsanzeigen enthalten.

Diese Bestimmung bezieht sich nicht auf amtliche Bekanntmachungen öffentlicher Behörden.

Plakate, Flugblätter und Flugschriften aus Anlaß von Versammlungen dürfen hierbei nur die zur Bekanntgabe der Versammlungen und Einladungen hierzu erforderlichen rein sachlichen Angaben über Veranstalter, Ort und Zeit

---

[1]) Die Vorschrift verstößt nicht gegen Art. 118 Abs. 1 RVerf.; auch nicht gegen § 30 Abs. 2 Preßges. (ObSt. 26, 164, BayZ. 1926, 306; ObSt. 26, 260). S. zur Wirksamkeit auch Leibig Pol. 1928, 192.

der Versammlung, Redner, Tagesordnung, Aussprache und Bedingungen des Eintritts enthalten.[1])

§ 2. Plakate, Flugblätter und Flugschriften sind mindestens 24 Stunden, ehe sie an und auf öffentlichen Wegen, Straßen und Plätzen angeschlagen, ausgestellt, verbreitet oder sonst der Öffentlichkeit zugänglich gemacht werden, der Bezirkspolizeibehörde, in Städten mit Polizeidirektionen der Polizeidirektion zur Kenntnisnahme vorzulegen. Dies gilt nicht für Plakate, die lediglich Ankündigungen über gestohlene, verlorene oder gefundene Sachen enthalten.

Plakate, Flugblätter und Flugschriften, die in mehreren Bezirken oder kreisunmittelbaren Städten eines Regierungsbezirks der Öffentlichkeit zugänglich gemacht werden sollen, können der Regierung, Kammer des Innern, zur Kenntnisnahme vorgelegt werden. Der Vorlage sind soviele Stücke beizugeben, als Bezirke und kreisunmittelbare Städte in Betracht kommen. Die Regierungen, Kammern des Innern, sind befugt, diese Zuständigkeit ganz oder teilweise auf die im Regierungsbezirk bestehenden Polizeidirektionen zu übertragen.[2])

§ 3. Die Bestimmungen der §§ 1 und 2 gelten nicht für Plakate, Flugblätter und Flugschriften aus Anlaß von Wahlen und Volksabstimmungen für die Zeit von der Anberaumung der Wahl oder Volksabstimmung bis zum Ablaufe des Tages der Wahl oder Volksabstimmung.

Die Bestimmungen in §§ 1 und 2 gelten weiter nicht für Plakate, Flugblätter und Flugschriften, die auf öffentlichen Wegen, Straßen und Plätzen von wirtschaftlichen Verbänden der Arbeitgeber und Arbeitnehmer zur Werbung für ihre Verbandszwecke der Öffentlichkeit zugänglich gemacht werden, ferner nicht für Flugblätter und Flugschriften, die auf öffentlichen Straßen, Wegen und Plätzen gegen Entgelt verbreitet werden.

§ 4. Zuwiderhandlungen werden mit Geldstrafe bis zu 150 RM. oder mit Haft bis zu 14 Tagen bestraft.

§ 5. Die Regierungen, Kammern des Innern, werden ermächtigt, den Vollzug der vorstehenden Bestimmungen für einzelne Bezirke oder kreisunmittelbare Städte zeitweise in jederzeit widerruflicher Weise aufzuheben.

---

[1]) Plakat: Jedes öffentlich angeschlagene Schriftstück, auch Zeitungsausschnitte, nicht ganze Zeitungen (ObSt. 26, 164, BayZ. 1926, 306); nicht notwendig Druckschriften (Vervielfältigungen), jedenfalls fallen darunter Schriften oder bildliche Darstellungen, die zur Verbreitung durch öffentliches Anschlagen, Ausstellen oder Auslegen bestimmt sind oder in einer dieser Verbreitungsarten tatsächlich verbreitet werden, auch von Menschen getragene oder auf Wagen oder sonstigen beweglichen Gegenständen beförderte Wanderplakate (ObSt. 29, 137). Flugblätter, Flugschriften: Durch Schrift, Druck oder sonst vervielfältigte Erzeugnisse, die geeignet und bestimmt sind, rasch, leicht und weit verbreitet zu werden; erforderlich geringer Umfang, Unentgeltlichkeit oder geringer Preis, große Auflage und die aus dem Blatt selbst oder seiner Gestaltung sich ergebende Eigenschaft, daß es als Flugblatt gedacht und bestimmt ist; die Flugschrift unterscheidet sich von dem Flugblatt nur durch den größeren Umfang (ObSt. 26, 260). Die Zugänglichmachung muß an oder auf öffentl. Wegen usw. stattgefunden haben; nicht genügt der Vertrieb von Haus zu Haus, wenn auch die öffentl. Wege usw. benützt werden müssen, um die Häuser zu erreichen (ObSt. 28, 100; 27, 174). Ausreichend auch der Anschlag an der Innenseite der Glasscheiben eines Ladens (ObSt. 26, 164, BayZ. 1926, 306).

[2]) § 2 bezieht sich auch auf die nach § 1 zugelassenen Ankündigungen (ObSt. 26, 260).

26. GesMBO. v. 23. März 1926 über die beruflichen Verhältnisse der Hebammen.

(GVBl. 275.)[1])

Auf Grund des § 30 Schlußsatz und § 147 Ziff. 1 der Reichsgewerbeordnung, sowie der Art. 72, 127 und 128 des Polizeistrafgesetzbuchs wird folgendes verordnet:

§ 1.

Hebammen bedürfen zur Ausübung ihres Berufes des Prüfungszeugnisses einer bayerischen Hebammenschule und einer Niederlassungsgenehmigung.

§ 2.

I Die Niederlassungsgenehmigung wird nur für solche Orte oder Stadtteile erteilt, in denen ein Bedürfnis nach Niederlassung einer Hebamme oder einer weiteren Hebamme besteht.

II Von der Prüfung der Bedürfnisfrage kann abgesehen werden, wenn der nachsuchenden Hebamme von einer Gemeinde oder einem Bezirk ein ausreichendes Einkommen vertragsmäßig gesichert ist.

III Die Niederlassungsgenehmigung kann geeigneten Bewerberinnen schon vor Beginn der Ausbildung zur Hebamme unter der Bedingung der nachträglichen Beibringung des Prüfungszeugnisses erteilt werden. Im übrigen darf ihr keine Bedingung oder Befristung beigefügt werden.

§ 3.

Die Niederlassungsgenehmigung kann aus folgenden persönlichen Gründen versagt werden:

1. wenn Tatsachen vorliegen, die die Überzeugung begründen, daß die Nachsuchende die für den Hebammenberuf erforderliche körperliche und geistige Befähigung oder die erforderliche Zuverlässigkeit nicht besitzt,
2. wenn die Nachsuchende den Hebammenberuf an ihrem bisherigen Niederlassungsorte noch nicht 3 Jahre ausgeübt hat oder durch Vertrag zu längerer Berufsausübung an diesem Orte verpflichtet ist,
3. wenn die Nachsuchende den Hebammenberuf 2 Jahre nicht mehr ausgeübt hat und den Fortbesitz der erforderlichen Kenntnisse nicht durch das Zeugnis über den erfolgreichen Besuch eines bayerischen Fortbildungslehrganges nachweisen kann,
4. wenn die Nachsuchende das 65. Lebensjahr vollendet hat.

§ 4.

I Die Niederlassungsgenehmigung erlischt mit der Zurücknahme des Prüfungszeugnisses.

II Die Niederlassungsgenehmigung kann zurückgenommen werden:

1. wenn im Falle des § 2 Abs. III das Prüfungszeugnis innerhalb der festgesetzten Frist nicht beigebracht wird,
2. wenn die Berufsausübung nicht innerhalb eines Vierteljahres nach Erteilung der Niederlassungsgenehmigung im Falle des § 2 Abs. III nach Erlangung des Prüfungszeugnisses begonnen oder ohne entschuldbaren Grund länger als ein Vierteljahr ausgesetzt wird,

---

[1]) Ergänzung: Die InnMBO. v. 20. April 1926 über die Gebühren der Hebammen (GVBl. 287). VollzBek.: InnMB. v. 4. Mai 1926 (InnMBl. 55).

3. wenn die Hebamme von dem Niederlassungsorte wegzieht oder auf die Berufsausübung an dem Niederlassungsorte verzichtet,
4. wenn die Hebamme das 65. Lebensjahr vollendet hat.

§ 5.

I Die Befugnisse und Obliegenheiten der Hebammen werden durch eine vom Staatsministerium des Innern zu erlassende Dienstanweisung bestimmt.

II Die Hebammen sind Mitglieder der Bayerischen Hebammenversorgung nach Maßgabe der Satzung dieser Versorgung.

§ 6.

Die Bezahlung der Hebammen bleibt zunächst der Vereinbarung überlassen. Kommt eine Vereinbarung nicht zustande, so ist als Norm für streitige Fälle die vom Staatsministerium des Innern festzusetzende Gebührenordnung maßgebend.

§ 7.

Die Aufsicht über die Hebammen wird durch die Bezirkspolizeibehörden und Bezirksärzte geführt.

§ 8.

I Zuständig zur Erteilung, Versagung und Zurücknahme der Niederlassungsgenehmigung ist die Bezirkspolizeibehörde des Niederlassungsortes, in München die Polizeidirektion. Sie hat vor der Erteilung oder Versagung der Niederlassungsgenehmigung die beteiligten Gemeinden, den Bezirkshebammenverein und den Bezirksarzt zu hören.

II Gegen die Versagung oder Zurücknahme der Niederlassungsgenehmigung steht der beteiligten Bewerberin oder Hebamme innerhalb 14 Tagen nach Zustellung der Entscheidung die Beschwerde an die Regierung, Kammer des Innern, zu, die endgültig entscheidet.

§ 9.

Der Vollzug dieser Verordnung obliegt dem Staatsministerium des Innern, das aus Gründen der Gegenseitigkeit, für den Grenzverkehr und für Anstaltshebammen auch Ausnahmen von den Erfordernissen des § 1 zulassen kann.

§ 10.

I Diese Verordnung tritt am 1. April 1926 in Kraft. Vom gleichen Tag an werden die Verordnung vom 4. Juni 1899, die gewerblichen Verhältnisse der Hebammen betreffend — GVBl. S. 413 — und deren Ergänzungen, sowie alle sonstigen entgegenstehenden Bestimmungen aufgehoben.

II Hebammen, die bei Inkrafttreten dieser Verordnung den Hebammenberuf in Bayern bereits ausüben, bedürfen zur Fortführung ihres Berufs an dem bisherigen Niederlassungsorte keiner Niederlassungsgenehmigung.

27. Obpol. Vorschr. (InnM.) v. 5. Mai 1926 über die Waldfrüchteernte.

(GVBl. 315.)[1]

Auf Grund der Art. 22b und 7 des PStGB. wird zum Schutze gegen die Ausrottung der Heidelbeer- und Preißelbeersträucher folgende oberpolizeiliche Vorschrift erlassen:

[1]) Ersetzt ist hierdurch die nicht förmlich aufgehobene, aber wohl wegen nicht ordnungsmäßiger Veröffentl. (nur im StAnz.) für unwirksam erachtete InnMB. v. 13. Juni 1925 (StAnz. Nr. 133).

§ 1. Es ist verboten, Heidel- und Preißelbeeren gewerbsmäßig oder für den eigenen Verbrauch vor dem durch die zuständige Bezirksverwaltungsbehörde festgesetzten Zeitpunkt des Erntebeginns zu sammeln oder in den Verkehr zu bringen.

§ 2. Das Verwenden oder Mitführen von Beerenrechen, Kämmen und Riffeln ist beim Pflücken und Einsammeln von Heidel- und Preißelbeeren verboten.

Die Bezirksverwaltungsbehörden können das Verwenden oder Mitführen von Kämmen und Riffeln beim Pflücken und Einsammeln von Heidelbeeren ausnahmsweise gestatten.

§ 3. Mit Geldstrafe bis zu 150 RM. oder mit Haft wird bestraft, wer dieser Vorschrift zuwiderhandelt.

Die Bezirkspolizeibehörden haben den Vollzug dieser oberpolizeilichen Vorschrift strengstens zu überwachen. Sie werden besonders darauf achten, daß der Pflückbeginn nicht auf einen zu frühen Zeitpunkt, also nicht vor Beginn der Durchschnittsreife festgesetzt und nicht zu früh bekanntgegeben wird. Die Festsetzung der Pflückzeit soll im Benehmen mit den Forstämtern und mit dem Beerengroßhandel erfolgen.

Es ist dafür Sorge zu tragen, daß die Bestimmungen über die Waldfrüchteernte besonders in den im Haupterntegebiet liegenden Gemeinden durch öffentlichen Anschlag zur allgemeinen Kenntnis gebracht werden.

28. ObPol. Vorschr. v. 8. Mai 1926 über den allgemeinen Verkehr auf den öffentlichen Wegen (Straßenverkehrsordnung).

(GVBl. 315.)[1])

Auf Grund § 366 Ziff. 10 des RStGB., Art. 2 Ziff. 6 PStGB. und Art. III VO. vom 6. Februar 1924 (RGBl. I S. 44) werden für den Fuhrwerk-, Radfahr-, Reit- und Fußgängerverkehr, das Treiben und Führen von Tieren und zum sonstigen Schutze des Verkehrs auf öffentlichen Wegen folgende oberpolizeiliche Vorschriften erlassen:

A. Allgemeines.

§ 1.

Begriffsbestimmungen; öffentliches Fuhrgewerbe.

(1) Im Sinne nachstehender Vorschriften gelten

1. als Fuhrwerke Fahrzeuge, die für das Fortbewegen durch Menschen oder Tiere eingerichtet und nicht an Bahngeleise gebunden sind, ausgenommen Fahrräder, Rollstühle für Kranke, einrädrige Schubkarren, Kinderwagen, Kinderleiterwagen oder dergleichen;
2. als Kraftfahrzeuge Fahrzeuge, die durch Maschinenkraft bewegt werden, ohne an Bahngeleise gebunden zu sein;
3. als Wirtschaftsfuhren Fuhren, die innerhalb des Gemeindebezirks des Betriebssitzes oder benachbarter Gemeindebezirke für Zwecke der Land- oder Forstwirtschaft ausgeführt werden;

[1]) Allg. VollzBek. v. 8. Okt. 1926 (InnMBl. 87, StAnz. Nr. 234). Wegen der Rechtsnatur des Irrtums über den Inhalt der Straßenverkehrsordn. s. RG. GArch. 73, 19 u. im allgemeinen Art. 1 A. 8.

4. als Wege auch Plätze, Brücken und Durchgänge;
5. als Wegebenutzer Schienenfahrzeuge, Fuhrwerke, Kraftfahrzeuge, Radfahrer, Reiter, marschierende Abteilungen, Aufzüge sowie getriebene oder geführte Tiere, ausgenommen Hunde;
6. als Dunkelheit in den Monaten April bis September die Zeit von einer Stunde nach Sonnenuntergang bis eine Stunde vor Sonnenaufgang, in den übrigen Monaten die Zeit von einer halben Stunde nach Sonnenuntergang bis eine halbe Stunde vor Sonnenaufgang.

(2) Auf Fuhrwerke und Fahrräder, welche im öffentlichen Fuhrgewerbe verwendet werden, sowie auf die Führer dieser Fahrzeuge finden neben den nachstehenden Vorschriften die besonderen Bestimmungen über den Betrieb der dem öffentlichen Fuhrgewerbe dienenden Fahrzeuge Anwendung.[3])

B. Fuhrwerkverkehr.

a) Fuhrwerk, Bespannung und Ladung.

§ 2.

Beschaffenheit des Fuhrwerks, der Bespannung und der Ladung.

(1) Fuhrwerke müssen sich in verkehrssicherem Zustande befinden.

(2) Zum Zug untaugliche Tiere dürfen zur Bespannung nicht verwendet werden. Bissige Zugtiere müssen mit Maulkorb versehen sein.

(3) Die Ladung muß so verteilt, verwahrt oder befestigt sein, daß sie weder Personen oder Sachen beschädigen oder verunreinigen, noch starkes Geräusch oder das Umschlagen des Fuhrwerks verursachen kann. Das Gewicht des Fuhrwerks und der Ladung muß in angemessenem Verhältnis zur Leistungsfähigkeit des Gespannes stehen. Am hinteren Ende des Fuhrwerks weit herausragende Ladungen müssen an den Enden durch Strohkränze, Lappen oder dergleichen besonders kenntlich gemacht sein.

(4) Die Zugtiere von Schlitten müssen mit Schellen oder Glocken versehen sein; diese dürfen auch an der Deichsel befestigt sein.

§ 3.

Kennzeichnung der Fuhrwerke.

Bespannte Lastfuhrwerke sowie für den Gewerbebetrieb im Umherziehen und als Wohnwagen benutzte Fuhrwerke müssen auf der linken Seite des Fuhrwerks oder an dem Geschirr des linken Zugtieres mit einer deutlich lesbaren, unverwischbaren Aufschrift versehen sein, die den Vor- und Zunamen sowie den Wohnort des Fuhrwerksbesitzers (Firma und deren Sitz) angibt. Für Wirtschaftsfuhren kann die zuständige Polizeibehörde für ihren Bezirk Ausnahmen zulassen.

§ 4.

Beleuchtung der Fuhrwerke.

(1) Während der Dunkelheit und bei starkem Nebel müssen bespannte Fuhrwerke (von zusammengekoppelten das vorderste) mindestens eine hellbrennende Laterne mit farblosem oder gelblichem Glase führen. Diese muß am vorderen Teil des Fuhrwerks auf der linken Seite so angebracht sein, daß der Lichtschein von ent-

---

[3]) Unter Abs. 1 Nr. 1 des § 1 fallen und durch den Zusatz „dergleichen" nicht ausgenommen sind Handkarren, die mit einer Deichsel versehen sind, und der Beförderung von Milch in Gefäßen dienen; „Milchwägen" (ObSt. 28, 42).

gegenkommenden und überholenden Fahrzeugen leicht bemerkt werden kann; unter dieser Voraussetzung kann sie bei nicht dem Personenverkehr dienenden Fuhrwerken auch auf der linken Seite an einem Zugtier oder unter dem Fuhrwerk befestigt werden.

(2) Bespannte Langholzfuhrwerke und andere bespannte Fuhrwerke, deren Ladung mehr als 1 Meter nach hinten übersteht, haben während der Dunkelheit und bei starkem Nebel am hinteren Ende eine zweite hellbrennende Laterne mit farblosem, gelblichem oder gelbrotem Glase zu führen, die so angebracht sein muß, daß der Lichtschein von hinten leicht zu sehen ist. Ebenso muß bei hochgedeckten, mehr als 4,5 Meter langen Fuhrwerken (Möbelwagen oder dergleichen) und zusammengekoppelten Fuhrwerken eine solche zweite Laterne am hinteren Ende des Fuhrwerks (bei zusammengekoppelten Fuhrwerken des letzten Fuhrwerks) angebracht sein.

(3) Für Wirtschaftsfuhren kann die zuständige Polizeibehörde für ihren Bezirk Ausnahmen von der Vorschrift des Abs. 1 Satz 1 und für zusammengekoppelte Fuhrwerke von der Vorschrift des Abs. 2 Satz 2 zulassen.

b) Der Führer und seine Pflichten.

§ 5.

Anforderungen an den Führer.

(1) Jedes bespannte Fuhrwerk muß während der Fahrt einen zur selbständigen Leitung tauglichen Führer haben. Die Führung von Fuhrwerken ist Personen, die wegen körperlicher oder geistiger Mängel oder wegen Trunkenheit zur sicheren Führung nicht imstande sind, verboten. Solchen Personen und Personen, die strafrechtlich nicht zur Verantwortung gezogen werden können, darf die Führung nicht übergeben oder belassen werden. Ungeeigneten Personen, insbesondere solchen, die wiederholt wegen Übertretung verkehrspolizeilicher Vorschriften bestraft sind, kann von der zuständigen Polizeibehörde für ihren Bezirk die selbständige Führung bespannter Fuhrwerke dauernd oder zeitweise untersagt werden.

(2) Bei Ladungen von großer Länge, wie z. B. bei Langholz-Fuhrwerken, muß dem Führer ein Begleiter zur Lenkung und Einhemmung des hinteren Teiles beigegeben sein. Dies gilt insbesondere bei Lastenförderung mittelst eines geteilten Fuhrwerks, wenn das hintere Fuhrwerksgestell nicht in der Fahrtrichtung festgestellt, sondern um eine lotrechte Achse drehbar ist.

(3) Für Wirtschaftsfuhren kann die zuständige Polizeibehörde für ihren Bezirk Ausnahmen von der Altersgrenze des Abs. 1 Satz 3 zulassen.

§ 6.

Inbetriebnahme von Fuhrwerken; Ankoppeln von Fuhrwerken.

(1) Der Führer ist dafür verantwortlich, daß das Fuhrwerk, die Gespanntiere und die Ladung sich in vorschriftsmäßigem Zustande befinden (§§ 2 und 3) und daß das Fuhrwerk während der Dunkelheit und bei starkem Nebel in vorgeschriebener Weise beleuchtet ist (§ 4). Der Halter eines Fuhrwerks darf die Inbetriebnahme nicht anordnen oder zulassen, wenn ihm ein Mangel bekannt ist. Stellen sich Mängel unterwegs ein, so hat der Führer für Abhilfe zu sorgen.

(2) Das Ankoppeln von mehr als einem Fuhrwerk ist nur mit polizeilicher Erlaubnis zulässig; für Wirtschaftsfuhren kann die zuständige Polizeibehörde Ausnahmen für ihren Bezirk vorsehen.

§ 7.

Leitung und Bedienung von Fuhrwerken; Mitführen nicht eingespannter Tiere.

(1) Der Führer ist zur gehörigen Vorsicht in Leitung und Bedienung seines Fuhrwerks verpflichtet. Er muß das Gespann stets in seiner Gewalt haben und darf die Fahrbahn nicht aus den Augen lassen. Nimmt der Führer auf dem Fuhrwerke Platz, so muß der Platz so gewählt sein, daß er freie Aussicht nach vorn und nach den Seiten hat und stets in der Lage ist, die Zügel sicher zu handhaben. Das Aufsitzen auf der Deichsel ist verboten.

(2) Nicht eingespannte Tiere — mit Ausnahme von Saugfohlen — dürfen nur an der rechten Seite oder hinter dem Fuhrwerk mitgeführt werden; sie müssen an einem eingespannten Zugtier oder am Fuhrwerk kurz angebunden sein.

(3) Auf Handwagen oder Handkarren abschüssige Wegestrecken hinabzufahren ist verboten.[3])

§ 8.

Fahrgeschwindigkeit.

(1) Der Führer hat die Fahrgeschwindigkeit so einzurichten, daß er in der Lage bleibt, seinen Verpflichtungen Genüge zu leisten.

(2) Ist der Überblick über die Fahrbahn behindert, die Sicherheit des Fahrens durch die Beschaffenheit des Weges beeinträchtigt, oder herrscht lebhafter Verkehr, so muß so langsam gefahren werden, daß das Fuhrwerk auf kürzeste Entfernung zum Stehen gebracht werden kann.

(3) Innerhalb geschlossener Ortsteile darf nur mit mäßiger Geschwindigkeit gefahren werden.

§ 9.

Warnungszeichen.

(1) Der Führer hat Personen, die sich in gefährlicher Nähe des Fuhrwerks befinden, rechtzeitig durch Zuruf oder in sonst geeigneter Weise zu warnen. Der Gebrauch von Huppen ist verboten.

(2) Zweckloses oder übertriebenes Knallen mit der Peitsche ist verboten.

§ 10.

Rechtsfahren und Einbiegen.

(1) Der Führer hat mit seinem Fuhrwerk, soweit nicht besondere Umstände entgegenstehen, die rechte Seite des Weges einzuhalten und darf die linke Seite nur beim Überholen oder beim Anhalten an links liegenden Grundstücken — soweit dies örtlich nicht verboten ist — benutzen. Langsam fahrende Fuhrwerke haben innerhalb geschlossener Ortsteile möglichst die äußerste rechte Seite einzuhalten. Beim Durchfahren von scharfen oder unübersichtlichen Wegekrümmungen ist stets die rechte Seite einzuhalten.

---

[3]) Das Gebot des Satzes 1, gehörige Vorsicht in Leitung und Bedienung des Fuhrwerks anzuwenden, hat wegen seiner Unbestimmtheit nicht den Charakter einer das Blankett des § 366 Nr. 10 StGB. ausfüllenden Vorschrift (RG. 64, 272); ObSt. 28, 203 will die an sich gebotene Anwendung des § 7 Abs. 1 Satz 2 der Straßenverkehrsordnung (s. § 366 Nr. 10 A. 11) auf Kraftfahrzeuge deshalb ausschließen, weil § 7 Abs. 1 Satz 2 nur eine Folge des Abs. 1 Satz 1 sei; dieses ist unzutreffend; Satz 1 ist rechtlich bedeutungslos; Satz 2 gibt eine auch für den Kraftfahrzeugverkehr wirksame Vorschrift.

(2) Beim Einbiegen in einen anderen Weg hat der Führer nach rechts in kurzer Wendung, nach links in weitem Bogen zu fahren.[4])

§ 11.

Ausweichen.

(1) Der Führer hat entgegenkommenden anderen Wegebenutzern rechtzeitig und genügend nach rechts auszuweichen oder, falls dies die Umstände oder die Örtlichkeit nicht gestatten, zu halten, bis der Weg frei ist. Jedoch hat der Führer entgegenkommenden Schienenfahrzeugen nach links auszuweichen, wenn der Abstand zwischen dem Schienenfahrzeug und dem rechten Wegerand ein Rechtsausweichen nicht zuläßt.

(2) Soweit bei Begegnung mit anderen Wegebenutzern ein Ausweichen unmöglich ist, hat der Führer nötigenfalls umzukehren oder rückwärts zu fahren, wenn ihm dies nach den Umständen des Einzelfalles am leichtesten fällt.

(3) Auf steilen, an Abhängen liegenden Wegen, die für den Kraftfahrzeugverkehr gesperrt und als solche durch Warnungstafeln gekennzeichnet sind, dürfen beladene bergabfahrende Fuhrwerke ausnahmsweise auch nach links ausweichen, wenn die Talseite rechts gelegen ist.

§ 12.

Überholen.

(1) Der Führer hat eingeholte andere Wegebenutzer auf der linken Seite zu überholen. Schienenfahrzeuge hat er jedoch rechts zu überholen, es sei denn, daß der Abstand zwischen dem Schienenfahrzeug und dem rechten Wegerand ein Rechtsüberholen nicht zuläßt. Schnelleren Wegebenutzern, welche die Absicht, zu überholen, kundgeben, hat er dies durch sofortiges Rechtshalten zu ermöglichen.

(2) An einer Haltestelle haltende Schienenfahrzeuge dürfen auf der Seite, auf der die Fahrgäste ein- und aussteigen, nur in Schrittgeschwindigkeit und nur in einem solchen seitlichen Abstand überholt werden, daß die Fahrgäste nicht gefährdet werden.

(3) Nach dem Überholen darf sich der Führer erst wieder nach rechts wenden, nachdem er sich überzeugt hat, daß dies möglich ist, ohne den überholten Wegebenutzer zu gefährden.

(4) An unübersichtlichen Wegestellen und an Stellen, an denen die Fahrbahn durch andere Wegebenutzer oder in sonstiger Weise verengt ist, ist das Überholen verboten.

§ 13.

Vorfahren an Wegekreuzungen.

An Kreuzungen und Einmündungen von Wegen hat, unbeschadet der von Polizeibeamten im Einzelfall zu treffenden Anordnungen, das auf einem Hauptverkehrswege sich bewegende Fuhrwerk die Vorfahrt gegenüber dem aus einem Seitenwege kommenden Fahrzeug; im übrigen hat das von rechts kommende Fuhrwerk die Vorfahrt.

---

[4]) Rechte Seite: Alles, was rechts von der Mittellinie der Straße liegt (ObSt, 28, 42). Möglichst die äußerste rechte Seite einzuhalten: Das „Möglichst" soll sich weniger auf „einzuhalten" als auf „die äußerste rechte Seite" beziehen (ObSt. 28, 42).

§ 14.

Verhalten gegenüber Feuerwehr usw.

(1) Für Fahrzeuge der Polizei und Feuerwehr, die sich durch besondere Zeichen kenntlich machen, ist schon bei ihrer Annäherung freie Bahn zu schaffen. Ferner ist Kranken- und Rettungswagen und in Tätigkeit befindlichen Spreng- und Kehrmaschinen Platz zu machen. Truppenkörper, geschlossene Verbände der Polizei, Leichenzüge und Prozessionen dürfen nur durch die im Feuerwehrdienst begriffenen Fahrzeuge unterbrochen oder sonstwie in ihrer Bewegung gehemmt werden.

(2) Fuhrwerke, die sich auf Schienengeleisen befinden, haben diese bei Annäherung von Schienenfahrzeugen unverzüglich zu räumen.

§ 15.

Zeichen des Führers.

Der Führer hat anderen Personen die Absicht des Stillhaltens durch senkrechtes Hochhalten des Armes oder der Peitsche, die Absicht des Umwendens und des Verlassens der bisher verfolgten Fahrtrichtung durch wagerechtes Halten des Armes oder der Peitsche in der Richtung des Wechsels rechtzeitig zu erkennen zu geben; zum Abgeben der Zeichen kann auch eine mechanische Einrichtung benutzt werden.

§ 16.

Zeichen der Polizeibeamten.

(1) Den Weisungen und Zeichen der Polizeibeamten ist Folge zu leisten. Insbesondere hat der Führer auf den Halteruf oder das Haltzeichen eines als solchen kenntlichen Polizeibeamten sofort anzuhalten. Zur Kenntlichmachung eines Polizeibeamten ist das Tragen einer Dienstmütze ausreichend. Den zur Regelung des Verkehrs an bestimmten Stellen aufgestellten Polizeibeamten hat der Führer auszuweichen. Die von diesen Beamten gegebenen Zeichen bedeuten:

1. Winken in der Fahrtrichtung „Freie Fahrt“.
2. Hochheben eines Armes „Achtung, Halten“.
3. Seitliches Ausstrecken eines oder beider Arme „Halt“.

(2) Werden Lichtzeichen verwendet, so bedeutet grünes Licht „Freie Fahrt“, gelbes Licht „Achtung, Halten“, rotes Licht „Halt“, Blinklicht „Langsamfahren“.

§ 17.

Zum Stillstand gelangende Fuhrwerke.

(1) Der Führer eines zum Stillstand gelangenden Fuhrwerks hat dieses so aufzustellen, daß es den Verkehr nicht behindert. Insbesondere ist die Aufstellung an engen Stellen, Wegekreuzungen und scharfen Wegekrümmungen sowie an Haltestellen der Straßenbahnen und Kraftomnibusse verboten.

(2) Der Führer darf das Fuhrwerk nur verlassen, nachdem er die erforderlichen Maßnahmen getroffen hat, um Unfälle und Verkehrsstörungen zu vermeiden. Das Absträngen von Zugtieren darf nur auf der Deichselseite erfolgen. Leicht scheuende Zugtiere dürfen nicht ohne Aufsicht bleiben.

(3) Unbespannte Fuhrwerke dürfen bei Dunkelheit oder starkem Nebel nicht auf öffentlichen Wegen belassen werden. Kann ihre Entfernung aus besonderen Gründen nicht erfolgen, so muß die Deichsel hochgeschlagen oder abgenommen und an der dem Wege zugekehrten Seite des Fuhrwerks eine hellbrennende Laterne angebracht werden, deren Licht von vorn und hinten deutlich wahrnehmbar ist.

Kann die Deichsel nicht abgenommen oder hochgeschlagen werden, so ist eine Laterne an der Deichselspitze und eine hinten am Fuhrwerk anzubringen.[5])

c) Die Benutzung öffentlicher Wege.

§ 18.

Verbote und Beschränkungen der Benutzung von Wegen.

(1) Der Verkehr mit Fuhrwerken ist auf die hierfür bestimmten Fahrwege beschränkt. Wo keine erkennbaren Fußwege vorhanden sind und die Breite der Fahrbahn es zuläßt, haben die Fuhrwerke mindestens 1 Meter Abstand vom Straßenrande zu halten.

(2) Auf Fahrverbote und sonstige Beschränkungen des Fuhrwerkverkehrs auf einzelnen Wegen ist durch Warnungstafeln oder in sonst geeigneter Weise hinzuweisen.

(3) Das Anbringen von Tafeln, die zu Verwechslungen mit den behördlich angebrachten Tafeln Anlaß geben können, ist verboten.

d) Ausnahmen.

§ 19.

Ausnahmen für Fuhrwerke der Feuerwehr, Wehrmacht und Polizei.

Feuerwehrfuhrwerke unterliegen nicht den Vorschriften über die einzuhaltende Fahrgeschwindigkeit (§ 8) und sind befreit von den Vorschriften über das Ausweichen, Halten, Überholen und Vorfahren in den in den §§ 11 bis 13 und 17 genannten Fällen und von sonst von den Polizeibehörden angeordneten Verboten oder Beschränkungen; das gleiche gilt für im Dienst befindliche Fuhrwerke der Wehrmacht und der Polizei, wenn Gefahr im Verzuge ist.

C. Radfahrverkehr.

a) Das Fahrrad.

§ 20.

Beschaffenheit des Fahrrades.

(1) Jedes Fahrrad muß versehen sein:

1. mit einer sicher wirkenden Hemmvorrichtung; als solche gilt auch eine Rücktrittbremse;
2. mit einer hell tönenden Glocke zum Abgeben von Warnungszeichen;
3. während der Dunkelheit und bei starkem Nebel mit einer hellbrennenden Laterne mit farblosem oder gelblichem Glase, welche den Lichtschein nach vorn auf die Fahrbahn wirft.

(2) Fahrräder der Polizei- und Zollbeamten sind bei dienstlicher Benutzung von der Bestimmung des Abs. 1 Nr. 3 insoweit befreit, als die Befolgung dieser Bestimmung die Durchführung besonderer Aufgaben des Dienstes in Frage stellen würde.

(3) Sofern an dem Fahrrad ein Rücklicht geführt wird, ist gelbrote Farbe zu verwenden.

---

[5]) Aufstellen eines zum Stillstand gelangten Fuhrwerks: Kein Aufstellen, wenn das Fuhrwerk nur vorübergehend zu einem augenblicklichen Zweck, wo es sich gerade befindet, angehalten wird; zum Stillstand gelangt ist ein Fuhrwerk nur, wenn es entweder seine Fahrt beendet hat oder diese auf einige Dauer unterbrechen will (ObSt. 28, 232). Die Sonderrechte des Straßenanliegers auf Benützung der Straße stehen der polizeilichen Verkehrsregelung nach Maßgabe des § 17 nicht entgegen (ObSt. 28, 232).

b) Der Radfahrer und seine Pflichten.

§ 21.

Führung von Fahrrädern; Mitnahme von Personen und Sachen.

(1) Der Radfahrer ist dafür verantwortlich, daß das Fahrrad sich in vorschriftsmäßigem Zustande befindet und während der Dunkelheit und bei starkem Nebel in vorgeschriebener Weise beleuchtet ist. Er darf auf einem einsitzigen Fahrrad nur Kinder unter 6 Jahren mitnehmen und auch diese nur, falls für sie eine geeignete Sitzgelegenheit auf dem Fahrrade vorhanden ist; Gegenstände darf er nur mitnehmen, falls sie seine Bewegungsfreiheit nicht beeinträchtigen und Menschen oder Sachen nicht gefährden.

(2) Der Radfahrer ist zur gehörigen Vorsicht bei der Führung seines Fahrrades verpflichtet.

§ 22.

Fahrgeschwindigkeit; Anhängen an Fahrzeuge.

(1) Hinsichtlich der einzuhaltenden Fahrgeschwindigkeit gelten die Vorschriften des § 8 sinngemäß. In den Fällen des § 8 Abs. 2 sowie bei jedem Bergabfahren ist es verboten, beide Hände gleichzeitig von der Lenkstange oder die Füße von den Fußtritten zu nehmen.

(2) Das Umkreisen von Fuhrwerken, Menschen und Tieren und ähnliche Bewegungen, die geeignet sind, Menschen oder Sachen zu gefährden, den Verkehr zu stören oder Tiere scheu zu machen, sind verboten.

(3) Das Anhängen an Fahrzeuge ist verboten.

§ 23.

Warnungszeichen, Gefährdung von Menschen oder Tieren.

(1) Der Radfahrer hat überall dort, wo es die Sicherheit des Verkehrs erfordert, durch deutlich hörbares Glockenzeichen rechtzeitig auf das Nahen des Fahrrades aufmerksam zu machen.

(2) Das Abgeben von Glockenzeichen ist sofort einzustellen, wenn Tiere dadurch unruhig oder scheu werden.

(3) Das Abgeben zweckloser oder belästigender Glockenzeichen ist zu unterlassen. Der Gebrauch von Signalpfeifen, Huppen und beständig tönenden Glocken (Schlittenglocken und dergleichen) sowie von sogenannten Radlaufglocken, sofern sie derart in Verbindung mit der Hemmvorrichtung stehen, daß sie ertönen, wenn und solange diese in Anwendung gebracht wird, ist untersagt.

(4) Merkt ein Radfahrer, daß ein Tier vor dem Fahrrade scheut oder daß sonst durch das Vorbeifahren mit dem Fahrrade Menschen oder Tiere in Gefahr gebracht werden, so hat er langsam zu fahren und erforderlichenfalls sofort abzusteigen.

§ 24.

Fahrregeln usw.

Für den Radfahrverkehr gelten die Vorschriften der §§ 10 bis 16 sinngemäß.[6])

---

[6]) Aus § 24 ergibt sich, daß der Radfahrer die rechte Seite einnehmen muß, wenn er die Fahrwege benutzt; ferner, daß er dies auch dann tun muß, wenn er ein Bankett oder einen Fahrradweg benutzt; desgleichen, daß er nach rechts ausweichen muß; er darf aber auch ein linksseitiges Bankett benützen, auch an Stellen, wo neben dem Fahrweg zwei Bankette vorhanden sind (ObSt. 27, 70, BayZ. 1927, 268); dagegen Rudolph BayZ. 1929, 53.

c) Die Benutzung öffentlicher Wege.

§ 25.

Verbote und Beschränkungen der Benutzung von Wegen.

(1) Zum Radfahren sind die dafür eingerichteten besonderen Wege (Radfahrwege), soweit diese zur Aufnahme des Radfahrverkehrs ausreichen, andernfalls die für Fuhrwerke bestimmten Fahrwege zu benutzen. Außerhalb geschlossener Ortschaften darf mit Zweirädern auch auf den neben den Fahrwegen hinführenden nicht erhöhten Banketten gefahren werden. Bei Benutzung der Bankette darf der Verkehr der Fußgänger nicht gestört werden. Die Bankette hat der Radfahrer bei Annäherung an Fußgänger rechtzeitig zu verlassen; sofern dies nicht möglich ist, hat er abzusteigen.

(2) Die Polizeibehörden sind befugt, den Radfahrverkehr auf Wegen, die für Fuhrwerke nicht bestimmt sind, zuzulassen.

(3) Für Verbote und Beschränkungen des Radfahrverkehrs auf bestimmten Wegen oder Banketten gelten § 18 Abs. 2 und 3 sinngemäß.[7])

§ 26.

Wettfahrten.

Das Wettfahren und die Veranstaltung von Wettfahrten auf öffentlichen Wegen sind verboten. Ausnahmen bedürfen der Genehmigung der zuständigen Polizeibehörde, die im einzelnen Falle die besonderen Bedingungen festsetzt.

d) Ausnahmen.

§ 27.

Dienstlicher Radfahrverkehr der Beamten.

Ob und inwieweit Ausnahmen von den gemäß § 25 ergangenen Vorschriften für den dienstlichen Radfahrverkehr der Beamten zugelassen sind, bestimmt das Staatsministerium des Innern.

D. Reitverkehr.

§ 28.

Pflichten des Reiters; Benutzung öffentlicher Wege.

(1) Reiter sind zur gehörigen Rücksichtnahme auf den übrigen Verkehr verpflichtet. Die Vorschriften der §§ 8 bis 16 gelten für sie sinngemäß.

(2) Es ist verboten, mehr als vier Handpferde mitzuführen.

(3) Zum Reiten sind die dafür eingerichteten besonderen Wege (Reitwege), soweit diese zur Aufnahme des Reitverkehrs ausreichen, andernfalls die für Fuhrwerke bestimmten Fahrwege zu benutzen. Für Verbote und Beschränkungen des Reitverkehrs auf bestimmten Wegen gelten § 18 Abs. 2 und 3 sinngemäß.

E. Fußgängerverkehr.

§ 29.

Pflichten der Fußgänger; Benutzung öffentlicher Wege.

(1) Fußgänger haben in der Regel die besonderen für die Fußgänger eingerichteten Wege (Bürgersteige usw.) zu benutzen. Auf Fahrwegen haben sie Fuhrwerken

---

[7]) S. die Note zu § 24.

und Kraftfahrzeugen aus dem Wege zu gehen. Die Benutzung von Reit- und Radfahrwegen, die nicht ausdrücklich durch die Polizeibehörde für den Fußgängerverkehr freigegeben sind, ist ihnen verboten.

(2) Beim Überschreiten des Fahrweges ist die erforderliche Rücksicht auf den übrigen Verkehr zu nehmen. Den Weisungen und Zeichen der Polizeibeamten ist Folge zu leisten.

(3) Wer auf die Straßenbahn wartet, hat dazu den Fußweg oder die Schutzinsel zu benutzen.

(4) Auf Fahrzeuge während der Fahrt unbefugt aufzuspringen, von ihnen abzuspringen, oder sich daran anzuhalten, ist untersagt.

(5) Für Verbote und Beschränkungen des Fußgängerverkehrs auf bestimmten Wegen gelten § 18 Abs. 2 und 3 sinngemäß.

F. Treiben und Führen von Tieren.

§ 30.

Pflichten der Führer und Treiber von Tieren.

(1) Tiere müssen so getrieben werden, daß der übrige Verkehr möglichst wenig behindert wird; sie dürfen nur auf Fahrwegen getrieben werden und müssen von einer angemessenen Zahl geeigneter Treiber begleitet sein.

(2) Für das Führen von Tieren (ausgenommen Hunde) gelten die Vorschriften der §§ 8 bis 16 sinngemäß. Zum Führen sind die Fahrwege, zum Führen von Reittieren die Fahr- oder Reitwege zu benutzen.

(3) Für Verbote und Beschränkungen des Treibens und Führens von Tieren auf bestimmten Wegen gelten § 18 Abs. 2 und 3 sinngemäß.

G. Sonstiger Schutz des Verkehrs.

§ 31.

Verkehrshindernisse auf öffentlichen Wegen.

(1) Gegenstände, durch welche der freie Verkehr behindert oder die Sicherheit und Leichtigkeit des Verkehrs beeinträchtigt wird, auf öffentlichen Wegen aufzustellen, hinzulegen, hinzuwerfen oder liegen zu lassen, ist Unbefugten verboten. Ausnahmen bedürfen polizeilicher Erlaubnis.

(2) Die Führer von Fuhrwerken haben Steine oder andere Bremsmittel, die sie beim Anhalten unter die Räder gelegt haben, beim Weiterfahren unverzüglich von dem Wege zu entfernen.

(3) Ist die Ladung eines Fuhrwerks ganz oder teilweise auf einen öffentlichen Weg gefallen, so hat der Führer sie umgehend von diesem Wege zu entfernen. Ist dies nicht möglich, so hat der Führer alle Maßnahmen zu treffen, um Unfälle und Verkehrsstörungen zu vermeiden.

H. Strafvorschriften.

§ 32.

Zuwiderhandlungen gegen die vorstehenden Bestimmungen und die darin vorbehaltenen allgemeinen polizeilichen Vorschriften oder besonderen polizeilichen Anordnungen werden, sofern nicht nach anderen Gesetzen oder Verordnungen eine höhere Strafe verwirkt ist, mit Geldstrafe bis zu 150 Reichsmark oder mit Haft bis zu 14 Tagen bestraft.

J. Schlußvorschriften.

§ 33.

Weitergehende Vorschriften.

Die Polizeibehörden können weitergehende Vorschriften gemäß Art. 2 Ziff. 6 PStGB. erlassen.*)

§ 34.

Zuständigkeit.

Zuständige Polizeibehörde im Sinne der §§ 3—6 und § 26 ist die Bezirkspolizeibehörde, in München und Nürnberg-Fürth die Polizeidirektion.

Die gleiche Behörde ist zuständig für die Erteilung der polizeilichen Erlaubnis nach § 6 Abs. II und § 31 Abs. I.

Polizeibeamte im Sinne der §§ 13, 16 und 29 Abs. II sind sämtliche Organe der Sicherheits- und Straßenpolizei.

§ 35.

Aufhebung von Vorschriften.

Aufgehoben werden die Ministerialbekanntmachung vom 23. Juni 1862 über das Ausweichen der Reiter, Fuhrwerke und Viehherden auf öffentlichen Straßen, Wegen und Plätzen (RegBl. S. 1465), die §§ 2, 3, 5, 8, 9 und 10 der Ministerialbekanntmachung vom 4. Januar 1872 über die Sicherheit und Bequemlichkeit auf öffentlichen Wegen, Straßen und Plätzen (RegBl. S. 73), die Oberpolizeilichen Vorschriften vom 22. Februar 1910 über die Sicherheit und Bequemlichkeit auf öffentlichen Wegen, Straßen und Plätzen (GVBl. S. 101) und die Oberpolizeilichen Vorschriften über den Radfahrverkehr vom 29. September 1907 (GVBl. S. 731).

Inkrafttreten.

§ 36.

Vorstehende Vorschriften treten am 1. Juni 1926 in Kraft.

29. InnUKMBek. v. 17. Juni 1926 über staatlich geschützte kirchliche Festtage.

(InnMBl. 71, KMBl. 87.)

Zur Behebung von Zweifeln über den gegenwärtigen Bestand an staatlich geschützten kirchlichen Festtagen wird folgendes bekannt gegeben:

A. Folgende Tage gelten als Festtage im Sinne der Gewerbeordnung § 105a Abs. II (außer den regelmäßig auf einen Sonntag fallenden Festtagen) und zugleich als staatlich geschützte Feiertage nach Maßgabe der Verordnung vom 21. Mai 1897/14. März 1924 (GVBl. S. 197 bzw. 76) und zwar

I. als allgemeine Festtage

1. der erste Weihnachtstag,
2. der zweite Weihnachtstag (St. Stephanstag),
3. das Neujahrsfest,
4. der Ostermontag,

*) Strengere Anforderungen, als sie die StraßenVerkO. aufstellt, nicht aber geringere, können durch bez.- u. ortspol. Vorschr. erlassen werden, insbes. auch das Verbot des Anhängens schon eines Wagens an ein Fuhrwerk; auch vor der VO. erlassene Pol.-Vorschriften dieser Art bleiben wirksam (ObSt. 26, 234, BayZ. 1927, 79).

5. der Christi-Himmelfahrtstag,
6. der Pfingstmontag.

II. als besondere Festtage für Orte, an denen sie entsprechend den örtlichen und Bekenntnisverhältnissen nach Maßgabe der bayerischen Vorschriften zu feiern sind,

7. das Fest der Hl. Drei Könige (Erscheinungsfest) ausschließlich der Pfalz und des ehemals Coburgischen Gebietes,
8. der St. Josephstag ausschließlich der Pfalz,
9. der Karfreitag,
10. das Fronleichnamsfest
11. das Fest Mariä Himmelfahrt
12. das Fest Allerheiligen

} ausschließlich des ehemals Coburgischen Gebietes,

13. der Bußtag im ehemals Coburgischen Gebiete.

B. Als sogenannte einfache Feiertage gelten

1. an Orten mit überwiegend katholischer Bevölkerung in Bayern r. d. Rh. mit Ausnahme des ehemals Coburgischen Gebietes
der St. Peter- und Paulstag und
das Fest Mariä Empfängnis;
2. an einzelnen Orten mit überwiegend evangelischer Bevölkerung verschiedene hergebrachte oder gelobte Festtage.

Für die unter B Ziffer 1 und 2 fallenden Festtage gelten nur die Vorschriften der oben genannten Verordnung vom 21. 5. 1897/14. 3. 1924. An den genannten Tagen dürfen darnach zwar gewerbliche Arbeiter beschäftigt werden, jedoch sind alle öffentlich vorgenommenen oder öffentliches Ärgernis erregenden oder geräuschvollen Arbeiten des Gewerbe-, Handels- und Fabrikbetriebes, der Land- und Forstwirtschaft, der Viehzucht, der Berufsgärtnerei und der Berufsfischerei nach näherer Regelung dieser Verordnung untersagt.

C. Die Vorschriften der §§ 1 mit 7 der Verordnung vom 21. 5. 1897 (GVBl. S. 197) finden auch in Orten mit gemischter Bevölkerung Anwendung und zwar

1. bezüglich der Sonntage und der den christlichen Bekenntnissen gemeinsamen Festtage (A 1—6) ohne weiteres,
2. bezüglich der besonderen Festtage eines der christlichen Bekenntnisse (A 7—13, B 1 und 2) gemäß § 8 der vorgenannten Verordnung in der Fassung vom 14. 3. 1924 (GVBl. S. 76) dann, wenn entweder dieses Bekenntnis örtlich überwiegt, d. h. wenn ihm mindestens ¾ der Ortsbevölkerung angehören, oder wenn zwischen den beteiligten christlichen Bekenntnissen über die Einstellung der Arbeits- und Gewerbetätigkeit und über den Ladenschluß an solchen besonderen Feiertagen eine Vereinbarung getroffen ist.

30. Obpol. Vorschr. (InnM.) v. 4. April 1927 zum Schutze des Baumfalken und des Wanderfalken.

(GVBl. 111).

Auf Grund der Art. 1I, 7, 22b Abs. II des PStGB. erläßt das Staatsministerium des Innern nachstehende oberpolizeiliche Vorschriften:

§ 1.

Das Fangen und Erlegen des Baumfalkens und des Wanderfalkens, das Zerstören ihrer Nester und Brutstätten, das Ausnehmen und Töten ihrer Jungen, die Wegnahme ihrer Eier sind im Lande Bayern verboten.

§ 2.

Auf Antrag kann die Bezirkspolizeibehörde in besonders begründeten Fällen von vorstehenden Vorschriften Ausnahmen zulassen.

§ 3.

Zuwiderhandlungen gegen § 1 werden mit Geldstrafe bis zu 150 RM. oder mit Haft bestraft.

§ 4.

Diese oberpolizeilichen Vorschriften treten am Tage der Veröffentlichung im Gesetz- und Verordnungsblatt in Kraft.

81. VO. (JnnKHM.) v. 29. Aug. 1927 über den Feuerschutz bei theatralischen Vorführungen und bei Schaustellungen von Personen.

(GVBl. 278.)[1])

Auf Grund des § 368 Nr. 8 des Reichsstrafgesetzbuches in Verbindung mit Art. 2 Ziff. 14 des Polizeistrafgesetzbuches wird folgendes verordnet:

§ 1.

I In Theatern dürfen mit der verantwortlichen Leitung des technischen Bühnenbetriebes — also mit den Aufgaben der technischen Direktoren, technischen Inspektoren, Theatermeister, Beleuchtungsmeister — nur Personen betraut werden, die nachweisen können, daß sie die hierzu erforderliche Eignung besitzen.

II Als Theater im Sinne dieser Verordnung gelten alle baulichen Anlagen, die für öffentliche theatralische Vorstellungen oder öffentliche Schaustellungen von Personen verwendet werden, wenn die Bühnenanlage mit einem Schnürboden, Galerien oder Laufstegen versehen ist, oder wenn der Flächenraum der Spielbühne 100 qm übersteigt.

§ 2.

Die Eignung zur Leitung des technischen Bühnenbetriebes (§ 1 Abs. I) wird durch Vorlage des Zeugnisses über das Bestehen einer Berufsprüfung oder durch Vorlage eines Befreiungsscheines nachgewiesen. Die näheren Bestimmungen über die Ablegung der Berufsprüfung und die Ausstellung von Befreiungsscheinen werden von den beteiligten Staatsministerien getroffen.

§ 3.

I In jedem Theater (§ 1 Abs. II) muß während des technischen Betriebes und während der Vorstellungen ein geprüfter Theatermeister und ein geprüfter Beleuchtungsmeister anwesend sein. Verantwortlich für die Einhaltung dieser Vorschrift ist die mit der obersten Leitung des Bühnenbetriebes betraute Person.

II Die zuständige Behörde kann je nach Art und Umfang der technischen Einrichtung und des ganzen Bühnenbetriebes Ausnahmen zulassen.

III Den Geprüften im Sinne des Abs. I stehen Personen gleich, die im Besitze eines amtlichen Befreiungsscheines sind.

---

[1]) VollzBest. zu § 2: JnnKHMB. v. 29. Aug. 1927 (GVBl. 279), geänd. durch Bek. v. 28. Juni 1928 (GVBl. 362) u. v. 5. Okt. 1928 (GVBl. 418).

§ 4.

Räume, in denen theatralische Vorstellungen irgendwelcher Art oder Schaustellungen von Personen stattfinden, unterliegen der fortlaufenden Überwachung durch die zuständige Behörde darauf, ob sie den feuerpolizeilichen Anforderungen genügen. Die zuständige Behörde kann zu diesem Zweck die Räume durch Sachverständige prüfen lassen. Die hierdurch entstehenden Kosten sind, soferne die Prüfung aus Anlaß einer bestimmten Vorstellung erfolgt, von dem Veranstalter dieser Vorstellung, im übrigen von dem Eigentümer der Räume zu tragen. Den auf Grund der Nachschau von der zuständigen Behörde getroffenen Anordnungen ist binnen der gesetzten Frist zu entsprechen.

§ 5.

I Zuwiderhandlungen gegen die §§ 1 und 3 sowie Zuwiderhandlungen gegen die auf Grund des § 4 getroffenen Anordnungen werden gemäß § 368 Nr. 8 des Reichsstrafgesetzbuches bestraft.

II Die zuständige Behörde ist befugt, den Betrieb von Theatern, in denen die technische Leitung Personen übertragen ist, die ihre Eignung hiezu nicht nachweisen können, bis zur Behebung des Mangels einzustellen. Ebenso ist sie berechtigt, die Veranstaltung von theatralischen Vorstellungen oder von Schaustellungen von Personen in Räumen zu verbieten, die den allgemeinen feuerpolizeilichen Anforderungen oder den gemäß § 4 getroffenen besonderen Anordnungen nicht entsprechen.

§ 6.

Zuständige Behörden sind die Bezirksverwaltungsbehörden, in München, Nürnberg und Fürth die Stadträte im Benehmen mit den Polizeidirektionen.

§ 7.

Vorstehende Verordnung tritt sofort in Kraft.

32. Obpol. Vorschr. (InnM.) v. 8. Sept. 1927 über das Abwerfen von Flugblättern und Flugschriften sowie von sonstigen Reklamegegenständen aus Flugzeugen.

(GVBl. 291.)

Auf Grund des § 366 Ziff. 10 RStGB. und Art. 2 Ziff. 6 PStGB. werden zur Erhaltung der Sicherheit und Reinlichkeit auf den öffentlichen Wegen, Straßen und Plätzen folgende oberpolizeiliche Vorschriften erlassen:

§ 1.

Das Abwerfen von Flugblättern und Flugschriften sowie von sonstigen Reklamegegenständen aus Flugzeugen auf öffentliche Wege, Straßen und Plätze ist verboten.

§ 2.

Zuwiderhandlungen werden mit Geldstrafe bis zu 150 RM. oder mit Haft bis zu vierzehn Tagen bestraft.

33. InnMBO. u. Obpol. Vorschr. (InnM.) v. 8. April 1929 über Außenluftleiter für Funkanlagen.

(GVBl. 57.)[1])

Auf Grund des § 366 Nr. 10 und des § 368 Nr. 8 des Reichsstrafgesetzbuchs und des Art. 101 Abs. II und III in Verbindung mit Art. 2 Ziff. 6 und 14 des Polizeistrafgesetzbuchs erläßt das Staatsministerium des Innern folgende Verordnung und oberpolizeiliche Vorschrift:

§ 1.

I Luftleiter für Funkanlagen, die sich ganz oder teilweise im Freien befinden (Außenluftleiter), sind nach den jeweils geltenden „Vorschriften des Verbandes Deutscher Elektrotechniker für Außenantennen" und dem Ausführungsmerkblatt dazu zu errichten und instandzuhalten, soweit diese Bestimmungen der Feuersicherheit dienen.

II Außenluftleiter dürfen weder die Sicherheit auf den öffentlichen Wegen, Straßen und Plätzen gefährden noch Leitungsnetze für den Feuermeldedienst stören.

III Sie müssen so errichtet werden, daß sie das Orts- oder Landschaftsbild nicht verunstalten.

§ 2.

Die Bezirksverwaltungsbehörde ist befugt, die Instandhaltung der Anlagen zu überwachen. Sie kann die Änderung oder Beseitigung einer Anlage anordnen, wenn im Verwaltungsverfahren festgestellt ist, daß die Anlage gegen § 1 verstößt, oder wenn die Anlage nicht mehr benützt wird oder wenn sie die Sicherheit auf den öffentlichen Wegen, Straßen und Plätzen oder die Feuersicherheit zu gefährden droht.

§ 3.

Die Rechte der beteiligten Grundeigentümer bleiben unberührt.

§ 4.

Entgegenstehende bezirks- und ortspolizeiliche Vorschriften über Außenluftleiter werden aufgehoben.

§ 5.

Zuwiderhandlungen gegen § 1 werden nach § 366 Nr. 10, § 368 Nr. 8 des Reichsstrafgesetzbuchs und Art. 101 des Polizeistrafgesetzbuchs bestraft.

§ 6.

Diese Verordnung und oberpolizeiliche Vorschrift tritt 14 Tage nach ihrer Verkündung im Gesetz- und Verordnungsblatt in Kraft.

34. Obpol. Vorschr. (InnM.) v. 11. Juni 1929 zum Schutze einheimischer Pflanzenarten gegen Ausrottung.

(GVBl. 75.)[1])

Gemäß Art. 1, 7, 22b Abs. II des PStGB. erläßt das Staatsministerium

---

[1]) S. hiezu PStGB. Anh. zu Art. 1 A. 13.

[1]) VollzBest.: InnMB. v. 11. Juni 1929 (StAnz. Nr. 144). Wirksamkeit der Obpol. Vorschr. insbes. gegenüber Art. 151 Abs. 3 der RVerf. u. § 1 GewO.: ObSt. 27, 53, BayZ. 1927, 235; ObSt. BayZ. 1930, 194.

des Innern für den gesamten Umfang des Staatsgebiets nachstehende oberpolizeiliche Vorschriften:

§ 1.

I Pflanzen und Pflanzenteile der in der Anlage aufgeführten Arten dürfen, unbeschadet der land- und forstwirtschaftlichen Nutzung der Grundstücke, auf denen die Pflanzen wachsen, nicht gepflückt, nicht mitgeführt und nicht öffentlich aufgestellt werden. Unter dem gleichen Vorbehalt dürfen Pflanzen und Pflanzenteile der in der Anlage aufgeführten Arten auch nicht gewerbsmäßig feilgehalten, verkauft, vertauscht, erworben, versendet oder sonst in den Verkehr gebracht werden.

II Erlaubnisscheine, die von den Bezirkspolizeibehörden für das Sammeln und den Verkauf der in der Anlage aufgeführten Pflanzen ausgestellt wurden, verlieren nach Ablauf von vier Wochen seit dem Inkrafttreten dieser oberpolizeilichen Vorschriften ihre Gültigkeit.

§ 2.

I Das Verbot des § 1 Abs. I Satz 2 erstreckt sich auch auf getrocknete und eingeführte Pflanzen dieser Arten. Nicht unter die Verbote des § 1 Abs. I fallen die in Gärten gezogenen Pflanzen dieser Arten.

II Wer Pflanzen dieser Arten im Garten zieht, um sie gewerblich in den Verkehr zu bringen, hat dies bei der Ortspolizeibehörde anzumelden und ist verpflichtet, den mit Ausweis versehenen Beamten der Polizei oder amtlichen Sachverständigen Einsicht in seinen Geschäftsbetrieb zu gewähren.[1])

§ 3.

Vorstehende Bestimmungen gelten nicht für unbewurzelte Blüten des helleborus niger (schwarze Nieswurz).

§ 4.

Zuwiderhandlungen gegen die Bestimmungen in § 1 Abs. I § 2 werden an Geld bis zu 150 Reichsmark oder mit Haft bestraft.

§ 5.

I Weitergehende, von den Regierungen, Kammern des Innern, oder den Bezirkspolizeibehörden erlassene Vorschriften zum Schutze von einheimischen Pflanzen gegen Ausrottung bleiben unberührt.

II Die Bezirksverwaltungsbehörden werden ermächtigt, aus besonderen örtlichen Anlässen vorübergehend zu bestimmen, daß für Alpenrosen an Stelle der vorstehenden oberpolizeilichen Vorschriften die oberpolizeilichen Vorschriften der zuständigen Kreisregierung (Oberbayern vom 9. Februar 1914, KrABl. S. 15, Schwaben vom 3. März 1914, KrABl. S. 45) zu gelten haben.

§ 6.

Diese oberpolizeilichen Vorschriften treten mit ihrer Verkündung in Kraft. Gleichzeitig treten außer Kraft die oberpolizeilichen Vorschriften vom 4. Juli 1925 und 22. Juli 1927 (GVBl. S. 163 und 269), die Ministerialbekanntmachung vom 10. Juni 1927 (StAnz. Nr. 132) und die hierauf erteilten Genehmigungen sowie die Ministerialentschließung vom 22. Juli 1927 (StAnz. Nr. 176).

---

[1]) Das Verbot des Mitführens von Pflanzen der geschützten Arten bezieht sich auch auf Pflanzen, die nach Bayern eingeführt sind (ObSt. BayZ. 1930, 194).

Anlage:

1. Edelweiß, Gnaphalium leontopodium, 2. Alpenveilchen, Cyclamen europäum, 3. rostrote Alpenrose, Rhododendron ferrugineum, 4. rauhhaarige Alpenrose, Rhododendron hirsutum, 5. Bergmandel, Anemone alpina, 6. Brunelle. Nigritella nigra, 7. schwarze Nießwurz, Helleborus niger (bewurzelt), 8. Frauenschuh, Cypripedium calceolus, 9. weiße Seerose, Nymphäa alba, 10. wohlriechendes Steinrösl, Daphne cneorum, 11. gestreiftes Steinrösl, Daphne striata, 12. Zierbelkiefer, Pinus Cembra, 13. stengelloser Enzian, Gentiana acaulis, 14. wildwachsende Aurikel, Primula auricula, Gamsblume, 15. Türkenbundlilie, Lilium Martagon.

35. ObPol. Vorschr. (JnnM.) v. 16. Dez. 1929 zum Schutze des Apollofalters.

(GVBl. 167.)

Gemäß Art. 1, 7 und 22b Abs. II des Polizeistrafgesetzbuchs erläßt das Staatsministerium des Innern nachstehende oberpolizeilichen Vorschriften zum Schutze des Apollofalters:

I. Der Apollofalter (Parnassius Apollo) und seine Raupen dürfen nicht gefangen oder gesammelt, nicht feilgehalten, verkauft, vertauscht, versendet oder sonst in den Verkehr gebracht und nicht erworben werden.

II. Von dem Verbot des Fangens des Apollofalters und des Sammelns seiner Raupen kann die Bezirksverwaltungsbehörde zu wissenschaftlichen Zwecken Ausnahmen je für das laufende Kalenderjahr bewilligen. Über die erteilte Erlaubnis ist ein Erlaubnisschein auszustellen, den der Berechtigte beim Fangen des Apollofalters oder beim Sammeln seiner Raupen bei sich zu führen hat.

III. Die Übertretung dieser Vorschriften wird mit Geldstrafe bis zu 150 RM. oder mit Haft bestraft.

IV. Die oberpolizeilichen Vorschriften treten mit ihrer Verkündung in Kraft. Gleichzeitig treten die oberpolizeilichen Vorschriften vom 18. Dezember 1912 zum Schutz des Apollofalters (GVBl. S. 1270) außer Kraft.

VI. Teil.

Ergänzungsgesetze und ergänzende Verordnungen zum Polizeistrafgesetzbuch.

(In der zeitlichen Reihenfolge.)

1. Ausführungsgesetz zur Strafprozeßordnung.

Vom 18. Aug 1879 (GVBl. 781).

Art. 102.[1])

Die Behörden und Beamten des Polizei- und Sicherheitsdienstes sind verpflichtet, durch Aufsicht und Anstalten den Übertretungen der Strafgesetze möglichst zuvorzukommen und dieselben in ihrem Laufe zu unterdrücken.

Die bezeichneten Beamten sind berechtigt, bei allen strafbaren Handlungen denjenigen, welcher auf frischer Tat betreten wird, vorläufig festzunehmen, wenn die Festnahme notwendig ist, um die Fortsetzung der strafbaren Handlung zu verhindern.

Der Festgenommene ist unverzüglich, sofern er nicht wegen Wegfalls der Ursache der Festnahme sofort wieder in Freiheit gesetzt wird, dem Amtsrichter des Bezirkes, in welchem die Festnahme erfolgt ist, vorzuführen.

Dieser hat, sofern nicht ein anderer die Festnahme rechtfertigender Grund vorhanden ist, die Freilassung anzuordnen, sobald eine Fortsetzung der strafbaren Handlung nach den Umständen nicht mehr mit Grund zu besorgen ist.

Die Festnahme zu dem Zwecke, um die Fortsetzung einer strafbaren Handlung zu verhindern, darf in keinem Falle über 24 Stunden fortgesetzt werden.

2. Ges. das Ersatzgeld und das Pfändungsrecht und die Verfolgung von Ersatzansprüchen aus Feldpolizeiübertretungen betr. (Feldschadengesetz).

Vom 6. März 1902 (GVBl. 99).[1])

Erster Abschnitt.

Ersatzgeld.

Art. 1. Treten Haustiere, die einer der im Art. 2 bezeichneten Arten angehören, auf bestellte fremde Äcker vor der Beendigung der Ernte, auf fremde Wiesen

---

[1]) Zur Auslegung des Art. 102 s. Eichner GemZ. 1928, 1.

[1]) Geändert durch Ges. v. 5. Mai 1923 (GVBl. 169), 10. Aug. 1923 (GVBl. 253), 9. Febr. 1924 (GVBl. 27) u. VO. v. 25. Nov. 1925 (GVBl. 265) § 1 Abs. 3.

während ihrer Hegezeit oder in fremde Gärten, Weinberge oder Baumschulen über, so ist derjenige, welcher die Tiere hält, zur Zahlung von Ersatzgeld verpflichtet, ohne daß es eines Nachweises des Schadens bedarf.

Treten sonst Haustiere dieser Arten in fremde Grundstücke über, so ist Ersatzgeld zu zahlen, wenn ein Schaden erweislich ist.

Die Verpflichtung, Ersatzgeld zu zahlen, tritt im Falle des Abs. 1 nicht ein, wenn die Möglichkeit einer Beschädigung des Grundstücks oder der getrennten, aber noch nicht abgeernteten Erzeugnisse ausgeschlossen war.

Als fremde Grundstücke sind die Grundstücke anzusehen, die derjenige, welcher die Tiere hält, für seine Haustiere zu benutzen nicht berechtigt ist. Als Übertritt gilt auch das Reiten und das Fahren.

Art. 2. Das Ersatzgeld beträgt bei Pferden, Eseln, Mauleseln, Maultieren, Rindvieh und Schweinen 25 Reichspfennig für das Stück, bei Jungvieh einer dieser Arten, das weniger als ein Jahr alt ist, sowie bei Ziegen und Schafen 15 Reichspfennig für das Stück, bei Federvieh, das über drei Wochen alt ist, 5 Reichspfennig für das Stück.

Ist gleichzeitig eine Mehrzahl von Tieren übergetreten, so darf der Gesamtbetrag der zu entrichtenden Ersatzgelder bei Federvieh 10 Reichsmark, bei anderen Tieren 20 Reichsmark nicht übersteigen.

Art. 3. Sind Tiere, die von verschiedenen Personen gehalten werden, zu einer Herde vereinigt, so haften im Falle des Übertritts der Herde diejenigen, welche die Tiere halten, als Gesamtschuldner.

Art. 4. Verlangt der Verletzte das Ersatzgeld, so ist die Geltendmachung eines weiteren Schadens ausgeschlossen.

Art. 5. Auf die Verjährung des Ersatzgeldanspruchs finden die Vorschriften im § 852 des Bürgerlichen Gesetzbuchs Anwendung.

Zweiter Abschnitt.

Pfändungsrecht.

Art. 6. Zur Sicherung des Anspruchs auf Schadensersatz oder Ersatzgeld können die übergetretenen Tiere gepfändet werden. Die Pfändung ist nur auf dem Grundstück oder bei sofortiger Verfolgung zulässig. Sie erfolgt durch Besitzergreifung.

Die Pfändung soll sich nur auf so viele Stücke erstrecken, als zur Sicherung des Anspruchs erforderlich sind.

Art. 7. Die Pfändung kann auch von Familienangehörigen oder Bediensteten sowie von den auf dem Grundstücke beschäftigten Arbeitsleuten des Verletzten vorgenommen werden.

Dieselbe Befugnis steht den für den Feldschutz aufgestellten öffentlichen Bediensteten zu.

Art. 8. Durch die Pfändung erwirbt der Verletzte ein Pfandrecht an den gepfändeten Tieren.

Das Pfandrecht geht allen Rechten vor, mit denen die gepfändeten Tiere zur Zeit der Pfändung belastet sind.

Derjenige, welcher die Tiere hält, kann jedes einzelne der gepfändeten Stücke dadurch von dem Pfandrechte befreien, daß er für den Anspruch des Verletzten bis zu dem Betrage des Wertes des Stückes Sicherheit leistet.

Art. 9. Die Pfändung ist binnen 24 Stunden nach der Vornahme der Ortspolizeibehörde anzuzeigen, widrigenfalls das Pfandrecht, sowie der Anspruch auf Ersatz der durch die Pfändung entstandenen Kosten erlischt. Bei der Anzeige ist der Betrag des Schadenersatzes oder des Ersatzgeldes anzumelden.

Die Ortspolizeibehörde hat demjenigen, welcher die gepfändeten Tiere hält, die Pfändung und den angemeldeten Ersatzanspruch mit dem Hinweise bekannt zu machen, daß der Pfandverkauf zu gewärtigen sei, wenn nicht vor dem Ablauf einer Woche der Pfandgläubiger befriedigt oder Klage auf Rückgabe der gepfändeten Tiere erhoben werde.

Die Ortspolizeibehörde kann die gepfändeten Tiere in Verwahrung nehmen.

Art. 10. Ist unbekannt, wer die gepfändeten Tiere hält, so hat die Ortspolizeibehörde auf Antrag die erforderlichen Ermittelungen zu veranstalten und nötigenfalls die Pfändung öffentlich bekannt zu machen.

Die öffentliche Bekanntmachung muß die Angabe des Betrags des angemeldeten Ersatzanspruchs und den Hinweis enthalten, daß der Pfandverkauf zu gewärtigen sei, wenn nicht vor dem Ablaufe der in der Bekanntmachung bestimmten Frist der Pfandgläubiger befriedigt oder Klage auf Rückgabe der gepfändeten Tiere erhoben werde. Die Frist wird von der Ortspolizeibehörde bestimmt; sie soll nicht weniger als zwei Wochen und nicht mehr als einen Monat betragen. Die Veröffentlichung der Bekanntmachung erfolgt nach den für die Bekanntmachung eines Fundes geltenden Vorschriften.

Die öffentliche Bekanntmachung der Pfändung hat auch zu erfolgen, wenn die im Art. 9 Abs. 2 vorgeschriebene Bekanntmachung aus einem anderen als dem im Abs. 1 bezeichneten Grunde untunlich ist.

Art. 11. Der Verkauf der gepfändeten Tiere ist erst zulässig, nachdem die Pfändung und der angemeldete Ersatzanspruch von der Ortspolizeibehörde demjenigen, welcher die Tiere hält, bekannt gemacht worden sind und seit der Bekanntmachung eine Woche verstrichen ist. Ist die Pfändung nach Art. 10 öffentlich bekannt gemacht worden, so muß die in der Bekanntmachung bestimmte Frist verstrichen sein.

Wird vor dem Ablaufe der Frist die Klage auf Rückgabe der gepfändeten Tiere erhoben, so darf der Verkauf erst erfolgen, wenn die Klage rechtskräftig abgewiesen ist. Das Gericht kann auf Antrag die öffentliche Versteigerung der Tiere und die Hinterlegung des Erlöses durch einstweilige Verfügung anordnen.

Im Falle schuldhafter Verzögerung des Pfandverkaufs ist der Pfandgläubiger für den daraus entstehenden Schaden verantwortlich.

Art. 12. Die öffentliche Versteigerung der gepfändeten Tiere wird von der Ortspolizeibehörde vorgenommen.

Ist derjenige, welcher die Tiere hält, unbekannt oder nicht zu ermitteln, so finden, soweit der Erlös ihm gebührt, die für den Erlös aus gefundenen Sachen geltenden Vorschriften Anwendung.

Dritter Abschnitt.

Verfolgung von Ersatzansprüchen aus Feldpolizeiübertretungen.

Art. 13. In dem strafgerichtlichen Verfahren wegen Zuwiderhandlungen gegen die Vorschriften des § 368 Nr. 9 und des § 370 Nr. 1, 2 des Strafgesetzbuchs oder des Art. 112, des Art. 113 Ziff. 2, 3 und der Art. 114 bis 121 des Polizeistrafgesetzbuchs kann auch die Verpflichtung zum Ersatze des durch die Zuwiderhandlung verursachten Schadens, in den Fällen der Art. 1 bis 3 die Verpflichtung zur Zahlung von Ersatzgeld festgestellt werden.

Art. 14. Hat der Verletzte nicht erklärt, daß er sich die Verfolgung seines Anspruchs vorbehalte, so ist auf Antrag der Staatsanwaltschaft mit der Verurteilung zur Strafe in dem Urteil oder dem Strafbefehl auch die Verpflichtung des Verurteilten und der nach den §§ 831, 832 des Bürgerlichen Gesetzbuchs oder nach Art. 122 Abs. 2 des Polizeistrafgesetzbuchs verantwortlichen Personen zum Schadensersatz oder zur Zahlung von Ersatzgeld festzustellen.

Die Entscheidung über die Verpflichtung zum Schadensersatz oder zur Zahlung von Ersatzgeld steht in Ansehung des Verfahrens, insbesondere der Rechtsmittel der Entscheidung über die Verhängung einer Geldstrafe gleich.

Der Verletzte gilt in dem strafgerichtlichen Verfahren nicht als Beteiligter.

Die Kosten des Verfahrens sind auch insoweit, als sie auf die Entscheidung über den Schadensersatzanspruch oder den Ersatzgeldanspruch erwachsen, als Kosten des Strafverfahrens zu behandeln.

Art. 15. Die Vollstreckung der rechtskräftigen Urteile und Strafbefehle erfolgt auch in Ansehung des Schadensersatzes oder des Ersatzgeldes von Amts wegen.

Die Vorschriften über die Beitreibung von Geldstrafen finden entsprechende Anwendung.

Art. 16. Kann der zu zahlende Betrag nur teilweise beibetrieben werden, so wird der gezahlte Betrag zunächst auf die Kosten, dann auf den Schadensersatz oder das Ersatzgeld und zuletzt auf die Geldstrafe angerechnet.

Art. 17. Soweit der Schadensersatz oder das Ersatzgeld nicht beigetrieben werden kann, wird dem Verletzten auf Antrag eine vollstreckbare Ausfertigung des Urteils oder des Strafbefehls zum Zwecke der Zwangsvollstreckung wegen des Ausfalls erteilt. Die Erteilung erfolgt auf Grund eines Zeugnisses der Beitreibungsbehörde über die Uneinbringlichkeit. In der Vollstreckungsklausel ist der beigetriebene Betrag anzugeben.

Für das Zeugnis über die Uneinbringlichkeit und die Erteilung der vollstreckbaren Ausfertigung werden Gebühren nicht erhoben.

Art. 18. Soweit der Strafrichter in dem rechtskräftigen Urteil oder Strafbefehl dem Anspruch auf Ersatzgeld oder Schadensersatz stattgegeben hat, ist eine anderweitige Verfolgung des Anspruchs ausgeschlossen. Ist der Verletzte mit dem Betrage, den ihm der Strafrichter zugesprochen hat, nicht zufrieden, so kann er den beanspruchten Mehrbetrag im Zivilrechtswege geltend machen.

Ebenso kann er seinen Anspruch im Zivilrechtswege verfolgen, wenn der Strafrichter die Zuerkennung von Schadensersatz oder Ersatzgeld abgelehnt oder unterlassen hat.

Vierter Abschnitt.

Vorschriften zum Schutze der Fischwasser.

Art. 19. Dringen Enten in fremdes fließendes Fischwasser während der Schonzeit der darin hauptsächlich vorkommenden Fischarten oder in fremde Fischteiche ein, so ist derjenige, welcher die Enten hält, zur Zahlung von Ersatzgeld verpflichtet.

Die Verpflichtung tritt nicht ein, wenn die Möglichkeit einer Beschädigung der Fische oder der Fischbrut ausgeschlossen war.

Als fremdes Fischwasser ist das Fischwasser anzusehen, in das derjenige, welcher die Enten hält, sie einzulassen nicht berechtigt ist.

Die Art. 2 bis 18 dieses Gesetzes finden entsprechende Anwendung; dabei tritt an die Stelle des im Art. 13 bezeichneten strafgerichtlichen Verfahrens das strafgerichtliche Verfahren wegen Zuwiderhandlungen gegen die im Art. 126 Abs. 1 Nr. 1 des Polizeistrafgesetzbuchs vorbehaltenen Vorschriften der Fischereiordnungen.

Schlußbestimmungen.

Art. 20. Dieses Gesetz tritt am 1. April 1902 in Kraft.

Die in den einzelnen Landesteilen geltenden Vorschriften über das Privatpfändungsrecht werden aufgehoben.

Art. 21. Für den Fall des Übertretens von Haustieren auf Waldgrundstücke verbleibt es bei den Vorschriften der Forstgesetze.

3. Gesetz zur Bekämpfung von Zigeunern, Landfahrern und Arbeitsscheuen (Zigeuner- und Arbeitsscheuengesetz).

Vom 16. Juli 1926 (GVBl. 359.)[1])

Art. 1.

I Zigeuner und die nach Zigeunerart umherziehenden Personen — „Landfahrer" — dürfen mit Wohnwagen oder Wohnkarren nur umherziehen, wenn sie hierzu die Erlaubnis der zuständigen Polizeibehörde besitzen.

II Die Erlaubnis kann höchstens für das Kalenderjahr erteilt werden und ist jederzeit widerruflich.

III Der Erlaubnisschein ist den zuständigen Beamten auf Verlangen vorzuzeigen.

Art. 2.

I Zigeuner und Landfahrer dürfen mit schulpflichtigen Kindern nicht umherziehen. Ausnahmen können von der zuständigen Polizeibehörde zugelassen werden, wenn für den Unterricht der Kinder ausreichend gesorgt ist.

II Für die Zulassungsbescheinigung gilt Art. 1 Abs. II und III entsprechend.

Art. 3.

I Zigeuner und Landfahrer dürfen mit Pferden, Hunden und zu gewerblichen Zwecken dienenden sonstigen Tieren nur umherziehen, wenn sie für diese einen Ausweis der zuständigen Polizeibehörde besitzen.

II Art. 1 Abs. II und III gilt entsprechend.

Art. 4.

I Zigeuner und Landfahrer dürfen weder Schußwaffen noch Schießbedarf besitzen, soweit ihnen dies nicht von der zuständigen Polizeibehörde ausdrücklich erlaubt worden ist.

II Art. 1 Abs. II und III gilt entsprechend.[2])

Art. 5.

I Zigeuner und Landfahrer dürfen nicht in Horden reisen oder rasten.

II Als Horde gilt die Vereinigung mehrerer einzelstehender Personen oder mehrerer Familien und die Vereinigung einzelstehender Personen mit einer Familie, der sie nicht angehören. Als Horde gilt auch eine familienähnlich zusammenlebende Personengruppe.

Art. 6.

I Zigeuner und Landfahrer dürfen nur an Plätzen, die ihnen von der Ortspolizeibehörde angewiesen werden und nur für die von der Ortspolizeibehörde bestimmte Zeitdauer im Freien lagern und ihre Wohnwagen und Wohnkarren aufstellen.

II Die Ortspolizeibehörde kann für das Lagern im Freien Ausnahmen von der Vorschrift des Art. 5 zulassen.

Art. 7.

I Zigeuner und Landfahrer haben sich bei der Ortspolizeibehörde ihres jeweiligen Übernachtungsortes sofort nach der Ankunft anzumelden und über ihre Person und die von ihnen mitgeführten Tiere (Art. 3) auszuweisen.

---

[1]) Schrifttum zum Ges.: Wachinger, Deutsche Richterzeitung 1927 Heft 6; Reich, Zigeuner- u. Arbeitsscheuenges. 1927; Reich, GemZ. 1927, 1; Hentig, JRdsch. 1927, 153.

[2]) Wegen der Wirksamkeit des Art. 4 s. PStGB. Art. 39 A. 6.

II Ihre Ausweise nach Art. 1 bis 4 haben sie für die Dauer ihres Aufenthalts bei der Ortspolizeibehörde zu hinterlegen.

Art. 8.

I Außer den im Aufenthaltsgesetz vom 21. August 1914 (GVBl. 1915 S. 590) oder in sonstigen gesetzlichen Bestimmungen vorgesehenen Fällen können Aufenthaltsbeschränkungen durch die zuständige Polizeibehörde gegen bestrafte Zigeuner und Landfahrer nach Maßgabe der folgenden Vorschriften verfügt werden:

1. Aus Gründen der öffentlichen Sicherheit kann eine bestimmte Reiserichtung vorgeschrieben werden.
2. Aus den gleichen Gründen kann für die Dauer von drei Jahren der Aufenthalt in bestimmten Gemeinden oder Bezirken verboten oder ein bestimmter Aufenthaltsort vorgeschrieben werden.
3. Soweit solche Personen die bayerische Staatsangehörigkeit nicht besitzen, können sie aus Bayern ausgewiesen werden, wenn es aus Gründen der öffentlichen Sicherheit geboten ist.

II Für ausländische Zigeuner und Landfahrer gilt Abs. 1 auch dann, wenn sie nicht bestraft sind.

Art. 9.

I Zigeuner und Landfahrer im Alter von mehr als 16 Jahren, die den Nachweis einer geregelten Arbeit nicht zu erbringen vermögen, können durch die zuständige Polizeibehörde aus Gründen der öffentlichen Sicherheit bis zur Dauer von zwei Jahren in einer Arbeitsanstalt untergebracht werden.

II Soweit den in Abs. I bezeichneten Personen ein bestimmter Aufenthaltsort nach Art. 8 Abs. I Ziff. 2 und Abs. II vorgeschrieben ist, kann ihnen die zuständige Polizeibehörde auch ohne Unterbringung in einer Anstalt eine ihren Kräften und Verhältnissen entsprechende, entlohnte Arbeit anweisen.

III Die dem Arbeitszwange nach Abs. I und II unterworfenen Zigeuner und Landfahrer sind verpflichtet, die ihnen angewiesenen Arbeiten nach dem Maß ihrer Kräfte zu verrichten.

Art. 10.

I Arbeitsscheue im Alter von mehr als 16 Jahren, die den Nachweis einer geregelten Arbeit oder ernstlicher Bemühung um Arbeit nicht zu erbringen vermögen, können aus Gründen der öffentlichen Sicherheit den in Art. 8 Abs. I Ziff. 2 und 3 und in Art. 9 Abs. I und II angeführten Maßnahmen unterworfen werden, wenn sie zu einer Zuchthausstrafe verurteilt worden sind. Gleiches gilt, wenn solche Personen wegen Raubes, Erpressung, Diebstahls, Betrugs, Hehlerei, Päderastie, Kuppelei, Zuhälterei, Gewerbsunzucht, gewerbsmäßigen Glücksspiels, Landstreicherei, Arbeitsscheue oder Bettels zu einer anderen Freiheitsstrafe verurteilt worden sind.

II Die Maßnahmen des Abs. I sind nur in der Zeit von der Rechtskraft des Strafurteils bis zum Ablaufe dreier Jahre nach Beendigung des Strafvollzugs zulässig.

III Art. 9 Abs. III gilt entsprechend.

Art. 11.

Die zuständige Polizeibehörde kann den in einer Arbeitsanstalt Untergebrachten in widerruflicher Weise vorläufig entlassen.

Art. 12.

Die Kosten der Unterbringung in einer Arbeitsanstalt fallen dem Untergebrachten zur Last.

Art. 13.

Für jede Arbeitsanstalt ist eine Hausordnung aufzustellen. Diese muß Vorschriften über Aufnahme und Behandlung, Arbeit und Arbeitsverdienst, Hausstrafen sowie die Berechnung der Unterbringungskosten (Art. 12) enthalten. Sie bedarf der Genehmigung des Staatsministeriums des Innern.

Art. 14.

I Zuständige Polizeibehörde im Sinne der Art. 1 bis 4 und 8 bis 10 ist die Bezirkspolizeibehörde, in deren Bezirk die beteiligte Person bei Beginn des Verfahrens ihren Wohnsitz oder Aufenthalt hat. Für München, Nürnberg und Fürth ist die Polizeidirektion zuständig.

II Im Falle des Art. 11 ist die Bezirkspolizeibehörde zuständig, welche die Unterbringung in der Arbeitsanstalt angeordnet hat.

Art. 15.

I Über Beschwerden gegen die Beschränkung des Aufenthalts (Art. 8 und 10) oder die Verhängung des Arbeitszwanges (Art. 9 und 10) durch die Bezirkspolizeibehörde entscheidet die Regierung, Kammer des Innern, im zweiten und das Staatsministerium des Innern im dritten Rechtszug, unbeschadet dessen, was das Gesetz über die Errichtung eines Verwaltungsgerichtshofs und das Verfahren in Verwaltungsrechtssachen bestimmt. Über Beschwerden gegen anderweitige Verfügungen und Beschlüsse der Bezirkspolizeibehörde entscheidet die Regierung, Kammer des Innern, endgültig.

II Die Beschwerden sind an eine Notfrist von 14 Tagen gebunden und bewirken keinen Aufschub.

III Die Beschwerden sind bei der Bezirkspolizeibehörde schriftlich einzureichen oder von ihr beurkunden zu lassen.

Art. 16.

Zur Durchführung der nach Art. 8 bis 10 angeordneten Maßnahmen können die beteiligten Personen in Polizeihaft genommen und unter Bewachung befördert werden. Die hierauf erwachsenden Kosten fallen den Betroffenen zur Last.

Art. 17.

I Zuwiderhandlungen gegen die Art. 1 bis 7, 8 Abs. I Ziff. 1 und 2 sowie Abs. II, 9 Abs. III und 10 Abs. III werden mit Haft bestraft, soferne nicht nach anderen Vorschriften eine höhere Strafe verwirkt ist.

II Im Falle des Art. 1 Abs. I, 3 Abs. I und 4 Abs. I können die darin aufgeführten Gegenstände im Strafurteil eingezogen werden, auch wenn sie dem Verurteilten nicht gehören.

III Unabhängig von der Strafverfolgung sind im Falle des Art. 5 die Horden polizeilich zu trennen.

Art. 18.

Art. 9a Abs. II Ziff. 2 des Gesetzes über die Errichtung eines Verwaltungsgerichtshofs und das Verfahren in Verwaltungsrechtssachen vom 8. August 1878 (GVBl. Seite 369) — 7. März 1924 (GVBl. Seite 65) erhält folgende Fassung:

Aufenthaltsbeschränkungen nach § 3 des Freizügigkeitsgesetzes, dem bayerischen Aufenthaltsgesetz und dem bayerischen Zigeuner- und Arbeitsscheuengesetz.

Art. 19.

I Dieses Gesetz ist dringend.

II Die zum Vollzuge des Gesetzes erforderlichen Ausführungsbestimmungen erläßt das Staatsministerium des Innern.

4. JnnMB. zur Ausführung des Zigeuner- und Arbeitsscheuengesetzes.

Vom 16. Juli 1926 (GVBl. 361.)[1])

Zur Ausführung des Zigeuner- und Arbeitsscheuengesetzes vom 16. Juli 1926 (GVBl. S. 359) werden im Einvernehmen mit den Staatsministerien der Justiz, der Finanzen, für Unterricht und Kultus, für Soziale Fürsorge und für Handel, Industrie und Gewerbe folgende Bestimmungen erlassen:

A. Zigeuner und Landfahrer.

1. Begriffsbestimmung.

Der Begriff „Zigeuner" ist allgemein bekannt und bedarf keiner näheren Erläuterung. Die Rassenkunde gibt darüber Aufschluß, wer als Zigeuner anzusehen ist. Unter „Landfahrern" sind diejenigen Personen zu verstehen, die zwar nach ihrer Rassen- und Stammeszugehörigkeit nicht zu den Zigeunern zählen, aber nach ihrem ganzen Auftreten und Gebaren, nach ihrer Beschäftigung und nach ihrer nomadisierenden Lebensweise den Zigeunern gleichzustellen sind. Wesentlich für den Landfahrer ist, daß er gleich dem Zigeuner mit seiner beweglichen Habe und gegebenenfalls auch mit seiner Familie umherzieht unter Aufgabe einer fortdauernden Beziehung zu einem etwa vorhandenen wirklichen oder Scheinwohnsitz. Der Landfahrer besitzt vielfach entsprechende Geldmittel und betreibt auch regelmäßig ein sogen. Gewerbe, das ihm als Zigeunerschutz dient. Er kann hiefür auch einen Wandergewerbeschein besitzen, zu deren Versagung nach §§ 57, 57a, 57b der Gewerbeordnung die zuständige Polizeibehörde nicht genügend Material besaß. Wesentlich für den „Landfahrer" ist, daß sein Gewerbe nur als Deckmantel für eine unlautere, zigeunerhafte Lebensweise dient. Hiedurch unterscheidet er sich grundlegend von dem ehrlichen Wandergewerbetreibenden.

Wandergewerbetreibende mit festem Wohnsitz, die zur Ausübung eines ehrlichen Gewerbes umherziehen, fallen nicht unter das Gesetz; um den Polizeibeamten bei der Überwachung die Unterscheidung von den Zigeunern und Landfahrern zu erleichtern, hat solchen Wandergewerbetreibenden die für ihren Wohnsitz oder in Ermangelung eines bayerischen Wohnsitzes für ihren Aufenthalt zuständige Bezirkspolizeibehörde auf Antrag im Wandergewerbeschein eine mit Amtssiegel und Unterschrift versehene Bestätigung folgenden Inhalts einzutragen:

„Inhaber dieses Scheines hat festen Wohnsitz in . . . . und fällt nicht unter das Zigeuner- und Arbeitsscheuengesetz."

Bei der Erteilung dieses Schutzvermerkes ist mit der größten Gewissenhaftigkeit vorzugehen; der Vermerk darf nur nach sorgfältigster Prüfung der tatsächlichen Verhältnisse eingetragen werden. Die Eintragung darf nur erfolgen, wenn nach der Art (Einrichtung) der Wohnung und nach der Dauer ihrer Innehabung sowie nach den persönlichen Verhältnissen und nach der Art der Gewerbeausübung des Nachsuchenden feststeht, daß es sich nicht um einen Scheinwohnsitz und nicht um ein Wandergewerbe handelt, das nur eine Lebensweise nach Art der Zigeuner verdecken soll.

---

[1]) Die Anlagen der Bek. (Muster für Vordrucke) sind hier nicht abgedruckt.

2. Personalausweis.

Eines der wesentlichsten Mittel im Kampfe gegen die Zigeuner und Landfahrer ist die schnelle Feststellbarkeit ihrer Person. Die Zigeuner und Landfahrer, die nach Art. 1—4 des Gesetzes mit Ausweisen versehen sein müssen, stellen nur einen Bruchteil der landfahrenden Leute dar. Eine allgemeine Personalausweispflicht kann jedoch für Zigeuner und Landfahrer im Hinblick auf das Reichspaßgesetz nicht eingeführt werden; wohl aber kann von ihnen nach § 3 a. a. O. verlangt werden, daß sie sich auf amtliches Erfordern über ihre Person genügend ausweisen. Die polizeilichen Vollzugsbeamten sind anzuweisen, Zigeuner und Landfahrer bei der Überwachung zunächst stets nach dem als Anl. 1 im Muster angefügten Personalausweis zu fragen und falls sie über 14 Jahre alt sind und keine entsprechenden anderen Ausweise besitzen, wegen Ausstellung des Personalausweises an die nächste Bezirkspolizeibehörde zu verweisen. Diese hat den Personalausweis auf Antrag auszustellen, falls nicht besondere polizeiliche Gründe entgegenstehen. Die Ausstellung setzt Nachprüfung der Persönlichkeit nicht voraus. Für den Personalausweis ist in gleicher Weise wie für die Ausweise nach Art. 1—4 des Gesetzes festes Papier zu verwenden, das Radierungen und anderen Beschädigungsversuchen möglichst unzugänglich ist. Bei der ersten Ausstellung ist stets zugleich ein Fingerabdruckblatt (10 Finger!) aufzunehmen oder, soweit Bezirksämter in Frage kommen, durch die zuständige Gendarmeriestation aufnehmen zu lassen und mit einem Abdruck des Personalausweises der Zigeunerpolizeistelle bei der Polizeidirektion München einzusenden. Bei Erneuerung des Personalausweises kann auf die bereits erfolgte Einsendung der Fingerabdrücke Bezug genommen werden, wenn kein Zweifel darüber besteht, daß der Inhaber des Ausweises die darin aufgeführte Person ist. Die Zigeunerpolizeistelle prüft auf Grund der übersandten Fingerabdruckblätter die Personengleichheit nach und teilt eine falsche Namensangabe zwecks Herbeiführung der Bestrafung der Bezirkspolizeibehörde mit, die den Personalausweis ausgestellt hat. Zugleich veranlaßt sie entsprechende Ausschreibung im Bayer. Polizeiblatte.

Der Personalausweis ist von der Bezirkspolizeibehörde des Betretungsortes einzuziehen, wenn polizeiliche Gründe es geboten erscheinen lassen. Der eingezogene Ausweis ist der Zigeunerpolizeistelle einzusenden. Das Gleiche hat mit einem abgelaufenen Ausweis zu geschehen.

Von der Ausstellung des Personalausweises ist abzusehen, wenn die alsbaldige Entfernung der fraglichen Person aus dem bayerischen Staatsgebiet in Betracht kommt. Dies gilt insbesondere bei einem Grenzübertritt aus dem Ausland für den Fall der Rücküberstellung über die Grenze.

3. Umherziehen mit Wohnwagen (Art. 1).

Der Erlaubniszwang nach Art. 1 bezweckt die Säuberung des flachen Landes von sicherheitsgefährlichen Personen und die Fernhaltung unliebsamen Zuzugs von den bayerischen Grenzen. Ein Anspruch auf die Erlaubnis besteht nicht. Zigeunern und Landfahrern mit ausländischer Staatsangehörigkeit darf der Erlaubnisschein niemals erteilt werden. Auch staatenlosen Zigeunern ist der Erlaubnisschein nach Möglichkeit zu versagen. Er ist in der Regel nur solchen Personen zu erteilen, die zum Wandergewerbebetrieb im Umherziehen für das betreffende Jahr zugelassen sind. Hiebei wird darauf hingewiesen, daß nach der Ministerial-Entschließung vom 24. Dezember 1921 Nr. 2512a 4 die Bezirkspolizeibehörden vor der Ausstellung von Wandergewerbescheinen an Zigeuner und Landfahrer in Zweifelsfällen die Zigeunerpolizeistelle gutachtlich zu hören haben. Der Erlaubnisschein ist stets zu versagen, wenn anzunehmen ist, daß der Gesuchsteller die Erlaubnis nur anstrebt, um sich im Umherziehen den Lebensunterhalt durch Bettel, Feld-, Forst-, Fisch- und Wildfrevel sowie durch andere strafbare Handlungen zu verschaffen. Der Besitz eines Wandergewerbescheines gibt noch keinen Anspruch auf Erteilung der Erlaubnis.

Die Ausstellung des Erlaubnisscheines erfolgt nach dem Muster in Anlage 2. Auf dem Schein sind auch die zur Haushaltsgemeinschaft gehörenden Personen aufzuführen.

Vor der Ausstellung des Erlaubnisscheines ist die Zigeunerpolizeistelle zu hören, es sei denn, daß die Bezirkspolizeibehörde das Gesuch von sich aus abweisen will; Abschrift jeder Erlaubniserteilung oder -Versagung ist der Zigeunerpolizeistelle zu übersenden. Bei der Ausstellung des ersten Erlaubnisscheines ist von dem Gesuchsteller und den zu seinem Haushalt gehörigen Personen über 6 Jahren je ein Fingerabdruckblatt aufzunehmen oder, soweit Bezirksämter in Frage kommen, durch die zuständige Gendarmeriestation aufnehmen zu lassen und der Zigeunerpolizeistelle einzusenden. Bei Erneuerung von Erlaubnisscheinen kann auf die bereits erfolgte Einsendung der Fingerabdrücke Bezug genommen werden, wenn kein Zweifel darüber besteht, daß der Inhaber des Erlaubnisscheins die im Schein als solcher aufgeführte Person ist.

Die erteilte Erlaubnis ist zu widerrufen, wenn die der Erteilung zugrunde liegenden Voraussetzungen nicht mehr bestehen oder wenn sonstige polizeiliche Gründe es geboten erscheinen lassen. Im Falle des Widerrufs ist der Erlaubnisschein einzuziehen und der Zigeunerpolizeistelle zu übersenden. Das Gleiche hat mit einem abgelaufenen Erlaubnisschein zu geschehen.

Wird Zigeunern oder Landfahrern, die die bayerische Staatsangehörigkeit nicht besitzen, die Erlaubnis versagt oder widerrufen, so sind sie bei gegebenen Voraussetzungen (Art. 8) in der Regel mit Zwangspaß aus Bayern zu weisen.

4. Umherziehen mit schulpflichtigen Kindern (Art. 2).

Im Hinblick auf die schweren Nachteile, die das Wanderleben der Zigeuner und Landfahrer für die Erziehung der heranwachsenden Kinder mit sich bringt, ist das Umherziehen mit schulpflichtigen Kindern im allgemeinen verboten und die ausnahmsweise Erteilung polizeilicher Erlaubnis nur zugelassen worden, wenn für den Unterricht der Kinder ausreichend gesorgt ist. Die Erlaubnis darf nicht erteilt werden, wenn das schulpflichtige Kind innerhalb eines Schuljahrdrittels mehrmals die Schule wechseln müßte. Der Erlaubnisschein ist nach dem Muster in Anlage 3 auszustellen. Auf demselben ist der Schulbesuch während eines Schuljahrdrittels von der Schulleitung zu bestätigen. Abdruck des Erlaubnisscheines sowie die Versagung eines solchen ist der Zigeunerpolizeistelle mitzuteilen. Dieser ist auch der widerrufene oder abgelaufene Erlaubnisschein einzusenden. Kinder, die hiernach mit ihren Angehörigen nicht umherziehen dürfen und die auch nicht des Landes verwiesen werden können, sind erforderlichenfalls in Fürsorge zu nehmen.

5. Mitführen von Tieren (Art. 3).

Die Pflicht zur Führung eines Ausweises für die mitgeführten Pferde und Hunde soll Diebstahl und Betrug sowie den trotz Verbots (Ministerialbekanntmachung vom 5. September 1924 Ziff. 1 MABl. S. 126) vielfach betriebenen Pferdehandel erschweren, aber auch die Mitführung der Tiere zu unzulässigen Zwecken verhindern. Insbesondere ist hiebei auf eine Einschränkung der Zahl der Hunde Bedacht zu nehmen, die vielfach zum Angriff auf Menschen oder zum Wildern benützt werden. Der Ausweis ist auch zu versagen, wenn Gründe der Seuchenpolizei oder des Tierschutzes dies geboten erscheinen lassen. Andere Tiere als Pferde und Hunde sind nur ausweispflichtig, wenn sie zu gewerblichen Zwecken mitgeführt werden. Auf den Ausweisen sind die Tiere mit ihren Kennzeichen näher zu beschreiben. Die Ausstellung der Ausweise hat nach dem Muster in Anlage 4 zu erfolgen. Abdruck des erteilten Ausweises sowie die Versagung eines solchen ist der Zigeunerpolizeistelle mitzuteilen. Dieser Stelle ist auch der widerrufene oder abgelaufene Ausweis einzusenden.

Jeder Wechsel im Besitz eines Tieres ist von der Bezirkspolizeibehörde auf dem Ausweis siegelmäßig zu bestätigen. Vor Erteilung dieser Bestätigung sind jeweils die näheren Umstände des Besitzwechsels aufzuklären.

6. Schußwaffenbesitz (Art. 4).

Der Besitz einer Schußwaffe oder von Schießbedarf ist nur zu gestatten, wenn und soweit dies zu gewerblichen Zwecken erforderlich ist (schaustellerische Leistungen u. dgl.). Die Ausstellung des Erlaubnisscheines hat nach dem Muster in Anlage 5 zu erfolgen. In dem Erlaubnisschein ist die Art und die Bezeichnung der Waffe möglichst genau anzugeben. Auf dem Schein ist zu bemerken, daß die erteilte Erlaubnis nur zum Besitz, nicht aber zur Führung der Waffe (Verordnung vom 19. November 1887 GVBl. S. 655 und vom 7. Dezember 1921 GVBl. S. 585) berechtigt. Abdruck der Erlaubniserteilung oder -Versagung ist der Zigeunerpolizeistelle mitzuteilen. Dieser ist auch der widerrufene oder abgelaufene Schein zu übersenden.

7. Reisen in Horden (Art. 5).

Als Horde ist auch die Vereinigung von zwei einzelstehenden Personen oder Familien zu erachten. Ebenso gilt auch die Vereinigung von zwei oder mehreren zueinander verwandten oder verschwägerten Familien als Horde.

Der Umstand, daß sich in dem Wandergewerbeschein einer der zu einer Horde vereinigten Personen der Schutzvermerk findet, der nur ehrlichen Wandergewerbetreibenden erteilt werden darf (s. oben unter A 1), ändert an dem Tatbestand des Reisens in Horden nichts. In diesem Falle ist die mitziehende Person, die ohne Schutzvermerk reist und als Zigeuner oder Landfahrer anzusprechen ist, strafrechtlich verantwortlich. Da übrigens ehrliche Wandergewerbetreibende regelmäßig den Verkehr mit Zigeunern oder Landfahrern ablehnen, bedarf der Inhaber eines Schutzvermerkes, der in Begleitung von Zigeunern oder Landfahrern reisend betroffen wird, einer sorgfältigen Nachprüfung und Beachtung für die Zukunft. Entsprechende Mitteilung an die Zigeunerpolizeistelle und an die Bezirkspolizeibehörde, die den Schutzvermerk ausgestellt hat, ist daher in der Regel veranlaßt.

Im Hinblick auf das Verbot des Reisens in Horden ist vor Erteilung der Erlaubnis nach § 62 GewO. in allen Fällen, in denen es sich um Zigeuner oder Landfahrer handelt und hinsichtlich des Anspruchs auf die Erlaubniserteilung auch nur der geringste Zweifel besteht, die Zigeunerpolizeistelle gutachtlich anzuhören.

8. Lagern im Freien (Art. 6).

Die Vorschrift gilt für das Lagern im Freien sowohl auf öffentlichem wie auf privatem Grunde. Für die Auswahl der Lagerplätze müssen neben sicherheitspolizeilichem vor allem auch feuer- und straßenpolizeiliche Gesichtspunkte maßgebend sein. Die Festsetzung einer bestimmten Zeitdauer für das Lagern im Freien wird sich praktisch dahin auswirken, daß die Zigeuner und Landfahrer nach deren Ablauf die Gemeinde verlassen. Von der Ausnahmebefugnis nach Abs. II ist nur Gebrauch zu machen, wenn geeignete Lagerplätze in genügender Zahl nicht vorhanden sind oder nicht wirksam überwacht werden könnten.

Ein einwandfreier Vollzug dieser sowie der in Art. 7 enthaltenen Vorschrift wird sich auch in den vom Wohnsitz eines Landbürgermeisters weit entfernten Ortschaften bei entsprechender Anwendung der Art. 139 Abs. II und 73 beider Gemeindeordnungen sehr wohl ermöglichen lassen.

9. Melde- und Ausweispflicht (Art. 7).

Die besondere Melde- und Ausweispflicht bezweckt der Ortspolizeibehörde sogleich Kenntnis von der Anwesenheit der Zigeuner und Landfahrer zu verschaffen, damit sie die veranlaßten polizeilichen Vorkehrungen treffen kann. In Landgemeinden wird die Ortspolizeibehörde möglichst sofort die zuständige Gendarmeriestation verständigen, damit diese die nötige polizeiliche Prüfung der Zigeuner und Landfahrer vornimmt. Bei Seuchenverdacht unter den mitgeführten Tieren ist eine bezirkstierärztliche Untersuchung gemäß § 11 Reichsviehseuchengesetz vom 26. Juni 1909 (RGBl. S. 519) herbeizuführen.

Durch die Hinterlegung der Ausweise soll eine gewisse Gewähr für das Wohlverhalten geschaffen werden. Ohne ihre Ausweise aufzugeben, können die Zigeuner und Landfahrer nicht spurlos aus dem Übernachtungsorte verschwinden. In verdächtigen Fällen hat sich daher die Ortspolizeibehörde vor Wiederaushändigung der Ausweise über die einwandfreie Haltung der in Frage kommenden Personen zu vergewissern.

10. Aufenthaltsbeschränkung und Arbeitszwang (Art. 8 und 9).

Die Entscheidung darüber, ob ein Anlaß zu einer der Maßnahmen der Art. 8 und 9 gegeben ist, hat die zuständige Bezirkspolizeibehörde zu treffen. Vor der Beschlußfassung ist mit der Zigeunerpolizeistelle ins Benehmen zu treten. Diese ist auf Grund ihrer Aktenkenntnis berechtigt, die Durchführung einer Maßnahme auch von sich aus anzuregen und die zuständige Bezirkspolizeibehörde des Wohnortes oder, wenn ein solcher nicht vorhanden ist, des Ortes der Aufgreifung um die Einleitung des Verfahrens zu ersuchen. Wird einem solchen Ersuchen nicht entsprochen, so sind der Zigeunerpolizeistelle die Gründe mitzuteilen. Von der Landesverweisung nach Art. 8 Abs. I Ziff. 3 ist insbesondere bei ausländischen Zigeunern und Landfahrern möglichst reichlich Gebrauch zu machen. Bei diesen ist die Landesverweisung regelmäßig auf sämtliche Familienmitglieder zu erstrecken. Die Aufenthaltsbeschränkungen nach Art. 8 Abs. I Ziff. 2 dürfen nur mit Zustimmung der Zigeunerpolizeistelle verfügt werden. Die Vorschreibung eines bestimmten Aufenthaltsortes sowie die zwangsweise Arbeitszuweisung wird bei Zigeunern und Landfahrern nur selten in Frage kommen. In diesen Fällen gilt dann das zu Art. 10 hierüber Bemerkte.

Rücksichten auf allenfalls vorhandene Familienangehörige dürfen im übrigen bei Entscheidung über die zu treffenden Maßnahmen in der Regel nicht maßgebend sein. Unterhaltsberechtigte Angehörige sind gegebenenfalls in Fürsorge zu nehmen.

Aus der Fassung des Art. 8 ergibt sich, daß dieser Artikel als Sondervorschrift den entgegenstehenden Artikeln 1 und 6 Abs. II des Aufenthaltsgesetzes vorgeht. Es kann sich daher die gegen einen reichsangehörigen Zigeuner und Landfahrer verfügte Aufenthaltsbeschränkung auch auf den Ort erstrecken, wo jener öffentliche Armenunterstützung empfängt. Für den tatsächlichen Vollzug der Ausweisung aus dem Unterstützungsorte ergibt sich jedoch für die Dauer der Fürsorgegewährung aus der Reichsverordnung über die Fürsorgepflicht vom 13. Februar 1924 RGBl I. S. 100 insoweit eine Beschränkung als auf Grund des § 14 a. a. O. die Übernahme des Hilfsbedürftigen durch den endgültig verpflichteten Fürsorgeverband oder die Übergabe an ihn verlangt werden kann. Aufenthaltsbeschränkungen gegen reichsangehörige Zigeuner und Landfahrer, denen Armenunterstützung gewährt wird, dürfen daher für die Dauer der Fürsorgegewährung nicht vollzogen werden, wenn sich die Aufenthaltsbeschränkung auf den Bezirk des endgültig verpflichteten Fürsorgeverbandes erstreckt.

B. Arbeitsscheue (Art. 10).

1. Der Art. 10 richtet sich gegen das arbeitsscheue Gesindel, welches insbesondere in den großen Städten Unterschlupf sucht und dort in unruhigen Zeiten und in Zeiten wirtschaftlicher Not eine gesteigerte Gefahr für die allgemeine Sicherheit bildet. Er bietet eine wertvolle rechtliche Handhabe zur Aufrechterhaltung der öffentlichen Ruhe und Ordnung. Die Bezirkspolizeibehörden erhalten durch diese Bestimmung neue rechtliche Befugnisse, die von der vorherigen Überweisung durch die Gerichte nach § 362 RStGB. unabhängig sind und insbesondere auch den Erschwernissen des Art. 6 Abs. II Aufenthaltsges. nicht unterliegen. Der Art. 10 ist ausschließlich auf die öffentliche Sicherheit abgestellt. Die darin vorgesehenen Maßnahmen dürfen nur zur Anwendung gebracht werden, wenn und soweit die öffentliche Sicherheit es erfordert. Armenpolizeiliche Gesichtspunkte oder sonstige, etwa politische Rücksichten müssen grundsätzlich außer Betracht bleiben. Dagegen muß neben dem polizeilichen Gesichtspunkte stets auch der Fürsorge- und Besserungsgedanke berücksichtigt werden; es muß mit allem Nachdruck darnach getrachtet werden, die arbeitsscheuen Personen durch Anpassung der verfügten Maßnahmen an ihre Art und Veranlagung auf den rechten Weg zu bringen.

Der Art. 10 kann nur gegen „Arbeitsscheue" im Alter von mehr als 16 Jahren, die in der im Gesetz aufgeführten Weise vorbestraft sind, zur Anwendung gebracht werden. Daß es sich um einen „Arbeitsscheuen", d. h. einen Menschen handelt, bei dem die Arbeitsunlust zur Gewohnheit geworden ist, muß auf Grund von Tatsachen polizeilich festgestellt sein. Keinesfalls darf durch den Vollzug des Gesetzes unverschuldet Arbeitslosen und wandernden Arbeitsuchenden eine Erschwernis erwachsen. Aber auch wenn die Arbeitsscheue feststeht, ist die Anordnung von Maßnahmen des Art. 10 ausgeschlossen, sobald die betreffende Person nachweist, daß sie sich derzeit in geregelter Arbeit befindet oder ernstlich um Arbeit bemüht. Die Maßnahmen des Art. 10 sind nur in der Zeit von der Rechtskraft des Strafurteils bis zum Ablaufe dreier Jahre nach Beendigung des Strafvollzuges zulässig. Es muß also spätestens am letzten Tage der dreijährigen Frist (vgl. §§ 187, 188 BGB.) die Maßnahme angeordnet und dem Betroffenen eröffnet sein. Dagegen ist die zeitliche Begrenzung nicht dahin zu verstehen, daß innerhalb dieser Frist die Maßnahme auch vollstreckt sein müßte.

Für die Auswahl der zu treffenden Maßnahmen muß zunächst der sicherheitspolizeiliche Zweck maßgebend sein. Vielfach wird eine Ausweisung aus der Gemeinde genügen. Solche notorisch Arbeitsscheue dagegen, welche in Bayern keine Zuständigkeit haben, und durch Familienbeziehungen oder in sonstiger Weise in Bayern nicht festen Fuß gefaßt haben, sind bei gegebenen Voraussetzungen in der Regel in den Heimatstaat abzuschuben. Besonders gegen Ausländer ist mit Landesverweisung vorzugehen. Bezüglich der Aufenthaltsbeschränkungen gegen reichsangehörige „Arbeitsscheue", denen Armenunterstützung gewährt wird, gilt das zu Abschn. A Ziff. 10 Abs. III Bemerkte entsprechend. Die Aufenthaltsanweisung darf nur zugleich mit Zwangszuweisung einer derart entlohnten Arbeit in Anwendung gebracht werden, daß der von der Maßnahme Betroffene in der Zwangsaufenthaltsgemeinde der öffentlichen Armenfürsorge nicht zur Last fällt. Auch dürfen Zwangsaufenthalt und Zwangsarbeit außerhalb des Bezirks der anordnenden Bezirkspolizeibehörde nur mit Zustimmung der anderen beteiligten Bezirkspolizeibehörde angewiesen werden. Diese darf die Zustimmung jedoch nur wegen überwiegender öffentlicher Interessen verweigern. Im Streitfalle entscheidet die der letzteren Behörde vorgesetzte Regierung, K. d. J. Im übrigen sind die Maßnahmen des Art. 10 nach der Art und Veranlagung des Betroffenen zu bemessen und so einzurichten, daß sie nach Möglichkeit bessernd wirken.

2. Ausgeschlossen muß unter allen Umständen bleiben, daß die Polizeibehörden im Widerspruch zu den Justizbehörden von ihren Befugnissen Gebrauch machen. So dürfen insbesondere Personen, die vom Gericht aus wohlerwogenen Gründen nicht der Landespolizeibehörde überwiesen oder die nach der gutachtlichen Äußerung der Direktion der Strafanstalt, in der sie eine Strafe verbüßen oder verbüßt haben, gebessert erscheinen, ohne neuen Anlaß zu polizeilichem Einschreiten keinesfalls einer Maßnahme nach Art. 10 unterworfen werden. Vielmehr ist stets auf ein gedeihliches Zusammenwirken mit den Justizbehörden Bedacht zu nehmen. Ferner ist beim Vollzug eine enge Zusammenarbeit mit den Arbeitsämtern, bei Jugendlichen auch mit den Jugendämtern sowie mit den Einrichtungen und Vereinigungen, die sich der Obsorge für entlassene Strafgefangene widmen, besonders der Hauptstelle für Gefangenenobsorge bei der Gefangenenanstalt Nürnberg, unbedingt geboten. Bei Schwerbeschädigten ist mit den zuständigen Fürsorgestellen Fühlung zu nehmen. Auch die Direktionen der Strafanstalten, die Pfarrämter und die Schulbehörden, letztere besonders auf dem Lande, werden oft geeignete Fingerzeige für die richtige Behandlung des Arbeitsscheuen im einzelnen Falle geben können. Vor Anordnung einer Arbeitszwangsmaßnahme ist die Arbeitstüchtigkeit des Betroffenen in der Regel durch amtsärztliches Zeugnis festzustellen.

3. Was den polizeilichen Arbeitszwang im besonderen anbelangt, so wird es vielfach dabei bewenden können, arbeitsscheue Personen durch Erteilung eines polizeilichen Unterkommensauftrages gemäß § 361 Ziff. 8 RStGB. anzuhalten, daß sie sich selbst um eine geeignete und ihnen zusagende Arbeit umsehen. Nur soweit es die öffentliche Sicherheit erfordert, ist mit Arbeitszwangsmaßnahmen des Art. 10 vorzugehen. Wenn es sich nicht um unverbesserliche Gewohnheitsverbrecher handelt, wird zunächst die zwangsweise Arbeitszuweisung zur Anwendung zu bringen sein. Mit dieser muß stets die Vorschreibung eines Aufenthaltsortes Hand in Hand gehen.

4. Vor allem ist zu versuchen, den offenen Arbeitszwang in frei entlohnter Einzelarbeit bei einem Arbeitgeber durchzuführen, der bereit ist, um den Arbeitsscheuen sich auch menschlich anzunehmen und dessen Umgebung den Arbeitsscheuen voraussichtlich günstig beeinflussen wird. Land- und forstwirtschaftliche Arbeit wird am allerersten in Frage kommen; die Arbeit soll aber immerhin der körperlichen Eignung und den angelernten Fähigkeiten möglichst Rechnung tragen. Wo Einzelarbeit nicht angewiesen werden kann oder diese Maßregel im vornehinein keinen Erfolg verspricht, muß auf Zwangsarbeit bei Kulturbauten, Straßenbauten und ähnlichen größere Arbeitermassen beschäftigenden Unternehmen zurückgegriffen werden.

5. Die Arbeitsplätze sind in enger Fühlung mit den Arbeitsämtern, den Gemeindebehörden, den Kulturbauämtern, den Straßen- und Flußbauämtern, den Forstämtern usw. auszuwählen, welche zur größtmöglichen Unterstützung der Bezirkspolizeibehörde hierin verpflichtet sind. In erster Linie sind solche Unternehmen auszuwählen, deren Leitung sich bereit erklärt hat, bei der unauffälligen Beaufsichtigung der in Zwangsarbeit genommenen Personen die Ortspolizeibehörde bzw. die Gendarmerie des Arbeitsortes zu unterstützen.

6. Die Aufsicht über die Erfüllung des offenen Arbeitszwangs obliegt den Ortspolizeibehörden des Ortes der Zwangsarbeit, welche mit dem Arbeitgeber Fühlung zu halten haben. In besonderen Fällen, wo nachdrückliche polizeiliche Überwachung nottut, kann auch die einschlägige Gendarmeriestation zur Mitwirkung

herangezogen werden. Die Leitung der Aufsicht wird von der den Arbeitszwang verfügenden Behörde regelmäßig an die Bezirkspolizeibehörde des neuen Aufenthaltsortes abzugeben sein.

7. Die Einweisung in eine geschlossene Arbeitsanstalt wird bei unverbesserlichen Gewohnheitsverbrechern sowie in solchen Fällen vorzukehren sein, wo der offene Arbeitszwang zu keinem Erfolg geführt hat. Sie kommt insbesondere dann in Betracht, wenn der Arbeitsscheue den verhängten Zwangsaufenthalt bricht und ohne Bewilligung seine Arbeitsstelle verläßt. Personen, die nach amtsärztlichem Gutachten zur Verrichtung selbst leichter Haus-, Garten- und Feldarbeit unfähig sind, dürfen nicht eingewiesen werden. Für den Vollzug stehen zurzeit nur das Arbeitshaus Rebdorf für männliche und das Arbeitshaus St. Georgen-Bayreuth für weibliche Personen zur Verfügung. Die Bezirkspolizeibehörde hat bei der Beschlußfassung über die Einweisung zugleich deren Dauer festzusetzen. Sie hat wegen der Ablieferung des Eingewiesenen in das Arbeitshaus das Erforderliche vorzukehren und sich von der Arbeitshausdirektion über den Zeitpunkt des Eintreffens des Eingewiesenen Mitteilung machen zu lassen. Auf der Schubliste oder dem Schubvorweis für den Eingewiesenen hat sie zu vermerken, daß es sich um den sicherheitspolizeilichen Arbeitszwang handelt. Ferner hat sie der Arbeitshausdirektion eine Abschrift des Einweisungsbeschlusses sowie eines etwaigen amtsärztlichen Gutachtens zu übersenden und ihr etwaige besondere Bemerkungen mitzuteilen, welche als Anhaltspunkte für die richtige Behandlung des Eingewiesenen im Arbeitshause dienen können. Im Hinblick auf Art. 12 des Gesetzes hat sie endlich die Vermögensverhältnisse des Eingewiesenen zu erheben und der Arbeitshausdirektion mitzuteilen, ob und wieviel pfändbares Vermögen vorhanden oder zu erwarten ist.

8. Die Bezirkspolizeibehörden haben die Personen, über welche sie einen polizeilichen Arbeitszwang nach Art. 10 verhängt haben, der Polizeidirektion München nach dem Muster in Anlage 6 zu melden. Fingerabdruckblatt ist beizufügen. Dorthin ist auch Mitteilung zu machen, wenn eine solche Person ohne Bewilligung ihren Zwangsarbeitsplatz verläßt oder die verhängte Maßnahme aufgehoben oder anderweitig abgeändert wird.

Auf Grund dieser Meldungen hat die Polizeidirektion München hinsichtlich Arbeitsscheuer mit wechselndem Aufenthalt den Bezirkspolizeibehörden Auskünfte über die Person und die angebrachten Maßregeln zu erteilen. Die Bezirkspolizeibehörden haben über die Persönlichkeit solcher Arbeitsscheuen, welche ihnen nicht ohnedies hinreichend bekannt sind, bei der Polizeidirektion München vor Anordnung der polizeilichen Maßnahmen anzufragen.

C. Gemeinsame Bestimmungen für Zigeuner und Arbeitsscheue.

1. Vorläufige Entlassung (Art. 11).

Eine vorläufige Entlassung aus der Arbeitsanstalt kommt insbesondere bei guter Führung in Frage. Sie darf nur nach Anhörung der Direktion der Arbeitsanstalt verfügt werden. Die Bezirkspolizeibehörde wird hiebei zu berücksichtigen haben, ob eine andere geeignete Arbeitsstelle vorhanden ist, auf der der Entlassene Gelegenheit hat den Nachweis zu liefern, daß die Voraussetzungen für den sicherheitspolizeilichen Arbeitszwang nicht mehr bestehen. Der Arbeitshausdirektion wird die Bezirkspolizeibehörde in diesem Falle stets mitzuteilen haben, wie und wohin die Entlassung erfolgen soll.

Selbstverständlich kann die Bezirkspolizeibehörde auch den von ihr angeordneten Arbeitszwang außerhalb einer Anstalt in widerruflicher Weise abkürzen und den damit verbundenen Zwangsaufenthalt aufheben.

Im übrigen kann bei schlechter Führung auch eine Verlängerung der ursprünglich vorgesehenen Dauer angeordnet werden, jedoch bei geschlossenem Arbeitszwange nicht über zwei Jahre und bei offenem Arbeitszwange nicht über drei Jahre hinaus. (Vgl. Art. 9 Abs. I und Art. 8 Abs. I Ziff. 2.) Eine Unterbrechung des Vollzugs aus einem Grunde, der dem von der Maßnahme Betroffenen als Verschulden anzurechnen ist, ist in die vorgesehene Dauer nicht einzurechnen.

Bei Zigeunern oder Landfahrern ist stets die Zigeunerpolizeistelle gutachtlich vorher anzuhören. Abdruck der getroffenen Entscheidung ist an sie einzusenden.

2. Zuständigkeit (Art. 14).

Aufenthalt im Sinne dieser Vorschrift ist auch ein nur vorübergehendes Verweilen. Bei dem unsteten Wanderleben der Zigeuner und Landfahrer wird es nicht selten vorkommen, daß die beteiligten Personen den Bezirk der Bezirkspolizeibehörde wieder verlassen haben, bevor die von dieser eingeleitete polizeiliche Maßnahme getroffen werden kann. Um einen Zweifel über die Zuständigkeit für solche Fälle auszuschließen, ist der Beginn des Verfahrens, d. h. der Augenblick, in dem die Behörde mit der Sache befaßt wird, als maßgebend für die Zuständigkeit erklärt.

3. Festnahme und Beförderung (Art. 16).

Daß die nach Art. 8—10 angeordneten Maßnahmen mit polizeilichem Zwange durchgeführt werden können, entspricht den Grundsätzen des geltenden Verwaltungsrechts. Die Verpflichtung für den Betroffenen, die erwachsenden Festnahme- und Beförderungskosten zu tragen, enthält jedoch eine Neuerung. Können die Kosten nicht beigetrieben werden, so fallen sie, insoweit als sie unmittelbaren Städten erwachsen, diesen, im übrigen aber dem Staate zur Last. Fallen sie dem Staate zur Last, so sind sie in das Schubkostenregister aufzunehmen.

Wegen der vorhandenen, von der Maßnahme nicht selbst ergriffenen unterhaltsberechtigten Angehörigen hat nötigenfalls die Bezirkspolizeibehörde weitere Entscheidung zu treffen (Fürsorgemaßnahmen, formlose Erlaubnis zum Weiterziehen, Umschreibung der Ausweise u. dergl.).

4. Sonstige Bestimmungen (Art. 18).

Die bisher zur Bekämpfung der Zigeunerplage ergangenen Bestimmungen bleiben insoweit in Kraft, als sie nicht durch das Zigeunergesetz ersetzt sind. Insbesondere bleibt der sicherheitspolizeiliche, staatsanwaltschaftliche und standesamtliche Nachrichtendienst gegenüber der Zigeunerpolizeistelle unverändert fortbestehen (vgl. insbesondere Ministerial-Entschließung vom 28. März 1899 MABl. S. 111, und Ministerial-Entschließung vom 21. April 1913 MABl. S. 355).

Auf genaueste Durchführung dieses Nachrichtendienstes muß für den Vollzug des Gesetzes besonderer Wert gelegt werden.

5. VO. (InnM.) über die Polizeistunde.[1])

Vom 26. Juni 1930 (GVBl. 197).

Auf Grund der §§ 14 und 23 Abs. 2 des Gaststättengesetzes vom 28. April 1930 (RGBl. I S. 146) wird bestimmt:

§ 1.

(1) Die Polizeistunde beginnt um 12 Uhr nachts und endet um 6 Uhr morgens. Innerhalb dieser Zeit dürfen Gäste in einer Schankwirtschaft, den Schankräumen

[1]) VollzBest.: InnMB. v. 26. Juni 1930 (GVBl. 198). §§ 14 u. 23 Abs. 2 Gaststättengesetz s. unten Nr. 7.

einer Gastwirtschaft, in einer Speisewirtschaft oder an einem öffentlichen Vergnügungsorte nicht verweilen.

(2) Die Polizeistunde kann durch ortspolizeiliche Vorschrift allgemein oder für bestimmte Wirtschaftsgattungen, für den ganzen Gemeindebezirk oder für einen Teil desselben, für das ganze Jahr oder für bestimmte Monate, Wochen oder Tage anderweitig geregelt werden.

(3) Eine Regelung, durch welche eine spätere als die in Abs. 1 bestimmte Polizeistunde festgesetzt oder das Verweilen von Gästen vor 6 Uhr morgens gestattet wird, kann nur durch eine fortdauernd geltende Vorschrift (Art. 6 PStGB.) und nur insoweit erfolgen, als es die örtlichen Verhältnisse unbedingt erfordern. Äußerstenfalls darf durch ortspolizeiliche Vorschrift das Verweilen von Gästen bis 1 Uhr nachts und von 4 Uhr morgens an gestattet werden.

(4) Der Ausschank von Branntwein in Gast- oder Schankwirtschaften darf nicht vor 7 Uhr früh beginnen.

§ 2.

(1) Die Bezirkspolizeibehörden (Polizeidirektionen) können für einzelne Gast-, Schank- und Speisewirtschaften die Polizeistunde fortdauernd bis 2 Uhr morgens verlängern, wenn die Bedürfnisse des Fremdenverkehrs oder andere berechtigte Bedürfnisse der Allgemeinheit es erfordern.

(2) Bei besonderen Anlässen können sie die Polizeistunde vorübergehend allgemein oder für einzelne Gast-, Schank- und Speisewirtschaften bis 3 Uhr morgens verlängern.

(3) Für Versammlungen von Personen, die sich am Tage und in den Abendstunden wegen beruflicher Abhaltung nicht versammeln können (Berufsversammlungen), können die Bezirkspolizeibehörden (Polizeidirektionen) die Polizeistunde auch über 3 Uhr morgens verlängern.

(4) Die allgemeine Verlängerung hat durch öffentliche Bekanntmachung, die besondere Verlängerung durch schriftliche Verfügung zu erfolgen. Die Verlängerung darf nur bewilligt werden, wenn Gewähr dafür besteht, daß Mißbräuche und Ausschreitungen nicht vorkommen.

(5) Für Wirtschaften, deren Betrieb in Bezug auf Ruhe, Ordnung und Sicherheit oder Sittlichkeit wiederholt zu polizeilichen Beanstandungen Anlaß gegeben hat, können die Bezirkspolizeibehörden (Polizeidirektionen) eine frühere Polizeistunde bestimmen, als allgemein festgesetzt ist. Die gleiche Maßnahme kann bei dringenden außerordentlichen Veranlassungen von der Bezirks- oder Ortspolizeibehörde für alle Wirtschaften eines bestimmten Gebietes getroffen werden.

§ 3.

(1) Die Bestimmungen der §§ 1 und 2 finden auf Zusammenkünfte von Vereinen und geschlossenen Gesellschaften nur Anwendung, wenn diese in einer Gast- oder Schankwirtschaft oder in Räumen, die mit einer solchen verbunden sind und in denen Schankwirtschaft betrieben wird, stattfinden.

(2) Finden solche Zusammenkünfte in einem ausschließlich für sie bestimmten Gesellschaftsraum statt, so kann die Ortspolizeibehörde für sie die Polizeistunde bis spätestens 2 Uhr morgens widerruflich verlängern, wenn diese Maßnahme nach den örtlichen Verhältnissen mit der Aufrechterhaltung der öffentlichen Ruhe und Ordnung vereinbar ist.

§ 4.

Der Inhaber einer Gast-, Schank- oder Speisewirtschaft oder eines öffentlichen Vergnügungsortes oder sein Stellvertreter hat den Gästen den Beginn der

Polizeistunde bekanntzugeben und sie zum Weggehen aufzufordern. Nötigenfalls hat er dafür zu sorgen, daß die Gäste die Schankräume oder den Vergnügungsort verlassen.

§ 5.

Das Staatsministerium des Innern erläßt die zum Vollzug dieser Verordnung notwendigen Bestimmungen. Es behält sich vor, Ausnahmen von den Vorschriften der Verordnung zu bewilligen.

§ 6.

Diese Verordnung tritt mit dem 1. Juli 1930 an die Stelle der Verordnung vom 29. August 1921, betr. die Polizeistunde (GVBl. S. 408).

6. InnMB. zum Vollzuge der VO. über die Polizeistunde.

Vom 26. Juni 1930 (GVBl. 198).

Das am 1. Juli in Kraft tretende Gaststättengesetz vom 28. April 1930 (RGBl. I S. 146) hebt den § 365 RStGB. und den Art. I des Notgesetzes vom 24. Februar 1923 (RGBl. I S. 147) auf und ersetzt die in diesem Artikel enthaltenen Bestimmungen über die Polizeistunde (Art. I § 2 und § 4 Abs. II) durch neue Vorschriften (§§ 14, 23 Abs. 2, 29 Ziff. 6—8). Im Hinblick auf diese veränderte Rechtsgrundlage ist die formell noch gültige, in ihren wesentlichen Bestimmungen aber durch Ausnahmebewilligungen auf Grund ihres § 4 Satz 2 überholte Verordnung über die Polizeistunde vom 29. August 1921 (GVBl. S. 408) neu gefaßt worden. Die Neufassung schließt sich an die derzeit geltenden Bestimmungen an, wie sie durch innerdienstliche Ministerialentschließungen getroffen worden sind. Beim Vollzug der Verordnung können daher die bisherigen Grundsätze im wesentlichen weiterhin angewendet werden. Im übrigen wird noch folgendes bestimmt:

1. Im § 1 ist die allgemeine Polizeistunde für das ganze Land aus Zweckmäßigkeitsgründen von 11 auf 12 Uhr nachts hinaufgesetzt worden, weil schon bisher auf Grund innerdienstlicher Ministerialentschließung ortspolizeiliche Vorschriften, die die Polizeistunde auf 12 Uhr nachts, an Samstagen auf 1 Uhr morgens festsetzen, in allen den Gemeinden zuzulassen waren, in denen diese Maßnahme mit der Aufrechterhaltung der öffentlichen Ruhe und Ordnung vereinbar ist. Die Möglichkeit der Verlängerung der Samstagpolizeistunde auf 1 Uhr morgens ist auf die Orte beschränkt worden, in denen es die örtlichen Verhältnisse unbedingt erfordern. Eine solche unbedingte Notwendigkeit für die Verlängerung der Polizeistunde nicht nur am Samstag, sondern auch an den anderen Wochentagen kann sich insbesondere aus den Bedürfnissen des Fremdenverkehrs ergeben. Bei einer Herabsetzung der Polizeistunde durch ortspolizeiliche Vorschriften ist ein Bedürfnisnachweis nicht erforderlich. Die bisherigen ortspolizeilichen Vorschriften behalten insoweit ihre Gültigkeit, als sie sich im Rahmen des § 1 halten. Vor Erlaß neuer oder Abänderung bestehender ortspolizeilicher Vorschriften sind die am Ort befindlichen wirtschaftlichen Vereinigungen der Arbeitgeber und Arbeitnehmer des Gast- und Schankwirtschaftsgewerbes zu hören.
2. Die Vorschriften in § 2 entsprechen der bisherigen Regelung. Soweit auf Grund dieser Regelung eine fortdauernde Verlängerung der Polizeistunde erfolgt ist, hat es hiebei sein Bewenden. Vor neuen fortdauernden oder vorübergehenden, allgemeinen oder besonderen Verlängerungen ist sorgfältig zu prüfen, ob ein Bedürfnis und ob Gewähr dafür besteht, daß Mißbräuche und

Ausschreitungen nicht vorkommen. Die im Bezirk befindlichen wirtschaftlichen Vereinigungen der Arbeitgeber und Arbeitnehmer des Gast- und Schankwirtschaftsgewerbes sind zu hören.

Besondere Anlässe für eine allgemeine Verlängerung der Polizeistunde können z. B. bei Tagungen oder ähnlichen Veranstaltungen, die einen großen Fremdenzustrom bringen, gegeben sein. Als besondere Anlässe für eine einzelne Polizeistundenverlängerung kommen z. B. Stiftungsfeiern von Vereinen, Dienst- und Geschäftsjubiläen oder Hochzeitsfeiern in Betracht. Bei Verlängerung der Polizeistunde ist nötigenfalls durch entsprechende Genehmigungsbedingungen dafür zu sorgen, daß die öffentliche Ruhe, Ordnung, Sicherheit und Sittlichkeit nicht gefährdet sowie die Arbeitsschutzbestimmungen und insbesondere die Bestimmungen über die Arbeitszeit des Bedienungspersonals eingehalten werden.

Als Berufsversammlungen im Sinne des § 2 Abs. 3 sind hauptsächlich solche von Angestellten des Gastwirtsgewerbes, aber auch von Angehörigen des Musikerberufs und des Verkehrsdienstes anzusehen.

Die öffentliche Bekanntmachung einer allgemeinen Polizeistundenverlängerung erfolgt in der für amtliche Veröffentlichungen der Bezirkspolizeibehörde üblichen Weise.

Durch Polizeistundenverkürzung nach § 2 Abs. 5 ist vor allem dem Unwesen der Animierkneipen entgegenzutreten.

3. Die gegenüber der Verordnung vom 29. August 1921 veränderte Fassung des § 3 ist durch den Wortlaut des § 23 Abs. 2 Satz 1 des Gaststättengesetzes veranlaßt. Eine sachliche Änderung der bisherigen Vorschrift ergibt sich nur insofern, als die Befugnis der Ortspolizeibehörden zur Polizeistundenverlängerung auch auf solche Vereine ausgedehnt wurde, die andere als gesellige Zwecke verfolgen. Die Ortspolizeibehörden haben von ihrer Befugnis einen tunlichst zurückhaltenden Gebrauch zu machen und insbesondere bei politischen Vereinen genau zu prüfen, ob durch die Polizeistundenverlängerung nicht die öffentliche Ruhe und Ordnung gefährdet wird.

4. Die in § 4 vorgesehene Verpflichtung des Gast-, Schank- oder Speisewirts oder seines Stellvertreters enthebt die Polizeibehörde nicht ihrer Amtspflicht, durch ihre eigenen Vollzugsbeamten die Einhaltung der Polizeistunde zu überwachen.

Es wird erwartet, daß die Polizeibehörden dem Vollzug der Vorschriften über die Polizeistunde die nötige Aufmerksamkeit widmen. Die Vorschriften dürfen nicht kleinlich gehandhabt werden. Insbesondere ist bei der Festsetzung der Polizeistunde den Interessen des Fremdenverkehrs in der erforderlichen Weise Rechnung zu tragen. Auf der anderen Seite ist aber auch mit allem Nachdruck dafür zu sorgen, daß die festgesetzte Polizeistunde allenthalben in der Bevölkerung die im Interesse der öffentlichen Ordnung gebotene Beachtung findet.

7. Gaststättengesetz vom 28. April 1930.

(RGBl. 146.)[1]

§ 14.

1. Die oberste Landesbehörde oder die von ihr bestimmte Behörde hat Bestimmungen über die Festsetzung und Handhabung der Polizeistunde in Gast-

[1]) S. hierzu die VO. v. 26. Juni 1930 (oben Nr. 5).

oder Schankwirtschaften nach Anhörung der wirtschaftlichen Vereinigungen der Arbeitgeber und Arbeitnehmer des Gast- und Schankwirtschaftsgewerbes zu erlassen, soweit dies nicht schon geschehen ist. Dabei ist anzuordnen, wann die Polizeistunde beginnt und wann sie endet, unter welchen Voraussetzungen sie verlängert oder verkürzt werden darf und wie ihre Einhaltung zu überwachen ist.

2. Die äußerste Grenze für die Festsetzung der Polizeistunde ist 1 Uhr nachts, sofern nicht besondere örtliche Verhältnisse eine Ausnahme rechtfertigen, worüber die oberste Landesbehörde oder die von ihr bestimmte Behörde entscheidet. Der Ausschank von Branntwein in Gast- oder Schankwirtschaften sowie der Kleinhandel mit Branntwein darf nicht vor 7 Uhr früh beginnen.

§ 23 Abs. 2.

2. Die Bestimmungen über die Polizeistunde (§ 14) finden auf Zusammenkünfte von Vereinen und geschlossenen Gesellschaften nur Anwendung, wenn sie in einer Gast- oder Schankwirtschaft oder in Räumen, die mit einer solchen verbunden sind und in denen Schankwirtschaft betrieben wird, stattfinden. Die oberste Landesbehörde kann diese Bestimmungen auch auf Zusammenkünfte in Räumen ausdehnen, die im Eigentume dieser Vereine oder Gesellschaften stehen oder ihnen mietweise, leihweise oder aus einem anderen Grunde überlassen worden sind, soweit in diesen Räumen Getränke ausgeschenkt werden.

Nachträge.

1. **Zu S. 22 Art. 3 A. 2 Abs. 3:** S. hierzu auch die GesMBO. v. 26. Nov. 1930 über die **Verstaatlichung der Sicherheitspolizei** in den Städten Ludwigshafen a. Rh., **Kaiserslautern**, Speyer u. Zweibrücken (StAnz. Nr. 274) mit VollzBek. vom gl. T. (StAnz. Nr. 274), beide abgedr. im Teil III Nr. 12 u. 13.

2. **Zu S. 57 Art. 25 A. 7:** Zur Frage der **Namensfeststellung** s. nun auch Emig BBl. 1930, 356.

3. **Zu S. 115 Art. 88 A. 1:** Die ÄMB. v. 7. Dez. 1929 betr. die **Chiemseebahn** usw. (GVBl. 168) ist geänd. durch ÄMB. v. 25. Nov. 1930 (GVBl. 393).

4. **Zu S. 127 Art. 72 A. 2:** S. für die hier vertretene Ansicht auch Fumian BayZ. 1931, 49.

5. **Zu S. 252 Art. 72 A. PStGB.:** Die VollzBek. v. 28. Juni 1913 zur VO. v. 27. Juni 1913 **über das Apothekenwesen** ist wieder geänd. durch JnnMB. v. 16. Jan. 1931 (GVBl. 25).

6. **Zu S. 262 § 367 Nr. 5 StGB.:** Die **GifteVO.** v. 16. Juni 1895 ist weiter geänd. durch JnnMB. v. 21. Januar 1931 über den Verkehr mit Giften (GVBl. 21).

Sachregister.

(Die Zahlen bezeichnen die Seiten).

A.

C.

D.

G.

H.

T.

U.

V.

Z.

Lessing, Scheckgesetz Seite 378:

Frankreich.

Loi modifiant et complétant la législation sur le chèque (Journ. off. du 13 août 1926).

Le Sénat et la Chambre des Députés ont adopté,

Le Président de la République promulgue la loi dont la teneur suit:

Art. 1e. L'article 4 de la loi du 14 juin 1865 est complété de la manière suivante:

En cas de protêt, les formalités du timbre et de l'enregistrement sont données en débet. Le recouvrement des droits est poursuivi par le Trésor contre le tireur.

Art. 2. Le deuxième alinéa de l'article 2 de la loi du 14 juin 1865, modifié par la loi du 2 août 1917, est ainsi rédigé:

„Si la provision est inférieure au montant du chèque, le porteur a le droit, soit de recevoir le payement jusqu'à concurrence de la provision, soit de refuser tout payement.

Si le porteur accepte le payement partiel, il est tenu d'en faire mention sur le chèque et de donner au tiré quittance de la somme payée. Cette quittance, délivrée sur titre séparé, jouit à l'égard du droit de timbre de la même dispense que la quittance donnée sur le chèque lui-même.

Si le porteur refuse tout payement, le tiré doit faire mention sur le chèque du montant de la provision partielle, et celle-ci est immobilisée au profit exclusif du porteur.

Le tiré qui indique sciemment une provision inférieure à la provision existante, ou qui refuse de faire mention sur le chèque du montant de la provision, est passible d'une amende de 500 fr. à 10.000 francs."

Art. 3. Les dispositions suivantes sont ajoutées à la loi du 14 juin 1865:

Art. 12. Il n'est admis d'opposition au payement du chèque par le tireur, qu'en cas de perte du chèque ou de la faillite du porteur.

Si, malgré cette défense, le tireur faisait une opposition pour d'autres causes, le juge des référés, même dans le cas où une instance en principal serait engagée, devra, sur la demande du porteur, ordonner la mainlevée de cette opposition.

Art. 13. La remise d'un chèque en payement, acceptée par un créancier, n'entraîne pas novation. En consequence, la créance originaire subsiste avec toutes les garanties y attachées jusqu'à ce que ledit chèque soit payé.

Art. 14. Toute personne ou tout établissement visé à l'article 8 de la loi du 31 décembre 1924 qui, ayant provision, délivre à son créancier des formules de chèques en blanc, payables à sa caisse, doit, sous peine d'une amende de vingt francs (20 fr.), par contravention, mentionner sur chaque formule le nom de la personne à laquelle cette formule est délivrée.

Art. 15. Les dispositions du second alinéa de l'article 116 du code de commerce, modifié par la loi du 8 février 1922, sont applicables aux chèques *).

Art. 4. L'article 6 (avant-dernier et dernier alinéa) de la loi du 14 juin 1865 est modifié ainsi qu'il suit:

Celui qui, de mauvaise foi, a, soit émis un chèque sans provision préalable et disponible ou avec une provision inférieure au montant du chèque, soit retiré, après l'émission, tout ou partie de la provision, soit fait défense au tiré de payer, est passible des peines de l'escroquerie prononcées par l'article 405 du code pénal. Dans ce cas, l'amende ne peut excéder le double ni être inférieure à la moitié du montant du chèque.

L'article 463 du code pénal est applicable à ces délits.

La présente loi, délibérée et adoptée par le Sénat et par la Chambre des députés, sera exécutée comme loi de l'Etat.

Fait à Paris, le 12 août 1926.

Gaston Doumergue.

---

*) Art. 116. Il y a provision, si, à l'échéance de la lettre de change, celui sur qui elle est fournie, est redevable au tireur, ou à celui pour compte de qui elle est tirée, d'une somme au moins égale au montant de la lettre de change. (L. 8 février 1922). La propriété de la provision est transmise de droit aux porteurs successifs de la lettre de change.

FSC
www.fsc.org
MIX
Papier | Fördert
gute Waldnutzung
FSC® C083411

Kolibri 360 GmbH
Ferdinand-Jühlke-Straße 7
99095 Erfurt, Deutschland
produktsicherheit@kolibri360.de